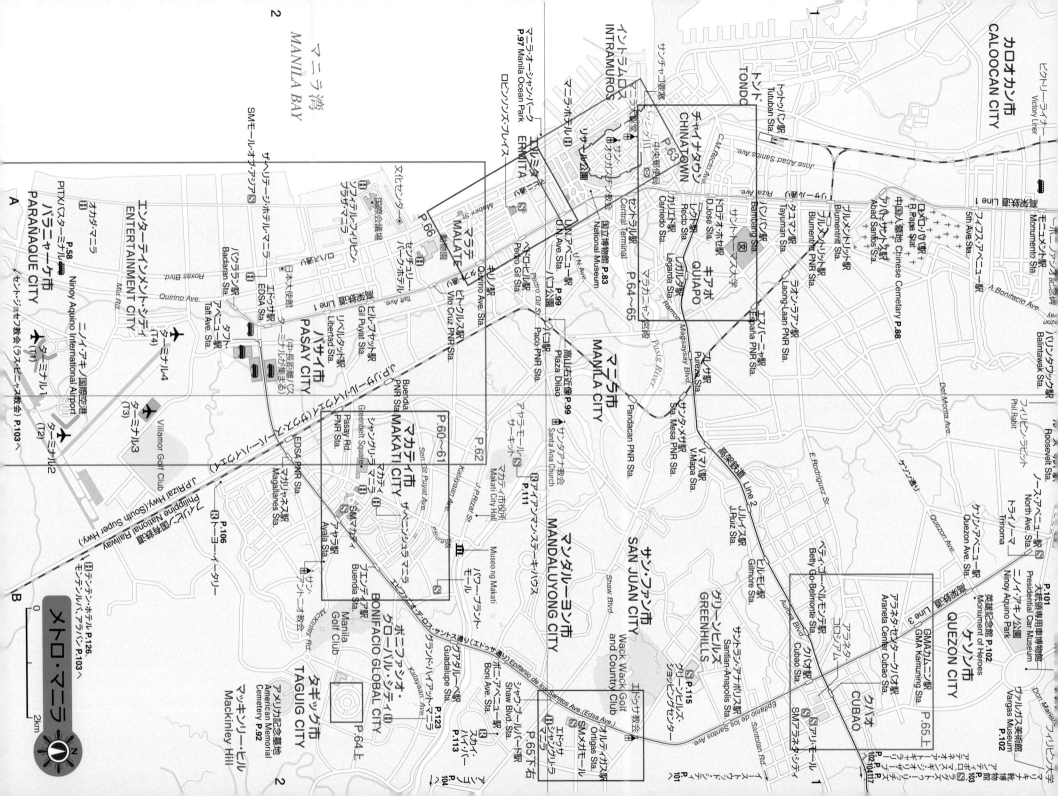

メトロ・マニラ

0 — 2km

N

CALOOCAN CITY
カロオカン市

MANILA BAY
マニラ湾

INTRAMUROS
イントラムロス
P.63

CHINATOWN
チャイナタウン

QUIAPO
キアポ

ERMITA
エルミタ
P.66

MALATE
マラテ

MANILA CITY
マニラ市
P.64〜65

MANDALUYONG CITY
マンダルーヨン市

SAN JUAN CITY
サン・フアン市

QUEZON CITY
ケソン市
P.65上

GREENHILLS
グリーンヒルズ
P.115

CUBAO
クバオ

PASAY CITY
パサイ市

MAKATI CITY
マカティ市
P.60〜61

P.62

ENTERTAINMENT CITY
エンターテインメント・シティ

PARAÑAQUE CITY
パラニャーケ市

Ninoy Aquino International Airport
ニノイ・アキノ国際空港

TONDO
トンド

BONIFACIO GLOBAL CITY
ボニファシオ・
グローバル・シティ
P.64上

TAGUIG CITY
タギッグ市

American Memorial
Cemetery P.92
アメリカ記念墓地

Mackinley Hill
マッキンリー・ビル

フィリピン

Philippines

マニラ セブ ボラカイ ボホール エルニド

COVER STORY

7千を超える島々からなるフィリピン。その表情は実に多様でカラフル。一大モダンシティへ進化した首都マニラ、大胆な全面閉鎖で環境を蘇らせたボラカイや老舗ビーチリゾートのセブの美しい海、世界遺産ビガンをはじめとするノスタルジックな歴史的町並みも魅力です。また、主島ルソンの山岳地帯で祖先から引き継がれた美しい棚田を守り続けるイフガオ族など、少数民族の文化もとても豊か。あまり知られていませんが、今やアジア各地で発展の代償に失われつつある原風景が、ここフィリピンにはまだ数多く残されているのです。

地球の歩き方 編集室

PHILIPPINES CONTENTS

略号と記号について

本文中および地図中に出てくる記号は以下のとおりです。

ガイド部

ACCESS 行き方
✈ 飛行機
🚢 ボート、フェリー、高速船
🚌 バス、ジプニー、車
✉ 読者からの投稿
🅗 ホテル
🆁 レストラン
🆂 ショップ
🅓 ダイビングサービス
🏠 住所
St. : Street
Ave. : Avenue
Rd. : Road
Dr. : Drive
Sq. : Square
Bldg. : Building
Blvd. : Boulevard
Cor. : Corner
Hwy. : Highway
Brgy. : Barangay
📞 電話番号
Free 無料通話
FAX ファクス番号
URL ホームページアドレス
Mail 電子メールアドレス
🕐 開館時間
🕐 営業時間
🈚 定休日、休館日
💴 料金₱ フィリピン・ペソ
　　　　¢ センタボ
　　　　US$ アメリカドル
CC クレジットカード
🈂 他店舗

ルソン島南部の玄関口

レガスピ

Legazpi

MAP 折込表 -C2

ホテル、レストラン、ショップ、スパ&マッサージ、ダイビングサービス

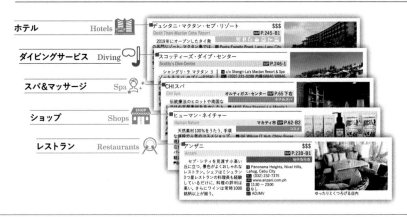

ホテル Hotels — デュシタニ・マクタン・セブ・リゾート \$\$\$

ダイビングサービス Diving — スコッティーズ・ダイブ・センター

スパ&マッサージ Spa — CHIスパ

ショップ Shops — ヒューマン・ネイチャー

レストラン Restaurants — アンザニ \$\$\$

地図の記号

ℹ	観光局、観光案内所		
Ⓑ	銀行	Ⓢ	両替所
✉	郵便局	☎	電話局
🎦	映画館	✚	病院
🅇	学校	⛪	教会、大聖堂
☪	モスク	🏛	博物館
🚐	ジプニー乗り場	🏖	ビーチ
🚌	バス乗り場		
🚕	タクシー乗り場		
⛴	フェリー＆ボート乗り場		
✈	空港		
⛽	ガソリンスタンド		
Ⓗ	ホテル		
Ⓡ	レストラン、ファストフード		
Ⓢ	ショップ		
Ⓓ	ダイビングサービス		
☕	カフェ		
🍸	バー、ナイトクラブ、ディスコ		
@	インターネットカフェ		

ホテルについて

　掲載しているホテルの料金には税金(宿泊料の10～20%、ホテルの規模と地方によって異なる)、およびサービスチャージ(10%)がかかる場合があります。

　掲載しているホテルは、$マークでランクを記しています。

$$$ → ラグジュアリーな休日を楽しみたい人のための充実した施設を備えたホテルやリゾート

$$ → 最低限の施設を備えたシンプルで快適な中級ホテル

$ → バックパッカー、バジェット派向けの格安宿、ゲストハウス、ホステル

見どころについて

　掲載している見どころにはおすすめ度を★マークでしるしてあります。

★★★→ぜひ訪れたい

★★→できれば訪れたい

★→時間があれば訪れたい

ホテルの記号

Dm ドミトリー　Ⓢ シングルルーム

Ⓓ ダブル、ツインルーム　Tr トリプルルーム

Ⓕ ファミリールーム　Ⓒ コテージ　Su スイート

ホテル室内設備

🔲 冷房　🔲 ファン　🔲 トイレ

🔲 水シャワー　🔲 温水シャワー　🔲 バスタブ

🔲 テレビ　🔲 ミニバー　🔲 冷蔵庫

🔲 ネットフリー　🔲 朝食　🔲 日本人スタッフ

※🔲と記してある場合は、共同となります。例えば1部屋でも設備を備えた部屋があれば、「設備あり」として記号を入れてあります。

ホテル割引と記号

長期割引 長期滞在の際の割引

■本書の特徴

本書は、フィリピンを旅行される方を対象に、個人旅行者が現地でいろいろな旅行を楽しめるように、各都市へのアクセス、おもな見どころの説明、ホテルやレストランなどの情報を掲載しています。もちろんツアーで旅行される際にも十分活用できるようになっています。

■掲載情報のご利用に当たって

編集部では、できるだけ最新で正確な情報を掲載するよう努めていますが、現地の規則や手続きなどがしばしば変更されたり、またその解釈に見解の相違が生じることもあります。このような理由に基づく場合、または弊社に重大な過失がない場合は、本書を利用して生じた損失や不都合について、弊社は責任を負いかねますのでご了承ください。また、本書をお使いいただく際は、掲載されている情報やアドバイスがご自身の状況や立場に適しているか、すべてご自身の責任でご判断のうえご利用ください。

■現地取材および調査期間

本書は2023年2～6月の調査を基に編集されています。しかしながら時間の経過とともにデータの変更が生じることがあります。特にホテルやレストランなどの料金は、旅行時点では変更されていることも多くあります。したがって、本書のデータはひとつの目安としてお考えいただき、現地では観光案内所などでできるだけ新しい情報を入手してご旅行ください。

■発行後の情報の更新と訂正について

本書に掲載している情報で、発行後に変更されたものや、訂正箇所が明らかになったものについては『地球の歩き方』ホームページの「更新・訂正情報」で可能なかぎり最新のデータに更新しています(ホテル、レストラン料金の変更などは除く)。出発前に、ぜひ最新情報をご確認ください。

URL www.arukikata.co.jp/travel-support

■投稿記事について

投稿記事は、多少主観的になっても原文にできるだけ忠実に掲載してありますが、データに関しては編集部で追跡調査を行っています。投稿記事のあとに(東京都　○○　'18)とあるのは、寄稿者の居住地と氏名、旅行年度を表しています。ただし、ホテルなどの料金を追跡調査で新しいデータに変更している場合は、寄稿者のデータのあとに調査年度を入れ['23]としています。

フィリピンの基本情報

国 旗
青は平和、真実、正義、赤は愛国心と勇気、白は平等に対する希望を象徴し、太陽は自由を意味する。3つの星は、おもな島であるルソン島、ミンダナオ島、ビサヤ諸島を象徴。太陽から出ている8つの光は、戦争時にスペインに対して最初に武器を取った8州を表す。

正式国名
フィリピン共和国
Republic of the Philippines

国 歌
最愛の地 Lupang Hinirang

面 積
29万9404 km²（日本の約8割の広さ）、7641の島で成り立っている。

人 口
約1億903万人（2020年フィリピン国家統計局＝PSA）

首 都
メトロ・マニラ（通称マニラ）
Metro Manila

元 首
フェルディナンド・ロムアルデス・マルコス・ジュニア（ニックネームはボンボン）
Ferdinand "Bongbong" Romualdez Marcos Jr.

政 体
立憲共和制

民族構成
先住民以外78.3%、イスラムが1.6%、さまざまな先住民6.6%、外国人2.0%、そのほかが11.4%（2020年フィリピン国家統計局＝PSAによる）。

宗 教
カトリック78.8%、そのほかのキリスト教10%、イスラム教6.4%ほか。国民のほとんどがキリスト教徒だが、ミンダナオ島の一部、バンサモロ自治地域（BARMM）などでは、イスラム教徒が多数を占める。

言 語
多くのフィリピン人が多言語を話すが、家庭で話す言葉でいうと、タガログ語39.9%、ビサヤ語16.0%、ヒリガイノン語（ビサヤ諸島の一部）7.3%、イロカノ語（ルソン北部）7.1%、セブアノ語（ビサヤ諸島の一部）6.5%、ビコール語3.9%など（2020 PSA調査）。全土の学校教育は英語で行われているので、英語もよく通じる。

▶ 地理→ P.430
▶ 政治→ P.434
▶ 信仰とアイデンティティ→ P.436
▶ フィリピノ語（タガログ語）入門→ P.438

通貨と為替レート

単位はフィリピン・ペソ（₱）。補助通貨はセンタボ（¢）。₱1＝100¢。

2023年6月1日現在
₱1＝2.48円、1円＝₱0.40
1ドル＝ ₱56

▶ 通貨と両替→ P.415

紙幣の種類は₱1000、500、200、100、50、20（₱200はあまり見られない）。
硬貨の種類は₱20、10、5、1、¢25、5、1の7種類（¢1はほとんど見られない）。

| 1000ペソ | 500ペソ | 100ペソ | 50ペソ |

新硬貨
20ペソ　10ペソ　5ペソ　1ペソ　25センタボ
旧硬貨

※2017年末から新硬貨の流通が開始されている。旧硬貨の使用期限は未定で、当面は並行して流通する。

電話のかけ方

▶ 通信事情→ P.416

日本からフィリピンへの国際電話のかけ方　（例）フィリピン マニラ（02）8234-5678にかける場合

| 事業者識別番号
固定電話からかける場合
0033（NTTコミュニケーションズ）
0061（ソフトバンク）
※携帯電話やIP電話フレッツからかける場合は、国際アクセス番号は必要なくなっている。 | + | 国際電話識別番号
010
※＋をつけるだけでもいい | + | フィリピンの国番号
63 | + | 相手の電話番号
※市外局番最初の0は取る
2-8234-5678 |

※最近は、電話回線を使わずメッセンジャー・アプリをインストールしてインターネット回線を使って会話やテキスト・メッセージを取る人が多い。フィリピンでは日本でメジャーなLINEの利用者はほぼいないものの、日本とのLINEでのやり取りは問題なく行える。フィリピンでは、フェイスブック・メッセンジャーの利用者が圧倒的に多い。また、電話番号だけでアカウント登録しなくても使える無料電話＆メッセンジャー・サービスのバイバーViber（URL：viber.co.jp）も普及しつつある。

両替は、ホテル、市内の銀行、両替所、空港内の銀行で、USドルまたは日本円からフィリピン・ペソへの両替ができる。交換レートが一番いいのは両替所で、悪いのはホテル。銀行では、日本円の両替を受け付けないこともある。両替の際もらうレシートは、再両替の際に提示を求められることがある

ので、最終日まで保管しておくこと。また、銀行や両替所では日本円のおつりを用意していないことが多いので、日本から1000円札を多めに持っていくと、余分な両替をしなくて済む。さらに、地方に行くときは、マニラやセブ・シティなどで日本円からペソへの両替を済ませておいたほうが無難。

両 替

▶ 通貨と両替 → P.415

キリスト教にかかわる祝日が多く、年によって異なる移動祝祭日（＊印）に注意。祝祭日には商店や銀行、郵便局などは休みとなる。このほか特別の休日あり。

1月 1日		元日
1月下旬～2月中旬	＊	チャイニーズ・ニュー・イヤー
2月25日		エドゥサ革命記念日
3月末～4月中旬	＊	イースター・ホリデイ
4月 9日		勇者の日
5月 1日		労働者の日
6月12日		独立記念日
8月21日		ニノイ・アキノ記念日
	最終月曜日 ＊	国家英雄の日
11月 1日		万聖節
30日		ボニファシオ誕生記念日
12月 8日		聖母マリアの日
25日		クリスマス
30日		リサール記念日
31日		大みそか

祝祭日
（おもな祝祭日）

▶ シーズンで見る
フィリピン → P.14

ナガのペニャフランシア・フェスティバル

キリスト教徒が集うマニラ大聖堂
※その他、イスラム教の断食明け、イード・アル・フィトルが毎年、違った日程で行われ、休日となる。

銀 行
一般的に月～金曜が9:00～15:00で、土・日曜、祝祭日は休み。
商 店
スーパーマーケットやショッピングセンターなどは毎日営業、10:00～21:00が目安。小さな商店なら21:00以降も開いているところもある。都市部では24時間営業のコンビニも増えてきている。

レストラン
マニラやセブなどの大都市では深夜まで営業、あるいは24時間営業のところもあるが、地方都市では、20:00～21:00に閉まってしまうところがほとんど。
※イースター・ホリデイ（3月末～4月下旬。年によって異なる）には、観光地以外ではほとんどの店が閉店し、交通機関も多くが運休となる。

ビジネスアワー

フィリピンから日本への国際電話のかけ方

日本同様、すでに町中からは公衆電話は完全に姿を消している。2大キャリアのスマート Smart かグローブ Globe の SIM カードを携帯電話に入れている場合は、国際電話をかけるための設定や最初にアクセス番号を入れることは不要で、日本の国番号の「+81」に続けて、かけたい日本の電話番号の最初のゼロを取った番号を続けてダイヤルすれば電話もかけらるし SMS も送れる。料金は、両社とも、日本宛ての電話通話が 0.4US$/1分、SMS 送信が 1 通₱15 ペソ。携帯電話を持ってない場合は、ホテルなどで国際電話をかけさせてもらう。大きなホテルだったら部屋からもかけられ、チェックアウト時に後払い。もちろん割高だが仕方ない。

▶ **マニラの電話番号が 8 ケタに**
2019年10月より、市外局番が（02）の地域（マニラを含む）の電話番号が 7 ケタから 8 ケタに変更。従来の番号の頭に、PLDT は 8、Globe は 7 というように、通信会社により、番号が追加されている。

インターネット＆データ通信

　多くのホテルではWi-Fiが使えるが、部屋では使えないこともまだある。町なかでスマホで情報を得ることは今や必須。大きな都市はもちろん地方都市でもデータ接続ができるようになってきた。ただし、山岳部や遠隔地などでは、まだデータ接続ができないところも多い。あてにしすぎないことが大事。

　あらかじめSIMフリーのスマホを用意し、到着後に空港などでフィリピンの電話会社のSIMカードを入れることも可能だが、到着が夜中で不安な場合は、多少割高だが、日本のオンラインショップでフィリピンで使えるSIMカードをあらかじめ購入することもできる。2大キャリアはスマートSmartとグローブGlobe。

　また、日本で使用している携帯電話に、海外で使えるサービスを契約していくこともできる。1日当たり1000円程度でデータが使い放題といったプランがある。Wi-Fiルーターを空港などで借りていってもいい。以前、町中に多くあったインターネット・カフェは、都市部では減少している。

チップ

　マニラやセブなどの都市部や地方の観光地の高級なホテルやレストランでは、サービスや味がよかった場合に会計の際において行くといい。金額に決まりはないが、₱20〜。地方都市や田舎、地域住民が使う食堂などではチップの習慣がない。

電圧

電圧とプラグ

　220V、60Hz。プラグは日本と同じAタイプがほとんど。まれにB3、C、Oタイプも見られる。100-240V対応でない電気製品を使うためには変圧器が必要。

Aタイプ　B3タイプ　Cタイプ

飲料水

　水道水は飲めない。店でペットボトルの水を買うことになるが、環境保全に配慮して水筒を持ち歩き、可能なところで飲み水を補充して持ち歩こう。

年齢制限

　フィリピンでの飲酒は18歳から合法。運転免許は17歳からだが、マニラなどは渋滞がひどく慣れていない人の運転は難しい。

気候

▶旅の服装と道具
　→ P.394

▶シーズンで見る
　フィリピン
　→ P.14

　熱帯性気候だが、ルソン島北部の山岳地方など、標高の高い場所では、季節によっては10℃くらいまで気温が下がることがある。フィリピン気象庁PAGASAの公表データでは、ルソン島北部のバギオ以外の年間平均気温は26.6℃で、いちばん気温の高い月は5月で平均28.5℃。しかし、日によっては40℃にまで気温が上がることもあるので、熱中症には注意しよう。機内、夜行バス車内、ホテル、デパートなどでは冷房が強く効いていることがあるので、上に羽織るものがあるといい。日差しが強いので、サングラスや帽子もあると便利。

マニラと東京の気温と降水量

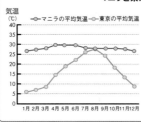

気温
（℃）
ー○ーマニラの平均気温 ー○ー東京の平均気温

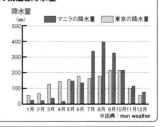

降水量
（mm）
■マニラの降水量　□東京の降水量

※出典：msn weather

度量衡

　いろいろな単位が使われていて混乱しがち。長さは、フィート、インチ、メートル、ヤード。重量はポンド、グラム。量はリットル、ガロン、オンスが使われている。

税関

CUSTOMS

　アルコールはレギュラーサイズ（1ℓ）2本まで、たばこは紙巻400本、葉巻50本、刻みたばこ250gのいずれかまで、非消耗品（日本の空港で買った免税品など）はUS$200相当額まで無税で持ち込める。フィリピン・ペソの持ち込み、持ち出しは₱5万まで。外貨は、US$1万以上は要申告。

パスポートと航空券

フィリピン到着時点で残存有効期間が6ヵ月以上あること。フィリピン到着日から30日以内に出国する航空券を保持していることが入国の条件。

ビザ（査証）

30日間以内の滞在ならビザは不要。31日以上の滞在を希望する場合、59日間有効のツーリストビザを最寄りのイミグレーション・オフィスで延長することができる。59日以上滞在する場合には外国人登録証（ACRカード）の申請も必要になる。事前に日本のフィリピン大使館、領事館での申請も可能。

10年間有効のパスポート

入出国

▶ビザ（査証）について
→ P.387

▶フィリピンの入出国
→ P.400

2023年7月、これまでフィリピンへの渡航者に適用されていた新型コロナウイルスに関する水際措置は完全撤廃され、ワクチンを一度も接種していない未接種者であっても、陰性証明を提示することなく入国できるようになった。そのほかの病気に関する予防接種などは不要。

日本への帰国に際しては、2023年4月29日から日本に到着する航空機に搭乗する場合に求められていた有効なワクチン証明書、または陰性証明書の提示は不要となった。

ワクチン接種

旅行者がよく遭うトラブルは、スリ、置き引き、引ったくり、詐欺など。メトロ・マニラにおいては旅行者を標的とした睡眠薬を飲ませて所持品を奪う「睡眠薬強盗」が起きている。人から飲み物や食べ物をもらうときは十分注意すること。

また、武装ゲリラが活動を続けている地域もあるので、最新の情報を常に把握しておくこと。

安全とトラブル

▶外務省危険情報
→ P.351、357

▶必読！ フィリピンでのトラブル例
→ P.67、423

▶旅のトラブルと対策→ P.420

緊急連絡先

在フィリピン日本国大使館········ (02)8551-5710
邦人援護ホットライン··········· (02)8551-5786

●マニラ
警察（マニラ首都圏共通）·····911 又は117
　　　　　　　　　　　（救急車の要請も可）
　【マカティ市内】··················· 168
　【タギッグ市内】··· (02)8642-2060/3582
ツーリストポリス（観光警察）
　【エルミタ地区】·········· (02)8521-9885
　【マラテ地区】············· (02)5310-0045
マニラ日本人会診療所········· (02)8818-0880
　　　　　　　　　　　　　 (02)8819-2762

●セブ
警察【セブ市内】················ 166
　【マンダウエ市内】······· (032)344-1200
　【ラプラプ市内】········· (032)341-1311
　　　　　　　　　　　　　 (032)495-5593
日本国大使館セブ領事事務所· (032)231-7322
セブ・ドクターズ病院········ (032)318-6507

●ダバオ
警察・消防・救急··················911
診療救急（フィリピン赤十字）· (082)227-6650
サザン・フィリピンズ・メディカル・センター
　　　　　　　　　　　　　 (082)227-2731

東京、大阪、名古屋、福岡からマニラへ、東京からセブ、クラークへ直行便が出ている。ほかの路線も今後徐々に再開予定。所要約4時間。

日本からのフライト時間

▶フィリピンへの道
→ P.396

日本との時差はマイナス1時間。日本が12:00のとき、フィリピンは11:00。なお、フィリピンでサマータイムは導入されていない。

時差とサマータイム

食事

主食は米。フィリピン料理は、ご飯と混ぜ合わせて食べるため、濃いめの味付けになっている。ルソン島南部ビコール地方の料理などを除いては、からいものは少ない。また、フィリピンには各国から伝わった料理も多い。なかでもスペイン、中国の影響を大きく受けている。ハンバーガーなどのファストフード店もたくさんある。

物価

日本の値段の6～7割程度だと考えればいい。しかし、物価上昇は激しく、マニラやセブなどの都市では、日本と変わらない、あるいは日本より高いことも珍しくない。フィリピン人たちと同じようにジプニーを使い、食事は屋台などで済ませれば、半分くらいに抑えることもできる。

そのほか

▶通信事情→ P.416

▶食事について
→ P.418

▶フィリピン料理の世界
→ P.42

フィリピンってどんな国？

日本からマニラまで直行便でわずか約4時間。フィリピンには、ビーチリゾートや山岳の避暑地、歴史的な町並みなど、魅力的な場所が多い。だが、それらすべてを網羅するのは至難の業。まずは、自分がどこへ行きたいのかを考えてみよう。

フィリピンを知るためのキーワード

●7641もの島々からなる群島国家
インドネシアに次ぐ世界第2位の群島国家。そのうち名前がある島は約4600、人が住むのは1000ほど→P.430
●100以上の民族グループで構成
大きく分けるとマレー系が約80%だが、民族グループは100を超える多民族国家。各グループで言葉も違い、文化や風習も異なる→P.436、437
●多様な文化を受容した国
1521年にマゼラン一行が上陸してからの約350年に及ぶスペイン統治、その後のアメリカによる統治の影響が色濃く残っている→P.432、437

ビガン ●

バナウェ ●

● バギオ

Luzon Is
ルソン島

Manila マニラ

さまざまな魅力がひしめく大都会 ★★

マニラ▶P.49

フィリピンの首都で最大の都市、マニラ。高級ホテルやショッピングセンターが建ち並び、ひっきりなしに車や人々が行き交う。ここでは、そんな大都会のさまざまな魅力に出合えることだろう。また、マニラのオリジンともいえるイントラムロスには歴史的建造物が点在する。

高層ビルが建ち並ぶマカティ市の町並み

● コロン・タウン

エルニド・タウン ●

避暑地として人気のエリアが点在 ★★★

マニラ近郊▶P.134

マニラから車で2〜3時間のエリアには、避暑地として人気の町や村が多い。とりわけ緑あふれる高原が広がるタガイタイをはじめ、素朴なビーチリゾートが点在するカラバルソンなどは人気がある。急流下りで知られるパグサンハンもマニラから約3時間の近郊にある。

避暑地として人気のタガイタイ

Palawan Is.
パラワン島

"最後の秘境"といわれるリゾート地 ★

パラワン▶P.353

北部のエルニドには、ワンアイランド・ワンリゾートといわれる隠れ家的なリゾートが点在。手つかずの自然と真っ青に透き通る海、奇岩が切り立つ幻想的な光景が広がっている。また、パラワンには珍しい動植物が多く生息し、色鮮やかな花々が咲き誇っている。

黒い石灰岩が独特な海の色に映える

世界遺産の棚田とスペイン統治時代の町並み

ルソン島北部 ▶ P.174

フィリピンで最も山深いエリア。その中央のコルディレラ地方には標高2000m級の山々が連なり、避暑地として知られるバギオ、空へそびえるように棚田が広がるバナウェ、スペイン統治時代の建造物が建ち並ぶビガンなど見どころが多い。

世界遺産に登録されている棚田

地方独特の文化圏を形成する

ルソン島南部 ▶ P.212

日本人で訪れる人はあまりいないが、変化に富んだ半島や火山、湖が多く、豊かな自然が息づいている。また、田舎の風景が多く残っている地域でもある。サーフィンのメッカとして知られるカタンドゥアネス島、ジンベエザメが見られるドンソルがあるのもこのエリア。

富士山のようなマヨン火山

白砂と真っ青な海が広がる楽園の島々

ビサヤ諸島 ▶ P.225

フィリピン随一のリゾート地が広がるエリア。なかでもセブは、アジアの代表的なビーチリゾートのひとつとして知られ、豪華なリゾートから素朴なゲストハウスまで滞在スタイルもバラエティ豊か。周辺には世界的に有名なダイビングスポットも点在する。

白砂のビーチが続くボラカイ島

昔ながらの素朴なフィリピンの魅力に出合える

ミンダナオ ▶ P.335

ダバオは、フィリピン第3の都市。戦前には1万人以上の日本人がこの地でマニラ麻の生産に従事していた。町全体にのんびりとした空気が漂い、人々の明るい笑顔に出会うことだろう。40年にわたる紛争もバンサモロ暫定自治政府が作られ、和平へ向けた歩みが進みつつある。

ドリアンはダバオの名産品

カタンドゥアネス島

ナガ

●レガスピ

ドンソル

イ島

Visayan Group
ビサヤ諸島

Cebu City
セブ・シティ

Mindanao Is.
ミンダナオ島

ダバオ ●

歴史遺産　　自然　　ビーチ　　エンターテインメント

ベストシーズンは目的地によって異なる

スケジュール作りのポイント

●地域によって多様な気候
南北に細長く、経度も15度以上に広がり、高い山々も多いことから、地域によってかなり気候が違う。年中温暖ではないということを念頭に。

●台風到来シーズンに注意！
フィリピンを襲う台風の85%以上はサマール島以北を通過する。特に7〜9月はビサヤ諸島、ルソン島南部、ミンダナオ島北東部が台風の通り道になることが多い。

●雨季にはスコールにも注意！
激しい雨が降ると、排水設備の整っていない町の道路は川と化し、それにともなって土砂崩れや洪水、交通機関のまひなど、さまざまな災害も発生する。

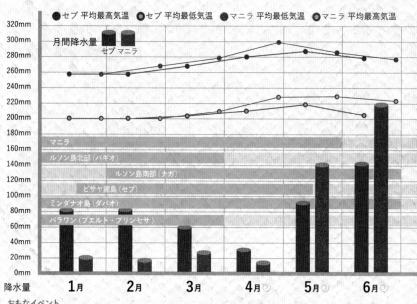

凡例: セブ 平均最高気温 / セブ 平均最低気温 / マニラ 平均最低気温 / マニラ 平均最高気温

月間降水量 セブ マニラ

マニラ
ルソン島北部（バギオ）
ルソン島南部（ナガ）
ビサヤ諸島（セブ）
ミンダナオ島（ダバオ）
パラワン（プエルト・プリンセサ）

降水量 1月 2月 3月 4月 5月 6月

おもなイベント

1月 January
ブラック・ナザレ
Feast of the Black Nazarene（マニラ・キアポ教会）
シヌログ Sinulog-Sto. Ninño de Cebu（セブ島）
アティアティハンの祭り Ati-Atihan（パナイ島カリボ）
ディナギャン Dinagyang（パナイ島イロイロ）
旧正月 Chinese New Year（マニラ・チャイナタウン）

2月 February
パナグベンガ Panagbenga（バギオ）
イロイロ・レガッタ・レース Iloilo Paraw Regatta（パナイ島イロイロ）

3月 March
アラワ・ナン・ダバオ Araw ng Dabaw（ダバオ）
マラシンボ・ミュージック＆アート・フェスティバル
Malasimbo Music & Arts Festival

4月 April
マリオネス・フェスティバル Moriones Festival（マリンドゥケ州）

5月 May
サンタクルーサン Santacruzan（全国）
ファーティリティ・ライツ Fertility Rites（ブラカン州オバンド）
パヒヤス・フェスティバル Pahiyas Festival（ケソン州ルクバン）

6月 June
ヒボク〜ヒボク・フェスティバル
Hibok-Hibok Festival（ミンダナオ島カミギイン州）
Pinayasan Festival（カマリネス・ノルテ州ダエット）
ピンタドス・フェスティバル
Pintados Festival（レイテ島タクロバン）

フィリピンを旅する際に、十分に気をつけなくてはならないのが天候。平均26〜27℃と年間を通じて暖かく、ルソン島北部などの高地を除いては季節によってそれほど違いはない。しかし、1年でいちばん暑い4〜5月には、40℃近くまで気温が上がることもあるので気をつけよう。

ルソン島
LUZON IS.

冬の季節風

夏の季節風

サマール島
SAMAR IS.

パナイ島
PANAY IS.

パラワン島
PALAWAN IS.

ミンダナオ島
MINDANAO IS.

- 雨季（5〜10月）と乾季（11〜4月）がはっきりと区別される
- 乾季がなく、11〜1月に大雨に見舞われる
- 雨季と乾季の明確な区別はないが、だいたい1〜3月が乾季となる
- 年間を通してかなりの雨が降る地域

夏の季節風 ➡　冬の季節風 ➡　台風 ➡

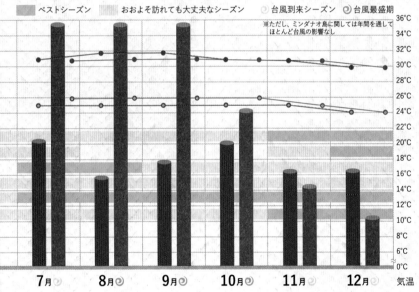

■ ベストシーズン　■ おおよそ訪れても大丈夫なシーズン　● 台風到来シーズン　● 台風最盛期

※ただし、ミンダナオ島に関しては年間を通してほとんど台風の影響なし

36℃ 34℃ 32℃ 30℃ 28℃ 26℃ 24℃ 22℃ 20℃ 18℃ 16℃ 14℃ 12℃ 10℃ 8℃ 6℃ 0℃

7月　8月　9月　10月　11月　12月　気温

15

フィリピン主要都市

エリア別最新情報

MANILA

マニラ

コロナ禍では日本では想像もつかない厳しいロックダウンがあったが、ようやくネオンが戻ってきたマカティ市

パンデミック中にもかかわらず
新規&リニューアルオープン

New & Renewal Openings
Despite the pandemic

コロナ禍を乗り越え、目を見張る発展を遂げるメトロマニラは、今も続々と新しいレストランやショッピングモールができている。「世紀のプロジェクト」と呼ばれ、2022年開業予定であった地下鉄はコロナ禍で工事が遅れ、2025年に部分開業予定だそう。開通後にさらに便利になるであろうマニラに期待だ。

ホテル オークラ マニラ
Hotel Okura Manila

2022年4月にグランドオープン。マニラ空港のターミナル3の目の前にある統合型リゾート「ニューポート・ワールド・リゾート」内にある。最上階にはマニラを見渡せる温水プールがあって好評。モダンな日本の美や自然の雰囲気を楽しめるホテルだ。
🏠 Newport World Resorts, 2 Portwood St., Pasay City　☎ (02)5318-2888　MAP P.62-B3
URL www.hotelokuramanila.com　室数 190

優雅なエントランスでおもてなし

マニラの展望が楽しめるプール

マニラ動物園
Manila Zoo

マラテ地区にある、東南アジアの中でも有数の歴史を誇る公立動物園。かなり古びていて評判が悪かったが、2022年にリニューアル

三越BGC
Mitsukoshi BGC

2022年に東南アジア初の三越店舗として、三越伊勢丹と野村不動産が手がけた三越BGCがオープン。日本のデパ地下をテーマにした食料品店や、アニメグッズを販売する店なども出店していて、日本ファンを喜ばせている。
🏠 8th Avenue, Taguig City　☎ 0919-076-2521
営 11:00〜22:00　MAP P.64上外

フードコートには日本の店が並ぶ

建物もどこか日本のデパート風

イケア
IKEA

コロナ禍で2020年オープンの予定が1年遅れて、2021年11月、スウェーデン発の人気家具メーカー、イケアがモール・オブ・アジアの隣にオープン。約6万5000m² という世界最大の店舗だそうだ。歩き疲れたら、店内にあるこれまた巨大なカフェテリアでひと休み。
🏠 Mall of Asia Complex, Pasay City
営 10:00〜22:00　MAP P.62-A2 〜 A3

巨大な店内はテーマ別にコーディネートされた小さなショールームがたくさんあって、自分の好みに合ったインテリア選びをサポート。見て回るだけでも楽しい

オープン。きれいに生まれ変わって動物たちも幸せそう。園内では、総勢500種以上の動物を見ることができる。DATA ▶ P.98

マニラ動物園の入口

16

眠らない町、ポブラシオンで
おいしいご飯とお酒を楽しむ

IN POBLACION, THE TOWN THAT NEVER SLEEPS. AN EVENING OF DELICIOUS FOOD AND DRINK

　コロナ禍での規制が緩まったとたんに新しく店が続々オープンし、あっという間に活気を取り戻したのがマカティの北東に位置する歓楽街、ポブラシオン。おしゃれなバーやレストランが立ち並び、特に韓国料理レストランが多いことで有名。また、きれいで格安な宿が増えたことで、バックパッカーたちの拠点としても知られつつある。外国人観光客も多く、連日にぎわっているポブラシオンで、マニラのアツい夜を味わってみては？

ドクターワイン・ルーフトップ
Dr.Wine Rooftop

　ポブラシオンの端、ロックウェルの入口近くにある人気のワインレストラン、ドクターワインの屋上にあるルーフトップバー。ロックウェルのきれいな夜景を見ながらワインはいかが？　グラスワイン₱250〜、ボトル₱950〜。
🏠 5921 Algier, Makati City　🕿 0917-563-8811
🕐 17:00 〜翌1:00(金〜日〜翌2:00)　MAP P.61-D1

1階のドクターワインの入口の右側から入る

ロックウェルの夜景が美しい

ウォントゥサワ
Wantusawa

　ポブラシオンで人気のオイスターバー。お酒はオイスターにピッタリのビールやワインから日本酒、カクテルと豊富に揃う。オイスターは生、グリル、ベイク、揚げから選べてひとつなんと₱50。ほかにもサラダや揚げ物などバーメニューもあり、カウンター席はいつも混み合っている。 DATA ▶ P.111

シックな色使いの入口

チーズをのせた牡蠣のグリル焼きは人気

フィリング・ステーション・バー＆カフェ
Filling Station Bar & Cafe

　ブルゴス通りの真ん中でひときわネオンで輝き目立つ店といえばここ。中に入るとアメリカンポップなデザインで気分が上がること間違いなし。メニューもハンバーガーやステーキなど、まさにアメリカン。ドリンクもビールや各種カクテルを豊富に取り揃えており、24時間営業なのも夜遊び好きにはうれしい。
🏠 5012 P.Burgos St, Makati City　MAP P.61-C1
🕿 0917-833-7837　🕐 24時間

ポップな色使いで、店内はまるで別世界

ネオンが輝く外観

クライング・タイガー・ストリート・キッチン
Crying Tiger Street Kitchen

　P.ブルゴス通りから1本入った道にある、おいしいタイ料理がリーズナブルに食べられる人気の店。タイビールのほか、カクテルやウイスキーなどもあり、人気はレモングラスとタイバジルのモヒート₱160。オープンエアの席でマニラの夜を感じながら飲むことができる。
🏠 4986 Guanzon St., Makati City
🕿 (02) 8894-1769
🕐 11:00 〜 21:00(金〜日〜翌1:00)
MAP P.61-C1

タイガーが目印の入口

人気のガパオライスは₱260

アンティドート
Antidote

　マカティ通りにあるI'Mホテルの屋上にある「クラゲの水槽」で有名なバー。ルーフトップバーが多いマニラのなかでも、360度見渡せる美しい夜景とインテリアが特に人気。
🏠 I'M Hotel, 7862 Makati Ave., Makati City
🕿 (02)7755-7888　🕐 17:00 〜翌3:00　MAP P.61-C1

美しい夜景と贅沢な食事を存分に楽しめる

トイレからも美しい夜景が一望

チャイナタウン＆イントラムロスで
歴史を感じながら食べ歩き！

世界各地に存在するチャイナタウンのなかでも最古と言われるのがフィリピンのチャイナタウン、ビノンド。1594年に設立されたというビノンドの町を、おいしいものを食べながら歩いてみよう。

チャイナタウン ビノンド

いつもたくさんの人でにぎわっている

フィリピンと中国の交易が始まったのは9世紀。その後、中国人移民は増え続け、1594年に中国人居住区であるビノンドができたそう。長い歴史のなかで中国人はビジネスで成功を収め、現在でもフィリピン経済の一部を支えているのは華人実業家たちだ。チャイナタウンにはその歴史を感じさせる建造物がしっかり残っている。中国食文化の伝統も息づいていて、本場仕込みのおいしいものに出会える。▶P.84

このゲートをくぐった先には、おいしいチャイナワールドが広がる

元は銀行だった建物を改装

1919 グランドカフェ
1919 Grand Cafe

歩き疲れたときなどの休憩でぜひ訪れてみたいのは、香港上海銀行だった建物を改装したこの老舗カフェ。店内は洗練された空間で、快適に過ごすことができる。メニューには日本式のチーズケーキもあってうれしい。　**DATA** ▶P.112

さすが元銀行の堂々とした店構え

フィリピンいち古いレストラン！

トーホー・パンシッテリア・アンティグア
To Ho Panciteria Antigua

「フィリピンでいちばん古いレストラン」とされている、フィリピン風焼きそばパンシット・カントンが売りのレストラン。人気のストリートフード、キッキャムも食べることができる。　**DATA** ▶P.110

すっかり代表的フィリピン料理として広まったパンシット誕生の地

チリチリの手作り刀削麺

ランゾウ・ラーミエン
Lan Zhou La Mien

手作り刀削麺が、おいしくて有名な店。ほかにも店舗があるが、ラッキー・チャイナタウン・モール内に入っているこちらは行きやすい。
住 Reina Regente St., Binondo, Manila City　TEL (02)8244-5365
営 10:00 〜 21:00　休 なし
MAP P.64下外

水で練った小麦粉の塊を、専用の刀で沸いた湯の中に削って作るのが刀削麺

ドンベイ・ダンプリング
Dong Bei Dumplings
もちもちの皮にお肉たっぷり！ドンベイ・ダンプリングの水餃子₱200。テイクアウトのみ。▶P.86
住 642 Yuchengco St., Binondo, Manila City　TEL (02) 8241-8912
営 8:30 〜 19:00(日〜 18:00)

上海・フライド・シオパオ
Shanghai Fried Siopao
週末は行列！　上海フライド・シオパオの揚げシオパオ₱35。買ってその場で食べる。▶P.86
住 828 Ongpin St., Santa Cruz, Manila City　TEL (02) 8734-0886
営 7:00 〜 18:00　休 なし

イントラムロス

パシッグ川に架かる大きな橋を渡ったらイントラムロス。16世紀にスペイン人によって造られた城壁都市だ。第2次世界大戦末期のマニラ市街戦の舞台となり、多くの命と歴史的建造物が失われた。それでもスペイン統治時代の面影はあちこちに残っている。歴史の痛みを感じながら散策してみよう。
▶P.80

1571年創建のマニラ大聖堂。戦争や災害などで建物が破壊されたため、1958年再建。**DATA** ▶P.81

サン・オウガスチン教会は1600年前後に建てられ、その後の第2次世界大戦の爆撃や幾多の地震も耐え抜いた「奇跡の教会」といわれている。1993年に世界文化遺産に登録された。マニラの波乱に満ちた歴史を静かに見つめてきた荘厳さにあふれている。**DATA** ▶P.82

大聖堂の隣で優雅にお茶する

ラ・カテドラル・カフェ

La Cathedral Cafe

マニラ大聖堂の真裏の建物2階という絶好のロケーションにあり、夕陽も眺められるカフェ。フードメニューも充実している。

🏠 636 Cabildo St., Intramuros, Manila City
☎ 0915-512-3317
🕐 8:00～21.00 休なし
MAP P.63-B2

> ユニークな
> カフェの看板

> テラス席からはイントラムロスを見渡すことができる

スタバもイントラムロス風

スターバックス・イントラムロス

Starbucks - Intramuros

チャイナタウンから橋を渡って最初に見えてくるのがイミグレーション（入国管理局）のヘッドオフィス。そしてその正面にあるのがイントラムロス内らしく重厚な雰囲気のあるスターバックス。

🏠 Muralla St., Intramuros, Manila City
☎ (02) 8527-4242
🕐 6:00～21:00（土 8:00～）
休日
MAP P.63-B1

ショッピングモールにあるスタバとは違った雰囲気

スペイン風建築がすてき

イラストラード・レストラン

Ilustrado Restaurant

イントラムロスで評判の高いスペイン風フィリピン料理店。イントラムロスを見渡すことができるテラス席がおすすめ。オールドマニラの雰囲気を色濃く残したレストランでの食事は、イントラムロスならではの醍醐味だ。

🏠 744 General Luna St., Intramuros, Manila City
☎ 0939-920-68229
🕐 8:00～22:00（火～21:00、日～19:00）休なし
MAP P.63-B3

> スペイン料理といえばパエリア

サン・オウガスチン教会からリサール公園方向に行った所にある

ギャラリー＆カフェ巡りで アートな1日を 満喫する！

首都マニラでは、コロナ禍を乗り越えてアートスポットも再オープン。若者向けの洗練されたおしゃれなカフェも続々と登場している。成長し続けるマニラのパワーを感じられる、マカティとケソンのおしゃれスポットを紹介！

Quezon City
ケソン市

ケソン市には、フィリピン大学ディリマン校とアテネオ・デ・マニラ大学というふたつの名門校があるだけに、交通の要所のクバオやふたつの大学周辺には、大学生が集うカフェが点在する。またそれぞれの大学内には本格的な美術館もあるので、1日かけて学生の町を歩いてみよう。 ▶P.101

学生たちでにぎわう

クバオ・エキスポ
Cubao Expo

もともと靴工場が多いマリキーナ市の靴のショールームとして作られたコの字形の建物に、レストラン、カフェ、バー、アートギャラリー、ビンテージショップなど個性的な店舗が入り、若者たちが集うコミュニティとなっている。コロナ禍を越えて再び活気を取り戻してきた。

住 3 General Romulo Ave. **MAP** P.65上

特に週末の夜は若者たちでにぎわう

ブミ・アンド・アシェ
Bumi and Ashe

ろくろワークショップは₱3650

フィリピンでは珍しい陶芸の工房＆手作り陶器のショップ。初心者向けのろくろと手びねりのワークショップも開催している。HPから予約。

URL www.bumiandashe.com
営 10:00 〜 20:00 **休** 月

フィリピンアート界の中心にある重要なアートスポット

アテネオ・アート・ギャラリー（AAG）
Ateneo Art Gallery

1960年にできた大学構内にあるこの美術館は、フィリピンを代表する近代・現代美術の美術館。歴史があるだけに新旧の作家の豊富なコレクションを誇り、1〜2階の常設スペースではテーマや作家ごとの企画展を行っている。また、年に1回アテネオ・アートアワードを開催し、実験的な作品を制作する新進の現代美術家の登竜門となっている。3階のギャラリーではアワード受賞者をはじめ、現代美術の作品展が行われていて、フィリピン・アートの「今」に関心のある人は必見だ。

DATA ▶ P.102

3階のギャラリーで開催のMuntadas：Exercises on Past and Present Memories

大学構内のアルテというモダンな建物内に入っている。ほかにも劇場やパフォーマンススタジオなどがある複合施設だ

ブルーマン・コーヒー
Brewman Coffee

アメリカンコーヒーとレモンをブレンドしたマザランMazaranが人気

自然光の入る明るい店内とハイスピードのWi-Fiで、勉強や仕事をしながらコーヒーを楽しむ人に人気。こだわりのドリンクとペイストリーを求めて多くの人が訪れる。

TEL 0917-828-4849 **営** 火〜木 10:00 〜 21:00
（金〜日〜 23:00） **休** 月 **CC** 不可

カタ・ライフスタイル・ストア＋カフェ
Katha Lifestyle Store + Cafe

2階建てで1階はカフェ、2階は雑貨店。アーティスティックで居心地のよい雰囲気のカフェは、本を読んだりしながらの友達との待ち合わせにぴったり。

Mail kathalifestylestore@gmail.com
営 月〜木 11:00 〜 19:00、金〜日 11:00 〜 21:00
CC 不可

カフェでの人気はウベ（ムラサキイモ）を使ったラテ「Liham」

2階にはコスメやキャンドル、洋服など手作り品が並んでいる

日本人在住者がいちばん多い町と言えばマカティ。ショッピングモールに行けば何もかも揃ってしまうマカティで、あえてモールを出て歩いてみる。知らないフィリピンが見えてくるはず。　▶P.70、P.91

美術館の入口

BGCのど真ん中にリニューアルオープン
メトロポリタン美術館（The M）
Metropolitan Museum

　2023年2月にボニファシオ・グローバル・シティ（BGC）の中心に、ニューヨークを拠点に活躍するフィリピン系コロンビア人の建築家、カルロス・アルナイスの設計した光あふれる美術館として移転した。国内外のアーティストの作品を幅広く紹介し、フィリピンの現代美術の振興も目的としている。どんな企画が登場するか目が離せない。 **DATA** ▶P.92

現代美術専門のギャラリー
ドローイング・ルーム
Drawing Room

　フィリピンの現代美術家の作品を中心としたギャラリー。勢いづいているフィリピン・アート界の最新に触れることができる。

現代美術家、ロッキー・カビガンの展覧会（2023年5月）

🏠 Karrivin Plaza, 2316 Chino Roces Ave. Ext.　**MAP** P.60-A3外
☎ (02) 8801-4397　🕐火〜土 11:00 〜17:00　休月、日
🌐 www.drawingroomgallery.com

レガスピ・ビレッジのオアシス
スポティッド・ピッグ
Spotted Pig

　窓から入る自然光と緑が映え、優しい空気の流れるカフェ。ヴィーガン、ベジタリアン、グルテンフリーなどに対応している。どの料理もボリューム満点。食事だけでなく、焼きたてのペイストリーやパンも楽しむことができ、コーヒーとの相性は抜群。
🏠 109 Esteban, Legazpi Village
☎ 0917-882-2208
🕐 7:00 〜 21:00　休なし
💳 MV　**MAP** P.60-A2

席数も多い。ナチュラルな雰囲気

コーヒーも本格的

チキン照り焼き丼、チキンペスト・スパゲティ、スパニッシュラテ

オーストラリア焙煎のコーヒー
パンコ・カフェ
Panco Cafe

　パンコ・カフェはフィリピンの朝食用のパン「パンデサル」と「コーヒー」を組み合わせてつけた店名。メルボルンをイメージした内装にフィリピンのエッセンスを加えている。コーヒー豆は海外産のものをオーストラリアで焙煎しているが、メニューの大半はフィリピン料理。
🏠 110 Don C. Palanca, Legazpi Village　☎ 0943-256-9033
MAP P.60-B2
🕐 7:00 〜 22:00（日〜火〜 21:00）

店内はミニマムなインテリアでシンプル

チャード・ロンガニサとシシッグ・バラボック

こちらは香港発のコーヒーショップ
コーヒー・アカデミクス・カフェ
Coffee Academics Café

　パンコ・カフェの真向かい。こちらは香港から送られてきたスペシャルティ・コーヒーの店。屋外席もある。コーヒーだけでなく、ドリンクメニューが豊富。シックなインテリアはインスタ映えする。
🏠 109 Don Carlos Palanca, Legzpi Village
☎ 0917-677-2033　**MAP** P.60-B2
🕐 7:00 〜 24:00　💳 MV

屋内席も席数が多くゆったりしている

カフェ・モカとオペラ・アーモンド・ケーキ

店内にはカラフルな壁画アート
ファット・シード・カフェ＋ロースタリー
Fat Seed Cafe + Roastery

　マカティのグリーンベルト3と、BGCに店舗があるアートなカフェ。マカティ店には、コーヒー豆を焙煎するコーナーがあり、タイミングがよければ焙煎の様子を見ることができる。大胆な壁画はオーナーがアメリカのマイアミに行ったときにインスパイアされて店内インテリアに採用したそう。
●マカティ店
🏠 2/F Greenbelt 3, Esperanza St.
☎ (02) 7004-4509
🕐 10:00〜21:00（金・土〜 22:00）
💳 MV　**MAP** P.60-B3

BGC店は明るい雰囲気。**MAP** P.64上
🏠 9th Avenue, Corner 27th St., Taguig City

コーヒーだけでなくカクテルやワインもある

フィリピン主要都市
エリア別最新情報
CEBU
セブ

セブ島側の橋の出口にそびえ立つSMシーサイド

まだ、準備中のテナントが多いセブ島側にできた新しいモールのイルコルソ。写真はローカルにも人気のレストランや屋台が並ぶ屋外エリア

マクタン島とセブ島を結ぶ
第3の橋が開通！

THE 3RD BRIDGE BETWEEN MACTAN AND CEBU IS NEWLY OPEN!

これまで空港やビーチリゾートがあるマクタン島と、セブ市をはじめとする市街地のあるセブ島の間にはふたつの橋があったが、交通量の増加にともなう渋滞の悪化を受けて、2022年4月に、マクタン島の南西のコルドバ地区からセブ市南部の新規開発地区SRP（South Road Properties）を結ぶ第3の橋CCLEX（Cebu Cordova Link Expressway）が開通した。フィリピンの島と島を結ぶ橋では最長の8.5kmで、ルソン島以外では初の有料道路だ。

第3の橋CCLEXの開通により、マクタン島からモアルボアル、オスロブやモアルボアルなどセブ島南部への観光スポットへは、セブ市やマンダウェ市内の渋滞道路を通らずにアクセスできるようになった。橋の中間には、自撮り好きが多いフィリピンらしく、写真撮影スポットの設置も検討されている。セブではさらに、マクタン島北部からセブ島を結ぶ第4の橋も計画されている。

SMシーサイド、イルコルソへはセブ市内ITパークから路線バスが出ている。片道₱40で終点がイルコルソ

イルコルソのテーマはマリーナ。奥の灯台がシンボル

CCLEX公式サイト URL cclex.com.ph/about-cclex

第3の橋CCLEXの両端エリア
いまが旬の見どころ！

メイン水槽での餌やりショーは1日3回。ダイバーが水槽越しの写真撮影に応じてくれる

セブ島側 SRP地区

CCLEXのセブ島側、海沿いの新規開発エリアはSRPと呼ばれ、続々と新たな観光スポットができている。巨大ショッピングモールSMシーサイドや、コロナ禍による休業から再オープンしたフィリピン最大規模の水族館セブ・オーシャンパークに続き、イルコルソ・ライフモールⅡ Corso Lifemallsや、カジノリゾート＆ホテルのニュースター Nustarがソフトオープン中（2023年5月現在）。SRP地区では今後もSMアリーナやコンドミニアム、オフィスビルなど続々と建設予定で、その進化に目が離せない。

セブ・オーシャンパーク
Cebu Ocean Park

2019年にオープンするもコロナ禍により2020年4月に休館に追い込まれ、同年11月に再オープン。水中トンネルは魚を眺めながらくつろいだり写真を撮ったりするのに大人気。**MAP** P.230-A2外

メイン水槽前で食事を楽しめるアクアダイニング

フィリ・ホテル
Fili Hotel

カジノもあるニュースター内に新たにオープンした高級ホテル。シービューの部屋からはマクタン島、ボホール島方面の一面の海が見渡せる。

🏠 South Road Properties, Cebu City
☎ (032) 888-8282
🌐 www.nustar.ph/hotels/fili
💳 ADJMV　**MAP** P.230-A2外

水中トンネルを抜けると360度の海中世界

マクタン島側 コルドバ地区

マクタン島は、空港や工業地区やショッピングモール、住宅地がひしめくラプラプ市と、南西の川で隔てられたコルドバ地区に分かれる。コルドバ地区には元来のセブらしさを味わえる、よりローカルな観光スポットがあるので、足を延ばしてみる価値はある。2021年12月の大型台風オデットの被害を大きく受けた地域でもあるが、修復・再開発が進んでいる。

ランタウ・レストラン
Lantaw Restaurant

海上に突き出たフローティングレストラン。夕暮れ時にはきれいなサンセットを、夜にはセブ市街の夜景を眺めながら、おいしいフィリピン料理を味わえる。SRP地区のイルコルソにも支店をオープン。**MAP** P.245-A2

🏠 Day-as, Cordova, Cebu　☎ 0919-568-2377　🕐 11:00 ～ 22:00

10000ローゼズ・カフェ
10000 Roses Café

人工のバラを見渡す限り植え込んだエリアは、セブの映えスポットとして人気を呼んでいる。屋外でくつろげるスペースや、十分なテラス席もあり、CCLEXやセブ市街を眺めながら潮風に吹かれてゆっくりできる。

🏠 Day-as Barangay Rd., Cordova, Cebu
☎ 0956-839-9427
🕐 14:00～21:30　🈳 なし
💴 1人₱20　💳 不可
MAP P.245-A2

セブシティの ITパーク進化中!

オフィスビルやコンドミニアムが並び、以前から開発・整備が進んでいるITパークの進化が止まらない。2019年12月に、フィリピンの二大モール系列（SM、アヤラ）のうちのひとつであるアヤラのアヤラ・セントラル・ブロック Ayala Central Bloc がITパーク中央にオープン。規模はアヤラセンター・セブに比べると小さいが、映画館、スーパー、レストラン、マッサージなどある程度のものがひととおりITパーク内で揃えられるようになった。2021年12月の大型台風オデットの被害はITパークでも大きく、コロナ禍での客足減少と相まってレストランの顔ぶれも変化したが、ようやく以前の活気が戻ってきている。 **MAP** P.230-B1

アヤラ・セントラル・ブロックの隣にはバスターミナルもでき、ITパークから、マクタン島や各モール、SRPエリアをはじめとするセブ市周辺への交通アクセスが格段によくなった。

セダ・ホテルはアヤラ・セントラル・ブロックに直結しているITパーク唯一のホテル。出張や観光の際の拠点としてたいへん便利。ルーフトップバーではライブバンドも楽しめる。

スグボ・セントロ
Sugbo Sentro

2022年にサリナス・ドライブ Salinas Drive 沿いにオープンした新たな屋台街。以前からあったスグボ・メルカドより小規模だが、こちらはランチタイムから営業していてITパークで働いている人たちの憩いの場になっている。夜はライブバンドの演奏もある。

🕐 月〜土 10:00 〜 24:00
🈳 日　 **CC** 不可

リコス・レチョン
Rico's Lechon

セブ名物、子豚の丸焼きレチョンで有名。レチョンはレギュラーとスパイシーが選べ、どちらも美味。またクリスピーな皮が食べられるのも魅力。レチョン以外にもさまざまなフィリピン料理を楽しめる。

🏠 F&B9, Ayala Central Bloc, IT Park
☎ (032) 266-8478、0956-037-5210　**URL** ricoslechon.com
🕐 11:00 〜 21:00　🈳 なし　**CC** MV

クブ
Kubu

屋外2階建てのツリーハウス風外観がおしゃれなフィリピン料理レストラン。台風オデットで以前のレストランが損壊し、新たに誕生した。金曜夜から週末にかけてITパークで働くフィリピン人でにぎわう。

🏠 Garden Bloc, IT Park
☎ 0956-813-5454
🕐 月〜木・日16:00 〜 24:00
金・土16:00 〜翌2:00
CC MV

ユッカ
Yukga

セブでは少ない熟成肉が食べられる韓国焼肉レストラン。夕食時には順番待ちの人であふれる店。キムチやサンチュなどの前菜は食べ放題で、テーブルまで持ってきてくれる。

🏠 #11 Garden Row, Ayala Central Bloc, IT Park
☎ 0917-707-2199、(032) 412-0814
📧 yukgakoreanbbq@gmail.com
🌐 www.facebook.com/Yukgakoreanbbq
🕐 11:00〜翌4:00 💳 AV

ファット・フォー
Phat Pho

セブでお洒落なレストランやリゾートを経営するアバカグループのベトナム料理レストラン。フォーやお粥などヘルシーな料理が食べられる。クロスロード・モールにもある。

🏠 Ground Floor, Ayala Central Bloc, IT Park
☎ 0919-910-4822
🌐 www.phatphoph.com
💳 AV

開発が進むITパークだが、芝生エリアなど緑も多く、夕暮れ以降はくつろぐ人々でにぎわう

スターバックス・リザーブのセブ1号店もアヤラ・セントラル・ブロック1階にオープン。スタバはフィリピンでも大人気

セブの山側エリアから
目が離せない！

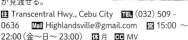

以前から山頂展望台のトップスなどセブ市街の景色や夜景のパノラマが見どころのブサイBusay地区は、コロナ禍を経て、レストランや観光名所が次々と新規オープン、リニューアルしている。

マルコポーロホテルより先の山頂側では、流しのタクシーをつかまえることは難しいので、ドライバー付きのタクシーやバンを手配して行くのが確実だが、ビーチリゾート以外のセブの魅力を味わうにはおすすめのエリアだ。P.233

ハイランド・デ・ブサイ
Highlands de Busay

コロナ禍のあとに新規オープン。全席テラス席で山の涼しい空気を感じながら食事ができるおしゃれなアジア料理レストラン。セブ市街の夜景が見渡せる。

🏠 Transcentral Hwy., Cebu City ☎ (032) 509-0636 📧 Highlandsville@gmail.com 🕐 15:00〜22:00（金〜日〜23:00） 休 月 💳 MV

バライ・サ・ブサイ
Balay sa Busay

セブの言葉ビサヤ語で「ブサイの家」という店名のフィリピン料理レストラン。料理はどれもおいしく、セブ市街が一望できるオープンエアの席でゆっくりと過ごすのがおすすめ。コロナ禍を経ても変わらず人気のお店だ。

🏠 Cebu Tops Road, Cebu City
☎ (032) 354-7169
🌐 www.facebook.com/BalaySaBusay
🕐 11:00〜21:00 休 なし

イミグレーション・セブ・オフィス移転

2022年12月にセブ市のロビンソン・ギャラリア・モール内へ移転した。
DATA ▶ P.230

総領事館が入っているビル

在セブ日本国総領事館の移転

2021年11月、セブ総領事館の場所が変更になっているので注意。これまでと同じアヤラ・ビジネスパーク内だが、2Quad Buildingの8階に移転。観光ビザ延長などの手続きで訪問する際には注意。DATA ▶ P.230

生まれ変わった ビーチ特集
SIARGAO IS.
シアルガオ島

ダク島のビーチ。ほかの島より広く日陰も多い

台風オデットの被害を 乗り越えパワーアップ！

　2021年12月にフィリピンを襲った台風オデット（Odette）は、シアルガオ島に甚大な被害をもたらした。島内の観光施設やホテルも例に漏れず多くが倒壊し、一時休業や閉業を余儀なくされた。それから約2年。シアルガオは驚異的な復活を遂げた。2023年3月現在、新たにオープンしたカフェや、営業を再開したリゾート、ツアーが世界各地からの観光客を楽しませている。　▶P.345

台風オデット後のクラウド9

台風オデット
以前のクラウド9

席は屋外だが、
屋根があるので
涼しい

クラウド9を眺めながら
食事ができる

シャカ　DATA ▶P.348
Shaka

　クラウド9にほど近いロケーションと、トロピカルなメニューが魅力のカフェ。サーフィン後の朝はもちろん、昼の暑い時間帯にもにぎわいを見せる。朝食のセット₱400や日替わりサラダ₱270が人気。暑い時間帯にクラウド9に立ち寄るなら、ここの日陰で海を見て涼みつつ、冷たいメニューでひと息つくのがおすすめ。

おしゃれな
スムージーボウル

ココナッツと
バナナのシェイク

巨大台風の傷跡が残る クラウド9の遊歩道

　サーフィンの聖地として名高いクラウド9（MAP P.345）。初心者から上級者までを受け入れる多彩な波が売りだ。環境税₱100を払うことで遊歩道を歩くことができるが、それを支える柱の上部は中の鉄骨が剥き出しになっている。以前と変わらず打ち寄せる白い波に青い海。自然の美しさと脅威を一度に感じられるスポットになっている。

紺碧の海と白い浜を堪能
アイランド・ホッピング！

シアルガオ島周辺の島々を渡るアイランド・ホッピング。
個人でも船を借りられるが、ツアーに参加すると割安。
ネイキッド島、ダク島、グヤム島の3つの島を回るツアーが一般的。
途中シークレット・ビーチに寄ることもある。 **DATA** ▶ **P.347**

ツアーには、豪華な昼食付きのものがある。テーブル一面に敷き詰められた料理をおのおので取り分けて食べるスタイルで「ブードルファイト」という。肉、野菜、魚が満遍なく楽しめる。売店でビールや果物のシェイクなども買える。

ネイキッド島の海と砂浜

Naked Island
ネイキッド島

砂のほかには何もない、一周5分ほどの小さな島。船頭さんが荷物を見ていてくれるので、思いきり泳いだり、写真撮影をしたりできる。島のいちばん高い場所からは、海を360度見渡せる。

アイランド・ホッピングのボート。最大10人まで乗れる

グヤム島 *Guyam Island*

グヤムとは現地語で「黒い」という意味で、その名のとおり黒い岩のなだらかな海岸が広がる。岩の溝には海水がたまり、小さな魚やカニが生息している。小さな島だがフォトスポットも何ヵ所かある。腰かけられる場所も多く、旅の疲れが癒やされる。

グヤム島のフォトスポット

水が岩の窪みにたまっている

ダク島 *Daku Island*

ダクは、現地の言葉で「大きい」という意味。その名のとおり大きく、小さな売店がある。ツアーではここで昼食となることが多い。日焼けするために浜辺に寝転がる観光客もちらほら。ビーチバレーのネットもある。思いおもいに美しいビーチを楽しむことができる。

台風で折れたヤシの木と壊れた船

昼食のブードルファイト

ビール（レッドホース₱65）

Secret Beach
シークレット・ビーチ

シークレット・ビーチ。深さは腰ほど

アイランド・ホッピング管理オフィス
（ジェネラル・ルナ観光オフィス）

🏠 General Luna
📞 0951-453-9087
🕐 6:00～17:00
🗺 P.345右

水深数十cmに広がるビーチ。腰ほどの深さなので、泳げない人にも楽しい。泳いだり、スノーケリングを体験したりできる。見渡す限りマリンブルーの海が広がる絶景スポットでもある。

☆ リゾート気分を存分に味わう ☆
南国カフェ

シアルガオ島のカフェは、ビーチリゾートらしい外観と
スタイリッシュなメニューで、どこに行っても外れはない。
観光客はジェネラル・ルナからクラウド9までの間に立ち並んだカフェで
穏やかなひとときを過ごす。これらはほとんどが台風後に開店したり、
移転や建て替えを行ったもの。
パワーアップしたシアルガオ島を味わうなら、食はマストだ。

オープンして間もない人気カフェ

ラ・メーサ　　MAP ▶ P.345右

La Mesa

青と白でさわやか
にまとめられた店内

パイナップ
ルシェイク
₱178は果
肉たっぷり
で美味

🏠 Tourism Rd., General Luna
📞 0985-227-3175　🕐 9:00 〜 23:00

　2022年7月にオープンしたばかりの、フィ
リピン料理とタイ料理を提供するカフェレス
トラン。朝食も洗練されているが、比較的遅
い時間まで営業しており、バーとしても人気。
海沿いだけあり、海鮮料理のメニューが豊
富。店内は青を基調としている。落ち着いた
雰囲気で、冷たいドリンクを飲みながら作業
をするにももってこい。

移転後も愛され続ける名店

ココ・フリオ　　DATA ▶ P.348

Coco Frio

ココナッツアイス
のコーヒーフロー
ト₱160

　台風オデットの後、ジェネラル・ルナの中
心地で再始動したカフェ。フレンドリーな接
客と質の高いメニューで、地元住民からも観
光客からも愛されている。ココナッツを使っ
たメニューが得意。自家製ココナッツアイス
のコーヒーフロート₱160は、果肉の食感と優
しい甘味がコーヒーの苦味とマッチして絶品。

白ひげオーナーの海沿いカフェ

ホワイト・ビアード・コーヒー

White Beard Coffee　DATA ▶ P.348

ベリーのフレンチ
トースト。厚さは
3cm超え

落ち着いた雰囲気で客足が途絶えない

　朝からおやつ時まで営
業しており、本格コーヒ
ーが味わえる名店。朝食
メニューは営業時間中い
つでも注文できる。シロ
ップの染みた分厚いフレ
ンチトーストや、ワッフ
ル、卵料理、ソーセージ
のセットが人気。午前中
に売り切れることもある
ので、早めの時間に行く
のがおすすめ。

きらめく
サーフスポットの夜

昼はアイランド・ホッピングやランドツアー、
サーフィンなどで遠出していた観光客が宿泊エリアに戻る夜。
ジェネラル・ルナはレストランやバー、みやげ物屋の光で彩られる。
レストランでゆったりディナーを楽しむもよし。
おみやげや服、アクセサリーなどを見て回るもよし。
タトゥースタジオも多く、
数週間で消えるヘナタトゥーも体験できる。

ポークスティック
（1本₱45）

地元の人が
自信をもって
おすすめする

タトゥー
スタジオの様子

木組みの店内がリゾートの夜を演出

MAP ▶ P.345右
ベビーズ・バーベキュー
Bebie's BBQ

　シアルガオらしいバーベキューメニューが専門のレストラン。観光客からの人気が高い。バーベキューはチキンとポークのメニューがあり、それぞれ好きな部位を1本単位で注文する。たれが絡んだバーベキューは、お酒が欲しくなるおいしさ。夕方からは生バンドの演奏が始まり、店内はおおいに盛り上がる。

住 Poblacion 3, Tourism Rd, General Luna
TEL 0907-028-1288
営 11:00〜21:00　CC 不可

マンゴーシェイク
₱150

タトゥースタジオはみやげ物店を兼ねている

チキン、ポークともに部位を選べる

どん底から再び花咲いた
ビーチリゾート　DATA ▶ P.347

メラズ・ガーデン・リゾートのオーナー。
右下の写真の提供者でもある

現在の様子。雰囲気のあるヴィラが並ぶ

　メラズ・ガーデン・リゾートのオーナーは、被災直後は、衣食住がすべて足りなくなり大変な思いをしたと語る。誰もが生きるために支え合ったが何をするにも物資が足りず、国外にいる親戚や友人に支援を求めた。NGOなどの手を借りながら復興を進め、現在は完全に復興が完了したのだそう。
　そして2022年に、ラティチュード10という名だったホテルは、メラズ・ガーデン・リゾートと名前を変えて生まれ変わった。4棟のヴィラに5つの客室を備えた小規模な宿泊施設である。
　こまやかに行き届いたサービスは観光客からの評価も高い。スタッフは皆フレンドリーで優しい。受付にはアイランド・ホッピングなどのツアー情報があり、そこからさまざまなツアーに申し込むことができる。

台風直後の様子。建物が倒壊している

生まれ変わった ビーチ特集
EL NIDO
エルニド

新型コロナの影響で3年の間、観光客がいなかったエルニドだが、受け入れ再開後、世界中から観光客が訪れ活気を取り戻している。観光客の流れはエルニド・タウンから郊外にも広がり、タウン以外にも新しいホテルなどが誕生。環境や健康への気配りをちりばめた、新しいスタイルを提案する施設が次々と誕生しているのもうれしい。　▶P.366

コロン・コロン・ビーチ
CORONG CORONG BEACH

　エルニド・タウンからトライシクルで南にわずか5分の静かな南北に細長い漁村。欧州人オーナーのリゾートも多く、静かに大人の滞在を楽しめる一方で、バックパッカー向けの格安なホステルも誕生している。ハイウエイ沿いのさらに南には大型レストラン、ビーチ沿いにはハイエンドのリゾートなども新たに登場している。タウンの喧騒を避け、コロン・コロンで落ち着いた滞在を楽しむなら今が最後のチャンスかも。
▶P.369

ビーチ沿いのエコホテルが開発したストリート
ポップス・ディストリクト
Pops District

　エコホテル・グループ系列の宿であるスイーツ（→P.373）が、ハイウエイからビーチにいたるまでの小道をポップス・ディストリクトとして開発。オープン間もなくのコロナ禍で空き店舗も多かったが、新たに多くのカフェ、旅行代理店、ショップ、レストランがオープンしていて発展進化中だ。

フランス人オーナーのゆったりリゾート
エルニド・ココ・リゾート
El Nido Coco Resort

　エルニド・タウンからコロン・コロンに入って間もなくの海のほうへ向かう小道沿いには、隠れ家的なレストランやリゾートがひっそりとある。大人限定というリゾートがある一方、家族連れにはスタッフの笑顔がまぶしいエルニド・ココ・リゾートがおすすめ。このあたりのリゾートは、アクティビティを楽しむというより、ゆったりとリゾート内での滞在を楽しむための施設といえる。　**DATA** ▶P.373

ビーチまで続く小道。メキシコ料理店、バーベキューレストラン、イタリア料理店などが軒を連ねている

自然素材をうまく生かしたレストランとプール

エココンシャスな小さなオーガニックカフェもある

ビーチ沿いのスイーツ・バイ・エコホテル

海に近いバンガロー

ココ・リゾートからの眺め。海沿いにバーもある

ゴジベリーもたくさん入っていてうれしいマンゴースムージー

エルニド・タウン
El Nido Town

> 海から近い一等地に台湾資本の大型ホテルが向かい合って2軒オープンした。一方、バックパッカー向けのホステルも誕生。「最後の秘境」として知る人ぞ知る観光スポットだったエルニドだが、今や幅広いツーリストを惹きつける人気の観光地に変貌し、エルニド・タウンはその中心としてにぎやかさを増している。　　▶P.367

屋上プールで交流を深める
フレンズ・ホステル・エルニド
Frendz Hostel El Nido

海岸沿いのハマ通りからほんの少し入った所に2019年に登場したドミトリー中心のホステル。屋上にバクイット湾を眺められるプールがあって、毎晩宿泊者同士が集って楽しいひとときを過ごせる。 **DATA** ▶P.373

プールサイドからの夕暮れ時の景色はサイコー

広々としていて開放的な1階共用スペース

ドミトリーは6人部屋か8人部屋。女性専用もある

パンデミック中は世界中の「フレンズ」から寄付を募り、観光業がストップして困窮するコミュニティの人たちへ物資の寄付を行った

島々を眺めながら1杯
ハマ・コーヒー
Hama Coffee

> フィリピン朝食ビーフ・タパとフラット・ホワイト

2022年ハマ通りの外れ、ロサナズ・ペンションの1階にひっそりとオープン。地元出身の若い夫婦が営むミニマムなインテリアのコーヒーショップ。浜に突き出したテラスを吹き渡る風が心地いい。 **DATA** ▶P.371

タウン内にすでに2店舗オープン
グスト・ジェラート＋ビストロ
Gusto Gelato + Bistro

コロナ禍での休業を経て、2022年8月に装いも新たにオープン。エルニド・タウン内には2店舗。町のハイソな繁華街、リサール通りとシレナ通りの十字路にある店舗はジェラートのスタンドがメイン。ハマ通り沿いのほうは本格的なビストロ。 **MAP** ▶P.368B

ハマ通り店は本格ビストロ。店内は欧米人でにぎわう

朝食に人気のクロワッサン・サンドイッチ

リサール通り店。夜遅くまで開いていて、夕食後のデザートにジェラートもおすすめ

> マグロ、枝豆入りポケボウル

この海の色を見たら潜らずにはいられない
エル・ダイブ
El Dive

ライセンスなしの体験ダイビングではふたりにつきひとりのインストラクターが付き、季節によっておすすめの3ヵ所（→P.376コラム）で潜れて、最大水深12mまで挑戦できる。ボート上でスタッフが料理してくれるランチも美味。アイランド・ホッピングが人気で混雑気味のときは、渋滞知らずの海の中でエルニドの海を満喫しよう。 **DATA** ▶P.368

インストラクターたちが水中でビデオや写真を撮ってくれ、あとで送信してくれる

ボート上でスタッフたちが心を込めて料理してくれる手作りランチが、感動的においしい

リオ・ビーチ
LIO BEACH

エルニド・タウンをベースにして、きれいなビーチで泳ぎたければ、いち押しはリオ・ビーチ。エルニド空港のあるリオではフィリピンを代表する財閥アヤラ系の開発会社が、環境に配慮して総合的に観光開発を行っている。その広さ約300ヘクタール。ハイウエイからビーチに向かう通り沿いの森が美しい。コロナ禍で休業していた数軒のホテルも再開した。ビーチへの入口にある総合文化施設のカリエ・アーティサーノにもテナントが戻ってきている。　▶P.370

プライベートのボートのみが発着する桟橋。静かな白浜のリオ・ビーチ

持続可能な観光開発を体現する総合的な施設

カリエ・アーティサーノ
Kalye Artisano

ハイウエイ側からの入口

　装いも新たに再オープン。ナチュラル感たっぷりの自然素材で建てられていて、リオ・ビーチの開発コンセプトそのままだ。パラワン島で作られたクラフトのショップ、エルニド在住者がオーナーの小さなレストランやカフェなどのテナントが入っていて楽しい。ここを拠点にしたエコロジカルなアクティビティ、イベント、ワークショップ、ツアーなども少しずつ再開しているので要チェック！　**DATA** ▶P.370

エルニドのアーティストの作品展もオープンエアで開催

上／パラワンらしさにあふれる建物自体がアート 左／流木や廃材を使ったアートは世界にたったひとつしかないおみやげだ

フィリピンのバリスタ・チャンピオンが、エルニドに拠点を移してオープンしたコーヒースタンド。わざわざ遠方からやってくるコーヒー好きで客足が途絶えない。

イスラス・マキナス
Islas Makinas
TEL 0927-608-6434
営 7:30〜20:30 **休** なし
CC 不可

アーススクールも開校。エルニドに移住したビジネスオーナーの子供たちなどが通っている

ビーチでヨガ・デビューはいかが？

ヨガ・タヨ
Yoga Tayo

　ビーチ沿いにヨガスタジオまであるリオ・ビーチ。毎日午前1回、午後1回のヨガクラスを開催。ウォークインもOK。個人レッスンも受け付けている。ヨガ用品を扱うショップやヘルシーフードのカフェもやっていて、海を眺めながらヨガとヘルシーフードでリフレッシュできる。
TEL 0916-683-2927
営 8:30 〜 20:30 **休** 日

スモークサーモン入りエッグ・ベネディクト

上／このカフェ（リアムス・カフェ Liam's Café）の2階。入口は裏手から

ナクパン・ビーチ
NACPAN BEACH

　エルニド・タウンから北にトライシクルや車で30分。ローカル感あふれる村にあるのが、4km以上の白砂が続くナクパン・ビーチ。2021年には、自然を間近に感じられるグランピングの施設がオープンして話題をさらった。ビーチの外れにはクラブもある高級リゾート、アンクラ・ビーチクラブ＆リゾート、ビーチの真ん中には都市型のリゾートと大きなオープンカフェもできて、以前の素朴なビーチの面影は消えつつある。　　　▶P.369

約1ヘクタールのビーチ沿いの敷地内に19のグランピングテントが在するナクパン・ビーチ・グランピング。直径6ｍの豪華テントだ。300本のココナッツと3000本以上の灌木が生育している。
DATA ▶P.369

グランピングの隣には普通のリゾートホテルも
ナクパン・ビーチ・リゾート＆スンマイ・レストラン
Nacpan Beach Resort & Sunmai Restraurant

　グランピングのオーナーである台湾資本のHホテルグループは、隣にリゾートホテルも建設。また海沿いには大きなレストラン、スンマイも開店した。
TEL 0917-636-4873
URL www.nacpanbeachresort.com

> グランピングはちょっとという人にはこちら。1泊₱1万〜

残飯狙いの飼い犬が人懐っこい

豚バーベキューと、お酢でしめた刺身と野菜をあえたフィリピン風マリネ、キニラウ。もちろん隣に比べると安い。そして絶品

でもやっぱりローカルが好き
ルビー・レストラン
Ruby Restaurant

　豪華なリゾートのホテルの隣で、昔ながらの店構えでがんばるビーチ沿いのローカル食堂。新鮮な魚介のフィリピン料理を存分に楽しめる。こういう食堂にこそ、足を運んでみたい。

マレメグメグ・ビーチ
MAREMEGMEG BEACH

　エルニド・タウンからコロン・コロン・ビーチを通り過ぎてさらに5分ほど行ったビーチ。タウンからはわずか6km。ハイウエイからビーチへいたるエリアがバニラ・ビーチというショップやカフェなどが連なる商業施設として開発されたが、テナントが埋まる前にコロナ禍。徐々に新しいテナントが入り始め活気を取り戻している。静かに過ごせるビーチとして秘かに人気があったが、新たに高級リゾートなどもオープンしている。
DATA ▶P.369

　ビーチぎりぎりまで建物が迫っていて、不安になるくらい

少しずつとびきりおしゃれな店舗がオープン中
バニラ・ビーチ・エルニド
Vanilla Beach El Nido

　少しずつ活気を取り戻しつつある。ジムやコワーキングスペース、ハヤハイもオープンし、ワーケーションを楽しむ環境も新しい。

コワーキングカフェのハヤハイHayahay。野菜中心のヘルシーフードがメイン
TEL 0966-922-8064
営 8:00 〜 19:30　**休** 月

レイジー・ハンモック・カフェ
Lazy Hanmok Cafe
TEL 0998-467-6300
営 7:30 〜 21:00
休 なし

> テイクアウトもできる

生まれ変わった
ビーチ特集

BORACAY IS.
ボラカイ島

真っ白なビーチが赤やピンクに染まるボラカイ・サンセットは必見！

2018年に半年間、環境保全のため観光客の立ち入りが禁止され、
その後コロナ禍により2年以上、海外からの旅行者が訪れることができなかったボラカイ島。
2023年には、ようやく欧州やアジア各国から観光客が戻ってきている。
環境保全の新たな取り組みも始まり、この楽園の島は再生の兆しを見せている。
観光客受け入れ再開後に新たにオープンしたレストランや、再オープン後も以前と変わらず
人気の店など、ボラカイ島にはリゾート感あふれる魅力的な店がいっぱいだ。▶P.290

ホワイト・ビーチが目の前

サニー・サイド・カフェ
Sunny Side Cafe

　ホワイト・ビーチを目の前に食事をしたいならここ。ビーチでの飲食ができなくなった今だからこそ、目の前にビーチを一望できるこのカフェの存在は貴重だ。人気はベーコンとマンゴーのグリルチーズサンド₱590。
DATA ▶ P.297

オーシャンビューの席は3階まである

ホワイト・ビーチの上に立つ。ステーション1周辺はビーチとレストランの距離が近い

フィリピン料理ならここ

メサ・フィリピーノ・モダン
Mesa Filipino moderne

　モダン・フィリピン料理のレストラン。本来の味を生かしつつ、日本人にも食べやすい優しい味付けで、どれもおいしい。目の前はホワイト・ビーチ。
🏠 Station 2
TEL 0917-327-6372
🕐 8:00 ～ 21:00（土・日9:00 ～ 22:00）

盛りつけも美しい

落ち着いた休日を過ごしたければ東海岸へ

ブラボグ・ビーチ
Bulabog Beach

　島の東側にあるこのビーチは落ち着いた雰囲気を醸し出す。実はブラボグ・ビーチは世界有数のウインドサーフィン・ポイントで、毎年世界大会が開催されている。カイトサーフィンもできる。
MAP P.290-B2

ホワイト・ビーチの次に長いビーチ

いつも多くの観光客でにぎわうホワイト・ビーチ。白砂はパウダーのようなきめ細かさで、パウダーサンドのビーチとして世界的にも有名

アイスラテ₱130。
ホットドッグ₱180

ゆったりとした雰囲気を味わいながら食事を楽しめる

レバンティン
Levantin

ブラボグ・ビーチの目の前にあるオープンテラスのレストラン。メニューは朝食からバーメニューまで豊富で、値段もリーズナブル。テーブルの足元から目の前のビーチまで砂浜が続いており、まるでビーチの上にいるような雰囲気を味わえる。

DATA ▶ P.296

夜は波の音を聞きながら心地よい時間を過ごせる

ボラカイに数あるイタリアンのなかでも人気

ジュセッペ・ピッツェリア & シシリアン・ロースト
Giuseppe Pizzeria & Sicilian Roast

ステーション3のビーチの目の前にあるこちらのイタリアンは、落ち着いた雰囲気のなかにカジュアルさもあり人気。おすすめはポルチーニとトリュフのリゾット₱480。

🏠 Villanueva Bldg., Ambulong Rd.,
☎ 0998-727-2399
🕐 11:00 ～ 23:00
🚫 なし

バーカウンターの席もおすすめ

ホテルの予約バウチャーが必要

2023年5月現在、ボラカイに入る港のカウンターで、滞在するホテルの予約を証明するものや、バウチャーの提示が求められている。ない場合は島へ入ることを許可されないこともあるので、あらかじめ準備しておこう。

見た目だけではない、海の中まできれいに

ボラカイ島はダイバーたちにも人気の地だが、海を愛するボラカイ島で働くダイバーたちは定期的に海の中の掃除を行っている。ボラカイのダイビング協会が開催していて、海の中の美しさも保たれている。

環境保全の取り組み

ボラカイ島では再オープン後、かつての美しさを取り戻した島を守るためにさまざまな取り組みが行われている。ビーチでの喫煙や飲食、ツアーガイドの営業活動やおみやげ販売も禁止となった。また、町なかを走るトライシクルもすべて電動トライシクルに一新された。

生まれ変わった
ビーチ特集
SAN JUAN
サン・フアン

もともといい波の立つモナリザ・ポイントがサーファーたちには有名だったサン・フアン。約10年前にひとりのサーファーがこの町に移住し、「エル・ウニオン」という名の小さなコーヒースタンドを始めたのがすべての始まりだった。ルソン北部への高速道路が延長されて移動時間が短縮されたことも追い風になり、陸路で行けるおしゃれなビーチとして若者たちの心をつかんだ。コロナ禍ではマニラから移住したり、2拠点生活に踏みきるアーティストも続出。独自の進化ぶりは、訪れるビーチでなく、「暮らすビーチ」の新しいあり方かもしれない。　　　　　▶P.201

宇宙船のような現代アートのインスタレーション
メブヤンの船
Mebuyan's Vessel

　2021年、コロナ禍でひと気のない砂浜に、現代美術家、リーロイ・ニュー Leeroy Newによって制作された。ミンダナオ島のバゴボ族の神話に登場する死と豊穣を象徴するメブヤン女神からインスピレーションを得た巨大な作品。廃材やリサイクルプラスチックで作られ、環境保全へのメッセージも込められている。いつ撤去されるかわからないので、お早めに。

誰でも自由に訪問でき、宇宙船のようなアート作品の中を探検できる

行き方：ハイウエイ側からはウェーブス・ポイント・レスト・バー Waves Point Rest Barというカフェを目指す。その目の前にある。クリーン・ビーチ・コーヒー（→P.37）から砂浜を歩いて行くこともでき、いずれも10〜15分。

屋外席も屋内席もそれぞれに楽しめる
コーヒー・アーティー
Coffee Artea

　小さな家を改装したかわいいカフェ。地元アーティストの作品を展示している。コーヒーベースのドリンクやフルーツティー、パスタなどを楽しめる。サン・フアンのにぎやかなメインエリアから離れているので、静かな雰囲気のなかでゆっくりできる。
🏠 3 Brgy. Panicsican　📞 0956-032-2260
🕐 8:00〜21:00（金・日〜12:00）　休火　CC 不可

コージーな店内

飲み物はどれもボリュームたっぷり

ワーケーション派の力強い味方
ジ・アテッィク・ルーム
The Attic Room

　エル・ウニオン（→P.202）の2階にあるコワーキングスペース。リーズナブルな料金もうれしい。ビーチフロントにあるから、仕事が終わったらすぐにビーチへ行けるのが魅力。コーヒーは無料。近隣のお店から食べ物の持ち込みもできる。HPから予約できる。

ナチュラル感満点の海辺のコワーキング

🏠 184 Manila N Rd., Brgy. Urbiztondo
📞 (072)609-0910　URL www.atticroom.net
🕐 8:00〜18:00、20:00〜翌5:00（土 10:00〜17:00）
🏷 5時間まで₱250、延長1時間につき₱70、8時間まで₱350（1週間、1ヵ月のプランもある）CC 不可

格安で食べられるメキシカン・ストリートフード
エル・チャポス
El Chapo's

　道端にある小さな屋台で、おいしいメキシコ料理を提供する隠れた名店。おすすめは何と言ってもオルチャータ（甘いライスミルクベースの飲料）。
🏠 155 B, San Juan, La Union　📞 0920-983-1619
🕐 12:00〜21:30　休月　CC 不可

屋台もバンブー製

人気のオルチャータ

海水浴というより
サーフィンにいい
ビーチ

サン・フアンのカルチャー・コミュニティをけん引してきたコーヒー店エル・ウニオン

サン・フアン・カルチャーのもうひとつの中心はホステルのフロットサム＆ジェットサム
DATA ▶ P.202

サン・フアンのビーチに突如姿を現す巨大なアート・インスタレーション「メブヤンの船」

その名のとおりサン・フアンの美化にも貢献

クリーン・ビーチ・コーヒー
Clean Beach Coffee

　ビーチ沿いの広々した空間が心地よい。カフェ店内には高速Wi-Fiとコンセント差し込み口がたくさんあって、コワーキング・カフェの役割も果たす。コーヒーはこだわりの味で、ボリュームたっぷりのご飯ももも充実。アルコール類やフィンガーフードもあるバラエティに富んだメニュー。

🏠 184 Manila N Rd., Brgy. Urbiztondo
Mail cleanbeachco@gmail.com
🕐 月～木・日7:00～20:00（金・土～22:00）　**CC** MV

ブレック
ファースト・
ラテ

駐車スペースも広く、マニラから車で来るおしゃれな若者たちに人気

砂浜には大きなクッション（ビーンバッグ）やシートが置かれていて、気ままにゴロゴロくつろげる

店名のとおりビーチの清掃活動も定期的に行っている

行列のできるベーカリー・カフェ

マサ・ベイクハウス
Masa Bakehouse

　フィリピン人が大好きなパンデサルから、クロワッサン、ブリオッシュ、ドーナツまで、焼きたてのさまざまなパンを取り揃えている。サンドイッチやこだわりのコーヒーもおいしい。店内は広々していて、グループにもいい。

🏠 Costales St., Sitio Dappat, Brgy. Urbiztondo
TEL 0968-444-1496
🕐 9:00～19:00
休 月・火

いつも若者たちであふれている店内

ヒップスター・
チキン・サンド
イッチ

焼きたてパンのいい香りが漂う

こちらも人気のメキシカン・タコス

オンリーパン・タケリア
Onlypans Tacqueria

　クリーン・ビーチ・コーヒーから徒歩1分の小さなメキシカン・フード屋台。この小さな店をスタートに今やマニラのマカティとカティプナンに2店舗を構える評判の店。ビリア・タコスをテイクアウトしてビーチサイドでパクつくのがおすすめ。

TEL 0995-217-4326
🕐 11:00～14:00
休 なし
CC 不可

フィリピンの おみやげ 大集合

自分好みの
一品を
見つけよう

おすすめ！

ポルボロン K
スペイン発祥のお菓子。サクサクほろほろの食感がクセになる。ゴルディロックスのものが有名

チチャロン
ブタの皮を揚げたスナック菓子。ビネガーにつけて食べるのが定番で、とてもおいしいので一度試してみて！

チョコレート K
ミンダナオ島のダバオを中心にカカオは広く生産されており、フェアトレードのおしゃれなチョコレートがよく売られている

食品

Foods

フィリピンみやげの定番といえばドライマンゴーだが、実はそれ以外にもおいしいおみやげがたくさんある。特に甘いものがおすすめ。あまり知られていないが、実はカカオも名産品でチョコレートも有名だ。すべてスーパーで購入可。

バナナチップ K
人気なのがアウル・ツリーのもの。手頃な値段で味もおいしくておすすめ

ハーブティー K
血糖値を下げるなど健康効果のあるバナバ茶（左）と、伝統ハーブを7種類ブレンドしたピトピト茶（右）

ピアヤウベ K
フィリピン伝統菓子のひとつ。ぱさぱさしたクッキー生地にブラウンシュガー、ゴマなどが詰まっている

ドライマンゴー K
ドライマンゴーの一番人気は7Dというブランド。グリーンマンゴーもさわやかでおすすめ！そのほかさまざまなドライフルーツがある

フィリピンといえばマンゴーなどのドライフルーツが定番だが、
南国ならではの貝殻や木の実、バナナの繊維を使ったアクセサリーなど、
かわいらしい小物もたくさんある。自分好みの一品を探しに、さあ出かけよう！

スーパーフード！ モリンガ（マルンガイ）

フィリピンではたびたび目にするモリンガ。実はこのモリンガ、栄養価の高い植物として世界的にも注目されているスーパーフード。ビタミンCやビタミンA、カリウム、カルシウムなど、必要な栄養素がバランスよく含まれている。アフリカでは栄養失調防止に取り入れられ、人々の健康状態の改善が認められるという。

モリンガの食用の歴史は古く、その発祥は古代インドのアーユルヴェーダ。ワサビノキ科ワサビノキ属の植物で、おもに熱帯、亜熱帯地域で自生、あるいは栽培されている。日本では沖縄や鹿児島などで流通している。生育が早く干ばつにも強いのも特徴で、これもアフリカで注目されているゆえんだ。葉、果実、根などほとんどの部位を食べることができ、国によってさまざまに利用されている。

フィリピンではスーパーに行けばさまざまな加工食品が売られており、とても身近な存在。その辺に自生しており、葉をちぎってそのまま熱湯に入れモリンガティーを飲む、なんてこともある。クルトゥーラ（→P.116）にはモリンガコーナーがある店舗もあり、モリンガのお茶やパウダー、石鹸などが手に入る。おみやげにもおすすめだ。

モリンガの
パウダー

モリンガの
ティーバッグ

モリンガの
石鹸

マンゴスチンコーヒー
薬局でも取り扱っている、マンゴスチンの外皮の成分が入ったヘルシーコーヒー。ビタミンCとカルシウムを多く含む

マンゴーチョコ K
ふたつの名産品のコラボレーション。意外に相性がよく、食べ出したら止まらなくなってしまう

シベットコーヒー
（コピルアク）K
ジャコウネコの体内で発酵され、排出されたコーヒー豆。希少価値が高く"幻のコーヒー"ともいわれている

オタップ K
伝統的なパイ菓子。薄い生地を何層にも重ね、砂糖をまぶして焼き上げたもの。サクサクとした歯触りがクセになる

おすすめ！
ココナッツワイン K
名産のココナッツを発酵させたワイン。芳醇な香りとココナッツの甘みがフィリピンを思い出させてくれる

おすすめ！
インスタント麺
代表的な麺料理のパンシット・カントンを日本でも。₱15程度と格安だが、意外においしい。バラマキみやげにぜひ

Natural Cosmetics

ナチュラル
コスメ

自然素材にこだわったナチュラルコスメを販売する
ブランドがたくさんあり、格安で購入できるのでお
みやげにも最適。ココナッツやパパイヤ、ピリナッ
ツなどフィリピンならではの素材が使われている。

おすすめ!

オーガニック石鹸 K
パパイヤなど、南国ならではの植物から作ったナチュラル石鹸は体に優しく大人気

ココナッツオイル K
フィリピンはココナッツオイルの生産量が世界いち。高品質のバージンココナッツオイルが格安で手に入る

ピリナッツのコスメ K
ルソン島南部でとれるピリナッツと呼ばれる木の実。近年健康への効果が注目され、さまざまな商品が販売されている

グゴシャンプー K
グゴの木の皮から抽出したエキスが入った天然育毛シャンプー。頭皮を清潔に保ってくれる

Fabric Products

布製品

少数民族による伝統的な柄の入ったものはフィ
リピンらしくておすすめ。また、マニラを中心
にローカルブランドが充実し、日本でも普段使
いできそうな衣服がリーズナブルに手に入る。

おすすめ!

バロンタガログ K
男性の伝統衣装。本来はバナナやパイナップルの葉の繊維から作られる薄い生地で織られるが、化学繊維のカジュアルなものもある

伝統柄のコインケース K
ルソン島やミンダナオ島などに暮らす少数民族が作ったもの。近年はフェアトレードへの取り組みも盛ん

ローカルブランドのTシャツ
モダンでおしゃれなデザインのファッションアイテムが豊富に揃っている。スエズ&ザポテ(→P.118)やアートワーク(→P.118)で手に入る

伝統柄のバッグ

少数民族の伝統的なパターン（柄）をデザインに取り入れたエキゾチックなバッグ。ロビンソンズ（→P.115）で手に入る

ジプニーが描かれた枕

近年、フィリピンのモチーフを取り入れたおしゃれな商品が増えつつある。写真の商品はグリーンベルト（→P.114）で手に入る

雑貨

リサイクルバッグ K

ジュースのパックを再利用して作った買い物バッグ。ほかに空き缶のリサイクル商品などもある

General Goods

近年はフィリピンらしさとモダンさを併せもつおみやげが充実しつつある。デザインや素材にこだわった雑貨も豊富にあるので、いろいろと店を巡ってみよう。

淡水パールのイヤリング K

フィリピンは真珠がとれる国でもあり、特に淡水パールは各地でかなり安く手に入る

ジプニーの置物 K

フィリピンのシンボルでもあるジプニーの模型は定番のおみやげ。さまざまな種類の模型が売られている

カレッサのミニチュア

かつてスペイン人が利用し、フィリピン人が憧れたという馬車カレッサ。フィリピンのシンボルのひとつともいえる。ルスタンズ（→P.114）などで手に入る

カラバオに乗る少年の置物 K

カラバオ（水牛）はフィリピンの隠れた愛すべきシンボル

おみやげといえばクルトゥーラ

K→クルトゥーラで手に入る商品

クルトゥーラはマニラ、セブ、ダバオに店舗を構える大人気のおみやげショップ。大企業SMグループの経営だけあって、質の高い商品をリーズナブルに販売している。食品から雑貨、衣料品、コスメに至るまで、フィリピンのみやげ物なら何でも揃っているので、おみやげ探しの際に一度は訪れたい。

マニラ
SMマカティ（→P.114）
SMモール・オブ・アジア（→P.114）
SMアウラ・プレミア（→P.115）
SMメガ・モール（→P.115）
セブ
SMシティ・セブ（→P.240）
SMシーサイド・シティ（→P.240）
ダバオ
SMラナン・プレミア

料理カタログ

知られざる

フィリピン料理の世界

近年、マニラやセブを中心におしゃれなレストランが続々オープンし、
洗練されたおいしいフィリピン料理を食べられるようになっている。
知られざるフィリピン料理の世界にようこそ!

前菜

ルンピア Lumpia
フィリピン風生春巻き。エビや豚を薄いクレープのような生地で巻いたもの

ルンピア・シャンハイ Lumpia Shanghai
フィリピン風揚げ春巻き。日本で見かける春巻きに近い

フライド・ケソン・プティ Fried Kesong Puti
フィリピン独特の水牛のチーズに衣をつけて揚げたもの

海ブドウサラダ Seaweed Salad
海ブドウのサラダ。トマト、刻みタマネギ、カラマンシー、酢をかけて食べる

ギシンギシン Gising Gising
いんげんを細かく刻み、多めの唐辛子とココナッツオイルで和えたもの

野菜

ベジタブル・ポプリ Vegetable Potpourri
バゴオン(エビの塩辛)で味付けしたニガウリやカボチャなどのごった煮

アドボ・カンコン Adobo Kangkong
空芯菜(カンコン)を酢や醤油ベースのたれで炒めたもの

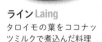

ライン Laing
タロイモの葉をココナッツミルクで煮込んだ料理

パコサラダ Paco Salad
パコと呼ばれる、フィリピンではポピュラーなシダ科の植物を使ったサラダ

パンシット・ビーフン
Pancit Bihon
魚介や肉、野菜が入ったフィリピン風ビーフン。カラマンシーをかけて食べる

麺

マミ
Mami
鶏や牛のだしがきいたスープに中華麺が入った汁そば。基本は醤油味

パンシット・パラボク
Pancit Pakabok
ビーフンにも似た米粉の麺。エビやゆで卵をトッピングすることが多い

パンシット・カントン
Pancit Canton
中国風の焼きそば。キャベツ、ニンジン、豚肉などの具材が入っている

チキン・ビナコル
Chicken Binakol
鶏を長時間じっくり煮込んだ非常に味わい深いスープ

おすすめ

カレカレ
Kare-Kare
牛のテール肉や鶏肉を野菜と一緒にピーナッツソースで煮込んだもの

ティノーラ・マノック
Tinola Manok
ショウガの効いた鶏のスープ。タマネギなどの野菜もたっぷり

スープ

シニガン
Sinigang
魚介や肉類を具とした伝統的な酸味のあるスープ。フィリピンの味噌汁的存在

ブラロ **Bulalo**
トウモロコシなどの野菜が入った牛骨スープ。タガイタイ名物

肉

ビコール・エクスプレス
Bicol Express
ココナッツミルクとトウガラシ
で豚肉を煮込んだ、スパイシ
ーなビコール地方の料理

カルデレータ
Caldereta
フィリピン風ビーフシチュ
ー。スパイシーなトマ
トソースで肉を煮込む

チキン・アドボ
Chicken Adobo
鶏肉をニンニク、酢、醤油に漬け込み、
煮込んだもの。酸味が食欲をそそる

シシグ Sisig
炭火で焼いた豚
の耳や顔の部分
を刻み、ガーリ
ックやオニオン
で炒めたもの

おすすめ

レチョン・カワリ
Lechon Kawali
豚肉を軟らかく煮た
あと、カリカリになる
まで揚げたもの

おすすめ

ポーク・アドボ
Pork Adobo
豚肉をニンニク、酢、醤
油に漬け込み、軟らかく
なるまで煮込んだもの

チキン・パンダン
Chicken Pandan
スパイスに漬け込んだ
鶏肉をパンダンで包ん
でカラリと揚げたもの

おすすめ

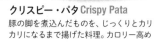

クリスピー・パタ Crispy Pata
豚の脚を煮込んだものを、じっくりとカリ
カリになるまで揚げた料理。カロリー高め

おすすめ

おすすめ

チキン・イナサル Chicken Inasal
チキンをグリルしたバコロド名物。おい
しいたれに漬け込んで焼くので美味

レチョン・バボイ Lechon Baboy
内臓を取り出し、香草を詰めて回転させ
ながら焼き上げた子豚の丸焼き

イニハウ・ナ・イスダ
Inihaw Na Isda
炭火で焼いた魚。醤油、カラマンシーのたれに漬け込んで焼いたものも

おすすめ

キニラウ（キラウィン）
Kinilaw (Kilawin)
マリネした新鮮な魚をキュウリやトマト、タマネギと混ぜ、カラマンシーを絞ったもの

ホタテのグリル
Grilled Scallops
フィリピン料理店でよく見る料理。ニンニクが効いていておいしい

ソフトシェルクラブのから揚げ
Fried Soft Shell Crab
脱皮直後の殻の軟らかいカニをさっと揚げる。シーフード料理店で食べられる

魚介

シーフードのグリル
Grilled Seafood
さまざまなシーフードをグリルして一皿に盛ったもの。海沿いの町では安く食べられる

おすすめ

ミルクフィッシュのから揚げ Fried Milk Fish
フィリピン全土でよく食べられるバグスBangusとも呼ばれる魚。味がよく人気

カニのオーブン焼き
Garlic Crab
カニをニンニクで風味づけし、オーブンで焼いたもの。シーフード料理店で食べられる

イカのグリル Grilled Squid
イカにトマトやタマネギを詰めてグリルした料理。刻みトウガラシの入った醤油につける

フライド・ティラピア
Fried Tilapia
ティラピア（スズキ目）は味がよくとてもポピュラー。姿揚げで供されることが多い

おすすめ

ガーリック・シュリンプ
Garlic Shrimp
エビをニンニクや醤油などで炒めた風味豊かな一品。ニンニクの香りがたまらない

デザート

おすすめ

ブコ・パイ Buko Pie

ブコとはココナッツのこと。果肉をふんだんに入れたパイはタガイタイ名物

ギナタアン・ビロビロ
Ginataang Bilo Bilo

ジャックフルーツやサツマイモ、タピオカをココナッツミルクで煮込んだデザート

ブコ・パンダン
Buko Pandan

パンダン味のゼリーをココナッツミルクやココナッツの果肉と混ぜ合わせたもの

ホピア Hopia
中国系のお菓子。マニラのチャイナタウンにはホピアを売る店が多い

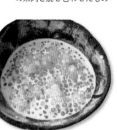

サゴ・イン・
ココナッツ・シロップ
Sago in Coconuts Syrup

ココナッツミルクと砂糖のシロップにサゴ（サゴヤシのでんぷん）を入れたデザート

おすすめ

ハロハロ Halo Halo
フィリピンデザートの代表格。ハロハロとは"混ぜて混ぜて"という意味。ウベ（紫芋）アイスやレチェフラン（カスタードプリン）などが入っている

トゥロン Turon
バナナを春巻きの皮で巻いて揚げたスナック。露店でよく売られている

プト Puto
米粉から作られる伝統的な蒸しパン。もちもちした食感で美味

おすすめ

プト・ブンボン Puto Bungbong
ウベ（紫イモ）で色づけされた餅菓子。クリスマスのお祝いに食べられる

おすすめ

タホ Taho
豆腐に黒蜜とサゴをかけて混ぜて食べる。路上でよくおじさんが売っている

ドリンク

グラマン・ジュース
Gulaman Juice
寒天ゼリーの入った黒糖味のジュース。露店でよく売られている

ココナッツ・ジュース
Coconuts Juice
ココナッツに穴をあけてストローを刺し、そのまま飲ませてくれる

サンミゲル
San Muguel
フィリピンを代表するビール。氷を入れて飲むのがフィリピン流

カラマンシー・ジュース
Calamansi Juice
さまざまなフィリピン料理に使われるカラマンシーを絞った100%ジュース

マンゴー・シェイク
Mango Shake
フィリピン名産のマンゴーを牛乳などとミキサーに。安くておいしいのでおすすめ

朝食

メインのおかず

コーンビーフ
Cornsilog
コーンビーフもよく食べられるメニューのひとつ

ビーフタパ
Tapsilog
牛肉を酢と醤油に漬け込んで甘辛く炒めたもの

トシノ
Tosilog
豚バラをスパイス、醤油、砂糖に漬け込んで焼いたもの

ロンガニサ
Longsilog
フィリピン風の豚肉ソーセージ

典型的なフィリピンの朝食

ガーリックライス

目玉焼き

サラダ

ガーリックライスと肉料理がおいしい！フィリピンの朝食"シログSilog"

ガーリックライス、目玉焼き、サラダに、好きな肉料理をのせたプレートが典型的なフィリピンの朝食。肉料理はビーフタパ、トシノ、コーンビーフ、ロンガニサなどが代表的だ。スプーンとフォークで混ぜ合わせ、ビネガーをかけて食べる。ニンニクの風味と酢の酸味がとてもおいしいので一度は試してみよう！

フィリピンは"ファストフード天国"！

フィリピンではファストフードチェーンが独自の進化を遂げている。フィリピン独自のものからメキシコ料理まで、バリエーションも豊かだ。値段もローカル食堂と同じくらいで食べられるが、より利用しやすいので観光客にもおすすめ。ここではおすすめのファストフード店を紹介。

●ジョリビー
フィリピンに1180店舗展開し、アメリカや中東など世界にも進出している。バーガーやチキンのほか、ご飯とおかずのセットなど、フィリピン人好みのメニューと味で国民に絶大なる人気を誇る。

ジョリビーのマスコットキャラクター

●マン・イナサル
おいしいグリルチキンが食べられるのがマン・イナサルMang Inasal。こちらはジョリビーと同グループで、フィリピン全土に570店舗展開。チキンのクセになる味付けにはまってしまう人が多い。1食300円程度で食べられるリーズナブルさもありがたい。

独自の味付けがクセになる

●アーミー・ネイビー
アーミー・ネイビー Army Navyはほかと比べやや高めだが、本格的なメキシコ料理が人気。サクサクのタコスや、各店舗でブレンドしているアイスティー、ボリューミーなハンバーガーなどおすすめのメニューが多い。

フィリピンではメキシコ料理も一般的

●アンドックス
各店舗でチキンをじっくりローストしているアンドックスAndoksは、ローストチキンやミルクフィッシュなどがたいへん美味。持ち帰りがほとんどで、店舗に席があるところは少ない。

チキンは各店舗でグリルしている

●マクシズ
マクシズMax'sはファストフードというよりもファミリーレストランに近い。独自のソースに漬け込んでローストしたチキンは、皮がパリパリで絶品。フィリピン全土はもちろん、アメリカにも進出している。

おすすめのローストチキン

●チョウキン
チョウキンChowkingはジョリビーやマン・イナサルと同じグループの経営。麺類や酢豚のライス付きミールなど、日本人の口にもよく合いリーズナブル。ファストフード店の中ではここのハロハロが人気だ。

焼きそばと酢豚のコンボ

✳MANILA
マニラ

イントラムロスの旧市街にはスペイン統治時代の
古い町並みが残る

マニラと聞いて何を思い浮かべるだろうか。貧困と混沌、退廃と危険……。日本のマスメディアが報じるこれらの姿は、決してうそとはいえないが、それだけが真実でもない。よくも悪くも、すべては家族や友達や、愛する人のために一生懸命に生きる人々が生み出したもの。それぞれの町が放つさまざまな魅力は、その町で生きる人々によるものなのだ。何よりの証拠に、人々の見せる笑顔は感動的に美しい。必要以上におびえることなく、しかし、最低限の注意を払いながら、じっくりとマニラを歩いてみてほしい。人々との交流がごく自然に生まれたとき、マニラはきっと身近なものになるだろう。

Manila

1マニラ大聖堂の前で客待ちするカレッサ（馬車）　2オカダ・マニラのゴージャスなロビー　3マカティにあるショッピングセンター、グリーンベルト　4キアポ教会はマニラでも指折りの美しい教会　5イントラムロスにあるサン・アグスティン教会　6開発の進むアップタウン

マニラとは

　正式な首都名は「メトロ・マニラ（マニラ首都圏）」。通常「マニラ」という場合はメトロ・マニラを指し、マカティ、パサイ、ケソンなど17の行政地域（市や町）の集合体を意味する。例えば、日本の首都は東京なのだが、東京という都市は存在せず、23区の集合体であるのと同じ、と考えればわかりやすいだろう。メトロ・マニラの中心に位置する「マニラ市」は、その集合体のなかのひとつでしかなく、「メトロ・マニラ」と区別して表現したいときは「マニラ」ではなく「マニラ市Manila City」といっている。

　マニラは、スペイン植民地時代が始まった16世紀末から、フィリピンの首都として政治・経済・文化、および交通などすべての中枢を担ってきた。1976年に、メトロ・マニラという広域都市が確立してからは、従来の区域を越えて、さらに大きく拡大。面積636km²の土地に、フィリピンの人口約1億1395万人（2023年）の約12%にあたる約1348万人（2020年）が暮らす、世界でトップ15に入る大規模都市のひとつでもある。

　ちなみに「マニラ」という名前は、フィリピノ語で「マイニラ」（ニラッドの生える場所）を意味する。ニラッドとは、地面に生える植物の名前である。町なかでもまれに「Maynila」という表記を見かけることがある。

メトロ・マニラ行政区分図

地理

　フィリピンの島々のなかで、最大の面積を誇るルソン島のほぼ中央部に位置。

　西はマニラ湾Manila Bay、東はラグナ湖Lake Lagunaに面し、このふたつに挟まれた細い地峡のような場所に細長く開けている。その幅は、最も狭い所で10kmにも満たない。

　一方、北はマニラ湾に注ぎ込むパンパンガ川Panpanga Riverによって造られた広大な扇状地へと続き、南は大小さまざまな火山が連なるビコールBicol（ルソン島南部の総称）へ、ビコールの先は小さな島々が連なるビサヤ諸島Visayan Groupへと続いている。

気候

　マニラは年間をとおして気温が高く、一番下がる12〜1月でも、平均気温25℃ほど。だが、雨季と乾季が明確に分かれているため、6〜10月（特に7〜9月）には多量の雨が降る。排水の設備が十分に整っていないため、一度に大雨が降ると町中が水であふれ返り、交通機関が完全に麻痺するといった光景も珍しくはない。

　また、毎年台風の通過点となっている地域でもある。特に7〜10月に旅行する際には飛行機や船の便の欠航だけではなく、洪水や土砂崩れなどの危険もある。旅先で思わぬ災害に巻き込まれないためにも、天気予報やニュースには十分に気を配りたい。

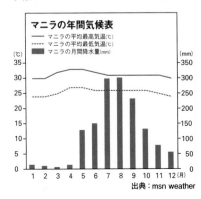

出典：msn weather

メトロ・マニラ

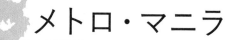

　メトロ・マニラ（通称マニラ）はフィリピンの首都。マニラ市 Manila City をはじめとする、17の行政地域（市や町）の集合体だ。タコのような形をしたフィリピン最大の島、ルソン島のほぼ中央、ちょうど首の部分に位置する。人口約1348万人からなるこの首都に、フィリピンの政治・経済・文化のすべてが詰まっているといっていいだろう。マニラのある場所は、かつては名も知られない小さな漁村に過ぎなかった。16世紀に入り、スペインがフィリピンを占領すると、ここに支配の拠点としての城塞が築かれる。それが現在のイントラムロスである。これ以降、マニラは都市としての歴史を歩み始めることになる。ほかのアジアの大都市の多くがそうであるように、マニラもあまりに急激に発展した町であり、肥大化という表現がよく似合う。秩序より先に都市が大きくなってしまった。全国からここへ人々が流入してくることによって生まれる貧困と、そこから自然発生してしまう退廃。経済発展によって増え続ける車の日常的な大渋滞と、吐き出される排気ガスによる汚染。マニラが抱える数多くの苦悩は、外から訪れた者にも強烈に伝わってくる。しかし、だからといってむやみにこの町におびえる理由はどこにもない。ここもまた、穏やかで堅実な生活を送る人々の暮らす町なのだ。

　エルミタやマラテ界隈の猥雑ともいえる混沌、マカティ市の日本と違和感ない現代性、ともすれば殺伐とすら見えるケソン市の計画的な整然……。確かにその表情はさまざまだ。しかし、マニラをじっくりと歩いてみると、この都市がさらに豊かな表情をもっていることがわかる。エルミタやマラテ地区は、昼と夜ではまったく違う表情を見せ、その少し北の、渋滞する幹線道路に囲まれたイントラムロスの城壁都市のなかでは、時が止まったかのような緩やかな印象を受ける。さらにパシッグ川を渡ってチャイナタウンまで歩けば、その町並みはどこか懐かしく、一方で中国系の人々のパワーあふれる姿に圧倒させられたりする。歩くだけでも、マニラは鮮やかにその表情を変えていくのだ。これだけの魅力を多様に秘めた都市は、世界でも数少ないであろう。

1 マニラで歴史的な見どころといえばイントラムロス　2 マニラの悪名高い交通渋滞。近年、さまざまな渋滞対策がとられている　3 メトロ・マニラの町並み

空港から市内へ

マニラの国際空港は、エルミタ＆マラテ地区から約10km南のパサイ市とパラニャーケ市にまたがっている。ニノイ・アキノ国際空港Ninoy Aquino International Airportが正式名称だが、通称はNAIA。敷地内に4つのターミナルがあり、それぞれ車で10～40分程度の距離にある。いずれのターミナルに到着した場合も、到着ロビー出口周辺にグラブタクシーやクーポンタクシーのカウンター、ホテル案内所などを見つけられる。空港内のレートはよくないのですぐに必要な金額だけ両替し、あとは町なかで両替するとよい。

メトロ・マニラ

空港から市内へ

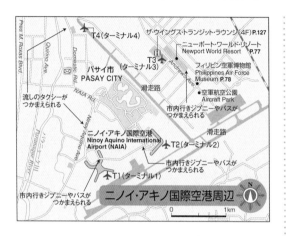

ニノイ・アキノ国際空港周辺

空港ターミナルについて
　航空会社によって発着するターミナルが変わってくる。
T1：フィリピン航空、日本航空、ZIPAIR、その他T3に発着する国際線以外の国際線
T2：フィリピン航空、フィリピン・エアアジア、ロイヤル・エアの国内線
T3：ANA、キャセイパシフィック、セブパシフィック、エミレーツ航空、KLMオランダ航空、シンガポール航空、ターキッシュエアラインズ、カタール航空、カンタス航空、ユナイテッド航空、フィリピン・エアアジア、ジェットスター、中国南方航空、チェジュ航空の国際線
T4：セブゴー、サンライト・エア、エア・スウィフト
※ニノイ・アキノ国際空港では2023年航空会社の使用ターミナルの変更を行った。

ターミナル間の移動
　ニノイ・アキノ国際空港の各ターミナル間の移動には、ターミナル間を約30分おきに巡回しているシャトルバスを利用すると便利。シャトルバスがなかなか来ないことも多く、そういった場合はタクシーやグラブカーなどでの移動になる。また、フィリピン航空の国際線～国内線の乗り継ぎの場合、専用シャトルがある。

　ニノイ・アキノ国際空港からマニラ市内へ行くには、ホテルなどの迎えがないかぎり、タクシーを利用するのが一般的。そのほかに、バスやジプニー、高架鉄道を乗り継いで行く方法もあるが、宿泊先まで大きな荷物を持って歩くことを考えるとかなり面倒だ。

安心できる配車アプリ

　ニノイ・アキノ国際空港から市内へ行く際やマニラ滞在中も、配車アプリのグラブGrabが便利で一般的になりつつある。スマートフォンを使ってタクシーや、一般車を利用したグラブカーの手配ができる便利なサービスだ。あらかじめアプリをダウンロードして登録を済ませておけば、空港からでもWi-Fiなどのインターネットを使用して利用することができる。支払いは現金、クレジットカード、Grab Pay（アプリ内の電子マネー）から選ぶことができるので、クレジットカードを登録しておけば、現金で支払いをする必要もない。

　空港の各ターミナルにはスタンドが設けられており、アプリやインターネットがなくてもスタッフに車の手配を依頼することが可能だ。申し込みの用紙に名前・目的地・電話番号を記入して渡せば、スタッフが車を手配してくれる。グラブの各ターミナルのスタンドの場所はP.401、P.402の地図を参照。

ターミナル間を巡回するシャトルバス

空港にあるグラブカーやグラブタクシーを予約できるスタンド

空港からのクーポンタクシーの運賃
●**マラテ＆エルミタ** ₱530～
●**キアポ、チャイナタウン** ₱610～
●**マカティ** ₱330～
●**パサイ** ₱150～
●**ケソン、クバオ** ₱610～

建設中の新マニラ国際空港
→P.401

空港での両替
　各ターミナルに両替所があり、日本円からペソへの両替が可能だ。ただし、空港内の銀行はレートが若干悪いので、ここでの両替は必要最低限に抑えておくのがコツだ。

空港からの
メータータクシーの料金
　それぞれ初乗りとメーター単位の料金が決められている。レギュラータクシーの料金はマニラ市街地まで₱120〜300程度。
●レギュラータクシー
初乗り₱40
1kmにつき₱13.50＋₱2/分
●イエロータクシー
初乗り₱70
300mにつき₱4＋₱2/分
※イエロータクシーのみのターミナルもある。

タクシー利用時の注意
　到着ロビーから外に出ると料金表を持ったスタッフが近づいてくることがある。市内まで₱1000以上などという高額料金に思わず警戒してしまうが、彼らはレンタカー（運転手付き）のスタッフ。まれにクーポンタクシーと間違えてこちらを利用してしまう人がいるので注意しよう。声をかけられても利用するのは控えよう。

■ウベ・エクスプレス
UBE Express
URL www.ubeexpress.com

●ウベ・エクスプレスの運賃
パサイ・ビクトリーライナー・バスターミナル　₱150
マカティ・ワンアヤラ　₱150
エルミタ・ロビンソンズ・プレイス　₱150
クバオ・アラネタ・シティ　₱300

ビクトリー・ライナーで
バギオに向かう人には
　ウベ・エクスプレスが第3ターミナルからパサイターミナルに直行バスを運行している。₱150。

金額固定のクーポンタクシー

　あらかじめ行き先ごとに運賃が決められているクーポンタクシー Coupon Taxi。少々割高だが、エリアごとに設定された料金をドライバーに払えば、それ以上を払う必要はない。到着ターミナルを出るとクーポンタクシーと書かれたカウンターがあるので、そこで行き先を告げてチケットをもらおう。運賃は降車時にドライバーに直接支払う。

クーポンタクシーの看板

メータータクシーを利用する

　やや高めのクーポンタクシー以外に、メータータクシーを利用する方法もある。白い車体のレギュラーと黄色い車体のイエローの2種類があり、イエローは空港を起点に運行している。前者は料金が安く、地元の人の利用が多いので乗り場には長い列ができているが、後者は少し高めのため、あまり待たずに乗ることができる。白のレギュラータクシーより安全なので、こちらを選ぶことをおすすめしたい。

　両者とも、乗り場に初乗り運賃やメーター単位の運賃を明記しているので、それほど心配することはない。近年は改善されつつあるが、**なかにはメーターを使用しなかったり、細工したメーターを使用して法外な料金を要求してくるドライバーもいるので、十分に注意を。**事前に行き先までのだいたいの金額を確認しておいた方が安心だ。

イエロータクシー乗り場

紫の車体が目印のリムジン、ウベ・エクスプレス

　空港からメトロ・マニラや近郊に行く直行バスのウベ・エクスプレスも、新たにルートを増やして運行を再開している。ただし出発はターミナル3からのみ。行き先は、マカティ・シティのワンアヤラ（→ MAP P.61-C3）、クバオのアラネタ・シティ（→ MAP P.65上）、エルミタのロビンソンズ・プレイス（→ MAP P.66-B2）など。9:00〜21:00くらいまで。空港行きは各所からすべてのターミナルに運行している。

高級感のあるウベ・エクスプレス

54

ツアー参加の場合

日本の旅行会社のツアーに参加している人は、ホテルまでの送迎の車が用意されているので安心だ。到着ロビーを出た所に現地添乗員、もしくはホテルスタッフが迎えにきてくれている。たいがい自分の名前とホテル名が書かれたプレートを掲げて待っていてくれるが、なかには現地係員を装って別の車などに乗せようとする者もいるので、送迎車が本物かどうかの確認は怠らないようにしよう。

それでも安くという人は

2023年6月現在、以前ターミナル3からパサイ市のバクララランまでを走っていた格安のエアポート・ループ・バスは運行していない。公共交通機関で町へ出たい場合は、いずれのターミナル利用の場合も空港の外に出てジプニーをひろうことになる。ターミナル3の場合は、4階にあるフードホールから続いているランウエイRunwayというブリッジを渡ってニューポート・ワールド・リゾート(→P.77)などのある大通りまで出ると、パサイ市のバクララランやロトンダに行くジプニーが走っている。

クラーク国際空港行きP2Pバス
ターミナル3からは、2:00〜22:00の間、ジェネシス・トランスポートのP2Pのバスが運行している。SMクラークにも停車する。クラークまで₱400。クラーク国際空港発マニラ空港行きはターミナル1、2、3に行く。最新運行スケジュールはフェイスブックで確認を。
●ジェネシス・トランスポート
Genesis Transport
TEL (02) 8332-8075

BGCにあるグラブの
スタンド

ちょっと
ひと息コラム

便利な配車アプリ ―グラブGrab

※配車アプリの状況は日々アップデートされていくので、現地で最新情報を確認のこと。

マニラでは通常のメータータクシーを利用する際のトラブルが絶えないので、配車アプリを利用してスマートに市内を移動することがおすすめだ。配車アプリでは東南アジアでシェアを伸ばしている「Grab(グラブ)」が、フィリピンでもシェアの大半を占めている。マニラ以外にもフィリピンの主要都市(セブ、バギオ、バコロド、イロイロ等)で利用可能だ。

フィリピンに出発する前にグラブのアプリをダウンロードし(日本の携帯番号で登録が可能)、クレジットカードを登録しておけば、乗車時に運転手に直接現金で支払う必要はない。また、金額も予約時に確定するので、それ以上請求されることはなく安心だ。グラブの配車アプリは東南アジアに特化されたもので、身元調査を行った上でドライバーと専属契約を行っていることから、安心して利用することができる。また、一度アプリをインストールしておけば、グラブが進出しているアジアのほかの国々でも利用できる。

使用時はインターネット接続が必須だが、グラブは空港をはじめ、マカティやBGCなどにスタンドを設置しており、端末を持っていなかったり、インターネットが使用できない状況であったりしてもスタンドでスタッフに依頼すれば利用できる。

グラブでタクシーを手配する際、以下3つのタイプから車種を選ぶことができる。

1. 一般のタクシー

メータータクシーとして走っている白いタクシー。呼び出し料金として₱50〜がかかり、金額はだいたいの金額が予約時に表示される。料金が少々安い分、車はやや汚なかったり、古い車が多い。

2. 一般の車(セダンなど4席の車種)

比較的きれいで新しい車が多い。客は4人まで乗車可能なので、少人数で荷物の少ない時の利用に適している。

3. 大きな車(6席以上の車種の車)

料金は多少高くなるが、大人数であったり、スーツケースやゴルフバッグなどの荷物があったりする時に使用する大型の車。4席の車種がつかまらない場合、6席の車種に変更するとつかまるということも多々ある。

使い方は簡単で、以下の手順に従う。

1. アプリを開き、Pick-up(乗車する場所)とDrop-off(下車する場所)を指定する。ピンで指定、もしくは住所や建物名を入力することも可能。
2. 決済方法を選択して確認し、「Book」ボタンを押して車がつかまったら、Pick-upに指定した場所で待つ。決済方法はクレジットカード、現金払い、G-Cashという電子マネーから選択可能。

市内交通入門

　メトロ・マニラの交通システムは、旅行者にはとても理解しにくい。網の目のように張り巡らされたバスやジプニーの路線網は複雑すぎて把握するのが難しい。移動の基本はタクシーが中心になってくるが、タクシードライバーの中には悪質な人もいるので、配車アプリのグラブを使用しよう。高架鉄道は料金が安く時間も正確だが、路線が少ない。特定の場所に行く際には便利に使用できる。ここでは、少しでも効率的に市内を動き回れるように、各種交通機関の特徴を紹介しよう。

ICカードが便利

　マニラの高架鉄道はビープ・カードBeep Cardと呼ばれるICカードが運用されている。使い方は日本のSuicaなどと同じで、カードを購入しチャージ（入金）して、自動改札にタッチするだけ。ファミリーマートなど、買い物に使用できる店もある。カードは各駅の窓口か自動券売機で購入可能。金額は₱100（カード代₱20）。チャージは各駅にある券売機にて。最大チャージ可能額は₱1万。カードの有効期限は発行から4年。

高架鉄道

●ライト・レイル・
　トランジット・オーソリティ
　Light Rail Transit
　Authority（LRT）（Line1 & 2）
URL www.lrta.gov.ph
●メトロ・レイル・トランジット・
　コーポレーション
　Metro Rail Transit
　Corporation（MRT）（Line3）
URL www.dotrmrt3.gov.ph

料金体系

　料金は、乗車駅からいくつ目の駅で降りるかで決まる。
●Line1
　2027年までにカビテCaviteまでの延伸工事を完了する予定。工事終了区間から徐々に開通の予定。
₱15 〜 30
●Line2
　アンティポロAntipolo（→P104）まで延長工事が完了した。
₱15 〜 30
●Line3
₱13 〜 28

東西を結ぶ高架鉄道Line2

高架鉄道 Rapid Transit Line（MRT、LRT）

　初めての利用者でも比較的違和感なく乗れるのが高架鉄道。延伸工事は今も継続中で、マニラと郊外をつなぐ重要な鉄道としての役割を果たしている。合わせて3つの路線があり、それぞれ別の料金体系となっている。最初はいくつ目の駅で降りるのかを考えてから、乗車券（カード）を買わなくてはならないが、慣れてしまえばそれほど面倒ではない。駅の窓口で行き先を告げてチケット代を手渡す。駅によっては自動券売機があるところもある。乗車券を購入したら、改札口でそれを投入口に通し、降りるまでなくさないように持っている。そして、出るときにはその乗車券を再び投入すればいい。

　いずれのラインも、5:30 〜 22:00頃の間、3 〜 8分おきに来る。ただし、土・日曜は減便。朝や夕方のラッシュ時には、東京と同様かなりの混雑を覚悟しなくてはならないが、女性専用車両が登場した。女性にとってはうれしいが、男性の方々は間違って乗ってしまわないように気をつけたい。

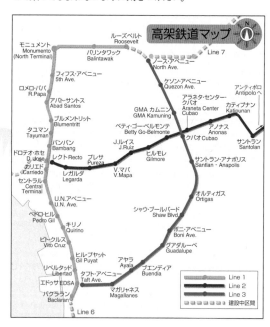

ケソン市を走るMRT（Line3）

ジプニー Jeepney

　昔、米軍の使っていたジープを、15人ほど乗れる乗合バスに改造したもの。細かい網の目のように路線を張り巡らしていて、バスの通らないような狭い道でも24時間走っている。路線内であれば乗りたい所で乗せてくれ、降りたい所で降ろしてくれる、使い慣れれば実に便利な乗り物である。

　フィリピンのシンボルともいえるこのジプニーだが、排気ガスによる大気汚染の原因となっていることなどから、陸上輸送統制委員会（LTFRB）が、段階的に廃止して、電気ジプニーやミニバスなどへの置き換えをすすめている。しかし、マニラ首都圏では運転手たちの猛烈な反対にあい、その期限はどんどん延期されている。それでも町なかでは少しずつジプニーに替わるミニバスなども目にするようになった。

　乗り方は、まずジプニーのフロント、または車体の脇に書かれた目的地（走行区間）を素早く読み取り、それと自分の目的地、さらに車の進行方向とが一致していれば手を挙げて停める。

　乗り込んだら空いている席に座ろう。運賃は、運転手の近くに座ったなら直接運転手に「バヤッド・ポ！（運賃です！）」と言って払えばいいし、運転手から遠い席だったら運転手に近い席の人にお金を回してもらおう。運賃は距離によって変わるが、₱12が最低運賃。

　一方、降りるときは天井をたたいたり、「パーラ・ポ！（停めてください！）」と叫べばいい。

マニラに地下鉄が走る？
　慢性的な交通渋滞を抱えるマニラに、地下鉄「メガマニラ・サブウェイ」の敷設計画が進んでいる。ルートはケソン市からニノイ・アキノ国際空港ターミナル3に渡る約25km。2025年に部分開業、2027年に全面開業を目指している。

スリに注意！
　混雑している乗り物、例えばラッシュ時に繁華街を走るジプニーの中ではスリもたまに出没する。特に空港周辺、バクラフン駅周辺、キアポ周辺から乗るジプニーには気をつけたほうがいい。

マニラの交通アプリ「サカイ Sakay」
　ジプニーやメガタクシー、バスなど、地元の人々が利用する交通機関のルート案内アプリが登場！まだまだ正確とはいいがたいが、安く移動するときの参考にはなる。

ジプニーが姿を消すのはさびしい

雨天時のメトロ・マニラ

メトロ・マニラの慢性的な渋滞は有名。特にラッシュ時の混雑ぶりは驚異的だ。この時間帯に雨が降り出した場合は、身動きが取れなくなる。タクシーもメーターを使用しなくなることが多い。夕刻ラッシュ時の雨には十分注意したい。

乗車拒否の多いタクシー

何かと問題の多いマニラのタクシー。乗車拒否をされることもしばしばで、特に渋滞の時間帯や、市をまたいで移動する場合などに多い。慢性的に渋滞が起こっているマニラでは、渋滞にはまれば相当に時間をとられるためだ。その場合は高架鉄道と併用するなどしよう。

■フィリピン国有鉄道（PNR）
MAP P.64下
TEL (02) 5319-0041
URL pnr.gov.ph

交通機関電動化の一環で、イントラムロスで運行を開始したEトライク E-Trike（→P.80欄外）

タクシー　Taxi

すべてメーター制で、ほとんどがエアコン付き。初乗りはレギュラータクシーが₱40、イエロータクシーが₱70。以降レギュラータクシーは1kmごとに₱13.50+₱2/分、イエロータクシーは300mごとに₱4+₱2/分が加算される。なお、タクシーは旅行者から法外な金額を取ろうとしたり、メーターを使わなかったりする運転手もいるため、運賃やルートや到着時までの時間、運転手の名前や車が事前に把握できる配車アプリのグラブ（→P.55）で呼ぼう。

また、ホテルの受付で呼んでくれることもあるので、レセプションで聞いてみてもよい。

白のレギュラータクシー

国有鉄道　Philippine National Railways（PNR）

トンド地区にある**トゥトゥバン Tutuban**駅から、メトロ・マニラ南部の**アラバン Alabang**駅まで、パサイ市とマカティ市の間を南北に走るJ.Pリサール・ハイウェイに沿って、フィリピン国有鉄道（PNR）の近郊列車（メトロコミューターライン）が5:00頃～21:00頃の間、約30分おきに走っている（1日1便カランバまでの便もあり）。アラバンまでの所要時間は約1時間、運賃は₱30。ただし、途中で駅に停車しても、車内アナウンスは一切ないので注意が必要だ。車両はエアコンの効いたディーゼルカーや、JRから譲渡された203系の電車を改装した客車を使用。

バス利用を快適にしてくれる巨大バスターミナル
PITX（Parañaque Integrated Terminal Exchange）

ちょっと
ひと息コラム

ニノイ・アキノ国際空港（NAIA）のあるパラニャーケ市にある巨大バスターミナル。マニラの渋滞と複雑な交通事情を緩和するために2018年に建設された。

長距離バスの行き先はルソン島南部のビコール州、バタンガス、バギオなど。運賃はバギオまでは₱500～、バタンガス₱358～。建物内に行き先別にターミナルがあって、チケットカウンターもバス会社ごとにあるのでわかりやすい。

ただ巨大ターミナルなだけに、出発時刻ギリギリに到着した場合、出発ターミナルまでたどり着けない可能性もあるので、時間には余裕を持って行くようにしよう。

ファストフードのレストラン、ショップ、コンビニなどの小売店の施設も備えているので、早めに着いても時間を潰すのには困らない。

ジプニーやタクシー乗り場もあり、長距離バスを降りてからの公共交通手段への乗り換えも容易。近い将来にはLRTの駅もできる予定だそう。NAIAやメトロマニラ内のマカティなどをつなぐジプニーやシティバス（カローセル Carousel）も発着している。

あまりに巨大で使いこなすには少々時間がかかりそうだが、マニラからルソン各地へのバス移動の最初の難関であるターミナル探しをする必要がなくなっただけでも大きな功績だ。

MAP P.62-A4/折込裏-A2
住 1 Kennedy Rd., Tambo, Parañaque City
TEL (02) 8396-3817、(02) 8396-3818、0917-596-1111　**URL** www.pitx.ph

路線バス Local Bus

いつも混雑しているので、とりわけラッシュ時には心して乗ろう。乗り方は、まずバス停で待ち、目的のバスが来たら乗り込む。車掌が乗っているので目的地を告げてお金を払いチケットをもらう。ただし、バス料金は同じ区間でも会社やバスの快適さによっても異なるので、そのつど車掌に聞くしかない。

走るルートは把握しにくいので、行きたい場所がフロントに表示されたバスが来たら乗り込むのがコツ。車掌はおもだった

バス停に近づくと、地名または通りの名やその近辺の通称を叫ぶので、降りる際には、叫んだり、壁をたたいたりして意思表示をしよう。

バスはエドゥサ通りなどの幹線通りを走る

バイクタクシー Bike Taxi

現地の人に人気の交通手段であるバイクタクシー。渋滞を避けられ、また金額も安い。圧倒的な人気は**アンカスAngkas**というアプリだ。グラブのように目的地を設定して金額を確認のうえで予約をすることができる。

トライシクル Tricycle

オートバイにサイドカーを付けた3輪の乗り物。料金は交渉制で、最低料金がひとり₱10〜。ただ、観光客はマニラではなかなか最低料金で乗ることができない。ひとりで乗ると₱20〜40くらいから。座席が空いていると、そのぶんの負担も必要になる。

また、自転車にサイドカーを付けたものは通称ペディキャブPedicabと呼ばれ、エルミタやマラテで見かける。こちらは観光客用といった性格が強く、最低₱50くらい。

カレッサ Calesa

カレッサとは馬車のこと。おもにチャイナタウンとキアポで、地元の人々の足として活躍してきた。現在は観光用のカレッサがほとんどで、一般の人が移動に使うことはほぼない。観光客用のカレッサはエルミタやリサール公園、イントラムロスなどでも見かけるが、時間決めの貸し切りで利用する。1時間₱1000〜。なかには悪質な業者も多いので、最初にしっかりと交渉をしてから利用しよう。

路線バス料金の目安
●パサイ〜ケソン
₱30程度
●パサイ〜アヤラ・センター
₱10程度

ベイ・エリアでは電動トライシクルが走っている

郊外に行くならレンタカー

渋滞がひどいマニラだが、郊外に足を延ばしたいときはレンタカーに頼るのがいちばん。フィリピンではレンタカーは運転手付きが基本だ。また空港送迎などのレンタカーもある。旅行代理店などで手配を頼むか、オンラインで探して申し込む。

空港片道送迎
（1時間30分）　　　　　₱2100
マニラ、マカティ、パサイ、
　パシッグ地区（3時間）　₱4000
ケソン、アラバン地区
　（3時間）　　　　　　　₱4000
メトロマニラ域内
　（100km以内、10時間）₱6000
メトロマニラ域外
　（198km以内、10時間）₱10000
超過料金　1時間　　　　₱600
※以上はセダン車の場合。運転手、ガソリン代込み。駐車代、高速代は別途。
●フレンドシップツアー
🏠 Dusit Thani Manila, Ayala Center, Makati
☎ 02-8840-1060

おもなレンタカー会社
●ハーツHertz
☎ (02) 8396-7551、0925-486-9716
●エイビスAvis
☎ 0945-668-2075
●Enterprise Car Lease（ECLPI）
☎ (02) 8886-9931、0917-808-2144

庶民の味方のトライシクル

59

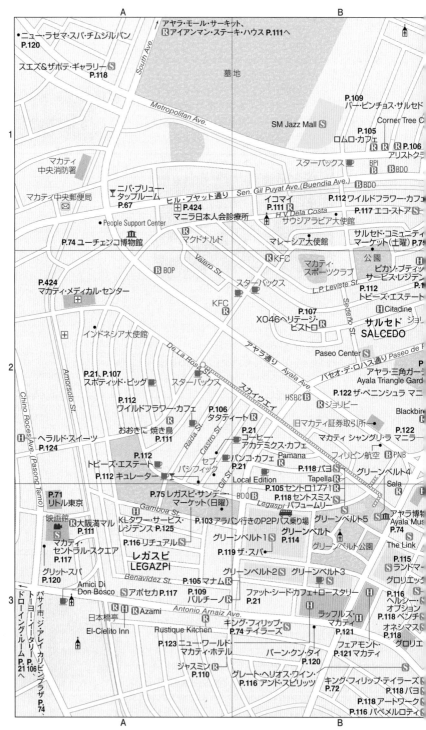

ニュー・ラセマ・スパ・チムジルバン
P.120

スエズ&ザポテ・ギャラリー S
P.118

South Ave.

アヤラ・モール・サーキット、
R アイアンマン・ステーキ・ハウス P.111へ

墓地

Metropolitan Ave.

SM Jazz Mall S

P.109
バー・ピンチョス・サルセド

Corner Tree C

マカティ
中央消防署

P.105
ロムロ・カフェ
R R P.106
アリストクラ

マカティ中央郵便局 ⊠

ニパ・ブリュー・
タップルーム
P.67

ヒル・ブヤット通り

Sen. Gil Puyat Ave.(Buendia Ave.)

スターバックス

BPI
B BDO

B BDO

イコマイ
P.111 ⊞
H.V.Dela Costa

P.112 ワイルドフラワー・カフェ

P.117 エコ・ストア S

• People Support Center

P.424
マニラ日本人会診療所
サウジアラビア大使館

P.74 ユーチェンコ博物館 🏛

R マクドナルド

マレーシア大使館

サルセド・コミュニティ
マーケット(土曜) P.75

R KFC

マカティ・
スポーツクラブ

公園

ピカソ・ブティッ
サービス・レジデン
P.1

Valero St.

P.424
マカティ・メディカル・センター ⊞

B BOP

スターバックス

L.P.Leviste St.

P.112
トビーズ・エステート

⊞ Citadine

KFC
R

P.107
XO46ヘリテージ・
ビストロ R

Sedeno St.

サルセド ジョ
SALCEDO

⊞ インドネシア大使館

De La Rosa St.

アヤラ通り Ayala Ave.

Paseo Center S

パセオ・デ・ロハス通り Paseo de F

Amorsolo St.

P.21、P.107
スポティッド・ピッグ 🖥

スターバックス

スカイウェイ

パセオ・デ・ロハス通り Paseo de
アヤラ・三角ガー
Ayala Triangle Gard

P.122 ザ・ペニンシュラ マニ

Chino Roces Ave. (Pasong Tamo)

P.112
ワイルドフラワー・カフェ

P.106
タタティート R

HSBC B

R ジョリビー

Blackbir
R

おおきに 焼き鳥
P.111

Rada St.

Castro St.

P.21
コーヒー・
アカデミクス・カフェ

旧マカティ証券取引所

P.122
マカティ シャングリ・ラ マニラ

ヘラルド・スイーツ
P.124 ⊞

P.112
トビーズ・エステート 🖥

Pamana
セブ・
パンコ・カフェ R
P.21

フィリピン航空 B PNB

P.118 バヨ R

グリーンベルト4

P.112 キュレーター R Y

パシフィック

Gil St.

Local Edition

Tapella R

Sala
R

P.71
リトル東京

P.75 レガスピ・サンデー・
マーケット(日曜)

BDO B

P.105 セントロ1771 R

P.118 セントスミス・ R

グリーンベルト5

Sm アヤラ博物
Ayala Mus
P.74

Gamboa St.

映画館 R 大阪満マル
P.111

KLタワー・サービス・
レジデンス P.125

Legaspi パフュームリー

P.103 アラバン行きのP2Pバス乗り場

グリーンベルト1

グリーンベルト
P.114

S The Link

マカティ・
セントラル・スクエア
P.117

P.116 リチュアル S

P.119 ザ・スパ •

グリーンベルト公園

P.115
S ランドマー

グリット・スパ
P.120

レガスピ
LEGAZPI

Benavidez St.

P.105 マナム R

グリーンベルト2 S グリーンベルト3

グロリエッタ

Amici Di
Don Bosco S アポセカ P.117

P.109
バルチーノ R

ファット・シード・カフェ+ロースタリー

P.116
ヘルシー・
オプション

日本橋亭

R ⊞ R Azami

Antonio Arnaiz Ave.

P.21

P.118 ベンチ

El-Cielito Inn

Rustique Kitchen

P.74 テイラーズ

ラッフルズ ⊞
マカティ
P.121

オネシマス
P.118

P.123 ニュー・ワールド・
マカティ・ホテル

キング・フィリップ・ S

バーン・クン・タイ
P.120

フェアモント・
P.121 マカティ

グロリエ

ジャスミン R
P.110

グレート・ヘリオス・ワイン・
P.116 アンド・スピリッツ

P.72

キング・フィリップ・テイラーズ S
P.118 バヨ S

P.118 アートワーク

P.116 パベメルロティ

ドローイングルーム P.21 108へ
トーヨー・イータリー P.
パサイ市、ジ・アレイ カリ ビンプラザ P.74、

地図

C

P.106 バリオ・フィエスタ
ラブd・フィリピン・マカティ P.124

y City Mall — 図
クライング・タイガー P.17

Buddha Bar
Great Eastern P.126

イアフライ・
P.17 アンティドート
レッド・プラネット・マカティ

—フデッキ
Berjaya
Makati Junction Hostel
P.115 パワー・プラント・モール

City Garden Grand

I'm Hotel
G. Luna St.

P.120 アイム・オンセン・スパ
St Giles
P.126 ロックウェル・センター Rockwell Center

BDO City Garden
Zホステル
P.17、P.111 ウォントゥサワ

ング・ステーション・バー&カフェ
Sunette Tower
P.109 グレース・パーク

Traveller's Inn
アラマット・
フィリピノ・バブ&デリ
P.113

Citadel Inn
Clipper
ロックウェル通り Rockwell Dr. 1

Jupiter Ave. KFC
P.109 アルバ
El Chupacabra
ドクターワイン・ルーフトップ P.17

観光局(DOT)
ジョリビー
コミューン・
カフェ ポブラシオン
Poblacion
P.112

ブッカニアーズ・ラム・アンド・キッチンP.113

Petron

Bombay
⊗警察
Metro

DBP

ィスカバリー・ツアー
ジョリビー
BPI

Wholesome Table

フィリピン国立銀行 ビル・フォメット通り
ジュピター通り
Kalayaan Ave.

CPB

Makati Ave.

スターバックス
2

merset Olympia Makati

Jupiter Ave.

デスゴ・ホットポット
P.110

マクドナルド

ブエンディア駅
Buendia Sta.

ッズ・ワールド・ビュッフェ P.108

ィム・ホー・ワン
.110
アヤラ・センター
AYALA CENTER

750アヤラ・アベニュー

アイランド・スパ
P.119

エッタ3 ルスタンズ
P.114

エッタ P.114 グロリエッタ5

グロリエッタ4 ワンアラヤ P.70

メルカート・セントラル
P.70

画館 P.116
P.114 クルトゥーラ

SMマカティ

SM
Annex
P.91
EDSAアヤラ・ターミナル(BGCバス)

k Square
アヤラ駅 Ayala Sta.

フレンドシップ・ツアーズ

デュタニマニラ P.122

テラワン・スパ P.119

フォルベス・パーク
FORBES PARK

エピファニオ・デ・ロス・サントス通り(エドゥサ通り)
Epifanio de los Santos Ave.(Edsa Ave.)
高架鉄道 Line 3

3

マカティ市
0　　200m

ボニファシオ・グローバル・シティP.91へ

C　　　　　　　　　**D**

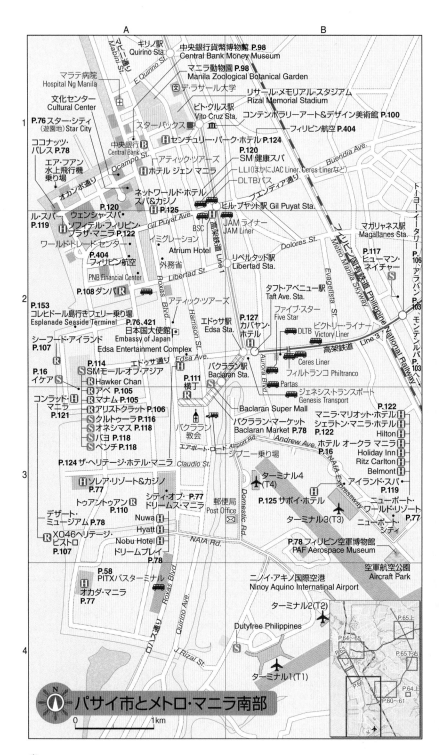

パサイ市とメトロ・マニラ南部

A

キリノ駅 Quirino Sta.

マビニ通り Mabini St.

E.Quirino St.

中央銀行貨幣博物館 **P.98**
Central Bank Money Museum

マニラ動物園 **P.98**
Manila Zoological Botanical Garden

マラテ病院
Hospital Ng Manila

区 デ・ラサール大学

リサール・メモリアル・スタジアム
Rizal Memorial Stadium

文化センター
Cultural Center

1

P.76 スター・シティ
(遊園地) Star City

ビト・クルス駅
Vito Cruz Sta.

スターバックス

コンテンポラリーアート＆デザイン美術館 **P.100**
Contemporary Art and Design Museum

フィリピン航空 **P.404**

ココナッツ・
パレス **P.78**

中央銀行 **B**
Central Bank

エア・フアン
水上飛行機
乗り場

Ocampo St.

センチュリー・パーク・ホテル **P.124**

SM健康スパ **P.120**

アティック・ツアーズ

H ホテル ジェン マニラ

LLI(ほかにJAC Liner, Ceres Linerなど)

Buendia Ave.

オカンポ通り

ネットワールド・ホテル
スパ＆カジノ **P.125**

ブエンディア通り

DLTBバス

P.120

ヒル・プヤット駅 Gil Puyat Sta.

ル・スパ・ **P.119** ウェンシャ・スパ・

H ソフィテル・フィリピン・
プラザ・マニラ **P.122**

Gil Puyat Ave.

BSC 国鉄線路

JAM ライナー
JAM Liner

マガリャネス駅
Magallanes Sta.

ヒューマン・
ネイチャー **P.117**

ワールド・トレード・センター

イミグレーション

Atrium Hotel

Dolores St.

S

Metro Manila Skyway

アラバン・**P.105**

P.404
フィリピン航空

外務省

Line 1

リベルタッド駅
Libertad Sta.

Evangelista St.

タフト・アベニュー駅
Taft Ave. Sta.

Philippine National Railway

フィリピン国有鉄道

P.106

モンテンルパ **P.103**

PNB Financial Center

Libertad St.

2

P.108 ダンバ **R**

Roxas Blvd.

Harrison St.

ファイブ・スター
Five Star

P.153
コレヒドール島行きフェリー乗り場
Esplanade Seaside Terminal

アティック・ツアーズ

エドゥサ駅
Edsa Sta.

P.127
カバヤン・
ホテル

Aurora Blvd.

DLTB

ビクトリー・ライナー
Victory Liner

高架鉄道
Line 3

P.76, 421
日本国大使館
Embassy of Japan

Edsa Entertainment Complex

シーフード・アイランド
P.107

R

Edsa Ave.

エドゥサ通り

バクララン駅
Baclaran Sta.

フィルトランコ Philtranco

Ceres Liner

P.16
イケア **S**

SMモール・オブ・アジア

P.111
横丁

S

Partas

ジェネシス・トランスポート
Genesis Transport

R Hawker Chan

R アベ **P.105**

R マナム **P.105**

Baclaran Super Mall

マニラ・マリオット・ホテル **P.122**

シェラトン・マニラ・ホテル **P.78**

Hilton **H**

コンラッド・
マニラ
P.121

R アリストクラット **P.106**

S クルトゥーラ **P.116**

S オネシマス **P.118**

S バヨ **P.118**

S ベンチ **P.118**

バクララン・マーケット
Baclaran Market **P.78**

バクララン
教会

Airport Rd.

Andrew Ave.

ホテル オークラ マニラ
P.16

Holiday Inn **H**

Ritz Carlton **H**

Belmont **H**

アイランド・スパ
P.119

3

P.124 ザ・ヘリテージ・ホテル・マニラ

Claudio St.

ジプニー乗り場

NAIA Expressway

ターミナル4
(T4)

ニューポート・
ワールド・リゾート

ニューポート・ **P.77**
シティ

H ソレア・リゾート＆カジノ
P.77

トゥアントゥアン **P.110**

シティ・オブ・ **P.77**
ドリームス・マニラ
City of Dreams Manila

P.125 サボイ・ホテル

デザート・
ミュージアム **P.78**

Nuwa **H**

郵便局
Post Office

Hyatt **H**

ターミナル3(T3)

R XO46ヘリテージ・
ピストロ
P.107

Nobu Hotel **H**

Domestic Rd.

P.78 フィリピン空軍博物館
PAF Aerospace Museum

ドリームプレイ
P.78

空軍航空公園
Aircraft Park

P.58
PITXバスターミナル

NAIA Rd.

H オカダ・マニラ
P.77

Roxas Blvd.

Quirino Ave.

ニノイ・アキノ国際空港
Ninoy Aquino International Airport

ターミナル2(T2)

4

Dutyfree Philippines

J.Rizal St.

S

ターミナル1(T1)

N

0 　　　1km

B

トヨ・イータリ トーヨー・イータリ

P.65上

P.64～65

P.65下右

P.66

P.60～61

P.64

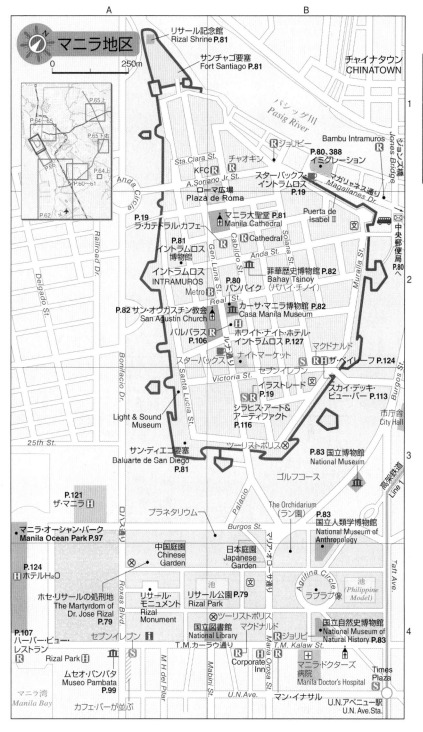

マニラ地区

N

0 —— 250m

チャイナタウン
CHINATOWN

リサール記念館
Rizal Shrine **P.81**

サンチャゴ要塞
Fort Santiago **P.81**

パシッグ川
Pasig River

ジョーンズ橋
Jones Bridge

Bambu Intramuros **P.80, 388**

Ⓡ ジョリビー

Sta. Clara St.

チャオキン

KFC Ⓡ

A. Soriano Jr. St.

スターバックス・
イントラムロス **P.19**

マガリャネス通り
Magallanes Dr.

Anda Circle

ローマ広場
Plaza de Roma **P.19**

Puerta de
Isabel Ⅱ

中央郵便局
P.80 へ

Railroad Dr.

ラ・カテドラル・カフェ
P.81

マニラ大聖堂 **P.81**
Manila Cathedral

イントラムロス
博物館 **P.81**

Ⓡ Cathedral

Anda St.

Solana St.

Muralla St.

Delgado Dr.

イントラムロス
INTRAMUROS

Gen. Luna St.

Cabildo St.

菲華歴史博物館 **P.82**
Bahay Tsinoy（バハイ・チノイ）

バンバイク **P.80**

Metro Ⓑ

Real St.

P.82 サン・オウガスチン教会
San Agustin Church

カーサ・マニラ博物館 **P.82**
Casa Manila Museum

Bonifacio Dr.

バルバラス Ⓡ
P.106

ホワイト・ナイト・ホテル・
イントラムロス **P.127**

Ⓗ

マクドナルド

スターバックス

ナイトマーケット

Santa Lucia St.

Victoria St.

セブンイレブン

Ⓢ Ⓡ Ⓗ ザ・ベイリーフ **P.124**

25th St.

Light & Sound
Museum

イラストレード **P.19**

Ⓢ Ⓡ
シラヒス・アート＆
アーティファクト
P.116

Burgos St.

スカイ・デッキ・
ビュー・バー **P.113**

市庁舎
City Hall

サン・ディエゴ要塞
Baluarte de San Diego
P.81

ツーリストポリス ⊗

P.83 国立博物館
National Museum

Palacio

ゴルフコース

Ⅲ

高架鉄道 Line 1

P.121
ザ・マニラ Ⓗ

プラネタリウム

The Orchidarium
（ラン園）

P.83

Roxas Blvd.

Burgos St.

国立人類学博物館
National Museum of
Anthropology

マニラ・オーシャン・パーク
Manila Ocean Park P.97

P.124
Ⓗ ホテルH₂O

中国庭園
Chinese
Garden

日本庭園
Japanese
Garden

Agrifina Circle

池
(Philippine
Model)

Taft Ave.

マニラ湾
Manila Bay

ホセ・リサールの処刑地
The Martyrdom of
Dr. Jose Rizal
P.79

リサール・
モニュメント
Rizal
Monument

池

リサール公園 **P.79**
Rizal Park

⊗

ラプラプ像

マリア・オローサ通り

P.107
ハーバー・ビュー・
レストラン
Ⓡ

Rizal Park Ⓗ

Mabini St.

セブンイレブン

ⓘ

国立図書館
National Library

⊗ ツーリストポリス
マクドナルド

T.M.カーラウ通り

国立自然史博物館
• National Museum of
Natural History **P.83**

Ⓡ ジョリビー
T.M. Kalaw St.

Ⓡ Ⓗ
Corporate
Inn

Ⓡ

ムセオ・パンバタ
Museo Pambata
P.99

Ⅲ

Ⓢ

M H del Pilar

U.N.Ave.

Maria Orosa St.

マニラ・ドクターズ
病院
Manila Doctor's Hospital

Times
Plaza

カフェ・バーが並ぶ

マン・イナサル

U.N.アベニュー駅
U.N. Ave.Sta.

P.65上
P.65下右
P.64上
P.66
P.64上
P.60～61
P.62

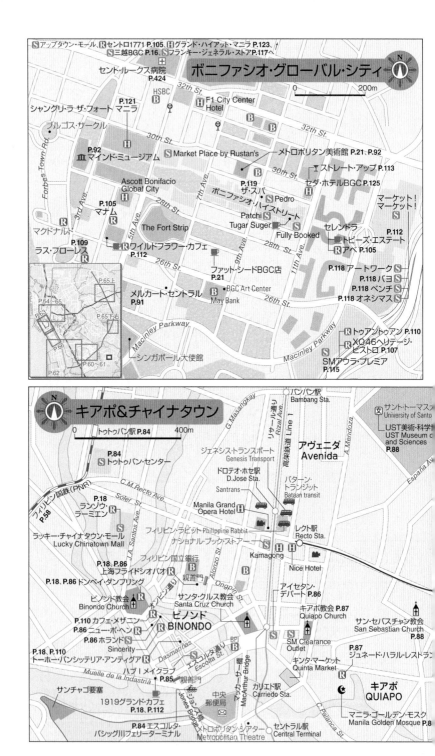

ボニファシオ・グローバル・シティ

⑤アップタウン・モール、Rセントロ1771 P.105、日グランド・ハイアット・マニラ P.123、
⑤三越BGC P.16、⑤フランキー・ジェネラル・ストア P.117へ

セント・ルークス病院 P.424

N

0　　　　　200m

HSBC
B P.121
シャングリ・ラ ザ・フォート マニラ
日 F1 City Center Hotel
32th St.

ブルゴス・サークル
32th St.
30th St.

P.92
皿マインド・ミュージアム
S Market Place by Rustan's
メトロポリタン美術館 P.21、P.92

Ascott Bonifacio Global City
日
P.119
ボニファシオ・ハイストリート
● Pedro
30th St.
ストレート・アップ P.113
セダ・ホテルBGC P.125

P.105
マナム
R
28th St.
7th Ave.
ザ・スパ
Patchi
マーケット！
マーケット！ S

マクドナルド
5th Ave.
3rd Ave.
The Fort Strip
Tugar Suger
Fully Booked
セレンドラ
P.112
トビーズ・エステート
R アベ P.105

P.109
ラス・フローレス
R
●Rワイルドフラワー・カフェ P.112
26th St.
28th Ave.
9th Ave.
11th Ave.
P.118 アートワーク S
P.118 バヨ S
P.118 ベンチ S
P.118 オネシマス S

ファット・シードBGC店 P.21
● BGC Art Center
26th St.

メルカート・セントラル P.91
● May Bank

Macinley Parkway
Macinley Parkway
Rトゥアントゥアン P.110
R XO46ヘリテージ・ビストロ P.107
S SMアウラ・プレミア P.115

シンガポール大使館

Forbes Town Rd.

P.65上
P.64〜65
P.63
P.65下/右
P.66
P.60〜61
P.62

キアポ＆チャイナタウン

N

0　トゥトゥバン駅 P.84　400m

バンバン駅
Bambang Sta.

サント・トーマス大
University of Santo
UST美術・科学博
UST Museum of and Sciences P.88

P.84
S トゥトゥバン・センター

ジェネシス・トランスポート
Genesis Transport

アヴェニダ
Avenida

リサール通り Rizal Ave.
高架鉄道 Line 1

G.Masangkay
A.Mendoza

C.M.Recto Ave.
Soler St.

ドロテオ・ホセ駅
D.Jose Sta.
Santrans

バターン・トランジット
Bataan transit

España Av.

P.18
ランジウ・ラーミエン
R
P.58

フィリピン国鉄(PNR)

Manila Grand Opera Hotel 日

L.A.Santos Ave.

ラッキー・チャイナタウン・モール
Lucky Chinatown Mall

フィリピン・ラビット Philippine Rabbit
ナショナル・ブック・ストアー

レクト駅
Recto Sta.
日 日

Kamagong
Nice Hotel

アイセタン・デパート P.86

P.18、P.86
上海フライドシオバオ
R
フィリピン国立銀行
B

P.18、P.86 ドンベイ・ダンプリング

Alonzo St.
Ongpin St.

親善門

サンタ・クルス教会
Santa Cruz Church

キアポ教会 P.87
Quiapo Church

サン・セバスチャン教会
San Sebastian Church P.88

ビノンド教会 R
Binondo Church

P.110 カフェ・メザニーン
P.86 ニュー・ポ・ヘン
P.86 ホランド S
Sincerity

ビノンド
BINONDO
R

BPI
B
SM Clearance Outlet

S
B
エスコルタ通り
Escolta St.

キンタ・マーケット
Quinta Market
R

P.87
ジュネード・ハラル・レストラン

Dasmariñas

P.18、P.110
トーホー・パンシッテリア・アンティグア

ハブ｜メイクラブ
Muelle de la Indastria
P.85

サンチャゴ要塞

1919グランド・カフェ
P.18、P.112

ジョーンズ橋 Jones Bridge

親善門

中央郵便局

マッカーサー橋
MacArthur Bridge

カリエド駅
Carriedo Sta.

キアポ
QUIAPO
☾

マニラ・ゴールデン・モスク
Manila Golden Mosque P.8

C.Palanca St.

P.84 エスコルタ
パシッグ川フェリーターミナル

メトロポリタン・シアター
Metropolitan Theatre

セントラル駅
Central Terminal

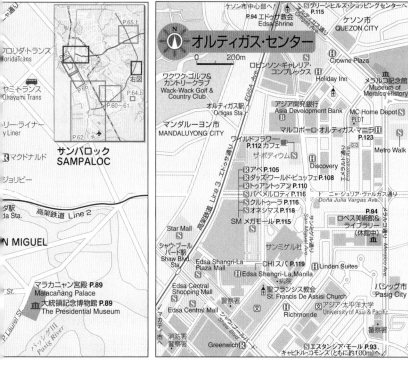

ケソン市

R Burgoo
Imperial Palace Suites
スターバックス
GMAカムニン駅
GMA Kamuning Sta.
メディカル・センター
Medical Center
V.Luna Gen. Hospital
P.63〜65
P.65下右
P.64上
P.60〜61
P.62

ROXAS
JAMトランジット
JAM Transit
JAC Liner
ビクトリー・ライナー
Victory Liner
Kamias Rd.
JAM Liner
G.V.フロリダ・トランス
G.V. FloridaTrans
Ermin Garcia

カムニン
KAMUNING
Kamuning Rd.

パブリック・マーケット

E.Rodriguez St.

DLTB
アルプス・ザ・バス
Alps the Bus
New York
P.20 ブミ・アンド・アッシュ S
ドミニオン・トランジット
Dominion Transit
ジェネシス・トランスポート
Genesis Transport
P.20 ブルーマン・コーヒー
ヴィロン・トランジット
Viron Transit
ES Transport
Columbia
カタ・ライフスタイル・ストア+カフェ
ビクトリー・ライナー
Victory Liner
Superlines
Raymond
バリワグ
Baliwag Transit
ファイブ・スター
Five Star & Batann Transit
P.20
Solid North
HM Transport
Crest H
Philtranco
アラネタ・センター・クバオ駅 Araneta Center Cubao Sta.
Dela Rosa Transit
アラネタ・センター
バスターミナル
〈フィリピン中南部方面行き〉
P.20
クバオ・エキスポ

NEW MANILA
高架鉄道 Line 2
Aurora Blvd. バルタス
Partas
Dominion
クバオ駅
Cubao Sta.
Farmars Plaza
アラネタ・コロシアム
アラネタ・シティ P.54
Novotel
ファーマーズ・マーケット
P.108
Shopwise
アリ・モール
SM
ウベ・エクスプレス P.54 バス乗り場

N
0 500m
R アペロ P.106, グリーンヒルズへ

オルティガス・センター

ケソン市中心部へ
P.94 エドサ教会
Edsa Shrine
グリーンヒルズ・ショッピングセンターへ P.115
ケソン市
QUEZON CITY
Crowne Plaza
ロビンソン・ギャレリア・コンプレックス
Holiday Inn
メラルコ記念館
Museum of Meralco History
ワクワク・ゴルフ&カントリークラブ
Wack-Wack Golf & Country Club
アジア開発銀行
Asia Development Bank
MC Home Depot S
PLDT
オルティガス駅
Ortigas Sta.
マルコポーロ・オルティガス・マニラ H P.123
マンダルーヨン市
MANDALUYONG CITY
ワイルドフラワー P.112 カフェ
ザ・ボディウム S
Metro Walk
Discovery
R アペ P.105
ダッズ・ワールド・ビュッフェ P.108
トゥアントゥアン P.110
S パペル ロティ P.116
S クルトゥーラ P.116
S オネシマス P.118
SM メガモール P.115
ニャ・シュリア・ヴァルガス通り
Doña Julia Vargas Ave.
P.94
ロペス美術館&ライブラリー（休館中）
Star Mall
シャウ・ブールバード駅
Shaw Blvd. Sta.
サンミゲル社
CHIスパ P.119
Linden Suites
Edsa Shangri-La Plaza Mall
H Edsa Shangri-La,Manila
病院
パシッグ市
Pasig City
Edsa Central Shopping Mall
聖フランシス教会
St. Francis De Assisi Church
警察署
Edsa Central Mall
Richmonde
アジア太平洋大学
University of Asia & Pacific
医院
消防署
警察署
Greenwich R
エスタンシア・モール P.93、
キャピトル・コモンズ（ともに約100m）へ

N
0 200m

0 500m

サンパロック
SAMPALOC

フロリダ・トランス
FloridaTrans
P.65上
右図
P.64上
P.60〜61
P.62
ヤミトランス
Ohayami Trans
リー・ライナー
y Liner
R マクドナルド
ジョリビー
ダ駅
da Sta.
高架鉄道 Line 2
N MIGUEL

マラカニャン宮殿 P.89
Malacañang Palace
大統領記念博物館 P.89
The Presidential Museum

パッシグ川
Pasig River

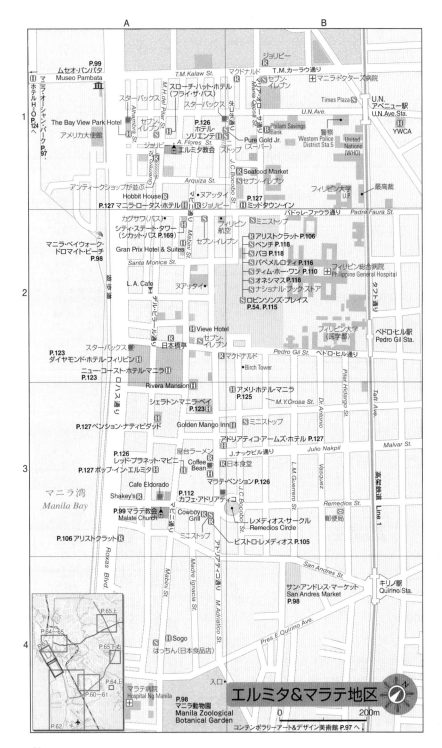

エルミタ&マラテ地区

A

P.99
ムセオ・パンバタ
Museo Pambata

T.M.Kalaw St.

スターバックス

スロッチ・ハット・ホテル
(フライ・ザ・バス)
スターバックス

The Bay View Park Hotel

Alhambra St.

セブン-イレブン

アメリカ大使館

ジョリビー

A. Flores St.

P.126
ホテル・
ソリエンテ

エルミタ教会

Pure Gold Jr.
(スーパー)

Arquiza St.

アンティークショップが並ぶ

Hobbit House R

ヌアッタイ

P.127 マニラ・ロータス・ホテル H

ジョリビー

マニラ・ベイウォーク・
ドロマイト・ビーチ
P.98

カグサワ(バス)
シティ・ステート・タワー
(シカット・バス P.169)

Gran Prix Hotel & Suites

Santa Monica St.

L. A. Cafe

ヌアッタイ

Vieve Hotel H

セブン-
イレブン

日本橋亭 R

P.123
スターバックス
ダイヤモンド・ホテル・フィリピン H

ニュー・コースト・ホテル・マニラ H
P.123

Rivera Mansion H

シェラトン・マニラ・ベイ
P.123 H

P.127 ペンション・ナティビダッド

Golden Mango Inn H

P.126
レッド・プラネット・マビニ

P.127 ポップ・イン・エルミタ H

屋台ラーメン
Coffee
Bean

R 日本食堂

Cafe Eldorado

Shakey's R

P.112
カフェ・アドリアティコ

P.99 マラテ教会
Malate Church

Cowboy
Grill
R

P.106 アリストクラット R

ミニストップ

マニラ湾
Manila Bay

Roxas Blvd.

Mabini St.

Madre Ignacia St.

M.Adriatico St.

P.65 上

P.64〜65

P.65 下右

P.64 下

P.60〜61

P.62

H Sogo
S はっちん(日本食品店)

マラテ病院
Hospital Ng Manila

P.98
マニラ動物園
Manila Zoological
Botanical Garden

入口

B

ジョリビー R

T.M.カーラウ通り

マクドナルド

セブン-
イレブン

マニラ・ドクターズ病院

Times Plaza S

U.N.
アベニュー駅
U.N.Ave.Sta.

YWCA

U.N.Ave.

Philam Savings
Bank

警察
Western Police
District Sta.5

United
Nations
(WHO)

Seafood Market S

セブン-イレブン S

フィリピン大学
U.P.

最高裁

パドレ・ファウラ通り Padre Faura St.

S ミッドタウン・イン

フィリピン
航空

S ミニストップ

S アリストクラット P.106

ベンチ P.118

バヨ P.118

パベルメロティ P.116

ティ・ホー・ワン P.110

フィリピン総合病院
Philippine General Hospital

オネシマス P.118

ナショナル・ブックストア

ロビンソンズ・プレイス
P.54、P.115

フィリピン大学
(医学部)

ペドロ・ヒル駅
Pedro Gil Sta.

R マクドナルド

Pedro Gil St. ペドロ・ヒル通り

Birch Tower

Pilar Hidalgo St.

Taft Ave.

Dr. Antonio

H アメリ・ホテル・マニラ
P.125

M.Y.Orosa St.

S ミニストップ

アドリアティコ・アームズ・ホテル P.127

J.ナックビル通り

マラテペンション P.126

Julio Nakpil

L.M.Guerrero St.

Vasquez

Malvar St.

Remedios St.

郵便局

レメディオス・サークル
Remedios Circle

ビストロ・レメディオス P.105

高架鉄道 Line 1

San Andres St.

キリノ駅
Quirino Sta.

サン・アンドレス・マーケット
San Andres Market
P.98

Pres.E.Quirino Ave.

N

0   200m

コンテンポラリーアート&デザイン美術館 P.97 へ

66

ちょっと
ひと息コラム

必読！ フィリピンでのトラブル例①

※トラブル例②→P.423

美人局の手口と対策

在フィリピン日本大使館は、買春絡みの恐喝などへの注意喚起をしている。これはいわゆる美人局（つつもたせ）だが、そのパターンはいろいろだ。

●日中、ショッピングモールでふたり組の女性から「日本人ですか」と声をかけられ、誘われるままそのうちのひとりの女性の家に行った。もう一方の女性が買い物に行くと言って部屋を出ると、残った女性が男性に積極的に誘いをかける。淫らな行為に及ぼうとしたところ、女性の兄と名乗る人物が現れ、「婚約者がいる妹を傷物にされた」と騒ぎ、医師と救急車が呼ばれ、手術代として数百万ペソを要求された。

●夜の繁華街で知り合った姉妹から「あなたの部屋に行こう」と誘われ、一緒に部屋に戻った。姉妹が服を脱ごうとしたとき、彼女たちの母親をともなった警察官が現れ、未成年者に対する強制わいせつ容疑で逮捕すると言い、示談金として20万ペソを要求された。

●ホテルの部屋に「マッサージを受けないか」と電話があり、それに応じた。バスタオル姿の女性ふたりからマッサージを受けたあと、警察官が現れ、女性たちは実は未成年であり、「淫らな行為を強要された」旨の訴えがあったとして、強制わいせつの容疑で拘束された。釈放と引き替えに数百万円を要求されたが拒否したところ、警察署に連行され、結局示談で済ますこととなった。

いずれの事例も、大がかりな恐喝で、警察官もグルなので信用できない。甘い誘いにはのらない、女性の家に行かない、女性を部屋に入れないなど、毅然とした態度で理性を保つことだ。フィリピンにおいては、未成年（18歳未満）者に対するわいせつ行為はもとより、成年女性に対する買春行為も重大な犯罪だ。被害に遭わないためにも、滞在国の法律を遵守し、買春ないしそれに類する勧誘には応じないこと。

そのほかのトラブル

いくら慎んだ行動をしていても、危険に巻き込まれることはある。悲しいことだが、すぐに他人を信用しない、まずは疑うといった態度もときには必要だ。ここでは、そのほか多く聞かれたトラブル例を挙げておく。

●知り合いのふりをして近づき、お金を取る

エルミタ、マラテ地区の路上やショッピングセンターなどで、突然、「あなたのホテルの従業員だよ」などと声をかけてくる。「非常事態なのでお金を貸してほしい。ホテルに戻ったら返すから」と言われ、お金をだまし取られる。

●コイン・ドロップ式

混雑する場所で、小銭などをわざと落とし、旅行者が気を取られているところを見計らって、バッグなどを引ったくる。

●ジプニー、バス、高架鉄道でのスリ

刃物でバッグを切られ、財布を抜かれる。

ちょっと
ひと息コラム

フィリピンで
クラフトビールを堪能しよう！

クラフトビールと聞くと、ドイツや米国、ベルギー産といったイメージがある方も多いだろう。しかし、フィリピンでも近年クラフトビールが人気を集めている。意外に低価格で飲めるのもうれしい。年中、暑いマニラで個性的なクラフトビールが人気を集めるのも納得だ。2017年からフィリピン各地のクラフトビールが一堂に会する「マニラ・クラフトビール・フェスティバル」がマンダルーヨン市のグリーン・フィールド・ディストリクトGreen Field Districtで開催されている。

厳選のビール、ボトル入りも充実で持ち帰りOK

■ニパ・ブリュー・タップルームNipa Brew Taproom
MAP P.60-A1　住 9639 Kamagong, San Antonio Village, Makati City　TEL 0917-893-0486（携帯）
URL nipabrewtaproom.business.site
営 10:00 〜深夜0:00

マニラ 早わかり エリアナビ

広大なメトロ・マニラはいくつもの市によって構成され、すべてを把握するのは困難。ここでは旅行者に必要と思われるエリアを8つに分けて紹介しよう。

1 隠れたグルメスポットが多い
キアポ＆
チャイナタウン P.84
QUIAPO & CHINATOWN

世界最古の中国人街として知られ、独特の古い町並みが残されている。近年はグルメやアートスポットとしても注目されている。

チャイナタウンの入口にある親善門

2 マニラ随一の観光地を擁する
マニラ地区 P.79
MANILA AREA

マニラ最古の旧城壁都市であるイントラムロスは16世紀の面影を残す町並みが残り、タイムスリップしたような気分にさせてくれる場所。

イントラムロスの街並み

3 下町風情を感じる
エルミタ＆
マラテ地区
ERMITA & MALATE P.95

エルミタはかつての歓楽街で、現在も多くの観光客が集まる。ホテル、レストラン、両替所など旅行者に必要なものが揃っている。

ノスタルジックな建物が多い

4 長距離バスターミナルもある P.76
パサイ市＆
エンターテインメント・シティ
PASAY & ENTERTAINMENT CITY

ニノイ・アキノ国際空港やSMモール・オブ・アジアがあり、旅行者にはなじみのエリア。パラニャーケ市のマニラ湾沿岸は一大開発区。統合型カジノリゾートが次々に建設されつつある。

シティ・オブ・ドリームス・マニラ

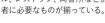

Line 1

ブルメントリット駅
Blumentritt Sta.

トゥトゥバン駅
Tutuban Sta.

レクト駅
Recto Sta.

Quiapo & Chinatown
キアポ＆チャイナタウン

パッシグ川

セントラル駅
Central Terminal
Manila Area
マニラ地区

Ermita &
Malate
エルミタ＆
マラテ地区
キリノ駅
Quirino Ave. Sta.

タフト・アベニ
Taft A

バクララン駅
Baclaran Sta.

Pasay &
Entertainment
パサイ＆
エンターテインメント

マニラ湾

Line 1

ケソン・メモリアル・サークル

広大な敷地をもつエリア

5 ケソン市
QUEZON P.101

1976年にメトロ・マニラに統合移行されるまでは、フィリピンの首都だった市。近年は開発が進み、最新のショッピングエリアもある。

巨大なSMメガ・モール

マンダルーヨン市きっての繁華街

6 オルティガス・センター
ORTIGAS CENTER P.93

1990年代から、新興ビジネス地として急速に発展。SMメガ・モールという巨大なショッピングセンターがあり、ホテルも充実している。

"グローバル"な雰囲気漂う計画都市

7 ボニファシオ・グローバル・シティ(BGC)
BONIFACIO GLOBAL CITY P.91

フィリピンのめざましい経済発展を象徴する都市。おしゃれなカフェや店が立ち並び、どこを見渡してもきれいで旅行者にも人気のスポット。

歩行者天国となっているボニファシオ・ハイストリート

緑あふれるショッピングモール・グリーンベルトの中庭

商業・経済の中心地

8 マカティ市
MAKATI CITY P.70

高層ビルが立ち並び、アヤラ・センターには巨大なショッピングセンターや高級ホテルが集まる。治安もよいため旅行者も多く訪れる。

ノース・アベニュー駅
North Ave. Sta.

Line 3

Quezon
ケソン

アラネタ・センター・クバオ駅
Araneta Center Cubao Sta.

クバオ駅
Cubao Sta.

Line 2

オルティガス駅
Ortigas Sta.

6

Ortigas Center
オルティガス・センター

8

Makati City
マカティ市

アヤラ駅
Ayala Sta.

Bonifacio Global City
ボニファシオ・グローバル・シティ

7

イ・アキノ国際空港

マカティ市

Makati City

マカティ市は高層ビルが立ち並ぶ現代的な町。商業の中心地として知られ、日本企業も多数進出している。スーツを着たビジネスマンを見かけることもよくあり、マニラのほかの地区とは違った印象だ。また、フィリピンで裕福な人々が住むエリアで、町並みもよく整備されている。巨大なショッピングセンターもあり、フィリピンでBGC（→P.91）と並んで豊かな場所といえるだろう。また、高級ホテル、銀行、航空会社など旅行者に必要なものも集中している。現在はエルミタから移動してきたバーやクラブも増え、夜もにぎやかだ。

イベント情報

グロリエッタ4前のドルフィン・パークではメルカート・セントラルというマーケットが開かれる。フィリピン、日本、イタリアなど各国料理の屋台が出店し、ベンチも設けられ地元の人々でおおいににぎわう。通常の屋台に比べておしゃれな印象。オーガニック石鹸などを販売する店もある。BGC（→P.91）、ケソン市（→P.101）でも開催されている。

●メルカート・セントラル
Mercato Centrale
`MAP` P.61-C3
🏠 Glorietta 4 Dolphin Park,
Makati City
🕐 木・金　16:00～翌2:00

さまざまな屋台が並ぶ

ワンアヤラ、間もなく本格オープン
`MAP` P.61-C3

アヤラ・センターに建築中のワンアヤラは公共交通機関のハブと、商業施設を備えた複合施設。2022年にバスターミナルがオープン。マニラ国際空港からのウベ・エクスプレス（→P.54）もここに到着する。そのほか、ルソン島南部や首都圏近郊などへのバスも発着するようになった。ショッピングモールは2023年末までに全面オープンを目指している。

マカティ市の歩き方

GETTING AROUND

マニラ最大のショッピングセンター街へ

中心は**アヤラ・センター Ayala Center**。**アヤラ通り Ayala Ave.**、**マカティ通り Makati Ave.**、**エドゥサ通り Edsa Ave.（エピファニオ・デ・ロス・サントス通り Epifanio de los Santos Ave.）** に三方を囲まれたモダンなショッピング街だ。

中心部にはレストランや映画館までが入った巨大ショッピングスクエアの**グロリエッタ Glorietta**（→P.114）が立ち、両側には緑あふれるガーデンのある**グリーンベルト Greenbelt**（→P.114）、大型デパートの**SMマカティ SM Makati**（→P.114）、大きなフードコートのある**ランドマーク Landmark**（→P.115）、高級デパートの**ルスタンズ Rustan's**（→P.114）が一体となって並んでいる。ここだけで1日で回りきれない広さだ。モール内にはレストランやカフェはもちろん、映画館も入っていて、1日楽しめる規模だ。計5つの建物の中央には、遊歩道を備えた池や花壇などもあり、オープンエアのカフェでひと休みするにもぴったり。

アヤラ・センターの西から北にかけては、**レガスピ Legaspi**や**サルセド Salcedo**などのエリアが広がっており、アヤラ通りやマカティ通りを中心に多くの企業ビルや病院、経済関係の建物が立ち並び、裏通りにはおしゃれなレストランやショップも並んでいる。

さまざまなショップが立ち並ぶグロリエッタの店内

ポブラシオンのホテルからの景色

マニラらしくない、マニラ

中心部からマカティ通りを北へ歩いていくと**ヒル・プヤット通り Sen. Gil Puyat Ave.** に出る。さらに進むと、歓楽街の**ブルゴス通り P. Burgos St.** があり、中級ホテルや両替所、世界各国料理のレストランなどが多く見られる。夜にはマニラ有数の大歓楽街となり、朝まで外国人観光客などで大にぎわいだ。このエリアは**ポブラシオン Poblacion** と呼ばれ、近年はバックパッカーの拠点としても知られている。

また、手前のジュピター通りを西に曲がると、通り沿いにレストランが点在する。ロムロ・カフェ（→P.105）やコーナー・ツリー・カフェなど評判の店も多い。

東へ行くと、パワー・プラント・モール Power Plant Mall（→P.115）などが立つ**ロックウェル Rockwell** という地域がある。ここは富裕層や駐在員が多く住む高級住宅地エリアの一つで、周辺にはカフェやレストランが立ち並んでいる。

落ち着いた雰囲気のパワー・プラント・モール

日本の味が恋しくなったら

マカティ市の西側、フェルナンドストリートとクリークサイドの通り沿いと中央地に日本料理店が20店舗近く軒を連ねるリトル東京と呼ばれるエリアがある。中央には野外席を取り囲むように店が並んでいる。ラーメンからモツ鍋、寿司、そば、お好み焼き、たこ焼きまで何でも揃っている。値段は日本より少し安い程度だが、本格的な和食が食べられると在住日本人も訪れる。
MAP P.60-A3

提灯がどこか懐かしい雰囲気

ちょっと
ひと息コラム

新たなバックパッカーの拠点

かつてマニラでバックパッカーが集まる場所といえばエルミタ、マラテ、パサイなどのエリアだったが、近年は事情が少し変わってきている。マカティの歓楽街ブルゴス通り周辺にきれいで格安なバックパッカー向けの宿が増え、新たなバックパッカーの拠点として注目されつつあるのだ。ブルゴス通りはゴーゴーバーなどの集まる夜の町ではあるが、エルミタよりも治安はよく、おしゃれなレストランやカフェ、両替所などもあり観光

にはたいへん便利。さらに、アヤラ・センターまでもタクシーやジプニーで簡単にアクセスできる。建設工事は今でも進んでおり、これからますます整備されていくのは間違いないだろう。

おしゃれなバックパッカー宿

アヤラ・センターを**徹底解剖！**

一大商業エリア、マカティ市で最もにぎわうのがアヤラ・センター。巨大なショッピングセンターが数珠つなぎにつながり、5つ星ホテルも一堂に会している。歩くと意外に広いアヤラ・センターのどこで何が楽しめるのかを徹底解剖！

> 落ち着いたレストランを探すならココ！

都会のオアシスとして愛される高級モール

Greenbelt（→P.114）
グリーンベルト

緑あふれるグリーンベルト公園を取り囲むように、グリーンベルト1〜5の建物が並ぶ。レストラン、ショップともにハイグレードのテナントが揃っており、旅行者やマニラの富裕層に人気がある。映画館や博物館など見どころも充実。

グリーンベルト4は高級ブランドが勢揃い

ザ・ペニンシュラ・マニラ

マカティ シャングリ・ラ・マニラ

6750アヤラ・アベニュー

T **G**

5

1　グリーンベルト　4　ザ・リンク

グリーンベルト公園　2F

T　2F

2　　　ランドマーク　2F　3

3　**G**　グロリエッタ 2

ニュー・ワールド・マカティ・ホテル

ラッフルズ・マカティ

フェアモント・マカティ

> 地下のスーパーマーケットはおみやげのまとめ買いにおすすめ！

デュシタニ・マニ

庶民に愛されるデパートメントストア

Landmark（→P.115）
ランドマーク

ローカルの人々向けの生活雑貨を扱う庶民派デパート。地下のフードコートはファストフードやフィリピン料理など、さまざまな店が揃っているのでランチにピッタリ。食品や日用雑貨が安く買えるスーパーマーケットも入っている。

格安で食事ができる地下のフードコート

G → グラブタクシースタ
T → タクシースタンド

最上階には高品質のみやげ物を揃えるおすすめ店がある

最上階の高級みやげ物店

欧米の高級ブランドが充実

Rustan's(→P.114)

ルスタンズ

ティファニーやカルティエ、クリニークやロクシタンなど、人気の一流ブランドが軒を連ねる高級デパート。リーズナブルで人気のアイランド・スパ(→P.119)も入っている。

館内はラグジュアリーな雰囲気

5つ星ホテルで優雅な時間を

マニラでも指折りの高級ホテルが集まるアヤラ・センター。買い物に疲れたらこれらのホテルで優雅な時間を過ごすのもおすすめ。ペニンシュラで高級ハロハロを食べたり、デュシタニのテワラン・スパ(→P.119)で癒やされたり。どのホテルも評判の施設を揃えている。

フィリピンらしい"ごちゃまぜ"モール

Glorietta(→P.114)

グロリエッタ

グリーンベルトとともに、アヤラ・センターを代表するショッピングセンター。グリーンベルトと同様に1〜5に分かれ、あらゆるタイプのテナントがごちゃまぜになって入っている。グリーンベルトよりも若干庶民的な印象。

まるで迷路のようにフロアが広がる

ローカルファッションブランドが充実！

フィリピン各地に展開

SM Makati(→P.114)

SMマカティ

フィリピンの主要都市に展開する全国チェーンの大型デパート。衣服、電化製品、食料品まで何でも揃っている。1階のスーパーマーケットは比較的クオリティが高く人気。スペインのファッションブランドなども入っている。

みやげ物を集めたコーナーも

2階にあるクルトゥーラ(→P.116)はおみやげ探しに最適

ンズ

5

Mマカティ

アヤラ駅 3F

Check! 歩き方のコツ

1 朝や夕方のラッシュ時、アヤラ・センター周辺ではタクシーを路上でつかまえるのが難しい。地図のタクシー乗り場を参考にしよう。また、グラブタクシー(→P.55)も上手に活用しよう。

2 高架鉄道Line3のアヤラ駅をスタート地点として、いくつものショッピングセンターがウオークウエイでつながっている。たとえ雨の日でも、一度も外に出ることなくショッピングが楽しめる。

■アヤラ博物館

🏠 Makati Ave., Cor. De La Rosa St., Greenbelt Park, Ayala Center, Makati City

TEL (02) 7759-8288
0945-567-4221

URL www.ayalamuseum.org

🕙 10:00 ～ 18:00　**休** 月・火・祝

料 大人₱650、学生₱350

ミュージアムショップには
ハイセンスなグッズが揃う

マカティのアートギャラリー
　フィリピン人デザイナーの作品を観ることのできるアートギャラリー。カフェやレストラン、ブティックなども同じ敷地内にある。
(→P.100)

■ジ・アレイ カリビンプラザ
The Alley at Karrivin Plaza

MAP P.60-A3外

🏠 Karrivin Plaza, 2316 Don Chino Roses Ave., Makati City

🕙 月　　　10:00 ～ 20:00
　火～木　11:00 ～ 19:00
　金・土　10:00 ～ 21:00
　日　　　10:00 ～ 18:00

■アヤラ三角ガーデン

🏠 Ayala Avenue & Paseo de Roxas Street, Makati City

TEL 0932-403-3279

料 無料

フィリピンの礼装バロンタガログをオーダーメイド
　キング・フィリップは1965年創業の老舗テイラー。スーツやバロンタガログをオーダーメイドで仕立ててくれる。バロンはリネン素材だと₱5000 ～、バナナ繊維だと₱8000 ～。バロンタガログが必要になったら相談してみよう。7 ～ 10日間ほどで仕上がる。

🅂キング・フィリップ・テイラーズ
King Philip Tailors

MAP P.60-B4

🏠 3rd Floor, Glorietta 1, Ayala Malls, Makati City

TEL 0977-799-3375

🕙 10:00 ～ 21:00

休 なし　**CC** AJMV

他 マカティ店→**MAP** P.60-B3

■ユーチェンコ博物館

🏠 RCBC Plaza, Ayala Ave. Cor. Sen. Gil J. Puyat Ave., Makati City

TEL (02)8889-1234

🕙 10:00 ～ 18:00　**休** 日・祝

料 ₱100

巨大なミュージアム　　　　★★★
アヤラ博物館　　**MAP** P.60-B3
Ayala Museum

　アヤラ博物館には、フィリピンの風景を立体模型にした60もの展示が常設されている。ルソン島北部にあるカガヤン州の紀元前の狩猟風景から、1946年の共和国宣言までの歴史が立体的に描かれたものだ。ボートギャラリーと呼ばれる所には船の模型も展示されている。ほかにも考古学的なものや現代的な工芸品まで展示は多岐にわたっている。マカティ市の生みの親、アヤラ財閥の威光が感じられる大きな博物館だ。中には、カフェやミュージアムショップもある。

博物館の外観

都会の真ん中にたたずむ大きな公園　　　　★
アヤラ三角ガーデン　　**MAP** P.60-B2
Ayala Triangle Gardens

　マカティの真ん中に位置する、三角の形をした大きな公園。園内は緑であふれ、都会のなかにいることを忘れてしまう。レストランやカフェもあるので、ゆっくりした時間を過ごせる。クリスマスシーズンになると光と音の盛大なイルミネーションが催されて地元の人たちにも人気の場所だ。

高層ビルと緑のコントラストが見える

落ち着いて作品を鑑賞できる　　　　★★
ユーチェンコ博物館　　**MAP** P.60-A1
Yuchengco Museum

　財閥の創始者、国連大使、外交官と、さまざまな顔をもつアルフォンソ T．ユーチェンコのアートコレクションやホセ・リサールに関する品物の数々を展示している。またフィリピン人によるアート作品の展示も行っており、ときには海外のアーティストの作品の展示会も開催される。

ユーチェンコ氏ゆかりの品も展示されている

ちょっと
ひと息コラム

ウイークエンドマーケットへ出かけよう！

緑豊かな公園で開かれるサルセド・コミュニティ・マーケット

駐在日本人にも人気

　マカティ市のサルセド、レガスピなどの地区では、週末にローカルマーケットが開かれている。これは各コミュニティが開催しているもので、土曜はサルセド、日曜はレガスピの公園が会場。内容はどちらも似たようなもので、各国の料理、ハンディクラフト、新鮮なフルーツや野菜、花など。手作り感がありつつも、それぞれが質の高いサービスを心がけており、興味をそそられる店がたくさん出店している。フィリピンならではのみやげ物や伝統料理を販売する店もあり、観光客も十分に楽しめる。

グルメスポットとしても有名

　どちらも厳しい審査で出店する店を決めている。また、同じ店ばかりにならないようにバランスよく採用している。このため、出店するレストランはどれもいち押しの店ばかり。オーガニック素材にこだわったり、パッケージがおしゃれだったり。もちろん味はどこも絶品。特にフィリピン料理やスペイン料理はぜひ食べておきたい。

色とりどりの新鮮野菜も手に入る

■サルセド・コミュニティ・マーケット
MAP P.60-B1
開 土 7:00 ～ 14:00
■レガスピ・サンデー・マーケット
MAP P.60-A3
開 日 7:00 ～ 14:00

もち米から作ったお菓子「スマン」

魚に野菜を詰めてグリルしたフィリピン料理

パサイ市&エンターテインメント・シティ Pasay City & Entertainment City

　マニラの南部、マカティ市の南西に位置するパサイ市。観光名所は少ないが、エドゥサ駅周辺には長距離バスのターミナルが集中していて、地方へ行く人々でにぎわっている。また、マニラ湾方面には広大な埋め立て地があり、国際会議場やワールド・トレード・センターなどが建ち並ぶ。ニノイ・アキノ国際空港の一部もパサイ市南部に含まれる。埋め立て地の南半分はパラニャーケ市。エンターテインメント・シティと呼ばれる、巨大カジノリゾート建設が着々と進むエリアだ。

■日本国大使館
MAP P62-A2
住 2627 Roxas Blvd., Pasay City
TEL (02) 8551-5710/80
FAX (02) 8551-5785
URL ph.emb-japan.go.jp
開 8:30 ～ 17:15
休 土・日、日本およびフィリピンの祝日

●邦人援護ホットライン
TEL (02) 8551-5786 (24時間)

■スター・シティ (遊園地)
MAP P62-A1 **TEL** (02) 8832-3249
開 木・金　14:00 ～ 22:00
　　土・日　13:00 ～ 22:00
休 月～水　**料** ₱699 (乗り放題)

SMバイ・ザ・ベイに立つ
観覧車のモア・アイ

ヒル・プヤット駅周辺にも
バスターミナルが集まる

パサイ市&エンターテインメント・シティの歩き方 GETTING AROUND

モダンな雰囲気のベイ・エリア

　高架鉄道Line1のビト・クルス駅Vito Cruz Sta.を降りてビト・クルス通りVito Cruz St.を西に歩いていった所は埋立地。まず文化センター Cultural Centerが目に入る。その先の突き当たりにあるクラシックな建物はココナッツ・パレス Coconuts Palace (→P.78欄外)、いわゆる迎賓館だ。隣には高級ホテルのソフィテル・フィリピン・プラザ・マニラ (→P.122) と黒いガラス張りのモダンな建物の国際会議場International Convention Centerがある。周辺には週末になると家族連れでにぎわう遊園地のスター・シティ Star Cityのほか、GSIS美術館GSIS Museum、レストランやホテルもある。また、さらに南へ進んでいくと、右側にマニラ最大級のショッピングモールSMモール・オブ・アジアSM Mall of Asia (→P.114) が見えてくる。エルミタ、マラテ地区からも近いので、心地よい潮風を感じに足を延ばしてみてもいいだろう。海岸沿いには、のんびりと歩くのに最適な遊歩道が整備されている。

SMモール・オブ・アジア周辺

地方へのバスターミナルが集中する庶民の町

　今度は、ザ・ヘリテージ・ホテル・マニラ (→P.124) に面したエドゥサ通りEdsa Ave. (エピファニオ・デ・ロス・サントス通りEpitanio de los Santos Ave.) を東に行ってみよう。Line1のエドゥサ駅Edsa Sta.に突き当たり、周辺には地方へ行くバスのターミナルが集中している。この通りはマカティ市や、その北のケソン市などに通じる重要な道路で、特に夕方は渋滞に巻き込まれやすい。

　Line1終点のバクララン駅Baclaran Sta.の周辺には、マニラで一番大きなマーケットがあり、生活用品が安く手に入る。

大開発の進むエンターテインメント・シティ

ちょっと
ひと息コラム

SMモール・オブ・アジアから南のベイ・エリアはパラニャーケ市。ここは"エンターテインメント・シティ"と呼ばれ、発展するマニラの象徴ともいえる一大プロジェクトが進んでいる。その柱は4つの統合型リゾート（IR）。2013年に開業したソレア・リゾート＆カジノを皮切りに、2015年にシティ・オブ・ドリームス・マニラ、2017年にオカダ・マニラがオープン。そして2022年にターミナル3の正面にあるリゾート・ワールド・マニラが、ニューポート・ワールド・リゾートと名前を替えてリブランディングされた。

いずれも最先端のカジノ施設が充実

ソレア・リゾート＆カジノ
Solaire Resort & Casino

ゴージャスな客室に泊まりながら、カジノ三昧の贅沢な時間を過ごせる。カジノは充実しているが、ショップやエンタメ施設はほかのIRに比べて見劣りするため、高級カジノを目的に訪れる人がほとんど。マニラのカジノのなかでも指折りの人気を誇る。

マニラ湾沿いに立つので景色もよい

＜施設案内＞
ホテル …2つのタワーに分かれ計800室
カジノ …スロット1200基、ゲームテーブル300台
ショップ …「プラダ」「ブルガリ」などハイブランドが数店
エンタメ …シアターやカジノでのショーなど
レストラン …「ヤクミ」「レッド・ランタン」など

＜DATA＞
MAP P.62-A3
住 1 Asean Ave., Entertainment City, Tambo, Parañaque City
TEL (02) 8888-8888
URL www.solaireresort.com

シティ・オブ・ドリームス・マニラ
City of Dreams Manila

2015年にオープンした6.2ヘクタールもの敷地をもつ統合型リゾート。マニラでも随一の規模を誇るカジノを3つの高級ホテルが取り囲む。カジノはシステマティックで遊びやすく、大規模なビュッフェが楽しめる「ザ・カフェ」など評判のレストランも多い。

黄金に輝く3つのホテルからなる

＜施設案内＞
ホテル …ヌワ、ノブ、ハイアット（全937室）
カジノ …スロット1700基、ゲームテーブル380台
ショップ …ハイブランドを集めた「ザ・ブールバード」
エンタメ …「ドリームプレイ（→P.78）」「ザ・ガレージ」ほか
レストラン…「ノブ」「ザ・カフェ」ほか

＜DATA＞
MAP P.62-A3 住 Roxas Blvd., Entertainment City, Parañaque City TEL (02) 8800-8080
URL www.cityofdreamsmanila.com

オカダ・マニラ Okada Manila

マニラ初の日本資本IRとして、2017年に華々しくオープン。外観、内装ともきらびやかな装飾が施され、無料で観賞できる巨大噴水ショーなど注目の施設の数々が揃う。日本資本のため、レストランは高級感のある日本料理店が充実している。

贅を尽くした内装のロビー

＜施設案内＞
ホテル …5つのタイプに分かれ計993室
カジノ …スロット3000基、ゲームテーブル500台
ショップ …50軒以上もの世界的ブランドショップ
エンタメ …世界中から40人ものアーティストが集う
「ワールド・オブ・ワンダー」
レストラン …「今村」「銀座 長州」など全21軒
噴水ショーの時間：18:00、19:00、20:00、21:00、22:00
（金・土は上記に加えて23:00、24:00、日曜は23:00）

＜DATA＞
MAP P.62-A4 住 New Seaside Dr., Entertainment City, Parañaque City TEL (02) 8888-0777
URL www.okadamanila.com

左段

■ドリームプレイ
TEL (02) 8808-0909
URL www.cityofdreamsmanila.com
営 10:00〜20:00（土・日 9:00〜）
休 なし
料 平日₱680、休日₱880

■デザート・ミュージアム
住 Unit 124, 126, 127a, Coral Way,
S Maison Mall, Conrad Hotel Ma-
nila, Mall of Asia Complex, Pasay
City
TEL 0966-210-6010（携帯）
URL www.thedessertmuseum.
com
開 10:00 〜 22:00　**休** なし
料 ₱799（オンライン₱699）
CC AMV

綿あめを作ってくれるスタッフ

トロピカルムードたっぷりの迎賓館
　ココナッツ・パレスは1981年
にローマ法王がフィリピンを訪問
した際に建てられた迎賓館で、
2016年まで副大統領官邸として
使われていた。建物の7割がココ
ナッツでできている。2023年6月
現在、以前行われていたガイドツ
アーは催行を中止している。
●ココナッツ・パレス
　Coconuts Palace
MAP P.62-A1

■フィリピン空軍博物館
住 Sales St., Villamor Air Base,
Pasay City
TEL 0950-288-7246（携帯）
URL www.paf.mil.ph
開 9:00 〜 16:00
休 土・日・月　**料** なし

小野田元少尉の展示

右段

子供の遊び場に最適　　　　　　　　　　★★
ドリームプレイ
MAP P.62-A3
Dreamplay

　シティ・オブ・ドリームス・マニラ（→P.77）にある、世界初
のドリームワークス公認アミューズメント施設。体を使って
思い切り遊べるものや、4Dの映像を見る施設、クッキングク
ラスなど内容はさま
ざま。シュレックやカ
ンフーパンダなど、
人気のキャラクター
グッズを売るショッ
プで買い物もできる。

人気キャラクターが勢揃い！

女性に大人気！　　　　　　　　　　　　★
デザート・ミュージアム
MAP P.62-A3
Dessert Museum

　2018年、コンラッド・マニラ（→P.121）内にオープンしたア
ミューズメント施設。ドーナッツ、キャンディ、綿あめなど、さ
まざまなお菓子をテーマにしたメルヘンチックな部屋が用意
され、それぞれの部屋でお菓子がもらえる。SNS映えする写
真が撮れると女性に人気がある。

フィリピン人のパワーを肌で感じよう！　　★★
バクララン・マーケット
MAP P.62-A3 〜 B2
Baclaran Market

　高架鉄道Line1のバクララン駅を囲む周辺一帯。このあた
りがマニラで一番大きいといわれるマーケットで、衣料品や
食料品、花、家庭用品ほか何でも揃っている。特にバクララン
教会周辺はにぎやかで、水曜市（バクララン・デー）の混雑ぶ
りはまるでラッシュ並み。ここでは、庶民の生活の一端を垣間
見ることができる。ただし、市場周辺はときおりスリも出没す
るので、注意が必要。できるかぎり明るいうちに訪れよう。

フィリピン空軍の歴史がわかる　　　　　★★
フィリピン空軍博物館
MAP P.62-B3
PAF Aerospace Museum

　フィリピン空軍のユニホームやワッペンなど、展示内容はそ
れほど驚くほどのものではない。しかし、日本人にとって観てお
きたいものがひとつだけある。それは、第2次世界大戦後、ル
バング島に30年も立てこもり、孤立無援で戦闘を続けた小野
田寛郎元少尉が当時携帯していた品々と、小野田氏直筆のフ
ィリピン政府へ宛てた手紙だ。あの戦争とは日本人にとってい
ったい何であったのか、あらためて考えさせられる展示である。
そのほか、近くに空軍航空公園があり、そこにはフィリピン空軍
によって実際に使われていた空軍機が16機置かれている。

マニラ地区

マニラ市の中央に位置するのがリサール公園とイントラムロス。リサール公園は、58万m²もの広大な敷地を擁する市民の憩いの場だ。一方、そのすぐ北側にあるイントラムロスは、16世紀にスペイン人がフィリピン統治の根拠地とした城塞都市。周囲には城壁が形成され、かつてはスペイン人とメスチーソ（スペイン人との混血）のみが住むものを許されていた。現在は、サン・オウガスチン教会San Agustin Churchが当時の姿を残すのみだが、その門をくぐり石畳の道を歩いていると、その重厚な歴史を感じずにはいられない。

マニラ地区の歩き方

GETTING AROUND

市民の憩いの場、リサール公園

　まず、広大なリサール公園から歩き始めてみよう。公園の中央には、イントラムロスまで続く**マリア・オローサ通りMaria Orosa St.**が走っていて、エルミタからこの通りをリサール公園に向かって歩いてくると、**子供の遊び場Children's Playground**、向かいには地球儀の形をした噴水がある。

　マリア・オローサ通りに戻って今度は左に行ってみよう。公園の中央には池があり、その右にあるのが**中国庭園Chinese Garden**と**日本庭園Japanese Garden**。

　池の左側にあるのは**国立図書館National Library**。入口は**T.M.カーラウ通りT.M. Kalaw St.**側で、その裏側はカフェになっている。マリア・オローサ通り側から池の向こう側に見えるのは**リサール・モニュメントRizal Monument**。この地下にフィリピンの国民的英雄であるホセ・リサールの遺体が葬られている。近くには処刑地跡もある。そのほか、公園内にはラン園やプラネタリウムなどもある。

　リサール・モニュメントから**ロハス通りRoxas Blvd.**を横切り、マニラ湾の方向に進むと、巨大な**マニラ・オーシャン・パークManila Ocean Park**（→P.97）の建物が見えてくる。週末になると家族連れで大にぎわいの人気の水族館だ。また、海沿いの防波堤のあたりも人々の憩いの場になっている。マニラ湾の夕日を眺めるのに最高のスポットで、訪れる観光客を魅了している。

リサール公園の中国庭園

■リサール公園
MAP P.63-A～B4
開 5:00～20:00
※ビジターセンターで詳しい地図がもらえる。

●**ホセ・リサールの処刑地**
The Martyrdom of Dr. Jose P. Rizal
MAP P.63-A4
開 7:00～21:00
休 なし 料 ₱20

ホセ・リサール
→P.89

マニラ地区での注意
　マニラ地区、特にリサール公園内でフィリピン人に話しかけられ、彼らと仲よくなった末に何らかのトラブルに巻き込まれるといった事件が多発している。夜間は特に危険なので、十分に注意したい。

リサール公園内にあるリサール・モニュメント

公園内のアグリフィナ・サークルにある英雄ラプラプの像

メトロ・マニラ

エリア別ガイド③ マニラ地区

要塞内では庶民の生活を
目の当たりにできる

■中央郵便局が火事に
　2023年5月、第2次世界大戦後
の1946年に再建された歴史ある
郵便局の建物が火事に見舞われ、
建物の多くの部分が焼失した。

■イミグレーション
MAP P.63-B1 **住** Magallanes Dr.
TEL (02) 8465-2400
URL immigration.gov.ph
開 7:00 ～ 17:30　**休** 土・日・祝
※観光ビザの申請については
→P.388

イントラムロスをバンブー自転車
で散策！
　意外に広いイントラムロスだ
が、レンタル自転車で回るのもお
すすめ。竹を用いてできるだけ金
属の使用を減らしたエコロジカル
な自転車がレンタルできる。ツア
ーも催行している。
●バンバイク
　Bambike
MAP P.63-B2
住 Real St. Cor. General Luna
St., Intramuros, Manila
TEL 0977-781-5322 (携帯)
営 9:00 ～ 18:00　**休** なし

電動トライシクルが登場
　イントラムロス内で電動トライ
シクルの運行がスタート。イント
ラムロス内の13のスポットを循
環している。運行は6:30 ～ 19:30
(日曜休み)で、間隔は2 ～ 5分ご
と。料金は1ライド₱25。チャータ
ーもできて1時間あたり₱800。
●Eトライク
　E Trike
URL www.clemenisle-ev.com

スペイン時代の面影を残すイントラムロス

　マリア・オローサ通りに戻り、今度は北に進んでみよう。真っすぐ進んでいくと見えるのがイントラムロスの入口だ。城塞都市として、スペイン統治時代には12の教会、大学、病院などがあったといわれるが、第2次世界大戦時、日本軍とアメリカ軍の戦闘でほとんどは破壊されてしまった。だが、石畳や重厚な建物など、スペイン時代の面影がまだあちらこちらに残っている。

　イントラムロスのゲートを抜け、**ルナ通り Gen. Luna St.**を歩いていくと、左側に重厚な**サン・オウガスチン教会 San Agustin Church**（→P.82）が見えてくる。フィリピン最古といわれる教会で、世界遺産にも登録されている。道を挟んで右側に立つのは、スペイン統治時代の特権階級の暮らしぶりを今に再現する**カーサ・マニラ博物館 Casa Manila Museum**（→P.82）だ。

　ルナ通りをそのまま真っすぐ進んでいこう。250mほど歩くと、右側に**マニラ大聖堂 Manila Cathedral**（→P.81）が見えてくる。大きな教会で、ドーム状の屋根とベル・タワーは遠くからでもよく見える。さらに真っすぐ行くと、突き当たりに**サンチャゴ要塞 Fort Santiago**（→P.81）がある。中には**リサール記念館 Rizal Shrine**があり、ホセ・リサールの遺品を見ることができる。

パシッグ川を渡ればチャイナタウン

　イントラムロスを北側に出て、**マガリャネス通り Magallanes Dr.**に入ると、まず**イミグレーション Bureau of Immigration**がある。さらに東に進むと見える黄色い建物は**中央郵便局**だ。裏には**パシッグ川 Pasig River**があり、その向こうに**チャイナタウン Chinatown**がある。

　リサール公園、イントラムロス、さらにチャイナタウンもエルミタから歩いていける距離だ。散策しながら歩いていくと、マニラのいろいろな顔が見えてくるだろう。

サンチャゴ要塞からチャイナタウン方面を望む

サンチャゴ要塞は散歩にも最適

イントラムロスの要塞の上を歩いてみるのもおすすめ

マニラ地区の見どころ

ATTRACTION

リサール記念館にも立ち寄りたい ★★★
サンチャゴ要塞
MAP P.63-A1
Fort Santiago

　パシッグ川に面した、イントラムロスの北西の一番端に位置する。かつてこの城壁都市のなかで、ここが戦略上最も重要な場所としての役割を果たしていた。また、第2次世界大戦中、日本軍が占領している間に、多くのフィリピン人が命を失った所でもある。彼らは水面下の地下牢に閉じ込められ、満潮時に水死させられた。

　この中には**リサール記念館Rizal Shrine**もあるが、ここはホセ・リサールが処刑前まで暮らしていた所で、記念館内には彼

が使っていた机や服、当時描かれた絵画などが展示されている。記念館の出口から出ると要塞の上まで歩けるようになっており、散歩に最適。

城壁都市の面影を残す要塞

アジア最大のパイプオルガンをもつ ★★
マニラ大聖堂
MAP P.63-B2
Manila Cathedral

　第2次世界大戦で破壊されたが、1954〜1958年に再建された教会で、フィリピンで最も重要な教会とされている。この再建にあたっては、当時の神奈川県知事からの援助があったといわれる。ロマネスク風の建物で、ドーム状の屋根とベルタワーは目を引く。広い内部は厳かな雰囲気で、フィリピン人アーティストによってデザインされたステンドグラスは見もの。また、前方にはオランダ製のパイプオルガンがある。4500本のパイプをもつこのオルガンは、アジアで最も大きいもののひとつだ。

教会前は広場になっており、トライシクルの客引きがたむろしている

■**サンチャゴ要塞**
🏠 Gen. Luna St., Intramuros
TEL (02) 8527-1572
開 8:00 〜 19:00 **休** なし
料 大人₱75、学生・子供₱50

■**リサール記念館**
MAP P.63-A1
TEL (02) 7263-8821
開 月　　13:00 〜 18:00
　　火〜日　9:00 〜 18:00
休 祝 **料** 無料(寄付)

イントラムロスにある
もうひとつの要塞
　サンチャゴ要塞ほど知られてはいないが、イントラムロスにはもうひとつ要塞がある。サン・ディエゴ要塞といって、リサール公園側に位置する。要塞内には整備されたガーデンがあり、景色もよく散歩には最適。
●**サン・ディエゴ要塞**
MAP P.63-A3
TEL (02) 8527-4084
開 8:00 〜 17:00
休 なし **料** ₱75

イントラムロスの穴場

■**マニラ大聖堂**
🏠 Cabildo Cor. Beaterio, Intramuros
TEL (02) 8527-3093
URL manilacathedral.org
開 6:00 〜 17:30
休 なし **料** 無料(寄付)

かつての教会跡に
新博物館がオープン
　2019年にイントラムロス内に新たな博物館がオープンしている。「福音伝道Evangelization」をテーマに、キリスト教関連の絵画や美術品を展示している。キリスト教に関心があるなら寄ってみよう。
●**イントラムロス博物館**
Museo de Intramuros
MAP P.63-A2
🏠 Anda St. **TEL** なし
開 9:00 〜 17:00 **休** 月・火
料 無料

■カーサ・マニラ博物館
住 Gen. Luna St., Intramuros
開 9:00 〜 18:00　**休** 月・祝
料 大人₱75、学生・子供₱50

アンティークの調度品が並べられている博物館内

喫煙者は十分に注意を！
　フィリピンでは全土において、公共の場での喫煙（指定の場所を除く）が禁止となっている。ホテルでも全室禁煙化がすすめられ（喫煙所があるホテルもある）、レストランやロビーでの喫煙も禁止されている。違反者には罰金もしくは奉仕活動が科せられるので、愛煙家はくれぐれも注意を。

■菲華歴史博物館
住 32 Anda St., Cor. Cabildo St., Intramuros
TEL (02) 8527-6083
URL bahaytsinoy.com
開 13:00 〜 17:00　**休** 月・祝
料 大人₱100、学生₱60

■サン・オウガスチン
　博物館
住 Gen. Luna St., Intramuros
TEL (02) 8527-2746
URL museosanagustin.com
開 9:00 〜 17:00
休 なし　**料** ₱200（博物館）

18世紀に造られた
バロック様式の祭壇

典型的なスペイン風邸宅が見られる　　　　　★★
カーサ・マニラ博物館　　MAP P.63-B2
Casa Manila Museum

　地震や第2次世界大戦により大きなダメージを受けたイントラムロス。1981年、イメルダ・マルコスによってイントラムロスの中心部に建てられたのがこの博物館だ。ここでは、かつてのスペイン統治時代の特権階級の暮らしぶりをうかがい知ることができる。ダイニングルーム、リビングルーム、寝室にはアンティークの調度品や家具がしつらえてある。博物館内には中庭があり、みやげ物店やカフェなどもあるので立ち寄ってみるのもいい。

フィリピン華僑の発祥から、現代までの歴史がわかる　　　★★
菲華歴史博物館（バハイ・チノイ）　　MAP P.63-B2
Bahay Tsinoy

　フィリピン華僑の歴史・生活をテーマにした博物館。9〜10世紀頃から中国の商人たちがフィリピンへやってきたという。16世紀末以降、スペイン統治下の迫害など多くの苦難を経て、自衛・自治組織が確立され、1904年には華僑社会の中核となる中華商会が成立した。館内では、一連の歴史と生活風景などを人形を使って再現した展示や、中国の商人が持ち込んだ陶器などが見られる。また、第2次世界大戦時の日本軍に対する抗日運動についての展示もある。

世界遺産に登録されたフィリピン最古の石造教会　　★★★　**世界遺産**
サン・オウガスチン教会　　MAP P.63-B2
San Agustin Church

　1599〜1606年に建てられた、フィリピン石造建築のなかで最も古い教会のひとつ。そのどっしりとした建物は、1675年からの7回にわたる地震や第2次世界大戦の爆撃にも耐え、そのままの姿を残すことができた。教会内はバロック風のインテリアで、パリから取り寄せられたシャンデリア、イタリア人アーティストによる壁画や祭壇を見ることができる。マニラ大聖堂よりは明るい感じのする教会だ。祭壇左にはスペイン人の初代総督レガスピが眠っている礼拝堂もある。また、教会正面右の**サン・オウガスチン博物館**には、宗教画や礼服、礼拝に使う品々の展示がある。

夜はライトアップされ、より美しい教会に

多くの信者がお祈りに訪れる

フィリピンの歴史、人々、自然など、多岐にわたる展示品が見もの ★★★

国立博物館
National Museum

MAP P.63-B3

「国立博物館」の名にふさわしく、フィリピンに関する考古学、人類学、植物学、動物学ほか、ありとあらゆるアカデミズ

ムの世界が一覧できる。展示内容も秀逸なものが多く、全国から集められた古代の出土品や植物標本などが揃っている。国内有名画家たちの絵画を含め、美術に関する展示（→P.100）もあり、さらにリサール公園内には、国立博物館管轄のプラネタリウムもある。

充実した展示が自慢

さまざまなテーマで文化人類学を学べる ★★★

国立人類博物館
National Museum of Anthropology

MAP P.63-B4

英雄ラプラプ像を挟んで、国立自然史博物館（→下記）の向かいにある博物館。こちらはフィリピンの歴史や文化人類学などに関する展示が行われている。4つのフロアにそれぞれテーマ別の展示があり、例えば伝統的な織物、民芸品を集めた展示や、ミンダナオの先住民族に関する展示など。興味深いのは、バイバインBaybayinと呼ばれるフィリピンの古い文字のコーナー。

フィリピンの生態系の多様性を知る ★★★

国立自然史博物館
National Museum of Natural History

MAP P.63-B3 ～ 4

動植物の標本や模型、フィリピンにおける研究の歴史など、自然史に関わるありとあらゆることが学べる博物館。一つひとつていねいに解説が付いていて、フィリピンの生物に興味がある人にはとてもおすすめ。展示もすばらしいが、広々とした巨大な吹き抜けのホールも見どころ。まるで広場のようになっており、現地の学生たちが楽しそうにおしゃべりしている。建物は美しいネオクラシカル様式。オリジナルは1945年にアントニオ・トレドにより設計されたものだ。

■国立博物館
🏠 Padre Burgos Ave.
TEL (02) 8298-1100
URL www.nationalmuseum.gov.ph
開 9:00 ～ 18:00
休 月・祝　**料** 無料

フアン・ルナの
『Spoliarium（コロシアムの地下）』

■国立人類博物館
🏠 P. Burgos Drive, Rizal Park
開 9:00 ～ 18:00
休 月
料 無料

バイバインが刻まれた碑文

■国立自然史博物館
🏠 Teodoro F. Valencia Circle, Rizal Park
開 9:00 ～ 18:00
休 月
料 無料

アルマジロの精巧な模型

充実した展示を無料で楽しめる

キアポ&チャイナタウン

Quiapo & Chinatown

パッシグ川の北に位置するエリア。南北を走るリサール通りRizal Ave.を境に西がチャイナタウン、東がキアポになる。ビノンドBinondoに広がる一帯がチャイナタウン。スペイン統治時代に中国人を大砲の射程圏内に住まわせた所として知られ、現在その入口にはPhilippino-Chinese Friendship Arch（フィリピン・中国の親善アーチ）と書かれた親善門が立っている。一方、キアポは庶民の活気にあふれる町。1582年にスペイン人によって建てられたキアポ教会を中心に、周辺には店が建ち並んでいる。

トゥトゥバン駅近くで買い物
フィリピン国鉄（PNR）のかつての敷地に立つショッピングセンター。裏側にはPNRのトゥトゥバン駅があり、西隣には貧民街といわれるトンド地区が広がる。
Ｓ トゥトゥバン・センター
　Tutuban Center
MAP P.64下

ビノンドには雑然とした
庶民の町並みが広がる

チャイナタウンの親善門

キアポ&チャイナタウンの歩き方

GETTING AROUND

イントラムロスから歩いてみよう

キアポもチャイナタウンも、高架鉄道Line1の**カリエド駅Carriedo Sta.**で下車して行く。グラブタクシーならマカティ中心地から₱400～500。また、イントラムロスから中央郵便局脇の**ジョンズ橋Jones Bridge**を渡って行くことも可能。ここでは3つ目の方法で歩いてみることにしよう。

まず、橋を渡って真っすぐ行くと、中国風の門が見えてくる。これが親善門だ。さらに歩くと突き当たりに見えるのが古いベル・タワーのある**ビノンド教会Binondo Church**。そこから今度は右に行ってみよう。この通りは**オンピン通りOngpin St.**と呼ばれるチャイナタウンのメインストリート。食料品店や薬局、電気製品やアクセサリーの店が目立つ。また、庶民的な中国料理のレストランもあるので、昼食などをこのあたりで取るのもいいだろう。実はこの周辺は隠れたグルメスポットで、食べ歩きをしながら散歩するのも悪くない（→P.18、P.86）。オンピン通りを道なりに歩いていくと、途中ふたつ目の角にフィリピン国立銀行があり、もうひとつの親善門にたどり着く。目の前には**サンタ・クルス教会Santa Cruz Church**が見え、カリエド駅もすぐそばだ。

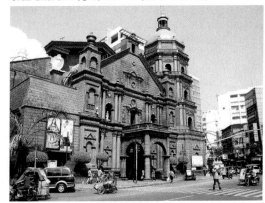

歴史を感じるビノンド教会

ブラック・ナザレに祈りを捧げる人々　　　シンメトリーが美しいキアポ教会

チャイナタウンからキアポへ

　リサール通りRizal Ave.を渡り、今度はキアポを歩いてみよう。通りでは、両側に建ち並んだ店で買い物する多くの人を見かける。突き当たりにあるのが**キアポ教会Quiapo Church**（→P.87）。ブラック・ナザレ像が納められた由緒ある教会だ。毎年1月9日には「ブラック・ナザレ祭 Feast of the Black Nazarene」が行われ、教会に置かれているブラック・ナザレ像（数世紀の歴史をもつ由緒ある黒い十字架像）が山車に乗せられ町を練り歩く。その日のキアポは人で埋め尽くされるほどの盛り上がりを見せる。

庶民の活気にあふれる
キンタ・マーケット

　キアポ教会の前にはケソン方面へつながる大通りが走っていて、その通りを渡り東へ行くと**マラカニャン宮殿Malacañang Palace**（→P.89）がある。また、キアポ教会の南には多くの人でにぎわう**キンタ・マーケットQuinta Market**がある。

ちょっと
ひと息コラム

チャイナタウンの楽しみ方① 〜エスコルタ通り〜

　ビノンドで、かつて"マニラのウオール街"と呼ばれていたのがエスコルタ通り。メトロ・マニラ黎明期を支えた通りで、歴史的に重要な建造物が数多く残されている。現在、これらの建物を再利用した見どころが誕生している。そのひとつがファースト・ユナイテッド・ビルディングにあるハブ｜メイクラブ。98B コラボラトリー 98B COLLABoratoryという団体が立ち上げた複合型施設だ。コンクリート打ちっぱなしのフロアに、アンティークやデザイナーズアクセサリーなどを売る小さなショップが並び、おしゃれなカフェやバーも併設。一歩外に出れば、雑然としたビノンドの町が強烈に迫ってくるが、このコントラストがまたおもしろい。

　ほかに、通りでイベントが開かれたり、古いビルに入った小さな博物館があったりと、興味深い見どころがたくさん。進化するエスコルタ通り。見たこともないマニラの顔を一度見てみるのもいいだろう。

アート作品も展示されている

■ハブ｜メイクラブ　HUB|MAKE LAB
MAP P.64下
住 Mezzanine Level, First United Building, 413 Escolta St., Manila
URL www.98-b.org
営 10:00 〜 19:00
休 なし

立派な外観のサント・トーマス大学

イスラム教徒の多いゴールデン・モスク周辺

　ゴールデン・モスク周辺にはイスラム教徒が多く住んでおり、マニラでは珍しいムスリム系の食堂がいくつか営業している。ただし、キアポは決して治安のよい町ではなく、特にゴールデン・モスク周辺は注意する必要がある。このあたりでは、フィリピン人でも銃を突きつけられて強盗にあったなどの事例も報告されている。

キアポ教会そばのマーケット

バスターミナルが並ぶドロテオ・ホセ

　次はカリエド駅から北のほうに歩いてみよう。リサール通りを高架鉄道Line1の**ドロテオ・ホセ駅D. Jose Sta.**方面に歩くと映画館がある。その先は、アヴェニダAvenidaと呼ばれ、ルソン北部に向かうフィリピン・ラビットやジェネシス・トランスポートのバスターミナルがある。**エスパーニャ通りEspaña Ave.**沿いには、フィリピンで最古の大学のひとつといわれる1611年創立の**サント・トーマス大学University of Santo Tomas**が建っている。このあたりは**サンパロックSampaloc**と呼ばれる地域で、大学の周辺には、世界遺産登録の棚田で知られるバナウェ行きの直行バスが出るオハヤミ・トランスやフロリダ・バス、スービック行きのバスが出るビクトリー・ライナーのターミナルがある。

ちょっとひと息コラム

チャイナタウンの楽しみ方②　〜食べ歩き〜

　チャイナタウンとしては世界一古い歴史をもつビノンドだが、これまであまり注目されることはなかった。しかし、近年ウオーキングツアーなどが催行され、ビノンド地区の見直しが始まっている。ツアーの目玉は隠れたグルメスポット巡り。ビノンドには知られざる中国料理の名店がたくさんあるのだ。例えばカフェ・メザニン（→P.110）は消防団がコンセプトの一風変わったレストラン。歴史も古く、中国料理を中心においしい料理が食べられる。上海フライドシオパオ（→P.18）の手作り揚げシオパオは休日は大行列ができるほどの人気店で、焼きたては絶品。また、テイクアウト限定のドンペイ・ダンプリング（→P.18）の水餃子は14個入りで₱200。肉汁たっぷりの水餃子が手軽に味わえる。もちろんひとりでも回れるが、ガイドつきのツアーに参加してみるのもおすすめだ。

左上から時計回り／**Ｓ**ホランド（**MAP** P.64下）のホピア／**Ｒ**ニュー・ポー・ヘン（**MAP** P.64下）のルンピア／**Ｒ**上海フライドシオパオの揚げ シオパオ（**MAP** P.64下）／**Ｒ**ドンペイ・ダンプリングの水餃子（**MAP** P.64下）

キアポ&チャイナタウンの見どころ　ATTRACTION

ブラック・ナザレ像で有名な　　　　　　　　　★★
キアポ教会
Quiapo Church　　　　　　　　　　　MAP P.64下

　キアポの中心、にぎやかな喧騒のなかにある教会。1582年、スペイン人によって建立された。この教会には17世紀にメキシコから持ち込まれたブラック・ナザレ像があるので有名。黒い木で作られた等身大のキリスト像で、教会の後ろに置かれている。左にあるのが横たわったイエス・キリスト、右が十字架にかけられたイエス・キリストだ。このナザレ像の前で信者は十字を切ってお祈りしていたり、キリストの足に手を当ててお祈りしていたりする。そのためか、足の部分だけ色が剥がれてきている。奇跡を起こすというこのキリスト像の前にはお祈りをする人が絶えない。

多くの信者が訪れるキアポ教会

マニラに住むイスラム教徒たちの聖地　　　　　★
マニラ・ゴールデン・モスク
Manila Golden Mosque　　　　　　　MAP P.64下

　一説にはマニラ周辺に100万人ほどもいるというイスラム教徒の精神的よりどころとして、1976年に建てられたのがこのモスク。もともとマニラは、16世紀後半にスペインに占領されるまではイスラム教徒の土地であった。当時、イスラム勢力の中心人物だったのが、ラジャ・スレイマンRajah Sulaimanで、1571年頃トンド周辺での戦いに敗れ、その後、フィリピンは急速にキリスト教化されていった。初めイスラム教徒たちは各家々で独自にイスラムの教義を守ろうとしたが、スペインの政策により、子供たちがカトリック教会で教化され、数十年たつうちに多くの人々がカトリックに改宗していったのだという。このモスク周辺には、今でもイスラム教徒たちが多く住んでいる。

黄金に輝くモスク

1月9日には盛大な祭り、ブラック・ナザレ・フィエスタが行われる

無料のパシッグ川クルーズ
　チャイナタウンのエスコルタから河口近くのPinagbuhatanまでを運航している公営のフェリー。8:15〜17:30で約1時間おき。料金は無料。乗船にはパスポートの提示が必要。川沿いのマラカニャン宮殿近くになるとエンジン回転数落として静かにゆっくり航行、その周辺は写真撮影も不可。マカティのグアダルペGuadalupeで下船すると、LRTに乗り換えられる。
● MMDA Pasig Rever Ferry Service
URL www.facebook.com/mmdaprfs

緑豊かなキャンパス

味わいのある重厚感を
もつ教会内部

第2次世界大戦時に戦死した人々
を追悼して建てられた塔

サント・トーマス大学にある展示 ★★
UST美術・科学博物館 　　　MAP P.64下
UST Museum of Arts and Sciences

　サント・トーマス大学は、フィリピンで最も古い大学のひと
つ。構内の博物館に、考古学、民族学、自然史学、美術に関す

るさまざまな展示がある。
大学構内の中心に位置す
る象徴的な建物内にある。
博物館を見学したあとは、
構内の散策を楽しみなが
ら、通りがかりの学生たち
に声をかけ、いろいろ質問
してみるのもいい。

堂々とした大学の建物

珍しい鉄骨造りの教会 ★
サン・セバスチャン教会 　　MAP P.64下
San Sebastian Church

高架鉄道Line2のレガルダ駅
Legarda Sta.のすぐ近くに立つ、
19世紀末に鉄骨を使用して造ら
れた教会。当時、鉄骨造りの教
会というものはほとんどなく、非
常に珍しかった。空に向かってそ
びえ立つ、その堂々とした姿は、
実際に訪れてみる価値がある。

鉄骨造りの教会

いろんな形のお墓がおもしろい ★★
中国人墓地 　　MAP 折込裏-A1
Chinese Cemetery

　キアポの北、高架鉄道Line1のアバト・サントス駅Abad
Santosの東側に広がる中国人の墓地群。日本人の常識から
はかけ離れたさまざまなスタイルのお墓がある。フィリピン
華人たちの裕福さと豪壮さが垣間見える。

墓とは思えないほど立派な建物

マルコス大統領追放劇の舞台となった ★★★

マラカニャン宮殿
Malacañang Palace

MAP P.65下左

　マラカニャン宮殿といえば、1986年に大勢の市民が押しかけ、マルコス大統領を追放したというあの宮殿。この宮殿は、かつてはスペイン貴族の別荘だった。それから、スペインやアメリカの統治時代には官邸として使われた経緯があり、現在はフィリピンの大統領官邸になっている。

　2022年の選挙で大統領になったマルコス元大統領の長男であるボンボン・マルコスは2023年6月に、マラカニャン宮殿に2つの博物館をオープンした。戒厳令下で多くの一般市民の命を奪った元大統領だが、現大統領は一族の歴史はゆがめられてきたと主張している。新たな博物館の展示内容はフィリピンの近代史を知るうえで一助となる。

■マラカニャン宮殿
　（大統領記念博物館）
住 J.P. Laurel St., San Miguel
TEL （02）8735-6080
Mail tours_mht@op.gov.ph
開 9:00 〜 16:00
休 月
料 無料
※ガイドツアーも催行している。
メールにて問い合わせよう。

メトロ・マニラ

エリア別ガイド④ キアポ＆チャイナタウン

マニラに来たからにはぜひ訪れておきたい

ちょっと
ひと息コラム

日本との絆をもつフィリピンの英雄ホセ・リサール

　フィリピンのどの町に行っても目にするのはリサール像やリサール公園。これらは、フィリピン独立の最大の功労者ともいわれる英雄ホセ・リサールにちなんで名づけられたものだ。ホセ・リサールは、スペインの植民地支配に抗して自由主義改革と平等を訴えて戦い、最終的には反逆者として銃殺され、35歳という若さでこの世を去った。

　15ヵ国以上の言語を操る天才で、日本にも滞在した。そのとき出会ったおせいさんという日本人女性とのロマンスは有名で、2ヵ月の滞在期間中に一緒に歌舞伎を観たり、日光や箱根を訪れたりして、日本の文化に好印象をもったといわれている。

　マニラ市にはホセ・リサールの功績を称えたリサール公園（Rizal Park→P.79）が整備されており、公園の北方にあるイントラムロスのサンチャゴ要塞内には、ゆかりのある品々が展示され

東京の日比谷公園に建つホセ・リサール像

たリサール記念館（→P.81）がある。記念館にはおせいさんの肖像画も展示されている。

　1899年、スペインから独立した後、フィリピンはアメリカの植民地になり、第2次世界大戦中には日本に支配された。そしてフィリピンが真の独立を達成するのは、ホセ・リサールが亡くなってから50年も経ったあとのことだった。

フィリピンと日本の架け橋を作るふたり

フィリピンというと日本人にはセブ島がリゾートを楽しむ観光地として人気。首都マニラにはいまだに危険、貧困、スラム街などといったマイナスなイメージがつきまとう。しかし近年、フィリピンはマニラを中心に急速に経済が発展していて、各地で大規模な開発が進み、近代的な町並みが整備されつつある。

そんなフィリピンの「今」を日本にもっと知ってもらおうと、マニラを拠点として「フィリピンと日本の架け橋」として活躍しているふたりの日本人を紹介したい。

ひとり目は吉本芸人でNSC吉本総合芸能学院12期生の堀越祐樹こと「ほりこっし」。「アジア住みます芸人」として2016年に来比し、現在はスタンダップ・コメディグループ「**コメディ・クルー The Comedy Crew**」で活躍中。

2023年1月2日に放送された「1億人の大質問⁉ 笑ってコラえて！」（日本テレビ系）にも出演し、日本でも知名度を上げてきている彼は、フィリピンの公用語であるフィリピノ語を習得し、ネタもすべてフィリピノ語で行っている。マニラのスラム街といわれるトンドという町でフィリピンの15人家族の家にホームステイをしたり、全員フィリピン人のなか、たった1人の日本人としてスタンダップ・コメディのライブを行ったりと、精力的に活動中だ。

フィリピンには日本にあるようなお笑い専門の劇場はなく、普段はレストランなど歌やダンスが行われる場所でコメディライブが開催されている。ほりこっしの所属する「コメディ・クルー」はグリーンヒルズにある**ティートゥリノ・プロメネード Teatrino Promenade**や、ケソン市にある**スーパーサム SuperSam**、**70's ビストロ・バー The 70s Bistro bar**などで行われるライブに月一回ずつ出演している。ネタはすべてフィリピノ語になるが、気になる方はぜひ訪れてみてほしい。

人気テレビ番組出演で人気に火がついたFumiya
(Instagram：@fumiya.japan)

ふたり目は「フィリピンで最も有名な日本人」としてフィリピン人の心を掴んだFumiya。その活躍ぶりは、2021年に『Newsweek日本版』が「世界が尊敬する日本人100人」に選出したことでも証明された。

2017年、フィリピンでの語学留学中にYouTubeにアップした動画がフィリピン国内でバズったことで、一気にその名が知られるようになり、2019年にフィリピンで大人気のリアリティショー「ピノイ・ビッグ・ブラザー Pinoy Big Brother」(TV番組)への出演をきっかけに、さらに知名度が上がった。フィリピン人向けに発信しているYouTubeチャンネルは230万人以上の登録者数を誇る。

現在は日本にも活動の場を広げ、2021年に「マツコ会議」「スッキリ」に出演。日本での人気も上がりつつある。2022年8月には在日フィリピン人の憩いの場、そしてフィリピン好きな日本人の集まる場として東京・六本木のフィリピン大使館近くにフィリピンカフェ、**カペ・タヨ東京 Kape Tayo Tokyo**をオープンした。

さらに株式会社を設立し、日本からフィリピンへ進出する企業のサポートにも乗り出している。

日本人がフィリピンに対してもつ偏見を拭い、そして自身の生まれた日本という国のすばらしさをフィリピン人にももっと知ってほしいと活動しているふたりの活躍にこれからも期待したい。

70's ビストロ・バーでのほりこっし

■🍴ティートゥリノ・プロメネード
🏠 Service Rd, San Juan City
📞 (02) 8722-4501、0917-513-0909
■スーパーサム
🏠 60 Scout Tobias St, Diliman,, Quezon City
📞 0977-883-8889
■70s ビストロ・バー
🏠 46 Anonas, Quirino 2-3, Quezon City
📞 (02) 7751-9354
🕐 月〜金　14:00 〜翌2:00（日15:00 〜 21:00）
🈳 なし

5 ボニファシオ・グローバル・シティ Bonifacio Global City

　ボニファシオ・グローバル・シティ（BGC）はCBD（Central Business District）のあるマカティ市の東に位置し、元々は広大な米軍基地跡地だった場所に1995年より開発が行われ、現在では商業と居住、ビジネスが一体となったマニラ屈指の人気エリアとなっている。日本を含め世界各国の企業がオフィスを構え、外国人駐在員らが暮らす高級住宅地も多い。庶民的な雰囲気の残る周辺地区からは一線を画し、治安が悪いといわれるフィリピンのイメージが一転するほど洗練された町となっている。周辺にも次々と新しい町が築かれ、エリアは日々拡大を続けている。

ボニファシオ・グローバル・シティの歩き方 GETTING AROUND

ハイストリートを中心とした円形の町

　町の中心は、歩行者天国になっていて、きれいに整備された芝生や池の両側にカフェやショップが整然と並ぶ**ボニファシオ・ハイストリートBonifacio High Street**。常時多くの人々でにぎわう、日本でいう表参道のようなハイソな通りだ。カジュアルなバーなども多いので、夜でも安心して楽しめるスポットとして知られる。レストラン街を抜けると巨大なショッピングセンターの**マーケット！マーケット！Market！Market！**が現れる。ここはバスやジプニーのターミナルが併設されている、いわば町の拠点。アヤラ駅そばにあるバスターミナルからのバスもここに発着している。

　ハイストリートの西に向かうと、🅷シャングリ・ラ ザ・フォートの1階にはドイツやペルーなどのレストランが並び、向かいには一面ガラス張りのカフェや高級ステーキで人気のウルフギャングが軒を連ね、1日中いても飽きないほどだ。さらに進むと町の西端**ブルゴス・サークルBurgos Circle**があり、ここにもカフェやレストラン、高級スーパーなどが立ち並んでいる。ところで、BGCは"アートの町"を謳っている。巨大なウォールアートがビルの壁面に描かれ、これを求めて町を散策するのも楽しいかもしれない。

BGCへのアクセス

　アヤラ駅の南口から出て、エドゥサ通りを渡った所にBGCを巡回するBGCバスのターミナル、**EDSAアヤラ・ターミナルEDSA Ayala Terminal**（→**MAP** P61-C3）がある。マーケット！マーケット！に行くならイースト・ルートEast Routeで（10分ごと）。そのほか、ロワー・ウエスト・ルートLower West Route、アッパー・ウエスト・ルートUpper West RouteもBGC中心部に行く。所要20 〜 30分、₱13。バスの車内は広くてきれい。支払いはカウンターでチケットを購入するか、ビープ・カード（→P.56欄外）も利用可能。運行時間はルートにもよるが6:00 〜 22:00頃。マカティからタクシーであれば10分程度。

イベント情報

　BGCでは、オーガニックマーケットやメルカート・セントラルなどさまざまなイベントが開かれている。
●**メルカート・セントラル**（→P.70）
MAP P64上
🏠 25th St. Cor. 7th Ave., BGC, Taguig City
🕐 水〜土　18:00 〜 翌3:00

メルカート・セントラルの会場

ハイストリートではさまざまなイベントが開催されている。

散策にピッタリのボニファシオ・ハイストリート

近代的な外観のアップタウン・
モール

■メトロポリタン美術館
Metropolitan Museum
　2023年、エルミタ地区からBGC
に移転し再オープンした。(→P.21)
MAP P.64上
住 MK Tan Centre, 30th St.,
Cor. 9th Ave., BGC
TEL 0917-160-9667

■アメリカ記念墓地
TEL (02) 8844-0212
開 9:00 ～ 17:00　**休** なし

アメリカ側の視点から見た
戦況の解説

■マインド・ミュージアム
TEL (02) 7796-0189
URL www.themindmuseum.org
開 9:00 ～ 12:00
　　12:00 ～ 15:00
　　15:00 ～ 18:00
休 月・火
料 大人₱625、1日パス₱750
CC MV
※入場は上記のように3時間ごと
に区切られている。例えば11:00
に通常チケットで入場する場合、
12:00までの1時間のみ入場可。
もしくは12:00まで待てば15:00
まで3時間滞在できる。1日パス
であれば時間制限なく楽しめる。

プラネタリウムも楽しめる
宇宙の展示

マッキンリー・ヒルにあるグランド・キャナル・モール

拡大する新興商業地区

　BGCの町は北に拡大を続け、2015年にオープンした**S**ア
ップタウン・モール**Uptown Mall**には海外の有名レストラ
ンチェーン店や、国内最大級のハイエンドなナイトクラブな
どが建ち並ぶ。また、その向かいには2022年に三越伊勢丹と
野村不動産が手掛けた**S**三越**Mitsukoshi**がオープンした。

　BGCの南には、市内ツアーにもよく組み込まれる**アメリカ
記念墓地American Memorial Cemetery**が広がっており、
そのさらに南には**マッキンリー・ヒルMckinley Hill**と呼ばれ
るタウンシップの開発が進んでいる。イタリアのヴェネツィ
アの運河であるカナル・グランデを再現した人工川のある**グ
ランド・キャナル・モールGrand Canal Mall**は人気スポット
のひとつだ。

ボニファシオ・グローバル・シティの見どころ ATTRACTION

アメリカ軍人が眠る　　　　　　　　　　　　　　★★
アメリカ記念墓地　　　　　　　**MAP** 折込裏-B2
American Memorial Cemetery

　マカティ中心部から約4km東、マニラ・ゴルフ・クラブの
南東にある。ここには、第2次世界大戦中、フィリピンで戦死
した1万7000人以上のアメリカ人軍人の遺体が眠っている。

中央には記念塔が立ち、
また太平洋での戦闘の経
緯を表す図も描かれてい
る。記念塔の周囲にズラ
リと並ぶ白い十字架が緑
の芝生に映え、美しくも
感じられる。

緑豊かな墓地

小さくてかわいらしい外観が印象的　　　　　　　★
マインド・ミュージアム　　　　　　**MAP** P.64上
Mind Museum

　「BGCにアートや科学を」というコンセプトでNPO団体が
オープンした博物館。館内は宇宙や地球、テクノロジーなどさ
まざまなテーマの展示があり、特に子供の教育には最適なスポ
ットだ。プラネタリウムなどのショーもあり、大人も楽しめる。

6 オルティガス・センター

Ortigas Center

1990年代から、マカティ市に次ぐビジネスセンターとして急発展を遂げてきたオルティガス・センター。高架鉄道Line3の下を走るエドゥサ通りEdsa Ave.の東側には、この地区の中心となる巨大なSMメガモールSM Megamallをはじめとする、いくつものショッピングセンターが集中し、エドサ シャングリ・ラ マニラやマルコポーロ・オルティガス・マニラなどの高級ホテルも点在する。また、エメラルド通りEmerald Ave.沿いには、モダンな高層ビルが建ち並び、多くのビジネスマンが行き来する。

オルティガス・センターの歩き方 GETTING AROUND

中心は巨大なショッピングモール

オルティガスへは高架鉄道Line3で行くのが便利。**オルティガス駅Ortigas Sta.**(→MAP P.65下右)か**シャウ・ブールバード駅Shaw Blvd. Sta.**(→MAP P.65下右)で降りると、東に高層ビル群が見える。マカティ中心地からグラブタクシーだと₱300程度。

ふたつの駅の間に、A棟、B棟に分かれたⓈ**SMメガモールSM Megamall**(→P.115)があり、中にはスケート場まである。1日中遊んでいても飽きないくらいの規模だ。

巨大なSMメガモール

エドゥサ教会まで足を延ばす

町の真ん中を東西に通る**ドーニャ・ジュリア・ヴァルガス通りDoña Julia Vargas Ave.**を東へ行くと、**サンミゲル通りSan Miguel Ave.**に出る。左に曲がるとショッピングセンターの**ザ・ポディウムThe Podium**があり、その約600m先にはⓈ**ロビンソン・ギャレリア・コンプレックスRobinson's Galleria Complex**がある。

高層ビルが年々増え続けるオルティガス・センター。周囲には教育機関も多い

高層ビルが林立するエメラルド通り

キャピトル・コモンズ

オルティガス・センターの10ヘクタールが、キャピトル・コモンズCapitol Commonsと呼ばれるエリアとして総合開発されている。住居用のマンション、オフィビル、そしてショッピングモールのエスタシアEstancia(→MAP P.65下右外)があり、生活圏、仕事、遊びをエリア内で完結できる。交通渋滞が深刻なマニラで豊かに暮らしたい人々に人気。

評判のレストランが集まるキャピトル・コモンズ

SMメガモールはマニラでも指折りの巨大さを誇る

グリーンヒルズで真珠探し!?

フィリピン南部のミンダナオ島は、淡水パールの産地として有名。マニラでもミンダナオ産のパールを扱うところは多いが、質のよい淡水パールをお得に購入できると有名なのがグリーンヒルズ・ショッピングセンター（→P.115）。現地の人々はもちろん、日本人駐在員にもよく知られている。真珠のみを持ち帰ってアクセサリーにするという人も。なかには日本に持ち帰ってより高く売れたという人もいるという。

掘り出し物を探そう！

■ロペス美術館＆ライブラリー
住 Benpress Bldg., Exchange Rd., Cor. Meralco Ave., Ortigas, Pasig City
TEL (02) 8631-2425
URL lopezmuseum.org.ph
※2023年7月現在、移転準備のため閉鎖中。新住所は上記HPで確認のこと。

■エドゥサ教会
開 24時間 休 なし 料 無料

エドゥサ教会に立つマリア像

グリーンヒルズ内にある教会

その奥にあるのが、あのマルコス元大統領を退陣に追いやったエドゥサ革命を記念して建てられた**エドゥサ教会EDSA Shrine**。さらにその道を直進すると、**オルティガス通りOrtigas Ave.**へと出る。そこを左に曲がり、200mほど行くと、庶民的な店舗がいくつも入っている**グリーンヒルズ・ショッピングセンター Greenhills Shopping Center**（→P.115）にたどり着く。

オルティガス・センターの見どころ　ATTRACTION

有名芸術家たちの絵画を観る　　　　　　　　★★
ロペス美術館＆ライブラリー　　MAP P.65下右
Lopes Museum and Library

国内の有名芸術家たちの絵画を中心に展示している。また、大航海時代の古い地図などのコレクションがあり、当時の資料などからスペイン統治下にあったフィリピンの様子を探ることができる。

味のある作品がセンスよく展示されており、人も多すぎず静かに鑑賞できる

革命の聖地として知られる　　　　　　　　★★
エドゥサ教会　　　　　　　MAP P.65下右
EDSA Shrine

「ピープル・パワー」として有名なエドゥサ革命。エドゥサ通りからマラカニャン宮殿（→P.89）へ、人々の行進があったためそう呼ばれる。エドゥサ教会は、1986年に100万人を超える大勢の市民が押しかけ、20年にわたる独裁政権を続けてきたマルコス元大統領を退陣に追いやった。エドゥサ教会は、そのエドゥサ革命を記念し、1989年12月15日に建てられたものだ。アロヨ大統領を生み出した2001年の第2次エドゥサ革命ほか、反体制的なデモが行われる際には、常に中心となる「革命の聖地」となっている。

●エリア別ガイド

7

エルミタ&マラテ地区

Ermita&Malate

通称「ツーリストベルト」と呼ばれる旅行者の町。リサール公園、タフト通り、オカンポ通り、マニラ湾に囲まれたエリアで、ホテルやレストラン、両替所など旅行者に必要なものがすべて揃っている。かつては歓楽街として有名だった北側のエルミタ地区は、1990年代に取り締まりが行われ、ゴーゴーバーなどは減少した。最近は、新しいカフェやバーの登場で活気を取り戻している。一方、南側のマラテ地区は、マカティ市などに比べると庶民的な雰囲気が強いが、しゃれたカフェやバーが建ち並ぶ。

エルミタ&マラテ地区の歩き方　GETTING AROUND

まずはメインストリートを把握しよう

エルミタとマラテは、高架鉄道Line1に沿って南北に走る**タフト通りTaft Ave.**、そしてマニラ湾に面した**ロハス通りRoxas Blvd.**の間にある。ふたつのエリアに明確な区切りがあるわけではないが、おおよそ**ペドロ・ヒル通りPedro Gil St.**を境に、北側一帯をエルミタ、南側をマラテ地区と呼んで区別している。

ロハス通りは遊歩道も整備された大通りで、旅行会社が入ったビルや高級ホテルが建ち並んでいる。マニラ湾を眺めながら歩くことができる遊歩道には、ジュースバーや屋台なども出て、市民だけでなく観光客の憩いの場にもなっている。

エルミタとマラテのメインストリートとなるのは、このふたつの大通りの間を並行して走る**アドリアティコ通りM. Adriatico St.**、**マビニ通りMabini St.**、**デル・ピラール通りM. H. del Pilar St.**の3本。通り沿いにはホテルやレストランが並ぶほか、24時間営業のコンビニエンスストアやおなじみのファストフード店やカフェも多く、観光の拠点とするのにも最適だ。

マニラの夕日スポット

エルミタのマニラ湾沿いには**ベイウオーク**と呼ばれるウオークウエイが整備されている。夕暮れ時になると人々が集まり出し、散歩をしている姿をよく見かける。そう、ここはマニラでも折りの夕日スポット。かつて世界3大夕日ともてはやされたマニラの夕日を観賞できる場所なのだ。防波堤に腰かけて、沈みゆく夕日を眺めるのも一興。夕日を楽しんだら、同じく夕日スポットとして名高い**ハーバー・ビュー・レストラン**（→P.107）で夕食を取るのもおすすめ。また、エルミタ、マラテの高層ホテルからも美しい夕日が眺められる。

ほかにベイエリアの高級ホテル、コンラッド・マニラ（→P.121）の**C**ラウンジも優雅なサンセットスポットとしておすすめだ。

エルミタのホテルから見るマニラ湾に沈む夕日

窮屈そうに立つ建物の間にある公園では、子供たちがバスケットボールに興じている

ロビンソン・プレイスは何でも揃う大型ショッピングセンター

エルミタから歩き始めてみよう

　旅行者に必要なものがほぼすべて揃うエルミタ。どこを歩いてもホテルやレストラン、両替所などにぶつかってしまうという便利なエリアだ。観光スポットにも近く、リサール公園やイントラムロスのあるマニラ地区まで歩いていける距離にある。**U.N.アベニュー駅U.N. Ave. Sta.**と**ペドロ・ヒル駅Pedro Gil Sta.**の間に広がる広い敷地にはフィリピン大学（U.P.）の校舎などが立っているため、学生街としても活気づいている。

　では、エルミタ＆マラテ地区の中心に立つ、巨大ショッピングセンター**Ｓロビンソンズ・プレイスRobinson's Place**（→**MAP** P.66-B2）を拠点に歩いてみよう。ショッピングセンター内にはレストランや映画館、衣料品店、スーパーなどもあり、いつも多くの人でにぎわっている。ここでみやげ物探しや買い物をしてみるのもいい。気軽に入れるカフェやファストフード店も多く入っている。

　建物の北側に面する**パドゥレ・ファウラ通りPadre Faura St.**を渡り、そのまま**マリア・オローサ通りMaria Orosa St.**を進んでいくと**T.M.カーラウ通りT.M. Kalaw St.**へと突き当たる。通りの向こうに広がっているのがリサール公園、そしてその先には観光客に人気のイントラムロスがある。

エルミタはレストラン、両替所、ホテル、カラオケなどが混在する昔ながらの繁華街

エルミタ＆マラテ地区の治安

ちょっとひと息コラム

　旅行者が多いにもかかわらず、治安に不安のあるエルミタ＆マラテ地区。路上生活者が多く、夜の町ならではのトラブルも多い。実際に起こったトラブルを頭に入れ、現地では十分注意するようにしよう。

スリ

📩 少年風の男が右側から体を寄せてきて、左手で物乞い風に手のひらを出ししつこく迫ってくる。100m近く付き合って、道路の反対側に移ったときに離れていった。結局狙いは右側のショルダーバッグ。一番前のチャックを開けて、胃薬とメモ帳を盗まれただけだった。
（東京都　yu-ki）['23]

ひったくり

📩 現地カップルの女性が携帯をひったくられて、追いかけ捕まえるまでの一部始終を見ました。
（東京都　yu-ki）['23]

両替

📩 マビニ通りを歩いていると、「チェンジマニー？」と話しかけてくる人がいたので、そこで両替をしました。レートは0.52、1万円で₱5200。目の前で紙幣を数えてくれたのですが、あとで確かめたら₱3200しかありませんでした。かなり注視していたのですが……。みなさんも気をつけてください。　　（愛知県　YOSHI）['23]

女性のひとり歩きは避けたい

レメディオス・サークル周辺には夜遊びスポットが多い

庶民の町として栄えているマラテ地区

　次に、ショッピングセンターの西側を走るアドリアティコ通りを南へ歩いてみよう。多くのホテル、レストラン、バー、コンビニエンスストアなどが並んでいる。特に**レメディオス・サークルRemedios Circle**周辺には、生バンドが演奏するバーやレストランなどが点在し、週末ともなると多くの若者たちで夜明けまでにぎわっている。屋外テーブルのあるしゃれたカフェも多い。そのまま進んでいくと、2022年にリニューアルした**マニラ動物園Manila Zoological Botanical Garden**へ。高い塀に囲まれた敷地内には、緑の木々や花、水にあふれた都会のオアシスが広がっている。

　南国フルーツをたくさん食べたい人は、**サン・アンドレス・マーケットSan Andres Market**へ。レメディオス・サークルを過ぎた最初の交差点を左に曲がり、約150mでたどり着く。果物の王様ドリアンやマンゴーなど種類も豊富だ。

　マニラ動物園の南側は2023年6月現在、大規模な工事中。ここは以前、ハリソン・プラザという1976年にできたフィリピンでいちばん古いエアコン付きショッピングモールがあった場所だが、全国にショッピングモールを展開するSMホールディングが再開発に着手している。夜の町として名高いマラテ地区がどんな変貌を遂げるのか楽しみだ。

　SMによる再開発工事中のエリアから海側のロハス通り沿いに見える大きなどっしりした建物はフィリピン中央銀行だ。海とは反対側のタフト通り沿いには、フィリピンの名門大学のひとつ、デ・ラサール大学De La Salle Universityがある。大学の芸術学部であるセント・ベニルド・カレッジCollege of Saint Benilde.が運営する**コンテンポラリーアート&デザイン美術館Museum of Contemporary Art and Design (MCAD)**

（→P.100）があり、意欲的な現代美術の企画展を開催している。

MCADの入口。大学付属だが、一般にも公開している

■**マニラ・オーシャン・パーク Manila Ocean Park**
　フィリピンの家族連れに大人気の水族館。リサール公園からロハス通りを渡ったマニラ湾沿いにある。オウムやアシカのショーは平日2回（12:30、16:30）、土日はさらに15:00が追加の3回、1回約30分。
MAP P63-A3
TEL (02) 8567-7777
URL manilaoceanpark.com
営 10:00 〜 18:00
休 なし
料 ₱750

サン・アンドレス・マーケットでフルーツを売る男性

リニューアルでだいぶ鑑賞しやすくなったマニラ動物園

祭りの際に市内を練り歩く子供たち

都会の真ん中とは思えない
ホワイト・ビーチ

**■マニラ・ベイウォーク・
ドロマイト・ビーチ**
住 Roxas Blvd, Ermita, Malate,
Manila
URL manilabaybeach.com
開 6:00 〜 18:00
休 木　料 なし

■サン・アンドレス・マーケット
営 24時間　休 なし

■マニラ動物園
住 M. Adriatico St., Malate
開 9:00〜18:00
休 なし
料 大人₱300、2歳以下無料

動物園ゲートも立派に改築

都会のど真ん中にある動物園

■中央銀行貨幣博物館
TEL (02) 8516-7499
開 9:00 〜 16:00　休 土・日・祝
料 無料
※要パスポート

コインの展示が豊富な博物館

エルミタ&マラテ地区の見どころ　ATTRACTION

マニラに出現したホワイトビーチ　★
マニラ・ベイウォーク・ドロマイト・ビーチ　MAP P.66-A2
Manila Baywalk Dolomite Beach

　環境天然資源省のプロジェクトとして2022年に作られた、マニラ湾のホワイト・サンド・ビーチ。マニラ湾の浄化が目的ということだったが、逆に環境汚染を引き起こしたのではないかなどと物議を醸した。水際は本物の砂だが、大部分は砕かれた白い石の人工ビーチで、人気スポットとなっている。

南国のフルーツをたくさん食べたい人におすすめ　★★
サン・アンドレス・マーケット　MAP P.66-B4
San Andres Market

　フィリピン各地のフルーツが揃っているマーケット。ドリアンやマンゴスチン、ランブータンなど種類も豊富だ。このマーケットは高級なことでも知られ、高級車で買い物に来るご婦人たちの姿もちらほら見かける。それでも日本に比べてずっと安いので、日本ではなかなか食べることができないフルーツに挑戦してみよう。

マーケットに並ぶ果物

都会のオアシス、動物園は大人にも大人気　★
マニラ動物園　MAP P.66-A4
Manila Zoological Botanical Garden

　1959年に開園し、東南アジアの中でも有数の歴史を誇る公立動物園。総500種以上の動物を見ることができる。2022年にリニューアルオープンし、きれいに生まれ変わった。フィリピンならではの動物を飼育して展示することを目的としているので、日本とは違った動物園体験ができるだろう。

フィリピンの通貨の歴史を知りたいなら　★
中央銀行貨幣博物館　MAP P.62-A1
Central Bank Money Museum

　原始的な通貨である貝殻をはじめ、世界各国の通貨とともに、フィリピン国内で発行されたコイン、紙幣などが展示されている。スペイン、アメリカ統治時代の貨幣や、第2次世界大戦時の日本統治時代に発行された軍票なども見られ、コレクションの質はなかなかのもの。館内は静かでエアコンも効いており、じっくりと鑑賞することができるので、町の喧騒に疲れた人も立ち寄ってみるといい。中央銀行の入口から入って裏側へ回るとこの博物館の建物がある。博物館入口で名前を記入し、入館する。
※2023年7月現在休館中。

子供に人気のムセオ・パンバタ

体験しながら学ぶ博物館 ★

ムセオ・パンバタ
MAP P.66-A1
Museo Pambata

　子供のための博物館。「環境」「昔のマニラ」「世界の子供たち」「クラフトルーム」「将来の仕事」など8つの部屋に分かれていて、見て触って、感じながら、マニラの歴史や自然のほか、科学や地理などが学べるように工夫されている。例えば「将来の仕事」館では、いくつかの職業に焦点が当てられ、その仕事が実際に体験できるようになっている。毎月、音楽鑑賞やダンスパフォーマンス、読書会などのイベントが催行されているので、興味のある人はホームページで確認を。

重厚な建物が歴史を物語る ★

マラテ教会
MAP P.66-A3
Malate Church

緻密な細工が美しい教会の
ファサード

　マラテ地区の中心、ロハス通りから1本内側を走るデル・ピラール通りとマビニ通りの間に立つ教会。メトロ・マニラでイントラムロスの外にある教会としては、かなり古い教会のうちのひとつで、1762年にイギリス軍がマニラに上陸したときには、ここをマニラ攻略の拠点としたといわれている。

もともとは墓地だった ★

パコ公園
MAP 折込裏-A1
Paco Park

　1820年頃、マニラでコレラがまん延し、その犠牲者を弔うために造られた墓地。公園を円形に囲む石壁はかつての墓地の名残でもある。1912年、市民の憩う公園として一般に開放された。
　パコ公園からペドロ・ヒル通りに出て、さらにキリノ通りに出た所にあるプラザ・ディラオ Plaza Dilao（Philippines-Japan Friendship Park）には、1614年に徳川家康のキリシタン禁教令によって追放されたキリシタン大名、高山右近の像がある。このあたりには当時、日本人街があったという。

✉ 洪水に注意を！

　マニラに着いた日は、地元の人が「歴史に残る大雨」という日でした。いたるところで道路が冠水し、車では通れない道がいくつもありました。こんなときになぜか海沿いのホテルを予約しており、通れる道を探してさまよい回り、やっとたどり着きました。雨季にトランジットでマニラを訪れる場合は、空港近くのホテルに宿泊したほうが無難です。
（大阪府　プアイキ）['23]

■ムセオ・パンバタ
🏠 Roxas Blvd., Cor. South Dr., Ermita
☎ (02) 8772-3451
🕐 8:00 ～ 17:00（日曜は午後のみ）
🚫 月・祝　💰 ₱250

■パコ公園
🏠 Gen. Luna St., Ermita
🕐 8:00 ～ 17:00
🚫 なし　💰 無料

■高山右近像
　パコ公園から東に行った所に高山右近像がある。パコ公園からは少し距離があるので、タクシーかサンタ・アナ Santa Ana 行きジプニーを利用するといい。
MAP 折込裏-A1
🏠 Quirino Ave., Paco, Manila

アクセスのよくない場所に立つ
高山右近像

落ち着いた雰囲気の公園内

ちょっとひと息コラム

フィリピンのアートシーンに触れる

メトロ・マニラのアートスポット

　近年、若い世代のアーティストが盛んに活動を行っているフィリピン。メトロ・マニラやその周辺ではさまざまな美術館が展覧会を開いているので、フィリピンのアートシーンをのぞいてみるのもいいだろう。

　まずはクラシックなフィリピンアートから鑑賞してみよう。国立博物館（→P.83）はフアン・ルナ、フェリックス・イダルゴ、ベネディクト・カブレーラ（通称ベンカブ）など、1800年代から1970年代の芸術家の作品を集めたナショナル・アート・ギャラリーを併設している。歴史的なできごとを描いた作品も多く興味深い鑑賞となるだろう。

　ロハス通りにあったメトロポリタン美術館（→P.21）は、BGCに移転し2023年から精力的に企画展を開始している。その他、現代美術の展覧会を開催しているのは、マニラ市のセント・ベニルド・カレッジSaint Benilde Collageに付属するコンテンポラリーアート＆デザイン美術館 Museum of Contemporary Art & Design（MAP P.62-A1）、ケソン市のアテネオ大学のアテネオ・アート・ギャラリー（→P.20、P.102など）。

　マカティの南の端の方に、隠れ家のようにひっそりとたたずむジ・アレイ（→P.74）がある。フィリピン人デザイナーの作品を飾るアートギャラリーがあり、周りには家具店やモダンなレストランのトーヨー・イータリー（→P.106）なども並ぶ。アートを眺めてからゆっくりとお茶をしたりショッピングを楽しんだりすることのできる場所だ。

ちょっと足を延ばして

　マニラから車で約45分。メトロ・マニラを見下ろす高台の町アンティポロに、絶大な人気を誇る美術館がある。それがピント美術館。「フィリピンアートへの理解を深めたい」というフィリピン人オーナーのコレクションを展示している。山の中腹に広がる敷地に地中海風の白い建物が点在し、絵画、彫刻、インスタレーションなど、工夫を凝らした展示を行っている。ただ散歩するだけでも楽しい、緑豊かな空間が広がっている。

■ピント美術館 Pintô Art Museum
🚗マニラ中心部から車で45分〜1時間30分。グラブタクシーでピント美術館まで約₱400〜500程度。
🏠1 Sierra Madre St., Grand Heights Subdivision, San Jose, Rizal　TEL (02) 8697-1015
URL www.pintoart.org
🕙10:00〜18:00　休 月　料 ₱250

（左上から時計回り。すべてピント美術館）ピント美術館の敷地内。植物の植え込みなどよく整備されていて、どこを切り取っても絵になる／教会を模した建物に展示されている古い木造の人形／「猿も木から落ちる」と題された彫刻／アンティポロで掘り出された石も展示／キリスト教をモチーフにした作品も多い

100

8 ケソン市

Quezon City

ケソン市はメトロ・マニラで面積が一番大きな市。マニラ市の北東に位置し、その中心部はエルミタ＆マラテ地区から車で40～60分の距離だ。政府の省庁が多く、フィリピン大学ディリマン校のキャンパスもある。それというのも、この町はかつてフィリピンの首都だった所。1946年の独立後、フィリピンのコモンウェルス（独立準備政府）初代大統領であったマニュエル・ケソンManuel Quezonにちなんでこの名がつけられた。第2次世界大戦後の立て直し計画の一環で造られた人工都市のため、他エリアとはまったく違う印象を受ける。

ケソン市の歩き方

GETTING AROUND

すべての起点となるケソン・メモリアル・サークル

メモリアル・サークルがケソン市の中心となる。サークル内には高さ30ｍのモニュメントと霊廟が立っている。モニュメントの周囲は緑に包まれ、学生や若者たちが思いおもいにのんびりとくつろいでいる。メモリアル・サークルの周りには政府の官庁が立ち並んでいるが、そのうちのひとつであるケソン市役所の外壁には、マニュエル・ケソンの生涯を描いたレリーフ彫刻がある。

メモリアル・サークルから延びる大通りは全部で6本。キアポ方面へ通じる**ケソン通りQuezon Ave.**を2kmほど行くと、両側に店が立ち並び、ショッピングエリアを形成している。西へ向かう**北通りNorth Ave.**は途中からエドゥサ通りEdsa Ave.になり、高架鉄道Line1のモニュメント駅まで続いている。この2本の通りの間、メモリアル・サークルのすぐ西側には、**ニノイ・アキノ公園Ninoy Aquino Park**がある。ここは地元の人たちの憩いの場だ。

ケソン通りと直角に交差するエドゥサ通りを南東に行くとあるのが**クバオCubao**。ケソンのなかでもデパートやマーケットが揃う一大ショッピングエリアだ。

高架鉄道のクバオ駅周辺は大きなコンサートやスポーツイベントの行われるコロシアムがある**アラネタ・センターAraneta Center**を中心に、SMアラネタシティなどいくつかのショッピングモールがあり、メトロ・マニラ北部の経済活動の中心となっていて、多くの人でごった返している。また、エドゥサ通り沿いには、主に北部ルソンに向かう長距離バスのターミナルが並び、交通の要所でもある。

ケソン市にはフィリピン大学（U.P）だけではなく、私立名門大学として名高いアテネオ大学もあり、学生が多い町でもある。フィリピン大学構内の**ヴァルガス博物館**、アテネオ大学構内の**アートギャラリー**では、フィリピン人芸術家たちの企画展を積極的に行っていてアート好きは要チェックだ。

ケソンのナイトスポット

ケソン市の東、マリキナ市Marikina Cityの近くに、しゃれたレストランやバーが集まるイーストウッド・シティEastwood Cityがある（→**MAP**折込裏-B1外）。

ケソン市の町並み

歴代大統領の専用車が勢揃い！

ケソン・メモリアル・サークル内に歴代大統領の専用車を展示する博物館がある。アギナルド、ケソン、ラウレル、ロハスなど、総勢12名の歴代の大統領専用車が展示されている。

●大統領専用車博物館
Presidential Car Museum
MAP 折込裏-B1
住 Quezon Memorial Circle
開 8:00～16:00
休 月
料 無料

U.P.の入口にある象徴的な門

アテネオ・アート・アワードも主催している

空に向かってそびえ立つ
メモリアル・モニュメント

ケソン市の見どころ　　ATTRACTION

大学の敷地内にある現代美術館　　★★

アテネオ・アート・ギャラリー　　MAP 折込裏-B1外
Ateneo Art Gallery

　アテネオ・アート・ギャラリーは、アテネオ大学構内にある1960年設立の美術館。1階は常設展スペースで、おもに寄贈された絵画、写真、彫刻などのアート作品を展示している。3階は、特別展や企画展のためのギャラリーで、新旧のフィリピン人芸術家の作家別の展覧会や、社会的な問題をテーマを中心に据えた企画展などを開催していて、フィリピン社会や文化への関心への入口ともなる。1階にミュージアムショップもあり、各地の手工芸品、画集などを販売している。

フィリピン大学キャンパス内にある　　★★

ヴァルガス美術館　　MAP 折込裏-B1
Vargas Museum

　ロレンソ・グレロ、サイモン・フローレスほか19世紀後半に活躍した芸術家たちの作品や、ファビアン・デ・ラ・ロサ、フェルナンド・アモルソロなど1930 ～ 1940年代の画家の作

外観も立派な美術館

品のほか、1960年代頃までのフィリピンの有名なアーティストたちの絵画、彫刻作品が勢揃いしている。館内にはカフェもあるので、のんびりと鑑賞するといい。タクシーで行くのがおすすめ。

ケソン市の中央に位置する　　★★

ケソン・メモリアル・サークル　　MAP 折込裏-B1
Quezon Memorial Circle

　中央にケソン・メモリアル・モニュメント（記念塔）がある大きな公園。コモンウェルス初代大統領のマニュエル・ケソンを記念して建てられたもので、中央にはケソンとその妻アウロラ・ケソンの廟がある。下には関連する資料を展示した**ケソン記念塔博物館Quezon Memorial Shrine Museum**がある。

マルコス独裁時代の記憶と記録をとどめる　　★★

英雄記念館 (Bantayog ng mga Bayani)　　MAP 折込裏-B1
Monument of Heroes

　マルコス政権時代（1965 ～ 86年）に圧制と闘い、拷問や行方不明、殺害の犠牲者となった人々を英雄とたたえ、同志や遺族たちが運営してきた歴史博物館。何万人もの政治犯が拷問されたり拘束された苦々しい記憶をとどめる。民主主義を勝ち取るために払われた犠牲を、人々が忘れないようにするために建てられた。

●エリア別ガイド

9 マニラ郊外

Surrounding Areas

メトロ・マニラと呼ばれるマニラ首都圏は、16市と1町により構成されている。メトロ・マニラ全体の面積は東京23区よりやや大きい636km²。このガイドブックで紹介できたのは、観光客が足を運ぶ機会の多いそのうちの一部に過ぎない。メトロ・マニラ内を走る高架鉄道も年々延長しており、首都圏内の郊外に行くのも以前に比べて容易になった。また配車アプリのグラブを使って郊外にも気軽に行けるようになっている。

マニラ郊外の見どころ

ATTRACTION

緑の多い高級住宅街 ★

アラバン

Alabang

MAP 折込裏-B2外/P.62-B2外

モンテンルパ市アラバン地区には高級住宅が多く、「フィリピンのビバリーヒルズ」とも呼ばれている。緑が多くて広々とした町並みが気持ちいい。かつての農村地帯が計画的な都市開発により整然とした住宅と商業地区に変貌を遂げたという。5つのショッピング・モールがある。

かつて日本人が収容されていた白壁の刑務所 ★★

モンテンルパ

Muntinlupa

MAP 折込裏-B2外/P.62-B2外

正式名は、ニュー・ビリビッドNew Bilibid刑務所。この刑務所は第2次世界大戦後、日本人捕虜収容所として使われていた。刑務所の近くには日本人墓地、平和観音像、平和祈念塔などが建てられている。また、戦犯となった日本人捕虜のうち17人が処刑された場所としても有名だ。

竹を使ったパイプオルガンが見もの ★★

セント・ジョセフ教会（ラス・ピニャス教会）

St. Joseph Parish Church (Las Piñas Church)

MAP P.134-B2

ラス・ピニャス市にある教会。スペイン人の修道僧ディエゴ・セラの指導の下、8年ほどかけ1821年に造られた。世界で唯一といわれる竹製のバンブーオルガンがあり、毎年2月に「バンブーオルガン・フェスティバル」が開催されている。

あのイメルダ夫人の靴コレクションが見もの ★

マリキナ靴博物館

Marikina Shoe Museum

MAP 折込裏-B1外

昔から製靴産業が盛んなマリキナ市にある靴をテーマにした博物館。2階にはイメルダ元大統領夫人の約250足の靴が展示されている。1986年に「ピープルパワー革命」でマラカニャン宮殿を追放された時に残した約3000足の靴の一部で、マルコス元大統領の不正蓄財の象徴だ。

アラバンのフェスティバル・モール

アラバンへの行き方

🚌 マカティのグリーンベルト1の前から（→MAP P.60-B3）、P2Pバスのアラバン行きが30分に1本出ている。片道P110。30分ほどでタウン・センターの前に到着する。

■モンテンルパ

アラバンで、カタルンガンKatarungan行きジプニーに乗り換え、途中下車する。アラバンまでは国有鉄道（→P58）に乗って行くことも可能、P30〜。日本人墓地まではそこからトライシクルで行く。

かつて日本人が収容されていた刑務所

■セント・ジョセフ教会

🚌 バクララン（→P62-A3）からカビテCavite方面行きのジプニーで約1時間、P12程度。教会周辺にジプニー工場がいくつもあり、見学もできる。

🏠 Quirino Ave., Las Piñas

☎ (02) 8825-7190　💰 P50

■マリキナ靴博物館

🚌 高架鉄道Line2でカティプナン駅Katipunan Sta.まで行き、南口からタクシー（約P70）かカルンパンKalumpane行きジプニーに乗っていく。

🏠 J. P. Rizal St., Brg. San Rouque, Marikina City

🕐 8:00 〜 17:00　🈳 なし　💰 P50

メトロ・マニラ

エリア別ガイド⑨マニラ郊外

103

●エリア別ガイド

10 マニラ首都圏近郊

　メトロ・マニラの人口は約1348万人（2020年）で増加の一途をたどっている。中心部の交通渋滞は大きな問題であり、快適な暮らしを求めてメトロ・マニラに隣接する町にも人口が流出している。また、メトロ・マニラ在住者が週末に訪れることができる見どころも近郊に誕生している。特に東隣の**リサール州Rizal**には、マニラ中心部から日帰り圏内の見どころがあるので、町の喧騒を逃れて訪ねてみるのもいいだろう。

■ブランコ・ファミリー美術館
　館内にカフェもある。
🏠 312-B A Ibanez St., Brgy. San Vicente, Angono City
📞 (02) 8651-0048
🕐 9:00～18:00　休 月　料 ₱150

■ネミランダ・アートハウス ＆アトリエ・ギャラリー
🏠 No.6 Doña Elena St., Doña Justa Village 1, Brgy. San Roque, Angono City
📞 0926-792-2913
🕐 9:00～18:00　休 月　料 無料

■アンゴノ・レイクサイド・エコパーク
🏠 A. Ibañez St., Bgy. San Vicente, Angono City

■サン・バレー・ゴルフ・クラブ Sun Valley Golf Club
　パブリックなので、観光客でも予約をすればプレイできる。
🏠 Brgy. Inarawan, Antipolo City
📞 (02) 401-3589～90、(02) 344-5323

高台を生かし見晴らしがいい

■マスンギ・ジオリサーブ
🏠 Kilometer 45 Marcos Highway, Rizal
📞 0908-888-7002
🕐 8:00～17:00　休 月
料 環境保護費として₱1500、週末は₱1800

人気のサポット

マニラ周辺の町と見どころ　　　ATTRACTION

芸術センスに優れた人々が集まる町　　　　　　　　　　★
アンゴノ　　　　　　　MAP P.134-B2／折込裏-B2外
Angono

　「アート・キャピタル」の別名を持つアンゴノにはいくつかの美術館やギャラリーがある。有名なのは**ブランコ・ファミリー美術館Blanco Family Museum**と**ネミランダ・アートハウス＆アトリエ・ギャラリー Nemiranda Arthouse & Atelier Gallery**。また、フィリピン最古のアートといわれる岩に描かれた壁画、**ペトログリフ Petroglyphs**を見ることもできる。ラグナ湖に面した広大な公園**アンゴノ・レイクサイド・エコパークAngono Lakeside Eco Park**にはカフェもあり、サンセットの名所として知られる。

安らぎの高台にある町　　　　　　　　　　　　　　★
アンティポロ　　　　　　MAP P.134-B2／折込裏-B1外
Antipolo

　マニラ市内から北東に約13kmの静かな町。高台に位置するため朝晩は涼しくて空気がきれい。展望のいいプール付きの小さなホテル、センスが光るカフェなども多い。アンティポロでなんとしても外せないのは住宅街の中にある**ピント美術館**（→P.100）。地中海の町を模したかのような白い壁の建物が点在し、太古の岩から現代アートまで膨大なコレクションを展示している。

リサール州の環境保護地区　　　　　　　　　　　　　★
マスンギ・ジオリサーブ　　MAP P.134-B2／折込裏-B1外
Masungi Georeserve

　ラグナ湖を隔て、マニラの真東に位置するリサール州タナイ町にあるのがマスンギ峡谷保護区であるマスンギ・ジオリサーブだ。マニラ市内からは車で約2時間。
　巨大な石灰岩が連なる広大な大自然の中で、本格的なトレッキングが体験できる。特に人気はワイヤー製の「サポットSapot」と呼ばれる蜘蛛の巣状に張られた円形の網。ここからフィリピン最大のラグナ湖の壮大な景色が望める。

レストラン

マニラには、さまざまな国の料理店が集まっている。長い間続いた植民地の歴史の影響も大きい。一流の料理を食べたいのなら、5つ星ホテルへ行くといい。少々値が張るが世界レベルの味を堪能できるレストランがいくつもある。また、ショッピングセンター内には各国料理店のほかフードコートがあり、気軽に利用できる。

アベ $$
Abe
BGC MAP P.64上
フィリピン料理

駐在日本人の間で定評のある絶品フィリピン料理店。メニューはパンパンガ州の伝統料理をアレンジしたもので、人気メニューは豪快な音を立ててサーブされるバンブーライス（₱345）やティラピアの揚げ物（₱445）など。

住 GF Serendra, Retailer Area, BGC, Taguig City
TEL (02) 8856-7696
営 11:00 ～ 15:00、18:00 ～ 23:00
休 なし　CC ADJMV
他 SMメガ・モール店→ MAP P.65下右、MOA店→ MAP P.62-A2

肩の凝らない雰囲気がうれしい

ロムロ・カフェ $$
Romulo Cafe
マカティ市 MAP P.60-B1
フィリピン料理

白と黒で統一された品のある店内で、名家に伝わるおいしいフィリピン料理が食べられる。メニューはどれもボリュームがあり、見た目はシンプルながらも味は繊細で非常に美味。ロンドンにも支店がある。メイン₱250 ～。

住 148 Jupiter St., Bel Air Vill., Makati City
TEL (02) 8478-6406
営 11:00 ～ 15:00、18:00 ～ 22:00
休 なし
CC AMV

落ち着いた雰囲気のなかで食事ができる

マナム $$
Manam
マカティ市 MAP P.60-B3
フィリピン料理

ボリュームのある大皿料理で供されるフィリピン料理。ひとりだと注文しづらいことが多いが、ここは大中小とサイズを選べて利用しやすく、味もGood。マニラの主要なショッピングモール内に支店がある。

住 GF Greenbelt 2, Ayala Center, Makati City　TEL 0919-084-5730
URL momentgroup.ph/manam-comfort-filipino
営 10:00 ～ 21:00（金～土 ～ 22:00）
休 なし　CC AJMV　他 BGC店→ MAP P.64上、MOA店→ MAP P.62-A2

優しい味付けの料理が多い

セントロ1771 $$
Sentro 1771
マカティ市 MAP P.60-B3
フィリピン料理

マニラに3店舗展開。いずれも近代的な複合施設に入っている。シニガン（₱315 ～）やシズリントーフ（₱119 ～）など、何を頼んでも繊細な味つけで日本人の口にもよく合う。大きさが選べるのもうれしい。

住 GF Greenbelt 5, Ayala Center, Makati City
TEL (02) 7757-3941
URL sentro1771.com
営 11:00 ～ 21:00
休 なし
CC AMV　他 BGC店→ MAP P.64上

家庭的なフィリピン料理を味わおう

ビストロ・レメディオス $$
Bistro Remedios
エルミタ＆マラテ地区 MAP P.66-A3
フィリピン料理

洗練されたフィリピン料理が食べられる店。見た目も味にもこだわりが見られ、どれを頼んでも間違いがない。個室もあるので、特別な日やおもてなしにもぴったり。週末のディナーは予約がベター。

住 1911 M. Adriatico St., Remedios Circle, Malate
TEL 0917-552-2687
営 11:00 ～ 15:00、18:00 ～ 23:00（金・土 ～ 24:00）
休 なし
CC MV

店内の雰囲気もいい

バルバラス $$
Barbaras

マニラ地区 MAP P.63-B2
フィリピン&スペイン料理

スペイン時代に建てられた建物を改装したレストラン。ここではダンスショーを楽しみながらのディナービュッフェ(₱1002、ドリンク別)を堪能したい。ダンス、料理ともにスペインとフィリピンの伝統的なものだ。

🏠 Plaza San Luis Complex, General Luna St., Intramuros, Manila City
☎ (02) 8527-4083
URL www.barbaras.ph
🕐 11:30 ～ 16:00、18:30 ～ 21:00
※ディナーショーは19:15 ～ 20:00
休 なし CC MV

ランチビュッフェも実施している

タタティート $$
Tatatito

マカティ市 MAP P.60-B2
フィリピン料理

店内はアットホームなぬくもりのある内装で、さまざまなフィリピン料理を味わえる。揚げ春巻きのようなルンピアやチキン・イナサル(ロースト)、白身魚ラブラブのフライなど、どれも素敵な盛りつけで出てくる。

🏠 Ground floor, OPL Building, 100 Don Carlos Palanca, Legazpi Village, Makati City
☎ 0917-862-4000
🕐 8:00 ～ 22:00
休 なし
CC AJMV

ルンピア₱160、シシグ₱420

アリストクラット $
Aristocrat

エルミタ&マラテ地区 MAP P.66-A3
フィリピン料理ほか

ロハス通り沿いにある、カジュアルなレストラン。500席もある大きな店構えで、フィリピン料理やファストフードなど、メニューが豊富に揃っている。安くておいしいと評判だ。エンサイマダなどのパンも人気。テイクアウト可。

🏠 432 San Andres St., Cor. Roxas Blvd., Malate
☎ (02) 8524-7671 ～ 80
🕐 24時間 休 なし CC ADJMV
→MOA店→MAP P.62-A2、マカティ店
→MAP P.60-B1、ロビンソン・プレイス店
→MAP P.66-B2

フルコース2名で₱1000程度

バリオ・フィエスタ $$
Barrio Fiesta

マカティ市 MAP P.61-C1
フィリピン料理

フィリピン全土に支店をもつフィリピン料理レストラン。メニューが豊富で、どれを食べればいいか迷ってしまうほど。煮込み料理は小さな鍋に盛られて出てくるが、ひとりでは食べきれないほどのボリュームがある。

🏠 Kalakhang Maynila, Makati City
☎ (02) 8899-4020
🕐 11:00 ～ 23:00
休 なし
CC 不可

前菜₱180 ～、メイン₱350 ～

アペロ $$
Apero

ケソン市 MAP P.65上-外
欧州料理

ケソン市の静かな住宅街のなかにある落ち着いた雰囲気のカフェ・レストラン。ロースト・ダックやラムなど自慢のメインメニューもおいしい。スイーツもおいしい。朝早くから営業していて焼きたてのパンも人気。

🏠 The Clubhouse, Corinthian Hills, Temple Drive, Quezon City
☎ (032) 8532-8064
🕐 7:30 ～ 16:00
休 なし
CC MV

夜はメニューにカクテルや燻製肉が登場

トーヨー・イータリー $$$
Toyo Eatery

マカティ市 MAP 折込裏-B2
フィリピン創作料理

アジアのベストレストラン50(2023年)など、数々のアワードを受賞している、注目のフュージョン料理のレストラン。8品のコースが₱2900、6品のコースが₱1600と、手の届きやすい価格設定。一度は試してみたい名店。

🏠 The Alley at Karrivin Plaza, 2316 Chino Roces Ave. Ext., Makati City
☎ 0917-720-8630 (携帯)
🕐 18:00 ～ 23:30
休 月・日
CC AMV

新たなフィリピン料理の魅力に出合える

XO46ヘリテージ・ビストロ $$$
XO46 Heritage Bistro　　パサイ市 MAP P.62-A3

フィリピン料理

　格式高くも、アットホームな雰囲気の名店。上流階級の邸宅のような華やかな店内で、スペインの影響を受けたおいしい伝統料理が食べられる。フィリピンの食文化の奥深さを堪能したい。前菜₱275 〜、メイン₱375 〜。

🏠 Level 2, S Maison, Conrad Manila, Seaside Blvd. Cor. Coral Way, Mall of Asia Complex, Pasay City
TEL (02) 8805-3850
🕐 11:00 〜 23:00（金〜日 〜 22:00)
休 なし CC ADJMV 他 サルセド店
→MAP P.60-B2、BGC店→MAP P.64上

スタッフのサービスも一流

ハーバー・ビュー・レストラン $$
Harbor View Restaurant　　マニラ地区 MAP P.63-A4

フィリピン料理

　リサール公園近くにある眺めのいいレストラン。桟橋のように張り出したテラス席からはマニラ湾を一望、日中でも涼しい海風を感じることができる。新鮮なシーフード料理が食べられるということで定評がある。

🏠 South Gate A, Rizal Park, Manila
TEL (02) 8710-0060、0927-164-2207
🕐 11:00 〜 24:00
休 なし
CC ADMV

有名人も多く訪れる

シーフード・アイランド $$
Blackbeard's Seafood Island　　パサイ MAP P.62-A2

フィリピン料理

　パサイのMOAのマニラ湾沿い、シーサイド通りにある。3 〜4人、5 〜 6人前などに人数別に10種類以上のブードルファイト（→下記）のセットメニューが揃う。3 〜 4人前の「タリ・ビーチ」は₱1350。

🏠 San Miguel by the Bay, SM Mall of Asia Seaside Blvd., Pasay City
TEL 0916-315-3524
🕐 11:00 〜 21:00（金・土・日〜 22:00)
休 なし
CC AJMV

豪快に盛り付けられたブードルファイト

スポッティド・ピッグ $$
Spotted Pig　　マカティ市 MAP P.60-A2

カフェ

　軽食からご飯ものまで幅広いメニュー。ヴィーガン、ベジタリアン、グルテンフリーにも対応している。ヘルシーだけれども、ボリューム満点なのがうれしい。焼きたてのペイストリーやパンも楽しめる。

🏠 109 Esteban, Legazpi Village, Makati City
TEL 0917-882-2208
🕐 7:00 〜 21:00
休 なし
CC MV

若者に人気。店内は明るい

ちょっと
ひと息コラム

軍隊伝統の食事法　ブードルファイトって？

　ブードルファイトとは、フィリピンの軍隊における伝統的な食事法。バナナリーフにご飯、焼き魚、グリルチキン、エビ、豚肉などを豪快に盛りつけ、いっせいにカマヤンスタイル（手づかみ）で食べ始める。仲間意識を確認するため、そして素早く食事をするために生まれた方法だ。現地ではお祝い事がある際に、ブードルファイト形式でご馳走が用意されることが多い。フィリピン発の食事法だが、ニューヨークなど海外でも人気を博している。

　ブードルファイトを楽しめる代表的なレストランが、上記のシーフード・アイランドとビッグ

ロイズ、特にシーフード・アイランドは、ほかにセブなどフィリピン各地に展開しているので、チェックしておきたい。小さなものだと迫力が出ないので、大人数で挑戦してみてほしい。

大人数で楽しんでこそのブードルファイト

ちょっと
ひと息コラム

シーフードを楽しむならダンパへ

マニラでシーフードを食べるなら、市場で魚介類を買って周りにあるレストランで調理してもらう、通称ダンパと呼ばれるシーフードのマーケットとレストランが軒を連ねるエリアがおすすめだ。「パルートPaluto」とは、その場で料理してもらうという意味だが、ダンパのレストランはほとんどがパルートスタイル。

まずはずらりと並んだ露店で新鮮なシーフードを購入しよう。売り子は皆親切だが、強引に迫られることもあるので注意。値段の目安はシャコ1kg₱650、カキ1kg₱250、イカ1kg₱550、海ブドウ1kg₱100程度。それを敷地内にあるレストランに持ち込む。店での調理料は1品₱100～300程度。そのほかサービスチャージが10%かかる。新鮮なシーフードがお得に食べられるのでぜひお試しあれ。

また、ケソン市のクバオ駅から近いファーマーズ・マーケットもおすすめ。こちらは野菜、

肉、魚などあらゆるものが揃う市場で、同様に魚介類を購入し、市場の一角にあるダンパで調理してくれる。南国フルーツもあるので、デザートに最適だ。

■ダンパDampa
MAP P.62-A2　営早朝～深夜
■ファーマーズ・マーケット
　Farmers Market
MAP P.65上
営6:00～23:00

売り子はみなフレンドリー

ちょっと
ひと息コラム

1日5食!?　フィリピンのメリエンダ文化

フィリピン人は3度の食事の合間にメリエンダと呼ばれる間食を取る。これはもともと旧宗主国スペインの習慣だが、現在では食べることが大好きなフィリピン人の間にしっかりと根づいている。おやつと聞くと軽いスナック程度を想像してしまうが、彼らはファストフード店に繰り出すなどしてけっこう本格的に食事をする。食べるメニューはパンシット（中華麺）、トゥロン（バナナの春巻き）、バナナキュー（揚げバナナ）、シオマイ（シュウマイ）、エンサイマダ（パン）などさまざま。学校の近くにはこれらを販売する屋台が並び、時間が来ると子供たちで大にぎわ

いとなる。オフィスにはお菓子を担いだ売り子がわざわざ売りにくるところもある。

マニラにあるいくつかのビュッフェレストランでは「メリエンダビュッフェ」と称して15:00～17:00頃に軽食を食べ放題で提供している。ダッズ・ワールド・ビュッフェのビュッフェはなんと₱778（週末は₱878）で食べ放題。メニューはシュウマイや麺類、プトなどのライスケーキ、おなじみのメリエンダメニューだけでなく、レチョンなどのフィリピン料理をはじめとする各国料理もずらりと並んでいる。みな、山盛りによそってはお代わりを繰り返している。フィリピンの食文化の底の深さを実感する体験をすることだろう。

■ダッズ・ワールド・ビュッフェ
　Dads World Buffet
MAP P.65下　他マカティ店→MAP P.61-C3
住 SM Megamall, Epifanio de los Santos Ave.,
Ortigas Center, Mandaluyong City
TEL 0917-896-1757
営11:00～15:00、16:00～20:00
金・土・日11:00～21:00　休なし　CC MV

ビュッフェには人気のフィリピン料理が勢揃い

グレース・パーク $$
Grace Park

マカティ **MAP** P.61-D1

イタリア料理

マルガリータ・フォレスという著名な女性シェフが手掛けるイタリア料理店。ローカル素材にこだわり、フィリピンのエッセンスを加えたおいしいイタリアンが食べられる。おしゃれでかわいらしい店内も◎。

🏠 GF One Rockwell, Rockwell Dr., Makati City
📞 0939-934-7223（携帯）
🕐 11:00 ～ 23:00（金～日7:00 ～）
休 なし
CC ADJMV

ウニとエビのカルボナーラ（₱395）

ラス・フローレス $$$
Las Flores

BGC **MAP** P.64上

スペイン料理

マニラのスペイン料理店のなかで最も評判のよい店のひとつ。店内はスタイリッシュで、スペインらしくスタッフもたいへん陽気。料理はカタルーニャテイストで、どれも絶品だ。パエリアは₱775 ～（2人前程度）。

🏠 GF One Mckinley Place, 25th St., Cor. 4th St., BGC, Taguig City
📞 0916-619-3365
🌐 www.bistronomia.ph
🕐 11:00 ～翌1:00（金・土 ～翌2:00）
休 なし
CC AMV

定番料理エビのアヒージョ（₱595）

バー・ピンチョス・サルセド $$
Bar Pintxos Salcedo

マカティ市 **MAP** P.60-B1

スペイン料理

小さく切ったパンにさまざまな食材をのせたフィンガーフード「ピンチョス」など、スペイン人オーナーが自ら考案した多彩なタパスメニューをワインやビールと楽しめるお店。タパスは1個ずつ注文可能だ。

🏠 125 Leviste St Córner, H.V. Dela Costa, Makati City
📞 (02) 8845-4952
🕐 11:30 ～ 22:00
休 なし
CC AJMV

ピンチョス₱130 ～

アルバ $$
Alba

マカティ市 **MAP** P.61-C1

スペイン料理

老舗スペイン料理店のなかでも変わらぬ人気を誇る。ランチタイムのビュッフェ（毎日11:00 ～ 14:00）が人気で、ひとり₱875とリーズナブル。料理はどれも深みのある味わい。18:00 ～ 22:00（火～土）にはバンドの演奏も。

🏠 38 Polaris St., Bel-Air, Makati City
📞 0917-315-3457
🌐 alba.com.ph
🕐 11:00 ～ 23:00
休 なし
CC ADJMV

ランチビュッフェはおすすめ！

バルチーノ $$
Barcino

マカティ市 **MAP** P.60-B3

スペイン料理

おいしいワインとタパスを一緒に楽しめる本格スペイン・バル。値段も手頃で、人気のスペイン料理店。BGCやパサイにも店舗がある。人気はイカ墨のパエリアや、その場で削いで出してくれる生ハム。

🏠 Greenbelt 2, Esperanza St., Makati City
📞 (02) 7501-3250
🕐 11:00 ～ 2:00
休 なし
CC AJMV

人気のパエリア₱595 ～

MEMO

なぜスペイン料理？

マゼランの上陸を機に、フィリピンは実に約350年もの間スペインの支配下におかれた。その影響は文化や宗教、生活にまで浸透。国内各地に本格スペイン料理店や、スペイン情緒あふれる町並みが残されている。というわけで、フィリピンではスペイン料理が浸透し、味のレベルも高め。日本に比べて、本格的な料理がリーズナブルに食べられると評判だ。特にBGCには洗練されたスペイン料理店が多い。ただし、現地のフィリピン料理店に比べ値段設定は若干高めとなっている。

カフェ・メザニン
Café Mezzanine

$

チャイナタウン MAP P.64下

中国料理

近くの消防署の隊員たちのたまり場だったというチャイナタウンのユニークな名店。消防士をフィーチャーした店内は、昼時になると大勢の人でにぎわう。中国系の料理が揃い、何を食べてもおいしい。飲茶はひと皿₱70～。

🏠 650 Ongpin St., Binondo, Manila City
TEL (02) 241-9999
⏰ 7:00 ～ 22:00
休 なし
CC 不可

壁には消防士のヘルメットがかかっている

ティム・ホー・ワン
Tim Ho Wan

$$

マカティ市 MAP P.61-C3

中国料理

ミシュランで星を獲得したシェフの味を、リーズナブルに堪能できる香港の名店。点心や小皿料理はいずれも味がよく、一番人気のメロンパン風チャーシュー点心（₱158）も絶品だ。マニラに数店舗展開。

🏠 Glorietta 3, Ayala Center, Makati City
TEL 0917-849-2111
⏰ 月～木　10:00 ～ 21:00
　　金～日　10:00 ～ 22:00
休 なし
CC AJMV
他 ロビンソンズ・プレイス店→MAP P.66-B2

ジャスミンティーも美味

デスゴ・ホットポット
Desgo Hot Pot

$$

マカティ市 MAP P.61-D2

中国料理

ワシントン・ストリートにあるコンドミニアムに構える火鍋レストラン。スープはスパイシー、白湯、きのこ、トマトなど好きなものを選ぶことができ、スープは無料。24時間営業なので何かと利用しやすいお店だ。

🏠 G/F, Victoria de Makati, Washington St. Cor. Dela Rosa St., Makati City
TEL 0976-109-0942
⏰ 24時間
休 なし
CC 不可

スープは辛くないものも選べる

ジャスミン
Jasmine

$$

マカティ市 MAP P.60-B3

中国料理

香港の有名シェフによる本格中国料理を味わえる。ここで人気なのが₱988（週末₱1388）で楽しめるランチの飲茶ビュッフェ。スープやお粥、飲茶、チャーハン、デザートが食べ放題だ。どれも手が込んでおりたいへん美味。

🏠 Esperanza St. Cor. Makati Ave., Ayala Center, Makati City
TEL (02) 8811-6888
URL manila.newworldhotels.com
⏰ 11:30 ～ 14:30、18:00 ～ 22:30
休 なし
CC ADJMV

飲茶ビュッフェはデザートも食べ放題

トーホー・パンシッテリア・アンティグア
To Ho Panciteria Antigua

$

チャイナタウン MAP P.64下

中国料理

1888年創立で「フィリピンで1番古いレストラン」とも言われている。店名にもなっているパンシット・カントンは絶品なので、ぜひ試してほしい。また、東南アジアで人気のキッカャム（₱195）もおすすめ。

🏠 422 Tomas Pinpin St, Binondo, Manila
TEL 0960-600-7974
⏰ 9:00 ～ 21:00（日 ～ 15:00）
休 なし
CC 不可

パンシット・カントン₱225 ～

トゥアントゥアン
Tuan Tuan

$$

パラニャーケ市 MAP P.62-A3

中国料理

1960年代に香港で誕生。カナダで人気を博し、さまざまな食文化を取り入れながら発展した有名店だ。メロンパン風のチャーシュー点心（₱168）やカレーヌードルなどが人気。MOAにも支店がある。

🏠 Level 1, Ayala Malls Manila Bay, Parañaque City
TEL 0916-486-0879、0966-863-7522
⏰ 10:00 ～ 21:00
休 なし　CC AMV
他 BGC店→MAP P.64上、SMメガ・モール店→MAP P.65下右

マニラに5店舗展開

大阪満マル $$
Osaka Manmaru　　　マカティ市 **MAP** P.60-A3

日本料理

日本国内に80店舗を構える居酒屋チェーン。200種類以上のメニューを提供し、おいしくて安い日本居酒屋メニューが地元の人たちにも大人気で、連日昼から夜までにぎわっている。人気メニューはお好み焼きやたこ焼き。

住 G-1, Makati Square, Fernando, Legazpi Village, Makati City
TEL (02) 8254-3170
営 11:00 〜 24:00
休 なし
CC AJMV

雰囲気はまるで日本

イコマイ $$$
Ikomai　　　マカティ市 **MAP** P.60-B1

日本料理

洗練されたハイセンスな店内で、モダンにアレンジされた日本食を堪能できる。メニューは串揚げ、刺身、焼き物など。日本人シェフが名古屋出身のため、手羽先（₱360）などの名古屋料理もある。

住 GF ACI Bldg, 147 H.V.Dela Costa St., 1227, Salcedo, Makati City
TEL (02) 8816-4588
URL ikomai.today
営 6:00 〜 22:00
休 日 **CC** ADJMV

串揚げの盛り合わせ（₱380 〜）

おおきに 焼き鳥 $$
Ookini Yakitori　　　マカティ市 **MAP** P.60-A2

日本料理

連日満員で入れないことがあるほどにぎわっている人気の居酒屋。ルフィーノ通りのミニストップ奥に入口がある。焼き鳥からおでん、日本風おつまみも豊富に取り揃えており、在住日本人も通うお店。レモンサワーも好評。

住 V.A. Rufino St., Legazpi Village, Makati City
TEL 0917-520-4448
営 17:00 〜 24:00
休 なし
CC AJMV

人気の焼き鳥は1本₱50 〜

横丁 $
Yokocho　　　パラニャーケ市 **MAP** P.62-A3

日本料理

和食フードコート。日本食をリーズナブルに味わえると現地の若者に大人気。日本人シェフが指導しているため、味は確か。メニューは焼肉食べ放題（₱399）やラーメン（₱200 〜）、天ぷらなど。

住 4F Victory Food Market, Beside Baclaran Church, Parañaque City
TEL 0927-642-5779（携帯）
営 10:00 〜 21:00
休 なし
CC 不可

日本風のインテリアも Good

アイアンマン・ステーキ・ハウス $$
Ironman's Steak House　　　マカティ市 **MAP** P.60-A1外、折込裏-B2

創作料理

沖縄出身の日本人が経営。和牛からアンガスまで選び抜いた素材の牛肉を自慢の鉄板でジューシーに焼き上げる。ベテラン・シェフが作るローストビーフとハンバーグは絶品。天ぷらや刺身など和風アペタイザーも充実だ。

住 G/F Ayala Malls Circuit, Carmona, Makati City
TEL 0922-856-5835
営 10:00 〜 22:00
休 なし
CC AJDMV

Cセット₱1500。イベントの会場にもいい

ウォントゥサワ $$
Wantusawa　　　マカティ市 **MAP** P.61-C1

創作料理

ポブラシオンで人気のオイスターバー。牡蠣がひとつ₱50 〜で食べられる。チーズを乗せてベイクした牡蠣が人気。ほかにも豆腐サラダや唐揚げなど、おつまみメニューが豊富。カウンターの目の前で調理をしてくれる。

住 5811 Jacobo, Makati City
TEL 0977-813-8989
営 12:00 〜 24:00
休 なし
CC AJMV

カウンターの目の前で調理してくれる

コミューン・カフェ $$

Commune Café　　マカティ市 **MAP** P.61-C1

`カフェ`

フィリピン産のアラビカ豆のみを使用するというこだわりをもつカフェ。ワークショップやイベントを頻繁に開催し、常に現地の若者でにぎわっている。夜遅くまで営業し、アルコールも置いている。コーヒー₱100～。

🏠 36 Polaris Cor. Durban St., Poblacion, Makati City
☎ (02) 8275-6324
URL www.commune.ph
🕐 8:00 ～ 24:00
　　（金・土 ～翌1:00、日 9:00 ～ 22:00）
休 なし　　**CC** AJMV

夜遅くまで開いているので便利

トビーズ・エステート $$

Toby's Estate　　マカティ市 **MAP** P.60-B1

`カフェ`

コーヒー大国オーストラリアのコーヒー職人、トビーさんが立ち上げたカフェ。マニラに進出し、いまや14店舗を展開している。コーヒー豆を世界各国から仕入れ、独自にブレンド＆ローストしている。

🏠 V Corporate Center, Shop 6, 125 L.P. Leviste St., Salcedo Village, Makati City
☎ (02) 7507-6174 (携帯)
URL www.tobysestateph.com
🕐 7:00 ～ 24:00
　　（月・火 ～22:00、日 8:00 ～ 22:00)
休 なし　　**CC** ADJMV

ハイセンスなインテリアも◎

ワイルドフラワー・カフェ $$

Wildflour Cafe　　BGC **MAP** P.64上

`カフェ`

パン好きにおすすめのパンのおいしいカジュアルなベーカリーカフェ。カウンターには人気のバゲットやタルトなど、さまざまなパンがディスプレイされている。2019年にリニューアルオープンし、メニューもより充実。

🏠 4th Ave. Cor. 26th St., BGC, Taguig City　☎ (02) 8856-7600
🕐 6:00 ～ 24:00（日 8:00 ～ 22:00)
休 なし　**CC** AJMV
他 マカティ店→**MAP** P.60-B2、レガスピ店→**MAP** P.60-A2、オルティガス・センター店→**MAP** P.65下右

カフェ飯が絶品！

1919グランドカフェ $$

1919 Grand Cafe　　チャイナタウン **MAP** P.64下

`カフェ`

チャイナタウンの外れにある創業100年を超える老舗カフェ。香港上海銀行マニラ支店を改装した建物は厳かな雰囲気。店内は洗練された空間で、快適に休憩をすることができる。朝7時からやっているので、朝食利用にも。

🏠 117 Juan Luna St., Binondo, Manila City
☎ (02) 7752-0654
🕐 7:00 ～ 21:00
休 なし
CC AJMV

モダンで高級感のあるインテリア

カフェ・アドリアティコ $$

Café Adriatico　　エルミタ&マラテ地区 **MAP** P.66-A3

`カフェ`

1979年創業の老舗カフェ。かつて文化人が集ったという店内は、古きよき時代を感じてくれるすてきな雰囲気。マニラに広く展開する人気レストラングループの経営で、料理の評判もなかなか。コーヒーは₱99～。

🏠 1790 M, Adriatico St., Remedios Circle, Malate
☎ (02) 8891-5202
🕐 日・月 7:00 ～翌3:00
　　火・水 7:00 ～翌4:00
　　木～土 7:00 ～翌5:00
休 なし　**CC** ADJMV

店内は歴史を感じる渋い印象

キュレーター $$

The Curator　　マカティ市 **MAP** P.60-A2

`カフェ&バー`

昼はおいしいコーヒーが飲めるカジュアルなカフェ、夜はアジアのベストバー50にランクインするマニラでも指折りのバーとして知られる。コーヒーは豆にこだわっておりとてもおいしい。バーの雰囲気も洗練されている。

🏠 134 Legaspi Street, Legazpi Village, Makati City
☎ 0916-355-4129 (携帯)
🕐 7:00 ～ 22:00（日 ～ 19:00)
　　バー 18:30 ～翌2:00（日曜休み）
休 なし
CC ADJMV

カフェの内装はとてもシンプル

スカイ・デッキ・ビュー・バー $$
Sky Deck View Bar

バー

ザ・ベイリーフ（→P.124）の屋上にあるバー。グリルやフィリピン料理などのメニューも揃い、夕暮れ時にはイントラムロスやマニラ湾が見渡せる。都会の喧騒を忘れてくつろぎたい時におすすめ。

🏠 Muralla Cor. Victoria St., Intramuros, Manila
☎ (02) 5318-5000
URL www.thebayleaf.com.ph
営 17:00 ～ 24:00
休 なし
CC AJMV

17:30 ～ 21:00はハッピーアワー

ストレート・アップ $$
Straight Up

BGC MAP P.64上

バー

セダ・ホテルBGC（→P.125）の屋上にある夜景のきれいなルーフトップバー。開発の進むタギッグ市の夜景を楽しむことができる。やや高めの値段設定だが、環境とサービスを考えれば納得。サンミゲルは₱180 ～。

🏠 30th St. Cor. 11th Ave., BGC, Taguig City
☎ (02) 7945-8888
URL www.sedahotels.com/bgc
営 16:00 ～翌1:00
休 なし
CC ADJMV

都会的な雰囲気のデザイン

スカイ・ハイ・バー $$
Sky High Bar

パシッグ市 MAP 折込裏-B2

バー

エース・ウオーター・スパなど、人気の施設が揃うエース・ホテル＆スイーツ。21階の屋上に格別なルーフトップバーがある。360度のマニラの夜景を楽しむことができると人気。ロケーションも最高だ。サンミゲルは₱100。

🏠 21F, Ace Hotel & Suites, United Corner Brixton St., Kapitolyo, Pasig City
☎ (02) 8462-8262
URL www.acehotelsuites.com
営 17:00 ～翌1:00（金・土 ～翌2:00）
休 なし
CC MV

値段もリーズナブルな穴場

ファイアフライ・ルーフデッキ $$
Firefly Roofdeck

マカティ市 MAP P.61-C1

バー

人気の中級ホテルの最上階にある、夜景がすばらしいルーフトップバー。メニューはインターナショナルで、値段もそれほど高くないが、ここではドリンクだけ飲んで景色を楽しむのもいいかも。サンミゲル₱120 ～。

🏠 City Garden Grand Hotel, Makati Cor. Kalayaan Ave., Makati City
☎ 0915-112-6838、0956-540-1586
営 10:00 ～翌2:00
休 なし
CC ADJMV

窓際の席がおすすめ

アラマット・フィリピノ・パブ＆デリ $$
Alamat Filipino Pub & Deli

マカティ市 MAP P.61-C1

バー

バー＆パブ巡りが人気のポブラシオンで、まず訪れるべき人気バー。若手のシェフやデザイナーが集まりオープンした店で、ローカルのビールやカクテル（₱200 ～）、おいしいフィリピン創作料理（₱200 ～）が楽しめる。

🏠 2F 5666 Don Pedro St., Población
☎ 0906-407-8466（携帯）
営 17:00 ～翌2:00（金・土 ～翌5:00）
休 なし
CC MV
他 近所のアギマット・フォレージング・バー＆キッチン（MAP P.61-D1）も人気

ローカルの若者と触れ合おう！

ブッカニアーズ・ラム・アンド・キッチン $$
Buccaneers Rum & Kitchen

マカティ市 MAP P.61-C1

バー

ユニークなラムカクテルを楽しめるお店。かわいいティキマグにカクテルが入って提供される。フィッシュ＆チップスやココナッツ・ミルクカレーなど、おしゃれなサイドメニューも揃っており、2軒目にも最適な店。

🏠 5668 Don Pedro, Makati City
☎ 0916-546-3243
営 18:00 ～ 2:00（金・土 ～ 4:00）
休 なし
CC AJMV

ティキマグで提供されるカクテル

メトロ・マニラ

レストラン

ショップ

Shops

マニラ最大のショッピングエリアといえば、マカティ市の中心にあるアヤラ・センター Ayala Center。いくつもの個性的なショッピングセンターが林立し、買い物から映画鑑賞、グルメまで、1日中楽しめるエリアだ。ここではそれらの大型店を中心にいくつかを紹介しよう。

SMモール・オブ・アジア

SM Mall of Asia

パサイ市 MAP P.62-A2
ショッピングセンター

マニラ湾の埋め立て地に2006年に開店した、アジア最大級の規模を誇るショッピングモール。「モアMOA」の愛称で親しまれている。東京ドーム8つ分の広さは、とても1日では回りきれない。グルメ、ショップとも人気の店が揃っている。

- G/F, Main Mall, Seaside Blvd, 123, Pasay City
- TEL なし
- URL www.smsupermalls.com
- 営 10:00 ～ 22:00
- 休 なし
- CC 店舗により異なる

3階建ての巨大な建物

グロリエッタ

Glorietta

マカティ市 MAP P.60-B3~61-C3
ショッピングセンター

吹き抜けの巨大な中央ホールで連結する1～5号館の中に、世界各国の有名ブランド店、地元で人気のローカルブランド店、レストラン、映画館などが入っていて、1日中いても飽きないほど。グリーンベルトより庶民的な雰囲気。

- Palm Dr, Makati City
- TEL (02) 7752-7272
- URL www.ayalamalls.com
- 営 10:00 ～ 21:00（金・土 ～ 22:00）
- 休 なし
- CC 店舗により異なる

いつも大勢の人でにぎわう中央ホール

グリーンベルト

Greenbelt

マカティ市 MAP P.60-B3
ショッピングセンター

アヤラ・センターのすぐ西側、緑あふれるグリーンベルト公園に隣接する、グリーンベルト1～5の5棟から成るショッピングモール。世界各国料理の店が並ぶレストラン街が人気だ。中心にある公園は都会のオアシス。

- Greenbelt Mall, Legazpi Street, Makati City
- TEL (02) 7795-9595
- URL www.ayalamalls.com
- 営 11:00 ～ 21:00（金・土 ～ 22:00）
※グリーンベルト1～5で若干異なる。
- 休 なし　CC 店舗により異なる

マニラでも指折りの高級感のあるモール

ルスタンズ

Rustan's

マカティ市 MAP P.61-C3
ショッピングセンター

アヤラ・センターの一角にある、ティファニーやカルティエ、サルヴァトーレ・フェラガモ、ダンヒルなど、欧米の一流ブランド店が軒を並べる高級デパート。1階にはスーパーマーケットも入っている。

- Ayala Center, Ayala Ave., Makati City
- TEL (02) 8813-3739
- URL rustans.com
- 営 10:00 ～ 21:00
- 休 なし　CC 店舗により異なる

高級感漂う店内

SMマカティ

SM Makati

マカティ市 MAP P.61-C3
ショッピングセンター

フィリピンの主要都市にならたいている、全国チェーンの大型デパート。衣服、電化製品、食料品まで何でも揃えていて、地元の人たちにも人気がある。アヤラ駅に直結しているのでアクセスも便利だ。

- Ayala Center, Makati Ave., Makati City
- TEL (02) 8810-7777
- URL www.smsupermalls.com
- 営 10:00 ～ 21:00（金・土 ～ 22:00）
- 休 なし
- CC 店舗により異なる

館内は近代的なデザイン

ランドマーク

Landmark　　　　　　　　マカティ市 **MAP** P.60-B3

ショッピングセンター

　基本的にフィリピンテイストの衣類、コスメなどを扱う、ブランド店が中心の庶民派デパート。地下にはフードコート、食品や日用雑貨が安く買える、大きなスーパーマーケットも入っていて、まとめ買いにも便利。

住 Ayala Center, Makati Ave., Makati City　**TEL** (02) 8810-9990
URL www.landmark.com.ph
営 10:00 ～ 20:30（金・土 ～ 21:30）
※スーパーマーケットは日～木曜は8:30 ～ 21:00、金・土曜は8:30 ～ 21:45
休 なし　**CC** 店舗により異なる

マカティ通りに面して立つ

ロビンソンズ・プレイス

Robinson's Place　　　エルミタ＆マラテ地区 **MAP** P.66-B2

ショッピングセンター

　エルミタのペドロ・ヒル通りPedro Gil St.沿いにある巨大ショッピングセンター。大学が近いせいか若者が多く、店も彼ら向けの衣料品店や本屋、携帯電話専門店、飲料店などが集まっている。

住 M. Adriatico St., Ermita
TEL (02) 8310-3333
URL www.robinsonsmalls.com
営 10:00 ～ 21:00（金・土 ～ 22:00）
休 なし
CC 店舗により異なる

中は吹き抜けで開放的

グリーンヒルズ・ショッピングセンター

Greenhills Shopping Center　サン・ファン市 **MAP** 折込裏-B1/P.65下右外

ショッピングセンター

　庶民的なショッピングセンター。電気製品やスマホのアクセサリーなどを扱うこまごまとした店舗がたくさん軒を連ね、いつも人でにぎわっている。掘り出し物を探したいなら、一度は足を運んでみよう。

住 Ortigas Ave., Greenhills, San Juan City
TEL (02) 8721-0572
URL www.ortigasmalls.com
営 10:00 ～ 21:00（金・土 ～ 22:00）
休 なし
CC 店舗により異なる

淡水パールの店が多い（→P.94）

パワー・プラント・モール

Power Plant Mall　　　　　　マカティ市 **MAP** P.61-D1

ショッピングセンター

　ロックウェル・センターという新興ビジネスエリアにある。外観、内観ともほかに比べてよりしゃれた雰囲気で、モール内も高級感が漂う。客は欧米系のマニラ駐在員の家族や地元のリッチな人々が多い。

住 Rockwell Center, Makati City
TEL (02) 8898-1702　**URL** www.powerplantmall.com
営 月～木　11:00 ～ 21:00
　　　金　　11:00 ～ 22:00
　　　土　　10:00 ～ 22:00
　　　日　　10:00 ～ 21:00
休 なし　**CC** 店舗により異なる

手頃な規模で人気がある

SMメガモール

SM Megamall　　　　オルティガス・センター **MAP** P.65下右

ショッピングセンター

　メトロ・マニラ近郊からも、多くの人が車を利用してまとめ買いをしに来るほど大きなモール。中には映画館、スケート場のほか、レストランを含む多くの店舗があり、ありとあらゆるものが揃っている。

住 EDSA, corner Doña Julia Vargas,
URL www.smsupermalls.com
営 10:00 ～ 22:00
休 なし
CC 店舗により異なる

オルティガス・センターの中心に立つ

SMアウラ・プレミア

SM Aura Premier　　　　　　　BGC **MAP** P.64上

ショッピングセンター

　BGCの「マーケット！マーケット！」の南東に立つ大型ショッピングセンター。徒歩で10分程度だ。曲線を多用したフォルムが特徴的。SM系列のなかでも高級感があり、レストラン、ショップとも人気の店が揃っている。

住 McKinley Pkwy., Taguig City
URL www.smsupermalls.com
営 10:00 ～ 22:00（店舗により異なる）
休 なし
CC 店舗により異なる

ほかのSMよりも高級感がある

メトロ・マニラ

ショップ

クルトゥーラ

Kultura

パサイ市 MAP P.62-A2

おみやげ

Tシャツ、各種雑貨、民芸品などを幅広く扱うモダンなショップ。リーズナブルでクオリティもよいので、みやげ物探しに利用する人が多い。SMモール・オブ・アジアなど、SM系のモールに出店している。(→P.41)

- 🏠 SM Mall of Asia, Pasay City
- 📞 (02) 8556-0417
- 🌐 kulturafilipino.com
- 🕐 10:00 ～ 22:00　休 なし
- 💳 ADJMV
- 🏢 SMメガモール店→MAP P.65下右、SMマカティ店→MAP P.61-C3

人気のリサイクルバッグ

パペメルロティ

Papemelroti

マカティ市 MAP P.60-B3

雑貨

マニラ各地のショッピングセンターに出店している、アクセサリーやギフトグッズを扱うショップ。女性らしいデザインのかわいらしい商品や、キリスト教にインスパイアされたデザインの商品などが揃う。

- 🏠 Glorietta 1, 2F, Makati Commercial Center, Makati City
- 📞 0917-708-6430
- 🌐 www.papemelroti.com
- 🕐 10:00 ～ 21:00（金・土 ～ 22:00)
- 休 なし　💳 MV　🏢 ロビンソン・プレイス店→MAP P.66-B2、SMメガモール店→MAP P.65下右

商品のディスプレイにもこだわっている

シラヒス・アート＆アーティファクト

Silahis Art & Artifacts

マニラ地区 MAP P.63-B3

民芸品

各民族の伝統民芸品からローカルアーティストの作品まで、2階建ての店内に豊富に揃う。その充実ぶりはまるで博物館並みで、何時間いても飽きないほど。各民芸品の意味や用途などの説明書きも付いている。

- 🏠 744 Gen. Luna St., Intramuros
- 📞 (02) 8527-3841
- 🌐 www.silahis.com
- 🕐 10:00 ～ 18:00
- 休 なし
- 💳 ADJMV

ツアーにも組み込まれる人気民芸品店

ヘルシー・オプション

Healthy Options

マカティ市 MAP P.60-B3

民芸品

フィリピンで33店舗を展開する最大のオーガニック製品のショップ。アメリカのものを中心に自然派といわれる製品が勢揃いしている。プレミアムでナチュラルな食品や健康製品を専門に扱っており、おみやげ用にもおすすめ。

- 🏠 Ground Floor, Glorietta 2, Palm Dr., Ayala Center, Makati City
- 📞 0917-801-3884
- 🌐 healthyoption.com.ph
- 🕐 10:00 ～ 21:00　土 ～ 22:00
- 休 なし
- 💳 MVJ

オーガニック製品の品数は圧倒的

グレート・ヘリオス・ワイン・アンド・スピリッツ

Great Helios Wines and Spirits

マカティ市 MAP P.60-B3

民芸品

マカティのアーナイズ通りにひっそりとたたずむリカーショップ。厳選されたワインやスピリッツなどのアルコールをリーズナブルな価格で販売している。モールなどで買うよりお得なので、ぜひ一度のぞいてみてほしい。

- 🏠 Dona Concepcion Blg., 1020 Arnaiz Ave., San Lorenzo Village, Makati City
- 📞 0922-816-2346
- 🕐 10:00 ～ 19:00
- 休 日

店内には所狭しとリキュールやワインが並ぶ

リチュアル

Ritual

マカティ市 MAP P.60-A3

コスメ＆食品

オーガニックのコスメや、コーヒー、チョコレートなどのフィリピン各地で生産されたナチュラルな特産品をシンプルなパッケージで販売。現在は毎週日曜にレガスピ・ビレッジで行われるサンデーマーケットでの出店でのみ販売している。

- 🏠 Lagaspi Sunday Market, Lagaspi Village, Makati City
- 📞 0917-524-5953
- 🌐 ritualph.myshopify.com
- 🕐 日 7:00 ～ 14:00
- 💳 不可

容器はリユースしたガラスボトル

エコ・ストア

Echo Store　　　　　　　　　　BGC **MAP** P.60-B1

コスメ＆食品

　手作りのフェアトレード商品や環境に優しい各種商品を扱っている。コスメが充実しているので、現地在住の日本人女性にも人気。コーヒー、ココア、ハチミツ、バナナチップ、ココナッツオイルなどもある。

住 Unit 1B, Ground Floor, Manhatan Square Condo 162 Valero St., Salcedo Village, Makati City
TEL (02) 8255-9504
URL www.echostore.ph
営 8:00 〜 18:00　**休** 日　**CC** MV

値段も手頃でおみやげにもぴったり

アポセカ

Apotheca　　　　　　　　　マカティ市 **MAP** P.60-A3

コスメ＆食品

　ヘルスケアを含む統合的なサービスを行う薬局で、「オーガニック」「ナチュラル」「ローカル」なコスメや健康食品を揃えている。フィリピンならではのものが多くて、ちょっと変わった手ごろな値段のものが多い。

住 GF Eurovilla 4, 853 Arnaiz Ave., Legazpi Village, Makati City
TEL (02) 8845-1356
URL www.apotheca.com.ph
営 8:00 〜 17:00
休 日
CC MV

フィリピン料理の瓶詰もある

フランキー・ジェネラル・ストア

Frankie General Store　　　　BGC **MAP** P.64上外

ファッション＆雑貨＆コスメ＆食品

　国内の小さな生産者グループによるエシカルな商品400点以上を販売。ファッション、ボディケア、コスメ、アクセサリー、バッグ、健康食品など充実の品揃え。マカティ、アラバンにも店舗がある。

住 2F, SM Aura Premier, 26th St., Corner McKinley Pkwy., BGC, Taguig City
TEL (02)7752-3591
営 10:00 〜 20:00
CC AJMV

オーストラリアにも進出している

ヒューマン・ネイチャー

Human Nature　　　　　　　マカティ市 **MAP** P.62-B2

コスメ

　天然素材100％をうたう、手頃な値段で人気のコスメショップ。現地のフィリピン人はもちろん、在住日本人の間でも評判。スーパーやショッピングモールで手軽に買えるのもうれしい。石鹸は₱84 〜。

住 GF Wilcon IT Hub, Chino Roces Ave., Makati Ctiiy
TEL (02) 8869-5523
URL humanheartnature.com
営 9:00 〜 18:00
休 日
CC AJMV

フィリピン各地に展開している

ラグズ・トゥー・リッチズ

Rags 2 Riches　　　　　　ケソン市 **MAP** 折込裏-B1外

バッグ

　パヤタスなどの貧しい地区の人々が職人となり、丈夫で長持ち、そしてハイセンスな織物製品を製作している。山岳民族の伝統柄などもあり、フィリピンならではの商品が手に入るのでおみやげにもおすすめ。

住 87 Sct. Fuentebella St, Diliman, Quezon City
TEL 0956-472-0812
URL www.rags2riches.ph
営 9:00 〜 16:00（金〜 17:00）
休 日　**CC** MV

値段もリーズナブル

マカティ・セントラル・スクエア

Makati Central Square　　　マカティ市 **MAP** P.60-A3

ショッピングセンター

　マカティで最も古いモールのひとつ。なかはスーパーや古着屋、ボウリング場のほか、ホビーやガジェットショップなど庶民を対象とした製品を取り扱う店が多い。1階に入っている両替所はレートがいいので、両替したい時はぜひ。

住 2130 Chino Roces Ave., Legazpi Village, Makati City
TEL (02) 8811-1204
営 10:00 〜 21:00
休 なし

小さな店が多く並ぶモール内

メトロ・マニラ

ショップ

117

バヨ
Bayo

マカティ市 MAP P.60-B3

ファッション

マニラ内にある多くのショッピングセンターに出店している、フィリピン発のレディースブランド。シックでスタイリッシュなデザインだが、とてもリーズナブルなので、現地でもたいへん人気がある。

🏠 Glorietta 4 Ayala Center, Makati City
📞 (02) 8640-7749 URL bayo.com.ph
🕐 10:00 ～ 21:00（金・土 ～ 22:00）
🏖 なし CC AJMV 他 グリーンベルト店→MAP P.60-B3、BGC店→MAP P.64上、MOA店→MAP P.62-A2、ロビンソンズ・プレイス店→MAP P.66-B2

店内のディスプレイもきれい

スエズ＆ザポテ・ギャラリー
Suez & Zapote Gallery

マカティ市 MAP P.60-A1

ファッション

チーム・マニラというデザイン集団がてがけた、サングラスをかけた国民的英雄ホセ・リサールのTシャツが人気。そのほか、若手デザイナーによるおしゃれなTシャツやキャップなども手に入る。

🏠 2631 Zapote Cor. Suez St. Santa Cruz, Makati City
📞 (02) 8555-1685
URL teammanilalifestyle.com
🕐 月～金10:00 ～ 19:00（土～ 16:00）
🏖 なし CC AMV

さまざまなラインを展開している

アートワーク
Artwork

マカティ市 MAP P.60-B3

ファッション

ポップなファッションアイテムをプロデュースする人気店。その時々の話題のモチーフをはじめ、店内にはカジュアルなオリジナルデザインのTシャツがずらり。₱200程度からと格安。全国のショッピングモールに出店している。

🏠 2F Glorietta2, Ayala Center, Makati City
📞 (02) 7621-1160
URL www.artwork.ph
🕐 10:00 ～ 20:00
🏖 なし CC MV
他 BGC店→MAP P.64上

安さとポップさが人気

セントスミス・パフュームリー
Scentsmith Perfumery

マカティ市 MAP P.60-B3

ファッション

天然素材のパフュームやハンドクリーム、ヘアケア製品を販売しているフレグランス・ショップ。香りはすべてハンドブレンドで調合されており、製品の瓶もオリジナル。ユニセックス向けが多数あるので、おみやげにもおすすめだ。

🏠 2F Greenbelt 5, Ayala Center, Makati
📞 (02) 7903-9143
URL scentsmithperfumery.com
🕐 11:00 ～ 20:00（土・日～ 21:00）
🏖 なし

オーガニックの香り漂う店内

オネシマス
Onesimus

マカティ市 MAP P.60-B3

ファッション

25年以上の歴史をもつ、フィリピンの礼服バロンタガログ（オフィスバロン）を扱う老舗。₱1500くらいからと、とてもリーズナブル。バロンタガログ以外にもシャツや靴などを扱っている。多くのモールに入っている。

🏠 2F Glorietta2, Ayala Center, Makati City
📞 (02) 5302-7748 URL onesimus.com.ph 🕐 10:00 ～ 21:00（金・土 ～ 22:00）🏖 なし CC AJMV 他 BGC店→MAP P.64上、MOA店→MAP P.62-A2、SMメガ・モール店→MAP P.65下右、ロビンソンズ・プレイス店→MAP P.66-B2

フィリピンの伝統的な衣装を

ベンチ
Bench/

マカティ市 MAP P.60-B3

ファッション

フィリピンで広く認知されているご当地ブランド。創業30年以上を誇り、国内各地はもちろん、世界にも進出している。洋服以外にコスメもあるなど、幅広い品揃えとリーズナブルな価格で人気。

🏠 GF Glorietta2, Ayala Center, Makati City
📞 (02) 7625-3726
URL www.bench.com.ph
🕐 10:00 ～ 21:00（金・土 ～ 22:00）
🏖 なし CC AMV 他 MOA店→MAP P.62-A2、BGC店→MAP P.64上、ロビンソンズ・プレイス店→MAP P.66-B2

最も有名なカジュアルブランド

スパ&マッサージ

Spa

ほかのアジア諸国と同様、フィリピンでも町なかのマッサージが1時間1000円程度からと格安で受けられる。パッケージやコンボで受けたとしてもたいへんリーズナブルだ。また、最高級ホテルの揃うマニラでは、ラグジュアリーなホテルスパも勢揃い。幅広いバリエーションがフィリピンのスパの特徴といえるだろう。

CHIスパ
CHI Spa

オルティガス・センター MAP P.65下右
ホテルスパ

　伝統療法のヒロットや南国ならではの天然素材を生かしたトリートメントがおすすめ。温めたカップで悪い箇所を吸引し血流をよくしていく「ベントーサ」も人気だ。フィリピン・ヒロットは₱4800（1時間30分）。

住 4&5F, Edsa Shangri-La, Manila 1 Garden Way, Ortigas Center, Mandaluyong City
TEL (02) 8633-8888
URL www.shangri-la.com
営 11:00 ～ 23:00
休 なし　**CC** ADJMV

憧れの高級スパ

テワラン・スパ
Devarana Spa

マカティ市 MAP P.61-C3
ホテルスパ

　デュシタニ・マニラ（→P.122）内。落ち着いた空間が広がる個室が6つあり、タイ伝統のマッサージをはじめ各種トリートメントが受けられる。おすすめは伝統的なボレヒロットで₱4000（1時間30分）。

住 2F, Dusit Thani Manila, Theater Dr., Ayala Center, Makati City
TEL (02) 7238-8856
URL www.devaranaspa.com
営 10:00 ～ 22:00
休 月
CC ADJMV

日本人ゲストも多い

ル・スパ
Le Spa

パサイ市 MAP P.62-A2
ホテルスパ

　ソフィテル・フィリピン・プラザ・マニラ（→P.122）内にある、フィリピンとフランスの技術が融合したスパ施設。海が一望できるテラス付きのカップルルームは特におすすめ。ヒロット₱3000（1時間）など。

住 CCP Complex, Roxas Blvd., Pasay City
TEL (02) 8573-5555
URL www.sofitelmanila.com
営 9:00 ～ 24:00
休 なし
CC ADJMV

ホテルスパでは比較的リーズナブル

ザ・スパ
The Spa

BGC MAP P.64上
デイスパ

　BGCのハイストリートにある高級スパ。個室でゆったりとした時間が過ごせ、ジャクージなどの施設も充実している。きれいで料金もそれほど高くないので観光客にも人気がある。ヒロットは₱1430（1時間15分）。

住 B8, 9th Ave., Bonifacio High Street, BGC, Taguig City
TEL 0998-847-9528
URL www.thespa.com.ph
営 12:00 ～ 22:00（金・土～ 23:00）
休 なし　**CC** AJMV
支 グリーンベルト店→MAP P.60-B3

店内は清潔で高級感がある

アイランド・スパ
Island Spa

マカティ市 MAP P.61-C3
デイスパ

　高級感のあるアヤラ・センターのルスタンズ内にあるが、比較的リーズナブル。フットマッサージは₱840（1時間）、ホットストーンマッサージは₱1650（1時間30分）。ニューポート・ワールド・リゾートに支店あり。

住 5th Level Rustans, Ayala Ave., Makati City
TEL (02) 8710-8588、0917-851-8296
URL www.islandspa.ph
営 11:00 ～ 22:00
休 なし　**CC** ADJMV
支 NWR店→MAP P.62-B3

アヤラ・センターの穴場的デイスパ

SM健康スパ
SM Kenko Spa

パサイ市 **MAP** P.62-A1

ホテルスパ

ネットワールド・ホテル（→P.125）内。スパ、マッサージだけでなく、スチームバスや日本式のサウナまで楽しめる人気店。1時間のマッサージとサウナが含まれるパッケージが₱980とお得。散髪のサービスもあり。

🏠 5F Jipang Bldg., Roxas Blvd. Cor.
Sen. Gil Puyat Ave., Pasay City
TEL (02) 8536-7777
URL jipang-group.com
🕚 11:00 〜翌2:00
休 なし
CC AJMV

空港ターミナル3に支店あり

ウェンシャ・スパ
Wensha Spa

パサイ市 **MAP** P.62-A2

健康ランド

ボディマッサージ込みのパッケージ（₱1180）は、6時間滞在可能。ジャクージやサウナでゆっくりしたらフィリピン料理、しゃぶしゃぶの食べ放題を。最後に1時間のマッサージを受けられる。空港から近いのも便利。

🏠 Magdalena Jalandoni St., Pasay City
TEL 0968-545-6182（携帯）
🕚 11:00 〜 24:00（火・日11:00〜翌2:00）
休 なし
CC 不可

フライトの待ち時間などにも

アイム・オンセン・スパ
I'm Onsen Spa

マカティ市 **MAP** P.61-C1

ホテルスパ

ブルゴス通り周辺に立つアイム・ホテル内にあるスパで、インフィニティプールや温水プール、69台ものスパベッドなど、国内最大級のスパ施設を擁する。フィリピン・ヒロットは1時間₱1800、食事付きで₱2400。

🏠 Upper GF, I'M Hotel, 7852 Makati
Ave. Cor. Kalayaan Ave., Makati City
TEL (02) 7755-7877
🕚 12:00 〜翌2:00
休 なし **CC** AMV

高級感のあるキャビン

バーン・クン・タイ
Baan Khun Thai

マカティ市 **MAP** P.60-B3

マッサージ

タイボディマッサージが₱450（1時間）と、町スパのなかでも最も安い店のひとつだが、きれいで施術もなかなか。フィリピンで広くチェーン展開している。アヤラ・センターにあるのでショッピングの休憩にもおすすめ。

🏠 926 A. Arnaiz Ave., San Lorenzo,
Makati City
TEL 0999-789-2181（携帯）
🕚 12:00 〜 22:00
休 なし
CC 不可

フィリピン各地に展開

グリット・スパ
Grit Spa

マカティ市 **MAP** P.60-A3

マッサージ

2023年にオープンしたスパ。アロマオイルのマッサージが1時間₱350とマカティ内では最安値だが、新しいだけに店内も清潔感があってきれい。朝4:00までオープンしているので、遅い時間に受けたい時にも便利だ。

🏠 Makati Central Square, Chino
Roces Ave., Legazpi Village, Makati
City
TEL 0945-176-0664
🕚 14:00 〜翌4:00
休 なし

明るい看板が目立ち、見つけやすい

ニュー・ラセマ・スパ・チムジルバン
New Lasema Spa Jjimjilbang

マカティ市 **MAP** P.60-A1

マッサージ

韓国式の低温サウナである「チムジルバン」が売りの温浴施設。6種類のお風呂がある大浴場とチムジルバンの利用で平日₱888。マッサージの口コミも高く、セットでの利用もおすすめ。売店があり、軽食を取ることも可能。

🏠 8846 Sampaloc St., Cor.Estrella St.,
San Antonio Village, Makati City
TEL 0995-783-0094
🕚 24時間
休 なし

軽食スペースでは韓国フードが食べられる

ホテル

マニラにはゲストハウスから豪華ホテルまで、各種宿泊施設が揃っている。ゲストハウスなら1泊3000円も出せば、かなり清潔な部屋に泊まれる。高～中級ホテルはエアコン、バス、テレビなどが完備されていて居心地がいい。そして、豪華ホテルは、プールやスパ、ショッピングアーケードまでを備えたゴージャスぶりだ。

ザ・マニラ・ホテル $$$
The Manila Hotel　　　　　　　　マニラ地区 MAP P.63-A3

1912年の開業以来、世界各国のVIPをゲストとして迎え入れてきた格式高いホテル。「世界のベストホテル」をはじめとする数々の賞を受賞したことでも知られていて、ゴージャスかつクラシカルな雰囲気が漂う。

住 1 Rizal Park, Roxas Blvd., Manila
TEL (02) 8527-0011
URL manila-hotel.com.ph
料 SD P6000 ～ 1万2000
Su P9000 ～ 1万4000
客室 515
CC AMV

優雅な雰囲気のロビー

シャングリ・ラ ザ・フォート マニラ $$$
Shangri-La at the Fort, Manila　　　　　BGC MAP P.64上

2016年にオープンしたBGC随一の高級シティリゾート。全館にわたりモダンさと優雅さを極めたデザインで、レストランなどの施設も一流のものが揃う。特にジム施設の充実度は目を見張るものがある。バーも人気。

住 30th St. Cor. 5th Ave. BGC, Taguig City　TEL (02) 8820-0888
URL www.shangri-la.com
予約・問合せ シャングリ・ラ ホテルズ＆リゾーツ (日本) Free 0120-944-162
料 SD P1万3775 ～ 1万4250
Su P2万1375　客室 576　CC ADJMV

客室棟は18-40階にあり景色もいい

コンラッド・マニラ $$$
Conrad Manila　　　　　　　　パサイ市 MAP P.62-A3

2016年、SMモール・オブ・アジアの隣にオープン。独特のフォルムをした外観や、近未来的でスタイリッシュなインテリアが印象的な5つ星ホテルだ。マニラ湾を一望できる最高のロケーションで人気。

住 Seaside Blvd. Cor. Coral Way, Mall of Asia Complex, Pasay City
TEL (02) 8833-9999
URL conradhotels3.hilton.com
料 SD P9024 ～ 1万6587
Su P1万8392 ～ 8万7224
客室 347　CC ADJMV

SMモール・オブ・アジアに近いので便利

ラッフルズ・マカティ $$$
Raffles Makati　　　　　　　　マカティ市 MAP P.60-B3

マカティのど真ん中にある格式ある豪華ホテル。外観は30階建ての近代的な高層ビルだが、一歩足を踏み入れるとそこは別世界。伝統的なコロニアル調のインテリアでまとめられ、優雅な滞在を楽しめる。

住 1 Raffles Dr., Makati Ave., Makati
TEL (02) 7795-0777
URL www.raffles.jp/makati
料 SD P1万7678 ～ 5万3678
客室 32
CC ADMV

豪華な雰囲気のロビー

フェアモント・マカティ $$$
Fairmont Makati　　　　　　　マカティ市 MAP P.60-B3

アヤラ・センターの中心部、ラッフルズ・マカティ (→上記) と同建物内にある高級ホテル。6つのレストランにラウンジ、スパ、屋外プールなど施設が充実。機能的な客室で、ビジネス客の利用も多い。

住 1 Raffles Dr., Makati Ave., Makati City
TEL (02) 7795-1888
URL www.fairmont.jp/makati
料 SD P9600 ～ 1万2800
Su P2万2000
客室 280　CC AMV

ビジネス利用に快適な環境

ザ・ペニンシュラ マニラ $$$

The Peninsula Manila　マカティ市 [MAP] P.60-B2

ロビーは、まるでヨーロッパの宮殿を思わせる雰囲気。客室も広々として、落ち着いたインテリアでまとめられている。財界のVIPなどがよく利用するだけあり、サービスもこまやか。スパ施設もある。

[住] Cor. Ayala & Makati Ave., Makati City
[TEL] (02) 8887-2888
[URL] www.peninsula.com
[料] [SD]₱7840～1万8640
[Tr]₱1万9570　[Su]₱1万7300～12万
[室数] 469
[CC] ADJMV

広々としたデラックス・スイートルーム

マニラ・マリオット・ホテル $$$

Manila Marriott Hotel　空港周辺 [MAP] P.62-B3

空港ターミナル3の目の前にある8階建てのホテル。ニューポート・ワールド・リゾートに隣接しているので、屋外へ出ることなくカフェやレストラン、映画館へもアクセス可。ビジネス客が多いが、トランジットの際の利用にも最適。

[住] 2 Resorts Drive, NewPort World Resort, Pasay City
[TEL] (02) 8988-9999
[URL] www.marriott.co.jp
[料] [SD]₱1万700～1万3700
[Su]₱1万7700～2万2200
[室数] 570　[CC] ADJMV

ニューポート・シティを代表するホテル

デュシタニ・マニラ $$$

Dusit Thani Manila　マカティ市 [MAP] P.61-C3

マカティのなかで日本人の宿泊が多いホテルのひとつで、ホテル内設備が充実。周囲にはレストランが多いうえ、マカティの商業地区の中心に位置しているので、ショッピングにも最適だ。テワラン・スパ(→P.119)も人気。

[住] Ayala Centre, Makati City
[TEL] (02) 7238-8888
[URL] www.dusit.com
[料] [SD]₱6928～7353
[Su]₱8628～1万2778
[室数] 500
[CC] ADJMV

ツインルームも広々としている

シェラトン・マニラ・ホテル $$$

Sheraton Manila Hotel　空港周辺 [MAP] P.62-B3

ターミナル3の正面、統合型リゾート、ニューポート・ワールド・リゾートの一画を占める。エアポートビューの客室からは飛行場の夜景を見下ろせ、人気が高い。併設のカジノやショッピングモールに簡単にアクセスできる。

[住] 80 Andrews Avenue, New Port City, Pasay City　[TEL] (02) 7902-1800
[URL] www.marriott.com/ja/hotels/mnlsi-sheraton-manila-hotel/overview
[料] [SD]₱1万500～2万500
[Su]₱2万500～3万3500
[室数] 390　[CC] ADJMV

旅の疲れをいやすジャクージもある

マカティ シャングリ・ラ マニラ $$$

Makati Shangri-La, Manila　マカティ市 [MAP] P.60-B3

ゴージャスなロビー、スタッフのきめ細かなサービス、ホテル内施設の充実ぶりなど、まさに世界のシャングリ・ラの名にふさわしい。ホテル内には8軒のレストランやバーがあり、美食家も満足できる。

[住] Ayala Ave., Cor. Makati Ave., Makati City
[TEL] (02) 8813-8888
[URL] www.shangri-la.com
[予約・問合せ] シャングリ・ラ ホテルズ＆リゾーツ（日本）　[Free] 0120-944-162
[室数] 696　[CC] ADJMV
※2023年8月に営業再開予定。

柔らかみのあるデラックスルーム

ソフィテル・フィリピン・プラザ・マニラ $$$

Sofitel Philippine Plaza Manila　パサイ市 [MAP] P.62-A2

きれいなプールと開放感あふれるロビーはトロピカルムード満点で、ここがマニラであることを忘れてしまうほど。マニラ湾に向かって打つゴルフレンジ、テニスコートも完備。リゾート感覚が味わえる。

[住] CCP Complex, Roxas Blvd., Pasay City
[TEL] (02) 8573-5555
[URL] sofitelmania.com
[料] [SD]₱5980～9656
[Su]₱1万256～17万780
[室数] 609
[CC] AMV

マニラ湾を望む豪華な客室

冷房　ファン　トイレ　水シャワー　温水シャワー　バスタブ　テレビ　ミニバー　冷蔵庫　ネットフリー　朝食　日本人スタッフ
※[共]と記してある場合は共同となります。

ダイヤモンド・ホテル・フィリピン $$$

Diamond Hotel Philippines　エルミタ&マラテ地区 [MAP] P.66-A2

ゴージャスで落ち着いたインテリアの客室はまさに快適空間。ロハス通り沿いに位置する好立地で日本人客も多い。最上階のスカイラウンジからはマニラ湾沿いを彩るイルミネーションが見渡せる。

[住] Roxas Blvd., Cor. Dr. J. Quintos St., Malate
[TEL] (02) 8528-3000
[URL] www.diamondhotel.com
[料] [S][D] ₱6147 ～ 9016
[Su] ₱1万655 ～ 1万3114
[室数] 482 [CC] AMV

日本人観光客に人気が高い

シェラトン・マニラ・ベイ $$$

Sheraton Manila Bay　エルミタ&マラテ地区 [MAP] P.66-A3

かつてのパン・パシフィックが2019年にマリオットグループのシェラトンブランドに。エルミタ地区でも指折りの高級ホテルで、豪華な施設もそのまま。近くにはおいしいレストランも多く、ロビンソンズ（→P.115）もある。

[住] M. Adriatico St., Cor. Gen. Malvar St., Malate [TEL] (02) 5318-0788
[URL] www.marriott.com/en-us/hotels/mnlsb-sheraton-manila-bay/overview
[料] [S][D] ₱8600 ～ 10600
[Su] ₱1万2100 ～ 7万3600
[室数] 233 [CC] ADJMV

広々とした高級感のあるロビー

ニュー・コースト・ホテル・マニラ $$$

New Coast Hotel Manila　エルミタ&マラテ地区 [MAP] P.66-A2

ニューワールド・マニラベイがニュー・コースト・ホテルとして生まれ変わった。マニラ湾を望むロハス通り沿いで、イントラムロスなどへの観光の拠点に絶好。ビュッフェ式のマーケット・カフェはメニューが豊富で楽しい。

[住] 1588 Pedro Gil St., Cor. M.H. del Pilar St., Malate
[TEL] (02) 8252-6888
[URL] www.newcoasthotels.com
[料] [S][D] ₱4277 ～ 5447
[Su] ₱8699 ～ 4万650
[室数] 376 [CC] ADJMV

充実の客室設備を誇る

ニュー・ワールド・マカティ・ホテル $$$

New World Makati Hotel　マカティ市 [MAP] P.60-B3

おしゃれなバーやレストラン、ブティックが建ち並ぶグリーンベルトに近く、ショッピングに便利。フィリピンの最新トレンドを感じることができる。スパ、レストラン（ジャスミン→P.110）、プールなども完備している。

[住] Esperanza St., Cor. Makati Ave., Ayala Center, Makati City
[TEL] (02) 8811-6888
[URL] manila.newworldhotels.com
[料] [S][D] ₱8500 ～ 1万1700
[F] ₱9000 [Su] ₱1万3200 ～ 1万6200
[室数] 580 [CC] ADJMV

緑豊かなグリーンベルト公園の近くに立つ

マルコポーロ・オルティガス・マニラ $$$

Marco Polo Ortigas, Manila　オルティガス・センター [MAP] P.65下右

オルティガス・センターにある高級ホテル。45階建ての高層ビルで、ロビーやバー、客室からマニラの市街を一望できる。屋内プールやスパ、レストランなどの施設も充実している。バーのビューズは有名な夜景スポット。

[住] Meralco Ave. & Sapphire St., Ortigas Center, Pasig City
[TEL] (02) 7720-7777
[URL] www.marcopolohotels.com
[料] [S][D] ₱7600 ～ 1万1100
[Su] ₱1万1100
[室数] 316 [CC] ADJMV

昼夜ともに眺めのよい24階のロビー

グランド・ハイアット・マニラ $$$

Grand Hyatt Manila　BGC [MAP] P.64上外/折込裏-B2

BGCの北に位置するアップタウンにある高級ホテル。プールやレストランなどリゾート施設はゴージャスで、特に最上階の「ザ・ピーク」は夜景の楽しめるレストランとして人気。アップタウン・モールへは歩いてすぐ。

[住] 8th Ave. Cor. 35th St., BGC, Taguig City
[TEL] (02) 8838-1234
[URL] www.hyatt.com
[料] [S][D] ₱1万1070 ～ 1万7070
[Su] ₱1万8070 ～ 2万7070
[室数] 461 [CC] ADJMV

マニラでも指折りのシティリゾート

ヘラルド・スイーツ $$

Herald Suites マカティ市 [MAP] P.60-A2

　マカティ・セントラル・スクエアの近くのにぎやかな場所にあるが、一歩中に入ると重厚な調度で落ち着いた雰囲気。2階には日本食レストランの「はつはな亭」も入っている。個室もあってビジネスでの利用にもいい。

[住] 2168 Don Chino Roces Ave.,Makati City
[TEL] 0917-315-9247、0939-938-3715
[URL] www.heraldsuites.com
[料] [SD]₱4000 ～ 4500
[Su]₱5000 ～ 5500
[室数] 88　[CC] AJMV

クラシックな雰囲気が漂う

センチュリー・パーク・ホテル $$

Century Park Hotel エルミタ&マラテ地区 [MAP] P.62-A1

　ホテルの住所はマラテ地区だが、周りはわりに静かな地域。ホテル内にある日本料理店「築地」では、寿司から鉄板焼きまで一流の料理が楽しめる。また、マニラ動物園などの見どころにも近いのが魅力だ。

[住] 599 P. Ocampo St., Malate
[TEL] (02) 8528-8888
[URL] www.centurypark.com.ph
[料] [SD]₱4349 ～ 5162
[Su]₱5162 ～ 1万2601
[室数] 465
[CC] ADJMV

観光に便利な場所にある

ザ・ヘリテージ・ホテル・マニラ $$

The Heritage Hotel Manila パサイ市 [MAP] P.62-A2

　1階のレストラン「リビエラ・カフェ」でのインターナショナルビュッフェは、和・洋・中・エスニックなどメニュー豊富。空港から近く、高架鉄道（LRT）Line2を利用できるので、立地的にもたいへん便利だ。

[住] Roxas Blvd., Cor. Edsa Ave., Pasay City
[TEL] (02) 8854-8888
[URL] www.millenniumhotels.com
[料] [SD]₱3250 ～ 4600
[Su]₱6150 ～ 7700
[室数] 450　[CC] ADJMV

高級感漂うスーペリアルーム

ザ・ベイリーフ $$

The Bayleaf マニラ地区 [MAP] P.63-B2

　イントラムロス内にあるモダンな内装のホテル。窓の向こうにはイントラムロスの歴史的な町並みとマニラ湾を眺めることができる。特に屋上のバー（→P.113）からの眺めは最高だ。レストランも評判がいい。

[住] Muralla Cor. Victoria St., Intramuros, Manila
[TEL] (02) 5318-5000
[URL] www.thebayleaf.com.ph
[料] [SD]₱5300 ～ 7300
[Su]₱1万400
[室数] 57　[CC] AJMV

室内設備も充実している

ホテルH₂O $$

Hotel H₂O マニラ地区 [MAP] P.63-A4

　マニラ・オーシャン・パーク（→P.97）内にあるデザインホテル。全面ガラス張りの窓からはマニラ湾やパーク内を一望。壁の一部が水槽という造りで、海中にいるかのような気分が楽しめるアクアルームもある。

[住] Manila Ocean Park, Luneta, Manila
[TEL] (02) 7238-6100
[URL] www.manilaoceanpark.com/hotel-h2o
[料] [SD]₱6466 ～ 1万74　[Su]₱1万4954
[室数] 147
[CC] AJMV

アシカのショーなどが見える部屋も

ラブ d・フィリピン・マカティ $

Lub d Philippines Makati マカティ市 [MAP] P.61-C1

　マカティの繁華街ポブラシオンのマカティ通り沿いにあるホステル。リーズナブルな金額ながら部屋は広めでインテリアはシンプルで快適。コワーキングスペースやルーフトップにバーも併設。ドミトリーもある。

[住] 7820 Makati Ave, Makati City
[TEL] (02) 8541-6358
[URL] https://lubd.com
[料] [SD]₱1774 ～ 1907
[F]₱2646 ～ 3939　[Dm]₱780
[室数] 163
[CC] JMV

スタイリッシュで明るい部屋

冷房　ファン　トイレ　水シャワー　温水シャワー　バスタブ　テレビ　ミニバー　冷蔵庫　ネットフリー　朝食　日本人スタッフ

※[共]と記してある場合は共同となります。

セダ・ホテル BGC $$

Seda Hotel　BGC [MAP] P.64上

セブ、ダバオなど、フィリピンで11軒のホテルをもつセダ・ホテル。セダとはフィリピン語で"シルク"を意味し、その名の通り、高級感のあるデザインを売りにしている。屋上のバー、ストレート・アップ（→P.113）も人気。

[住] 30th St. Cor. 11th Ave., BGC, Taguig
[TEL] (02) 7945-8888
[URL] www.sedahotels.com
[料] ⓈⒹ₱8300～1万5161
[Su]₱1万3621～1万6583
[室数] 542
[CC] ADJMV

BGCのなかでもかなり便利な立地にある

ピカソ・ブティック・サービス・レジデンス $$

Picasso Boutique Serviced Residences　マカティ市 [MAP] P.60-B2

マカティのサルセド地区にあるアーティスティックなホテル。機能的な客室とおしゃれさがうけ、外国人ビジネスマンなどに高い人気を誇り、長期滞在者も多い。アートギャラリーも併設。1階のビストロもおすすめ。

[住] 119 L.P. Leviste St., Salcedo Village, Makati City
[TEL] (02) 8828-4774
[URL] www.picassomakati.com
[料] ⓈⒹ₱4174～4363
Ⓕ₱5342～7541
[室数] 136　[CC] ADJMV

周囲にもおしゃれなカフェやレストランが多い

サボイ・ホテル $$

Savoy Hotel　パサイ市 [MAP] P.62-B3

空港ターミナル3の4階からランウェイというブリッジを渡って徒歩で行けるニューポート・シティにあるホテルのなかではいちばんリーズナブル。部屋はシンプルだが、フライトの前後泊には充分。

[住] Andrews Avenue, Newport City, Pasay City
[TEL] (02) 5317-2869、(02) 5317-2888
[URL] www.savoyhotelmanila.com.ph
[料] ⓈⒹ₱5900～1万1500
[CC] ADJMV

空港から建物が見える

アメリ・ホテル・マニラ $$

Amelie Hotel Manila　エルミタ&マラテ地区 [MAP] P.66-B3

マラテ地区にあるフレンドリーなブティックホテル。客室はデラックスとエグゼクティブに分かれ、いずれも洗練された雰囲気。プールやジムもあり、ちょっとしたシティリゾート気分を味わえる。

[住] 1667 Bocobo St., Malate
[TEL] (02) 8875-7888
[URL] www.ameliehotelmanila.com
[料] ⓈⒹ₱3400～4000
[室数] 69
[CC] AJMV

すっきりとしたシックな内装

KLタワー・サービス・レジデンス $$

KL Tower Serviced Residences　マカティ市 [MAP] P.60-A3

日本人ビジネスマンもよく利用している設備の整った宿泊施設。客室には電気コンロやレンジ、ケトルなどが完備され、まさに暮らすように滞在することができる。プールやサウナ、ジムもある。

[住] 1229 Makati, 117 Gamboa St., Legaspi Village, Makati City
[TEL] (02) 8845-0084
[URL] kltower.ph
[料] ⓈⒹ₱4236～1万2000
[室数] 100
[CC] AJMV

小さなキッチンの付いたスタジオデラックス

ネットワールド・ホテル スパ&カジノ $$

Networld Hotel Spa & Casino　パサイ市 [MAP] P.62-A1

日系のホテルなので言葉の心配は不要。日本食レストラン、サウナ、カジノまで揃う。サウナでは日本式のサービスを提供。空港第3ターミナルでもSM健康スパ（→P.120）を運営している。

[住] Jipang Bldg., Roxas Blvd., Cor. Gil Puyat Ave., Pasay City
[TEL] (02) 8536-7777
[URL] jipang-group.com
[料] ⓈⒹ₱2700～4600
[室数] 89
[CC] ADJMV

全室に温水洗浄便座が付いている

Zホステル
Z Hostel

$

マカティ市 MAP P.61-C1

繁華街のブルゴス通り周辺にあるモダンで清潔なホステル。ドミトリーが₱1250～とバックパッカーにはうれしいかぎり。絶景を楽しめるルーフトップバー、おしゃれなカフェなど施設も充実し、セキュリティも万全だ。

- 5660 Don Pedro St., Makati City
- TEL (02) 8856-0851
- URL zhostel.com
- SDP3000
- Dm ₱1250 ～ 1350
- 室数 30
- CC AJMV

ひと部屋にベッドが8台あるドミトリー

レッド・プラネット・マビニ
Red Planet Mabini

$$

エルミタ&マラテ地区 MAP P.66-A3

アジアでホテルを展開するレッド・プラネット。客室はシンプルだが清潔に保たれていて、鍵がなくてはエレベーターに乗れないなど、セキュリティも万全なので安心して滞在できる。1階にある飲茶店も美味。

- 1740 A. Mabini St., Malate
- TEL (02) 8708-9888
- URL www.redplanethotels.com
- SDP1857
- 室数 167
- CC AMV

シンプルだが快適な客室

レッド・プラネット・マカティ
Red Planet Makati

$

マカティ市 MAP P.61-C1

中級ホテルの多いブルゴス通り周辺では比較的リーズナブルに泊まれる。そのぶん、若干部屋が狭く感じるが、総合的にコストパフォーマンスはよい。スタッフも親切に対応してくれ好印象。周囲にはレストランなども豊富。

- E. Mercado Cor. F. Calderon St., Kalayaan Ave., Makati City
- TEL (02) 8817-0888
- URL www.redplanethotels.com
- SDP1857
- 室数 213
- CC AMV

狭いながらも工夫を凝らしている

マラテ・ペンション
Malate Pensionne

$

エルミタ&マラテ地区 MAP P.66-A3

1974年にオープンして以来、アットホームな雰囲気と風情ある建物、そしてサービスのよさが人気で、世界各国の旅行者たちに親しまれてきた。屋外にはリラックスできるガーデンカフェがある。

- 1771 M. Adriatico St., Malate
- TEL (02) 8523-8304
- URL www.mpensionne.com.ph
- SDP1840 ～ 2840 Tr ₱3860
- F ₱4330 ～ 5400 Su ₱4000(翻)
- 室数 52
- CC MV

リーズナブルなエコタイプの客室

ホテル・ソリエンテ
Hotel Soriente

$

エルミタ&マラテ地区 MAP P.66-A1

ボコボ通りとフローレス通りの交差点にある穴場ホテル。中・高級ホテルの多いエルミタ地区のなかでは割安感がある。室内は木製の家具を使い、あたたかみのある雰囲気で落ち着ける。1階はコンビニ。

- 545 A. Flores & J.C. Bocobo St., Ermita
- TEL (02) 8525-7304
- SDP2200
- 室数 54
- CC 不可

ほかの同級ホテルに比べて客室が広々

テンテン・ホテル
10 10 Hotel

$

アラバン MAP 折込裏-B2外

2018年、アラバンの中心地にオープンしたネットワールド・ホテル(→P.125)の姉妹ホテル。ニノイ・アキノ国際空港からは車でわずか20分だ。リーズナブルな価格帯が魅力で、客室はスタンダード、デラックスなど4タイプ。

- 236 South Super Highway St., Montillano, Alabang, Muntinlupa City
- TEL (02) 8511-1010
- URL jipang-group.com
- ₱1300 ～ 3500 F ₱4000
- 室数 69
- CC ADJMV

格安できれいな部屋に泊まることができる

冷房 ファン トイレ 水シャワー 温水シャワー バスタブ テレビ ミニバー 冷蔵庫 ネットフリー 朝食 日本人スタッフ
※共と記してある場合は共同となります。

ペンション・ナティビダッド
Pension Natividad $

エルミタ&マラテ地区 **MAP** P.66-A3

ダイヤモンド・ホテルの近くにある老舗ペンション。ファンのみの部屋もあって格安。建物は古いが敷地が広くて快適。くつろげるコーヒーショップで朝食も取れる。

🏠 1690 M.H. del Pilar St., Malate
📞 (02) 8521-0524
💰 SDP1200 SDP1700(🚿)
🛏 40
💳 MV

冷房付きの客室もある

ホップ・イン・エルミタ
Hop Inn Ermita $

エルミタ&マラテ地区 **MAP** P.66-A3

タイ発のバジェットホテルで、フィリピン国内に7ヵ所ある。ポップでシンプルなデザインとリーズナブルな価格が特徴だ。エルミタのホップ・インは、夕日で有名なベイウオークまでも至近。客室はきれいで値段の割に設備も充実している。

🏠 1850 M.H del Pilar St., Malate,
📞 (02) 8528-3988
🌐 www.hopinnhotel.com
💰 SDP1523 ～ 1834
🛏 168
💳 MV

隣におしゃれなカフェがある

アドリアティコ・アームズ・ホテル
Adriatico Arms Hotel $

エルミタ&マラテ地区 **MAP** P.66-A3

マラテ地区のにぎやかな一角にある中級ホテル。徒歩圏内にレストランやショッピングモールなど、何でもあってたいへん便利だ。部屋はとてもきれい。昔ながらのコーヒーショップが1階にあるので、忙しい朝にも便利だ。

🏠 561 J.Nakpil St., Cor.
M. Adriatico St., Malate
📞 (02) 8521-0736
💰 SDP1369 FP1783
🛏 28
💳 ADJMV

1階にある渋い雰囲気のカフェ

ミッドタウン・イン
Midtown Inn $

エルミタ&マラテ地区 **MAP** P.66-B1

ロビンソンズ・プレイスの目の前に位置している。周辺はレストランや両替所も多く、とても便利だ。客室は、ベッドが置いてあるだけのシンプルなものだが、清潔でなかなか味がある。昔ながらのダイナーがある。

🏠 551 Padre Faura St., Ermita
📞 (02) 8525-1403
✉ midtown_inndiner@yahoo.com
💰 SP1250 ～ 1550 DP1650 ～ 1850
FP2200
🛏 28
💳 不可

なかなか使い勝手のいい宿

マニラ・ロータス・ホテル
Manila Lotus Hotel $

エルミタ&マラテ地区 **MAP** P.66-A1

ルームサービス、ツアーのアレンジ、マッサージサービス、空港送迎など、サービスが充実している。従業員の感じもいい。

🏠 1227 A. Mabini St., Cor.
Padre Faura St., Ermita
📞 (02) 8522-1515
🌐 www.manilalotus.com
💰 SDP2260 ～ 3748
🛏 116
💳 AJMV

ホワイト・ナイト・ホテル・イントラムロス
White Knight Hotel Intramuros $

マニラ地区 **MAP** P.63-B2

スペイン統治時代に建てられた歴史的建造物を改装した趣あるホテル。石造りの重厚な外観が特徴的で、観光にも便利なロケーション。

🏠 Plaza San Luis Complex,
General Luna St., Cor. Urdeneta
St., Intramuros, Manila
📞 (02) 7117-0802
🌐 www.whiteknighthotel-intramuros.com 💰 SDP2465 ～
2745 🛏 29 💳 MV

カバヤン・ホテル
Kabayan Hotel $

パサイ市 **MAP** P.62-B2

各地へのバスターミナルへも歩いてすぐというロケーションに立つので、長距離バスを利用する前後に泊まると便利。セキュリティも万全だ。

🏠 423 EDSA, Pasay City
📞 (02) 8702-2700
🌐 www.kabayanhotel.com.ph
💰 SP2500 ～ 4500 DP5089
🛏 602
💳 MV

ザ・ウイングス・トランジット・ラウンジ
The Wings Transit Lounge $

空港ターミナル3 **MAP** P.53

空港ターミナル3内にある。ラウンジ、カプセル、2段ベッドの部屋で仮眠がとれる。0:00、3:00、8:00、16:00からどれかを選んで7.5時間まで滞在可。

🏠 NAIA Terminal 3, 4th Level
Mall Area, Pasay City
📞 0998-596-4436
🌐 jipang-group.com/thewings
💰 DmP1000 DP1800
FP3200
🛏 34 💳 ADJMV

アジア発の格安ホテルチェーン

今の時代、予約なしでその町に降り立つ旅行者はまれだろう。インターネット上には宿泊施設のさまざまな情報を提供してくれるブログやホテル予約サイトがたくさんあり、それらを通して宿の予約をする人も多い。マニラのような大都市になるとあまりに登録されている宿泊施設の数が多く、また玉石混交で、インターネットでの宿選びもひと苦労だ。

特にバジェット派におすすめしたいフィリピン国内で展開するアジア発の格安ホテルチェーンをここでは紹介する。どこも、華美な施設や手厚いサービスは期待できないが、最低限のクオリティは保証されているという安心感がある。

■レッド・プラネット Red Planet

2010年にタイで誕生した格安ホテルチェーン。現在はタイ、インドネシア、フィリピン、日本でフランチャイズを展開中。フィリピン国内はマニラ首都圏で9軒、そのほかダバオ、セブなどにもあり合計13軒。大手予約サイトからも予約できるが、レッド・プラネットの会員になると割引がある。宿泊費は₱1300 ～ 2200くらい。チャイナタウンのビノンドにもあってマニラの歴史巡り観光には便利。
URL www.redplanethotels.com/hotels

■ゴー・ホテルズ Go Hotels

フィリピンの大手開発会社のロビンソン・ランドが展開する格安ホテルチェーン。南はパラワン島プエルト・プリンセサから北はルソン島北部のトゥゲガラオまで17軒のホテルを運営している。マニラ首都圏は、空港近くやエルミタなど現在7軒。セブパシフィックと同じグループ会社の運営だ。宿泊費は₱1500 ～ 2000くらい。
URL www.gohotels.ph

シンボルカラーはイエロー。空港近くにもある

■ホップ・イン Hop Inn

タイで不動産業や高級ホテル業などを営む「エラワン・グループ」が始めたバジェットホテルチェーン。タイの地方都市を中心に展開していたが、2016年にフィリピンに進出して現在7軒。マニラ首都圏に6軒とセブに1軒。イメージカラーはブルーでさわやかなイメージ。宿泊費は₱1100 ～ 2000。HPから会員登録すると割引などの特典がある。郊外のアラバンにもあり。
URL www.hopinnhotel.com/our-hotels

■レッド・ドアーズ Red Doorz

2015年インドネシア・ジャカルタでスタートし、2017年シンガポール、2018年にフィリピンとベトナムに進出した。直接運営でなく、フランチャイズ・スタイル。集客が難しい既存の小・中ホテルとフランチャイズ契約し、レッドドアーズの予約プラットフォームを使ってのプロモーションと集客を行っている。そのため、ロケーションが少し不便だったり、マンションなどの空き部屋を収益化するために利用している場合もあるが、宿泊費用は上記の3つよりもほとんどの場合安い。フィリピン全土にあり、マニラ首都圏だけで100軒以上。₱700くらいから格安宿を探すことができる。サイトから会員になるとポイントを貯められる。
URL www.reddoorz.com/en-ph

赤がシンボルカラー。部屋を明るく彩る

■オヨ Oyo

2013年にインドのオヨ・ホテルズ&ホームズが創業した格安ホテルのフランチャイズ。ほんの数年の間に世界中に拡大して、一時は世界80ヵ国の800を超える都市に4万3000軒以上の契約宿があった。2019年には日本進出を目指してソフトバンク・グループと合弁会社を設立したが、コロナ禍が直撃し大きく失速。2023年6月現在、世界35ヵ国で15万7000のフランチャイズの宿泊施設がある。マニラ首都圏内では16軒のホテルなどがリストアップされている。宿泊費は₱1160 ～ 3000くらい。
URL www.oyorooms.com

マニラのナイトライフ

マニラ首都圏でナイトスポットとして知られているのは、マカティ市のブルゴス通り周辺、ケソン市のケソン通り、クバオ、イーストウッド・シティ、トーマス・モラト通り周辺、マラテ地区のアドリアティコ通り、J.ナックビル通り周辺など。マニラでは、いろいろなナイトライフが堪能できる。ここでは、そのいくつかを紹介しよう。

バーラウンジ

大きなホテルにはバーラウンジがあり、ライブのバンド演奏が楽しめる。ときには地元の有名歌手も歌いに来る。帰るときには店のスタッフに合図をして伝票を持ってきてもらい、テーブルで支払う。たいていショーチャージを取られるが、予算は飲み物を2杯くらい飲んで、₱500 〜 700程度。安心して飲める場所が多い。

ライブハウス

いろいろなタイプがあるが、やはりロックが主流。最近は、ラテンバンドの出演するライブハウスなども人気だ。エントランスフィーは場所によって違うが、₱100 〜 300、ビールは₱100前後だ。一般的にビールは安いが、ほかのアルコール類は高い。地元の人と同じくビールを飲むのが安く上げるコツだ。

KTV（カラオケバー）

日本で言うキャバクラだが、日本の歌もたくさん入っているカラオケがあり、楽しめる。日本語の話せる女の子も多く、ウイスキーなどの飲み放題付きで1セットで₱1500 〜。ただし女の子の飲み物は1杯₱350 〜。

ストリップバー

セクシーなショーを観たければ、ストリップバーへ。ここはハッキリいって高い。さらに、店によってシステムがまったく違う。中央にステージがあり、簡単なストリップを交えたショーがある。女の子を指名して席に呼ぶこともできるが、ドリンクは1杯₱600 〜と高めの設定になっている。

クラブ＆ディスコ

マニラの若者の遊び場は、やはりクラブやディスコ。ディスコは若者だけでなく、中年層も多いのが特徴だ。エントランスフィーとドリンクで₱300くらいで済む。最近は、欧米系のダンスミュージック（ヒップホップ、ハウス、テクノ）などを主体としたクールなクラブも増えている。

ボール・ルーム（ダンシング・クラブ）

これは俗にいう社交ダンスで、店にインストラクターがいる。カップルやグループで踊りに来ている人も多い。彼らにドリンクをおごって教えてもらうというシステムで、1杯₱300程度。エントランスフィーを取るところもあるが、概して安い。

ゴーゴーバー

マニラで最もポピュラーな夜の遊び場は、ゴーゴーバーだろう。店の真ん中にステージがあり、そこでたくさんの女の子たちが水着姿で踊っている。気に入った女の子を席に呼んでドリンクをおごれば、話し相手になってくれる。テキーラなどは₱350ほどだ。しかし、ビール₱1000など高いところもあるので、値段には気をつけよう。

カジノ

マニラにあるカジノは、たいてい大きなホテルの中などにある。スロットマシンをはじめ、ルーレットやブラックジャックなどが楽しめる。キャッシャーでお金をチップに交換してもらい、挑戦してみよう。

ネオン輝く夜のブルゴス通り

海外女子旅には
この1冊でOK!

旅好き女子のためのプチぼうけん応援ガイド

地球の歩き方 aruco

人気都市ではみんなとちょっと違う
新鮮ワクワク旅を。
いつか行ってみたい旅先では、
憧れを実現するための
安心プランをご紹介。
世界を旅する女性のための最強ガイド!

旅の
テンションUP!

point ①
一枚ウワテの
プチぼうけん
プラン満載

友達に自慢できちゃう、
魅力溢れるテーマがいっぱい。
みんなとちょっと違うとっておきの
体験がしたい人におすすめ

arucoはハンディサイズなのに情報たっぷり!

point ②
aruco調査隊が
おいしい＆かわいいを
徹底取材!

女性スタッフが現地で食べ比べた
グルメ、試したコスメ、
リアル買いしたおみやげなど
「本当にイイモノ」を厳選紹介

point ③
読者の口コミ＆
編集部のアドバイスも
チェック!

欄外には
読者から届いた
耳より情報を多数掲載!

Check!

Check!

編集部からの
役立つプチアドバイスも

はず。

定価：本体1320円（税込）〜
お求めは全国の書店で

取り外して使える
便利な
別冊MAP付!

ウェブ＆SNSで旬ネタ発信中!

aruco公式サイト
www.arukikata.co.jp/aruco
aruco編集部が、本誌で紹介しきれなかったこぼれネタや女子が気になる
最旬情報を、発信しちゃいます！新刊や改訂版の発行予定などもチェック☆

メルマガ配信中!
登録はこちら

arucoのLINEスタンプが
できました!チェックしてね♪

OK!!

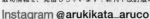

Instagram @arukikata_aruco　　X @aruco_arukikata　　Facebook @aruco55

✳LUZON
ルソン

ルソン島北部ボントックのマリコン・ライステラス
（写真：高橋侑也）

毎年7～8月に行われるイフガオ州ハパオでの
収穫の祭り、ブンヌクPunnuk

　ルソン島は、政治・経済・文化の発信地マニラを中心に、マニラ近郊、北部、南部に大きく分けることができる。北部では"夏の首都"のバギオ、棚田で有名なバナウェなど、緑あふれる山々が多彩な表情を見せる。ビガンには、スペイン統治時代の面影が色濃く残る世界遺産がある。南部のマヨン火山はフィリピンのシンボルでもあり、富士山のようにそびえ立つ姿が雄大だ。そして、マニラ近郊には、まだまだ知られざるリゾートが点在する。

Luzon

1 "ルソン富士"とも呼ばれるマヨン火山　2 夕日がきれいなラ・ウニオン州サン・フアンのビーチ。マニラから陸路で行けるのが魅力　3 サガダでは岩壁に棺を括り付けるという風習が見られる　4 スペイン風の町並みが残るビガン

132

地理

首都マニラから北と南東に細長く広がるルソン島の面積は、10万4688km²。北海道と岩手、青森県を合わせた大きさで、フィリピン総面積の約3分の1を占める。北部のコルディレラ地方は標高2000m級の山脈からなる、フィリピンいち山深い地域だ。

気候

ルソン島は台風の通過点となっていて、場所により気候もだいぶ違ってくる。西側は雨季（5～10月）と乾季（11～4月）がはっきりと分かれ、マニラ周辺は6～10月に多量の雨が降る。内陸は雨季と乾季の明確な区別はないが、1～3月には雨が少ない。東側やビサヤ海に面した南部は、年間をとおしてかなりの雨が降る地域となっている。

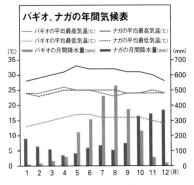

出典：msn weather

特徴

ルソン島の最大の特徴は、古今東西の文化が流れ込み、独特の世界をつくり出しているところ。古くはマレー系の人々がこの地に住み着いたことから始まり、イスラム文化の波、スペインの侵略、アメリカ統治時代を経て、ルソン島内でもさまざまな風俗や文化が生まれた。ルソン島北部には、スペイン情緒あふれる町並みが広がるなか、少し山間部へ行けば今もなお昔ながらの伝統を受け継ぐ民族が暮らしている。南部のビコール地方では、ビコール語が話され、独自の文化圏を形成している。

ルート作りのポイント

ルソン島を一度で全部回るのはかなりの時間を要する。特にバナウェやボントックなど、ルソン島北部の山間部へは陸路で行くしか交通手段はなく、さらに険しい道のため、距離以上に時間がかかる。まず、自分はどこへ行きたいのかを決め、的を絞って計画を立てるといいだろう。マニラ近郊であれば、日帰りで行くこともできる。南部へは国内線の飛行機も頻繁に飛んでいるので、陸路移動と上手に組み合わせれば時間短縮で多くの町を巡ることも可能だ。

Route 1 世界遺産が点在するルソン北部へ

ルソン島北部の山間部は、陸路で行くしかない。じっくり回るなら最低でも1週間は必要だろう。特に雨季は、思った以上に移動に時間を要するため、余裕のあるスケジュール作りが求められる。時間に余裕があるのであれば、世界遺産巡りに加え、個性的な島々が点在するハンドレッド・アイランズのビーチでのんびりするのもいいだろう。

Route 2 変化に富んだルソン南部を巡る

ルソン南部も北部同様、移動に時間がかかる。ナガとレガスピにはマニラからの国内線が飛んでいるので、行きか帰りのどちらかで利用すれば時間を短縮できる。時間に余裕のある人はタバコからカタンドゥアネス島へフェリーで往復してもおもしろい。

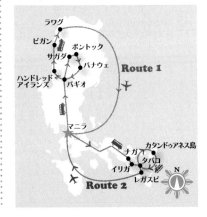

マニラ近郊

　マニラ近郊には、避暑地として人気のタガイタイやマニラからの日帰りツアーに最適なパグサンハン、リゾート地として注目のカラバルソンやプエルト・ガレラなど見どころが多い。マニラから車で1〜3時間ほどの範囲にありながらも、これらのエリアには、どこか遠くの土地に来てしまったような風景が広がっている。ときには農家が飼育しているヤギが道路の真ん中で居眠りをしていることもあるし、鳥小屋の中にいるはずのニワトリが道を横切っていったりする。せっかくなのだから、マニラを飛び出して違った世界をのぞいてみてはどうだろう。多彩な表情をもつフィリピンの等身大の姿に、誰もが心を打たれるに違いない。

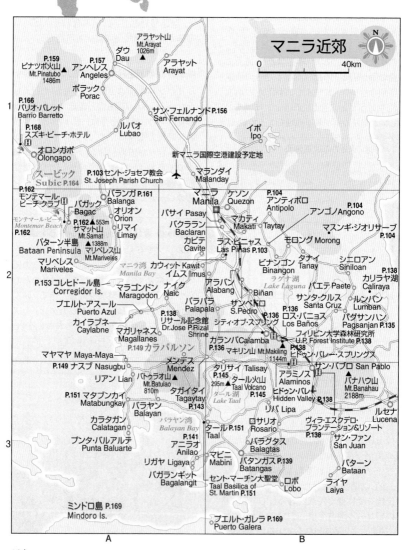

マニラ近郊

0　　40km

Around Manila

急流下りが人気

パグサンハン

Pagsanjan

MAP 折込表-B2

カリラヤから見たラグナ湖

マニラの南東約105kmにあるパグサンハンは、マニラからの日帰り観光コースとして有名な町だ。スリリングな急流下りがその人気の秘密。毎年4月中旬にはボートマンたちの急流下りレースが開催され多くの人々でにぎわう。ここはまた、映画のロケ地に使われることも多く、フランシス・F・コッポラ監督の『地獄の黙示録』や和田勉監督の『ハリマオ』もここで撮影された。パグサンハンは国内最大の湖、ラグナ湖を挟んでマニラの対岸に位置する町で、ラグナ湖に沿って約40km南西へ行ったロス・バニョスLos Bañosにはフィリピン大学がある。周辺にあるヒドゥン・バレー Hidden Valleyは高級リゾート地だ。また、サン・パブロSan Pablo周辺にも山や湖が多い。

パグサンハンへの行き方 ACCESS

マニラから、ラグナ州の**サンタ・クルス Santa Cruz**方面行きのバスに乗り、サンタ・クルスで下車。マーケット前から出ているジプニーに乗り換えて行く。乗り換えの時間も含め、パグサンハンまでは3時間程度で着く。

19世紀に建てられたパグサンハン・アーチ

パグサンハンの
市外局番 ☎049

ACCESS

🚌 サンタ・クルスへは、マニラのパサイ、ブエンディアのJACライナーのバスターミナル（**MAP** P.62-A1）から、ルセナ・ラインズ（LLI）のバスが4:00 〜 21:00の間、約20分おきに出ている。所要約3時間、₱212。また、空港近くのPITX（→P.58）からもサンタ・クルス行きバスが運行している。所要時間2時間半〜 3時間。₱150。サンタ・クルスからパグサンハンまでは、ジプニーで所要約20分、₱15。

サンタ・クルスからマニラへは2:00 〜 21:00の間、約15分おきにバス（LLI）が出ている。

●ルセナ・ラインズ
Lucena Lines (LLI)
MAP P.62-A1
TEL 0939-905-9872（携帯）

■観光案内所
MAP P.136
🏠 Rizal St., Cor. Gen. Taino St.
TEL (049) 501-5880
🕗 8:00 〜 17:00
休 なし

4月、レースのための練習にいそしむボートマンたち。

町なかの移動はトライシクルが便利

自然豊かなパグサンハン川

手つかずのマリンドゥケ島

　マニラからのアクセスがいいわりには、旅行者にまだあまりなじみのないマリンドゥケ島Marinduque Is.（→ **MAP** 折込表-B2/P. 212-A2）。「第2のボラカイ島」とも呼ばれるこの島には、白砂の美しいポクトイ・ビーチPoctoy Beachのほか、各所にリゾートが点在し、島の周囲に珊瑚礁に囲まれたいくつかの小島が浮かぶ。旅行者ずれしていない人々の素朴な暮らしの風景もこの島の魅力だ。

　マニラからは、JACライナーがクバオ（→ **MAP** P.65上）から1日1便（16:00発）を運行。所要約8時間、₱950。

ポクトイ・ビーチには
宿泊施設もある

パグサンハンの歩き方

　パグサンハンは小さな町。町の西側にある入口には、1877年に建てられた石造りの立派な町の門がある。そこから始まる**リサール通りRizal St.**を進んでいくと、突き当たりに教会が立っている。このあたりが町の中心地で、広場と観光案内所、ジプニー乗り場がある。リサール通りから1本北へ入った**マビニ通りMabini St.**には小さな市場がある。

　また、パグサンハンからラグナ湖に沿って北へ数km行くと、木彫品で有名な**パエテPaete**やバロンタガログの産地の**ルンバンLumban**などの町がある。

ちょっとひと息コラム

フィリピンで温泉リゾートはいかが？

　フィリピンには活火山が多いだけあって、温泉があちこちから湧き出ている。実は、日本人と同様にフィリピンの人たちも温泉好き。ゆったり湯船につかる習慣はないが、温泉をもっぱらプール代わりにしている。

　温泉リゾートは、マニラからバスでバタンガスに向かう途中に2ヵ所ある。サウス・スーパー・ハイウエイを降りる地点にある**カランバCalamba**（→ **MAP** P.134-B2）、そして、そこから3kmほど南へ下った**ロス・バニョスLos Baños**（→ **MAP** P.134-B2）。パグサンハンからも近く、車で約30分の所にある。これらの温泉リゾートに滞在しながら、日帰りでパグサンハン川の急流下り（→P.137）に参加するのもいい。ラグナ湖沿いの町は温泉で知られ、多数の温泉リゾートが点在している。お湯は無色透明、臭いもなく、温泉慣れしている日本人には物足りないくらいだが、温かいプールで泳ぐ気分は最高だ。

　プール付きの客室を備えたホテルもある。例えば、ロス・バニョスの町なかにあるシティ・オブ・スプリングCity of Springs。レストランなどの施設も充実しているので、ホテルから一歩も外に出ずに、ゆったりと過ごすこともできる。

H シティ・オブ・スプリング
MAP P.134-B2
住 147 N. Villegas St., Los Baños, Laguna
TEL (049) 536-0731
料 ₱1740 ～ 2990（🛁 🍴 ⅱ 🏧 📺）
室数 40
CC MV

パグサンハンの見どころ
ATTRACTION 👀

花嫁衣装を着た観音像がある ★

慈眼山「比島寺」跡
MAP P.136外

Hito-Ji

　本堂には慈眼観音像が祀られ、敷地内には戦没者の遺族によって建てられた慰霊碑が並んでいる。歩いても行けるが、広場からトライシクルで行くといい。

スペイン植民地時代の建物で営業しているラ・カサ・レメディオス（→P.138）

ちょっと
ひと息コラム

迫力あるパグサンハン川の急流下りに挑戦

　「パグサンハン川の急流下り」といえば、フィリピンでも人気のあるアクティビティのひとつ。小さなボートで急流をダイナミックに下る様子は、野性味に富み迫力も満点だ。マニラから日帰りで行くことができ、とても魅力的なスポットとなっている。

　ボートは木造りの小さなもので、下流の流れが穏やかな所で乗船する。最初はエンジンの付いたボートがグイグイと引っ張ってくれるが、途中の急な上りになるとエンジン付きボートを外し、ボートマンがせっせとこぎ出す。場所によっては狭い所もあり、ボートマンは川へ入りボートを持ち上げるという重労働もする。

　上流の終点は高さ約20mのパグサンハン滝。1時間〜2時間でたどり着く。滝つぼには竹製のいかだがあり、それで滝の真下に行くこともできる。帰りは下りなので、往路の半分の時間で駆け下る。絶景の渓谷美をたっぷり堪能することができ、快適だ。ただし、かなりぬれるので、パスポートなどは携帯せず、着替えやカメラの防水用具も忘れずに用意しておこう。

　急流下りをするには、ホテルを訪ねるのがいちばん。ホテルによって価格が異なるが入場料とボートマンへの報酬込みで₱1550〜2500程度で手配してくれる。公定料金に基づいた相場はひとり₱1250（川への入場料、ボートマンへのチップは別。最低人数2名）。悪質業者だとひとりにつきUS$50くらい要求してくる。料金でトラブルが生じた場合は観光案内所へ相談するといいだろう。

上／半身川に浸かりながらボートを持ち上げるボートマン　下／いかだに乗って滝の下をくぐる

[H]ヴィラ・エスクデロ・プランテーション＆リゾート
Villa Escudero Plantation & Resort
[MAP] P.134-B3
[TEL] (02) 8521-0830
[URL] villaescudero.com
[料] [SD]₱6500
[室数] 22 [CC] AMV
※日帰りはランチ付きで1名₱1100（週末は₱1250）

豊かな自然に囲まれてゆっくりできるヒドゥン・バレー

■カリラヤ
[バス] パグサンハンからジプニーで所要約30分、₱20～30。

カリラヤにある戦没者の慰霊碑

パグサンハン周辺の見どころ　ATTRACTION

湖に沿って約40km南西へ行った所にある**ロス・バニョスLos Banõs**には**フィリピン大学**があり、施設内の**森林研究所U.P. Forest Institute**（→[MAP] P.134-B2）に、野生動物や昆虫の博物館、植物園などがある。その先の**カランバCalamba**には独立運動の英雄、ホセ・リサールの生家があり、現在は**リサール記念館Dr. Jose P. Rizal Shrine**（→[MAP] P.134-B2）として一般に公開されている。また、湖から離れ、南へ20kmほど行った所の**サン・パブロSan Pablo**には、ヴィラ・エスクデロというココナッツ農園があり、農園主のエスクデロ家が世界から集めた品々を収めた博物館を併設。園内でココナッツに関することを学べる。宿泊することも可能だ。

熱帯雨林の広大な敷地にあるリゾート　★★

ヒドゥン・バレー　[MAP] P.134-B3
Hidden Valley

パグサンハン南西の町、アラミノスAlaminosの中心から約5kmの所にある高級プライベートリゾート。大小3つの天然プールと宿泊施設があり、週末などに日帰りで利用できる。

戦跡訪問の「聖地」といわれる　★★

カリラヤ湖＆日本庭園　[MAP] P.134-B2
Lake Caliraya&Japanese Garden

パグサンハンから北東へ約10km。日米比3国の戦死者の霊を慰める美しい日本庭園がある。また、途中で見えるカリ**ラヤ湖Lake Caliraya**の景色も抜群だ。この湖は、ブラックバスの釣りやウインドサーフィンなどでも有名。

ホテル＆レストラン　Hotels & Restaurants

パグサンハン・フォールズ・ロッジ＆サマー・リゾート　$$
Pagsanjan Falls Lodge & Summer Resort　[MAP] P.136

パグサンハン川のほとりにある。静かな環境にあり、スタッフもフレンドリー。急流下りも催行していて、すぐ裏にボート乗り場がある。

[TEL] (049) 501-4251、0917-595-2425（携帯）
[Mail] fo.pagsanjanfallslodge@yahoo.com
[料] [SD]₱1800～
[室数] 31
[CC] 不可

ヒドゥン・バレー・スプリングス　$$$
Hidden Valley Springs　[MAP] P.134-B2～3

ヒドゥン・バレーにある高級リゾートホテル。熱帯雨林の大自然のなかにあり、宿泊客以外も天然プールを使用することができる。

[住] Brgr. Perez, Calauan
[TEL] 0917-189-0553（携帯）
[料] Ⓢ₱1万600～ Ⓓ₱1万4700～
[室数] 20 [CC] 不可
※日帰りはランチ付きで1名₱2800
※2023年7月現在日帰りツアーのみ。

ウィリー・フローレス・ゲストハウス　$
Willy Flores Guest House　[MAP] P.136

パグサンハン川の近くにある、小さなゲストハウス。オーナー自身もボートマンで観光について親身に相談に乗ってくれる。急流下りの手配も可。

[住] Garcia St.
[TEL] 0955-255-4608（携帯）
[料] [SD]₱600～800
[室数] 4
[CC] 不可

ラ・カサ・レメディオス　$
La Casa Remedios　[MAP] P.136
フィリピン料理

古い建物を改装した味のあるレストラン。インテリアなどおしゃれなわりに料金はリーズナブルで味もよい。ランチは₱400程度。

[住] 760 JP Rizal St.
[TEL] 0975-089-3424（携帯）
[営] 10:00～21:00
[休] なし
[CC] 不可

冷房　ファン　トイレ　水シャワー　温水シャワー　バスタブ　テレビ　ミニバー　冷蔵庫　ネットフリー　朝食　日本人スタッフ
※[共]と記してある場合は共同となります。

マニラ・
バタンガス

ミンドロ島への玄関口

バタンガス
Batangas

MAP 折込表-B2

バタンガス中心部の町並み

バタンガス州の州都バタンガス市は、ミンドロ島へのアクセスの拠点として知られている。マニラからバスで行く場合、観光客はバタンガスの町を通過してそのまま埠頭に向かってしまうことが多い。マニラを朝出発すれば、その日の午後はもうミンドロ島のプエルト・ガレラ（→P.169）に着く。

バタンガスへの行き方　　ACCESS

すべてが埠頭行きではなく、バタンガスの町が終点のバスもある。メインバスターミナルは市内から車で10分のバラグタスBalagtasにあるバタンガス・グランド・ターミナル。

バタンガスの
市外局番 ☎043

ACCESS

🚌 バタンガス行きは、JAMライナーのバスが、PITX（→MAP P62-A4）から6:30〜17:00、ブエンディアBuendia通りとタフトTaft通りの交差点近くにあるターミナル（→MAP P62-A〜B2）から3:00〜21:00、クバオのEDSA沿いのターミナル（→MAP P65上）から24時間出ている。所要1時間半。₱120。
● JAMライナー
TEL 0917-852-6637

✉ ポーターに注意

バタンガス港ではバスを降りると勝手に荷物を運ぼうとする人が多くいますが、あとでチップを請求されたり、チケットを買ってきてやると親切なふりをしておつりを盗んだりするので注意が必要です。
（北海道　TA　'13）['22]

マニラ近郊

バタンガス

🏷 ちょっとひと息コラム

本格的な自然派スパリゾートで体質改善

ザ・ファームは、バタンガスのリパLipa市郊外にある「ホリスティック・メディカル」理論を取り入れたメディカル・スパリゾート。熱帯植物の緑あふれる環境のもとで、心身ともに健康を取り戻すことができる知る人ぞ知るセレブ御用達の施設だ。

医師、看護師、テラピストからなる専門スタッフチームが、ゲストの健康状態や目的など踏まえ、それぞれのニーズに合ったケアプログラムを作成。メディカルカウンセリングから、血液バイタルチェック、腸内洗浄などによる身体内部からの浄化、虹彩アナリシス、スパトリートメン

ト、メンタルテラピーなどを組み合わせ、より健康で快適な体へと導いていく。

リゾート内には緑あふれる庭園をはじめ、プールやウオーキングコース、ジムなどの施設が充実。決して無理をせず、リラックスしながら正しい食生活と生活習慣を身につけるための空間が広がっている。宿泊施設はすべてヴィラ。

🏠 ザ・ファーム　The Farm
MAP P.140-1外　TEL 0917-572-2325、0918-884-8080（携帯）　住 119 Brgy., Tipakan, 4217 Lipa City, Batangas　URL www.thefarmatsanbenito.com　料 ◎₱1万 〜

139

バタンガスの歩き方 GETTING AROUND

バタンガスは、町の南北を走る**ブルゴス通りBurgos St.**と埠頭へ向かう**リサール通りRizal St.**、マーケット前の**シラン通りSilang St.**を中心に広がっている。ブルゴス通りの突き当たりには、17世紀に造られた白壁の**バタンガス教会Batangas Church**がある。**教会内の博物館Batangas Church Museum**には、16世紀の宗教儀式に使用された文献や18世紀の衣装、銀の聖台などが展示されている。

マーケットのあるシラン通り周辺にはカフェや食堂も多く、ジプニー乗り場もあるので常に人でにぎわっている。州庁舎は町の東側、ラウレル公園脇にある。

バタンガス港のフェリーターミナル

バタンガスからパグサンハンへの行き方

🚌マニラへの途中にあるカランバCalambaでバスを降り、サンタ・クルスSanta Cruz方面行きのジプニー、またはバスに乗る。

■郵便局

マビニ公園の近く。市庁舎内にある。

[MAP] P.140-2
[開] 8:00 ～ 17:00
[休] 土・日・祝

ミンドロ島への船が行き来するバタンガス港

バタンガス教会内の博物館

教会の裏側にあるオフィスに行って見学を申し込む。入館無料。

バタンガスのホテル

[H]マクロ・ロッジ Macro Lodge

チェックアウトは、12時間後か24時間後か選べる。

[MAP] P.140-2
[住] P. Panganiban St., corner Lt. Col. Danilo S. Atienza
[TEL] (043) 722-1038、0951-858-9038
[料] [S][D]₱850 ～ 1600 (24h)
[室数] 29
[CC] 不可

[H]ジ・アルパ・ホテル The Alpa Hotel

町の中心から北東寄りのラウレル公園近くにある。いろいろなタイプの部屋から選べる。屋外プールもある。

[MAP] P.140-1外
[住] Tolentino Rd.
[TEL] (043) 723-1882、0909-485-6426
[料] [S][D]₱1800 ～ 3350 [Tr]₱4355 [F]₱6000
[室数] 42
[CC] AMV

マニラ・
アニラオ

ダイバーに人気のこぢんまりとしたリゾート地

アニラオ

Anilao

MAP 折込表-B2

アニラオの海岸線

アニラオの
市外局番 ☎043

ACCESS

🚌 まずマニラからバタンガス（→P.139）のグランド・ターミナルまでJAMライナーのバスで行く。₱180～250。そこからマビニMabini（アニラオ）行きジプニーが出ている。所要約1時間、₱120～180。ジプニーはアニラオ港に着く。各リゾートまでは、トライシクルを利用する。リガヤLigayaまで₱250～350。

バタンガス中心部からマビニ行きジプニー乗り場へ向かう場合は、トライシクルかジプニーで行く。このほかバタンガスからバワンBuan行き、マビニ行きジプニーをひろうこともできる。

アニラオのリゾート

リガヤ、バガランギットBagalangit周辺にあるホテル以外にも、アニラオ中心部に近い所にいくつかのリゾートが建ち並ぶ。

　バタンガス州にあるアニラオはマニラから南に約120km、バラヤン湾Balayan Bayに面し、ダイバーに圧倒的人気を誇る、海岸線にぽつりぽつりとホテルがあるだけの小さなリゾート地だ。半島の沖合にあるマリカバン島Marikaban Is.の先は、やはりダイバーに人気のミンドロ島プエルトガレラ（→P.169）ということになる。半内海という環境から大きな波が立たず、さらに潮の流れがよいため、周辺には多くの珊瑚礁が広がっている。スノーケリングでも十分楽しめるので、気軽に訪れてみよう。

ちょっと
ひと息コラム

ダイビングで未知なる海中世界へ

　マニラから気軽に行けるダイビングスポットといえばバタンガス州アニラオ。海中生物が多様なアニラオの海は、他では見られないような珍しい生き物や、小さな生き物も生息することで有名だ。そんなアニラオは、私のダイバーデビューの海である。

　初めて体験する海中探検はまさに未知の世界。10メートルほど潜ってみれば、魚たちが自分と同じ目線で泳ぎまわり、今まで見たことのないような魚に遭遇する。逆に、テレビでよく見るような生き物との出合いも、自分は海中世界にいるんだということを実感させてくれる。たとえ海面に波があっても、その海底はなんと穏やかなことか。

　自らがタンクの空気を吸い込み、泡となって吐

き出す呼吸音以外に余計な音は一切しない。そんな静寂の中を生き物たちが優雅に泳ぎ回る姿に夢中になった。

　ダイバー初心者の自分はまだまだ視野も狭くて何が何だかわからず、ただひたすら海中世界全体の雰囲気や浮遊感を堪能するのみだった。

　ただそんな私でも、アニラオにはまだたくさん見るものがあるのを知っている。アニラオの海は見るべきものに溢れているのだ。今後マニラから通うことのできるアニラオの海で、ダイバーとしての知識をさらに深めながら、ダイビングを楽しみ続けたい。

（荒田玲音／まにら新聞ナビマニラ編集部）

ANILAO
MABINI
BATANGAS

アニラオの中心部、アニラオ港付近の様子

アニラオから各地へ
🚌ジプニーはアニラオ港付近で乗るよりも、トライシクルでクロッシングCrossingまで出て、幹線を行くジプニーをひろうほうが便利。タガイタイ、タール、ナスブへはバタンガス行きジプニーに乗ってマンヒナオManginaoまで行き、そこで各方面行きジプニー、バスに乗り換える。

アニラオの歩き方

GETTING AROUND

　アニラオから半島の西側にかけてリゾートが点々としている。そのいずれかを拠点に、ダイビングやスノーケリングを楽しむといいだろう。アニラオの中心地には観光案内所もあるので、必要な情報はそこで集めるといい。

アニラオでは通年ダイビングが楽しめる

Sunbeam Marin Resort
アニラオ
Anilao
イーグル・ポイント・リゾート P.142
マビニ
Mabini
Pulong Anahao
バタンガスへ
P.142
パシフィコ・アズール・リゾート
Malibagujan
リガヤ Ligaya
Talaga
パナイ山 Mt. Panay
Sunbeam Anilao Club House
バガランギット
Bagalangit
アニラオ・ヴィラ・マグダレナ P.142
N
アニラオ周辺概略図

ホテル

Hotels

パシフィコ・アズール・リゾート $$

Pacifico Azul Resort

MAP P.142

　ハウスリーフでのスノーケリングから、ボートでのダイビング、ビーチでの海水浴、BBQなど、水中や南国らしさを満喫できるリゾート。マニラからの送迎サービスは、人数によって₱6000～9000。体験ダイビングは₱3400。

[住] Brgy. Ligaya, Mabini, Batangas
[TEL] 0917-577-9270（携帯）
[URL] www.pacificblueasia.com
[料] ⓈⒹ₱4000～4600
[室数] 21
[CC] 不可
※日本円、USドルでの支払い可

簡素だが落ち着きのある客室

イーグル・ポイント・リゾート $$

Eagle Point Resort

MAP P.142

　アニラオで最大規模の本格的リゾート。ダイビング、アイランドツアーなどのサービスから、アミューズメント施設も充実している。

[住] Barangay Bagalangit, Anilao, Batangas
[TEL] 0927-351-0164（携帯）
[URL] eaglepointresort.com.ph
[料] ⓈⒹ₱3500～
[室数] 80
[CC] AJMV

アニラオ・ヴィラ・マグダレナ $$

Anilao Villa Magdalena

MAP P.142

　日本人夫婦の営むダイビングリゾート。経験に応じてそれぞれにあったダイビングをアレンジしてくれる。マニラから送迎あり（有料）。日帰りユース可。

[住] Brgy. Bagalangit, Mabini
[TEL] 0919-993-3325（携帯）
[Mail] info@divemagdalena.com
[URL] divemagdalena.com
[料] Ⓢ₱2800～3900　Ⓓ₱3800～5200　[室数] 17
[CC] 不可（日本円での支払い可）

冷房　ファン　トイレ　水シャワー　温水シャワー　バスタブ　テレビ　ミニバー　冷蔵庫　ネットフリー　朝食　日本人スタッフ
※[共]と記してある場合は共同となります。

フィリピン人に人気の避暑地

タガイタイ

Tagaytay

折込表-B2

タガイタイからタール火山を望む

マニラから南へ約64km、カビテ州Caviteにあるタガイタイは、標高700mの高地にある。ここではタール湖Lake Taalと湖に浮かぶタール火山Taal Volcano の景色を楽しむことができる。マニラに比べてかなり涼しく、夜になると寒いくらいだ。パグサンハンPagsanjanとともに、マニラからの日帰り観光コースとして人気が高い。タール火山は世界で一番小さいといわれている活火山。また、この地域は、パイナップルなどのフルーツの宝庫としても名高い。

タガイタイの歩き方

GETTING AROUND

タガイタイの町は東西に細長く広がっており、タール湖とタール火山が眺められるビューポイントはいくつもある。有名なのは**タガイタイ・ピクニック・グローブ Tagaytay Picnic Grove**。ここでは、ピクニックテーブルを借りてランチなどを楽しみながらすばらしい景色を堪能できる。マニラからのバスで来た場合は、大きなマクドナルドの看板が目印のショッピングセンター、**オリバレス・プラザ Olivares Plaza**手前にあるオリバレス・ターミナルで下車。そこからピープルズ・パーク行きジプニーに乗り換え、すぐ先の**ロトンダ Rotonda**と呼ばれるサークルを左折。**タガイタイ・シティ・マーケット Tagaytay City Market**を経由して約5分もすれば到着する。

町には花を売る店も多い

タガイタイの
市外局番 ☎046

ACCESS

🚌 マニラのブエンディア通りとタフト通りの交差点近くにあるDLTBバスターミナル（→ P.62-A1）、もしくはパラニャーケのPITX（→ P.62-A4）から、タガイタイ、メンデスMendez、ナスブ行きのバスに乗車する。行き先によって、オリバレス・プラザのバスターミナルで下車するか、ナスブ、メンデス方面にそのまま乗って目的地で下車。所要2〜3時間。

● DLTB
☎ 0981-432-4062（ブエンディア）
　 0981-432-4061（PITX）

■ 観光案内所
P.144-A
🏠 市庁舎内
☎ 0916-460-0959、0929-292-3935

道沿いには果物を売る屋台をよく見かける

タガイタイから見た
タール湖畔の町

143

■ピープルズ・パーク
[MAP] P.144-B
[開] 6:00 ～ 17:00
[休] なし　[料] ₱30

両替について
　タガイタイでの両替は、ロトンダ近くのKFC脇にある両替所か、[S]アヤラ・モール・セリンAyala Mall Serin、または町の西クロッシング・メンデスにある両替所や、その近くにある[S]SMセイブモア・マーケットSM Savemore Market内の両替所でできる。日本円も可。

　さらに、その先にある**ピープルズ・パークPeople's Park**まで足を延ばしてみるのもいい。タガイタイ・ピクニック・グローブからはジプニーで約10分で着く。タガイタイ周辺では一番高い丘の上にある公園で、園内には展望台やみやげ物店、食堂などもあり、タガイタイの町やタール湖はもちろん、バタンガス州の広い範囲を一望することができる。

　オリバレス・プラザでバスを降りず、あるいはナスブ行きジプニーでロトンダを右に折れてしばらく行くと、[H]タール・ビスタ・ホテルTaal Vista Hotel（→P.148）がある。ホテルの裏も抜群のビューポイントとなっている。この近くに市庁舎もあり、そこから200mほど進むとロッジや食堂が集まるエリア、**クロッシング・メンデスCrossing Mendez**に着く。

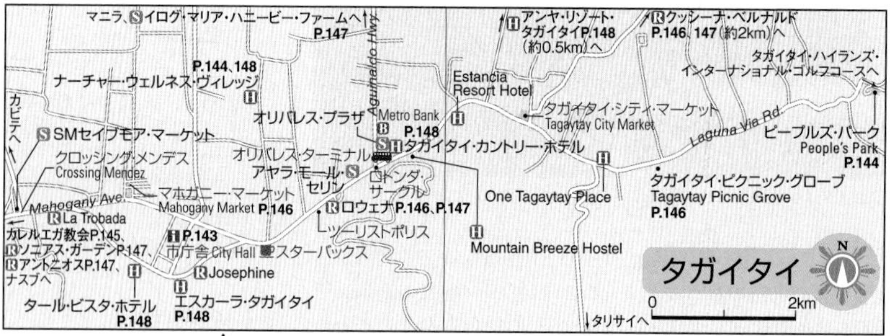

ちょっとひと息コラム

自然あふれる環境で癒やしのスパを体験

　ナーチャー・ウェルネス・ビレッジ（→P.148）は、マニラから車で約1時間30分、標高700mの緑あふれるタガイタイにあるスパ。宿泊施設も備えていて、週末の“癒やしの場所”としても人気が高い。スパは、香港の雑誌『アジア・スパ・マガジン』でフィリピンのトップ7のひとつに選ばれたこともあるほど。フィリピンならではの素材を生かした多様なメニューやテラピストの技術力には定評がある。なかでもおすすめはNilaibと呼ばれるマッサージ。ホットストーンのフィリピン版といった感じで、温めた石をハーブと一緒にバナナの葉で包んだもので、全身をマッサージしていく。ほかにもアンチエイジングや美しさ増強といったコースも。豪華リゾートホテルのスパとも厳格なヘルスリゾートともひと味違う、素朴で気取らない雰囲気が一番の魅力といえるだろう。

　広い敷地内には、スパ施設のほかにレストランや屋外プール、ウエディングパーティにも最適なパビリオン、ハーブガーデンなどがある。計13棟ある宿泊施設のうち4棟は、ルソン島北部のコルディレラ山岳に住むイフガオ族の高床式住居をそのまま移設したもの。エアコン、バスタブ付きの部屋もある。

上／タガイタイの清涼な空気と豊かな自然のなかで
下／客室はモダンなデザイン

タガイタイの見どころ　ATTRACTION

高さ295mの火山に登ってしまおう　★★

タール火山
Taal Volcano　MAP P.134-B3

　世界で一番小さい活火山として知られるタール火山。その山に実際登ってみるのもおもしろい。火山へ行くボートは、タガイタイから約17km東にある**タリサイTalisay**（→ MAP P.134-B2〜3）のホテルやロッジで手配が可能。山頂のクレーターまでは登り始めて30分ほどで到着するが、足場が悪いので丈夫な靴と軍手を持参したほうがいい。入山料₱100が必要。このときガイドをつけて馬に乗って登るように執拗に迫ってくる者がいるが、自分ひとりで登ることもできるので必要なければきっぱりと断ろう。ほかの観光客について登れば、道に迷うこともないだろう。※2023年7月現在、島へは渡れるがクレーターまで登ることはできない。

タール火山のクレーター

緑に囲まれた癒しの空間が広がる　★★

カレルエガ教会
Caleruega Church　MAP P.144-A外

　丘の上にたたずむスペイン風の教会。フィリピン人たちの間では、憧れの挙式場としても人気で、週末になるとウエディングドレス姿の花嫁を目にする。広大な敷地内は緑と花々であふれ、ただ散策しているだけでも癒される。つり橋を渡ったり、展望台に立ち寄れるトレッキングコースもあるので、挑戦してみるのもいいかもしれない。

敷地内には宿泊施設もある

■タリサイ

🛺 トライシクルで行くのが一般的。₱500くらいから交渉してみよう。タリサイ周辺のタール湖畔には数十軒のリゾートが点在しており、各所でボートをチャーターできる。1隻₱1500〜2000が相場。

最新火山情報に注意

　タール火山は活火山であり、最近では、2020年1月と2022年7月に噴火した。2020年の噴火では39名もの死亡者も出している。2023年7月現在、噴火警戒レベルは1と落ち着いてはいるが、訪問を予定している人はフィリピン火山地震研究所（PHIVOLCS）のHPで最新情報をチェックしよう。
URL phivolcs.dost.gov.ph

タール湖の魚

　湖では、バンゴスと呼ばれる魚が養殖されており、マリプトMaliputoという珍しい魚も生息している。地元のレストランで味わってみてはいかが？

アツアツがおいしい揚げ魚

■**カレルエガ教会**

🏠 Brgy. Kaylaway, Batulao, Nasugbu, Batangas
🕐 6:00 〜 17:30
休 なし
料 ₱30

教会では毎週日曜にミサが開かれる

■タガイタイ・ピクニック・
グローブ
住 Brgy. Sungay, East End
TEL 0921-697-2712
開 7:00 ～ 19:00、土のみ24時間
休 なし　**料** ₱50
※ピクニックテーブルのレンタル
₱150～300、乗馬体験1時間₱
300～。

■マホガニー・マーケット
開 6:00 ～深夜

2階はほとんどが食堂

タガイタイ名物の魚タウィリス

人気No.1のビューポイント　　　　　　　　　　　　　　★★
タガイタイ・ピクニック・グローブ　　　MAP P.144-B
Tagaytay Picnic Grove

　タール湖を望む公園は数あるが、最も
ポピュラーなのがここ。タール火山を中心
としたタール湖の絶景を楽しむことがで
きる。地元の観光客がほとんどで、みな楽
しそうに家族や友人との時間を過ごして
いる。ピクニック用のテーブルがありラン
チにピッタリ。ほかにジップラインや乗馬
などのアクティビティもある。

気持ちよく散歩できる

庶民の生活をのぞきに行こう！　　　　　　　　　　　★★
マホガニー・マーケット　　　MAP P.144-A
Mahogany Market

　1階に乾物、肉、魚、フルーツなどさまざまな食材が売ら
れ、2階ではタガイタイ名物のブラロ（牛骨を煮込んだスー
プ）の食堂がずらりと
並ぶ。寒くなると、現
地の人々はここにやっ
てきてブラロを食べて
温まるという。売り子
との交流も楽しく、
人々の生活を体感しに
ぜひ訪れてほしい。

フルーツも安く手に入る

ちょっと
ひと息コラム

ご当地フードを食べよう！

　気候のよいタガイタイはおいしいものであふ
れている。野菜もおいしいし、タール湖で取れる
魚、そして牛肉も有名だ。そう、タガイタイはご当
地フードの宝庫。せっかくこの町に来たのなら、
食い道楽に徹してみるのもいいかもしれない。
　お菓子で有名なのがブコパイ。ブコとはココナ
ッツのことで、ココナッツの果肉がたっぷり入っ
ていてたいへん美味。道端でも売っているが、ロ
ウェナ（→P147）のブコタルトが絶品だ。ウベや
マンゴー味などいろいろあって楽しい。
　マホガニー・マーケット（→上記）でも触れてい
るが、牛の骨をじっくり煮込んだスープ、ブラロも
タガイタイの名物。高原の町タガイタイならでは
の温かいスープだ。スープには牛の骨以外にトウ
モロコシ、菜っ葉などが入っている。牛骨のだしが
出てなかなかおいしい。庶民の味を味わいたけれ
ばマホガニー・マーケットなどで安く食べられる。

　レストランでブラロを食べるなら、クッシーナ・ベ
ルナルド（→P147）がおすすめ。
　また、タール湖で取れる珍しい魚タウィリス、
マリプトも試したい。ホテルなどで朝食として出
されることもあるので、スタッフに聞いてみよう。

マホガニー・
マーケットの
ブラロ

ロウェナの
ブコタルト

レストラン＆ショップ Restaurants & Shops

高原らしいおしゃれな別荘風の建物が多いタガイタイは、レストランもまた洗練されている。豊かな自然と優雅な雰囲気を楽しめる店が多くあり、マニラなどからやってくる観光客でにぎわっている。また、ショップも高原ならではのものが多いので、ドライブを楽しみながらいろいろと回ってみよう。

ソニアス・ガーデン $$
Sonya's Garden
MAP P.144-A 外
インターナショナル料理

　緑と花々に囲まれた広大な敷地にあるレストラン。ガーデンから採れたばかりのオーガニック野菜のサラダ、焼きたてのパン、パスタなどがセットになったビュッフェは、お替わり自由でひとり₱1065。

- 住 Brgy. Buck Estate, Alfonso
- TEL 0917-703-3442、0917-700-4645（携帯）
- URL sonyasgarden.com
- 営 8:00 ～ 19:00
- 休 なし
- CC ADJMV

体に優しい食材が並ぶ

アントニオス $$$
Antonio's
MAP P.144-A 外
フュージョン料理

　マニラ在住の日本人マダムたち絶賛の店。しゃれた空間のなか、素材にこだわった味も見た目も抜群のフュージョン料理が楽しめる。アギナルド・ハイウェイ沿いには、朝食に特化した系列店がある。

- 住 Purok 138, Brgy. Neogan
- TEL 0965-242-6732（携帯）
- URL www.antoniosrestaurant.ph
- 営 11:30 ～ 13:00、17:30 ～ 19:00
- CC MV
- ※要予約

開放感のあるおしゃれな店内

クッシーナ・ベルナルド $$
Cucina Bernardo
MAP P.144-B 外
フィリピン料理　西洋料理

　エンジェル・フィールドと呼ばれる10ヘクタールの広大な敷地内にある緑のオープンスペースレストラン。屋内でも屋外でも食事と楽しむことができ、フィリピン料理と西洋料理のメニュー豊富。園内にいる鴨や羊とも触れ合える人気店。

- 住 Santa Rosa-Tagaytay-Rd. Purok 5 Silang
- TEL 0956-812-1645
- URL www.angelfields.info
- 営 11:00 ～ 19:00
- 休 月
- CC MV

洗練されたモダンなデザインの店内

ロウェナ
Rowena
MAP P.144-A
菓子

　タガイタイの中心地にあるヒルクレストプラザ内にあるみやげ物店。ヤシの実の果肉の入ったブコタルトやフルーツタルトが名物。オリバレス・プラザ周辺から徒歩で行ける好立地にあり、観光客に人気がある。

- 住 Crossing, Hill Crest Plaza, Aguinaldo Hwy., Silang Junction South
- TEL 0999-708-0777
- URL www.rowenasproducts.com
- 営 8:00 ～ 20:00
- 休 なし
- CC 不可

名物のタルトをはじめ様々なお菓子が並ぶ

イログ・マリア・ハニー・ビー・ファーム
Ilog Maria Honey Bee Farm
MAP P.144-A 外
ハチミツ製品

　ハチミツやプロポリスで作ったコスメが評判の養蜂場。マニラ在住の日本人もよく訪れるという。ロイヤルゼリー配合のモイスチャライザーが₱160 ／ 50g。ギフトにぴったりのヘルス＆ウエルネスセット₱625もおすすめ。

- 住 Km 47, Lalaan 1, Aguinald Hwy., Silang
- TEL 0917-503-9156（携帯）
- URL www.ilogmaria.com
- 営 8:00 ～ 17:00
- 休 なし
- CC 不可

養蜂場の一角にあるショップ

ホテル

Hotels

富裕層に人気の避暑地というだけに、おしゃれな雰囲気の宿泊施設やレストラン、カフェが多くある。宿泊施設は一軒一軒が離れているので、事前に予約をしてから訪れたほうがいいだろう。タール湖を見下ろす高台には、小さなゲストハウスから高級ホテルまでさまざまなタイプが点在する。

タール・ビスタ・ホテル $$$

Taal Vista Hotel　[MAP] P.144-A

タガイタイで有名な老舗ホテルで、マニラからたくさんの富裕層の人たちが訪れることで知られている。レストランの屋外テラスから見下ろす景色は抜群で、目の前にはタール湖の絶景が広がっている。

[住] Kilometer 60, Aguinaldo Hwy.
[TEL] (046) 413-1000、0917-809-1254（携帯）
[URL] www.taalvistahotel.com
[料] [S][D]₱8500 ～
[室数] 262
[CC] ADMV

目の前に広がる景色は圧巻

ナーチャー・ウェルネス・ビレッジ →P.144 $$$

Nurture Wellness Village　[MAP] P.144-A

日帰りでも訪れられるスパ施設。宿泊施設、レストランなどを併設しているので、ここに滞在しながら心身ともにじっくり癒やしてみるのもいい。素朴で気取らない雰囲気なので、心も癒やされる。グランピングも可能。

[住] Brgy. Maitim II West
[TEL] 0917-687-8873
[Mail] info@nurture.com.ph
[URL] nurture.com.ph
[料] [S][D]₱7700 ～
[室数] 16　[CC] MV

豊かな自然のなかで癒やされる

アンヤ・リゾート・タガイタイ $$$

Anya Resort Tagaytay　[MAP] P.144-B外

少し奥まったところにある隠れ家的なリゾートホテル。宿泊施設の調度やプールサイド・レストランは南国リゾート気分が味わえる。ホテル内はカートで移動可能。スタッフのホスピタリティの高さも人気の理由。

[住] Buenavista Hills Road, Barangay Tolentino West
[TEL] (028) 657-1640
[URL] anyaresorts.com
[料] [S][D][Su]₱9000 ～
[室数] 64
[CC] AJMV

開放的な雰囲気のレストラン

タガイタイ・カントリー・ホテル $$

Tagaytay Country Hotel　[MAP] P.144-A

タール湖を眺めることはできないが、町の中心にあり、食事や買い物には便利な立地にある。何でも揃うオリバレス・プラザにも近い。少し歩けばショッピングセンターのアヤラ・モール・セリンもある。

[住] Olivares Plaza, E. Aguinaldo Hwy.
[TEL] (046) 413-3310、0928-447-4099
[料] [S][D]₱3150 ～ 6080　[F]₱3750 ～ 8350
[室数] 68
[CC] AMV

ロケーションはとても便利

エスカーラ・タガイタイ $$$

Escala Tagaytay　[MAP] P.144-A

フィリピン富裕層に人気の高級ホテル。タール湖の絶景を見渡せるプールが有名。タガイタイの遊園地、スカイ・ランチまで徒歩でいくことができ、ファミリーで休日を過ごす観光客にも人気がある。

[住] Purok 102, Poblete St., Barangay Maharlika West
[TEL] (02) 8519-4444
[URL] www.escalatagaytay.com
[料] [S][D]₱9500 ～
[室数] 60
[CC] MV

夜のプールは幻想的で大人気

冷房　ファン　トイレ　水シャワー　温水シャワー　バスタブ　テレビ　ミニバー　冷蔵庫　ネットフリー　朝食　日本人スタッフ
※[共]と記してある場合は共同となります。

マニラ・カラバルソン

注目のビーチリゾート

カラバルソン

Calabarzon

MAP 折込表-B2

マニラ近郊

カラバルソン

フィリピン人に人気のナスブのビーチ

カラバルソンとは、カビテ州Cavite、ラグナ州Laguna、バタンガス州Batangas、リサール州Rizal、ケソン州Quezonの5州を総称して呼ぶエリア名。なかでも西部の海沿いには、ナスブNasugbu、マタブンカイMatabungkayなど、人気のビーチリゾートが点在している。このあたりのリゾートはマニラから最も近いリゾートエリアとして、マニラ在住の日本人の間でも、注目度が高まりつつある。素朴でのんびりとした雰囲気が漂うこれらのリゾートで、フィリピンらしいゆったりとしたバカンスを過ごすのもいいだろう。

カラバルソンの
市外局番 ☎046

ACCESS

🚌 マニラのブエンディアのバスターミナル（→ MAP P.62-A1）からDLTBのナスブ行きのバスに乗る。所要約3時間30分、₱195 〜。
マタブンカイへは、パサイやクバオからJAMライナーなどのカラタガンCalatagan行きバス（早朝〜夜の間約30分おきに運行）に乗り、リアンLianのアルトゥラAlturaのジャンクション下車。そこからトライシクルで。マニラからのバスは、所要3 〜 4時間、₱213。
ナスブからマタブンカイへは、リアンへバスかバンで行き、カラタガン行きに乗り換えて行く（早朝〜夕方）。
● DLTB
MAP P.62-A1
TEL 0928-987-8239（ブエンディア）

カラバルソンの歩き方　　　ACCESS 🚌

ナスブとマタブンカイの間にあるリアンの町

カラバルソンの拠点となるのはナスブNasugbuの町（→ MAP P.134-A3、150左）。マニラから、タガイタイ経由のバスが走っている。マタブンカイは、ナスブの南約2kmの所にあるリアンLianから、さらに南へ約12kmの所にある。ナスブを拠点に移動するといいだろう。

サトウキビのプランテーションで発展してきたナスブは、マルコス大統領の時代からマニラ近郊のリゾートとして開発されてきた。ナスブの町の中心は、リゾートが建ち並ぶビーチから1kmほど内陸に入った所、J.P.ラウレル通りJ.P. Laurel St.とビーチへ続くアルバレス通りAlvarez St.とが交差するあたりだ。この交差点の角には、人々の憩いの場と

フォーチュン島ではギリシアの神殿を模したモニュメントが見られる

ナスブ沖に浮かぶフォーチュン島には白砂のビーチが広がる

ナスブ概略図

0　約50m

聖フランシスコ・ザビエル教会
St. Francis Xavier Parish

消防署　警察署

市庁舎

DLTBバスターミナル

ロハス公園
Plaza de Roxas

J.P.リサル通り

アルバレス通り

Alvarez St.

ジョリビー

セブン・イレブン

Andok's

リアン行き
ジプニー乗り場

J.P. Laurel St.

ナスブ・マーケット
Pamilihang ng Nasugbu

マニラ、リアン、マタブンカイへ

カイラブネ・ベイ・リゾート＆マリーナ
P.152

プエルト・アスール
Puerto Azul

マニラへ

カイラブネ
Caylabne

マガリャネス
Magallanes

P.150
ツイン・アイランズ
Twin Is.

ナスブ P.149
Nasugbu

タガイタイ
Tagaytay
P.143

フォーチュン・アイランド・リゾート
P.152

バトゥラオ山
Mt.Batulao
▲810m

フォーチュン島
Fortune Is.
P.151

マタブンカイ・ビーチ・ホテル P.152

ラゴ・デ・オロ
P.152

マタブンカイ
Matabungkay
P.151

バラヤン
Balayan

コーラル・ビーチ・クラブ
P.152

カラタガン
Calatagan

カラバルソン西部

プンタ・バルアルテ
Punta Baluarte

0　　　20km

ナスブからマニラへはDLTBが2:30 〜 20:00の間、20分おきに運行している。経由地のタガイタイへは所要約1時間、₱100程度。

マタブンカイへ

ロハス公園付近はジプニー乗り場にもなっていて、マタブンカイへ行く際に利用するリアン行きジプニーにはここから乗ることができる。また、マニラやバタンガス方面から来るバスも交差点の周囲にある各社のバスターミナルに到着する。ここからビーチへは歩いても行ける距離だが、交差点付近に集まっているトライシクルを利用するといい。

ナスブのビーチでは乗馬が楽しめる

大戦の記念碑

ナスブのビーチには、第2次世界大戦時、アメリカ軍がレイテ島上陸の後、日本軍からマニラやルソン南部を奪還するきっかけとなった「ナスブ上陸作戦」の記念碑が立っている。

なっているロハス公園Plaza de Roxasがある。広々としたロハス公園の脇には、観光案内所が入っている市庁舎や警察署、消防署などが立つ。近くには大きなマーケットもあり、ナスブの海で取れた鮮度抜群の魚のほか、肉類、野菜・果物類、日用雑貨などを扱う店がところ狭しと並んでいる。

地元の人々でにぎわうナスブのマーケット

カラバルソンの見どころ　　ATTRACTION

ナスブの沖に浮かぶフォーチュン島Fortune Is.は、ナスブ海岸沖約14kmのところにある島。透明度の高いコバルトブルーの海が広がり、真っ白な砂浜と相まって、その美しさは感動的。バンカーボートで約1時間30分で着く。

フォーチュン島のほか、ビーチはないが、ナスブからバンカーボートで約30分のツイン・アイランズTwin Is.もスノーケリングにはおすすめの島。また、ナスブの北に位置するマヤマヤMaya-Maya周辺にもホワイトサンドのビーチがある。マヤマヤへはナスブの浜辺からバンカーボートで約10分程度。

ナスブの町の北にあるカラヨ・ビーチCalayo Beach

ナスブの北部にあるピコ・デ・ロロ山

コバルト・ブルーの海が広がる　★★
フォーチュン島
🗺 P.152左

Fortune Island

　島内にはパルテノン神殿を思い起こさせるような廃墟があって、どこか不思議な風景だ。この廃墟は、以前この島の所有者が大規模なリゾート開発をした名残りだという。現在はホテルなどのリゾート施設はなく、ナスブから日帰りで行くか、テントや東屋風のコテージで宿泊して1泊2日で訪れることができる。

バルサを借りて、1日中海の上で過ごそう　★★
マタブンカイ
🗺 P.134-A3、P.150左

Matabungkay

　マニラから車で3時間弱。リゾート地として開かれたマタブンカイのビーチ沿いには、数多くのリゾートが建ち並ぶ。リゾートの料金も手頃で、のんびりとして落ち着いた雰囲気なのがいい。遠浅のビーチにはバルサと呼ばれるいかだが浮かんでいて、家族連れやグループで来た滞在者の多くが、このバルサの上でリゾート気分を満喫している。利用料金は交渉次第だが、目安は1日₱1000～。

スペイン統治時代の風情を残す　★★
タール
🗺 P.134-B3、P.150左外

Taal

　バタンガス州の古都、タール町には、スペイン様式の町並みが続き、中心部のひときわ高い丘の上に、東洋一の規模を持つと言われる**セント・マーチン大聖堂Bacilica of St. Martin**がそびえ立っている。聖堂正面の巨大な石造建築物は18世紀に建てられたもので、現在もその偉容を当時そのままに誇っている。

　タール町はスペイン統治開始から間もなくの16世紀後半にバタンガス州の州都に定められた。1754年にタール火山の大噴火により消失し、町は現在の高台に再建された。セント・マーチン大聖堂のほかにも万病に効くといわれ、各地から来訪者が後を絶たなかったという**サンタ・ルシアの奇跡の井戸Miraculous Well of Santa Lucia**もあるが、2023年4月現在修復中で見学はできない。

フォーチュン島へのバンカーボート（往復）
　バンカーボートはナスブの海外沿いにあるフォーチュン・アイランド・リゾート（→P.152）で手配し、入島料を払う。6:00～15:00に運航。所要約1時間。
日帰り
1～4人	₱4000
5～8人	₱4500
9～12人	₱5000
1泊2日
1～4人	₱4500
5～8人	₱5000
9～12人	₱5500

フォーチュン島の入場料
| 日帰り | ₱350 |
| 1泊2日 | ₱500 |

マタブンカイから各地へ
　リアン行きジプニーはビーチ沿いの 🄷 サンシャイン・ホテルSunshine Hotel の前から出ているが、本数が少ない。幹線道路が通る「クロッシング」までトライシクルで出てジプニーをひろうといい。ジプニーの最終は16:00頃。

フォーチュン島からナスブ方面を望む

タール町への行き方
　ブエンディアのバスターミナル（→ 🗺 P.62-A1）かPITXバスターミナル（→P.58）からJAMバスでレマリー Lemery まで行き（約2時間）、そこからトライシクルで約15分。タール町は道幅が狭く、大型バスが入れない。

丘の上に立つ大聖堂

ホテル　Hotels

マニラ近郊のリゾートは意外と日本人になじみがないが、いずれもマニラから車で簡単にアクセスできる。エレガントなひとときを過ごしたい人は、マタブンカイ・ビーチ・リゾートなどの高級リゾートがぴったりだ。日頃の疲れを取るには抜群の環境。日帰りでも楽しめるが、せっかくだから1泊してゆっくりくつろごう。

マタブンカイ・ビーチ・ホテル　$$

Matabungkay Beach Hotel　マタブンカイ [MAP] P.150左

マニラから車で3時間足らず。ニッパヤシの屋根をもつクラブハウスやヤシの林に囲まれた敷地は、トロピカルムード満点だ。レストラン、カフェ、バー、スパなどの設備も充実。ヴィラとホテル棟がある。

[住] Brgy. Matabungkay, Lian, Batangas
[TEL] 0917-834-1269
[URL] matabungkaybeachhotel.com
[予約・問合せ] マニラ　[TEL] (02) 8819-3080
[料] [SD]₱6050～　[Tr]₱8250　[F]₱9460～1万1600　[C]₱1万3200～1万9800
[室数] 99　[CC] ADJMV

リゾート気分が楽しめる施設が充実

フォーチュン・アイランド・リゾート　$$

Fortune Island Resort　ナスブ [MAP] P.150左

フォーチュン島への拠点となる海沿いのリゾート。敷地内にはジャグジーや韓国焼き肉レストランがある。ボートの手配はもちろん, 島で宿泊するためのテントの貸し出し(₱500)、島内のコテージ・レンタルなども。

[住] Apacible Blvd., Nasugbu, Batangas
[TEL] 0930-230-8688
[料] [SD]₱3000～3500　[F]₱4000～6000
[室数] 6
[CC] 不可

フォーチュンお目当てだったらここが一番

コーラル・ビーチ・クラブ　$$

Coral Beach Club　マタブンカイ [MAP] P.150左

マタブンカイ・ビーチの中心にある、オーストラリア資本のホテル。客室は南国ムードあふれるコテージタイプ。プール、スパもある。客室はナチュラルな雰囲気でおしゃれ。設備も充実し、快適に過ごすことができる。

[住] Matabungkay Beach, Lian, Batangas
[TEL] 0917-901-4635、0919-822-0833
[URL] coralbeach.ph
[料] [SD]₱5886～8175
[室数] 25　[CC] AJMV

海にあるので潮風が気持ちいい

ラゴ・デ・オロ　$$

Lago de Oro　マタブンカイ [MAP] P.150左

レストランやスパ、プールなど設備が充実。マリンスポーツをはじめ、豊富なアクティビティが揃っている。特にウエイクボードが盛んで、フィリピンでのメッカとなっている。オフシーズンは割安になる。

[住] Bo. Balibago, Calatagan, Batangas
[TEL] 0917-504-7525、0917-504-2685
[URL] lago-de-oro.com
[料] [SD]₱3500～4000　[F]₱7500～1万400　[室数] 38
[CC] AMV

客室はシンプル

カイラブネ・ベイ・リゾート＆マリーナ　$$

Caylabne Bay Resort & Marina　カイラブネ [MAP] P.150左

緑の森と青い海にたたずむスペイン風のしゃれたホテル。ホテル内施設、客室内設備ともに充実している。マリーナ・バーからの眺望は抜群で、晴れた日にはコレヒドール島やバターン半島を一望できる。

[住] Caylabne Bay, Ternate, Cavite
[TEL] (046) 235-0503
[料] [SD]₱4800～5400　[C]₱1万2590
[室数] 90
[CC] 不可

リゾート内のカフェは広々としていて開放的

冷房　ファン　トイレ　水シャワー　温水シャワー　バスタブ　テレビ　ミニバー　冷蔵庫　ネットフリー　朝食　日本人スタッフ
※[共]と記してある場合は共同となります。

コレヒドール島
・マニラ

戦時下の砲台が残る

コレヒドール島

Corregidor Island

MAP 折込表-B2

コレヒドール戦没者慰霊碑と砲台

コレヒドール島は、マニラから南西へ約45km、バターン半島から6kmほど離れたマニラ湾に浮かぶ広さ約9km²の小さな島。マニラ湾の入口にあることから、スペイン統治時代にはここで外国船の入国管理が行われていた。コレヒドールという名も、スペイン語の「厳しく検査する」に由来している。戦略的にも非常に重要な位置にあったため、1902年にはマニラ湾防衛の軍用地としての役割を担っていた。

フェリーから見たコレヒドール島

第2次世界大戦で1941年12月に日本軍がフィリピンに攻め入ると、米比軍のマッカーサー将軍はコレヒドール島に司令部を置いたが、戦況が不利となり1942年3月にオーストラリアへと逃れた。同年4月にバターン半島の米比軍は降伏。コレヒドール島の米比軍は残って戦いを続けたが、同年5月6日になってコレヒドール守備隊も降伏した。その後、コレヒドール島は日本軍の占領下におかれたが、1945年、フィリピンに戻ったマッカーサー将軍率いる米比軍は日本軍を圧倒。マッカーサーはコレヒドール島奪回にこだわり、同年2月には再占領した。コレヒドール島には第2次大戦中に使われた武器や要塞設備が保存されており、巨大なマリンタ・トンネルや廃墟となった兵舎などを含め観光スポットになっている。

コレヒドール島の管理・運営はコレヒドール財団が行っている。島には自然も残りビーチもあり、マニラから気軽に行けるリゾート地としての開発も進みつつある。

コレヒドール島の
市外局番 ☎046

ACCESS

🚢コレヒドール島へは、2023年7月現在、マニラかバターンBataan半島の先にあるマリベレスMariv-elesからの日帰りツアーに参加して訪問するしかない。マリベレスからコレヒドール島へはわずか4.8キロで、ツアー料金はマリベレス発のほうが格安。バターン半島のバランガ(→P.161)などに行く予定のある人にはマリベレス発のツアーを選択するといいだろう。マリベレスへはマニラからバスが出ているが5時間ほどかかる。マニラ発、マリベレス発とも、ツアーは毎日あるわけでなく、また、最低催行人数が集まらない場合は中止になることもある。

■マニラ発の1日ツアー

コレヒドール財団が催行している。昼食付きで₱4500。出港は、モール・オブ・アジア(MOA)に近いエスプラネード・シーサイド・ターミナルEsplanade Seaside Terminal(→**MAP** P.62-A2)から。島内はカラフルなオープンエアーのミニバスで巡回する。昼食付き。満員になると締め切られるので、早めに予約。催行日程は財団のHPやフェイスブックページから問い合わせる。

●コレヒドール財団
Corregidor Foundation Inc.
🏠 Rm. 10, Bay Terminal, CCP Complex, Roxas Blvd., Malate
URL www.corregidorisland.com.ph
TEL (02) 8823-3281、0977-643-4819(携帯)
Mail info@corregidorisland.com.ph

かつて路面電車が走っていた場所

島内を走るトラム

マニラ発のツアーのスケジュール
5:30　チェックイン
6:00　出港
8:30　コレヒドール島到着
ツアー5時間（途中ビュッフェの
昼食休憩）
14:00　コレヒドール島出港
16:00　マニラ着

■マリベレス発のツアー
　マリベレス港から7:30、11:30
に出発。参加者が少ないと催行さ
れない。ツアー参加費₱2500。
●ギア・デル・マル・トラベル＆
ツアーズ
Guia' del Mar Travel & Tours
🏠 100b Humabon St., Barangay
San Antonio, Sucat, Parañaque
🌐 guiadelmartoursph.com
📞 0927-728-1367、0997-764-
0946、0951-955-4711
📧 enquiries@
guiadelmartoursph.com
※ほかにもバターン死の行進ツ
アー（→P.163）、イントラムロス
歴史ツアー（→P.80）など、歴史
関係のツアーを催行している。

マリンタ・トンネルの入口

日本兵が自決したという穴

コレヒドール島の歩き方

　島内にある宿泊施設は、2023年7月現在、営業されておら
ず、ツアーは日帰りのみ。コレヒドール島は長さ6km、幅2.4km
ほどの小さな島。ツアーではトラムと呼ばれるミニバスに乗っ
てガイド付きで、砲台Battery、マイル・ロング兵舎、太平洋戦
争記念館、スペイン植民地下に建てられた灯台、日本人よって
寄贈された観音像のある庭園、マリンタ・トンネルなどを巡る。

コレヒドール島の見どころ

米比連合軍が兵器庫として建設した　　　　　　　　　★★
マリンタ・トンネル
MAP P.154
Malinta Tunnel

　1922～1932年に造られた長さ250m、幅7mのトンネル。当
初は兵器庫と地下病院にする計画だったが、マリンタの丘の
下にあり、爆撃から逃れるのに都合がよく、米軍の司令部と
して使用されていた。1945年、追いつめられた日本軍が爆破。
多くの日本兵が犠牲となった。コレヒドール島では、約6000
人の日本兵のうち、生き残ったのは26人だけだったという。

　現在はここで「光と音のショー」を観ることができる。この
ショーは、フィリピンの著名な映画監督であった故ランベル
ト・アヴェラナ氏が考えたもの。戦時中のできごとを再現し
たもので、上映時間は約30分。

多くの日本兵が亡くなったといわれるトンネル内部

灯台
Lighthouse

目の前に広がるマニラ湾に感動 ★★
P.154

マニラ湾を見下ろす灯台

海抜188mにあるこの灯台からは、マニラ湾、南シナ海、そしてコレヒドール島の全景を一望できる。1836年に初めてスペイン人によって建てられ、その後、1897年に造り替えられたが、第2次世界大戦中に破壊された。現在のものは戦後に再建されたもの。

太平洋戦争記念館
Pacific War Memorial

コレヒドール島に行ったらぜひ訪れたい ★★
P.154

1968年に、アメリカ政府が巨額の費用を投じて建設した記念館。入口から左側には映画館の跡、奥には博物館、右側には駐屯司令部や独身士官用の宿舎の跡がある。

マイル・ロング旧兵舎
Mile Long Barracks

かつての防湾司令部の中心部 ★★
P.154

旧兵舎の建物

島の頂上は、かつてアメリカ軍のミルズ駐屯地の中心部だった場所。ここには防湾司令部やマイル・ロング兵舎、病院のほか、スペイン統治時代の灯台などがあった。また、周辺に大砲が配置され、湾の入口を守っていたという。

武蔵記念碑
Musashi Shrine

「戦艦武蔵」をしのんで建てられた ★★
P.154

1944年のレイテ沖海戦の最中に撃沈された「戦艦武蔵」をしのんで建てられた慰霊碑。フェリー乗り場近くに、ひっそりとたたずんでいる。

コレヒドール島に泊まるには

コレヒドール島には、現在、下記の H コレヒドール・インのほかに、H コレヒドール・ホステルCorregidor Hostel や H マッカーサーズ・ラウンジMacartur's Lodge といった宿泊施設がある。利用に関しては、コレヒドール財団（→P.153欄外）まで問い合わせを。2023年7月現在、一般観光客向けに宿泊施設は営業を再開していない。

太平洋戦争記念館へと続く道

日本平和庭園のみやげ物店に展示されている当時の決意書

マリベレス行きのバス

マニラのドロテオ・ホセ駅（アヴェニダ）（→ P.64下）近くから、バターン・トランジットのバスで直行できる。₱400 〜。所要5〜6時間。
● バターン・トランジット
Bataan Transit
TEL 0998-595-2645

マニラ近郊

コレヒドール島

ホテル
Hotels

コレヒドール・イン
Corregidor Inn

$$
P.154

全室エアコン付きのデラックスホテル。客室は、フィリピンの伝統的な家具でまとめられている。レストランに大きなテラスがあるので、ゆっくりとくつろぐのもいい。プールなど設備も充実している。

住 Corregidor Is.
予約・問合せ コレヒドール財団（マニラ）
TEL (02) 8823-3281
0977-643-4819（携帯）
料 S D P3450 〜
客室 31　CC MV
※2023年7月現在一時閉鎖中。

落ち着いた造りのホテル

 冷房　 ファン　トイレ　水シャワー　温水シャワー　バスタブ　テレビ　ミニバー　冷蔵庫　ネットフリー　朝食　日本人スタッフ
※ 共 と記してある場合は共同となります。

155

復活祭で有名な

サン・フェルナンド(パンパンガ)

San Fernando (Pampanga)

MAP 折込表-B2

サン・フェルナンドの
市外局番 ☎045

ACCESS

🚌 マニラのサンパロック(→MAP P.65下左)やパサイからビクトリー・ライナーのバギオ、オロンガポ行きのバスに乗り、サン・フェルナンドで途中下車。所要約2時間、₱100〜。

■市観光案内所
MAP P.156
🏠 A. Consunji St., St. Rosario
TEL (045) 961-5684
URL cityofsanfernando.gov.ph
開 8:00 〜 17:00
休 土・日・祝

バギオからサン・フェルナンドへ
ビクトリー・ライナーが4:30〜16:00の間、1時間30分おきに運行。所要約5時間。ジェネシス・トランスポートのジョイバスは15:00、17:00発のバランガ行きに乗り、サン・フェルナンドで途中下車。所要約3時間、₱465。

町のいたるところでキリストの受難の一幕が繰り広げられる「マレルド」

　パンパンガPampanga州の州都であるサン・フェルナンドは、マニラの北約50km地点に位置する。この町は、復活祭(イースター)の盛大な行事で名高い町だ。特に聖金曜日Good Friday、つまりキリストの受難日には国内から多くの人々が訪れる。イエス・キリストのような服を着た信仰深い信者たちが、磔のような形で十字架にかかっているのだ。このショッキングな光景は一度目にしたら忘れることができないだろう。これは「マレルド」と呼ばれる儀式で、毎年多くの外国人観光客が訪れる。

サン・フェルナンドの見どころ　ATTRACTION

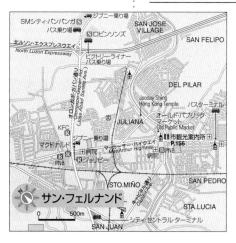

　サン・フェルナンドで、毎年12月に行われる**ランタン・フェスティバルLantern Festival**は、フィリピンを代表する祭りのひとつ。造花用のクレープペーパーやセロファンなどで作られた大型のランタン(手提げランプ)は、明かりが灯るとまるで万華鏡のように美しい。この祭りの最大のイベントは、深夜過ぎに町の広場で行われるコンテストで、ランタンの美しさを競うもの。しかし、優勝したランタンは次の日には燃やされてしまう。これは、二度と同じようなランタンができないようにするための伝統的習慣なのだ。

アンヘレス(クラーク)
•マニラ

"基地の町"から空港のあるビジネス都市に進化中

アンヘレス(クラーク)

Angeles (Clark)

MAP 折込表-B2

SMクラーク以西には整然とした緑豊かな街並みが広がる

マニラの北西90km。アンヘレス市郊外にそびえるピナツボ火山の広大な裾野に、かつて旧クラーク米空軍基地があった。総面積550km²。なんとシンガポールに匹敵する広さだ。

第2次世界大戦時には一時日本軍により占領されたものの、1902年以降、アメリカの海外軍事拠点としてその後も重要な役割を担っていた。ところが、1991年のピナツボ火山の噴火により米軍は基地から撤退。空軍基地クラークと海軍基地スービック(→P.164)はフィリピンに返還され、クラーク経済特別区として再編成されることになった。

アンヘレスも一時は閑散としたが、2012年には米軍が駐留を再開し、歓楽街は活気を取り戻した。基地内の空港は民間のクラーク国際空港として生まれ変わり、アンヘレスは経済特別区に進出する外国企業の玄関口として、国際商業都市としての顔をもち始めている。

アンヘレスの歩き方

GETTING AROUND

アンヘレスの繁華街は、クラーク経済特別区のメインゲート周辺の**バリバゴBalibago**地区。ナイトライフの中心は、通称ウオーキング・ストリートWalking St.と呼ばれる**フィールズ通りFields Ave.**にある。20軒以上のバーが連なり、明け方までにぎやかだ。**S**SMクラークもメインゲートのすぐ近く。経済特別区内は、外資系企業の工場が建ち並び、オフィスビルや居住区も次々に建設されている。リゾートホテル、カジノ、ゴルフ場、免税店など大人が楽しめる娯楽も満載だ。経済特別区内にはジプニーやトライシクルでの乗り入れが規制されているため、移動は専用ジプニーかタクシーのチャータ

アンヘレスの
市外局番 ☎045

ACCESS

✈ 2023年5月より成田空港からセブパシフィックが週4便運航開始。セブからはセブパシフィックが毎日2便運航。所要約1時間20分、₱2000～。

🚌 パサイ(→**MAP** P.62-B2)やクバオ(→**MAP** P.65上)からビクトリー・ライナー、フィルトランコ、フィリピン・ラビットなどのバスが、マバラカットMabalacatのダウDauのバスターミナル(→**MAP** P.158上-1)行き、あるいはダウ経由で北部ルソンに向かうバスを運行しているので、ダウで下車し、バリバゴ地区までトライシクルで向かう(約5分)。所要約2時間30分～4時間、₱150。マーキー・モール(→**MAP** P.158上-1外)行きのバスもある。

ニノイ・アキノ国際空港ターミナル1、2、3からクラーク国際空港行きバスもある。ジェネシス・トランスポートのP2Pというバスで5:00～20:00に運行。ケソン市の**S**トライノーマ(→**MAP** 折込裏B1)発の便もある。

■日本人がアレンジするひと味違ったツアー

クラークを拠点に日本語レッスンなどを提供しているハルHaruでは、アンヘレス周辺での第2次世界大戦跡ツアーや先住民アイタ族ビレッジ訪問の他、ボランティア団体や子供たちの慈善施設などへのオリジナルツアーのお手伝いをしている。宿泊先やドライバーの手配など滞在もサポート！

Mail hello@pinpon.me
URL www.pinpon.me

■イミグレーション
MAP P.158上-1外
住 GF MarQuee Mall, Aniceo Gueco St.
TEL (045) 404-0215
開 9:00 ～ 16:00 **休** 土・日・祝

ハブ空港として期待される
クラーク国際空港
　2022年5月に新ターミナルが開業した。2023年7月現在、国内線ではセブ、プエルトプリンセサ、ダバオ、エルニド、カティクラン（ボラカイ）、カガヤン・デ・オロ、ブスアンガ、バコロド、イロイロなど、国際便では中国（北京）、台湾（台北）、シンガポール、日本（成田）、タイ（バンコク）、韓国（ソウル）への便が運航中。今後も国内線、国際線とも増えていく予定。
●クラーク国際空港
Clark International Airport
MAP P.158上-1
URL clarkinternationalairport.com

📷 コリアンタウン

　メインゲートから西に3キロほど進みドン・ジュイコ通りDon Juico Ave.とフィリアム・フレンドシップハイウェイFil-Am Friendship Highwayが交差する付近は、通称コリアンタウンと呼ばれ、韓国レストランが軒を連ねる。本場の味を楽しめる。
（茨城県　野口智也　'17）['23]

一ーとなる。一方、庶民の暮らしの中心はサント・ロサリオ地区Sto. Rosarioで、地元資本の**S**ネポモール Nepo Mall（→ **MAP** P.158上-2外）は連日多くの買い物客でにぎわう。

マバラカットにあるダウ・ターミナル

アンヘレスの見どころ

ATTRACTION

フィリピンを代表する活火山

ピナツボ火山
Mt. Pinatubo

MAP P.134-A1

　1991年に起きた20世紀最大と言われたピナツボ火山の噴火。その火口湖に、ガイド付きのトレッキングツアーで行くことができる。申し込みはフィールズ通りの旅行会社もしくは隣町のポラック Poracに あ

ピナツボ火山
Mt.Pinatubo
1486m
サンバレス
Zambales
南シナ海
South China Sea
ターラック
Tarlac
パンパンガ
Pampanga
旧クラーク基地
Former Clark Air Base
ブラカン
Bulacan
旧スービック基地
Former Subic Naval Base
スービック湾
Subic Bay
バターン
Bataan
N
噴火によって影響を受けた所

るピナツボ・マウンテネーロ・トラベル・アンド・ツアーズで行う。4輪駆動車とトレッキングを組み合わせてクレーターまで行くコースなど。1泊2日のキャンプツアーもある。

フィリピン最大のウオーターパーク

アクア・プラネット
Aqua Planet

MAP P.158下-A外

　2018年、クラーク経済特別区に、フィリピン最大のウオーターパーク、アクア・プラネットがオープンした。流れるプールや波の出るプール、ウオータースライダーや、垂直に100m落下するフリーフォールなどのアトラクションがある。

■クラーク博物館
Clark Museum
　米軍基地がおかれたクラークの歴史を学ぶことができる博物館。日本占領時代には病院として、アメリカ軍駐留時代には空軍の本部として使われていた建物だ。
MAP P.158下-A外
TEL (045)599-2854　開 9:00 ～ 16:00　休 月　料 ₱100

2階に展示されているアメリカ軍の軍服

■ピナツボ・マウンテネーロ・トラベル・アンド・ツアーズ
Pinatubo Mountainero Travel and Tours
住 341 Tangile St., Manibaug Libutad, Porac, Pampanga
TEL 0917-716-8735(携帯)
Mail info@mtpinatubo.com
Mail www.pinatubomountainero.com

■アクア・プラネット
TEL (045) 649-8500
Mail www.aquaplanet.ph
開 水～金10:00 ～ 16:00
　 土～月10:00 ～ 17:00
休 火曜
料 ₱1080 (週末₱1280)
子供₱880 (週末₱1080)

ちょっとひと息コラム

旅を通して社会がよくなる"持続可能な観光"を

　楽しく、誰もが参加できる「旅」から社会をよくしようとしているのが、フィリピンで発足した社会的企業マッドトラベルMAD Travel。先住民族やNGOの支援先のコミュニティを訪れ、リアルでディープな文化体験やホームステイができるツアーを催行している。

　サンバレス州サン・フェリペSan Felipeでの「民族&トレッキングTribes &Treks」は、週末に開催される1日ツアー。サークル・ホステルThe Circle Hostelに集合し、地域の環境問題、訪問するアイタ族についての紹介でスタート。ピナツボ火山沿いをトレッキングし、アイタ族の村に到着。家庭料理を味わったり、アイタ族の伝統的なアーチェリーを体験したりする。道中、植林も行い、ツアーの最後は、サン・フェリペのビー

チで夕日が沈む美しい景色を眺めてディナータイム。

　ツアーを通してコミュニティの人々への雇用創出はもちろん、不平等を強いられた人々との交流を生み出すことで、人々や文化への尊厳が保たれ、互いの壁を取り払うことにもつながる。もともと、マッドトラベルが訪問した際には物乞いをしていた先住民族の人々が、いまでは自ら竹を使って旅人にみやげ物を手作りするなど、意識の変化がみえたという。　　　（大野雛子）

■マッドトラベル
※最新のツアー内容は、HPで確認を。
TEL 0939-920-7627(携帯)
URL madtravel.org
Mail info@madtravel.org

ホテル

Hotels

経済特区内にあるのはほとんどがカジノを併設した高級リゾート。一方、市内にはバックパッカー向けのゲストハウスからビジネスホテルまで幅広い選択肢がある。フィールズ通りにはゴーゴーバーなどが多いが、SMクラークの中にあるレストランやフードコートでは落ち着いて食事をとれる。

クエスト・ホテル＆カンファレンス・センター・クラーク $$
Quest Hotel & Conference Center Clark　MAP P.158上-1外

　プール、フィットネスセンターなど設備が充実。ツアーも扱っている。空港から約3kmの距離にあり、早朝便の前泊に便利。ホテル周辺にはミモザなど7000本以上の木々が生い茂り、森林浴も楽しめる。

住 Mimosa Drive, Filinvest Mimosa + Leisure City, Clark Freeport Zone
TEL (045) 599-8000、(02) 8236-5040
URL questhotelsandresorts.com
料 SDP4950 〜
室数 303
CC ADJMV

6階建ての大きなホテル

クラークトン・ホテル $$
Clarkton Hotel　MAP P.158上-1

　ドイツ資本のホテル。旧クラーク基地や国際空港に近く、免税店もすぐそば。プールやフィットネスセンター、バー＆クラブもある。レストランではオーストラリア、ドイツ、スイスの料理が味わえる。

住 620 Don Juico Ave., Angeles City
TEL (045) 322-3424、0915-455-1155（携帯）
URL clarkton.com
Mail info@clarkton.com
料 SDP2850 〜 3250
Su P3250 〜 5900　室数 85　CC MV

豊富な設備で安定した人気を誇る

オーキッド・イン・リゾート $$
Orchid Inn Resort　MAP P.158下-A

　清潔感あふれる客室にはエアコン、テレビ、ミニバー、シャワーが完備。屋外には広々としたプールもある。周辺にはバーやディスコなどが建ち並び、夜遊びするには最適だ。各種ツアーも扱っている。

住 109 Raymond St., Balibago
TEL 0939-906-0837（携帯）、0917-5020-0838（携帯）
URL www.orchidinnresort.com
Mail info@orchidinnresort.com
料 SDP1800 〜 4900
室数 84　CC AJMV

プールをはじめ、ホテル内設備が充実

レッド・プラネット・アンヘレス・シティ $
Red Planet Angeles City　MAP P.158上-1

　フィリピン全土に展開するレッド・プラネット。内装やサービスはどこもだいたい同じ。清潔でリーズナブルなシティホテルといったところだ。歓楽街からは少し離れているので静かに過ごしたい人向け。

住 Don Juico Ave., Malabanias
TEL (045) 459-0888
URL www.redplanethotels.com
料 SDP1235 〜
室数 165
CC AMV

設備は最低限でリーズナブルに

プラチナム・ホテル・アンド・レストラン $
Platinum Hotel and Restaurant　MAP P.158上-1

　アンヘレスの町の中でも閑静な一角にある。小さいながらもプールやレストランを完備しガードマンもいるので安心。日本語の話せるスタッフもいる。

住 44-10 SL Orosa St, Diamond Subdivision, Balibago　TEL 0917-126-1190, 0968-898-8081（携帯）
Mail reservations@bluebookers.com.ph
料 SDP1500 〜 2500
Su P2500 〜 3500　F P3500 〜
室数 25　CC 不可

ウオーク・アバウト・ホテル $$
Walk About Hotel　MAP P.158下-B

　通称 "ウオーキング・ストリート" と呼ばれる、フィールズ通りの最もにぎわう一角にあり、便利かつ清潔で人気がある。1階にはツアーデスクあり。

住 Lot #2, Fields Ave., Balibago
TEL (045) 625-6154
Mail walkabout.hotel@hotmail.com
料 SDP1755 〜　Su P2250 〜
室数 46
CC AJMV

冷房　ファン　トイレ　水シャワー　温水シャワー　バスタブ　テレビ　ミニバー　冷蔵庫　ネットフリー　朝食　日本人スタッフ
※料と記してある場合は共同となります。

戦時の爪痕が残る

バランガ

Balanga

MAP 折込表-B2

市庁舎周辺の町並み

サマット山Mt. Samatやモンテマール・ビーチMontemar Beachなど、バターン半島への拠点となるのがバランガ。バターン州の州都でもあり、町の規模も比較的大きい。こぎれいなアーケードやドライブスルーのファストフード店などがあり、マニラ近郊の地方都市のなかでは最も洗練されている印象を受ける。

バターン半島は、第2次世界大戦で死闘が繰り広げられた地で、各地に戦争慰霊碑や記念館が建てられている。1942年の日本軍による「死の行進」は特に有名だ。その事件についてはいろいろな見方もあるが、半島の南端マリベレスMarivelesからサン・フェルナンドまで捕虜を歩かせ、それによって多数の死者が出たといわれている。今ではその道に、死者を悼むモニュメントが立つ。

バランガの歩き方 GETTING AROUND

町の中心は、**リサール公園Rizal Park**のあたり。すぐ隣には、市庁舎がある。市庁舎建物の中に、観光案内所が入っているので立ち寄ってみるといいだろう。周辺には、外観の美しい教会やショッピングモールなどもある。南北に走る**マッカーサー・ハイウエイMacArthur Hwy.**と交差しているのが**キャピトル通りCapitol Dr.**で、バターン州の州庁舎へと続く緑豊かな美しい道路が西に向かって走っている。

白亜の外観をもつ市庁舎

バランガの
市外局番 ☎047

ACCESS

🚌 マニラのキアポ地区のドロテオ・ホセ（アヴェニダ）とパサイから、ジェネシス・トランスポートのバスが3:00〜21:00の間、約20分ごとに運行。ほかにドロテオ・ホセからバターン・トランジット、クバオからファイブ・スターやバターン・トランジットのバスも運行している。所要約3時間30分、₱260〜。バギオからはジェネシス・トランスポートのジョイバスが毎日2本運行している。15:00、17:00発。所要約5時間、₱600。

● **ジェネシス・トランスポート**
Genesis Transport
MAP P.62-B2、64上、65下
TEL (02) 8551-0842（パサイ）
TEL (074) 422-7763（バギオ）

● **ファイブ・スター**
Five Star
MAP P.65上
TEL (02) 911-7359

● **バターン・トランジット**
Bataan Transit
MAP P.64下
TEL 0998-595-2645

■ **観光案内所**
MAP P.162-2
住 市庁舎内
TEL (047) 237-0719、0917-193-4568（携帯）
開 8:00〜17:00
休 土・日・祝

活気あるバランガ・パブリック・マーケット

■バランガ湿地自然公園
Balanga Wetland and Nature Park

バランガの北東部にある11haの自然公園で、バードウオッチングなどが楽しめる。敷地内にはマングローブの森林や展望台、ピクニックエリアなどもあり、ゆったりと散歩を楽しむのにも最適だ。インフォメーションセンターやショップもある。バランガの市内中心からトライシクルで所要約10分。約₱50。

[MAP] P.162-1外
[開] 8:00 ～ 17:00　[休] なし
[料] ₱50
[問合せ] 観光案内所（→P.161）
[Mail] tourism.coh@gmail.com

■サマット山

🚗 サマット山は、バランガと西岸の町バガックを結ぶ道（約23km）の途中にある。カボカボCabog-Cabog行きジプニーに乗り、ディワDiwaで下車。所要約20分、₱30程度。そこからトライシクルで所要約10分、₱200程度。

山頂にある大きな十字架

バガックのホテル

[H] モンテマール・ビーチ・クラブ
Montemar Beach Club

[MAP] P.134-A2
[住] Sitio Pasinay Brgy., Pagasa, Bagac
[URL] www.montemar.com.ph
[予約・問合せ] マニラ
[TEL] (02) 8475-2456
[料] [S][D] ₱6500 ～
[室数] 89
[CC] AMV

1
2
Enrique Garcia St.
マッカーサー・ハイウエイ
MacArthur Hwy.
Joyous Resort & Restaurant
エターナル・シュライン・メモリアル・パーク
Eternal Shrine Memorial Park
ジェネシス・バスターミナル
リサール公園
Rizal Park
サンフラワー公園
Sunflower Park
バターン・セントラル・ターミナル（バス、ジプニー乗り場）
市庁舎別館
J.P.リサール通り
J.P.Rizal
バランガ湿地自然公園 P.162へ
P.161 観光案内所
墓地
P.163 エリソン・ホテル
市庁舎
バターン・ペニンシュラ大学
Bataan Peninsula University
Plaza Hotel
スタジアム
Balanga City Stadium
セブン-イレブン
マクドナルド
Galeria Victoria
病院
イミグレーション
スーパーマーケット
病院
ワナム・レストラン P.163
ジョリビー
スーパーマーケット
PNB
Land Bank
キャピトル通り
Capitol Dr.
Pure Gold
マッカーサー・ハイウエイ
MacArthur Hwy.
バランガ・パブリック・マーケット
Balanga Public Market
墓地
第2次世界大戦の砦跡
World War II Surrender Marker
バランガ
N
0
500m

バランガ周辺の見どころ　ATTRACTION

十字架がバターンの戦闘を物語る　★★

サマット山　[MAP] P.134-A2

Mt. Samat

バランガからバガックへ行く道の途中、ひときわ目を引くのが山の上の高さ95mの大きな十字架。周辺でかつて日本軍と米軍が交戦し、数多くの犠牲者が出たことの慰霊のためにサマット山の頂上に掲げられている。十字架の中は空洞で、上まで上ることも可能だ。戦争記念館には日本軍の兵器が展示されている。入場料₱50。

サマット山の頂上には十字架が立つ

遠浅の白砂ビーチと穏やかな海　★

モンテマール・ビーチ　[MAP] P.134-A2

Montemar Beach

南シナ海に面する西海岸のバガックにあるビーチ。腰から首くらいの深さの遠浅の海が50～60m続き、透明度も高い。ホワイトサンドで海水浴に最適なビーチだ。プール、テニスコート、ミニゴルフ場を完備したリゾートホテルもある。

ホテル＆レストラン　Hotels & Restaurants

エリソン・ホテル $
Elison Hotel　MAP P.162-1～2

　バランガで最もリーズナブル
なホテルのひとつだが、プール
も付いている。客室も清潔感が
あり、快適に過ごせる。Wi-Fiが
無料で使えるのがうれしい。入
口には24時間、警備員がいるの
で安心だ。

🏠 Aguire St., Poblacion
☎ (047) 237-2942
💰 Ⓢ₱1800～2800　Ⓓ₱2500
　₱4500
🛏 30
CC 不可

かわいらしい色でまとめられている

ワナム・レストラン $
Wanam Restaurant　MAP P.162-2
中国料理

　中国人の経営だが、フィリピン
人好みのメニューが多い中国料
理のレストラン。チャーハンやフ
ライドチキン、春巻きなどを組み
合わせた定食があり、ひとりで
食事をする場合でもちょうどよ
い量だ。

🏠 Lerma St.
☎ (047) 612-1418
🕐 10:00～23:00
休 なし
CC 不可

ボリューム満点の定食

ちょっと
ひと息コラム

「死の行進」の跡をたどる

　第2次世界大戦中の1942年4月9日に、日本
軍はバターン半島を占領した。バターン半島で
捕虜となった米比軍人の数は、日本軍が想定し
ていた2万5000人をはるかに上回る約7万6000
人。ターラック州にあるオドンネル基地に護送
するため、バターン半島の南に位置するマリベ
レスと西に位置するバガックからパンパンガ州
サン・フェルナンドまで捕虜の半数以上を徒歩
で行軍させた。マラリアや赤痢などがまん延し
たうえ、さらに炎天下での行軍により、1万人余
りの捕虜が命を落としたといわれている。これ
がバターン死の行進である。

　マリベレスからサン・フェルナンドまでの道の
りは102km。バガックからの道は、途中ピラール
で合流する。バガックからサン・フェルナンドま
では87kmだ。マリベレスとバガックには死の行
進の始まりを示す0キロポストがあり、サン・フェ
ルナンドの102km地点まで1kmごとに距離標が
立つている。4日間の日程で、バガックからサン・
フェルナンドまで歩くツアーやバランガ内の戦跡
を訪ねるツアーを企画している旅行会社もある。

　バターン半島には、米比兵捕虜が歩いた国道
添いに、死の行進を悼むモニュメントが多くあ
る。特にバランガ近郊のサマット山周辺は戦時
中、激戦地であったため、頂上に慰霊の十字架

が立っている。麓の村には死の行進のキロポス
トのかたわらに日本兵を弔う英霊塔がある。フ
ィリピンでは4月9日は勇者の日とされ、休日に
なっている。毎年この日には、アメリカや日本か
らも多くの人がサマット山に慰霊に訪れる。

ラヤックに立つモニュメント

■ラヤック・ジャンクション・モニュメント
Layac Junction Monument
　マニラからオロンガポやバランガ行きバスに乗
り、ラヤック・ジャンクションで下車。バランガか
らラヤックまでバスで₱30程度。

■バガック0キロポスト
0km.Death March Marker
　バランガからバガック行きジプニーに乗り、ジ
ャパニーズ・フレンドシップ・タワーで下車（約
₱20）。モンテマール・ビーチに向かって歩くと道
がY字路に分かれており、その間にある。

米海軍の基地があった

スービック

Subic

MAP 折込表-B2

スービックの
市外局番 ☎047

ACCESS

🚌 マニラのサンパロック（→MAP P.65下左）からは4:00〜20:00の間に、30分〜1時間おきに1本、ビクトリー・ライナーがオロンガポまで運行。マニラのクバオ（→MAP P.65上）からは24時間、約1時間おきに運行している。所要3〜4時間。料金は₱228〜。アンヘレスからは、ビクトリー・ライナー、フィルトランコのバスが頻発している。所要約1時間、₱150程度。

●ビクトリー・ライナー
 Victory Liner
TEL (02) 8833-5019（パサイ）
TEL +63 909 080 3231

■市観光案内所
MAP P.165下-1
住 オロンガポ市庁舎内
TEL (047) 611-4816
開 8:00〜17:00
休 土・日・祝

■SBMA観光案内所
MAP P.165上-B1
住 2F Subic Bay Exhibition & Convention Center, 18 Efficiency St., Subic Bay Gateway Park
TEL (074) 252-4194
URL www.mysubicbay.com.ph
開 8:00〜17:00
休 土・日・祝

地元の人々でにぎわうスービック・ベイのビーチ

　かつて、世界最大の在外米海軍基地といわれていたスービック基地。陸地の総面積だけで7000ヘクタールもあったその跡地は、1992年にフィリピンに返還されてから、周辺のオロンガポ市、スービック町、モロン町、エルモサ町とともにスービック・ベイ・フリーポート・ゾーンとして生まれ変わった。台湾をはじめとする多くの外国企業の誘致に成功し、いまやこのエリアは一大産業タウンになりつつある。ここには今もなお、米軍施設として使われたオフィスビルや倉庫をはじめ、将校や軍人のための宿泊施設やビーチなどが残っており、それらを利用した観光開発も盛んだ。

スービックへの行き方　　　ACCESS

　マニラから、**オロンガポ Olongapo** 行きのビクトリー・ライナーのバスに乗り、3時間程度で町の北側にあるバスターミナル（→MAP P.165下-1）に着く。バギオからのバスも同ターミナルに到着。目の前の**リサール通り Rizal Ave.** がメインストリートなので、S **SMモール SM Mall** との間を巡回している黄色い車体のジプニーに乗り、スービックへ向かう。人気のビーチ、バリオ・バレットへは青いジプニーで行ける。

スービックの歩き方　　GETTING AROUND

　マグサイサイ・ゲートを入って左側に、元スービック基地内を走るSBMAバスの乗り場がある。とりあえず広大な敷地内を1周してみたいのならスービック国際空港（通称キュービ Cubi）行きのバスに乗るといい。

フリーポート・ゾーンの海沿いの景色

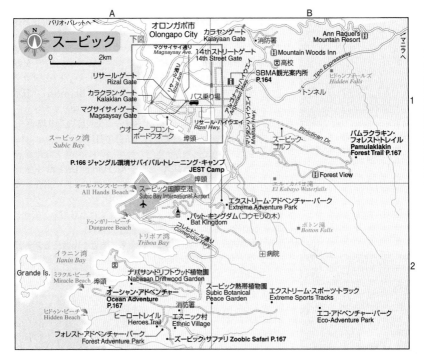

スービック Subic

A

B

0 2km

バリオ・バレットへ

オロンガポ市
Olongapo City

カラヤンゲート
Kalayaan Gate

消防署

Ann Raquel's
Mountain Resort

マニラへ

マグサイサイ通り
Magsaysay Ave.

14thストリートゲート
14th Street Gate

Mountain Woods Inn

高校

Tipo Expressway

リサール・ゲート
Rizal Gate

カラクラン・ゲート
Kalaklan Gate

マグサイサイ・ゲート
Magsaysay Gate

ウォーターフロント
ボードウオーク

SBMA観光案内所
P.164

バス乗り場

リサール・ハイウエイ
Rizal Hwy.

埠頭

ヒドゥンフォールズ
Hidden Falls

トンネル

マリンドゥカンハイウエイ
Malilan Hwy.

スービック湾
Subic Bay

Binictican Dr.

スービック・
ゴルフ

バムラクラキン・
フォレストトレイル
Pamulaklakin
Forest Trail P.167

P.166 ジャングル環境サバイバル・トレーニング・キャンプ JEST Camp

埠頭

Forest View

エル・カバヨ滝
El Kabayo Waterfalls

オール・ハンズ・ビーチ
All Hands Beach

スービック国際空港
Subic Bay International Airport

エクストリーム・アドベンチャー・パーク
Extreme Adventure Park

ドゥンガリー・ビーチ
Dungaree Beach

バット・キングダム（コウモリの木）
Bat Kingdom

ボトン滝
Botton Falls

トリボア湾
Triboa Bay

コレヒドール通り
Coregidor Hwy.

病院

イラニン湾
Ilanin Bay

Grande Is.

ミラクル・ビーチ
Miracle Beach

埠頭

ナバサン・ドリフトウッド植物園
Nabasan Driftwood Garden

オーシャン・アドベンチャー
Ocean Adventure
P.167

スービック熱帯植物園
Subic Botanical
Peace Garden

エクストリーム・スポーツ・トラック
Extreme Sports Tracks

消防署

ヒドゥン・ビーチ
Hidden Beach

ヒーロートレイル
Heroes Trail

エスニック村
Ethnic Village

エコ・アドベンチャー・パーク
Eco-Adventure Park

フォレスト・アドベンチャー・パーク
Forest Adventure Park

ズービック・サファリ Zoobic Safari P.167

1

2

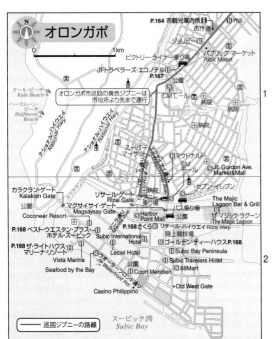

オロンガポ Olongapo

0 1km

P.164 市観光案内所

市庁舎

PNB

ジョリビー

パブリック・マーケット
Public Market

ビクトリー・ライナー乗り場

JFトラベラーズ・エコテル P.167

公園

ケール・ビーチ
Kale Beach

ハーフムーン・
ビーチ
Halfmoon
Beach

オロンガポ市巡回の黄色ジプニーは
市役所より先まで運行

CMモール

病院

病院

ナショナル・ハイウエイ
National Hwy.

ナショナル・ハイウエイ
National Hwy.

カラクラン・リバー

スーパー・
マーケット

マクドナルド

SM
モール

JL. Gordon Ave.
Market&Mall

セブンイレブン

カラクラン・ゲート
Kalaklan Gate

公園

リサール・ゲート
Rizal Gate

マグサイサイ・ゲート
Magsaysay Gate

Coconeer Resort

バス乗り場

The Majic
Lagoon Bar & Grill

さくら

Harbor
Point Mall

公園

ザ・マジック・ラグーン
The Magic Lagoon

リサール・ハイウエイ Rizal Hwy.

P.168 ベスト・ウエスタン・プラス・
ホテル・スービック

Subic International
Hotel

陸上競技場

ゴールデン・ティー・ハウス P.168

P.168 ザ・ライトハウス・
マリーナ・リゾート

Vista Marina

Leciel Hotel

Subic Bay Peninsula

Subic Travelers Hotel

88Mart

ウオーターフロント・パーク
Waterfront Park

Court Meridien

Seafood by the Bay

Casino Philippino

Old West Gate

スービック湾
Subic Bay

1

2

―――― 巡回ジプニーの路線

フリーポート・ゾーンに残る
スペイン統治時代の門

散歩に最適な
ウオーターフロント通り

樹齢200年を超える巨樹やアイタ族の生活に欠かせない木々が生育する原生林

アイタ族にはジャングルで生きてゆくための優れた技術が伝えられている。

■JESTキャンプ
　2023年7月現在、10人以上のグループ向けにジャングル・サバイバル・ツアーのみ再開している。要予約。
TEL (047) 252-1489
URL jestcamp.com
料 24時間　₱850
　　72時間　₱1500

スービックの見どころ

　マリンスポーツを楽しむなら、**ウオーターフロント通りWaterfront Rd.**沿いのビーチへ。マグサイサイ・ゲートを背にほぼ正面方向に10分ほど歩いていけばいい。また、オロンガポ市郊外にある**バリオ・バレットBarrio Barretto**（→**MAP** P.134-A1）のビーチもいい。このあたりには手頃なホテルも多く、ビクトリー・ライナーのバスターミナル脇の乗り場から、青い車体のジプニーに乗って約15分で行ける。

　また、スービック国際空港の海岸沿いには、もとは米兵専用だった**オール・ハンズ・ビーチAll Hands Beach**、**ドゥンガリー・ビーチDungaree Beach**などのビーチが点在している。しかし、ここまではバスが通っていないので、マグサイサイ・ゲートからタクシーで行かなくてはならない。ビーチでは休憩用のニッパハットなども借りられる。

　そのほか、空港周辺には動物たちと間近で出合える**ズービック・サファリZoobic Safari**などの観光スポットが点在している。また、ロッククライミングなどを楽しめるアドベンチャー・パークなどもある。

フリーポートゾーンの海沿いの景色

かつての米軍キャンプをそのまま体験　　　　　　★★
ジャングル環境サバイバル・トレーニング・キャンプ　**MAP** P.165上-B2
Jungle Environmental Survival Training Camp (JEST)

　広大な元米軍基地内には、今も原生林のジャングルが残るエリアがある。基地返還前、先住民族のアイタAyta族は、そのエリア内のトレーニングキャンプで米軍特殊部隊にジャングルでのサバイバル術を教えていた。そのトレーニングキャンプが、今も観光客向けに存続している。

　その内容は、アイタ族に教育を受けたインストラクターから、竹を使った皿やスプーン、カップの作り方、竹の飯ごうでのご飯の炊き方、火の起こし方などを教わる。希望すれば、周辺のジャングル・サバイバル・ツアーにも参加できる。

　エリア内にはアイタ族の生活に密着したみやげ物を売るショップ、レストラン、博物館なども併設されている。みやげ物のなかでは実用的なシャンプーの木（グーグGuguという樹木を石でたたいて平らにして水をかけて泡立てる）がおすすめ。マニラからのツアーもある。

アイタ族の子供たち

ジャングルでの暮らしの知恵を知る ★★

パムラクラキン・フォレスト・トレイル [MAP] P.165上-B1

Pamulaklakin Forest Trail

先住民族アイタ族に出会いたければトレッキングツアーに参加するといい。アイタ族のガイドの案内で、森林を散策しながらパムラクラキンから続くトレイルをたどっていくというもので、2～3時間でアイタ族の暮らすパストランPastolan村に着く。途中、ガイドが野草や樹木から薬を作る方法やその効能などを教えてくれ、自然に密着した昔ながらの知恵と暮らしぶりについて知ることができる。

ジャングルの中をハイキング

迫力いっぱいのサファリを体験！ ★★

ズービック・サファリ [MAP] P.165上-A2

Zoobic Safari

見どころは、何といってもタイガーサファリ。防護車に乗ってタイガーゾーンに入り、野生同然に暮らす30頭ものトラを間近で観察するというもので、餌やりの光景も見られる。そのほか園内には、珍しいホワイトタイガーやライオン、クロコダイルなどの動物がいて、クロコダイルへの餌やりやトラの赤ちゃんとの記念撮影などもできる。また、アイタ族のダンスショーやアイタ族伝統の料理が食べられるレストランなどもあり、子供から大人まで楽しめる。

トラへの餌やりは迫力満点！

イルカと触れ合える ★★

オーシャン・アドベンチャー [MAP] P.165上-A2

Ocean Adventure

イルカと一緒に泳げることで人気のエンターテインメント施設。イルカやシャチ、アシカのショーが楽しめるほか、水族館ではフィリピンの海に暮らすさまざまな魚やサンゴなどの海洋生物に出合える。フリーポート・ゾーンから無料バスが出ている。

■パムラクラキン・フォレスト・トレイル
[住] Subic Bay Freeport Zone
[TEL] 0977-027-5509（携帯）
[開] 7:00～17:00 [休] なし
[料] トレッキングツアー
2～3時間 ₱250
1泊ツアー ₱500

ガイドをしてくれるアイタ族の老人

■ズービック・サファリ
[住] Group 1, Ilanin Forest, Subic Bay Freeport Zone
[TEL] (047) 252-2272
[URL] www.zoomanity.com.ph
[開] 8:00～16:00 [休] なし
[料] 大人₱895、子供₱795
チケットは₱200分のバウチャー付き
※タイガーサファリやクロコダイルへの餌やりなどは別料金。

ゲートの外は別世界ーオロンガポ市

元米軍基地からゲートを通りオロンガポ市へ入ると整然とした元基地内とうって変わり、活気と喧騒に包まれたオロンガポの町並みに驚くだろう。メインストリートのリサール通り沿いには安宿やパブリック・マーケットがあり、ビクトリーライナー乗り場近くは夜にストリートフードの露店も出てスービックの旅を安く楽しみたい人にはおすすめの滞在先だ。

[H] JFトラベラーズ・エコノテル
JF Traveler's Econotel

オロンガポのビクトリーライナーのバス乗り場近くの安宿。アットホームな安宿ながらエアコン、Wi-Fi完備で快適に過ごせる。
[MAP] P.165下-1
[住] 25 Anonas St., West Bajac, Olongapo
[TEL] 0906-246-0984（携帯）
[Mail] jftravelerseconotel@yahoo.com
[料] [S][D]₱900～
[CC] 不可

■オーシャン・アドベンチャー
[住] Camayan Wharf, West Ilanin Forest Area, Subic Bay Freeport Zone
[TEL] (047) 252-9000
[URL] oceanadventure.ph
[開] 10:00～17:00 [休] なし
[料] 大人₱850、子供₱680
※ドルフィン・ビーチ・エンカウンター ₱2500/30分などは別料金

ホテル&レストラン　Hotels & Restaurants

マニラからの家族連れなども多いスービックには、宿泊施設やレストランが充実している。リゾート気分が楽しめる豪華ホテルもあり、レジャーを楽しみながらゆったりするには最適だ。雰囲気のいいレストランやカフェを探しているのであれば、ウオーターフロント通りに行くといいだろう。

ザ・ライトハウス・マリーナ・リゾート　$$$

The Lighthouse Marina Resort　[MAP] P.165下-2

冷房 トイレ 温水シャワー バスタブ テレビ ミニバー ネットフリー 朝食

スービック随一の豪華ホテル。海に面した絶好のロケーションにあり、リゾート気分が楽しめる。シーフードがおいしいと評判のレストランも入っている。ヨットのチャーターのアレンジをしてくれる。

[住] Block 4 Lot 1, Waterfront Road, Moonbay Marina Complex Central Business District Subic Bay Freeport Zone [TEL] (047) 252-5000 [URL] www.lighthousesubic.com
[予約・問合せ] マニラ [TEL] (02) 8711-0019
[料] [S][D]₱8000～1万2500
[室数] 34 [CC] ADJMV

フリーポート・ゾーンでは老舗

ベスト・ウエスタン・プラス・ホテル・スービック　$$$

Best Western Plus Hotel Subic　[MAP] P.165下-2

冷房 トイレ 温水シャワー バスタブ テレビ ミニバー ネットフリー 朝食

カジュアルな中級ホテル、ベスト・ウエスタンがスービックにオープン。9タイプもの客室に、ビジネスセンターやジムなど、設備が充実。それでも、フリーポート・ゾーンのなかでは比較的リーズナブルに滞在できる宿のひとつ。

[住] C-5B Dewey Ave., Subic Freeport Zone
[TEL] 0917-148-2104（携帯）
[URL] bestwesternsubic.com
[料] [S][D]₱7150～ [F]₱1万2870～
[室数] 94
[CC] AJMV

4つ星クラスの施設をリーズナブルに

スズキ・ビーチ・ホテル　$$

Suzuki Beach Hotel　[MAP] P.134-A1

冷房 トイレ 温水シャワー バスタブ テレビ ミニバー

バリオ・バレットにある唯一の日本人経営ホテル。スービック湾を望むビーチの目の前に位置し、いつでもマリンレジャーが楽しめる。プールとロングステイ専用ホテルも新たに完成し、家族連れにも最適。

[住] #1 Samar St., Ba. Barretto
[TEL] (047) 223-9217/0968-879-7028（携帯）
[URL] suzukibeachhotel.com.ph
[料] [S][D]₱4752～5760 [F]₱6480～
[室数] 39
[CC] ADJMV

日本人経営の快適な宿

ゴールデン・ティー・ハウス　$$

Golden Tea House　[MAP] P.165下-2

中国料理

ヌードルや飲茶がおいしいと評判で、地元の中国人も食べに来る本格派の中国料理の店。ポットで中国茶が出てくるというのも、うれしいサービスだ。店内は明るく、気軽に入りやすい雰囲気。

[住] 422 Aguinaldo St.
[TEL] (047) 252-2222
[営] 11:00～23:00
[休] なし
[CC] MV

中国風のインテリアで飾られた店内

さくら　$$

Sakura　[MAP] P.165下-2

日本料理

スービック在住日本人御用達の店。日本人経営で寿司からうどんまで本格的。日本の味が恋しくなったら、ぜひ立ち寄りたい。ハーバーポイント、SMクラークにも支店あり。

[住] Lot 5 Time Square Bldg. Corner Sta. Rita Rd.
[TEL] (047) 252-2666
[営] 10:30～21:00
[休] なし
[CC] AJMV

月替わりメニューもある

冷房　ファン　トイレ　水シャワー　温水シャワー　バスタブ　テレビ　ミニバー　冷蔵庫　ネットフリー　朝食　日本人スタッフ

※[共]と記してある場合は共同となります。

ミンドロ島随一のダイビングリゾート

プエルト・ガレラ
Puerto Galera

MAP 折込表-B2

最もにぎわうホワイト・ビーチ

総面積が1万245km²のミンドロ島はフィリピンで7番目に大きい島であり、東ミンドロ州 Oriental Mindoro と西ミンドロ州 Occidental Mindoro に分けられる。プエルト・ガレラは、ミンドロ島の玄関口。ダイビングリゾートとして人気がある。スペイン統治時代から中国、インド、スマトラ、ジャワとの貿易中継地として、また台風の避難地として利用されてきた。今はマニラから気軽に行けるリゾート地として、にぎわいを見せている。

プエルト・ガレラへの行き方   ACCESS 🚌

マニラからバスでバタンガス (→P.139) へバスで行き、バタンガス港から船でプエルト・ガレラへ渡るのが一般的。また、バタンガス行きのバスは、まず市内のグランド・ターミナルに止まり、終点が港 (ピア Picr)。バタンガス港からは、プエルト・ガレラのバラテロ港行き、東ミンドロ州の州都のカラパン Calapan 行きなどのたくさんの船が出ている。バスを降りて30mほど先の港のゲートを入るとすぐに客船ターミナルビルがあり、チケットブースが並んでいる。

プエルト・ガレラの
市外局番 ☎043

ACCESS

🚢 バタンガス (→P.139) の港からフェリーでアクセスするのが一般的。2020年よりすべてのプエルト・ガレラ行きはバラテロ Balatero 港行きとなった。モンテネグロ Montenegro と、アイランドウォーター Island Water の2社が、高速船とカーフェリーを運行している。6:00〜14:00の間に4便以上運航。所要1時間〜1時間20分、₱612。

● モンテネグロ・ライン
Montenegro Lines
URL montenegrolines.com.ph
● アイランド・ウォーター
Island Water
URL islandwater.ph

マニラ発の直行バス

🚌🚢 マニラの 🏨 シティ・ステート・タワー・ホテル City State Tower Hotel (MAP P66-A2) からプエルト・ガレラまでシカット・バスが運行。バスと高速船のパッケージ料金で販売している。片道₱1500、往復₱2900。
〈スケジュール〉
往路
 9:30 シティ・ステート・タワー・ホテル発
11:30 バタンガス港着
13:00 バタンガス港発
14:30 プエルト・ガレラ着
復路
11:30 プエルト・ガレラ発
12:30 バタンガス港着
12:30 バタンガス港発
15:30 シティ・ステート・タワー・ホテル着
※スケジュールは随時変更されるので事前に確認のこと。

● シカット・バス
Sikat Bus
🏠 G/F City State Tower Hotel, 1315 A. Mabini St., Ermita, Manila
☎ 0945-447-4216、0916-739-3447
URL www.sikatferrybus.com
Mail info@sikatferrybus.com

プエルト・ガレラ周辺

A   B

N

0   653   3km

P.173
ホワイト・ビーチ・ホテル

P.173
サマー・コネクション・
ビーチ・リゾート

P.172
ヴィラ・アナスタシア・
ホワイトビーチ

Marco Vincent Resort

ホワイト・ビーチ
White Beach

White Beach
Resort

ミノロ
Minolo

Nagura

Sand Bar Beach Resort

ビッグ・ラ・ラグーナ・ビーチ
Big La Laguna Beach

スモール・
ラ・ラグーナ・ビーチ
Small La Laguna Beach

ロング・ビーチ Long Beach

ラ・ラグーナ・ビーチ・クラブ
P.172

ハリゲ・ビーチ
Halige Beach

ココ・ビーチ
Coco Beach

サバン・ビーチ
Sabang Beach

P.173
パパ・フレッズ・
ビーチ・リゾート

Big Apple
Dive Resort

Coral Cove

ララグーナ・ヴィラス
P.172

ステップス＆
ガーデン・リゾート **P.172**

アニヌアン・ビーチ
Aninuan Beach

ラス・ビラス・デル **P.173**
ナティビダッド・リゾート

White Beach Guest House

タマラウ・ビーチ・リゾート **P.173**

Aninuan Beach Resort

サンセット・アット・アニヌアン・ビーチ **P.172**

Mountain Beach Resort

マウンテン・ビーチ Mountain Beach

Mengie's White Sand
Beach Resort

マンニャン族の村
Talipanan Mangyan Village

タリパナン・ビーチ Talipanan Beach

ムリエ埠頭

バラテロ
Balatero

バラテ・ビーチ
Balate Beach

ホンドゥラ・ビーチ
Hondura Beach

Encenada Resort

アンジェリン・ダイブ・
リゾート **P.173**

エル・ガレオン・
ビーチ・リゾート **P.173**

アジア・ダイバーズ **P.170**

ブルー・クリスタル・
ビーチ・リゾート **P.173**

Ponderosa Golf &
Country Club

↙ カラバンへ

スモール・ラ・ラグーナ・ビーチ
の夕日

ターミナルフィーと入島料
バタンガスのフェリーターミナ
ルを利用する際には、ターミナル
フィー₱30を支払う。プエルト・ガ
レラに入港する際には、ミンド
ロ島の環境保全費として₱120が
徴収される。

ダイビングサービスの料金
ダイビングの料金はどこもほ
ぼ同じ。アジア・ダイバーズの場
合、器材込みで、体験ダイビング
が₱4500。
▣アジア・ダイバーズ
Asia Divers
MAP P.170-B1
住 Small La Laguna Beach
TEL 0975-871-9653 (携帯)
URL www.asiadivers.com

●**トライシクルの値段**
村の職員が港にいて、それぞれ
の客から行き先を聞いてトライシ
クルを手配してくれるので安心だ。
ホワイト・ビーチ　₱100〜150
サバン・ビーチ　　₱250〜300

プエルト・ガレラの歩き方　GETTING AROUND

　バタンガスからの船は以前はムリエMuelle埠頭に発着し
ていたが、いまは3kmほど西のバラテロBalatero港に到着す
る。プエルト・ガレラに点在するビーチは、港から東西に離
れているので、港で待ち構えているトライシクルで移動す
る。西の**ホワイト・ビーチ**White Beachまで25分くらい、東
の**サバン・ビーチ**Sabang Beachへは10分くらい。

　以前の船が発着していたムリエ埠頭は今はプライベート・
ボート専用となっている。周辺は公園として整備され、スペ
イン統治時代に交易に使われた帆船が復元されて停泊して
いる。ムリエ埠頭から5分ほど歩くとプエルト・ガレラの中
心。といってもこぢんまりしていて、町役場、スーパー、市場
などがあり、地域の人の暮らしの中心となっている。

ダイビングを楽しみに来る人が多い

プエルト・ガレラの見どころ　ATTRACTION

　のんびりと海水浴を楽しみたい人にはフィリピン人旅行者に人気のホワイト・ビーチとそれに続く**アニヌアン・ビーチAninuan Beach**、**タリパナン・ビーチTalipanan Beach**がおすすめ。このあたりはレストランやホテルの種類も豊富で価格もリースナブルだ。少し先にはミンドロ島の先住民マンニャン族の村があり観光客も訪れることができる。

　実はプエルト・ガレラはダイビングのメッカでもある。2023年プエルト・ガレラを訪問したフィリピン観光大臣は「プエルト・ガレラをフィリピンのダイビング・キャピタルにしたい」と話したという。ダイビング・スポットが集中するのはバラテロ港から東に行った半島の周辺。歓楽街で有名な**サバン・ビーチ**は、浜が護岸工事でコンクリートで固められているので、ナイトライフとダイビングの両方を楽しみたい人

夜ににぎわうサバン・ビーチエリア

の拠点にいい。その西隣りの**スモール・ラ・ラグーナ・ビーチSmall La Laguna Beach**、**ビッグ・ラ・ラグーナ・ビーチ**は砂浜も美しく、ゆっくりと滞在しながらダイビングを楽しむ人におすすめ。このあたりには60軒ものダイビング・ショップが軒を連ねている。

ミンドロ島の見どころ　ATTRACTION

どこまでも静かなビーチでのんびりバカンス　★
マンブラオ　MAP P.169
Mamburao

　西ミンドロ州の州都マンブラオ。しかし、州都というイメージとはほど遠く、小さく静かな町だ。町なかには、ホテルやレストランなどもある。周辺にはいくつかのビーチが点在するが、一番有名なのは町の北西にある**タヤマアン・ビーチTayamaan Beach**。遠浅の海はどこまでも穏やかで、海に沈む夕日の輝きは格別だ。

緑深いジャングルと白砂のビーチで大自然を満喫　★★
北パンダン島　MAP P.169
North Pandan Island

　西ミンドロ州のサブラヤンSablayanの沖合いに位置する小さな島。白砂のビーチが美しい南部には、**H** パンダン・アイランド・リゾート（→欄外）があり、ウインドサーフィンやダイビングが可能だ。リゾートの前のビーチはサンゴが美しく、スノーケリングにもってこい。アポ・リーフApo Reefへのダイブツアーもある。また北部のジャングルは野生動物の宝庫として知られている。サブラヤンのブエナビスタBuenavista地区にエコツーリズム・オフィスがあるので訪ねてみるとよい。

カラフルな海中ワールド

おすすめダイブスポット
　サバン・エリアからスピードボートで10分以内の距離に、ワイドからマクロまで約40のバラエティに富んだポイントがある。また、高速ボートで約30分のベルディ島Verde Islandにはワールドクラスと称賛されるダイナミック・ポイントがある。ロウニンアジ、ギンガメアジの群れや、一面オレンジの絨毯を敷きつめたようなキンギョハナダイの大群など、すばらしいダイビングが期待できる。マニラからアクセスがいいので、撮影目的で何度も訪れるダイバーも多い。

■**マンブラオ**
🚌 バタンガス港（→MAP P.140-2外）からモンテネグロ・ラインMontenegro Linesの船がアブラ・デ・イログAbra de Ilog（→MAP P.169）まで、毎日3:00〜11:30の間に4便運航。所要時間約3時間、₱572。ほかにベスタ・シッピングBesta Shippingのフェリーも運航。アブラ・デ・イログからマンブラオへはタクシーで所要約30分、₱500〜₱650程度。

■**北パンダン島**
　マニラとサン・ホセSan Jose（→MAP P.169）の間をセブパシフィックが毎日運航している。所要約50分、片道₱1698〜。サン・ホセからはマンブラオ行きのバスに乗り、途中のサブラヤンSablayan（→MAP P.169）で下車。サブラヤンまで所要約3時間30分、₱140程度。そこから北パンダン島へボートで渡る。所要約30分、₱200程度。アブラ・デ・イログからサン・ホセ行きのバスに乗り、サブラヤンで下車してもいい。その場合も所要約3時間30分、₱225程度。

北パンダン島のホテル
H パンダン・アイランド・リゾート
Pandan Island Resort
MAP P.169
🏠 5104 Sablayan, Occidental Mindoro
TEL 0939-388-7308（携帯）
URL www.pandan.com
SD ₱2100（木）〜 2980
C ₱6600 〜 8800
CC 不可

ホテル

Hotels

東のサバン・ビーチから西のタリパナン・ビーチの間に、高級リゾートからバックパッカー宿まで300軒以上が並ぶ。人気のホワイト・ビーチのホテルは、ビーチ沿いのオーシャンビューの部屋でも比較的安く宿泊できる所が多い。ハイシーズンは12 ～ 5月、ローシーズンは6 ～ 11月。ローシーズンは天気が崩れることもあるが、ゆったりできるので狙い目だ。

サンセット・アット・アニヌアン・ビーチ $$

Sunset at Aninuan Beach

[MAP] P.170-A2

西フィリピン海に面したプエルト・ガレラの隠れ家リゾート。宿泊客だけが出入り可能なプライベート・ビーチが目の前に広がり、そこから眺めるサンセットは絶景だ。ヴィラタイプの部屋もある。

[住] Aninuan Beach
[TEL] 0920-931-8924、0917-495-7945
[URL] www.aninuanbeach.com
[料] [S][D]₱5500 ～ [Tr]₱5500 ～ 8000
[F]₱8000 ～ 1万5000 [C]₱1万～ 2万
[室数] 33
[CC] AMV

プライベートビーチが目の前に広がる

ラ・ラグーナ・ビーチ・クラブ $$

La Laguna Beach Club

[MAP] P.170-B1

ビッグ・ラ・ラグーナ・ビーチにある。施設内の設備が充実していて、レストランやバーがおしゃれ。7室のスイートルームは、目の前にビーチが広がる好ロケーション。ローシーズンは朝食付き。

[住] Big Lalaguna Beach
[TEL] 0917-794-0323（携帯）
[URL] llbc.com.ph
[料] [S]₱3640 ～ [Tr]₱4032 ～ 4700
[F]₱4201 ～ 6160
[室数] 45
[CC] ADJMV

リゾート前の美しいビーチ

ララグーナ・ヴィラス $$

Lalaguna Villas

[MAP] P.170-B1

スモール・ラ・ラグーナ・ビーチにある、ダイバーのために考え抜かれたヴィラ・スタイルの快適なリゾート。24時間営業のレストラン、プール、ジム、スパなど設備も充実。日本人のダイビング・インストラクターが常駐。

[住] Small Lalaguna Beach
[TEL] 0956-122-4452（日本人直通）、042-573-1108（日本国内問い合わせ予約先）
[URL] lalagunavillas.com
[料] [S][D]US ＄69 ～（ペソ払いも可）
[室数] 40
[CC] AJMV

サバン・ビーチからも歩いて7分

ヴィラ・アナスタシア・ホワイトビーチ $

Villa Anastacia White Beach

[MAP] P.170-A2

ホワイト・ビーチの目の前にあるヴィラタイプのホテル。内装も南国を感じさせる落ち着くインテリアで、キッチンも付いているので簡単な料理をすることも可能。ホワイト・ビーチでリラックスした時間を過ごせるだろう。

[住] White Beach
[TEL] 0927-981-6854
[Mail] villaanastacia@gmail.com
[料] [C]₱2900 ～
[室数] 7
[CC] MV

南国らしさを感じるインテリア

ステップス & ガーデン・リゾート $$

Steps & Garden Resort

[MAP] P.170-B1

サバン・ビーチを一望できる高台にある。場所はわかりにくいが、ビーチ沿いのタマリンド・レストランに行けば案内してくれる。敷地内は花や緑であふれ、とても落ち着いた雰囲気。ゆったりとくつろげる。

[住] Sabang Beach
[TEL] (043) 287-3046、0915-381-3220（携帯）
[URL] www.stepsgarden.com
[料] [S][D]₱1900 ～ 4900 [Su]₱5200 ～
[F]₱6300 ～
[室数] 28 [CC] MV

プールなどの施設も充実

冷房　ファン　トイレ　水シャワー　温水シャワー　バスタブ　テレビ　ミニバー　冷蔵庫　ネットフリー　朝食　日本人スタッフ

※[共]と記してある場合は共同となります。

エル・ガレオン・ビーチ・リゾート $$
El Galleon Beach Resort [MAP] P.170-B1

スモール・ラ・ラグーナで欧米人に人気のホテル。ダイビングサービスやマリンスポーツもできるので、アクティブに楽しみたい人にはおすすめ。各種ツアーも手配してくれる。客室にはケトルや金庫を完備。

[住] Small Lalaguna Beach
[TEL] (043) 287-3205、0917-814-5107 (携帯)
[URL] asiadivers.com
[料] [SD]₱2750 ～ 4345
[F]₱5610 ～ 1万175 [Su]₱16655
[室数] 30 [CC] AMV

部屋もおしゃれな人気ホテル

アンジェリン・ダイブ・リゾート $$
Angelyn's Dive Resort [MAP] P.170-B1

ビーチに面した3階建ての本館と、裏手のバンガローとロッジがあるローカル経営の老舗リゾート。とにかく安く泊まりたいという人におすすめ。ここに泊まってお気に入りのダイブショップに行くダイバーも多い。

[住] Sabang Beach
[TEL] 0968-628-3450、0917- 655-0679
[URL] angelynsdiveresort.com
[料] [SD]₱2400 ～ 4500
[室数] 60
[CC] MV

常連客のダイバーも多い。格安だが清潔

パパ・フレッズ・ビーチ・リゾート $$
Papa Fred's Beach Resort [MAP] P.170-B1

地元でも評判のステーキハウスを併設するリーズナブルな宿。近年改装されたばかりで、全室にエアコン、ミニバー、Wi-Fiを完備している。モダンな内装の客室もあり、快適に過ごすことができる。

[住] Sabang Beach
[TEL] 0915-147-7354 (携帯)
[料] [SD]₱2343 ～ 5596
[室数] 12
[CC] MV

モダンな内装の客室もある

ブルー・クリスタル・ビーチ・リゾート $$
Blue Crystal Beach Resort [MAP] P.170-B2

レストランやプールを完備。客室は落ち着いたインテリアで整えられ、豪華だ。ダイビングやマンニャン族の村を訪れるツアーなども扱っている。港からサバンに向かう途中の静かな海沿いに位置している。

[住] Barangay Palangan
[TEL] 0915-223-6067
[URL] www.bluecrystalbeachresort.com
[料] [SD]₱2750 ～ 5200
[F]₱5150 ～ 1万2000
[室数] 15
[CC] ADJMV

白亜の外観が特徴

ラス・ビラス・デル・ナティビダッド・リゾート $
Las Villas del Natividad Resort [MAP] P.170-A1

ホワイト・ビーチの中心にあるアパートメント形式のホテル。ビーチで食べる魚の炭火焼きがおいしい。周辺にはみやげ物店などもある。

[住] White Beach
[TEL] 0956-357-4822 (携帯)
[料] [SD]₱1200 ～ 2000
[F]₱3800 ～ 5000
[室数] 30
[CC] 不可

ホワイト・ビーチ・ホテル $$
White Beach Hotel [MAP] P.170-A1

ホワイト・ビーチの中心にあるホテルのなかでも、人気があるホテル。プエルト・ガレラ寄りの「ホワイト・ビーチ・リゾート」も同じ経営。

[住] White Beach
[TEL] 0917-632-8546 (携帯)
[料] [SD]₱2150 ～ 4200
[Tr]₱2200 ～ 3700
[F]₱3100 ～ 5200
[室数] 65
[CC] AJMV

サマー・コネクション・ビーチ・リゾート $$
Summer Connection Beach Resort [MAP] P.170-A1

ホワイト・ビーチの一番奥にあるので、とても静か。ヤシの木の合間に建つニッパハットでくつろげる。日本人の利用も多い。

[住] White Beach
[TEL] 0920-973-6642 (携帯)
[URL] www.summerconnection.net
[料] [SD]₱5500 ～ 8295
[室数] 21
[CC] 不可

タマラウ・ビーチ・リゾート $
Tamaraw Beach Resort [MAP] P.170-A2

アニヌアン・ビーチにあるコテージ。客室タイプはいろいろで、そのなかから自分に合ったものを選べる。静かで、のんびりできる。

[住] Aninuan Beach
[TEL] 0917-504-8679 (携帯)、0936-942-5862
[URL] tamaraw-beach.business.site
[料] [SD]₱1100 ～ 2500 [F]₱6000
[C]₱3000 ～ 3500
[室数] 30 [CC] AMV

バナウェの棚田

ルソン島北部

フィリピンで最も山深い地域がルソン島北部。その中央に位置するコルディレラ地方は標高2000m級の山々が連なり、アメリカ占領時に避暑地として開拓されたバギオがその中心都市。世界遺産に登録されている見事な棚田（ライステラス）が点在するイフガオ州も、コルディレラの山中にある。山岳地方のかなり奥地まで行くと、今なお伝統文化が残っている村もあり、伝統的な家に住む少数民族が静かに生活を営んでいる。こうした伝統文化とは対照的に、ルソン島北部の西海岸沿いではスペイン植民地時代の数々の文化遺産を目にする。特に南イロコス州にあるビガンは、スペイン統治時代の町並みの美しさから町全体が世界遺産に登録されている。

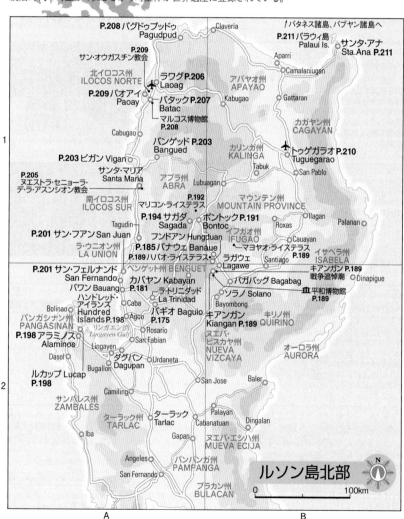

ルソン島北部

バギオ
マニラ

ルソン島北部への玄関口

バギオ

Baguio

`MAP` 折込表-B2

丘の斜面にカラフルな建物が建ち並ぶバギオの町

バギオはマニラからバスで5〜8時間。つづら折りの山道を1時間ほど登った所に忽然と姿を現す緑のなかの「天空都市」である。標高1500m。年間をとおしての平均気温は15〜23℃。最も暑い4月には30℃を上回ることもあるが、山間部のため過ごしやすい。

バギオはアメリカ植民地時代の20世紀初頭、先住民イバロイ族のカファグアイKafagayと呼ばれる小さな村だったが、植民地政府によって避暑地として開発された。西洋的な都市デザインによって設計されているため、フィリピンのほかの町では見られない洗練された雰囲気が漂う。当時、マニラが最も暑い3〜6月に政府機能がバギオに移されたことから、「夏の首都Summer Capital」と呼ばれてきた。その時代の象徴である元アメリカのフィリピン総督の公邸「ザ・マンション」は、今もバギオ観光の目玉となっている。

バギオはコルディレラ地方（6つの州からなっている）と呼ばれる先住民族の暮らす山岳地方の入口であり、また、経済・文化の中心でもある。市内には8つの大学があって学生が多く、活気にあふれている。マニラの富裕層の瀟洒な別荘が建ち並び、休日にはマニラからの避暑や観光客でにぎわう観光都市だ。

一方で、山岳地方から先住民族も多く移り住み、英語を学びに来る韓国人留学生をはじめとする外国人の姿も多く、さまざまな国籍、民族の行き交う国際都市の色も強い。

また、この気候と緑に囲まれた自然を求め、そして山岳民族の伝統文化にひかれて移り住んできたアーティストたちがこの町には多い。活発な創作活動を展開しており、「アートの町」としての顔も併せもっている。

バギオの
市外局番 ☎074

ACCESS

🚌 マニラのパサイ、クバオ、PITXバスターミナル（→P.58）、サンパロックなどから、各社のバスが出ている。所要5〜8時間、₱490〜900。

● ビクトリー・ライナー
Victory Liner
`MAP` P.62-B2、65上
`TEL` (02) 8842-8679(ホットライン)
`TEL` 0998-591-5101（バギオ）

● ジェネシス・トランスポート
Genesis Transport
`MAP` P.62-B2、65上
`TEL` (02) 8332-8075（パサイ）

● ソリッド・ノース
Solid North
`TEL` 0917-522-5463

バギオ行きバスの予約サイト
以下の3つがあるが、すべてのバスが予約できるわけではない。また直前の予約はできないことも多い。予約にフィリピンの電話番号の入力が必要なこともある。

● ピノイ・トラベル
Pinoy Travel
`URL` pinoytravel.com.ph

● アイウオンツシーツ
iWantSeats
`URL` iwantseats.com

● ビヤヒーローズ
Biyaheroes
`URL` biyaheroes.com

各バス会社の運行スケジュールは各社のフェイスブック・ページで確認を。コロナ禍で運休していたバス会社の多くが運行を再開している。

ピーク時のバギオ行きバス
パサイ発のビクトリー・ライナーやジェネシスのバスが混雑していたらチャイナタウンのLRTドロテオ・ホセ駅近くのアヴェニダ発のバスを使おう。フィリピン・ラビットPhilippine Rabbit社とジェネシス社がアヴェニダにターミナルをもっている。
`MAP` P.64下

■観光局（DOT）
[MAP] P.178-B2
[住] DOT Complex, Gov. Pack Rd.
[TEL] (074) 442-7014
[Mail] dotregioncar@gmail.com
[開] 8:00 ～ 17:00　[休] 土・日・祝

■郵便局
[MAP] P.178-B2
[開] 8:00 ～ 17:00　[休] 土・日・祝

バギオの両替所

シティ・マーケット内にあるが、目立たないので見つけにくい。ボニファシオ通り沿いのオールド・マーケットと呼ばれるエリアの細い裏通りに多い。よく見ると店内に「Exchange」と書かれた看板などがあるので、それが目印。レートは両替所によって多少違うが、銀行よりはいい。ただし、大金を両替する場合は十分注意が必要。[S] SMバギオ内はスーパーマーケットの近くを含め、2ヵ所に両替カウンターがある。

バギオからマニラの空港へ

ジェネシス・トランスポートのジョイバスの一部が、ニノイ・アキノ国際空港の第1、第2、第3ターミナルに直行するようになった。ターミナルに寄ったあとにはSMモール・オブ・アジア（[MAP] P.62-A2）にも寄る。すべてのバスが行くわけではないので予約時に確認を。

バギオからクラーク国際空港へ

ジェネシス・トランスポートのターミナル（[MAP] P.178-B2）からクラーク国際空港まで直行バスが1日5本運行している。うち2本はノンストップ。運賃は₱500。

バギオの町並み。右に見える教会はバギオ大聖堂

バギオへの行き方　ACCESS

マニラからバギオへはバスが唯一の公共交通手段。ビクトリー・ライナー、ジェネシス・トランスポート、ソリッド・ノースなどのバス会社が運行している。上記3社は24時間運行で本数も多い。また3社とも、トイレ付きの座席のゆったりした3列シートのノンストップバスを運行していて、5時間くらいで到着する。特に観光ピークシーズンにはバギオ行きのバスはたいへんな混雑になるので、オンラインバス予約サイト、各社のホームページなどでの事前の予約をおすすめする。

2022年12月、フィリピン航空が週4日、セブのマクタン空港から長い間使われていなかったバギオ・ロアカンLoacan空港間の運航を開始した。所要約2時間。バギオは標高が高く気象が安定せず、欠航になることもあるので、事前に運航スケジュールの確認を怠らずに。ロアカン空港は郊外に位置しているので、空港から市内へはタクシーを利用する。

北ルソン各地へのハブでもあるバギオ市には、各地に向かうバスが頻繁に出ている。

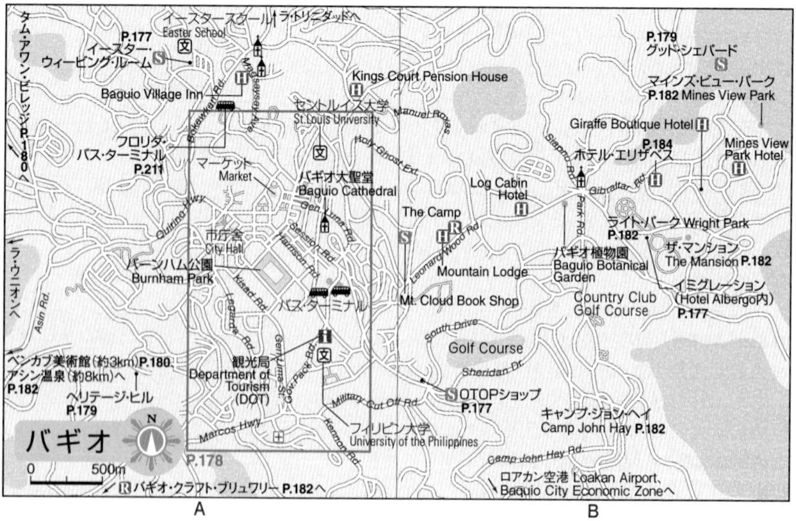

バギオ
0 500m
イースタースクール
Easter School
ラ・トリニダッドへ
タム・アワン・ビレッジ P.180へ
P.177
イースター・ウィービング・ルーム
Baguio Village Inn
Bokawkan Rd.
Magsaysay Ave.
フロリダ・バス・ターミナル P.211
マーケット
Market
Quirino Hwy
市庁舎
City Hall
バーンハム公園
Burnham Park
ラ・ウニオンへ
Asin Rd.
Kisad Rd.
Legarda Rd.
Harrison Rd.
Session Rd.
Gen. Luna Rd.
バス・ターミナル
観光局
Department of Tourism (DOT)
Gen. Luna St.
Gov. Pack Rd.
ベンカブ美術館（約3km）P.180、アシン温泉（約8km）へ P.182
ヘリテージ・ヒル P.179
Marcos Hwy
P.178
バギオ・クラフト・ブリュワリー P.182へ
Kings Court Pension House
セントルイス大学
St.Louis University
Manuel Roxas
Holy Ghost Ext.
バギオ大聖堂
Baguio Cathedral
Military Cut Off Rd.
Kennon Rd.
フィリピン大学
University of the Philippines
The Camp
Log Cabin Hotel
Leonard Wood Rd.
Mountain Lodge
Mt. Cloud Book Shop
South Drive
Golf Course
Sheridan Dr.
OTOPショップ P.177
P.179
グッド・シェパード
マインズ・ビュー・パーク
P.182 Mines View Park
Giraffe Boutique Hotel
P.184
ホテル・エリザベス
Mines View Park Hotel
Siapno Rd.
Gibraltar Rd.
Park Rd.
ライト・パーク Wright Park
P.182
ザ・マンション
The Mansion P.182
バギオ植物園
Baguio Botanical Garden
イミグレーション（Hotel Albergo内）P.177
Country Club Golf Course
キャンプ・ジョン・ヘイ
Camp John Hay P.182
Camp John Hay Rd.
ロアカン空港 Loakan Airport、Baguio City Economic Zoneへ
A
B

バギオの歩き方

GETTING AROUND

　バギオ市は山あいに位置するため、町なかでもかなりの高低差がある。無理をせずにゆったりと歩くといいだろう。中心は、緑あふれる**バーンハム公園Burnham Park**（→P.181）。大きな池があり、日曜にはボートこぎやサイクリングをする人でにぎわう、現地の人々の憩いの場所だ。

　繁華街はバーンハム公園から見て北東のほう、メインストリートの**セッション通りSession Rd.**にはホテルやレストラン、銀行など、旅行者はもちろん、人々の生活に必要なものがほとんど揃っている。セッション通りから少し入った丘の上に立っているのが、**バギオ大聖堂Baguio Cathedral**（→P.181）だ。

　シティ・マーケットCity Marketは、坂になっているセッション通りを下り切った正面にある。ここでは地元産の手織り布や木彫り、衣類、野菜や果物などが売られている。雑然としているが、庶民の暮らしとパワーを知るにはここがいちばん。ぜひ歩いてみよう。セッション通りを南東に上ると、バギオ市内を一望する丘の上にショッピングセンター **SMバギオ SM Baguio**がある。カフェ、レストラン、スーパーマーケット、ATM、両替所など、何でも揃っている。

　もうひとつの町の中心は、セッション通りから見てバーンハム公園を挟んだ反対側のレガルダ通りLegarda Rd.。中級ホテルや、レストラン、カフェも多く便利な地域だ。

花祭り「パナグンベガ」

　毎年2月から3月の1週目にかけて、バギオ市内は花で埋め尽くされる。バギオで最も大きな祭りパナグベンガPanagbengaのテーマは「花」。花車のパレード、花を使った庭造りコンペ、ストリート・ダンスコンテストなどが繰り広げられる。フィリピン各地から観光客が訪れてたいへん混雑する時期。ホテルもいっぱいの可能性があるので早めの予約を。

豪華な花車のパレードを見に観光客が殺到する

■イミグレーション
MAP P.176-B
🏠 1st floor, Albergo Hotel, Villamor Street, Lualhati Barangay
TEL (074)661-2122

ちょっと ひと息コラム

先住民の手織りと手工芸品に出合えるところ

　どこか洗練された雰囲気の漂うバギオの町だが、ここはコルディレラ山岳地方のディープな先住民族文化の発信基地でもある。先住民族の手工芸品をおみやげにしたければ、**イースター・ウィービング・ルームEaster Weaving Room**へ。マウンテン州の伝統の手織りを使った製品を中心に、さまざまな手工芸品が揃っている。

　貿易産業省(DTI)が小さな産業を振興するために開設しているOTOPショップ（→MAP P.176-B）でも、山岳地方の手工芸品が販売されている。格安に手に入れたいなら、シティ・マーケット内（→MAP P.178-A1）のマハリカMahalikaビルの1階がおすすめだ。ビクトリー・ライナーのバスターミナルに近い**ナルダスNarda's**も手織りの店。こちらは伝統柄ではなく大人っぽくアレンジした色使いの織りと品質の高いハンドバッグなどを販売している。

　ボントックまで足を延ばすなら、マウンテン州政府通商産業課が運営する**パサルボン・センターPasalubong Center**（パサルボンはおみやげの意味）がおすすめ。ボントック市街地を流れるチコ川対岸にある手織りの村サモキで織られたバッグをはじめ、マウンテン州全域のさまざまな手工芸品を販売。

ナルダスの店内には多くの手織り作品が並ぶ

■イースター・ウィービング・ルーム
MAP P.176-A 🏠 No2 Easter Rd, Guisad
TEL (074)442-4972 開 8:00〜17:00 休日 CC AMV
■ナルダス
MAP P.178-B3 🏠 151 Upper Session Rd.
TEL 0920-950-9097 開 8:00〜19:00 休なし
■パサルボン・センター
🏠 2F Multipurpose Bldg., Bontoc, Mountain Province MAP P.191-1
TEL 0920-333-6650
開 9:00〜17:00 休日 CC不可

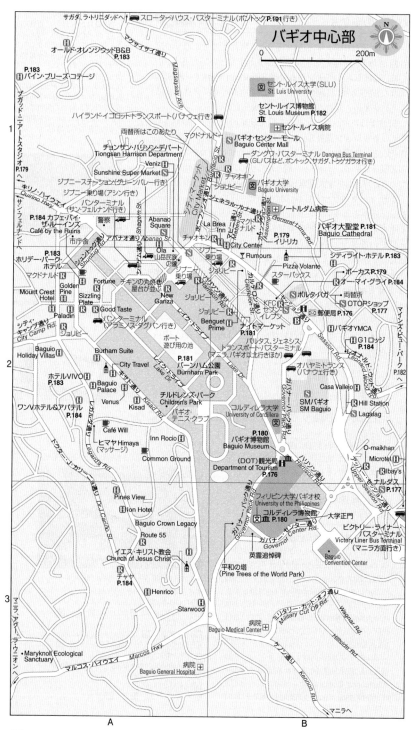

バギオ中心部

サガダ、ラ・トリニダッドへ← スローターハウス・バスターミナル（ボントック P.191 行き）

セント・ルイス大学（SLU）
St. Louis University

セント・ルイス博物館 P.182
St. Louis Museum

セント・ルイス病院

オールド・オレンジウッドB&B
P.183

バイン・ブリーズ・コテージ
P.183

ハイランド・イゴロット・トランスポート（バナウェ行き）

両替所はこのあたり

マクドナルド

バギオ・センター・モール
Baguio Center Mall

ダングワ・バスターミナル Dangwa Bus Terminal
（GLバスなど、ボントック、サガダ、トゥゲガラオ行き）

チョンサン・ハリソン・デパート
Tiongsan Harrison Department

Veniz

チャオキン

バギオ大学
Baguio University

Sunshine Super Market

ジプニーステーション（グリーンバレー行き）

ジプニー乗り場（アシン行き）

バンターミナル
（サン・フェルナンド行き）

ノートルダム病院

ジェネラル・ルナ通り

P.184 カフェ・バイ・
ザ・ルーインズ
Café by the Ruins

警察

Abanao
Square

La Brea
Inn

イリ・リカ
P.179

バギオ大聖堂 P.181
Baguio Cathedral

市庁舎

アバナオ通り Abanao St.

チャオキン

City Center

Rumours

シティライト・ホテル P.183

ホリデー・パーク・
ホテル

Ola
山田民族
の家

ジプニー
乗り場

ジョリビー

Pizza Volante

スターバックス

ボーカス P.179

マクドナルド

Fortune

チキンの丸焼き
屋台が並ぶ

New
Ganza

オー・マイ・グライ P.184

Mount Crest
Hotel

Golden
Pine

Sizzling
Plate

KFC

セブン
イレブン

ポルタ・バガ

両替所

OTOPショップ
P.177

Good Taste

ジョリビー

Paladin

バンターミナル
（アラミノス・ダグパン行き）

Benguet
Prime

ナイトマーケット
P.181

郵便局 P.176

バギオYMCA

Baguio
Holiday Villas

Burham Suite

ボート
遊び用の池

バーンハム公園 P.181
Burnham Park

G1ロッジ
P.184

パルタス、ジェネシス、
トランスポート・バスターミナル
（マニラ、バギオ以北行きほか）

オハヤミトランス
（バナウェ行き）

City Travel

ホテルVIVO
P.183

Baguio
Palace

Venus

Kisad

Café Will

Inn Rocio

Casa Vallejo

SMバギオ
SM Baguio

Hill Station

Lagalag

ワンVホテル&アパテル
P.184

チルドレンズ・パーク
Children's Park

バギオ・
テニス・クラブ

コルディレラ大学
University of Cordillera

ヒマヤ Himaya
（マッサージ）

バギオ博物館 P.180
Baguio Museum

O-maikhan

Microtel

Ibay's

P.177

Common Ground

(DOT) 観光局 P.176
Department of Tourism

Pines View

フィリピン大学バギオ校
University of the Philippines

Ion Hotel

コルディレラ博物館 P.180

大学正門

Baguio Crown Legacy

Route 55

イエス・キリスト教会
Church of Jesus Christ

チャヤ
P.184

ガバナー・センター通り

英霊追悼碑

ビクトリー・ライナー・
バスターミナル
Victory Liner Bus Terminal
（マニラ方面行き）

Baguio
Convention Center

Henrico

平和の塔
(Pine Trees of the World Park)

Starwood

ミリタリー・カット・オフ通り
Military Cut Off Rd.

病院
Baguio Medical Center

Maryknoll Ecological
Sanctuary

マルコス・ハイウェイ Marcos Hwy

病院
Baguio General Hospital

0 —— 200m

N

見どころは、町の中心から、富裕層の別荘と松林に囲まれた**レオナルド・ウッド通りLeonardo Wood Rd.**沿いを東に行った所に集中している。**バギオ植物園Baguio Botanical Garden**、**ザ・マンションThe Mansion**、**ライト・パークWright Park**、**マインズ・ビュー・パークMines View Park**、**キャンプ・ジョン・ヘイCamp John Hay**などがある。

また、郊外には**ベンカブ美術館BenCab Museum**が市内から約3km西の**アシン通りAsin Rd.**沿いにある。途中、イフガオ族の木彫品が並ぶみやげ物店も多い。さらにその5km先には、休日に市民たちでにぎわう**アシン温泉Asin Hot Spring**がある。

マニラからのビクトリー・ライナーのバスは、町の中心から少し外れた専用のターミナルに到着するが、24時間たくさんのタクシーが並んでいるので、たとえ夜中に着いたとしても移動は問題ない。そのほかのマニラからのバスや、バナウェ、ビガン、ラワグからのバスは、セッション通りの南の端、**ガバナー・パック通りGovernor Pack Rd.**のバスターミナルに到着する。

ガバナー・パック通りのバスターミナルからセッション通りと反対の方向に歩いていくと右側に**コルディレラ大学University of Cordillera**があり、陸橋のある大きな交差点に出る。そのはす向かいにあるのが**バギオ博物館Baguio Museum**。並びには観光局（DOT→P.176欄外）があり、バギオ市内やコルディレラ地方の情報が入手できる。なお、バギオは治安もよく、タクシーでもおつりはちゃんと返ってくる。移動の際に有効に利用しよう。

町の西側の高台にあるヘリテージ・ヒルの修道院跡
MAP P.176-A

バギオ名物のウベジャム
グッド・シェパード修道院に寄宿している大学生たちがサポートして作っている添加物なしのジャムなどを販売。なかでもウベ（紫芋）のジャムが人気。
S **グッド・シェパード**
Good Shepherd
MAP P.176-B
住 15 Gibraltar Rd.
TEL (074)424-1109
開 8:00 〜 17:00
休 なし

アート村「イリ・リカ」のカフェ

バギオのアートスポットを巡る！

ちょっとひと息コラム

バギオはアートの町としても知られている。1980年代後半にバギオ・アート・ギルド（BAG）というアート集団が前衛的な活動を行い、毎年国際アート・フェスティバルを開催していた時代もあった。1990年代に入ると失速したBAGを離れ、中心的存在だったアーティストたちがそれぞれ独立したアートスペースをオープンし、今も積極的なアート活動を行っている。

その代表が**タム・アワン・ビレッジTam-awan Village**（→P.180）。バギオを代表する画家、ベネディクト・カブレーラ（通称ベンカブ）が、才能ある若手アーティストたちとともに2014年に設立。その後、ベンカブは私設の**ベンカブ美術館**（→P.180）をオープンした。

映像作家のキドラット・タヒミックはセッション通りにコミュニティ・アート・スペース、**ボーカスVOCAS**（→**MAP** P.178-B2）をオープン。ビルの屋上に突如現れる廃材を使った船の形をしたカフェ（→P.184）とギャラリーは、空間そのものがアート作品だ。キドラットはさらにアート村**イリ・リカIli Likha**（→**MAP** P.178-B1）をセッション通りから少し入った路地にオープンしている。迷路のようなカラフルな内部では、アーティストが運営する小さなカフェや雑貨屋が点在していて散策が楽しい。

バギオを拠点にしてきた画家のアート・ロザーノがオープンしたのは、**プガッド・ニ・アートスタジオPugad ni Art Studio**。町なかから少し外れてた住宅地の中にあるギャラリーだ。バギオの新進アーティストたちの多彩な作品とそれを楽しむ人たちでいつもにぎわっている。

■プガッド・ニ・アートスタジオ
MAP P.178-A1外　**住** 211-B Sitio Atol, Puguis, La Trinidad　**TEL** 0995-354-4266　**料** 無料

■ベンカブ美術館
住 Km. 6 Asin Rd., Tadiangan,
Tuba, Benguet
TEL (074) 442-7165
URL www.bencabmuseum.org
開 9:00～18:00（入場は17:30まで）
休 月
料 ₱200、学生₱120

美術館の入口

■タム・アワン・ビレッジ
住 366-C Pinsao Proper
TEL (074) 446-2949、0917-510-
8196（携帯）
URL tam-awanvillage.com
開 8:00～18:00 休 なし
料 ₱60、学生₱40

●コルディレラ博物館
Museo Kordilyera
住 UP Drive
TEL (074) 423-0119
URL museokordilyera.upb.edu.ph
開 9:00～16:00 休 土・日
料 大人₱60 学生₱30

モダンな外観のコルディレラ博物館

■バギオ博物館
住 DOT Complex, Gov. Pack Rd.
TEL (074) 444-7541
開 9:00～17:00
休 月 料 大人₱40 大学生₱20

バギオの見どころ　　　　　ATTRACTION 🔭

"アートの町"バギオのすべてがここに　　　　　★★★
ベンカブ美術館　　　　　MAP P.176-A外
BenCab Museum

　フィリピンを代表するバギオ在住の画家、ベネディクト・カブレーラBenedicto Cabrera（通称ベンカブ）が設立した財団が運営する美術館。広々としたモダンな建物に、ベンカブの作品のほか、在バギオのアーティストを中心に、フィリピンの現代美術家の秀作コレクションなどがテーマ別に展示されている。なかでも着目したいのは、ベンカブが長年収集してきたコルディレラ山岳地方の先住民族の生活道具を展示したギャラリー。イフガオ族の人が儀礼などで使う「ブルルBulul」と呼ばれる木彫り像をはじめ、さまざまな道具が展示されている。併設のカフェでは、美術館の庭で取れたオーガニック野菜やハーブなどを使ったおしゃれでヘルシーな料理がおいしい。1日かけてじっくり楽しめる美術館だ。

バギオのアートと山岳地方の村の暮らしを疑似体験　　　　　★★★
タム・アワン・ビレッジ　　　　　MAP P.176-A外
Tam-awan Village

　バギオの中心地から車で約20分の郊外にあるアートスペース。自然をそのままに生かした現代アートの作品が敷地内に点在するほか、山岳地方のイフガオ州やカリンガ州の伝統家屋が8棟移築されている。地元作家の企画展のほかに、バギオを代表するアーティストたちの作品が、カリンガ州の伝統家屋を使った常設ギャラリーとカフェで展示されている。伝統家屋で宿泊もできる。ピークシーズンには山岳民族の伝統舞踊が行われることもある。

フィリピン大学付属の先住民族博物館　　　　　★★★
コルディレラ博物館　　　　　MAP P.178-B3
Museo Kordilyera

　フィリピン大学バギオ校キャンパス内にあるコルディレラ地方の先住民の文化をテーマとした博物館。今まで知られることのなかったコルディレラ先住民の風習や暮らし・文化に関する展示が充実している。また、建築賞を受賞したという建物もすばらしい。2021年は先住民の刺青文化に関する写真展、2022年は先住民が使用してきた藤製の背負いかご「パシキン」の展示などが行われた。ミュージアム・ショップも併設。

バギオの激動の歴史を知るなら　　　　　★
バギオ博物館　　　　　MAP P.178-B2
Baguio Museum

　コルディレラ山岳地方の先住民族の衣装や生活道具、歴史関係の写真が展示されている。歴代市長や第2次世界大戦中の写真などもあり、バギオの歴史に関心のある人にはおすすめ。

市民の憩いの場 ★★

バーンハム公園
MAP P.178-A〜B2
Burnham Park

バーンハム公園は、バギオの町を設計したダニエル・H・バーンハムの名にちなんで名づけられている。公園の中央にある池でボートに乗ったり、自転車を借りてサイクリングすることもできる。ローラースケート場もある。

今も昔もバギオの中心 ★★

バギオ大聖堂
MAP P.178-B2
Baguio Cathedral

バギオのカトリック信者の信仰の中心地として、休・祝日のミサになると観光客や信者でたいへんな混雑となる。聖堂部分は1924年、ふたつの塔は1993年に建設された。ステンドグラスが美しいのでぜひ中に入ってみよう。第2次世界大戦のバギオ空襲で戦火を免れた歴史をもつ。

パステル調の外観が印象的

日曜のセッションロード
　歩行者天国になり、出店やコスプレイヤー、ストリートミュージシャンでにぎわう。

バギオのナイトマーケット
　バーンハム公園に面したハリソン通りでは、毎晩21:00〜24:00にナイトマーケット（MAP P.178-A〜B2）が開かれる。古着を安価で手に入れるならここ。

バギオのナイトマーケット

ミイラのある町 カバヤン
ちょっとひと息コラム

バギオから車で約3時間の**カバヤンKabayan**（→MAP P.174-A2）。一見ごく普通ののどかな田舎町だが、実は世界でもまれな**ミイラMummy**のある町である。現地のガイドによると、ミイラは世界の9つの文化で確認されているそうだが、臓器を除かずにそのままミイラ化しているのはカバヤンに住む山岳民族のイバロイ族だけ。ミイラ作りの手法はいまだ解明されていないが、ハーブを利用したのではないかといわれ、皮膚の刺青の色まで鮮やかに残されている。

そんな貴重な伝統文化を伝える町だけに、とても小さな**国立博物館Kabayan National Museum**があり、ミイラの現物を鑑賞し、イバロイ民族の歴史や風習を学ぶことができる。

また、地元のガイドを雇って、ミイラの眠る洞窟を訪れることも可能だ。中心地から1時間半のハイキングでたどり着く**ティノンチョル・ブリアル・ロックTinongchol Burial Rock**は、岩自体がお墓。いくつか開けられている穴にはミイラが納められた棺が安置されている。中心地からハイキングで4時間ほどの**ティンパック洞窟The Timbac Caves**も旅行者に人気だ。

また町なかの民家の敷地の一角にある**オプダス洞窟Opdas Mass Burial Cave**では500〜1000年前のものといわれる何百もの頭蓋骨、人骨が発見され、ほぼそのままの状態で保存されている。疫病によって亡くなった人を集団埋葬したのではないかといわれているそうだ。

ほかにも、フィリピンで3番目に高く、独特の生態系をもつ**プラグ山Mt.Pulag**（2922m）や**タバヨック山Mt.Tabayoc**（2842m）などでは、大自然のなか、ハイキングや登山も楽しめる。

北ルソン山岳民族の知られざる伝統文化を身近に触れられるカバヤンへの旅。バギオから日帰りも可能だが、宿泊施設もあるので、1泊してゆっくり旅してみるのもいいだろう。

■カバヤンへの行き方
隣町のラ・トリニダッドのKM4から乗合ワゴン車が6:30〜16:30の間、随時運行している。TEL 0999-662-2066

■カバヤン国立博物館 Kabayan National Museum
※2023年7月現在、移転のため閉鎖中。

H **パインコーン・ロッジ　Pinecone Lodge**
　ガイドを頼むことができる。TEL 0927-586-0221
住 Poblacion, Kabayan　料SD₱2000〜

■プラグ山ツアー
　入山人数に制限がある。また環境天然資源省（DENR）の講習に参加する必要があり、健康診断書の提出が必要。バギオ市内の旅行代理店が企画するツアーに参加するのがおすすめ。

S **Agetyeng Travel ＆Tours**
住 Ground Floor, UB Square, General Luna Rd.　TEL 0998-853-7155

■セント・ルイス博物館

バギオ中心部に巨大なキャンパスのあるセント・ルイス大学（SLU）内の博物館。先住民族の伝統文化と暮らしを紹介。

MAP P.178-B1
住 2F Msgr. Charles Vath Library Bldg., SLU Libraries, Saint Louis University
TEL (074) 442-2193
開 8:30 ～ 11:30、13:30 ～ 16:30
休 日・祝　**料** 無料

■ザ・マンション＆ライト・パーク

住 Romulo Drive
開 6:00 ～ 18:00
休 なし　**料** 無料

クラフトビールの店

醸造所を併設した本格クラフトビールのレストラン。何十種類もあるなかから自由に試飲してお好みの一杯を注文できる。

R バギオ・クラフト・ブリュワリー
Baguio Craft Brewery
MAP P.176-A外
住 120, RKC Bldg., 4 Ben Palispis (Marcos) Highway
TEL 0962-052-7750
営 15:00 ～翌2:00
休 なし

イチゴビールなど個性的なメニューが揃う

■マインズ・ビュー・パーク

🚕 セッション通りのプライムホテルの角を曲がったところに、ジプニー乗り場（→ **MAP** P.178-B2）がある。マインズ・ビュー・パーク行きのジプニーに乗れば、ザ・マンションやライト・パークにも行ける。帰りはプラザPlaza行きに乗る。

■アシン温泉

🚕 アシン温泉行きのジプニーは、マーケットの一角のカヤンKayang通りから出ている。終点のアシン温泉まで約1時間。バギオ行きの最終ジプニーは17:00なので乗り遅れないように。

レクリエーションがいっぱい　　　　　　　　★★

キャンプ・ジョン・ヘイ　**MAP** P.176-B
Camp John Hay

　町の中心から南東にある米軍関係者用の元保養施設。日米が開戦した1941年12月8日、日本軍はここをフィリピン初の爆撃目標とした。また、終戦後の1945年9月3日には、山下奉文陸軍大将がこの地で降伏文書に調印をした。現在は690ヘクタールもある広大な松林の中に、ゴルフ場やテニスコート、ピクニック場、ホテルなど多くの娯楽施設が揃っている。

フィリピン人にとって最大の見どころのひとつ　　★★★

ザ・マンション＆ライト・パーク　**MAP** P.176-B
The Mansion & Wright Park

　ザ・マンションは、アメリカ植民地時代の1908年にフィリピン総督の住居として建てられたもので、第2次世界大戦中の1945年にアメリカ軍の爆撃によって破壊され、1947年にフィリピン政府によって再建された。以降、大統領がバギオを訪れたときの滞在先として使用されている。建物内に入ることはできないが、大通り沿いの門はロンドンのバッキンガム宮殿を模してデザインされたといわれ、最高の記念撮影ポイントとなっている。その向かいのライト・パークは松林が細長い長方形の大きな池に映り、よく手入れされた花壇に囲まれた美しい公園。公園の一部（バギオの町の中心側）にある馬場には200頭ほどの馬がいて乗馬が楽しめる。

立派な門構えのザ・マンション

少し足を延ばして行きたい場所　　　　　　　★★

マインズ・ビュー・パーク　**MAP** P.176-B
Mines View Park

　ベンゲット州の鉱山採掘場と、その奥に山岳地方の美しい山並みが眺められる。周りにはみやげ物屋が建ち並び、木彫り、編物、手織りの毛布などの手工芸品を購入することもできる。

涼しいバギオだからうれしい温泉　　　　　　★★★

アシン温泉　**MAP** P.176-A外
Asin Hot Spring

　バギオの郊外約10kmのところにある温泉地。フィリピンでは熱い湯船につかる習慣がないので、温水のスイミングプールがメイン。ジプニーを降りた所から小道を入った**オリジナル・アシン温泉The Original Asin Hot Spting**は古くからあるプールで、週末はバギオの人々でにぎわう。近代的な施設が整っているのはメインストリート沿いの**パーム・グローブ温泉Palm Grove Hot Spring**。宿泊施設もある。

182

ホテル&レストラン　Hotels & Restaurants

フィリピン人の間で人気ナンバー1の避暑地バギオには、高級ホテルから山荘風のおしゃれなロッジ、キッチン付きの長期滞在用アパートまで、さまざまなタイプの宿泊施設が揃っている。クリスマスなどのピークシーズン時期には、宿探しに苦労するので、必ず予約を。シーズン中は料金がはね上がることも念頭におこう。

シティライト・ホテル　$$
Citylight Hotel
MAP P.178-B2

バギオ大聖堂から徒歩5分のモダンなホテル。客室設備が十分に整っており、中心地から近くて便利。雨季にはオフシーズン割引がある。朝食はビュッフェ（₱260）。週末だけオープンする最上階のバーは大人の雰囲気。

245 Upper Gen. Luna Rd.
TEL (074) 442-8080、
0917-629-2761（携帯）
料 S⃝D⃝₱2720 ～ 3840　Tr⃝₱4400
Su⃝₱8640
室数 110　CC JMV

モダンなデザインの客室

オールド・オレンジウッド B&B　$
Old Orangewood B&B
MAP P.178-A1

1935年に建てられたという古き良きバギオの邸宅を使ったB&B。ゆったりとした共有スペースや部屋は古さを感じさせず、手入れが行き届いている。フリーのコーヒーやお茶もうれしい。

20 Gomez St., P. Burgos Lower
TEL 0977-801-1503
Mail theoldorangewood@gmail.com
料 S⃝₱1350 ～ 2700　D⃝₱1850 ～ 3000
Tr⃝₱4200 ～ 4350　F⃝₱6200
室数 15
CC 不可

名前の通りオレンジ色の外観

パイン・ブリーズ・コテージ　$
Pine Breeze Cottages
MAP P.178-A1

中心部から少し離れているが、フィリピンの伝統的なネイティブハウスに宿泊できる。スタンダードな部屋には4 ～ 11人が寝泊まりでき、ファミリー向け。受付カウンター付近でのみ Wi-Fi（無料）が利用できる。

40 Bokawkan Rd. Cor. P. Burgos St.
TEL (074) 442-3350、
0977-398-1120（携帯）
URL www.pinebreezebaguio.com
料 F⃝₱2200 ～
Su⃝₱4800 ～　C⃝₱450
室数 31　CC 不可

ネイティブハウスには1－3人まで宿泊可

ホリデー・パーク・ホテル　$$
Holiday Park Hotel
MAP P.178-A2

バーンハム公園の西、シティ・マーケットや有名なカフェ・バイ・ザ・ルーインズ（→P.184）にも近い。清潔に保たれており、客室設備も十分に整っていて居心地がいい。周辺には、中国料理や韓国料理のレストランもあって便利。

129 Abanao Extension
TEL (074) 619-2807 ～ 8、
0922-821-4390（携帯）
URL www.holidayparkhotel.com.ph
料 S⃝₱2200　D⃝₱2000
F⃝Su⃝₱3700 ～ 4500
室数 20　CC AJMV

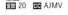
リラックスできる雰囲気

ホテルVIVO　$$
Hotel Vivo
MAP P.178-A2

2022年7月にオープンしたモダンなブティックホテル。バーンハム公園から近く、公園でのイベントや祭りに参加するにはうってつけのロケーション。近くに数多くの飲食店がある。宿泊費は朝食代込み。

17 Legarda road
TEL 0917-140-0008、(074) 420-9003
Mail fohotelvivo@gmail.com
URL www.hotelvivo.ph
料 D⃝₱3250 ～ 3500
室数 52
CC MV

カラフルな看板が目を引く

冷房　ファン　トイレ　水シャワー　温水シャワー　バスタブ　テレビ　ミニバー　冷蔵庫　ネットフリー　朝食　日本人スタッフ

※共と記してある場合は共通となります。

G1 ロッジ $$
G1 Lodge
[MAP] P.178-B2

セッション通りを登りきったところにあるシックな外観が目を引くホテル。受賞歴のある建築家による設計だ。部屋ごとにコンセプトの異なったデザインで、何度か訪れてインテリアの部屋に泊まる楽しみも。

[住] 2 Leonard Wood Rd.
[TEL] (074)665-4825、0917-888-1864（携帯）
[URL] www.g1lodge.com
[料] Ⓢ₱1998 ～ 4038　Ⓓ₱2998 ～ 8568　Ⓕ₱5708 ～ 9068
[室数] 30　[CC] ADJMV

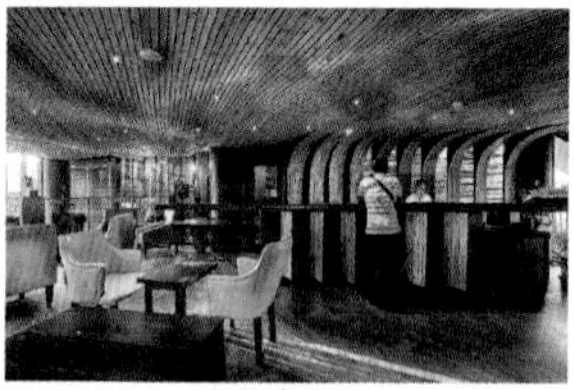
フロントもシックなデザイン

ワン Vホテル＆アパテル $$
One V Hotel & Apartel
[MAP] P.178-A2

にぎやかなレガルダ通りに近いが、小道を入ったところにあるので閑静。部屋の種類も豊富で、キッチン付きの部屋もある。1階に若者に人気の明るい雰囲気のクオテッドカフェ Quoted Café があるのもうれしい。

[住] 14 Bukaneg Street
[TEL] 074-619-0793、0977-875-0770（携帯）
[URL] onevhotelapartel.com
[料] Ⓢ₱2495 ～ 5495　Ⓓ₱3195 ～ 5695　Ⓕ₱3895 ～ 11495
[室数] 44　[CC] AJMV

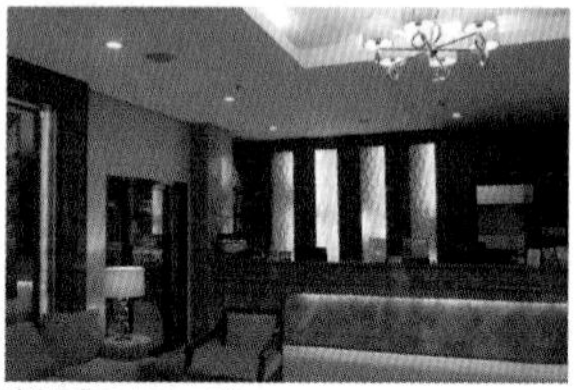
高級感のあるロビー

ホテル・エリザベス $$$
Hotel Elizabeth
[MAP] P.176-B

観光スポットの集中するマインズビューの近く。バギオらしい松林に囲まれていて周辺散策が楽しい。ホテルの建設ラッシュのこのエリアではすでに老舗だが、安定したサービスとクオリティでおすすめ。

[住] 1 J.Felipe St.
[TEL] (074) 619-0367、0993-835-6002、0916-619-7355
[Mail] hotelelizabeth.com.ph/official
[料] ⓈⒹ₱6000　Ⓕ₱8000 ～ 9500　[Su]₱9000 ～ 18000
[室数] 69
[CC] MV

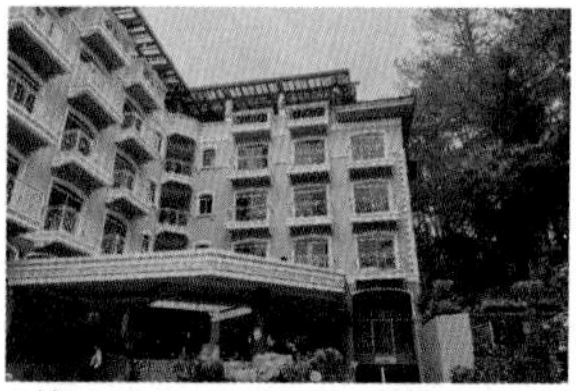
お城のようなロマンチックな外観

チャヤ $$
Chaya
[MAP] P.178-A3
日本料理

日本人女性オーナー＆シェフによる本格的な和食の店。山のなかにあるバギオで，新鮮な刺身を食すことができるとは驚き。有機野菜たっぷりのサラダなどバギオならでは。SMバギオにも支店がある。

[住] 72 Legarda Road
[TEL] (074) 424- 4726
[営] 10:00 ～ 20:00
[休] なし
[CC] AMV

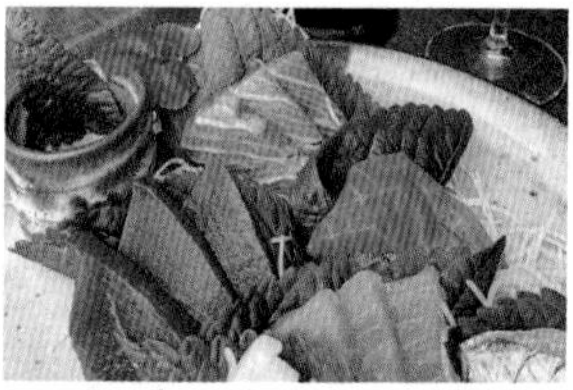
マニラから食べに来る人も多い超人気店

カフェ・バイ・ザ・ルーインズ $$
Café by the Ruins
[MAP] P.178-A2
フィリピン料理、アジア料理

2023年に開業35周年を迎えた老舗カフェ。バギオが地震や台風被害に見舞われた時には、被災者のための炊き出しを行ってきた社会的企業でもある。地元食材を使った洋食風にアレンジしたフィリピン料理やパスタなど。

[住] 25 Shuntug Rd.
[TEL] 0966-528-9072
[営] 7:00 ～ 21:00
[休] なし
[CC] AMV

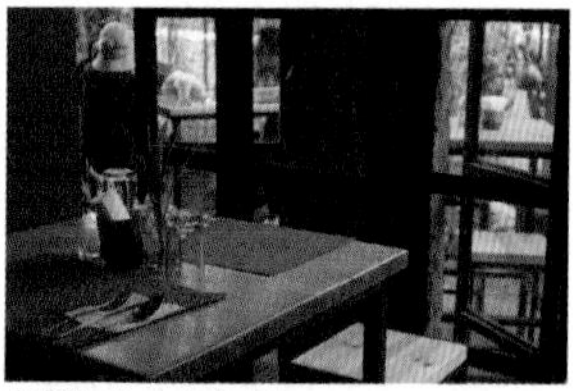
自家製パンもおすすめ

オー・マイ・グライ $$
Oh My Gulay
[MAP] P.178-B2
ベジタリアン料理

アートスペースのボーカス VOCAS（→P.179）内にあるベジタリアンカフェ。取れたて野菜のサラダや豆腐を使った料理がおすすめ。バギオ市内を見渡せる展望とダイナミックなアートな空間は一見の価値あり。

[住] 5F La Azotea Bldg., 108 Session Rd.
[TEL] (074) 446-0108、0939-912-7266（携帯）
[営] 11:00 ～ 20:00（月・水・木～ 19:00）
[休] 火
[CC] 不可

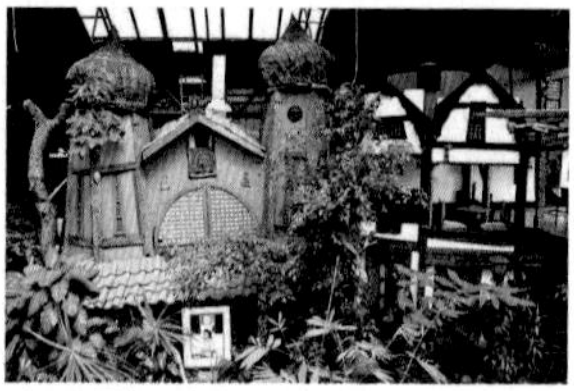
ビルの屋上にあるアートスペース

冷房　ファン　トイレ　水シャワー　温水シャワー　バスタブ　テレビ　ミニバー　冷蔵庫　ネットフリー　朝食　日本人スタッフ
※[共]と記してある場合は共同となります。

世界遺産のライステラスが広がる

バナウェ

Banaue

<MAP> MAP 折込表-B2

バナウェ・ビューポイントからの景色

　バナウェは、ルソン島中央を走るコルディレラ山脈の中央に位置するイフガオ州の町。イフガオで知られているのは、何といっても世界遺産にも登録されているコルディレラの棚田群。「天国への階段」または「世界の8番目の不思議」ともいわれ、約2000年前に、イフガオ族が神へのささげ物として造ったという神話がある。複雑に入り組んだすべての棚田に、ひと筋の湧き水を行き渡らせる知恵と技術は、世界でも例を見ないものだ。スペイン、アメリカ、日本の統治時代にも、ここに暮らす先住民族たちは古来の伝統を踏襲し、儀礼を継続しながら、命の源である棚田を守り続けてきた。バナウェでは棚田の景観はもちろん、棚田に暮らす先住民族たちの伝統文化にも触れてほしい。

バナウェへの行き方　　　　　ACCESS 🚌

　マニラのサンパロックからオハヤミ・トランスOhayami Transの夜行バスが出ている。また、CODAラインズCODA Linesがクバオからバナウェ経由リガダ行きを運行している。所要約9時間。ルソン島北部の旅のクライマックスともいえるバナウェだが、マニラからの直行バスは少ない。

　バギオ（→P.175）まで行き（所要5〜8時間）、オハヤミ・トランスのバス（所要約8時間）、あるいは乗合ワゴン（所要約6時間）でバナウェに向かうこともできる。バギオから洞窟探検で有名なサガダなどに寄り道して、じっくりと山岳地方の自然と文化を満喫してからバナウェに行くのもいい。ボントックからバナウェに行く途中のバイヨBay-yoの棚田もすばらしい。

バナウェの
市外局番 ☎074

ACCESS
🚌 マニラからバナウェの直行バスは、オハヤミ・トランスとCODAラインズの2社。所要約8時間。
オハヤミの乗り場は、サンパロック（→ MAP P.65下左）で、毎日1本（22:00）。₱740。以下のサイトで予約可能。
● オハヤミ・トランス
　Pinoy Travel
URL ohayamitrans.com
● ビヤヒーローズ
　Biyaheroes
URL biyaheroes.com
● ピノイ・トラベル
　Pinoy Travel
URL pinoytravel.com.ph
　CODAラインズのバス乗り場はクバオのHM Transportになる（→ MAP P.65上）。1日2本（20:00、21:00）運行で、サガダ行きのバスでバナウェで途中下車する。₱1080〜。上記のビヤヒーローズ、ピノイ・トラベルのサイトで予約可能。
● CODAラインズ
TEL 0927- 559-2197

バギオからバナウェへ
🚌 オハヤミ・トランスがセッション通りを登りきったところにあるガバナー・パック通りGover Pack Rd.のバスターミナルから、21:00に夜行バスを運行。₱700。シティ・マーケット近くのT.アロンゾT.Alonzo通り（→ MAP P.178-B1）からは、ハイランド・イゴロット・トランスポートの乗合バンが、7:00、12:00、19:00に出ている。₱700。ダングワ・バスターミナル（→ MAP P.178B-1）からはZAZツアーのバンが1日1本（19:00）運行。₱800。
● ハイランド・イゴロット・トランスポート
　Highland Igorot Transport
TEL 0938-981-8334、0997-347-8319
● ZAZツアー
TEL 0930-393-9545、0927-795-1157

民族衣装を着たイフガオ族の人々

イフガオの祭り

4月の最終週末にインバヤ Imbayah というフェスティバルがバナウェで開催され、民族舞踊のパレードや木製バイクのレースなどが見られる。7月末か8月にはフンドゥアン町のハパオの棚田で収穫祭リプンヌック Punnuk も。日程は収穫の状況で決まる。

トレッキング・ツアー

観光センターで予約する。ツアーは1泊2日と2泊3日の2種類。1泊2日のコースはガイド代、宿泊、トレックルチャーター代を含めて、1人で参加の場合は₱4650。2人で参加して₱5100（1人当たり₱2550）。2泊3日のコースは1人で参加して₱6550。2人で参加して₱7400（1人当たり₱3700）。

日帰りツアー

トライシクル・チャーターとガイド代込みの料金。
バタッド 1人₱2150、2人で₱2200（1人当たり₱1100）
バタッドとバンガアン 1人₱2750、2人で₱2800（1人当たり₱1400）

申し込みは観光センターで。上記以外にも行き先を増やしたければアレンジしてくれる。なお、観光客は1台のトライシクルには2人までしか乗れない。

ジプニー・チャーター

バナウェを出てそのほかの地域の棚田を見に行く場合はジプニーをチャーターすることもできる。
マヨヤオ ₱5500
キアンガン ₱3000 〜 3500
ハパオ ₱3000
フンドアン ₱3500

バナウェの歩き方　　GETTING AROUND

オハヤミ・トランスのバスはバナウェの町に入る手前約1kmのところにあるターミナル（→ **MAP** P.186上）に到着する。そこで環境税₱50を支払う。町の中心へはトライシクルで₱15 〜 20。幹線道路からバナウェの町に入る入口には**バナウェ観光センター Banaue Tourism Center**があり、周辺の棚田への行き方、ガイドの手配、トライシクル、ジプニーのチャーター料金の情報などがここで手に入る。

観光センターの脇の道を下りた先が、こぢんまりしたバナウェの町の中心。市場の周辺にはジプニー、トライシクル乗り場、インターネットカフェ、ホテル、みやげ物店や、食堂などが集中している。

バナウェではぜひ、棚田トレッキングに挑戦してみよう。代表的なコースは、**バナウェ・ビューポイント Banaue View**

人懐こいタムアン村の子供たち

Point ～プラ Pula ～カンブーロ Cambulo ～バタッド Batad ～バンガアン Bangaan など。

世界遺産の棚田というとバナウェ・ビューポイントを思い浮かべる人が多いが、実はこの棚田は世界遺産には登録されていない。バナウェ町内にある棚田で登録されているのは、バンガアン村とバタッド村の棚田。そしてお隣の**フンドアン Hungduan**（→P.189）、**マヨヤオ Mayoyao**（→P.189）、**キアンガン Kiangan**（→P.189）にも世界遺産の棚田がある。これらの棚田にもぜひ足を延ばしてほしい。違った景観、異なった文化を体験できる。

バナウェの見どころ　　ATTRACTION

ライステラスの全景が望める　　★★★
バナウェ・ビューポイント　　MAP P.186上
Banaue View Point

　ビューポイントは、ボントック方面に約4km行った所にある。ここから見るライステラスは絶景だ。町の中心から歩くと1時間、トライシクルだと20〜30分の距離。トライシクルの料金は往復で₱500くらい。ここには、民族衣装を着たイフガオ族がいて、写真を撮ることもできる。ボントックからバナウェへの移動中に寄るときは、バナウェの手前のビューポイントで降ろしてくれるように頼んでおこう。

イフガオ族の暮らしに触れる　　★★
バナウェ博物館　　MAP P.186下
Banaue Museum

　町の中心から坂を上り、ボントック方面にしばらく行くと左側に急な坂が見える。博物館はこれを上り切った**H**バナウェ・ビュー・イン Banaue View Innの敷地内にある。ここにはイフガオ族をはじめとする周辺に住む少数民族の装飾品や生活道具、独特な習慣を撮った写真などが展示されている。また、1階には手織りセンターが入っている。開いていないときは、センターに頼むと開けてくれる。

イフガオの伝統文化に触れられる　　★★★
バナウェ・ヘリテージ博物館　　MAP P.186上
Banaue Heritage Hotel and Museum

　イフガオのすばらしい伝統文化が日々失われていくことに心を痛めたアメリカ人とカナダ人の夫婦が、次世代のために残したいと収集してきた、イフガオの先住民の儀礼や生活に使う木彫品などを展示した博物館。展示品は1000点以上。木彫り像「ブルル Bulul」のコレクションは圧巻だ。展示品の解説も、イフガオの深い文化を知る道しるべとしてたいへん興味深い。時間をかけてどっぷり先住民文化に浸ってみてほしい。同じ建物の上階にはホテルもオープンした。

ビューポイントに行く人に！
　途中に新しい展望台がいくつもできていて、それぞれ違った景色を楽しめる。

段々が続くバナウェ・ビューポイントのライステラス

■バナウェ博物館
TEL 0928-304-6463（携帯）
開 8:30 〜 17:00
休 なし
料 ₱100

■バナウェ・ヘリテージ博物館
住 Bissaug, Tam-an
TEL 0928-866-5101
開 8:00 〜 16:00
休 不定休
料 ₱300（ガイド付き）

ブルル像がずらりと置かれている

H バナウェ・ヘリテージ・ホテル
　博物館の脇の階段を上ったところにフロントがある。各部屋の名前はイフガオの言葉でつけられていておしゃれ。ナチュラル感あふれるで広々とした部屋は、リゾート気分が味わえる。
料 SD₱2500 〜 3500
Su₱4000 〜 6000
TEL 0917-860-1318
Mail banaueheritage.holdings@gmail.com

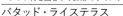
すり鉢形に広がるバタッド・
ライステラス

■バタッド・ライステラス
バナウェからの日帰りツアー料金（ガイド＆トライシクルチャーター込み）はP.186欄外を参照。

バタッド村に泊まろう！
高床式住居に泊まれる。
Ｈ ラモンズ・ホームステイ
　Ramon's Homestay
TEL 0935-130-2911
Mail bjhaque@gmail.com
料 Dm P500　C P1500

バタッド村を囲むすり鉢形のライステラス　★★★ 世界遺産

バタッド・ライステラス　MAP P.186上
Batad Rice Terraces

　バナウェから約1時間の世界遺産の棚田。すり鉢状に広がる棚田は、底に見える集落の先住民族の暮らしと調和して美しい。田植えは1〜2月、収穫は6〜7月。この時期に訪れると、いまだ機械化されていない田んぼ仕事を目にすることができる。バタッドへはビューポイント近くまで、ジプニーやトライシクルで行ける。そこからメインの集落までは棚田のあぜ道を20分ほど。小さな個人経営の民宿が何軒もあるので、宿泊して先住民族の暮らしを味わってみるのもいい。周辺のタッピヤTappiya滝などへのトレッキングも楽しめる。

バタッド・ライステラスとともに世界遺産に登録された　★★★ 世界遺産

バンガアン・ライステラス　MAP P.186上
Bangaan Rice Terraces

　バナウェからトライシクルをチャーターして、マヨヤオ方面に向かって約1時間ほど進むと、右側に見えてくるのがバンガアン・ライステラスとバンガアン村。バタッド村から歩いて山を下っていくこともできる。

絶景が広がる

ちょっと
ひと息コラム

世界遺産の棚田でトレッキング、ホームステイ体験

　はるばると山岳地方まで足を運んだなら、すばらしい景色を眺望できる棚田トレッキングにぜひ挑戦してほしい。トレッキングは約1時間の短いものから、半日、1日、3日間のコースまで自分の好みと体力に合わせてプロのガイドがコーディネートしてくれる。なかでも3日間のコース（バナウェ〜プラ〜カンプーロ〜バタッド〜タッピヤ滝〜バンガアン）では、およそ35kmの山道を3日間かけてトレッキングする。道中ではガイドがていねいに棚田の歴史や造られ方について講義をしながら道をリードしてくれる。1日の歩く時間はとても長いが、道は整備されていて極端な登りが少ないため、少し冒険してみたい方にはおすすめだ（ただし雨季は足元が滑るため注意が必要）。
　世界遺産に登録されているバタッドやバンガアンの棚田はいうまでもないが、**プラ**と**カンプーロ**（MAP P.186上）の境界にある棚田も絶景。ま

た、初日に宿泊するカンプーロでは、子供たちが山岳民族伝統のダンスを披露してくれることもある。山奥の村だからこその素朴さと、おもてなしが心地よく感じられるだろう。また、村の中に入ってもっと深く現地の暮らしを体験してみたい場合は、ホームステイもできる。バタッド、マヨヤオ（バナウェから約3時間）、フンドアン（バナウェから約1時間）などの観光客が少ない世界遺産の棚田の村でのホームステイがおすすめ。村人の生活はシンプルそのものだが、自然と共存した暮らしから学べることは少なくない。ホームステイ・プログラムの手配は、それぞれの地域の観光案内所やツアーガイドに頼もう。ホームステイの場合は早めの予約を。滞在費の交渉なども事前に行うこと。

■マヨヤオ　レアンドロ・エラへLeandro Elahe
（ツアーガイド）**TEL** 0905-806-4261(携帯)
Mail am.androelahe@yahoo.com
■フンドアン（ハパオ）　リバーサイド・ホームステイ
TEL 0995-548-5539
Mail madiwojoseph@gmail.com

田舎の村の子供たちは
笑顔であふれている

バナウェ近郊の見どころ　ATTRACTION 👀

山下大将降伏の地　★★★ 🌏世界遺産

キアンガン　MAP P.174-B2
Kiangan

マニラやバギオからのバスがバナウェへの山道を登り始める手前のジャンクションから西に5kmほど入ったキアンガン郊外には、世界遺産の**ナガカダンNag-acadan**の棚田がある。

先住民族センターの草木染の手織りの展示

また、キアンガンは第2次世界大戦で第14方面軍司令官だった山下奉文大将が投降した町でもあり、終戦を記念する**平和博物館Peace Museum**、**キアンガン戦争追悼廟Kiangan War Memorial Shrine**などがある。追悼廟敷地内にある**イフガオ博物館Ifugao Museum**も見逃せない。平和博物館の奥に**先住民族教育センター IPED Center**もオープン。伝統の草木染の織物や生活用具が展示されている。宿泊施設は民宿などが数軒ほどある。

棚田の中を歩いて天然温泉も楽しめる　★★★ 🌏世界遺産

ハパオ　MAP P.174-B1
Hapao

バナウェから南西の隣**フンドアンHungduan**は、町内のすべての棚田が世界遺産に指定されている。特にバナウェからジプニーやトライシクルで約1時間の**ハパオ・ライステラスHapao Rice Terraces**の展望台からの景色はすばらしい。棚田の中を1時間ほど歩くと**ボギャ温泉Bogya Hot Spring**もあって、地元の人たちと汗を流すのも楽しい。宿も数軒ある。

棚田の中に点々と見える伝統家屋がかわいい　★★★ 🌏世界遺産

マヨヤオ・ライステラス　MAP P.174-B1
Mayoyao Rice Terraces

バナウェから束に40kmほど行ったマヨヤオは、世界遺産の棚田のなかでは最も観光客の少ない穴場。高床式の家が棚田の中に点在していて、昔とあまり変わらない棚田の風景を楽しむにはここがいちばんだ。**ナグチャジャン山Nagchajan**をはじ

マヨヤオの棚田

め、いくつもビューポイントや滝を訪ねるトレッキングコースがあって、数日滞在して楽しむのがおすすめ。

■キアンガン
🚌 マニラやバギオからバナウェ行きのバスやバンで、途中のラガウェ Lagaweで下車して、トライシクルで約30分。バナウェからはラガウェ行きのジプニーがある。

■キアンガン観光案内所
民宿の紹介もしてくれる。
🏠 町役場敷地内　🕐 7:00～17:00
📧 kiangantourism@gmail.com
☎ 0915-812-1139（携帯）

■キアンガン戦争追悼廟
MAP P.174-B2　🕐 8:00～17:00
🈳 なし　💴 ₱40

■先住民族教育センター
☎ 0917-761-7535（携帯）
🕐 8:00～17:00　🈳 土・日・祝
💴 寄付

ナプラワン登山
イフガオ最高峰のナプラワン山は、大戦末期に山下大将が最後に立てこもった聖なる山。フンドアン町ポブラシオンからガイドとともに登山。山頂でテントを張って1泊することになる。以下のホームステイで手配してくれる。
🏠 Pearl's Hungduan Homestay.
☎ 0905-456-0574（携帯）

ハパオ展望台からの眺め

■ハパオ
🚌 フンドアン行きのジプニーに乗り、ハパオ展望台で下車。所要約1時間。バナウェからトライシクルで₱700～1200程度。

■フンドアン観光案内所
バナウェからフンドアン町に入ってすぐの道路脇にある。ガイドの手配も可。環境税₱50を支払う。

■マヨヤオ・ライステラス
🚌 バナウェからは、ラガウェ Lagawe発マヨヤオ行きのバスが1日1～2本通過するので、それに乗って約2時間30分。バナウェから運転手付きのレンタカーを借りる手もある。₱5000。

■マヨヤオ観光案内所
町役場の前の広場脇にある。ガイドは1日₱1000～。
☎ 0915-447-9119（携帯）
🕐 8:00～17:00　🈳 なし

ホテル　Hotels

観光地だけに、高級なバナウェ・ホテルから、リーズナブルなゲストハウス、伝統家屋スタイルの民宿まで、さまざまな宿泊施設が揃っている。バスが着く幹線道路沿いには、景色のいい中級の宿、マーケットの近くには格安な宿が集中。棚田の村、バタッド、キアンガン、ハパオ、マヨヤオにも宿はあるので、じっくり棚田の旅を楽しもう。

バナウェ・ホテル＆ユースホステル　$$
Banaue Hotel & Youth Hostel　バナウェ [MAP] P.186上

バナウェで最も高級で大きなホテル。レストラン、バー、プールと設備は充実。₱100でプールの利用も可能。館内のレストランは眺めがいいので，食事に訪れてみるのもいい。バーは深夜12：00まで営業。ユースホステルは休業。

[住] Tam-an
[TEL] 0908-400-7596、0927-570-2355（携帯）
[Mail] banauehotel@tieza.gov.ph
[料] [S][D]₱3300 ～ 3800（🍳）
[Su]₱8000（🍳）
[室数] 96
[CC] MV

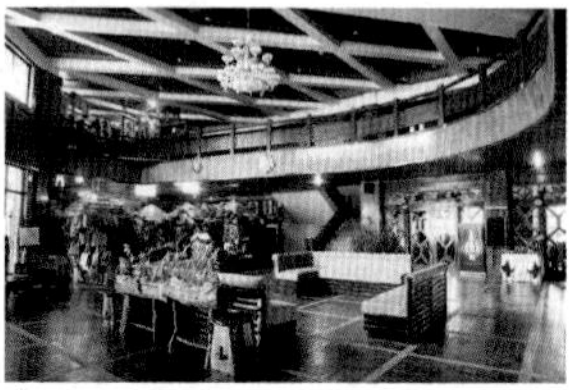
広々としたロビー

イブラオ・イブラオ B&B　$$
Ibulao Ibulao B&B　キアンガン [MAP] P.186上外

ラガウェからキアンガンに入るジャンクションにある、看板もなくHPでも宣伝していない隠れ家的ロッジ。大きな岩がある部屋など、ひと部屋ずつコンセプトが違う。必ず事前にEメールで問い合わせを。

[住] Ibulao, Kiangan
[TEL] 0916-440-9578（携帯）
[Mail] totokalug@yahoo.com.ph
[料] [S][D][Tr][F]₱3800 ～ 4000
[F]₱3800 ～ 5000
[室数] 10
[CC] 不可

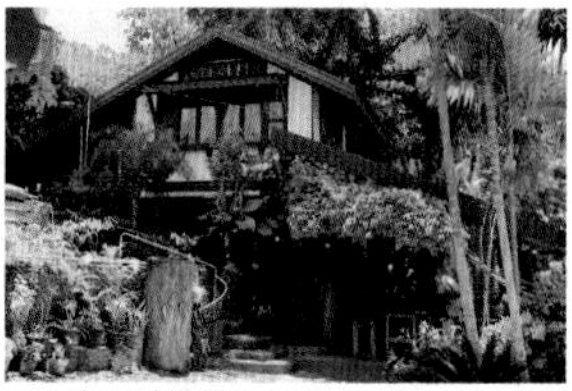
オリジナル料理がおいしい

ウヤミズ・グリーンビュー・ロッジ　$
Uyami's Green View Lodge　バナウェ [MAP] P.186下

欧米人に人気のロッジ。客室は清潔に保たれていて、眺めもいい。レストランがあり、₱200 ～ 350程度で朝食から夕食まで食べられる。

[住] Poblacion, Banaue
[TEL] 0920-540-4225、0917-591-0981（携帯）
[Mail] ugreenview12@gmail.com、
[料] [S][D]₱1000 ～ 1800
[F]₱2000 ～ 2500　[Dm]₱400（🚿水）
[室数] 22　[CC] MV（手数料5%）

サナフェ・ロッジ　$
Sanafe Lodge　バナウェ [MAP] P.186下

町役場手前にあるこぢんまりとしたロッジ。客室から、ライステラスが広がる壮大な景色を眺められるのがうれしい。レストランもある。

[住] Banaue Trade Center-Bay, Poblacion, Banaue
[TEL] 0939-939-0128（携帯）
[Mail] sanafelodge@gmail.com
[料] [S][D]₱1500 ～ 2500
[F]₱2500　[Dm]₱400（🚿水）
[室数] 14　[CC] 不可

ネイティブ・ビレッジ・イン　$$
Native Village Inn　バナウェ [MAP] P.186上外

素晴らしい棚田を眺めながらイフガオの高床式伝統家屋で静かな夜を過ごせる。バナウェからハパオ方面に30分ほど。必ず事前予約が必要。

[住] Uhja, Banaue
[TEL] 0915-614-7778、0917-308-9902（携帯）
[Mail] infoatnvi@gmail.com
[料] [C]₱2000
[室数] 8
[CC] 不可

ライス・ホームステイ　$
Rice Homestay　バナウェ [MAP] P.186上

バナウェの町の中心から坂を下って1kmほど行ったボコス村の川沿いの急斜面にある。隣に棚田も残っていてテラスから眺められる。

[住] Batunbinongle, Bocos
[TEL] 0995-749-2639（携帯）
[Mail] fenabunnag88@gmail.com
[料] [S][D]₱1000 ～ 1800　[Dm]₱550
[F]₱2800 ～ 3000　[C]₱3500
[室数] 9
[CC] 不可

ヘレンズ・ゲストハウス　$
Helen's Guest House　マヨヤオ [MAP] P.186上外

マヨヤオ中心部の広場から徒歩10分ほどの民宿。お湯の出るシャワーはうれしい。とてもきれいでアットホームな宿。

[住] Onagol, Poblacion, Mayoyao
[TEL] 0920-520-7413、0906-141-0715（携帯）
[料] [S][D]₱700（🚿温[共]）
[S][D]₱1500　[Dm]₱500
[室数] 7
[CC] 不可

ハパオ・リバーサイド・ホームステイ　$
Hapao Riverside Homestay　ハパオ [MAP] P.186上外

ハパオ展望台から急な階段を下り棚田の中を歩いた先の川沿いにある小さな宿。名ガイドのジョセフさんと家族があたたかく迎えてくれる。

[住] Nagawwa, Hapao, Hungduan
[TEL] 0995-548-5539（携帯）
[料] [Dm]₱350（🚿水[共]）
[室数] 3
[CC] 不可

冷房　ファン　トイレ　水シャワー　温水シャワー　バスタブ　テレビ　ミニバー　冷蔵庫　ネットフリー　朝食　日本人スタッフ
※[共]と記してある場合は共同となります。

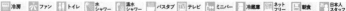

石組みのライステラスが見られる

ボントック

Bontoc

MAP 折込表-B1

集落のいたるところから湯がわき出すマイニット

　ボントックは、6つの州で構成されているコルディレラ山岳地方の真ん中に位置する小さな町。先住民族の文化が色濃く残る、サガダ、バナウェ、カリンガ州のティグラヤンTinglayanなどの村々への拠点ともなっている。静かな山あいの村の穏やかな気候と風景にほっとする。

ボントックへの行き方　　　ACCESS 🚌

　マニラから直行する場合は、クバオから1日2本出ているCODAラインズのサガダ行きバスで途中下車。所要約10時間。バギオからはローカル感たっぷりのバスで野菜畑の続く車窓の景色を眺めながら、所要約6時間。バナウェからは、ジプニー、乗合ワゴン、あるいはバスで約2時間。サガダからは1時間弱で、ジプニーが運行している。いずれのルートも途中の段々畑や棚田、山岳地方ならではの山並みを満喫できる。

ボントック概略図

（地図内の表記）
マリコン・ライステラス P.192 / スゼット・マリコン・ホームステイ P.193 / ビルマズ・ホームステイ P.193へ
カリンガ、アバヤオ方面
P.177 バサルボン・センター
Sta. Rita Cathedral
州観光案内所 P.192
州庁舎
ランド銀行 Land Bank
GLバス（バギオ行き）
マリコン行きジプニー乗り場
PNB（ATMあり）
郵便局
マーケット
ミスタードーナツ
ボントック博物館 P.192
ボントック・ヘッドハウス P.193
ビストロ
マイニットの温泉 P.192へ
マイニット行きジプニー乗り場
サガダ行きジプニー乗り場
Churya-A P.193
マイニット・ミネラル・スプリング・リゾート P.192へ
ニュー・ボントック・ホテル P.193
アナヤス・フードハウス P.193
Cable Cafe
Walter Clapp Hotel
バンターミナル（アパタン行き）
ディー・ライジング・サン・バス（バギオ行き）
Bontoc Hotel
ドラッグストア、ゲストハウス、レストランP.193
バンターミナル（バナウェ行き）
町観光案内所 P.192
町役場
カハ・ピザ P.193
Tchayapan Mountain Hotel & Restaurant
バナウェ行き
リジッリック・ホテル P.193
アチョゴ・ホテル＆レストラン P.193
サキキ村、バブヤ方面
Chico River
バギオ、サガダ方面

ACCESS

🚌 マニラからはサガダ行きのCODAラインズの直行バスで途中下車。毎日2本（20:00、21:00）運行。予約は以下のバス予約サイトで。₱1000 ～ ₱1200。

●ピノイ・トラベル
Pinoy Travel
URL pinoytravel.com.ph

●ビヤヒーローズ
Buyaheoes
URL biyaheroes.com

　バギオからは、スローターバスターミナル（→**MAP** P.178-A1）から、ディー・ライジング・サンD' Rising Sunが6:30から15:00まで6本のバスを運行。所要6時間、₱350。ダングワ・バスターミナル（→**MAP** P.178-B1）から、8:00が1日1本でGLバスが出ている。

●ディー・ライジング・サン・バス
TEL 0910-709-9102

●GLバス
TEL 0938-641-6127

　バナウェからはマニラ発サガダ行きのCODAラインズのバスで途中下車。バスのバナウェ到着は5:00 ～ 6:30くらい。あるいは、1日数本出ている乗合バン（ワゴン車）で。所要約2時間。₱250。サガダからは、ジプニーが運行している。約1時間。

ランアイ祭り

ランアイLang-ayフェスティバルは、毎年4月の頭に行われる。マウンテン州内の10の町がそれぞれ趣向を凝らした民族衣装と伝統舞踊でパレードをする。その他、特産品の販売など、普段見られない先住民の芸能や文化に触れるチャンス。

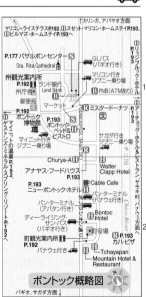

祭りでは豚を供儀する

川沿いにあるカチョックの棚田

■州観光案内所
　マウンテン州全体の情報が手に入る。州庁舎の敷地内にある。
MAP P.191-1
TEL (074) 604-0908
Mail mountainprovincetourism@gmail.com
開 8:00 ～ 17:00　休 土・日・祝

■町観光案内所
　町役場の中に観光課があって情報提供をしている。
MAP P.191-2　TEL 0919-272-2731
開 8:00 ～ 17:00　休 土・日・祝

■ボントック博物館
TEL 0916-762-0609
開 8:00 ～ 12:00、13:00 ～ 17:00
休 日　料 ₱70

■マリコン・ライステラス
交 ボントックからジプニーが、1日5本(8:00、12:00、14:00、16:00、17:00発)運行。所要約30分。マリコン発ボントック行きは、1日5本(6:30、8:00、9:00、14:00、16:00発)運行。所要約30分、₱35。

ハイキングと温泉を楽しもう
　マリコン～マイニット村はガイド付きでハイキングも可能。途中、急峻な山を越え、さらにもうひとつ村を通過しなくてはならないが、マイニット村に到着すれば、温泉で汗を流すことができる。所要約2時間半。ガイド費用は5人まで₱1500～。宿でガイドをお願いしよう。

■マイニットの温泉
交 ボントックからジプニーが1日2本(13:00、15:00発)。所要約1時間。マイニット発ボントック行きは、1日2本(7:30頃、8:00発)。

マイニットの宿
マイニット村の手前に温泉プールがある。伝統家屋を模した小屋に宿泊可(₱1000 ～)。自炊のみ。
H ゲストンズ・ミネラル・スプリング・リゾート
Geston's Mineral Spring Resort
MAP P.191-1外
TEL 0930-879-0623(携帯)

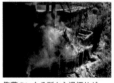

集落のいたる所から湯煙りが

ボントックの歩き方　

　コンパクトな町なので徒歩でも移動可能だが、トライシクルがたくさん走っているので有効に使うといい。町の中心は**マーケット**。エタッグEtagと呼ばれる塩漬け乾燥肉やタポイTapeyという手作りのどぶろくなど、この地方ならではの名産品が手に入る。2階には食堂があり、安くておいしい地元料理が食べられる。町なかを流れるチコ川の向こう側は、伝統の手織り布の産地の**サモキSamoki**村。比較的施設の整ったホテルが何軒かある。近郊の**マリコン・ライステラスMaligcong Rice Terraces**や**マイニットの温泉Mainit Hot Springs**にはジプニーで行くことができる。

ボントックの見どころ　ATTRACTION

山岳民族の暮らしをのぞいてみよう　★★★
ボントック博物館　MAP P.191-1
Bontoc Museum

　カトリック教会のシスターたちが運営する博物館。先住民族の暮らしを紹介する写真、生活道具、伝統衣装などが展示されている。サガダに暮らしていたスペイン人写真家マスフェレの作品や、古い儀礼などの貴重な写真もあって興味深い。裏庭には伝統家屋が移築されていて、先住民たちの暮らしについて学べる。

村人たちの誇りである美しい棚田に脱帽　★★★
マリコン・ライステラス　MAP P.174-A1/P.191-1外
Maligcong Rice Terraces

　バナウェの棚田に匹敵するすばらしい棚田の村。バナウェとの違いは、棚田の壁が泥を使わず石だけで積まれていること。ボントックからジプニーに乗って入口近くのゲストハウスへ行き、そこでガイドを依頼するといい。ガイド料は₱500、環境料は₱60。そこから村の中心集落までは細い棚田のあぜ道を1時間程度。クパベイKupapey山、ファトFato山といった近くの山に登り、眼下に広がる棚田を眺めるのもおすすめ。ただし、一部のあぜ道が通行禁止だったり、山で水牛や牛が放し飼いになっていたりするので、必ずガイドと一緒に歩くように。

温泉プールでリラックス！　★★
マイニットの温泉　MAP P.191-1外
Mainit Hot Springs

　マイニットとはフィリピン語で「熱い」という意味。その名のとおり温泉の湧き出す村である。迷路のような小道が続く集落のあちこちからお湯が湧き出し、湯気が立ち昇っている様子は圧巻。集落内には宿泊施設はないが、集落の手前に温水プールのあるホステルがある。集落内を散策したい場合は、ボントックの観光案内所で手配を頼もう。

ホテル&レストラン　Hotels & Restaurants

宿泊施設は、町の中心を南北に走るメインストリート沿いや、川を越えてすぐのサモキ村にある。そのほとんどは家族経営の安宿で、共同トイレ、水シャワーというところが多い。何軒か訪れて、実際に部屋を見せてもらうといいだろう。マリコン村やマイニット村に宿泊してくつろぐのもいい。

ボントック・ベッド & ビストロ　$$

Bontoc Bed & Bistro　ボントック [MAP] P.191-1

町の中心部のマーケットの近くにあるビストロに併設されたゲストハウス。客室は洗練された内装と近代的な設備が充実している。隣接しているビストロは地元客にも人気で、シェフが作る朝食は美味。

[住] Poblacion St.
[TEL] 0968-269-2133（携帯）
[Mail] asuncionmariel0@gmail.com
[料] Ⓢ₱1200～1500　Ⓓ₱1700～2000
[Tr]₱2000～2500　Ⓕ₱2600（4人部屋）
[室数] 7
[CC] 不可

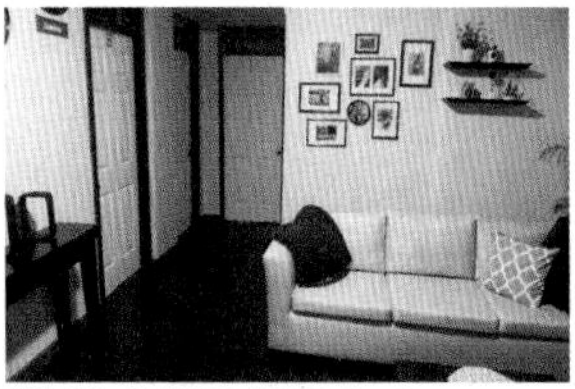

落ち着いた内装の共有スペース

アーチョッグ・ホテル&レストラン　$

Archog Hotel & Restaurant　サモキ [MAP] P.191-1外

サモキ村にある、きれいで居心地のいいホテル。さまざまなタイプの部屋があり、なかには水田が続く景色が眺められる部屋もあるので、部屋を見て決めたいところ。レストランを併設しているのもありがたい。

[住] Samoki
[TEL] 0919-788-2130（携帯）
[料] [SD]₱1000～1200
Ⓕ₱2500
[室数] 18
[CC] 不可

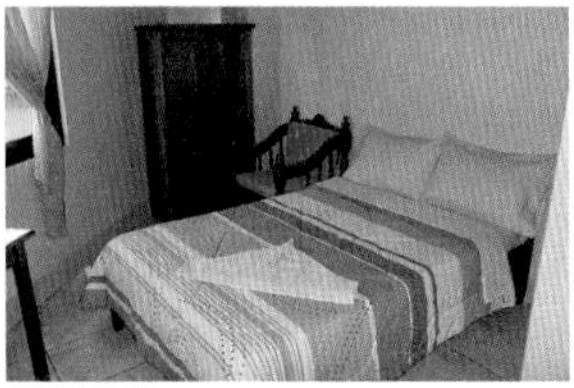

快適な客室

スゼット・マリコン・ホームステイ　$

Suzette's Maligcong Homestay　マリコン [MAP] P.191-1外

マリコン村の棚田入口手前にある。棚田の眺めが抜群。コーヒーショップを併設しており、テラスで食事がとれる。ガイドの手配も可。

[住] Maligcong
[TEL] 0915-546-3557（携帯）
[Mail] suzette_chees@yahoo.com
[料] [SD]₱1200　[Dm]₱500
[室数] 9
[CC] 不可

ビルマズ・ホームステイ　$

Vilma's Home Stay　マリコン [MAP] P.191-1外

マリコン村の棚田入口に最も近く、棚田見学に便利。大きな窓のある客室は明るく快適で、宿泊者に食事も提供している。ガイドの手配可。

[住] Maligcong
[TEL] 0936-927-1629（携帯）
[料] [Dm]₱400
[室数] 8
[CC] 不可

リッジブルック・ホテル　$

Ridgebrooke Hotel　ボントック [MAP] P.191-1

橋を渡った対岸のサモキにある近代的な宿の一つ。地元の人たちのセミナーなどでよく使われていて、大人数でも宿泊できる施設がある。

[住] Samoki
[TEL] 0921-986-8331（携帯）
[Mail] hridgebrooke@gmail.com
[料] Ⓢ₱1400～1600　Ⓓ₱1400
[Tr]₱1700　Ⓕ₱2000~2900

ニュー・ボントック・ホテル　$

New Bontoc Hotel　ボントック [MAP] P.191-2

バスが通る大通り沿いにあってわかりやすい。ボントク町役場のそば。市場へも近くて、早朝のボントックの活気を満喫するにはいい。

[住] Poblacion
[TEL] 0907-087-5227携帯）
[料] Ⓢ₱700（[共]）～₱1000
Ⓓ₱700（[共]）～₱2200
[Tr]₱1500～3000
[室数] 21
[CC] 不可

カハ・ピザ　$

Caja Pizza, Cupcakes & more　ボントック [MAP] P.191-2

カフェ、洋食

1枚1枚ていねいに焼き上げたおいしいピザが食べられる居心地のいいレストラン。地域の食材を生かしたオリジナルピザがおすすめ。

[住] Bontoc
[TEL] 0949-360-9376（携帯）
[営] 9:00～19:30
[休] なし
[CC] 不可

アナヤス・フードハウス　$

Anayah's FoodHouse　ボントック [MAP] P.191-1

フィリピン料理

お昼はほぼ満席で行列ができるほどの人気店。オーナーが以前日本人シェフに師事していたこともあり、日本人好みのヘルシーな味付けも多い。

[住] Poblacion St.
[TEL] 0920-908-4229（携帯）
[Mail] masandaschakas@yahoo.com
[営] 7:00～19:00
[休] 日
[CC] 不可

冷房　ファン　トイレ　水シャワー　温水シャワー　バスタブ　テレビ　ミニバー　冷蔵庫　ネットフリー　朝食　日本人スタッフ
※[共]と記してある場合は共同となります。

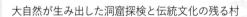

大自然が生み出した洞窟探検と伝統文化の残る村

サガダ

Sagada

MAP 折込表-B1

サガダの
市外局番 ☎074

ACCESS

🚌 マニラからは、クバオにある HMトランスポートのバスターミナル（→MAP P.65上）からCODAラインズのサガダ行き夜行バスが毎日20:00、21:00発。予約は下記の予約サイトなどで可能。バギオのダングワ・バスターミナル（→MAP P.178-B1）からはGLバスが、1日5本（5:30、10:30、9:30、11:30、13:00発）。所要6～7時間、₱330。

　ボントックからは8:00～17:30の間、ほぼ1時間おきにジプニーが出ている。所要約1時間。
●ピノイ・トラベル
　Pinoy Travel
URL pinoytravel.com.ph
●ビヤヒーローズ
　Biyaheroes
URL biyaheroes.com
●GLバス　**GL Bus**
TEL 0938-641-6127

ザガダののどかな町並み

　日本人移民の大工が建設工事に携わった石造りのセント・メアリーズ教会を中心とした、標高1500mの山あいにある小さな町で、のどかな雰囲気が漂っている。キリスト教と融合しながらも、ハンギング・コフィンなど先住民の文化も強く残る土地として知られている。町なかにそそり立つように点在する岩の奇観は見もの。サガダは環境保全に配慮しながら観光業を進める、フィリピンのエコツーリズムの先駆け的観光地でもある。巨大な鍾乳洞の洞窟探検や滝へのトレッキングなど、大自然のなかでさまざまなアクティビティが楽しめる。

サガダへの行き方　ACCESS 🚌

　マニラのクバオから1日4本CODAラインズの夜行バスが出ている。所要約12時間。バギオ（→P.175）からはローカルバスで5～6時間。ボントックとの間には、ジプニーが走っている。

バギオからのバス

マニラ行きのバス
🚌 マニラ行きのCODAラインズは、サガダを13:00、14:00発。ボントック、バナウェ経由。

自然の造形である鍾乳石が美しいスマギン洞窟

サガダの歩き方　GETTING AROUND

　バス、ジプニーを降りてスヨSuyo方面の道を少し入った所にあるのが**旧町役場Old Municipal Hall**。この建物には観光案内所、郵便局、銀行、ATM、警察などが入っている。まず観光案内所を訪れ、環境保護・登録料として₱100を支払う。サガダのほとんどの見どころは、町の中心からだいたい30分も歩けば行くことができる。バスターミナルから見える**セント・メアリーズ教会St. Mary's Church**は、サガダのシンボルだ。その奥がハンギング・コフィンのある**エコー・バレー Echo Valleye**。

　スヨ方面には**ルミアン洞窟Lumiang Cave**。旅行者に一番人気のある**スマギン洞窟Sumaguing Cave**はその先にある。サガダ観光のハイライトはこれらの洞窟探検。洞窟内は照明や歩道は整備されておらず、中に入るには必ずガイドを雇わなくてはいけない。ガイドたちのグループはサガダに6つある。それぞれ提供しているツアーが違うので、観光案内所に聞いて行き先によって選ぼう。

　サガダには洞窟以外にも、**ボモドック滝 Bomod-ok Fall**、**マルボ ロMarlboro Hill**などダイナミックな景観が楽しめる見どころがある。

エコー・バレーで見られるハンギング・コフィン

■観光案内所
MAP P.195-A1
TEL 0945-638-9936（携帯）
開 7:00 ～ 17:30
休 なし

■Rural Bank of Sagada
MAP P.195-A1
住 旧町役場内
開 8:30 ～ 15:30
休 月・日・祝

■郵便局
MAP P.195-A1
住 旧町役場内
開 8:00 ～ 17:00
休 土・日・祝

サガダのガイド団体
●SAGGAS
TEL 0906-024-9929、0929-396-6447
●SEGA
TEL 0968-262-7011、0997-736-6418
●SETGO
TEL 0919-222-8182、0930-023-8188、0975-585-1068
●ASSETG
TEL 0912-184-4915
●KIGA
TEL 0916-505-7278
●BFTAMPGA
TEL 0935-353-8169、0905-883-2870

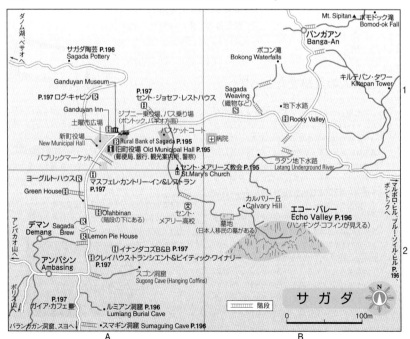

洞窟探検の季節

　雨季（6〜10月）はできるだけ避けたほうがいいだろう。突然の大雨で洞窟内の地下川の水量が急に増え危険なこともある。

ツアーガイドの料金
エコー・バレー　₱300
スマギン洞窟　₱800（5人まで）
ルミアン洞窟　₱300
スマギン＆ルミアン　₱1500（3人まで）
ボモドック滝　₱500
マルボロ・ヒル　₱800
ブルー・ソイル・ヒル　₱800
上記以外にバンのレンタル代がかかる。

■**サガダ陶芸**
　Sagada Pottery
　アメリカ人宣教師が伝えたという陶芸技術をサガダの女性たちが伝えて今も陶房を構えている。
MAP P.195-A1
住 Danunuy, Sagada
TEL 0975-008-4800
Mail pottersiegrid@gmail.com

■**ブルー・ソイル・ヒル**
　Blue Soil Hill
　土壌が含んでいる成分のせいで青い土でできた丘。マルボロ・ヒルMarlboro Hillまで1時間、そこから徒歩45分のトレッキング。
MAP P.195-B2外

サガダの見どころ　　　　ATTRACTION 🔭

ビッグ・ケーブの名で知られる　　　　★★
スマギン洞窟　　　MAP P.195-A2
Sumaguing Cave

　洞窟内は極度に狭い場所やロープが必要な場所があってスリル満点。水の中を歩くので、ぬれてもいい格好で行こう。スマギン洞窟だけのコース（約1時間30分）と、中でつながっているルミアン洞窟も併せて訪れるコース（約3時間）がある。

サガダでまず初めに訪れたい　　　　★★★
ルミアン洞窟　　　MAP P.195-A2
Lumiang Burial Cave

　ルミアン洞窟には、約600年前の棺が安置されている。洞窟の入口に天井まで積み重ねられた無数の棺は、故人の幸福な転生を願うというこの土地のいにしえの風習を伝えている。洞窟に入りたいときはガイドと一緒に。岩の隙間を縫うようにして進んでいく冒険が味わえる。スマギン洞窟との接続部分は水に浸かっている。

ハンギング・コフィン（吊るされた棺）で有名　　　　★★★
エコー・バレー　　　MAP P.195-B2
Echo Valley

　天により近づけるように遺体の入った棺を岸壁に吊るすハンギング・コフィンという先住民族の変わった風習が見られる。2000年以上の歴史をもつが、キリスト教や近代化の影響で、現在はほとんど行われていない。

ちょっと
ひと息コラム

日系人の足跡をたどって

　町の中心からハンギング・コフィンで有名なエコーバレーへ行く道の途中に、セント・メアリーズ教会の大聖堂を見ることができる。この大聖堂はアメリカ人の宣教師によって1904年に建設された。このとき病院、教会、学校などの施設が建設されたが、その建設作業には、戦前に日本からコルディレラ山岳地方に移り住んだ日系移民の大工が携わった。

　日系人の建築した大聖堂は残念ながら太平洋戦争中にアメリカ軍の空爆によって焼失してしまったが、戦後再建された大聖堂も当時の石と木を巧みに利用した初代大聖堂の姿をしのばせる。

　大聖堂から坂を下ったバスケットコート脇にあるセント・メアリー高校の旧女子寮や、病院の道向かいにある旧男子寮は戦火を免れ、その姿を現在にとどめている。これらの寮は私有地に

あるので、建物を管理している教会に声をかけてから見学させてもらうか、敷地外のバスケットコートから旧女子寮を見学するとよい。

　このほかにも日本人移民が眠る墓地（MAP P.195-B2）があり、その血を引く人々が暮らしているなど、サガダではあちこちに日系移民の足跡を感じることができる。ハンギング・コフィンや洞窟の見学を通して先住民の歴史を学ぶとともに、大戦前に異国の地で活躍した日系人に目を向けて観光するのもおすすめだ。

（髙橋侑也）

外装まで木製の旧女子寮

ホテル＆レストラン Hotels & Restaurants

サガダはマニラからの観光客にも人気なので、宿の数は多い。大きなホテルはなく、すべて家族経営の小さなゲストハウスやロッジで、山の村の暮らしを味わえる。また、古くから欧米人には秘かに人気だったサガダだけに、山岳地方のほかの村にはないおしゃれなカフェがあるのも特徴。地元産のコーヒーも特産物だ。

マスフェレ・カントリー・イン＆レストラン $$
Masferre Country Inn & Restaurant [MAP] P.195-A2

[トイレ] [温水シャワー] [ネットフリー] [朝食]

スペインの退役軍人の息子が始めた宿泊施設で、写真家でもあった彼の作品がいたるところに飾られている。果樹園を所有しており、そこで取れた柑橘類を使ったマーマレードが食べられる。

[住] Pablacion
[TEL] 0921-455-0916（携帯）
[Mail] bizmasferre@gmail.com
[料] [S][D]₱2850 ～ 3850 [F]₱6500
[室数] 11
[CC] MV

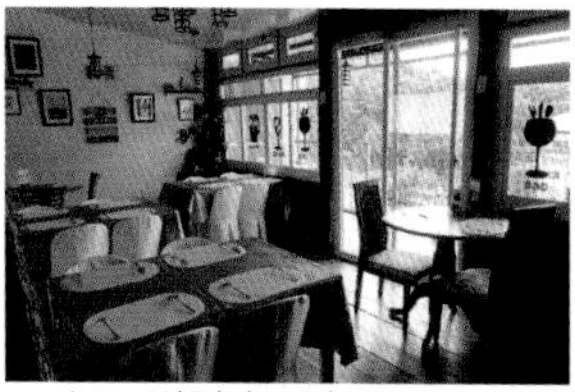

レストランは観光客に人気

イナンダコズ B＆B $
Inandako's Bed and Breakfast [MAP] P.195-A2

[トイレ] [温水シャワー]

観光案内所から1kmほど。メイン道路から入ったところにある家族経営の快適なB＆B。サガダならではの静かな松林の中での滞在を楽しめる。食事はヘルシーメニュー。ベジタリアンやヴィーガンにも対応。

[住] Knlibed, Dagdag
[TEL] 0927-784-6866、0905-367-9743
[Mail] dakodee59@gmail.com
[URL] inandakos.com
[料] [S]₱1250 [D]₱2000 ～ 3000
[Tr]₱2500 ～ 3500
[室数] 5 [CC] 不可

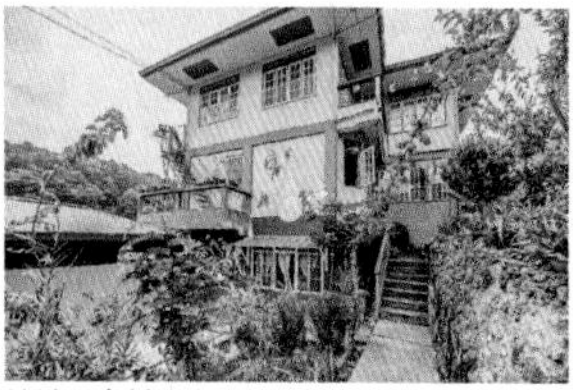

地域の食材を生かした料理が自慢の民宿

セント・ジョセフ・レストハウス $
Saint Joseph Resthouse [MAP] P.195-A1

[トイレ] [温水シャワー] [テレビ] [ネットフリー]

町の中心部近くの丘の斜面にある、教会が運営する老舗ホステル。客室は、ドミトリータイプからコテージまでさまざま。レストランも敷地内に独立してある。緑豊かな環境に囲まれていて、見晴らしもよい。

[住] Poblacion [TEL] 0949-797-6493、0956-146-8899
[Mail] stjosephresthouse1@gmail.com
[URL] sites.google.com/view/stjosephresthouse/home
[料] [S][D]₱1200 [Tr]₱1700
[F]₱2000 ～ 2200 [C]₱1700 ～ 3500
[Dm]₱500（[トイレ][共]） [室数] 24 [CC] 不可

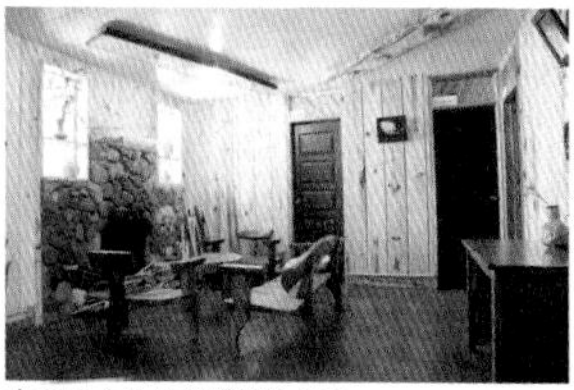

木のぬくもりが感じられる

クレイハウス・トランシエント＆ピイティック・ワイナリー $
Clay Haus Transient & Piitik Winery [MAP] P.195-A2

[トイレ] [温水シャワー]

町役場脇の道を下った先にある宿。オーナーがサガダ特産の粘土と廃品で作ったクレイハウスに泊まれる。石灰岩の崖と木々に囲まれた閑静な環境は山の町の風情を感じさせる。入口にあるバーでは自家製ワインが楽しめる。

[住] Poblacion
[TEL] 0935-958-4832（携帯）
[Mail] dailayjoyce@gmail.com
[料] [Dm]₱300
[室数] 6
[CC] 不可

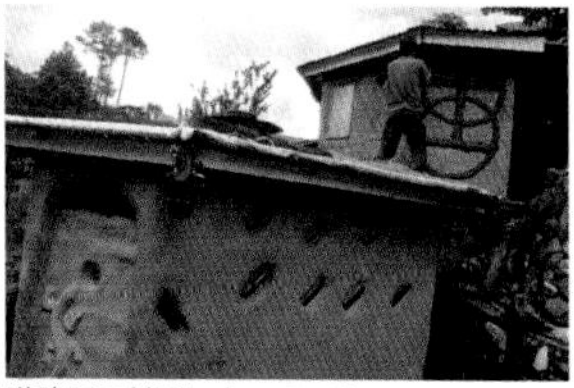

道路下の斜面に立っている

ガイア・カフェ $
GAIA Cafe [MAP] P.195-A2

カフェ

スマギン、ルミアン洞窟の間にあり、アーティストたちの手作りの空間が広がる。ベジタリアン料理も提供している。テラスからの眺めは絶景。

[住] Ambasing
[TEL] 0967-291-6619（携帯）
[Mail] gaiasagada@gmail.com
[営] 9:00 ～ 18:00
[休] 水
[CC] 不可

ログ・キャビン $$
Log Cabin [MAP] P.195-A1

西洋料理

1991年に欧米人向けのバーとしてスタートした洋食レストラン。現在はフランス人シェフによる山の幸を生かしたコースメニューを提供。

[住] Poblacion
[Mail] logcabinsagada91@gmail.com
[営] 11:00 ～ 20:30
[休] なし
[CC] 不可

[冷房] 冷房 [ファン] ファン [トイレ] トイレ [水シャワー] 水シャワー [温水シャワー] 温水シャワー [バスタブ] バスタブ [テレビ] テレビ [ミニバー] ミニバー [冷蔵庫] 冷蔵庫 [ネットフリー] ネットフリー [朝食] 朝食 [日本人スタッフ] 日本人スタッフ
※[共]と記してある場合は共同となります。

独特な形の島々が点在する

ハンドレッド・アイランズ

Hundred Islands

MAP 折込表-B2

アラミノス＆ルカップの
市外局番☎075

ACCESS

🚌 パサイ、クバオからファイブ・スター、クバオからビクトリー・ライナーがアラミノス行きの直行バスを運行している。所要6～7時間、₱540～。バギオからは、ガバナー・パック通りのターミナルからパルタスでボリナオ Bolinao 行きに乗り途中下車（7:00、15:00の1日2本）。ビクトリ・ライナーのボリナオ行きは13:00、14:00の2本。

日帰りでバギオに戻るには
　パルタスのアラミノス発バギオ行きは5:30と15:30のみ。15:30を過ぎてバギオに戻りたい場合は、アラミノスのバン・ステーションからダグパン Dagpan 行きのバンに乗る。₱350。タグパンではターミナルからビクトリー・ライナーのバギオ行きのバスに乗り換える。₱126。最終は19:00くらい。乗り遅れたらバギオ行きのバンは20:30まで運行している。₱180。

変わった形の島が多い

　ルソン島北部の西側、リンガエン湾 Lingayen Gulf にある100余りの小さな島々。ボートを借りきって島々を巡ると、珊瑚礁、洞窟、変わった形の岩、海中生物などを見ることができる。スノーケリングを楽しむのもいいだろう。

　10年以上前は、ダイナマイトや薬品を使用した漁法により珊瑚礁や魚が激減していたが、アラミノス市やフィリピン大学の取り組みにより状況は改善している。

ハンドレッド・アイランズへの行き方　　ACCESS 🚌

　ハンドレッド・アイランズへの入口となるのが**アラミノス Alaminos 市**。マニラからバスで所要約6～7時間。バスは、幹線道路沿いのターミナルに着く。市観光案内所で、島の生態系改善に関する取り組みの話を聞くのもいい。観光のベースとなるのは**ルカップ Lucap** という町。ルカップまでは、トライシクルで所要約15分、1台₱80程度。

アラミノス ＆ ルカップ概略図

展望台
ハンドレッド・アイランズ方面
ボート乗り場
P.200 マキシン・バイ・ザ・シー
P.199 市観光案内所
バス・ハウス
駐車場
池
Boulevard St.
Najera's
Island Tropic
Villa Milagros Pension
スポットライト・ホテルへ
P.200
P.200 シー・アーチン・ホテル
ルカップ

市庁舎 City Hall
P.199 市観光案内所
公園
S Nepo Mart
R マクドナルド
ビクトリー・ライナーバスターミナル
Quezon Ave.
ジョリビー
ファイブ・スターバスターミナル
バン・ターミナル（バギオ行き）
モンテリオ・ガーデンズ B&B
P.200
アラミノス
マニラ、バギオ方面
↓ブルゴス方面

ルカップの展望台

ハンドレッド・アイランズの歩き方

訪問客はまず、ルカップの観光案内所で登録し、₱100（島に泊まる場合は₱180）を支払う。島巡りのバンカーボートの手配は観光案内所のほか、ホテルでも可能。観光案内所近くの公営**バス・ハウス**Bath Houseには有料シャワーとトイレがある。なお、ルカップの宿は多少高めなので、アラミノスの町なかにある宿に泊まってトライシクルでルカップへ行くのもいいだろう。

宿泊施設もあるガバナーズ島

ハンドレッド・アイランズでは、大小含めて数多くの島を見ることができる。おもな島は、**ガバナーズ島**Governor's Is.、**マルコス島**Marcos Is.、**ケソン島**Quezon Is.、**クエンコ島**Cuenco Is.、**チルドレンズ島**Children's Is.。船頭さんに、島の名前や見どころを聞きながら回ってみよう。

島の中央にトンネルのような洞窟があるクエンコ島

島巡りに挑戦！

バンカーボートでの島巡りは、6:00から17:30までの間可能。先頭さんがゲストの要望に合わせてどこの島へでも連れて行ってくれる。追加料金を払ってガイドをつけることもできるが、先頭さんでも十分に観光スポットや豆知識を教えてくれる。ツアーは日数（当日のみか1泊2日）と人数（最低1名～最大15名）によって料金が異なるため、自分の旅のプランに合わせたカスタマイズをして島巡りを満喫しよう。

ボートチャーターツアー代
- ●1～5人乗り
  - 1日　　₱1400
  - 1泊2日　₱3000
- ●6～10人乗り
  - 1日　　₱1800
  - 1泊2日　₱3800
- ●11～15人乗り
  - 1日　　₱2000
  - 1泊2日　₱4500

■市観光案内所
＜ルカップ＞
MAP P.198
住 San Jose Dr., Lucap
TEL 0917-828-6592（携帯）、
0968-205-8137、0917-828-4001
URL hundredislands.ph
開 月～金　6:00～18:00
　 土・日　5:00～17:00
休 なし

ハンドレッド・アイランズ

N
0　　　　1km

カテドラル島
Cathedral Is.

ミラグロサ島
Milagrosa Is.

ロペス島
Lopez Is.

ケソン島
Quezon Is.

マルコス島
Marcos Is.

クレーヴ島
Clave Is.

オールド・スカウト島
Old Scout Is.

クエンコ島
Cuenco Is.

チルドレンズ島
Children's Is.

ルカップ方面

ブラガンサ島
Braganza Is.

デビル島
Devil's Is.

ガバナーズ島
Governor's Is.

ロムロ島
Romulo Is.

バージン島
Virgin Is.

シェル島
Shell Is.

シソン島
Sison Is.

ボロ島
Bolo Is.

実は100以上の島があるそう

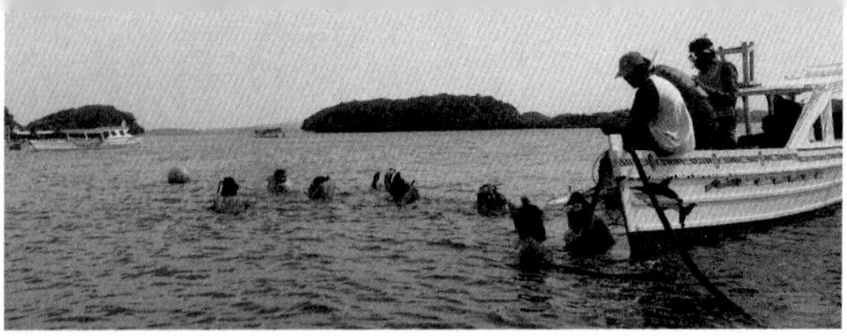
島々へ渡るバンカーボート

アクティビティ
●**ガバナーズ島**
ジップライン　[料] 1回₱250
●**ケソン島**
スノーケリング（器材込み）
[料] 1日₱250
カヤックレンタル
[料] 1時間₱250/艇（2名）
ヘルメットダイビング
[料] 20分₱400
ジップライン
[料] ₱100
バナナボート
[料] ₱250

島の宿泊設備
ガバナーズ島、ケソン島、チルドレンズ島にある。
[料] ₱1万（エアコン付き）

島でキャンプ
テントを持ち込んでキャンプも可能。
●**キャンプ費（1人）**
[料] ₱200

ハンドレッド・アイランズの見どころ ATTRACTION

ガバナーズ島の高台からは周囲の海の景色がよく見える。ガバナーズ島から隣のバージン島まで続くジップライン（546m）では、すばらしい島々の風景を一望しながら、スリルと爽快感を味わうことができる。マルコス島には**イメルダ洞窟Imelda Cave**があり、洞窟の上から海に飛び込むことも可能。ケソン島周辺では珊瑚礁が見られ、スノーケリング、ヘルメットダイビングを楽しめる。カヤックのレンタルもあり、また、宿泊もできる。チルドレンズ島、ロムロ島は波が穏やかで浅瀬が続いているため、地元の人が子供連れで遊ぶときは、ここを選ぶそう。

また、最も遠い島のひとつであるカテドラル島では、さまざまな種類の海鳥が見られる。いくつかの島ではキャンプも可能。事前に観光案内所で詳細を問い合わせよう。

ホテル　Hotels

モンテリオ・ガーデンズ B & B　$
Monte Rio Gardens Bed & Breakfast　アラミノス [MAP] P.198外

アラミノス市街地にあり、バスターミナルから近いので拠点としてとても便利。大通りから少し入ったところにあるため静かで、庭も施設もきれいで長居したくなる。ボート乗り場から遠い分、ルカップ周辺よりコスパがいい。

[住] M.Montemayor St., Alaminos
[TEL] 0927-720-9061
[料] ⓈⒹ₱1800 ～
[室数] 13
[CC] 不可

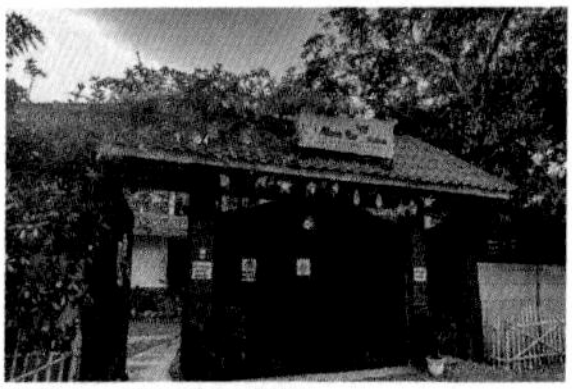
緑豊かで落ち着く環境

シー・アーチン・ホテル　$
Sea Urchin Hotel　ルカップ [MAP] P.198

ボート乗り場に近く、内装もきれい。10人から14人宿泊可能な大部屋もあるので友人等と大人数での宿泊にはぴったり。バルコニーからはハンドレッド・アイランズの島々を眺めることができる。ツアーも宿で手配してくれる。

[住] Inansuana St., Brgy. Lucap
[TEL] 0929-207-6707、0967-280-5386
[料] Ⓢ₱2000　Ⓓ₱3000　Ⓕ₱3500
[室数] 23
[CC] 不可

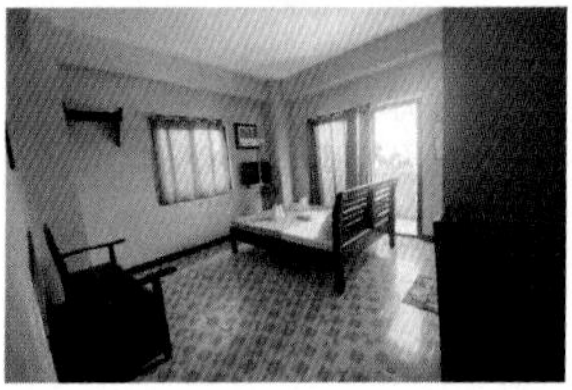
スタッフが優しいので困ったら相談するといい。

スポットライト・ホテル　$
Spotlight Hotel　ルカップ [MAP] P.198外

2023年にオープンしたホテルで施設がきれい。各部屋にWi-Fiがある。大人数が入れる部屋もあり、家族や友達と快適な滞在にもってこい。

[住] 300 Lucap, Alaminos
[TEL] 0960-249-2828、0960-819-4448
[料] Ⓓ₱3000　Ⓕ₱4500 ～ 7500
[室数] 16
[CC] 不可

マキシン・バイ・ザ・シー　$$
Maxine by the Sea　ルカップ [MAP] P.198

部屋数を減らして、より快適なホテルに生まれ変わった。広いテラスのレストランからは、ハンドレッド・アイランズの絶景が望める。

[住] Lucap
[TEL] 0921-642-8551、0977-602-3843
[URL] www.maxinebythesea.com
[料] ⓈⒹ₱4100 ～ 4700　Ⓕ₱5950
[室数] 7
[CC] 不可

冷房　ファン　トイレ　水シャワー　温水シャワー　バスタブ　テレビ　ミニバー　冷蔵庫　ネットフリー　朝食　日本人スタッフ
※[共]と記してある場合は共同となります。

ルソン島北部の人気ビーチリゾート

サン・フェルナンド／サン・フアン

San Fernando/San Juan

MAP 折込表-B2

周囲には美しいビーチが点在する

サン・フェルナンドの
市外局番 ☎072

ACCESS

🚌 サン・フェルナンドへはマニラのクバオ（→**MAP** P.65上）からパルタスが1日4本運行。パサイからも毎日4本。所要約7時間、₱640程度。ドミニオン・トランジット、ヴィロンVironのビガン行きやフロリダFlorida、マリア・デ・レオンMaria de Leon、ファリニャスのビガンやラワグ行きに乗り途中下車することも可能。サン・フアンも通る。

バギオのガバナー・パック通りバスターミナル（→**MAP** P.178-B2）からもビガン、ラワグ行きのパルタス、ファリニャスなどのバスが運行しているので、サン・フェルナンドかサン・フアンで途中下車する。所要約2時間、₱158。

●**パルタス　Partas**
TEL 0917-819-3909（クバオ）
TEL 0917-843-9394（パサイ）
TEL 0917-804-9271（バギオ）
●**ファリニャス・トランス**
Fariñas Trans
TEL （02）8731-5311、0917-327-4828（サンパロック）
0917 327-4828（クバオ）
0915-310-8279、0915-37-7002（バギオ）

■**観光案内所**
MAP P.201-2
🏢 Niscs Business Center
TEL （072）888-2098

ビガン、ラワグ、サン・フアン、
Ⓗサークル・ホステル **P.202**、
Ⓗフロットサム&ジェットサム・ホステル**P.202**、
Ⓗヴィラ・ブエナビスタ**P.202**、
Ⓗローカル・ホーム**P.202**、
Ⓡエル・ウニオン**P.202**へ

マチョ寺 **P.202**
Ma-Cho Temple

Ⓗ Hotel Mikka
🚌 パルタス・バスターミナル

マーケット
Market

Taipan Garden
Midtown Food Palace
市庁舎 City Hall
P. Burgos St.

SMスーパーマーケットⓈⒽ
リサール通り
聖ウィリアム大聖堂
St.William Cathedral
医療センターⒽⓇ

バス乗り場
バギオ行き🚌
ジョリビー
Rizal Ave.
G. Luna
KFCⓇ
Café
Esperanza
Hotel Casino Royal
ハロハロ・デ・イロコ **P.202**
バス乗り場（ダグパン行き）🚌
Plaza Hotel
シティプラザ
City Plaza

P.201 観光案内所（DOT）　**P.202** チャイニーズ・パゴダ
Chinese Pagoda

Don Pedro Flores St.
州庁舎
Provincial Capitol

Ⓗサンセット・ベイ・
ビーチ・リゾート **P.202**へ
Ⓡマクドナルド

バギオ、マニラ、バワン・ビーチへ

1

2

サン・フェルナンド
0　　200m
N

夕日が美しいサン・フアンの浜

大人気コーヒー店

サン・フアンを一躍有名にしたのはこのコーヒーショップ。フィリピン産コーヒーも提供。

Ⓡエル・ウニオン　El Union
🅼 MAP P.201-1外
🏠 Urbiztondo, San Juan
🆄🆁🅻 elunioncoffee.com
🕗 8:00 〜 18:00

ユニークな宿泊施設

竹で作られたおしゃれで個性的な宿。ハンモックと竹ベッド、ツリーハウスがある。

Ⓗサークル・ホステル　Circle Hostel
🅼 MAP P.201-1外
🏠 Circle Rd., Urbiztondo, San Juan
☎ 0917-583-8123（携帯）
🆄🆁🅻 launion.thecirclehostel.com
💴 ハンモック ₱450（♦共♠）
　　竹ベッド　₱620（♦共♠）
🛏 45　🅲🅲 不可

人気のレストラン

サン・フェルナンドで人気のレストランといえばここ。フィリピンスイーツのハロハロやフィリピン料理が豊富。店内ではおみやげ用にラ・ウニオンの特産品が売られている。

Ⓡハロハロ・デ・イロコ　Halo Halo de Iloko
🅼 MAP P.201-1
🏠 ＃12 Zandueta St., San Fernando
☎ 0917-511-7919（携帯）
🕗 9:00 〜 20:00
🈳 なし　🅲🅲 AJMV

サン・フェルナンドの属するラ・ウニオン州には、ルソン島北部の代表的なビーチリゾートがある。リゾートホテルが建ち並ぶのは、南のバワンBauangとの間に続く海岸沿いの約10km。北隣の町サン・フアンはサーフィンができるスポットとして有名だ。宿泊施設やおしゃれなカフェ、レストランが続々誕生し、今、注目を集めている。

サン・フェルナンド／サン・フアンの歩き方 GETTING AROUND

サン・フェルナンドの町の中心は、**ケソン通りQuezon Ave.** と、**リサール通りRizal Ave.** がぶつかる、**シティプラザCity Plaza** 周辺。ケソン通りに面した所がバスやジプニー乗り場になっていて、いつも多くの人でにぎわっている。シティプラザから**ゴメス通りGomez St.** を渡った所には**聖ウィリアム大聖堂St. William Cathedral** があり、日曜はお祈りをする人でにぎわう。ケソン通りを背に**アギーラ通りAguila Rd.** を上ると、丘の上に景色のよい**チャイニーズ・パゴダChinese Pagoda** がある。サン・フアンやバワンのお目当てのビーチにはジプニーやトライシクルで向かう。

サン・フェルナンドの見どころ　ATTRACTION

華人の文化を知る　★
マチョ寺とチャイニーズ・パゴダ　🅼 P.201-1、2
Ma-Cho Temple & Chinese Pagoda

マチョ寺は中国人がお参りに訪れる本格的中国寺院。チャイニーズ・パゴダの展望台からは町と海が一望できる。

ホテル　Hotels

ヴィラ・ブエナビスタ　$$
Viilas Buenavista　**サン・フアン** 🅼 P.201外

中心街から少し離れた海辺に立つリゾート。手頃なシングルから3階建てのエグゼクティブルームまで。海を一望できるプールもある。

🏠 San Gabriel Rd., San Juan
☎ Ⓓ 888-0121、0917-301-2723（携帯）
💴 Ⓓ₱2888 〜 5766　Ⓕ₱5586 〜 7500　Ⓒ₱2万4000
🛏 50
🅲🅲 AJMV

フロットサム＆ジェットサム・ホステル　$$
Flotsam & Jetsam Hostel　**サン・フアン** 🅼 P.201外

サン・フアンを人気ビーチに押し上げたホステル。バックパッカーの利用も多い。ビーチにある開放的なバーでは各種イベントも。

🏠 MacArthur Highway, Urbiztondo, San Juan
☎ 0917-802-1328（携帯）
🆄🆁🅻 www.flotsamandjetsamhostel.com　💴 Ⓓm₱1180 〜　Ⓓ₱3280 〜　Ⓕ₱3860 〜　Ⓢu₱3990
🛏 59　🅲🅲 MJ

サンセット・ベイ・ビーチ・リゾート　$$
Sunset Bay Beach Resort　**サン・フェルナンド** 🅼 P.201-2外

サン・フェルナンド市街地の南西のビーチにある、よく手入れされた欧風リゾート。イロコス地方の手織り布や手工芸品を使ったインテリアが特徴的。

🏠 Canaoay, San Fernando
☎ (072) 607-5907、0974-581-7359（携帯）
🆄🆁🅻 www.sunsetbayphilippines.com
💴 Ⓢ Ⓓ Tr₱2750 〜 5300
Ⓕ₱3950 〜 5900
🛏 26　🅲🅲 AJMV

ローカル・ホーム　$
Lokal Home　**サン・フアン** 🅼 P.201外

フィリピンの伝統的な高床式住居クボスタイルの客室が特徴的なホステル。海へのアクセスもいい。冷蔵庫、キッチン付きの部屋もある。

🏠 Urbiztondo, San Juan
💴 ₱2600 〜 3200（♦共♠）
Ⓢ Ⓓ₱2500 〜 3900　Ⓓm₱600
🛏 5
🅲🅲 不可

🏠冷房　🌀ファン　🚽トイレ　🚿水シャワー　🚿温水シャワー　🛁バスタブ　📺テレビ　🍸ミニバー　🧊冷蔵庫　📶ネットフリー　🍴朝食　🧑日本人スタッフ　※共と記してある場合は共用となります。

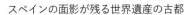

スペインの面影が残る世界遺産の古都

ビガン

Vigan

ビガン
マニラ●

世界遺産

MAP 折込表-B1

ビガンの町並み

ビガンは、1999年に世界遺産に登録された、フィリピンの中で最もスペイン情緒あふれるコロニアルな町。町なかには、16世紀に建てられたスペイン風建築様式の建物が数多く残されている。町並みがスペイン風に変わったのは16世紀後半。若きスペイン人フアン・デ・サルセドJuan de Salcedoが中国との戦いに勝ち、彼の祖父であるレガスピLegaspi（1565年からフィリピン諸島の征服を始め、1571年にはマニラを首都として初代総督となった）から、イロコスIlocos州を与えてもらったときからだ。それ以降、スペイン様式の建物が次々と建てられ、17世紀にはイロコス州の中心として栄えた。

それと対照的なのが東側に隣接するアブラAbra州にあるバンゲッドBangued。アブラ川沿いにある小さな田舎町で、ビクトリア・パークVictoria Parkやカスマタ・ヒルCasmata Hillなどの見どころがある。ビガンから3時間もあれば行けるので、時間に余裕のある人は足を延ばしてみるのもいい。

ビガンの
市外局番 ☎077

ACCESS

🚌 マニラからパルタスのバスがクバオから毎日6本、パサイから4本。所要10〜11時間、₱920〜。ヴィロン・トランシットがクバオから1日5本。サンパブロックから3本。₱860。

ラワグからは、パルタスなどが約1時間おきにビガン経由のバギオまたはマニラ行きを運行。途中のビガンまでは所要1時間30分〜2時間、₱190程度。

バギオからはサン・フェルナンド経由でパルタスが毎日3本運行。所要約5時間、₱480程度。

サン・フェルナンドやサン・フアンからは、バギオかマニラ発のパルタスなどのバスで途中下車。

● **パルタス　Partas**
MAP P.62-B2/P.65上/P.204-2
TEL 0917-834-9394（パサイ）
TEL 0917-819-3909（クバオ）
TEL 0917-804-9271（バギオ）
● **ヴィロン・トランジット**
　Viron Transit
MAP P.65上
TEL 0932-362-6838（サンパブロック）
TEL 0932-364-1487（クバオ）
TEL 0923-604-4857（ビガン）

町歩きのランドマーク、聖ポール大聖堂

ビガン特産の陶器

かわいいアンティークショップも多い

イロコス料理のエンバナーダ

バンタイ教会のベル・タワー

■州観光案内所
MAP P.204-1
🏠 1 Crisologo St.
TEL (077) 644-0135
Mail sureilocossur@gmail.com
開 8:00 ～ 17:00　**休** 土・日
※地図などが手に入る

■バンタイ教会＆ベル・タワー
Bantay Church & Bell Tower
　1591年スペイン統治下時代に
建てられた、戦争用の見張りのた
めの塔。おのおの役割をもつ5つ
のベルが設置されている。市内か
らトライシクルで5分、₱15 ～ 20
程度。
※2022年7月の地震により一部が
崩壊し、バンタイ教会、ベルタワ
ーともに2023年4月現在閉鎖中。
MAP P.204-1 外

ホテルにもなっているヴィラ・アン
ヘラ・ヘリテージ・ハウス（→
P.205）

■バルアルテ動物園
Baluarte Zoo
　郊外にある個人所有の動物園。
トラ、猿、ラクダなどさまざまな
動物がいる。
MAP P.204-2 外
🏠 Quirino Blvd., Tamag
TEL (077) 722-7186
開 8:30 ～ 18:00
休 不定期
料 大人₱100　子供₱80

ビガンの歩き方

GETTING AROUND

　パルタスのバスで来ると、専用ターミナル（→ **MAP** P.204-2）に
到着する。アルカンターラ通りAlcantara St.を挟んだ向かいに
は、ローカルマーケットがある。その他のバスの場合は、ハイウェ
イ沿いのバンタイBantayで降ろされるので、そこからトライシク
ル（5分）か徒歩（25分）でビガンの中心に向かう。

　ケソン通りを北に歩くと、突き当たりに**サルセド広場Plaza
Salcedo**、その右に**聖ポール大聖堂St. Paul Metropolitan
Cathedral**、左には**ブルゴス国立博物館Burgos National
Museum**（→P.205）などがある。

　スペイン風の古い町並みが残るのは、石畳の**クリソロゴ通
りCrisologo St.**周辺。車は通れないのでゆっくり散策でき
る。ほかにも、**ブルナイBurnay**（→ **MAP** P.204-1）と呼ばれる
陶器工場、1873年建造の地元名士の邸宅、**ヴィラ・アンヘ
ラ・ヘリテージ・ハウスAbel Iloco**（→P.205）、**織物工房Abel Iloco**（→
MAP P.204-2）、バンタイ教会＆ベル・タワー（→ **MAP** P.204-1
外）など見どころが豊富にある。

ビガンとビガン周辺の見どころ

ATTRACTION

ホセ・ブルゴスの暮らしぶりをのぞいてみよう ★★

ブルゴス国立博物館 MAP P.204-1

Burgos National Museum

堂々とした構えの博物館

ブルゴス国立博物館は、ホセ・ブルゴス Jose Burgos の生誕の地である。殉教者であり、聖職者であるブルゴスの住居が博物館になったものだ。当時のブルゴスの優雅な生活を見ながら、生きたイロカノの歴史や文化にも触れることができる。イトネグ族 Itneg の民族芸術も展示されている。

世界遺産に登録されている ★★ 世界遺産

ヌエストラ・セニョーラ・デ・ラ・アスンシオン教会 MAP P.174-A1

Nuestra Senora de la Asuncion Church

ラワグのサン・オウガスチン教会(→P.209)とともに、世界文化遺産に登録されているバロック様式の教会。イスラム風のアラベスク文様の装飾が施されている。ビガンからバスで約1時間南に下った**サンタ・マリア Santa Maria** にある。

■ブルゴス国立博物館
TEL 0917-504-8014(携帯)
開 8:30 ～ 16:30 休 月 料 無料

おすすめのレストラン
R カフェ・レオナ
　Café Leona
MAP P.204-1 住 1 Crisologo St.
TEL (077) 722-2212
営 10:00 ～ 24:00
休 なし CC AJMV
R カサ・ハルディン
　Casa Jardin Empanada & Okoy
MAP P.204-1
　メニューはイロコス名物のエンパナーダとオコイとシンプルだが、オーダーが入ってから揚げる人気のレストラン。ランチとディナータイムは長蛇の列ができる。
住 V. Delos Reyes St. corner Mabini St.
TEL 0977-829-4347 営 9:30 ～ 21:00 休 なし CC 不可
R カリエ・ブリュワリー
　Calle Brewery
MAP P.204-1
住 11 Calle Encarnacion
TEL 0917-124-3849(携帯)
開 10:00 ～ 23:00

ホテル

Hotels

ヴィラ・アンヘラ・ヘリテージ・ハウス $$

Villa Angela Heritage House MAP P.204-2

地元の名士、ベルソサ Verzoza 家の個人邸宅としても使われている歴史ある建物。一般公開されているうえ、宿泊も可能となっている。1859年建造だが、家具調度類もよく手入れされていて趣がある。

住 26 Quirino Blvd.
TEL (077) 722-2914、0917-631-4024
Mail villangela.heritage@gmail.com
料 SD P 2300 ～ 4000
F P 5000 ～ 5600
室数 7
CC 不可

室内にはアンティーク調の家具が並ぶ

コルディレラ・イン $$

Cordillera Inn MAP P.204-1

スペイン情緒あふれる石畳の通りにあり、クラシカルな雰囲気。客室はスタンダードからスイートまで4種類。広々とした共有スペースには、アンティーク家具が置かれている。スタッフの応対もいい。

住 29 Crisologo St.
TEL (074) 604-2582、0975-286-8363
URL www.cordilerainn.com
料 SD P 3000 F P 5000
Su P 5000
室数 22
CC DJMV

世界遺産の町並みが楽しめる立地

ホテル・ベネト・デ・ビガン $$

Hotel Veneto de Vigan MAP P.204-1

石畳のクリソロゴ通りから少し入ったところにある古い建物を改装した快適なホテル。少し離れた建物にドミトリーもあって、そちらは格安。

住 Bonifacio St
TEL (077) 674-0938、0917-587-1965(携帯)
Mail hotelvenetodevigan@yahoo.com D P 850
料 SD P 3000~5900 F P 7800~8500
室数 28 CC MV

ステイ・イン・スタイル・ホテル・ヴィガン $$

Stay Inn Style Hotel Vigan MAP P.204-1

2023年3月にオープンしたばかりの、清潔感のあるモダンなホテル。町の中心に位置するので、各観光スポットへのアクセスがいい。

住 48 Bonifacio St.
TEL 0966-248-5701
Mail stayinnstylevigan@gmail.com
料 D P 2800 ～ 2950
室数 12
CC 不可

ラワグ

マルコス元大統領の軌跡をたどる

ラワグ

Laoag

MAP 折込表-B1

ラワグの
市外局番 ☎077

ACCESS

🛫 マニラからPALエクスプレスが毎日2便運航。所要約1時間、運賃は₱2800〜。空港から市内まで無料シャトルバスが出ている。
🚌 マニラから各社のバスが毎日運行。所要9〜12時間で、運賃はエアコンバスが₱750〜950。バギオからは、パルタス、フロリダ、ファリナスなどのバスが、ガバナーパック通りのバスターミナル（MAP P.178-B2）から出ている。所要約6時間、₱680程度。
バス予約サイトで予約可
● Iwantseats
URL iwantseat.com

ラワグ行きのバス
● パルタス　Partas
　マニラのクバオ、パサイから。
MAP P.207-A1外
TEL 0917-127-8641（ラワグ）
▼マリア・デ・レオン・トランス
Maria de Leon Trans
　マニラのサンパロック発。
MAP P.207-A2
TEL (077) 770-3532（ラワグ）
● ファリニャス・トランス
Fariñas Trans
　マニラのサンパロックから。
MAP P.207-A2
TEL (077) 772-0126（ラワグ）
● フロリダ
Florida
　マニラのクバオ、サンパロック行きを1時間おきに運行。
MAP P.207-B1外
TEL 0917-324-9384（ラワグ）
● ヴィロン・トランシット
Viron Transit
　サンパロックから1日3本。
TEL (0932) 888-6593（マニラ）
0932-362-9850（ラワグ）

北イロコス州の州庁舎

　南シナ海に面している北イロコスIlocos Norte州は、ルソン島で最も美しい州のひとつといわれている。ラワグは、その北イロコス州の州都。ラワグ周辺にはスペイン統治時代の教会が数多く残っており、郊外にあるサン・オウガスチン教会San Agustin Churchは、スペイン統治下に建築された貴重なバロック様式の教会として1993年に世界文化遺産に登録されている。また、北イロコス州はマルコス元大統領の出身地としても有名。20年間にわたり大統領に在任して独裁的な政治を行い1986年の人民革命（エドゥサ革命）で失脚したマルコスだが、ラワグの南東のサラットSarratにある生家などゆかりの地を訪れる観光客は今もあとを絶たない。最近はラワグから北部のパグドゥプドゥPagudpudなど、美しい海のリゾート開発も盛んになっている。

ラワグへの行き方　ACCESS

　マニラからはバスもあるが、10時間以上かかるので国内線を利用するのが一般的。バギオからはファリニャス・トランスFariñas TransやパルタスPartasのバスが、サン・フェルナンド、サン・フアンとビガンを経由して走っている。所要約7時間。

ラワグの歩き方　GETTING AROUND

　旅行者の行動の拠点となるのはラワグの南側。町なかに見どころはそれほど多くないが、まず聖ウィリアム大聖堂St. Williams Cathedralを見に行こう。

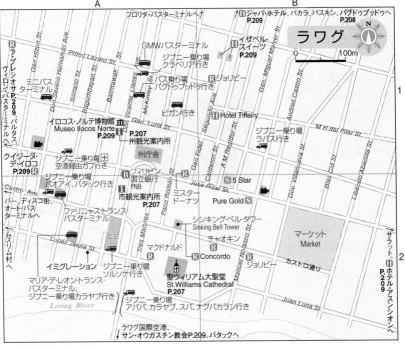

ルソン島北部

ラワグ

ラワグの見どころ

ATTRACTION 👀

　ラワグは、郊外に見どころが多い。マルコス元大統領の生家があるサラット Sarrat までは約8km、実家がある**バタック Batac**（→ MAP P.174-A1）までは約15km（生家、実家ともに現在は博物館が併設されている）ミニバスで約35〜40分。そして、北イロコスで最も美しい教会のひとつといわれる**サン・オウガスチン教会 San Agustin Church（パオアイ教会 Paoay Church）**のあるパオアイまでは約16km。いずれもラワグから頻繁にジプニーが出ている。また、「北のボラカイ」ともいわれる白砂のビーチがある**パグドゥプッドゥ Pagudpud**（→ MAP P.174-A1）はラワグの北、約75kmの所にある。

最古の教会のひとつ　　　　　　　　　　　　　★★

聖ウィリアム大聖堂

MAP P.207-A2

St. Williams Cathedral

　創建1612年頃という、北イロコス州最古の教会のひとつ。現在の形になったのは1650〜1700年代の間。フィリピン人の革命家やアメリカ人に占領されたり、地震や火事で被害を受けたりしたが、そのつど修復されてきた。向かいのシンキング・ベル・タワーは、1707年の地震後に建て直されたといわれる巨大な鐘楼。重すぎて毎年1インチずつ沈んでいたということから、名づけられた。

何度も修復されてきた
聖ウィリアム大聖堂

■ **市観光案内所**

MAP P.207-A2

🏠 Laoag City Hall, Tupaz St.

🕐 8:00 〜 17:00

🚫 土・日・祝

☎ (077)772-0001、0933-819-1227、0917-865-0194

■ **州観光案内所**

MAP P.207-A1

☎ 0949-628-2942（携帯）

🌐 www.tourismilocosnorte.com

🕐 8:00 〜 12:00、13:00 〜 17:00

🚫 土・日・祝

📷 **ナイトマーケット**

　聖ウィリアム大聖堂の南側、Juan Luna St.で金〜日曜に夜市が開かれています。屋台、衣類、おもちゃ、日用品などが並び、大勢の人でにぎわっていました。
（栃木県 HIROKI-H '14）['23]

ローカルマーケット

　シンキング・ベル・タワー前のカストロ通りを東に行くとマーケットがあり、庶民の生活を垣間見ることができる。

207

■**マルコス博物館**
住 10-N Lacub, Batac
TEL 0969-525-4534
開 9:00 ～ 12:00、13:00 ～ 16:00
休 第一火曜日
料 大人₱50、学生₱30

■**マルコスの旧別荘**
　パオアイにはマルコス夫妻の旧別荘である北のマラカニャン宮殿Malacañang of the Northもあり、湖に面した御殿は博物館として公開されている。
住 Paoay Lake, Suba
開 8:00 ～ 17:00
休 なし
料 大人₱70、学生₱50、子供無料

マルコスが大統領になるまでの記録が収められた　　　　　　　　　★★
マルコス博物館（バタック）　　　　　　　**MAP** P.174-A1
Marcos Museum in Batac

マルコス元大統領の愛車

　ラワグの約15km南にあるバタックは、マルコス元大統領の実家があることで知られる町。実家の敷地内には博物館があり、マルコスの幼少期からの記録が収められている。

　イロコス州では依然マルコスの人気は高い。幼少期を過ごしたというこの場所は「マルコスとは何者だったのか？」を検証するにふさわしい場かもしれない。

> ちょっと
> ひと息コラム

白砂のビーチが広がるパグドゥプッドゥ

　「北のボラカイ」ともいわれる白砂のビーチがある**パグドゥプッドゥ Pagudpud**（→**MAP** P.174-A1/折込表-B1）。白い砂浜で海水浴を楽しむことも、隠れ家的なリゾートホテルのビーチでサーフィンを楽しむこともできる。

　ビーチリゾートとして注目を集めており、新しいホテルもでき、ルソン島北部で今最もホットなビーチといえるだろう。

　パグドゥプッドゥのビーチは、大きく分けて**サウッド Saud**、**カパリスピサン Caparispisan**、**ブルーラグーン Blue Lagoon**の３ヵ所になる。

　サウッドでは、広がる白い砂浜でおもに海水浴が楽しめる。海岸沿いに多くのホテルやレストランがあり、泳いだあとに海を眺めながら食事をするのもおすすめだ。カパリスピサンとブルーラグーンはサーフィンに適している。このふたつの場所は半島を挟んで反対側にあるため、一方の場所の波の調子が悪くても、他方では波がいい場合がよってサーファーにはうれしい。サーフボードを貸し出している宿もある。

　海水浴、サーフィン以外にもスノーケリング、ダイビング、ボートでの遊覧を楽しむことも可能だ。丘の上に多くの風力発電用の風車が並んでいて、どこかフィリピンらしからぬ風景が楽しめるのもパグドゥプッドゥの魅力だろう。

　パグドゥプッドゥへは、ラワグ市まで1日数本の便がある飛行機で飛び、そこからバスや乗合バンで移動できる。所要約2時間。バギオからはラワグまでバスで行き、フロリダFloridaバスのトゥゲガラオ Tigegarao（→P210）行きに乗りかえてパグドゥプッドゥの町の中心で途中下車。₱145～。ラワグからローカルの直行バスも運行していて、（→**MAP** P.207-A1外）満員になったら出発する。₱140～。

　バスは、パグドゥプッドゥ町役場Pagudpud Municipal Hallのすぐ近くに到着する。バス停近くにトライシクルターミナルなどが密集しているので迷う心配はない。パグドゥプッドゥ町役場内の観光課でホテル等の観光情報を得ることもできる。

　3つのビーチは、町役場を中心とするとサウッドは北方面、カパリスピサンはさらに北東。ブルーラグーンは、東方面で半島の反対側にあり離れている。町役場からサウッドへはトライシクルで約20分。カパリスピサンへは、約40～50分。ブルーラグーンへは、まず町役場から南にある幹線道路分岐のマウイニMaoiniまでトライシクルで約10分。バスに乗り東にある幹線道路分岐のガワGaoaまで移動。ここからブルーラグーンまで、トライシクルで約30～40分。

■**パグドゥプッドゥ町役場観光課**
住 Poblacion 1　**TEL** 0920-228-6569（携帯）
Mail sogoodpagudpud@gmail.com
開 8:00 ～ 17:00　**休** 土・日・祝

人気のビーチのひとつ、ブルーラグーン

北イロコス州の伝統文化に触れる ★★

イロコス・ノルテ博物館

[MAP] P.207-A1

Museo Ilocos Norte

北イロコス州の歴史、文化、伝統を研究し、後世へ伝えていくことを目的に建てられた博物館。伝統家屋、楽器、工芸品など8つのエリアに分けて展示されている。

■イロコス・ノルテ博物館
[住] Gen. Luna St.
[TEL] (077) 770-4587
[URL] www.museoilocosnorte.com
[開] 9:00 ～ 17:00
[休] なし
[料] 大人₱50、大学生₱20

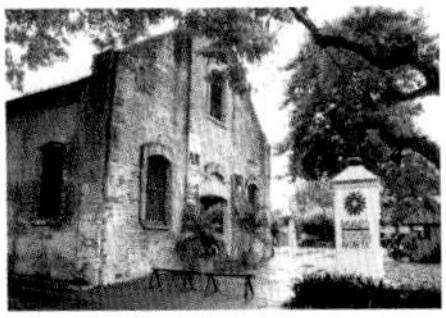

重厚な造りのイロコス・ノルテ博物館

北イロコスで最も美しい教会 ★★★ [世界遺産]

サン・オウガスチン教会（パオアイ）

[MAP] P.174-A1

San Agustin Church (Paoay)

世界遺産に登録されているバロック様式の教会。1774年に建てられたもので、加工サンゴとれんがで造られている。ラワグの南西約16km の**パオアイPaoay**にあるため、**パオアイ教会Paoay Church**とも呼ばれている。その重厚なたたずまいに、歴史を感じさせられずにはいられない。

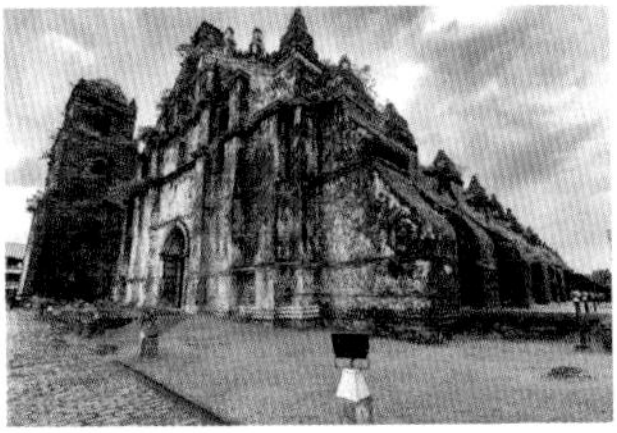

見応えのあるたたずまい

■サン・オウガスチン教会
[車] ラワグの町なかからミニバス、ジプニーで約40分。
[開] 日の出～日没
[休] なし
[料] 無料

ホテル＆レストラン Hotels & Restaurants

ホテル・アスンシオン $$

Hotel Asuncion [MAP] P.207-B2外

[冷房][トイレ][温水シャワー][テレビ][冷蔵庫][ネットフリー][朝食]

ホテル内はウッド調のインテリアが特徴的。朝食はフィリピン料理とアメリカンスタイルから選ぶことができる。アメニティが充実。スタッフの対応もいい。静かなエリアにあるが、観光スポットへのアクセスもいい。

[住] Rizal St.,cor. Guerrero St.
[TEL] (077) 772-2006、0998-584-5531、0917-842-4421（携帯）
[Mail] asuncionhotel@gmail.com
[料] Ⓢ₱1380、Ⓓ₱1850、[Tr]₱2500、Ⓕ₱3500、[Su]₱4600 ～ 4900
[室数] 23 [CC] 不可

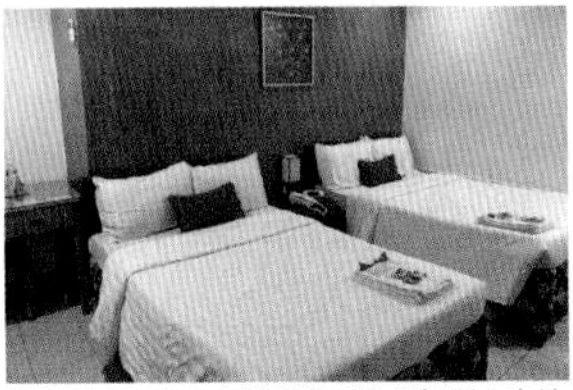

徒歩圏内に様々な観光地がある便利な立地

イザベル・スイーツ $

Isabel Suites [MAP] P.207-B1

[冷房][トイレ][温水シャワー][テレビ][ネットフリー][朝食]

市中心部にあり、何かと便利。室内は清潔に保たれており、居心地がいい。道路を挟んで西側に旧館、東側に新館が立っている。

[住] Gen. Segundo Ave. Brgy. 11
[TEL] 0917-628-0319、0918-903-5181、0932-861-?177
[料] Ⓢ₱950 ～ 1450 Ⓓ₱1550 [Su]₱2450 Ⓕ₱5000 ～ 6000
[室数] 50
[CC] AJMV

ジャバ・ホテル $$

Java Hotel [MAP] P.207-B1外

[ファン][トイレ][温水シャワー][バスタブ][テレビ][ミニバー][ネットフリー][朝食]

設備の整った豪華なリゾートホテル。市中心部からは少し外れている。市外の観光地へのパッケージツアーなども手配してくれる。

[住] Gen. Segundo Ave., Brgy. 55-B Salet
[TEL] (077) 770-5996、0917-500-5282 [URL] www.javahotel.com.ph
[料] [SD]₱2450 ～ 3860 [Su]₱3950 ～ 8050（[バスタブ]）
[室数] 58 [CC] AMV

ラ・プレシオサ $

La Preciosa [MAP] P.207-A1外

フィリピン料理

イロコス料理のワレクワレク（豚の頭の肉料理）などが食べられる。部位により、歯応えや弾力も違うので、味わってみよう。

[住] Rizal St., Brgy 6
[TEL] 0905-665-1240
[URL] lapreciosa-ilocos.com
[営] 10:00 ～ 21:00
[休] なし
[CC] AJMV

クイジーヌ・デ・イロコ $

Cuisine de iloco [MAP] P.207-A1

フィリピン料理

ピナクベット（野菜と豚肉の料理）、シナングラオ（酸味のある牛スープ）などのイロコス料理が食べられる。メニューが豊富。

[住] Hernando Ave., Brgy. 7-A
[TEL] 0917-976-6178
[営] 10:00 ～ 21:00
[休] なし
[CC] 不可

[冷房] 冷房 [ファン] ファン [トイレ] トイレ [水シャワー] 水シャワー [温水シャワー] 温水シャワー [バスタブ] バスタブ [テレビ] テレビ [ミニバー] ミニバー [冷蔵庫] 冷蔵庫 [ネットフリー] ネットフリー [朝食] 朝食 [日本人スタッフ] 日本人スタッフ

※[共]と記してある場合は共同となります。

カガヤン州の旅の起点

トゥゲガラオ

Tuguegarao

MAP 折込表-B1

トゥゲガラオの
市外局番 ☎078

ACCESS

✈ マニラからセブパシフィックが毎日2便運航。所要約1時間、₱2100 ～。

🚌 マニラのサンパブロック、クバオ、カミアスなどから、ビクトリー・ライナー、バルタスなどが運行。所要10 ～ 15時間、₱1102 ～。ノンストップバスもある。₱1413 ～。

バギオからはフロリダ・バスが、1日3本、ダリンバスが1日6本、ガバナーパック通りのバスターミナル（→ **MAP** P.178-B2）から出ている。₱1100 ～ 1200。所要約12時間。

●フロリダ Florida
TEL 0966-644-9193（バギオ）
TEL 0956-798-0133（トゥゲガラオ）
●ダリン Dalin
TEL 074-661-1267（バギオ）

■州観光案内所
MAP P.210外
🏠 Expo Bldg., Capital Hills, Alimannao
TEL (078) 304-1673
🕐 8:00 ～ 17:00
休 土・日・祝

パラウィ島にあるスペイン植民地時代に造られた灯台

カガヤン Cagayan 州の州都。マニラからの定期便の飛ぶ空港があり、カガヤン州の商業、学問の中心になる都市。カガヤン州に端を発し、南はケソン Quezon 州まで連なるシエラ・マドレ Sierra Madre 山脈はフィリピンで最も長い山脈であり、ネグリートなどの先住民族が暮らしている。山脈周辺には荒々しい洞窟などが数多くあるほか、海岸には知られざる美しいビーチも。ルソン島の東側は開発の手がほとんど伸びていない。貴重な自然へのゲートウエイとなる町がトゥゲガラオである。

トゥゲガラオの歩き方 GETTING AROUND

空港やバスターミナルは、市街地から少し離れた所にある。メインストリートは町の中心を南北に走る**ボニファシオ通り Bonifacio St.**。ホテルはこの一帯に集まっている。ボニファシオ通りと**ロサリオ通り Rosario St.**の間には 🅢 **モール・オブ・バレー Mall of Valley** があり、いつも多くの人でにぎわっている。見どころは町の東、**リサール通り Rizal St.**に面した**聖ピーター大聖堂 St. Peter Cathedral**。また、町の中心から6kmほど離れた所にある州庁舎には、州観光案内所のほかに**カガヤン博物館 Cagayan Museum**が入っている。トゥゲガラオ市内の交通手段はトライシクル。市中心部であれば₱12 ～ 20。

トゥゲガラオの少し北の**イギッグ Iguig** に

トゥゲガラオ中心部概略図

Collage Ave.
UNITOP
P.211
マンゴー・スイーツ・
トゥゲガラオ
トゥゲガラオ空港、バスターミナル、州庁舎、ロビンソン・モール、フロリダ・バスターミナル、州観光案内所P.210、カガヤン博物館P.211、サンタ・アナ&パラウィ島P.211、アパリ方面へ

聖ハシント教会
San Jacinto Chapel
Legaspi St.
🅢 Grogies
(酒屋、24h)
ガソリンスタンド

Washington St.

P.211
ナイトマーケット
Gonzaga St.
モール・オブ・バレー
Mall of Valley
Gomez St.
Hotel Lorita
🅢ジョリビー
聖ピーター
大聖堂
St.Peter
Cathedral

SM Center
P.211
ホテル・ローマ
VICO
Joselina
Chowking
Candice Mega Mart
Aguinaldo St.
🅡キャンディス・
メガ・マーケット
P.211 ホテル・エリナス
Arellano St.
Pensione Abraham
Pilapil St.
フィリピン国立銀行 🅑
PNB
Zamora St.
🅡マクドナルド
🅢ジョリビー

は、**カルバリー・ヒルズCalvary Hills**という眺めがよい丘、さらに北には、美しいビーチがある**サンタ・アナSanta. Ana**や手つかずの自然と素朴な暮らしの残る**パラウィ Palaui島**がある。

トゥゲガラオと郊外の見どころ ATTRACTION

トゥゲガラオの見どころといえば ★★

カガヤン博物館 [MAP] P.210外

Cagayan Museum

町の中心から約6kmの州庁舎内にある。考古学的な遺物からスペイン時代の調度品まで幅広く展示。石器や絶滅した動物の化石などの考古学的な展示もある。

デジタル・デトックスならここ ★★

サンタ・アナとパラウィ島 [MAP] P.210外/P.174-B1

Santa Ana and Palaui Island

サンタ・アナの見どころは白砂のアンギブ・ビーチ Anguib Beachやナンガラモーン・ビーチNangaramoan Beach。サンタ・アナの町からトライシクル・チャーターで向かう。約₱800。パラウィ環境保護協会Palaui Environmental Protectors Association (PEPA)が手つかずの自然を残したままのエコツーリズム・スポットとしているのがパラウィ島。素朴さや、ゆったり流れる時間を味わえる。パラウィ島にはあえてインターネットも入れていない。島での宿泊はホームステイのみ。約10軒の民宿の予約はボート乗り場で問い合わせよう。

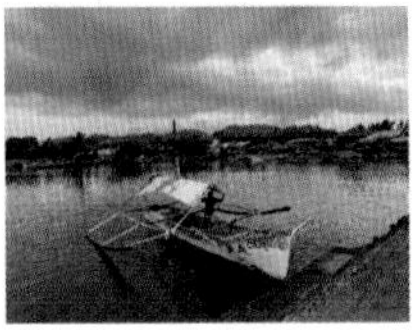

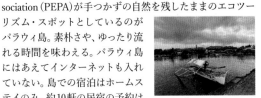

パラウィ島にはこのボートで向かう

●**ナイト・マーケット**

毎日、開催されている。中古衣類や屋台が立ち並び、夏祭りのような雰囲気で楽しい。夕飯に安いローカルフードを調達するのも賢い。ルナ通りLuna St.から1本北に入ったゴメス通りGomez St.で18:00から。

■**カガヤン博物館**

[住] Otis St. Cor. Aguinaldo St.
[開] 8:00 ～ 17:00
[休] 土・日・祝
[料] 無料

サンタ・アナへ

[バス] バギオからフロリダの直行夜行バスが毎日2便。乗り場はブカウカン通りBokawkan沿いにある(→[MAP] P.176-A)。所要約14時間。₱1200程度。トゥゲガラオからはロビンソン・モール(→[MAP] P.210外)脇の乗り場からバンが頻繁に出ているほか(₱300)、フロリダ・バスでも行ける(₱365)。所要約3時間。

パラウィ島への行き方

[船] サンタ・アナ港からボートをチャーターして行ける。所要約20分、往復₱1500 ～。日帰りツアーの場合はパラウィ島とセットにして行き先を選べる。人気はワニの形をしたクロコダイル島 Crocodile Island。下船して尻尾に乗って写真撮影をできる。エンガニョ Engaño岬の灯台から見下ろす海は、第2次世界大戦中に日本軍の船が沈没した歴史的な場所でもある。

ホテル Hotels

ホテル・エリナス $$

Hotel Elinas [MAP] P.210

メインストリートのボニファシオ通りに面する便利な立地のホテル。温水シャワーなしのエコノミールームが₱850で3室用意されている。1階に併設されたレストランも安くておいしい。ホテル前にはファストフード店も充実。

[住] 133A. Bonifacio St.
[TEL] (078) 844-2198
[料] [SD]₱850 ～ 1300 [Tr]₱1600
[Su]₱1250
[室数] 33
[CC] 不可

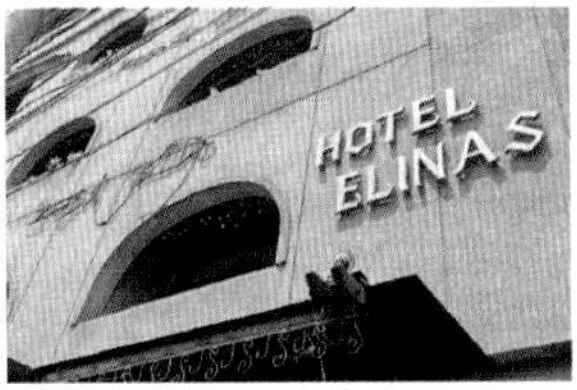

とにかくローケーションがいい

マンゴー・スイーツ・トゥゲガラオ $$

Mango Suites Touguegarao [MAP] P.210

町の中心にあって徒歩でどこに行くにも便利。ビジネスマンにも人気のチェーンホテル。同じ建物内にレストラン、銀行などが入っている。

[住] Rizal St., cor. Balzain Rd.
[TEL] (078)304-0123、0917-605-3080(携帯)
[URL] mangosuites.ph/tuguegarao/
[料] [SD]₱1090 ～ 1800
[Tr]1900 ～ 2500
[室数] 75 [CC] ADJMV

ホテル・ローマ $$

Hotel Roma [MAP] P.210

ボニファシオ通りからルナ通りに入ってすぐの所にある。客室の設備が整っていて快適に過ごせる。レストラン、ランドリーサービスあり。

[住] Luna St. Cor. Bonifacio St.
[TEL] (078) 844-1057、0917-554-8802
[料] [S]₱1650 ～ 1900
[D]₱2650 ～ 4280 [F]₱3980 ～ 4280
[Su]₱5180 ～ 5980
[室数] 75 [CC] ADJMV

冷房 ファン トイレ 水シャワー 温水シャワー バスタブ テレビ ミニバー 冷蔵庫 ネットフリー 朝食 日本人スタッフ
※[共]と記してある場合は共同となります。

ルソン島南部

　ルソン島南部はビコールBicolとも呼ばれ、北カマリネスCamarines Norte州、南カマリネスCamarines Sur州、アルバイAlbay州、ソルソゴンSorsogon州、カタンドゥアネスCatanduanes州、マスバテMasbate州の6州からなる。変化に富んだ多くの半島やビーチ、火山や湖が多く、豊かな自然が息づいている地域だ。雨が多く、肥沃な土地であるために米どころとしても知られ、特にカマリネスという州名は「穀物の家」を意味する。火山性の土地でよく生育するココナッツとアバカ（マニラ麻）の産地としても有名だ。スペイン統治時代からの古い建物や遺跡が多く、独自の文化圏を形成。ビコール語Bicolanoを話し、甘口の料理が多いフィリピンには珍しく、辛いものも食べる。

1 空から見たレガスピの町
2 ビコール地方にはのどかな田園風景が広がっている

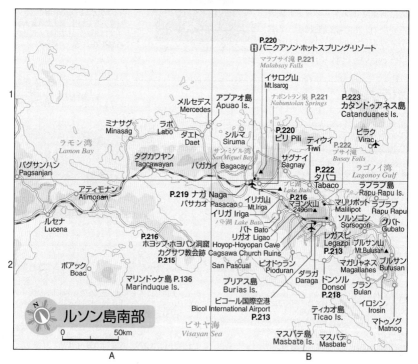

ルソン島南部の玄関口

レガスピ
Legazpi

MAP 折込表-C2

レガスピの町なかから見るマヨン火山

アルバイ州の州都レガスピはマニラから南東へ556kmの場所にあり、ビコール（南部ルソン）へのゲートウエイ。フィリピンの初代スペイン総督の名が由来というこの町のシンボルはマヨン火山（標高2496m）。LCCデパートやマーケット、銀行などが建ち並び、かなり大きな商業都市でもある。また、台風の通り道になっていて、たびたび被害が出ている。

レガスピへの行き方 　　　ACCESS 🚌

マニラからは、飛行機で行くのが一般的。時間に余裕があれば、所要10〜12時間と時間はかかるが、長距離バスでゆったりと行くのもいい。空港から市内へは、タクシーで₱150〜180。

レガスピ

N

0　　1km

タバコ&ティウィへ

Lakandula Drive

P.214
サテライト・マーケット
Satellite Market

Washington Drive

P.213
州観光案内所
（PTCAO）

Aguende St.

レガスピ港地区
Legazpi Port District
P.214

P.214

アルバイ地区
Albay District

Rizal St.

ダラガ教会 P.215、ビコール国際空港へ

マーケット
Market

バスターミナル

Rizal St.

アルバイ教会
Albay Cathedral

🅁 スモール・トーク・カフェ P.218

レガスピの
市外局番 ☎052

ACCESS

✈ マニラからビコール国際空港へフィリピン航空が毎日3便、セブパシフィックが1日4便運行。所要約1時間、₱1800〜。セブからはセブパシフィックが1日2便運行。所要約1時間20分、₱1700〜

🚍 パニャラーケのバスターミナルPITXからペニャフランシア・ツアーズのバスが1日2便、DLTBのバスが1日1便出ている。運賃₱750〜1500。

マニラのパサイからフィルトランコのバスが1日1便、DLTBが1日4便出ている。運賃は₱1085〜1150。

また、カグサワのバスもマニラのクバオとレガスピの間を1日6便結ぶ。運賃は₱995〜1250。所要時間11〜12時間。

●フィルトランコ
Philtranco
MAP P.62-B2
TEL 0935-896-1085（携帯）
●DLTB
TEL 0981-432-4063（パサイ）
TEL 0981-432-4061（PITX）
●カグサワ
Cagsawa
TEL (02) 8913-1514（クバオ）
TEL 0932-880-9633（レガスピ）

■ビコール地方観光案内所
MAP P.214-A1外
🏠 Regional Center Site Rawis
TEL (052) 742-5004
URL beta.tourism.gov.ph
⏰ 8:00〜17:00
休 土・日・祝

■州観光案内所（PTCAO）
MAP P.213
🏠 PTCAO Bldg. Albay Astrodome Compound,
TEL 0928-520-8248（携帯）
⏰ 8:00〜17:00
休 土・日・祝
※レガスピの情報は州観光案内所が詳しい。

　レガスピ港地区とアルバイ地区は歩くと20分くらいかかるので、ジプニーを利用するのが便利。アルバイ地区からはレガスピLegazpi City行き、レガスピ港地区からは隣町のダラガDaraga行きのジプニーに乗る。

アルバイ湾に面して立つ
大きなショッピングセンター、
エンバーカデロ・モール

屋台でにぎわう夜のケソン通り

レガスピの歩き方

GETTING AROUND

　レガスピは、**キャピトルCapitol**と呼ばれている**アルバイ地区Albay District**と、マーケットや**S**LCCデパートなどがある**レガスピ港地区Legazpi Port District**に分かれている。このエリア間はジプニーで行き来する。宿はバスターミナルやレストランなどが集中しているレガスピ港地区で探すほうがいいだろう。

　レガスピ港地区内は歩いて回れるほどの広さだ。町の中心にそびえ立つのが**戦没者慰霊塔Battle of Legazpi Monument**。このあたりが一番にぎやかなところで、商店や屋台が並び常に人があふれている。その斜め向かいにあるのが**S**LCCデパート。1階が食料品のスーパーマーケットになっている。そのまま**ケソン通りQuezon Ave.**を南東へ歩いていくと埠頭へ。**S**エンバーカデロ・モールEmbarcadero Mallの先に**カプントゥカンの丘Kaputunkan Hill**が見える。ここからの眺望は抜群で、マヨン火山を背景に町や港を一望できる。ただ、日中はその全景をくっきりと見ることは難しいので、早朝か夕暮れ時が狙い目だ。

　町を南北に貫く**ペニャランダ通りPeñaranda St.**を北へ向かうと**セント・ラファエル教会St. Rafael Church**の正面に出る。さらに北へ進むと左側に旧レガスピ駅舎が見えてくる。

　町の西側にあるアルバイ地区の**タハオ通りTahao Rd.**周辺は一般に**サテライト・マーケットSatellite Market**（→**MAP**P.213）と呼ばれ、バスターミナルが隣接している。ここへはタハオかマラボMalabo行きのジプニーなどで行ける。

マヨン火山の眺望がすばらしい
カプントゥカンの丘

海岸沿いにあるレガスピの町

レガスピの見どころ　　　　ATTRACTION

1814年の噴火で埋まった教会の塔の跡　　　★★
カグサワ教会跡　　　　MAP P.212-B2
Cagsawa Church Ruins

　多くの町が崩壊し、多数の犠牲者を出した1814年のマヨン火山大噴火。そのとき人々はこの教会の塔に避難したという。田園に囲まれ、水牛が水浴びをしているのどかな風景からは想像もつかない。ここから見るマヨン火山の風景はよく絵がきなどに使われるほどの美しさ。レガスピの人気観光地なので、周囲にはみやげ物店やレストラン、ショップが揃っている。ゆっくりと滞在したい場所だ。

マヨン火山大噴火の際の面影を残すカグサワ教会跡

町を見下ろす丘の上に立つ　　　　★
ダラガ教会　　　　MAP P.213外
Daraga Church (Hill Top Church)

　レガスピからカグサワ教会跡へ行く途中に、**ダラガDaraga**の町がある。その町なかに、1773年に建てられたバロック調の教会があり、マヨン火山の噴火にも耐えて、現在も使用されている。

堂々としたダラガ教会

R アラモス・イータリー
　Alamo's Eatery
　レガスピ港地区は近海で取れる海鮮を出すレストランが多い。
MAP P.214-B2
住 Elizondo St., Brgy. 30 Pigcale
TEL 0927-686-4553（携帯）
営 10:00 ～ 14:30
休 日

港町ならではの豪快な海鮮料理が楽しめる

■**カグサワ教会跡**
交 カマリグCamaligか、リガオLigao、ポランギイPolangui行きのジプニーを利用。ジプニーは₱22、トライシクルは₱400程度。カグサワ遺跡Cagsawa Ruinsという案内板の所で下車。小道を入って徒歩約10分。
開 6:00 ～ 18:00
休 なし
料 大人₱20、子供₱10

■**ダラガ教会**
交 ダラガ行きのジプニー（₱13）がレガスピ港地区からたくさん出ている（→MAP P.214-A2）。所要20 ～ 30分。レガスピ行きのジプニー乗り場は、教会から徒歩7 ～ 8分ほどの場所にある。トライシクルを利用した場合は₱100程度。

ちょっとひと息コラム

レガスピゆかりの日本人、明治の女衒（ぜげん）村岡伊平治

　日本がまだ貧しかった江戸時代の末から昭和の初めにかけて、「からゆきさん」と呼ばれる日本人女性たちが東南アジアをはじめ、世界各国に大勢いた。1867年（慶応3年）、長崎県に生まれた村岡伊平治は、商売をするために18歳で香港に渡ったが、だまされて売られてきた日本人女性を助けたことがきっかけで女衒となった。女衒とは、身売りの仲介業である。当時、女性たちが異国で生きるには、自らの身を売るよりほかになかった。

　香港を皮切りに中国各地、シンガポール、マレーシア、インドネシア、インド、ベトナム、ニューギニアと東南アジアを転々とした末、伊平治はフィリピンのレガスピに落ち着く。レガスピで遊郭経営や原木伐採、製薬業、金鉱採掘などを手がけたが、マヨン火山の噴火で財産を処分し、病気療養のためにいったん帰国する。その後、治った伊平治はレガスピに戻るのだが、そこで亡くなったのか、妻の郷里である天草で亡くなったのかは定かではない。

🚌 レガスピ港地区からカマリグ
Camalig行きのジプニー（₱20）に
乗り、カマリグでトライシクル（₱
200）をチャーターして行く。カマ
リグから30分ほど行くと右側に
Hoyop-Hoyopan Caveの標識が
見えてくる。そこから洞窟までは
徒歩で約15分。
🕐 6:30〜18:00　🈚 なし
💰 ₱300

真っ暗な洞窟の中

※2023年3月現在カラビドンガン
洞窟は一時閉鎖中。

火山活動に要注意
　フィリピン火山地震研究所
(PHIVOLCS)は2018年1月22日、
マヨン火山において溶岩ドームの
破裂などが確認されたことから、
噴火の可能性があるとして、噴火
警報をレベル3に引き上げ、周辺
住民に対して避難勧告を発出し
た。2023年6月に溶岩ドームの流
失や落石、火山地震が確認され、
噴火警戒レベルが3に引き上げら
れ（最大5）、火口周辺半径6km圏
内の住民1万3000人が避難した。
事前にPHIVOLCSのホームペー
ジや現地で最新情報を確認のこ
と。
● フィリピン火山地震研究所
Philippine Institute of
Volcanology and Seismology
🌐 www.phivolcs.dost.gov.ph

**レガスピを拠点にルソン島南部
を散策**
　ビコール（ルソン島南部）を満
喫する2泊3日のツアーが催行さ
れている。マヨン火山を訪れたあ
と、レガスピを出発して、ソルソゴ
ン、ブルサン、イロシンなどの南
部の町を巡り、ナガ（→P.219）ま
で戻るもので、宿泊費や食事代、
入場料やガイド代などすべて含み
1名₱7650〜（4名以上の場合）。
観光案内所などで申し込める。
※2023年7月現在、入山規制のた
めマヨン火山ツアーは中止中。

名前の由来は「風よ、吹け、吹け」　　　　★★

ホヨップ・ホヨパン洞窟　　　MAP P.212-B2
Hoyop-Hoyopan Cave

　レガスピから北西に約10km行った所にある。この洞窟に足
を運ぶ価値は大。駐車代を払えばひとりでも入れるが、洞窟内
は真っ暗なので、入口でガイドとライトを頼もう。料金は1時間
コースで₱300。もう少し冒険心をくすぐるようなコースに挑戦
したい人は、この奥の**カラビドンガン洞窟Calabidongan
Cave**へ行くといい。所要
1〜2時間でひとり₱500
程度、3人以上で参加す
るとひとり₱150程度にな
る。この洞窟はロープを
使用して岩と岩の間を渡
ったり、水の中を歩いたり
泳いだりする必要がある
ので、それ相応の準備が
必要だ。

洞窟の中からの眺め

"ルソン富士"とも呼ばれる　　　　★★★

マヨン火山　　　MAP P.212-B2
Mayon Volcano

　標高2496mの活火山で、ビコールの象徴でもある。登山も
可能。登山希望者はまず観光案内所か市内の旅行会社で詳し
い情報を入手すること。通常、ガイド料金は登山者がふた
りまでなら、テント、ポーター代、食事、移動費込みで2日間
ひとり₱6000ほど、1日だと₱4500程度。3日間のツアーもあり、
1日目はレガスピを朝出発し、ジプニーで登山出発点である
ブアンBuyuanへ。頂上に到着するのは2日目の夕方頃だ。
　装備も準備してくれるが、山の夜はかなり冷えるので厚手
の服がいる。**ガイドなしでの登山は非常に危険なので、必ず
ガイドを頼もう。**※2023年6月時点では噴火警戒レベル3
で、山頂から6キロ圏内は侵入禁止。

ビコールの象徴、マヨン火山

ホテル＆レストラン Hotels & Restaurants

ペニャランダ通り沿い、特にレガスピ駅（運休中）周辺にさまざまなクラスのホテルがある。ペニャランダ通りとリサール通りが交差するあたりが町の中心。ファストフード店は、町の中心とバスターミナルの中間にあるショッピングモール内にたくさんある。祭りなどにあたらないかぎりは予約なしでも宿は見つかるはずだ。

ホテル・セント・エリス $$

Hotel St. Ellis [MAP] P.214-B2

レガスピ市街地では最も高級なホテル。天井の高いエレガントなロビーに、スパや会議室など、田舎町とは思えない設備の充実を誇り、料金もそれほど高くない。複数のホテル予約サイトに登録されており、日本からの予約にも便利。

[住] Rizal St.
[TEL] 0917-559-1917（携帯）
[料] [SD]₱3000 ～ 7000
[室数] 40
[CC] AMV

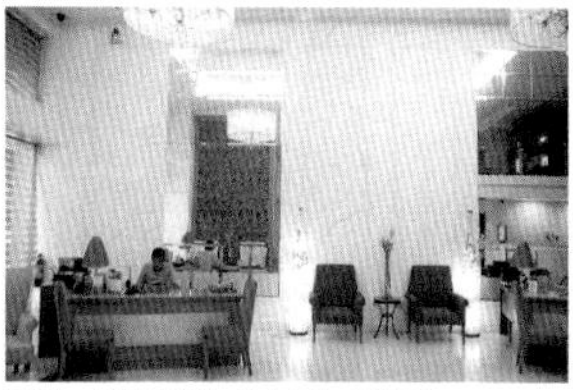
ロビーの横にはレストランがある

レガスピ・ツーリスト・イン $$

Legazpi Tourist Inn [MAP] P.214-A2

町の中心、郵便局の前にあり、何かと便利。室内は安宿にしてはかなり清潔に保たれていて、居心地は悪くない。宿の中にはおしゃれなカフェもあり、くつろぐことができる。スタッフも親切な人が多い。

[住] 3rd. Floor, V&O Bldg., Quezon Ave., Cor. Lapu-Lapu St.
[TEL] (052) 742-1589、0947-270-0266（携帯）
[Mail] legaspitouristinn@yahoo.com.ph
[料] [Dm]₱350 [SD]₱700 ～ 2000 [F]₱2800 [室数] 21 [CC] 不可

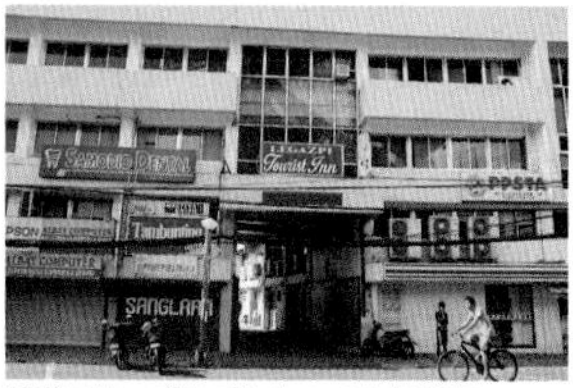
清潔でリーズナブルなので人気が高い

カサブランカ・ホテル $

Casablanca Hotel [MAP] P.214-A1

レガスピでは、比較的設備の整った中級ホテルで、設備やサービスは申しぶんない。バス乗り場やジプニー乗り場にも近くて便利。スタッフも親切。中国料理のレストランや空港からの送迎サービスあり。

[住] 238 Peñaranda St.
[TEL] (052) 480-8899、0917-594-8811（携帯）
[Mail] info@casablancahotel.ph
[料] [SD]₱1120 ～ 2000
[室数] 27 [CC] AJMV
※2023年7月現在、一時閉鎖中。

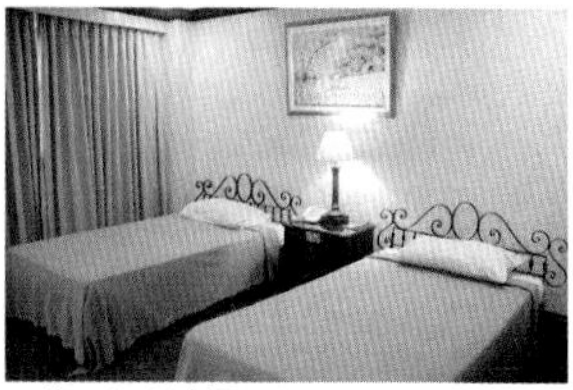
レガスピでは中堅のホテル

マガヨン・ホテル $

Mgayon Hotel [MAP] P.214-A1

レガスピ駅（運休中）の隣にある4階建てのホテル。オーナーが中国人のため、中国風の内装が施してある。リーズナブルな値段のわりには清潔に保たれている。ロビーでWi-Fi接続可。

[住] Peñaranda St.
[TEL] 0991-472-4985（携帯）0917-558-0084（携帯）
[料] [SD]₱1100 ～ 1200
[F]₱2300
[室数] 74
[CC] 不可

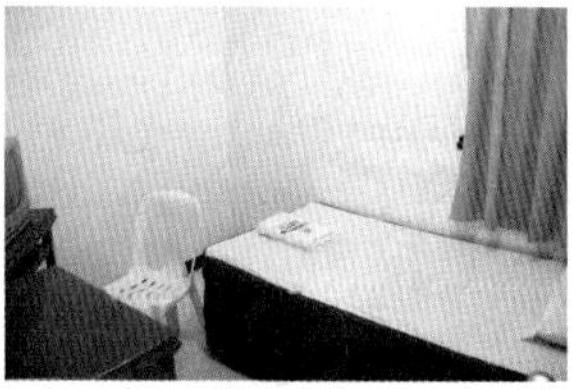
町歩きに便利な場所にある

ホテル・レックス $

Hotel Rex [MAP] P.214-A1

セント・ラファエル教会の横にある安宿。客室はシンプルな造りだが、わりと清潔に保たれている。テラス付きの客室からは、マヨン火山の迫力ある姿を眺めることができる。Wi-Fiはロビーでのみ使える。

[住] Aguinaldo St. Cor. Peñaranda St.
[TEL] 0917-167-5198（携帯）
[料] [SD]₱550 ～（ファン）
[SD]₱950 ～（冷房） [F]₱3000
[室数] 14
[CC] 不可

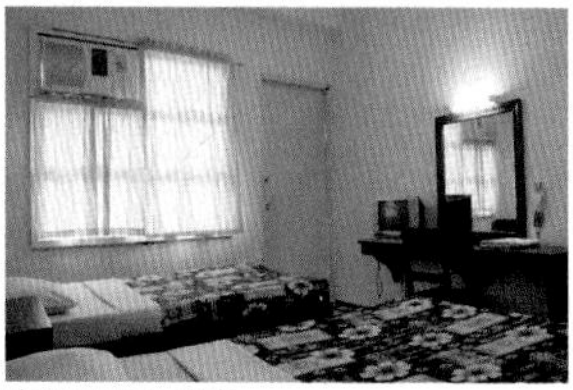
広くて明るい室内

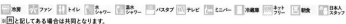

冷房 ファン トイレ 水シャワー 温水シャワー バスタブ テレビ ミニバー 冷蔵庫 ネットフリー 朝食 日本人スタッフ
※[共]と記してある場合は共同となります。

カタリーナズ・ロッジング・ハウス $

Catalina's Lodging House　**MAP** P.214-A1

セント・ラファエル教会のすぐそばにある。東南アジアによくあるような木造の古いタイプの安宿。渋くて味があり、家庭的な雰囲気がいい。レガスピでは最も安い宿のひとつで、バックパッカーにも重宝されている。

🏠 96 Pañaranda St.
TEL 0998-854-8207（携帯）
🛏 Ⓢ**P**350　Ⓓ**P**450（🚿🔌🛁）
Ⓢ**P**750　Ⓓ**P**950（🚿🌀）
CC 不可

こぢんまりとした雰囲気の宿

カプントゥカン・レストバー＆グリル $

Kapuntukan Resto Bar and Grill　**MAP** P.214-B2外

フィリピン料理

カプントゥカンの丘の麓、アルバイ湾に突き出た岬にあるバーレストラン。窓からは港とマヨン山を一望できる。

🏠 Legaspi Blvd.
TEL 0994-834-8368（携帯）
🕐 14:00 ～ 2:00
休 なし
CC 不可

スモール・トーク・カフェ $

Small Talk Café　**MAP** P.213

カフェ

古民家を改装した居心地のいいカフェレストラン。タロ芋の葉を使ったピザやパスタ、オリジナルのビコール料理が人気。

🏠 051 Dona Aurora St.
TEL 0917-624-9279（携帯）
🕐 11:00 ～ 20:00
休 なし
CC MV

ちょっとひと息コラム

ジンベエザメで有名なドンソルへ

エクアドルのガラパゴス島、オーストラリアのニンガルーと並び、一度にたくさんのジンベエザメが集まる所として有名なドンソルDonsol（→**MAP** P.212-B2）。1998年にサメが発見されてから、フィリピンでも人気の観光地のひとつとなった。2月～5月中旬になると、ドンソルにはメスばかり50匹以上ものジンベエザメが集まってくる。海の透明度は悪いことが多いが、かなりの高確率で遭遇が期待できる。

この地域でのダイビングは禁止されているので、ウオッチングツアーに参加するか、ボートをチャーターして入域料を払い、スノーケリングをする。

ツアーの参加は各ツアー会社に申し込もう。ビトン＆ウッドランド・ビーチ・リゾート内などにある。7人乗りボート1隻のチャーター料金は**P**3500～、入域料は**P**300。

ゆったりと水中を移動するジンベエザメ

ドンソルは、レガスピから南西へ約45km、バスで約1時間行った所にある。レガスピのバスターミナルからドンソル行きのバン（**P**100）に乗るか、レガスピからジプニー（**P**9）でダラガまで行き、そこでドンソル行きジプニー（**P**75）に乗り換える。ダラガから所要約2時間。

ドンソルのあるソルソゴン州は、レガスピからそれほど離れていないにもかかわらず、土地の言葉もほかとは違って興味深い。

■ホエールシャーク・アドベンチャー＆ツアーズ
Whaleshark Adventure & Tours
🏠 ビトン＆ウッドランド・ビーチ・リゾート内
TEL 0917-503-6403（携帯）
Mail info@donsolwhaleshark.net
🕐 6:30 ～ 17:00　休 なし　**CC** MV

■ドンソルの宿泊施設
🏨ビトン＆ウッドランド・ビーチ・リゾート
Vitton & Woodland Beach Resort
町からは離れているが、レストランがあるので食事の心配はいらない。6～11月はクローズ。
🏠 Barangay Dancalan　**TEL** 0920-969-3489（携帯）
Mail reservations@vittonandwoodland.com
🛏 ⓈⒹ**P**2300 ～　Ⓕ**P**3700 ～
室数 17　**CC** 不可

🏨アモール・ファーム・ビーチ・リゾート
Amor Farm Beach Resort
ビジターセンターから歩いて15分ほど。レストラン併設。エアコンもあり。のどかでアットホームな雰囲気。
🏠 Brgy. Dancalan　**TEL** 0909-518-1150（携帯）
🛏 ⓈⒹ**P**1000（🚿🔌🛁）　ⓈⒹ**P**2000 ～
室数 27　**CC** 不可

フェスティバルが有名

ナガ
Naga

MAP 折込表-C2

ナガには歴史のある大きな教会が多い

ナガの
市外局番 ☎054

ACCESS

✈ マニラからセブパシフィック
が1日2〜7便運行。所要約1時
間。運賃は片道約₱2400〜。
🚌 マニラのパサイ、クバオ、PITX
からフィルトランコ、DLTB、イサ
ログ、ペニャフランシア・ツアー
ズなどのバスが毎日頻繁に運行。
所要時間9〜10時間、₱812〜。
また、クバオ、PITXでは17:00以
降にDLTBのレイジーボーイ
Lazyboyと呼ばれる寝台付きバス
も運行している。
● イサログ Isalog
TEL 0948-941-1105 (PITX)
TEL (02) 423-2957 (クバオ)
● ペニャフランシア・ツアーズ
　Penafrancia Tours
TEL (02) 8421-1578 (クバオ)
● DLTB→P.213欄外

■観光案内所
MAP P.220-1外
🏠 GF Metro PESO-DOLE Bldg.,
City Hall Compound (市庁舎内)
URL www.naga.gov.ph/tourism
🕐 8:00〜17:00 休 土・日・祝

　マニラからレガスピやソルソゴン行きのバスに乗ると、途中すべてのバスはナガで停まる。南カマリネス州Camarines Surの州都であるナガ市は、レガスピに次ぐビコール地方の中心地。9月の第3週に開催される聖母ペニャフランシア・フェスティバルNuestra Señora de Peñafrancia Festivalや、12月に1ヵ月間にわたって繰り広げられるカムンダガン・フェスティバルKamundagan Festivalの時期には、各地から訪れる人々で町中がにぎやかになる。

ナガの歩き方

GETTING AROUND

　ナガの中心を南北に走る**ジェネラル・ルナ通りGeneral Luna St.**に、レストランや商店が集中している。マニラ方面から入ってナガ川の橋を渡った左側がマーケット。通り沿いには小さな店がいくつも並んでいて活気がある。さらに北へ行くとマクドナルド、映画館、フィリピン国立銀行 (PNB) と続く。
　聖母ペニャフランシアで有名な**ナガ大聖堂Naga Cathedral**へは、**エリアス・アンヘレス通りElias Angeles St.**を北方向に歩いていけばいい。**マーティンズ公園 Plaza Martinez**から5分ほどで到着だ。

町の外れを走る線路

町を流れるナガ川

　また、ナガ大聖堂から、ひとつ東を走る**ペニャフランシア通りPeñafrancia Ave.**へと向かい、北東に500mほど歩いていくと、**マグサイサイ通りMagsaysay Ave.**に出る。このあたりは最近人気のスポットで、通り沿いにはおしゃれなカフェやレストランが建ち並んでいる。

バスがずらりと並ぶセントラル・バスターミナル

■**サーベージ・マインド・アーツ・ブック・シネマ**
Savage Mind, Arts, Books, Cinema

ビコール文化をテーマとした書店でF・カフカや川上未映子といった世界的文学作品のビコール語での翻訳出版も行っている。また、ビコール地方に関する日本語の書籍も販売している。
MAP P.220-2外
住 5 Peninsula St.
TEL 0916-761-5121（携帯）
営 15:00 〜 21:00
CC 不可

ビコールの文化を盛り込んだ個性的な内装

ピリナッツの町

ピリ Pili（**MAP** P.212-B2）はナガの南東約20kmにある小さな町。森の中に自生しているピリの木になる果物の種を天日で干したのがピリナッツで、ビコールの特産品のひとつ。この町はイサログ国立公園への起点でもある。

店頭に並ぶピリナッツ

H **パニクアソン・ホットスプリング・リゾート**
Panicuason Hotspring Resort

緑濃いイナリャン川Inarhan Riverの渓流沿いにある温泉施設を備えた宿泊施設。敷地内に温泉プールがあり、22 〜 39℃と4段階に水温が分かれている。清流を利用した天然プールもあり、日帰りでピクニックを楽しむ家族連れにも人気がある。ジップラインなどのアクティビティも充実している。ナガ中心部からタクシーで₱500程度。
MAP P.212-B1
TEL 0948-9800-652（携帯）
0947-709-5445（携帯）
料 入場料：₱300（夜間₱350）
S D ₱1600 〜
F ₱2200 〜（🛏）

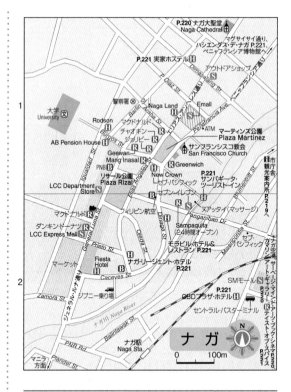

ナガとナガ近郊の見どころ　　　ATTRACTION

アーチとドームの美しい大聖堂　　★★
ナガ大聖堂　　　　　　　　　　　**MAP** P.220-1
Naga Metropolitan Cathedral

町の中心部にあるバロック様式の荘厳な大聖堂。1808年創建で日曜日のミサには地元の信者たちでにぎわう。また聖母ペニャフランシア・フェスティバルでの儀礼の場のひとつとしても有名だ。敷地内には旧ヌエバ・カセレス神学校Seminary of Nueva Caceresのれんが造りの建物も残されている。

天井のアーチは耐震性強化のためのデザインとも言われている

ビコールの現代アートシーンを体感　　★★
カマリン・アート・ギャラリー　　**MAP** P.220-2外
Kamarin Art Gallery

ビコール地方出身のアーティストたちの作品を展示しているギャラリー。SMモール近くの閑静な一角にある建物には書店サーベージ・マインド・アーツ・ブック・シネマ（→P.220欄外）やカフェが入っていて、ビコール独自の文化を発展させたいというオーナーの情熱に賛同したスタッフやアーティストたちの拠点にもなっている。

暑さも吹き飛んでしまいそうな涼しげな滝 ★★

マラブサイ滝 MAP P.212-B1
Malabsay Falls

ナガから東へ20km、イサログ山Mt. Isarogの麓にある滝。落差13mとそれほど大きな滝ではないが迫力は満点だ。入口はイサログ山の登山口でもあり、少し先には手つかずの緑に囲まれた**ナボントラン滝Nabuntolan Fall**もある。滝へ行く途中には**パニクアソン温泉Panicuason Hot Spring**があり、ここには宿泊施設がある。イサログ山やナボントラン滝へ行くには道も悪く遭難の危険もあるので必ずガイドを頼もう。

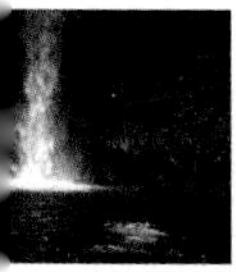
つぼで泳ぐこともきるマラブサイ

■マラブサイ滝
🚌 ジプニーでパニクアソンPanicuasonまで所要約1時間、₱25。そこからトライシクルで10分程度の場所にある。ナガからトライシクルを利用した場合は片道₱400程度。
[料] ₱50(国立公園入場料)

大自然が満喫できるアドベンチャーパーク ★

ハシエンダス・デ・ナガ MAP P.220-1外
Haciendas de Naga

ナガから約10km、マラブサイ滝に行く途中にある、ゴルフコースを併設したアドベンチャーパーク。80ヘクタールもの敷地内に、ピリの森や波のプール、乗馬場、ゴーカートコース、9ホールのゴルフコースなど、充実の施設が揃っている。キャンプサイトやコテージなどの宿泊施設を併設。

■ハシエンダス・デ・ナガ
🚌 ナガからジプニーで所要約15分、₱20。
[住] San Felipe, Naga City
[TEL] 0998-433-3257
0935-058-2394
[URL] www.haciendasdenaga.com
[開] 8:00 ～ 17:00
[料] ₱150 ～

ホテル＆レストラン Hotels & Restaurants

CBDプラザ・ホテル $
CBD Plaza Hotel MAP P.220-2

町なかでは比較的新しく、居心地も快適。SMモールやバスターミナルが目の前にあり、出歩くのにも便利。空港までの無料送迎サービスあり。

[住] Ninoy & Cory Ave., CBD II, Brgy. Triangulo
[TEL] 0922-881-0735(携帯)
0917-556-6609(携帯)
[URL] cbdplazahotel.com
[料] [S]₱1200 ～ [D]₱1950 ～
[室数] 159 [CC] MV

モラビル・ホテル＆レストラン $
Moraville Hotel & Restaurant MAP P.220-2

客室はすべてバスルームとテレビ付き。空港からの送迎サービスあり。1階にレストランがある。ナガ周辺に6軒を展開するチェーンホテル。

[住] Dinaga St.
[TEL] 0907-230-5041(携帯)
[URL] moraville.com.ph
[料] [S]₱600 ～ 1400 [D]₱1000 ～ 1700 [F]₱1300 ～ 2250
[室数] 70 [CC] 不可
※2023年現在改装のため閉鎖中

ナガ・リージェント・ホテル $
Naga Regent Hotel MAP P.220-2

町の中心のジプニー乗り場やマーケットに近くてアクセスがいい。部屋の種類も多くどれも広く快適。1階にレストランあり。

[住] #63 Elias Angeles St.
[TEL] 0920-927-7723(携帯)、0918-935-7598(携帯) [Mail] reservation.nagaregenthotel@gmail.com
[URL] www.nagaregenthotel.com
[料] [S]₱900 ～ [D]₱1400 ～ [Su]₱2800 ～ [F]₱3600～ [CC] 不可

サンパギータ・ツーリスト・イン $
Sampaguita Tourist Inn MAP P.220-2

新館にはWi-Fi設備あり。ただし、ロビー、レストランなどの1階の公共エリアのみ。川沿いにレストラン、テラスがある。

[住] Panganiban Dr.
[TEL] 0998-865-4829(携帯)
[料] [S]₱275～300(ファン) [D]₱400(ファン)
[S]₱500(冷房) [D]₱700 ～ 750(冷房)
[室数] 99
[CC] 不可

実家ホステル $
Jikka(実家)Hostel MAP P.220-1

ナガでは数少ない安宿。日本で暮らしていたというオーナーの趣味で日本風の内装。スタッフの対応も気持ちよく1階にはレストランがある。

[住] #32 Barline St.
[TEL] 0977-103-2310(携帯)
[Mail] jikkadiner@gmail.com
[料] [S]₱850 [D]₱1000 ～ 1200
[F]₱2300
[室数] 12
[CC] 不可

テイスト・オブ・スパイス $
Taste of spice bar & restaurant MAP P.220-2外

フィリピン料理

スパイスを利かせたビコール風の創作料理が人気の店。庭にはニパハット(ヤシ葺きの小屋)があり、中で料理を楽しむこともできる。

[住] Mayon Ave.
[TEL] 0905-314-5243(携帯)
[営] 12:00 ～ 22:00
[休] なし
[CC] 不可

冷房 ファン トイレ 水シャワー 温水シャワー バスタブ テレビ ミニバー 冷蔵庫 ネットフリー 朝食 日本人スタッフ
※[共]と記してある場合は共同となります。

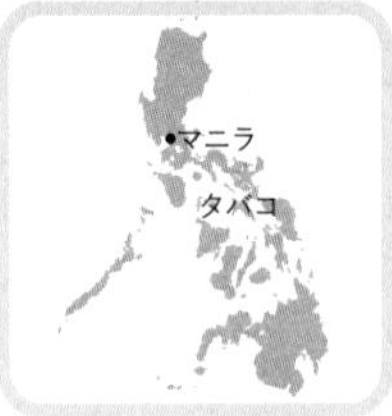

マヨン火山への中継地点

タバコ

Tabaco

[MAP] 折込表-C2

タバコの
市外局番 ☎052

ACCESS

🚌 レガスピからミニバスとミニバンが頻繁に運行。所要30～40分、₱50。

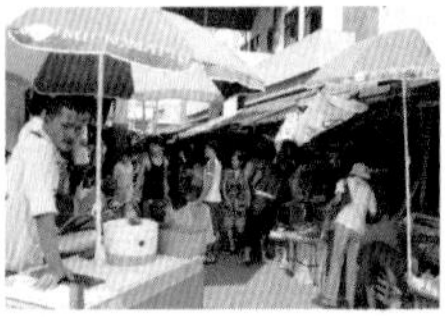

人でにぎわう市場

■**ブサイ滝**

🚌 レガスピ行きのバスかジプニーでマリリポットへ。そこからは徒歩で約15分。

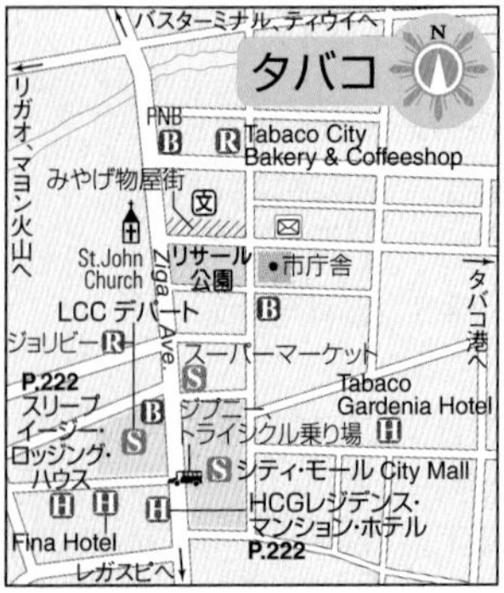

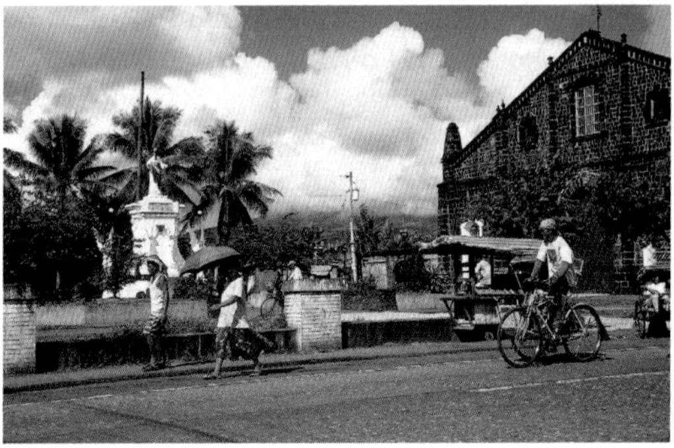

教会とその前に立つモニュメント

マヨン火山への登山（最新情報→P.216）や、カタンドゥアネス島への中継地点になっているタバコ。町はさほど大きくないが、デパートやにぎやかなマーケットなどがあって活気がある。毎年3月にはタバク・フェスティバルTabak Festivalが催される。タバコの中心となるのはLCCデパート周辺。そこからタバコ港へは徒歩で10分程度だ。

タバコの見どころ　ATTRACTION

滝つぼのプールでひと泳ぎしよう！　★

ブサイ滝　[MAP] P.212-B2

Busay Falls

レガスピへ行く途中の町、**マリリポットMalilipot**にある。落差250mの滝は7段に分かれ、各滝つぼで泳ぐことも。最初の滝つぼから次の滝つぼまでは徒歩約15分。

ホテル　Hotels

スリープイージー・ロッジング・ハウス　$

Sleep-Easy Lodging House　[MAP] P.222

重厚で落ち着いた雰囲気の建物。ロビーも広々としている。入口には24時間、警備員がいるのでセキュリティの面でも安心。

[住] A. A. Berces St., Basud
[TEL] (052) 558-2705
[料] ⓈⒹ₱850～1500 Ⓕ₱1800（共）
[室数] 18
[CC] MV
※2023年7月現在改装のため閉鎖中

HCGレジデンス・マンション・ホテル　$

HCG Residence Mansion Hotel　[MAP] P.222

窓が大きく、部屋は明るい。インテリアは、パステルカラー調でかわいらしくまとめられている。セキュリティも万全なので、安心して滞在できる。

[住] HCG Bldg., Ziga Ave., Basud
[TEL] (052) 201-1496、0995-123-8217（携帯）
[Mail] hcgresidencemansion@gmail.com
[料] Ⓢ₱1000～ Ⓓ₱1700～ Ⓕ₱2220～ [Su]₱2300
[室数] 17 [CC] JMV

冷房　ファン　トイレ　水シャワー　温水シャワー　バスタブ　テレビ　ミニバー　冷蔵庫　ネットフリー　朝食　日本人スタッフ

※[共]と記してある場合は共同となります。

自然に恵まれた

カタンドゥアネス島

Catanduanes Is.

マニラ●
カタンドゥアネス島

MAP 折込表-C2

透明度の高いプララン・ビーチ

ビラクの町並み

ビコールの東に位置するこの島は、森や滝、洞窟などの大自然であふれている。また、たくさんのビーチがあり、特に**プララン・ビーチ Puraran Beach**はサーフィンスポットとして、世界各国から訪れる人も多い。カタンドゥアネス島の玄関口は、**ビラク Virac**。こぢんまりとした素朴な風景が広がる町だ。

ビラクの
市外局番 ☎052

ACCESS

✈ マニラからビラクへは、セブパシフィックが1日1便運航。所要約1時間、運賃₱1900〜。

🚢 タバコからビラクへ、ペニャフランシア・シッピングが毎日1往復運航。タバコを6:30発。ビラクからは13:00発。所要約4時間。運賃はエアコンなし₱240、エアコン付き₱320。ビラクの西約17kmのサン・アンドレス San Andres へも毎日3便、レジーナ・シッピング・ラインズの便が出ている。所要約2時間30分。エアコンなし₱322、エアコン付き₱420。

●ペニャフランシア・シッピング
Peñafrancia Shipping
TEL 0935-179-6824（タバコ）、0919-301-0447（ビラク）

●レジーナ・シッピング・ラインズ
Regina Shipping Lines
TEL 0968-703-8515（携帯）

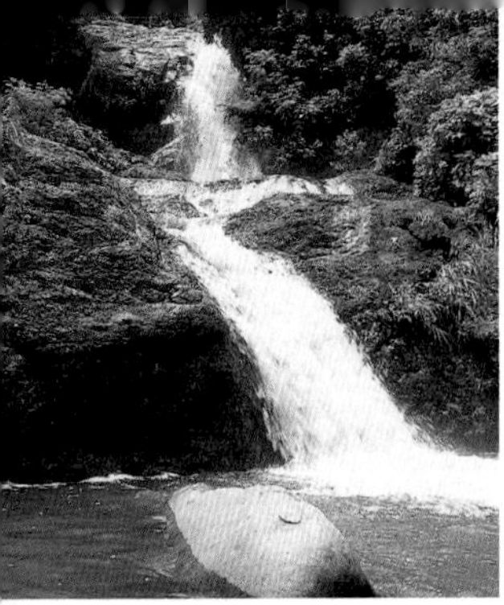

勢いよく流れ落ちるマリビナ滝

■マリビナ滝
🚌 バトBato行きジプニーで途中下車し、200m歩く。
[開] 8:00～17:00 [休] なし [料] ₱20

■プララン・ビーチ
🚌 ビラクからは、1日1本、11:00に出るギグモトGigmoto行きジプニー（₱50）に乗り、プララン Puraranで下車。あるいは、ほぼ毎時出ているバラスBaras行きのジプニー（₱50）で、バラスへ行く。バラスからプラランまでは約5km、トライシクルで₱150程度。

■ルヤン洞窟
🚌 ビラクからジプニーでサン・アンドレスSan Andresへ。所要35分～45分。₱50程度。そこからリクティンLictinまではトライシクルで5分程度。

■イガン・ビーチ
🚌 ビラクからトライシクルで約30分、₱250程度。入場料₱70。

イガン・ビーチのホテル
[H] **ツイン・ロック・ビーチ・リゾート**
Twin Rock Beach Resort
[MAP] P.223左
[TEL] 0920-958-2130（携帯）
[Mail] info.twinrock@gmail.com
[料] [S][D]₱1300～ [Su]₱3500

ビラクの歩き方

GETTING AROUND

タバコからのフェリーはビラク港に到着する。埠頭から続く大通りを行くとロータリーに出る。そこから左へ延びている通りが、**サン・ホセ通りSan Jose St.**だ。その通りを進むと、右に聖堂、左に公園がある。その先を右へ曲がり、さらに左へ曲がるとマーケットが見えてくる。この周辺が一番にぎやかだ。

カタンドゥアネス島の見どころ

ATTRACTION

滝とプールがセットになった ★★

マリビナ滝

[MAP] P.223左

Maribina Falls

ビラクから北東へ約7km、バトBato寄りにある美しい滝。勢いよく水が流れ落ちる滝つぼで、泳ぐこともできる。さらに、周辺でピクニックをすることもできる。

サーファーに人気 ★★

プララン・ビーチ

[MAP] P.223左

Puraran Beach

ビラクの北東約30kmにある白い砂浜が続く美しいビーチ。サーフィンのベストシーズンである7～10月は、外国人を多く見かける。スノーケリングは3～6月がおすすめ。

石灰石でできた洞窟 ★★

ルヤン洞窟

[MAP] P.223左

Luyang Cave

ビラクから西へ約12km、リクティンLictinにある洞窟。洞窟内はとても暗く、懐中電灯くらいでは何も見えない。

トロピカルムード満点のビーチ ★★

イガン・ビーチ

[MAP] P.223左

Igang Beach

ビラクから南へ約8km行った所にある白砂のビーチ。穏やかな波が打ち寄せるビーチは、ゆったりと海水浴を楽しむのに最適。ビラクから近いこともあり、人気がある。

ホテル

Hotels

カタンドゥアネス・ミッドタウン・イン $$

Catanduanes Midtown Inn

[MAP] P.223右

ビラク港やギグモト、バト、バラス行きのジプニー乗り場に近いので、観光地巡りに便利な場所にある。レストランも併設している。

[住] San Jose St., San Jose, Virac
[TEL] (052) 740-5020
0947-563-8165（携帯）
[URL] www.catmidinn.com
[料] [S]₱985 [D]₱1344～2240
[F]₱5600 [Su]₱4500
[室数] 18 [CC] AJMV

マジェスティック・プララン $

Majestic Puraran

[MAP] P.223左

プララン・ビーチにある家族経営の民宿。スノーケリング、サーフィン、アイランドホッピングなど、多彩なアクティビティが揃う。

[住] Puraran, Baras
[TEL] 0949-667-3513（携帯）
[料] [S][D]₱2000 [C]₱1600～
[室数] 12
[CC] 不可

冷房 ファン トイレ 水シャワー 温水シャワー バスタブ テレビ ミニバー 冷蔵庫 ネットフリー 朝食 日本人スタッフ
※[共]と記してある場合は共同となります。

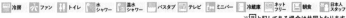

✳ CEBU & VISAYAN GROUP
セブとビサヤ諸島

ネグロス島ドゥマゲッティ近郊のアポ島（写真：藤井あけみ）

セブ・シティは都市化が加速している

ビサヤの海には、さまざまな個性をもった島々が散りばめられている。なかでもセブ島、ボラカイ島には美しいビーチが数多く点在する。周辺には世界的に有名なダイビングスポットも多く、これらはビサヤ諸島の大きな魅力といえよう。遠浅の白い浜、南国の強い日差しと魚影濃いクリスタルブルーの海……。そんな快適なビーチリゾートで、ゆったりとした休日を満喫したり、マリンスポーツを思う存分楽しみたい。

1 モアルボアルの海に浮かぶバンカーボート　2 セブ島のオスロブで見られるジンベエザメ　3 ボホール島の絶景チョコレート・ヒルズ　4 2018年4月からの半年間の閉鎖を経て再び観光客の受入れを始めたボラカイ島

地理

　ビサヤ諸島はフィリピン群島のちょうど中央、ルソン島とミンダナオ島に挟まるようにして浮かぶいくつかの大きな島々と、多数の小さな島で構成されている。主要な島は、セブ島、マクタン島、ボラカイ島、ボホール島、ネグロス島、パナイ島、サマール島、レイテ島、シキホール島などだ。

 気候

　ビサヤ諸島の気候は、地域によって3つに分けられる。セブなどの中心エリアは、1年を通じて明確な雨季がない。東側のレイテ島やサマール島はほとんど乾季がなく、西側のパナイ島やネグロス島西側エリアは雨季と乾季がはっきりとしている。

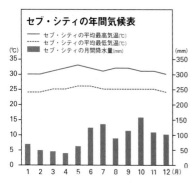

出典：msn weather

 特徴

　ビサヤ諸島には、セブのマクタン島、ボラカイ島など観光客に人気のリゾート地が多い。セブの州都セブ・シティは、メトロ・マニラに次ぐフィリピン第2の都市。ビサヤ諸島のほぼ中央に位置し、政治・経済・文化の中心地となっている。その歴史は古く、1521年、インドネシアを目指し太平洋を航海していたマゼラン一行が上陸したことに始まる。それ以降、キリスト教布教の拠点としてアジア全体でも重要な役割を果たしてきた。セブ州の人口は約333万人。ほとんどの人がセブアノという言語を話し、これはビサヤ諸島の共通語になっている。

 ルート作りのポイント

　アイランドリゾートの多いビサヤ諸島でのルート作りは、自分がどんな旅をしたいのかで大きく異なる。ビーチリゾートでゆったりと過ごす旅と、さまざまな島を巡りながらそれぞれの個性豊かな素顔を知る旅。ここでは、そのふたつを紹介しよう。

Route 1 リゾートをゆったりと満喫する

　ゆったりと過ごしたい人は、まず行きたい島を1、2島に絞り、できるだけ短時間の手段で移動するといいだろう。例えば、セブ（セブ島、マクタン島など）とボラカイ島の組み合わせ。日帰りでボホール島を訪れることもできる。5日以上あれば、かなりゆったりできるが、できれば1週間以上あると、より満足感が味わえる。

Route 2 それぞれの島のよさに触れる

　比較的交通が発達しているので、島間を船やバスで移動するのは意外と簡単。おもな島や町を巡るのに、2週間ほどあれば十分だが、できればもっと時間をかけてゆっくりと巡ってほしい。ここでは、6島を巡るルートを紹介しているが、ほかにも例えばマニラからセブへ飛んでボホール、ネグロス、パナイを巡るルートや、サマールからレイテ、セブ、ボホールを巡り、マニラへ戻ることも可能だ。

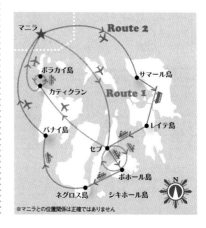

※マニラとの位置関係は正確ではありません

227

セブ

セブは日本人にとって最もポピュラーなアイランドリゾートのひとつ。「セブ」とは、南北200kmに及ぶ細長いセブ島、その東側に位置するマクタン島、そしてその付近に点在する小さな島々の総称である。真っ白なビーチもさることながら、周辺を取り囲む珊瑚礁のすばらしさはダイバーを魅了してやまない。マクタン島、モアルボアル、バディアン、リロアン、マラパスクア島といったダイビングの基地となる所には、高級リゾートからゲストハウス、レストラン、ダイビングサービスなどが軒を連ね、リゾート化も年々進んでいる。マニラからのフライトも頻繁にあり、日本からは直行便で所要わずか5時間30分程度。安く気軽に行けるという要素も手伝い、リピーターが増え続けている。

| | A | B |

ビサヤ海
Visayan Sea

ジランタンガン島
Jilantangan Is.

バンタヤン
Bantayan

P.269 マラパスクア島
Malapascua Is.

マヤ
Maya

サンタフェ
Santa Fe

ダーン・バンタヤン
Daan Bantayan

バンタヤン島
Bantayan Is. P.268

ハグナヤ
Hagnaya

ボゴ
Bogo

サン・レミヒオ
San Remigio

Cadiz

タボゴン
Tabogon

ネグロス島
Negros Is.

Escalante

ソゴド
Sogod

Tuburan

セブ島
CEBU IS.

カルメン
Carmen

ダナオ
Danao

サン・カルロス
San Carlos

Asturias

マクタン・セブ
国際空港
Mactan-Cebu
International Airport

スカン・ガーデン
Skan Garden
Little Amsterdam

P.265
クラブ・セレナ・
リゾート

トレド Toledo

マンダウエ Mandaue
P.230 セブ・シティ
Cebu City

マクタン島 P.245
Mactan Is.

P.265
ラベラ・ビーチ・
バンガロー

P.240
SMシーサイド・シティ

カオハガン島
Caohagan Is.

P.266
バディアン・
アイランド・
ウェルネス・リゾート

P.265

P.266
プルクラ

カオハガン・ハウス
P.247

P.266
タートル・ベイ・
ダイブ・リゾート

サン・フェルナンド
San Fernando

ペスカ
ドール島
Pescador
P.264 Is.

バリリ
Barili

カルカル
Carcar P.263

シマラ教会
Simala Church

P.263
バディアン島
Badian Is.

モアルボアル
Moalboal P.262

カビラオ島
Cabilao Is.

バディアン
Badian

アルガオ
Argao P.264

Tubigon

Alegria

Dalaguete

ボホール島
Bohol Is.

P.272

P.263 カワサン滝
Kawasan Waterfalls

サン・ホセ教会
San Jose Church

チョコレート・ヒルズ
Chocolate Hills
P.276

Carmen

リロアン
Liloan

P.264
サンタンデール
Santander

ボルホーン
Boljoon

P.273
タグビララン
Tagbilaran

Samboan

オスロブ Oslob
P.264, 267

バト
Bato
P.314

ステイン・セーブ B&B P.266

パングラオ島
Panglao Is. P.284

Tampi

スミロン島 Sumilon Is. P.264

セブ

0 ⎯⎯⎯ 25km

N

1 セブ島とマクタン島をつなぐマルセロ・フェルナン橋
2 2019年にマクタン島にオープンしたデュシタニ・マクタン・セブ・
リゾート（→P.260）　3 モアルボアルの美しい海

Cebu

セブ 早わかり エリアナビ

リゾートエリアはマクタン島の一部のみだが、都市圏はセブ・シティを中心に広がり、意外に広大。大きい4つのエリアを解説しよう。

セブ島

4 ITパーク

Cebu City
セブ・シティ

ダウンタウン

 Mandaue City
マンダウエ・シティ

Lapu Lapu City
ラプラプ・シティ

マクタン・セブ
国際空港

マクタン島

Mactan
Resort Area
マクタン島
リゾートエリア

オランゴ島

CEBU AREA NAVI

1 観光の拠点となるエリア
マクタン島リゾートエリア
MACTAN RESORT AREA P.245

5つ星リゾートが並ぶ

一般的に"セブのリゾート"と呼ばれるのがこのエリア。ここを拠点として、セブ島周辺のさまざまなツアーに参加したり、セブ・シティへ買い物や食事に行ったりするのが定番の過ごし方だ。

2 マクタン島随一の繁華街
ラプラプ・シティ
LAPU LAPU CITY P.245

空港そばにあるマリーナ・モール

実際にはマクタン島のほとんどがラプラプ・シティに含まれるが、その中心部が空港近くに位置するエリア。ショッピングモールが数軒立ち、レストランやショッピングスポットも点在している。

3 魅力的なレストランが多い
マンダウエ・シティ
MANDAUE CITY

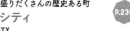
A.S. フォーチュナ通りにある東横イン

マクタン島とセブ・シティの間に位置する市で、A. S. フォーチュナ通りやM. L. ケソン通り沿いに、ホテルやショッピングモール、ショップ、レストランが点在する。

4 見どころ盛りだくさんの歴史ある町
セブ・シティ
CEBU CITY P.230

必見の見どころ、サント・ニーニョ教会

フィリピン最古の町だけあって、歴史的な見どころが多い。ITパークやSRP地区など、近年は開発も進み、話題のレストランやショップが続々オープンしている。ショッピングモールも充実。

歴史が色濃く残る「フィリピン最古の都」

セブ・シティ

Cebu City

MAP 折込表-C3

マゼランが造った十字架が収められているマゼラン・クロス

セブ・シティの市外局番 ☎032

■在セブ日本国総領事館
MAP P.231-B1
🏠 8th Floor, 2Quad Building, Cardinal Rosales Avenue, Cebu Business Park, Cebu City
TEL (032) 231-7321 〜 2
開 8:30 〜 12:30、13:30 〜 17:15
休 土・日・祝

■セブ市警察署
MAP P.231-B1　**TEL** 166

■フィリピン航空
MAP P.231-A2
🏠 GF Almase Bldg., No.80 Osmena Blvd.　**TEL** (032) 254-4655

■イミグレーション
MAP P.231-B2
🏠 Robinsons Galleria, 22 General Maxilom Ave. Ext, Cebu City
TEL (032) 345-6442
※観光ビザの延長可（→P.388）

　1521年のマゼランのセブ上陸は、スペイン統治時代の幕開けとともに、フィリピンを世界史の表舞台へと導くきっかけとなった。統治者たちは宗教、食文化、建築様式にいたるまで幅広い影響を民衆に与え、これらをフィリピン全土に浸透させていった。そんな背景から、セブ・シティには教会をはじめとして当時の古い建造物や史跡が数多く残っている。

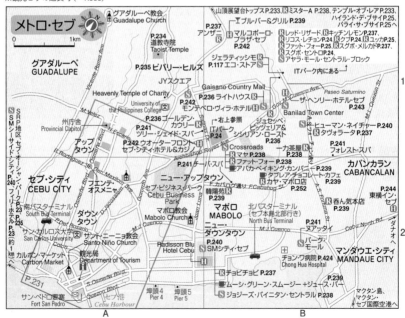

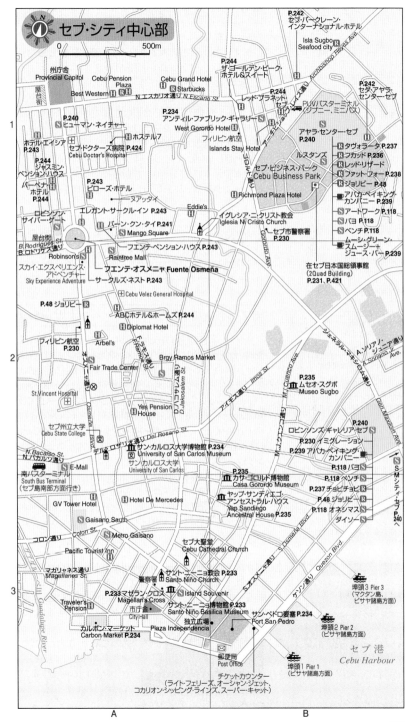

セブ・シティ中心部

N

0   500m

P.242
セブ・パークレーン・
インターナーショナル・ホテル

Isla Sugbo
Seafood city

P.244
ザ・ゴールデン・ピーク・
ホテル&スイート

州庁舎
Provincial Capitol

Cebu Pension
Plaza

Cebu Grand Hotel

P.242
セダ・アヤラ・
センター・セブ

Best Western

Starbucks

N.エスカリオ通り N. Escario St.

P.244
レッド・プラネット

PUVバスターミネル
（ジプニー、ミニバス）

P.234
アンティル・ファブリック・ギャラリー
West Gorordo Hotel

フィリピン航空

アヤラ・センター・セブ
P.240

P.240
ヒューマン・ネイチャー

ホテル・エイシア
P.243

ホステル7

Islands Stay Hotel

P.243
ジャスミン・
ペンション・ハウス

セブ・ドクターズ病院 **P.424**
Cebu Doctor's Hospital

ルスタンズ

R タヴォラータ **P.237**
R フカッド **P.236**
R レッド・リザード
R ファット・フォー・ **P.238**
R ジョリビー **P.48**

バーペナ
ホテル
P.244

P.243
ピローズ・ホテル

セブ・ビジネス・パーク
Cebu Business Park

ロビンソンズ・
サイバー・ゲート

ヌアッダイ

エレガント・サークル・イン **P.243**

Richmond Plaza Hotel

アバカ・ベイキング・
カンパニー **P.239**
アートワーク **P.118**
バヨ **P.118**
ベンチ **P.118**
ムーシ・グリーン・
スムージー＋
ジュース・バー **P.239**

屋台街
B. Rodrigues通り
B.ロドリゲス通り

Eddie's

バーン・クン・タイ **P.241**
Mango Square

イグレシア・ニ・クリスト教会
Iglesia Ni Cristo Church

セブ市警察署
P.230

スカイ・エクスペリエンス・
アドベンチャー
Sky Experience Adventure

フエンテ・ペンション・ハウス **P.243**

フエンテ・オスメニャ Fuente Osmeña

サークルズ・ネスト **P.243**

Robinson's

在セブ日本国総領事館
(2Quad Building)
P.231、**P.421**

Cebu Velez General Hospital

P.48 ジョリビー

ABCホテル&ホームズ **P.244**

Diplomat Hotel

ジェネラル・マキシリオ通り

A.ソリアノ・
ジュニア通り
A. Soriano Jr.
Ave.

フィリピン航空
P.230

Arbel's

Brgy Ramos Market

Fair Trade Center

P.235
ムセオ・スグボ
Museo Sugbo

St.Vincent Hospital

Yes Pension
House

ロビンソンズ・ギャラリア・セブ
P.240

セブ州立大学
Cebu State College

P.230 イミグレーション
P.239 アバカ・ベイキング・
カンパニー

N. Bacalso St.
N.バカルソ通り

デル・ロザリオ通り Del Rosario St.
サン・カルロス大学博物館 **P.234**
University of San Carlos Museum
サンカルロス大学
University of San Carlos

P.118 バヨ

E-Mall

P.235
カサ・ゴロルド博物館
Casa Gorordo Museum

P.118 ベンチ
P.237 チョビチョビ

南バスターミナル
South Bus Terminal
（セブ島南部方面行き）

GV Tower Hotel

Hotel De Mercedes

ヤップ・サンティエゴ・
アンセストラル・ハウス
Yap Sandiego
Ancestral House **P.235**

P.48 ジョリビー
P.118 オネシマス
ダイソー

Gaisano South

Metro Gaisano

コロン通り Colon St.

セブ大聖堂
Cebu Cathedral Church

Pacific Tourist Inn

マガリャネス通り
Magallanes St.

サント・ニーニョ教会 **P.233**
Santo Niño Church

警察署

P.233マゼラン・クロス
Magellan's Cross

Island Souvenir

Traveler's
Pension

市庁舎
City Hall

サント・ニーニョ博物館 **P.233**
Santo Niño Basilica Museum

サン・ペドロ要塞 **P.234**
Fort San Pedro

埠頭3 Pier 3
（マクタン島、
ビサヤ諸島方面）

カルボン・マーケット **P.234**
Carbon Market

Plaza Independencia

独立広場

埠頭2 Pier 2
（ビサヤ諸島方面）

Mill Guadalupe River

郵便局
Post Office

チケットカウンター
（ライト・フェリーズ、オーシャン・ジェット、
コカリオン・シッピング・ラインズ、スーパー・キャット）

埠頭1 Pier 1
（ビサヤ諸島方面）

セブ港
Cebu Harbour

SMシティ・セブ
P.240 へ

A   B

周辺の島からセブ・シティへ
セブ港が海の玄関口。ボホール島のタグビラランからフェリーが1日20便程度運行。所要約2時間～、₱800～。ドゥマゲッティやオルモック、イロイロなどからも便がある。
※国内線は→P.245

ジャパニーズヘルプデスクのある病院
→P.424

フェリー会社の連絡先
→P.412

空港発MyBusのおもな停車地（停車順）
　空港ターミナル2（国際線）
　空港ターミナル1（国内線）
　S パーク・モール
　北バスターミナル
　S SMシティ・セブ

市内交通
●**ジプニー**
　乗り方は→P.57参照。ただし、セブの言葉はビサヤ語なので、タガログ語は通じない場合もある。市内はおおむね₱11。
●**マイバス MyBus**
　マイバスは空港～SMシティ・セブ以外にも、以下の路線がある。料金は₱25～50。支払いはプリペイドカードか現金。
＜ルート＞
●パーク・モール～SMシティ・セブ～SMシーサイド
●タリサイ～SMシーサイド
●タリサイ～SMシティ・セブ～パーク・モール
●SMシティ・セブ～Jセンター・モール
●**タクシー**
　初乗り₱40に1km₱13.50＋₱2／分と基本料金は決まっているが、メーターを利用したがらないドライバーも多く、交渉しないと乗せてくれない場合もある。マクタン島のリゾートエリア～セブ・シティ間のタクシーの運賃の目安は₱250～300。

セブ・シティ～マクタン島間のアクセス　→P.246

セブでも便利な配車アプリ
　グラブ（→P.55）はセブでも利用可能。タクシー関連のトラブルは尽きないので、使いようによってはかなり便利。ただし、通常のタクシーよりやや高め（混んでいる時間帯は特に）。

セブ・シティへの行き方　ACCESS

空港から市内へ

　セブの空の玄関口、**マクタン・セブ国際空港**は、セブ・シティの対岸、マクタン島（→P.245）のラプラプ・シティにある。セブ・シティへは、セブ島～マクタン島間を結ぶ3つの橋を渡ってアクセスする。ターミナル1（国内線）は出口を出て右、ターミナル2（国際線）は出口を出てまっすぐ進むと乗り場がある。通常のタクシーは初乗り₱40、イエロータクシーは初乗り₱70。そのあとは1km₱13.50＋₱2／分。セブ・シティまでは₱200～300。また、ターミナル1、2からセブ・シティ市街地までマイバスMyBus（→欄外）というバスが出ている。6:00～21:00の間、30分ごとに運行。運賃は₱25～50。

港から市内へ

　セブ港はセブ・シティの南端、サン・ペドロ要塞の東側から行き先別に1～5番の埠頭Pierが並んでいる。セブ・シティの中心街であるコロン通りまでは1～2km。港からはメータータクシーを使ってアクセスするのが便利だ。料金は₱100前後。

セブ・シティの歩き方　GETTING AROUND

　セブ・シティは北側の丘の斜面から裾野にわたる地域に開けた町。地元の人々は**アップタウン**、**ダウンタウン**と呼び分けていて、それぞれがまったく違った表情をもつ。また、北東部にある巨大ショッピングセンター、S アヤラ・センター・セブAyala Center Cebuを中心とする**セブ・ビジネス・パーク Cebu Business Park**、東の港近くにある S SMシティ・セブSM City Cebuを中心とする**セブ・ポート・センター Cebu Port Center**は再開発地区。これらは**ニュー・アップタウン**、**ニュー・ダウンタウン**ともいわれ、人々の新たな生活エリアとなっている。
　町を移動する際の目印となるのは、港から2kmほど内陸に入った**フエンテ・オスメニャ Fuente Osmeña**（オスメニャ・サークル→MAP P.231-A1～2）。ここからさらに北東に向かったあたりが、高級ホテルやレストラン、高級住宅などが並ぶアップタウンだ。
　一方、フエンテ・オスメニャから町のメインストリートとなる**オスメニャ通りOsmeña Blvd.**を南下し、**コロン通りColon St.**と交差するあたりがセブ・シティの中心街。ここから港までのエリアがダウンタウンで、コロン通りを中心に庶民的なデパート、映画館、レストラン、露店などがひしめき合っている。また、見どころの多くは港周辺に点在し、これらは歩いても短時間で見て回れるので便利だ。

町歩きの目印になるフエンテ・オスメニャ

セブ・シティの見どころ　　ATTRACTION

熱心な信者でにぎわう守護神の教会　　★★★

サント・ニーニョ教会　　MAP P.231-A3
Santo Niño Church

　サン・オウガスチン教会San Augustin Churchとも呼ばれている、フィリピン最古の教会のひとつ（1565年建造、1790年再建）。サント・ニーニョとは「幼きイエス」のこと。ここにはかつてマゼランがセブの女王に贈ったといわれるサント・ニーニョ像が納められている。フィリピンではサント・ニーニョ信仰が盛んだが、特にビサヤ地方では顕著。ここの像

は、16世紀にセブが戦火に包まれたとき、その焼け跡に傷ひとつつかずに横たわっていたという逸話をもっている。また、教会のすぐ南側にはサント・ニーニョ教会の歴史を紹介する**サント・ニーニョ博物館Santo Niño Basilica Museum**もある。

サント・ニーニョ教会の内部

奇跡を呼び、万病を治すと信じられた　　★★

マゼラン・クロス　　MAP P.231-A3
Magellan's Cross

　太平洋横断中にフィリピンに上陸した大冒険家、フェルディナンド・マゼランが、1521年に造ったという大きな木製の十字架が納められている六角堂。フィリピンにおけるキリスト教の第一歩がここにある。昔からこの十字架を煎じて飲むと病に効くと信じられており、少しずつ削り取って持ち帰る人があとを絶たなかったほどだ。現在は、これ以上十字架が損傷を負わないように、堅い木で作ったカバーで覆われている。

大きな十字架が納めてある

セブ市街の大パノラマが楽しめる　　★

山頂展望台トップス　　MAP P.230-B1外
Top's

　セブ・シティのいちばん高い山の頂上にある展望台。ブサイと呼ばれるエリア。天気のよい日には市街地をはじめ、マクタン島やその周囲の小さな島々まで一望でき、最高の眺め。昼は観光客、夜はロマンティックな夜景を楽しむカップルで1日中にぎわっている。新鮮な空気を味わいながら周囲を散策するのもいい。おしゃれなレストランが数軒営業中（→P.25）。

多くの信者が訪れる
サント・ニーニョ教会

■サント・ニーニョ教会
🏠 Osmeña Blvd.
TEL 0969-021-7900
開 月～木・土　6:00 ～ 19:00
　　金・日　　　4:00 ～ 20:00
休 なし　料 無料

■サント・ニーニョ博物館
TEL 0969-021-7900
開 8:00 ～ 11:45、13:30 ～ 16:45
休 なし　料 最初の3名まで₱200。
追加一名ごとに₱60
写真やビデオの撮影：有料

セブ最大の祭りシヌログ
　シヌログSinulogとは、川の流れの意味。フィリピンで広く信仰されているサント・ニーニョ（幼きイエス）の祭りで、毎年1月の第3日曜に行われる。派手な衣装を身につけた人々の大パレードで、町なかは熱狂と興奮の渦に包まれる。

■マゼラン・クロス
🏠 Magellan St.
開 8:00～18:00　休 なし　料 無料

■山頂展望台トップス
🚕 フエンテ・オスメニャから車で約30分。交通が不便なので、行きで使ったタクシーに待っていてもらうのが便利。ただし、メーターを使いたがらないタクシーが多く、往復で₱1000は要求される。ハバルハバル（バイクタクシー）だと、セブ・シティから片道₱150が相場。また、山頂は涼しいので、上に羽織るものの用意を。
※2023年3月現在工事中で閉鎖中。

山頂からの眺め

■テンプル・オブ・レア
　Temple of Leah
　ブサイにあるギリシャ風の建物の展望スポット。
MAP P.230-B1外
🏠 Graje Roosebelt
TEL 0906-324-5687
🕐 9:00 ～ 20:00

左サイドバー

■サン・カルロス大学博物館
🏠 Del Rosario St.
📞 (032)230-0100
🕐 月〜金　8:00 〜 17:30
　　土　　　8:00 〜 12:00
休 日・祝　料 ₱75

キリスト教関係の展示が
充実している別館

■サン・ペドロ要塞
🏠 A. Pigafetta St., Cebu City
📞 (032) 256-2284
🕐 8:00 〜 17:00　休 なし　料 ₱30

民族伝統の織物に触れる
　アヤラ・センターそばに、フィ
リピン各地にある伝統的な織物
を集めた工房兼ギャラリーがあ
る。モダンにアレンジされた商品
もあり、おみやげはもちろん、普
段使いにもおすすめ。
🅢 アンティル・ファブリック・
　ギャラリー
　Anthill Fabric Gallery
MAP P.231-B1
🏠 Pedro Calomarde St., Cor.
Acacia St., Gorordo Ave., Cebu
City　📞 (032)479-4058
🕐 9:00 〜 17:00　休 土・日
CC MV

■道教寺院
🚕 フエンテ・オスメニャからタク
シーで約15分。帰りの交通機関が
ないので、タクシーをチャーター
するか待っていてもらうのが便利。
🏠 Beverly Hills
📞 (032) 254-6503
🕐 8:00〜17:00　休 なし　料 無料

市街地を一望できる

■カルボン・マーケット
🚕 フエンテ・オスメニャからタク
シーで約10分、₱80程度。マゼラ
ン・クロスからなら徒歩約5分。

右メインカラム

フィリピン最古の大学内にある　★★
サン・カルロス大学博物館　MAP P.231-A2
University of San Carlos Museum

　フィリピンで最も古く、1595年に創立されたサン・カルロ
ス大学の付属博物館。正門を入って右側に建物がある。ビサ
ヤ地方を中心とする出土品が多く展示されていて、文化のル
ーツを探ることができる。また、自然科学のコーナーも充実
している。動植物、海洋生物、チョウなど貴重なコレクショ
ンがずらりと並び、初めて目にするものが多い。

1565年から建築が始まったフィリピン最古の要塞　★★
サン・ペドロ要塞　MAP P.231-B3
Fort San Pedro

　港のすぐそば、海に面した所にある砦。スペイン統治時代
の1738年、イスラムの海賊などからの防御のために造られ

た。マニラのイントラムロスと並んでフ
ィリピン最古の要塞である。その後に続
くアメリカ統治時代には兵舎として、第
2次世界大戦中は日本軍による捕虜収
容所として使われた。敷地内は公園の
ようになっていて、木陰でくつろぐ人々
の姿も。

フィリピン最古の要塞

運勢を占ってもらうこともできる　★★
道教寺院　MAP P.230-A1
Taoist Temple

　ビバリー・ヒルズ（→P.235）にある、老子（Lao Tse）が祀
られている寺院。赤と緑の中国風極彩色で彩られた派手な建
物で、その威容は遠くからでもそれとわかる。周辺には仏教
寺院の**プーシアン寺Phu Shian Temple**や、薬効があるとい
われる泉のある**ヘブンリー・テンプル・オブ・チャリティ
Heavenly Temple of Charity**などの見どころもある。

セブ・シティの台所　★★
カルボン・マーケット　MAP P.231-A3
Carbon Market

　港町にふさわしく、新鮮でバラエティ
に富んだ魚介類をはじめとする食料品、
生活必需品、籐製品などの手工芸品と、
とにかく何でもあってしかも安い。朝夕
は買い物客でごったがえし、たいへんな
にぎわいだ。庶民の生活を肌で感じられ
る場所である。が、それだけいろいろな
人が集まってきているので、**盗難などの
被害にはくれぐれも注意**。基本的に、こ
こでは貴重品を持ち歩くのはやめよう。

　見ているだけでも楽しいカルボン・マーケット

華人が生み出した高級住宅街 ★

ビバリー・ヒルズ `MAP P.230-A～B1`

Beverly Hills

　セブ・シティの中心街から北へ約6km、なだらかな丘陵地帯に広がる高級住宅街。ここに住んでいるのは、ほとんどが中国系の人々。そもそもセブ・シティの経済活動が盛んなのは彼らに負うところが大きいのだ（→P.435）。"下界"の雑踏を見下ろすように、セブ・シティやマクタン島が一望できる。

建築に興味があるなら ★★

カサ・ゴロルド博物館 `MAP P.231-B3`

Casa Gorordo Museum

セブ最初のフィリピン人司教、ファン・ゴロルドJuan Gorordo氏の邸宅をもとに、19世紀後半から20世紀初頭にかけての建築様式を再現している博物館。

スペイン植民地時代の暮らしを知る

フィリピンに現存する、最も古い邸宅のひとつ ★★★

ヤップ・サンディエゴ・アンセストラル・ハウス `MAP P.231-B3`

Yap Sandiego Ancestral House

　17世紀後半に建てられたとされる、中国人の商人、ドン・ファン・ヤップDon Juan Yap氏の邸宅。1階はボホール島のバクラヨン教会と同様に珊瑚石を卵の白身で固めた造りで、2階は木造建て、屋根には堅い木製の梁に支えられて瓦が敷かれている。内部には当時の家具などがそのまま展示されていて、見どころが多い。

セブ・シティで最も古い建物のひとつ

キリスト教関連のものが多い

スペイン統治時代の刑務所を改装 ★★

ムセオ・スグボ `MAP P.231-B2`

Museo Sugbo

　1870年に刑務所として建てられた建物が博物館となっている。スグボとはセブの昔の呼び名。おもにセブの歴史に関わるものを展示している。日本軍の軍服や、軍で使用された盃も見られる。

■**セブ・オーシャンパーク**

　セブ島SRPエリアにある面積約1.5ヘクタールのフィリピン国内最大規模の水族館。海の生き物はもちろん、鳥や爬虫類なども見ることができる。
MAP P.230-A2外
住 SM Seaside Complex, Mambaling, Cebu City
TEL (032) 888-5288
営 10:00 ～ 18:00 **休** なし
料 平日₱600、土・日・祝₱800

■**カサ・ゴロルド博物館**

住 35 E. Aboitiz St.
TEL (032)347-4342
開 9:00 ～ 17:00
休 日
料 ₱100 ～ 150

ギフトショップが充実している

■**ヤップ・サンディエゴ・アンセストラル・ハウス**

住 155 Lopez Jaena St., Parian
TEL (032) 266-2833
開 9:00 ～ 18:00
休 なし
料 ₱50 ～ 100

当時の建築様式や暮らしがよくわかる

■**ムセオ・スグボ**

住 731 M. J. Cuenco Ave.
TEL (032)239-5626
開 9:00 ～ 16:30 **休** 土・日・祝
料 ₱75

小さいがなかなか見ごたえがある

レストラン

観光客が多い町なので、いろいろなレストランがある。おしゃれなカフェや高級レストランは、フエンテ・オスメニャ周辺や高級ホテル内にある。小さなレストランや食堂、カフェは町のあちこちにあるが、地元の人たちで混み合うところは安くておいしいと思って間違いないだろう。

ゴールデン・カウリー $
Golden Cowrie
MAP P.230-A1
フィリピン料理

地元で絶大な人気を誇るフィリピン料理の店。割安な値段でおなかいっぱい食べられる。家族連れも多く、アットホームな雰囲気が漂う。メニューの種類が豊富で、ライスのおかわりが自由なのがうれしい。

住 42 Salinas Dr., Cebu City
TEL 0917-627-2551
営 11:00 ～ 14:00、17:00 ～ 20:30
休 なし
CC AJMV

メインは₱100程度から

オイスター・ベイ・シーフード・レストラン $$
Oyster Bay Seafood Restaurant
MAP P.245-A1
シーフード料理

セブ・シティ周辺の代表的なシーフードレストランとしてたいへんな人気を誇っている。注文すると、生けすから取り出した新鮮な魚介を、腕のいい料理人たちが調理してくれる。予算はふたりで₱1500 ～。

住 Bridges Town Square, Plaridel St., Mandaue City
TEL 0956-506-2983
営 11:00 ～ 15:00、18:00 ～ 22:00
休 なし
CC AMV

新鮮さではどこにも負けない

ライトハウス $
Lighthouse
MAP P.230-B1
フィリピン料理

ネイティブ・フード・レストランと自らを称する、セブの人なら誰でも知っている有名店だ。大人数なら代表的なフィリピン料理のひとつ、豚の丸焼きレチョンを試したい（1頭₱5500程度）。バンド演奏もある。

住 c/o Gaisano Country Mall, Gov. Cuenco Ave., Banilad, Cebu City
TEL 0998-842-7860
営 11:00 ～ 14:00、16:30 ～ 21:30
休 なし
CC AJMV

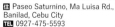
ボリューム満点の料理

フカッド $
Hukad
MAP P.231-B1
フィリピン料理

ゴールデン・カウリー（→上記）と同経営でメニューもほとんど同じだが、アヤラ・センター内にあるこちらはよりモダンな内装。おいしいフィリピン料理をリーズナブルに食べられる。スタッフもとてもフレンドリーだ。

住 Ayala Center Cebu, Biliran Rd., Cebu City
TEL 0917-311-3749
営 10:30 ～ 20:00
休 なし
CC AJMV

コスパは抜群！

ジュセッペ・ピッツェリア＆シシリアン・ロースト $$
Giuseppe Pizzeria & Sicilian Roast
MAP P.230-B1
イタリア料理

ピザを食べるならここがおすすめ。在住日本人にも評判の店だ。オーナーがシチリア出身で、シチリアのロースト料理も自慢だ。ピザは₱480 ～、パスタは₱330 ～。セブ周辺でフランチャイズ展開している。

住 Paseo Saturnino, Ma Luisa Rd., Banilad, Cebu City
TEL 0927-475-5593
営 11:30 ～ 22:00
休 なし
CC MV

魚介がおいしいマリナーラ（₱650）

キッチンレモン $
Kitchen Lemon

MAP P.230-B1

洋食

　ITパーク内の日本人経営のビストロ。在住の日本人たちからも愛される名店。安心して食べられる食材と味付けが自慢。定食や夜のお酒にぴったりの居酒屋メニューが揃っている。

🏠 Unit A100 G/F I1 Building, IT Park
📞 (032) 501-8698
🕐 11:30 ～ 14:00、17:00 ～ 21:30
（日11:30 ～ 14:00のみ）
休 不定休
CC JMV

化学調味料を使わないこだわり

チョビチョビ $$
Choobi Choobi

MAP P.230-B2

フィリピン料理

　セブ発の人気シーフードチェーン。エビやムール貝、イカなどのボイルした魚介類をビニール袋に入れてガーリックバターソースなどであえたメニュー（₱585）が人気。豆苗の炒め物も美味。

🏠 SM City Cebu, Cebu City
📞 0917 561 5782(携帯)
🕐 10:00 ～ 21:00
休 なし
CC AJMV
他 ロビンソン店→**MAP P.231-B2**、ザ・アウトレット店→**MAP P.245-A1**

手づかみで豪快に食べよう

アンザニ $$$
Anzani

MAP P.230-B1

地中海料理

　セブ・シティを見渡す小高い丘に立つ、景色がよくおしゃれなレストラン。シェフはミシュラン3つ星レストランの料理長も経験しているだけに、料理の評判は高い。さらにワインは常時1000銘柄以上が揃う。

🏠 Panorama Heights, Nivel Hills,
Lahug, Cebu City
📞 (032) 232-7375
URL www.anzani.com.ph
🕐 11:30 ～ 23:00
休 なし
CC ADJMV

ゆったりとくつろげる店内

タヴォラータ $$$
TAVOLATA

MAP P.230-B1

イタリア料理

　アバカグループの人気イタリア料理レストラン。素材を生かしたシンプルな味つけが人気で、特に魚介類をふんだんに使ったペスカトーレ（₱835）がおすすめ。ワインの種類も豊富に揃っている。予約がベター。

🏠 Design Centre of Cebu, A.S. Fortuna
at P. Remedio St., Banilad, Cebu City
📞 0920-958-3125
🕐 11:00 ～ 21:00
休 なし
CC MV
他 アヤラ・センター店→**MAP P.231-B1**

おいしいイタリア料理といえばここ

ちょっと
ひと息コラム

セブで最もおすすめのナイトマーケット

　セブITパークで行われるスグボ・メルカド。通信会社グローブGlobeが主催するナイトマーケットで、現地の若者や日本人留学生でたいへんなにぎわいを見せている。バラエティ豊かな屋台料理（₱100 ～）は味のクオリティが高く、そのわりにリーズナブル。いろんな料理を買ってそのテーブルでシェアするのも楽しい。セブ・シティで食べるところに迷ったらぜひ一度は足を運んでみてほしい。ITパークには、ほかにもさまざまなレストランが揃っている。

■スグボ・メルカド Sugbo Mercado
MAP P.230-B1 開 17:00 ～翌1:00 休 月～水

世界各国の料理が集まる

マヤ $$$

MAYA

MAP P.230-B1

メキシコ料理

マヤ文明を感じさせるインテリアに囲まれて、エキゾチックな味に舌鼓。タコスやトルティーヤの種類も豊富で、できれば大勢でいろいろな味を試したい。108種類を誇るテキーラのコレクションは必見。

🏠 Crossroad Mall, Banilad, Cebu City
☎ 0947-992-8329
🕐 17:00 〜 24:00（金・土 〜翌2:00）
休 なし
CC MV

フィリピンはメキシコ料理がおいしい

ファット・フォー $$

Phat Pho

MAP P.230-B1

ベトナム料理

セブでは珍しいベトナム料理のレストラン。人気メニューのヌードル・ボウルは、さまざまなスパイスが効いたスープが美味で、チキン、レモングラス＆ポークなどの具材を選んでトッピングしてもらえる。

🏠 Crossroad Mall, Banilad, Cebu City
☎ 0998-844-3053
🕐 11:00 〜 21:00（金土〜 22:00）
休 なし
CC MV
他 アヤラ・センター店→MAP P.231-B1、ITパーク店→MAP P.230-B1

本格的なベトナムの味がするフォー（₱299〜）

ミスターA $$

Mr. A

MAP P.230-B1外

インターナショナル料理

夜景スポットのトップス（→P.233）へ向かう途中にあるバー。ロマンティックなムードに浸りたいなら、夜景が見える屋外の席へ。レストランも兼ねているため、パスタなどの軽食、肉・魚料理や中華まで揃う。

🏠 Lower Busay Heights, Cebu City
☎ 0917-123-9746
🕐 11:00 〜 23:30
休 なし
CC 不可

トップスと一緒に訪れたい

一力茶屋 $$

Ichiriki Chaya

MAP P.230-B1

日本料理

日本人オーナーの店。新鮮な魚介類の刺身や寿司など、日本人板長による洗練された日本料理が楽しめる。うどん（₱180 〜）や天ぷら（₱210 〜）などのメニューも豊富で、スタッフの応対もとてもしっかりしている。

🏠 A.S. Fortuna St., Mandaue City
☎ 0917-701-6006
🕐 月〜金　17:00 〜 21:00
　　土・日　11:30 〜 13:30、
　　　　　　17:00 〜 21:00
休 なし
CC AJMV

海鮮カニみそがおすすめ

フィリピンのおいしいお菓子を召し上がれ

ちょっとひと息コラム

セブ・シティのSMセブ（→MAP P.230-B2）、マクタン島のアイランド・セントラル（→P.254）ほか、セブの各モールにキオスクスタイルで出店している**ジョジーズ・パイニタン・セントラル　Jojie's Pa-initan Central**。ボホール島発のペストリーショップで、フィリピン伝統のおいしいお菓子を販売している。おすすめは**キャッサバケーキ**。フィリピンでよく食べられる**キャッサバ**（タピオカイモ）をつかったもちもちのケーキだ。ほかにも米粉とココナッツミルクで作る**ビビン**カ、もち米で作る**サピンサピン**、キャッサバのでんぷんで作られた**ピチピチ**など、おいしいお菓子が勢揃いしている。大変リーズナブルなので、いろいろ買って試してみよう！

左上から時計回りに、キャッサバケーキ、サピンサピン、ピチピチ、ビビンカ

韓陽苑 $$$

Kanyoen

MAP P.230-B2

日本料理

キャッスル・ピーク・ホテル1階にある韓陽苑は、日本人だけでなく、フィリピン人の舌をも満足させる。肉はご主人が厳選して、切り分けている。タン塩₱300、カルビ₱405、上ロース₱445（各100g）など。

🏠 GF Castle Peak Hotel, F. Cabahug St., Cor. President Quezon St., Cebu City
☎ (032) 232-2989
🕐 11:30 ～ 14:00、17:30 ～ 22:00
休 月
CC ADJMV

リピーターが多い人気店

呑ん気本店 $$

Nonki Main

MAP P.230-B2

日本料理

日本人監修の居酒屋。料理の質の高さと豊富なメニューが魅力。新鮮な魚介類を使った刺身や寿司、サクサクの天ぷらがおすすめ。格安なランチは狙い目。マクタン店（→MAP P.245-A1)、Jパーク店（MAP P.246-2）も。

🏠 219 A.S. Fortuna street, Mandaue City
☎ 0917-651-1981
URL nonki.ph
🕐 11:30 ～ 14:00 ／ 17:00 ～ 22:30
休 なし
CC AJMV

掘りごたつ、長椅子、テーブル席がある

アバカ・ベイキング・カンパニー $$

Abaca Baking Company

MAP P.230-B1

カフェ

Wi-Fiの整備されたおしゃれな店内は、学生やビジネスマンの休息所として機能している。パンはもちろん、ハンバーガーやパンケーキ、エッグベネディクトなども揃っている。コーヒーは₱65 ～ 155。

🏠 Crossroads Mall, Banilad, Cebu City
☎ 0908-815-2474
🕐 7:00 ～ 20:00
休 なし
CC MV
🏢 ロビンソンズ店→MAP P.231-B2、アヤラ・センター・セブ店→MAP P.231-B1

ドリンク、パンともに洗練されている

ムーシ・グリーン・スムージー＋ジュース・バー $$

Mooshi Green Smoothie+Juice Bar

MAP P.231-B1

カフェ

野菜が不足しがちなフィリピン旅行中の食生活にぴったり。野菜＆フルーツのスムージー（₱95 ～）が飲める。砂糖を使わず素材本来の甘さなので安心。セブ各地でフランチャイズ展開しており利用しやすい。

🏠 Ayala Center Cebu, Cebu City
🕐 10:00 ～ 21:00
休 なし
CC 不可
🏢 SMシティ・セブ店→MAP P.230-A～B2

肉料理のあとにスムージーを

ブル・バー＆グリル $$$

Blu Bar & Grill

MAP P.230-B1

バー

マルコポーロ・プラザ・セブ（→P.242）内にあるバー＆グリル。セブ・シティを一望する夜景が人気で、ロマンティックな雰囲気もたっぷり。開放的なオープンエアの席でゆったりとしたときを過ごせる。

🏠 c/o Marco Polo Plaza Cebu, Cebu Veterans Dr., Nivel Hills, Apas, Cebu City
☎ (032) 253-1111（内線8355）
🕐 16:30 ～ 22:00 ※夕食は18:30 ～
休 なし
CC ADJMV

セブ・シティでは指折りのおしゃれスポット

タブレア・チョコレート・カフェ $

Tabléa Chocolate Café

MAP P.230-B2

カフェ

フィリピン伝統のカカオ豆をすりつぶして固めたタブレアを販売するお店。なかでも人気なのがPuto Maya。ココナッツミルクで炊いた甘い餅米に、このタブレア・チョコをかけてマンゴーと一緒に食べる。

🏠 Bonifacio District, F. Cabahug St., Cebu City
☎ 0918-209-9942
URL tableachocolate.com
🕐 月～木10:00 ～ 22:00(金・日～23:00) 休 なし
CC 不可

店内ではチョコレートも販売している

ショップ

Shops

アヤラ・センター・セブ、SMシティ・セブなど、セブ・シティには大きなショッピングセンターが充実。繁華街から離れているものも多いが、指折りの人気レストランが揃っており、ショップもバラエティ豊かだ。特にSM系のショッピングセンターには**クルトゥーラ**（→P.116）が入っており、おみやげ探しに最適。

アヤラ・センター・セブ

Ayala Center Cebu

[MAP] P.231-B1

ショッピングセンター

地下1階から地上4階まで、吹き抜けを囲むように店が並び、冷房が効いた快適な環境でショッピングが楽しめる。デパートの[S]ルスタンズもあり、高級ブランドのショップも入っている。広々とした中庭も気持ちいい。

[住] Cebu Business Park, Archbishop Reyes Ave., Cebu City
[TEL] (032) 888-3777
[営] 10:00 ～ 21:00（金・土・日～ 22:00）
※店舗によって異なる
[休] なし　[CC] 店舗によって異なる
[他] ITパーク店→[MAP] P.230-B1

市街地から近くて便利

SMシーサイド・シティ

SM Seaside City

[MAP] P.230-A2外

ショッピングセンター

大規模な開発の進むSRP地区のさきがけとして2015年にオープンした円形のモール。クルトゥーラ（→P.116）やチョビチョビ（→P.237）、ティム・ホー・ワン（→P.110）など人気の店が勢揃い。

[住] Cebu South Coastal Rd, Cebu City
[TEL] (032)340-8735
[営] 10:00 ～ 21:00（金・土・日～ 22:00）
※店舗によって異なる
[休] なし
[CC] 店舗によって異なる

アイススケートリンクもある

SMシティ・セブ

SM City Cebu

[MAP] P.230-A～B2

ショッピングセンター

デパート、レストラン、スーパーマーケット、専門店、さらには免税店、映画館、ボウリング場まで揃っており、その数はざっと300以上。食事をするならフードコートがおすすめ。空港からのMyBusはここに発着する。

[住] North Reclamation Area, Cebu City
[TEL] (032) 231-3450
[営] 10:00 ～ 21:00（金・土・日～ 22:00）
※店舗によって異なる
[休] なし
[CC] 店舗によって異なる

市内交通のハブにもなっている

ロビンソンズ・ギャレリア・セブ

Robinsons Galleria Cebu

[MAP] P.231-B2

ショッピングセンター

フィリピン中にショッピングセンターを展開するロビンソンズが経営する高級感のあるモール。ボホール・ビー・ファーム（→P.287）のカフェなどレストランが充実している。トラベラーズラウンジもあり便利。

[住] General Maxilom Ave. Cor. Sergio Osmena Blvd., Brgy. Tejero, Cebu City
[TEL] (032)231-5030
[営] 10:00 ～ 21:00
※店舗によって異なる
[休] なし
[CC] 店舗によって異なる

ゴージャスな雰囲気の館内

ヒューマン・ネイチャー

Human Nature

[MAP] P.231-A1

ナチュラルコスメ

マニラに本店を構えるオーガニックコスメの人気店。石鹸やひまわりオイルなど、パッケージがかわいらしく、体に優しいコスメがリーズナブルに購入できると女性に人気がある。おみやげにもぜひ。

[住] Unit 3, The Strip, Osmeña Blvd., Capitol Site, Cebu City
[TEL] (032)236-0549
[URL] humanheartnature.com
[営] 9:00 ～ 20:00
[休] 日　[CC] MV（₱500 ～）
[他] マンダウエ店→[MAP] P.230-B1

マニラ発の人気コスメショップ

スパ&マッサージ

Spa

高級感のあるデイスパに、ワンコインで受けられる格安マッサージまで、観光客や留学生の多いセブには、マッサージやスパがバラエティ豊かに揃っている。また、格安スパのチェーン店はあちこちに展開しているので、とても利用しやすい。町歩きに疲れたらぜひ立ち寄ってみよう。

セブ

セブ・シティ

チーバ・スパ $$
Cheeva Spa

MAP P.230-B2

マッサージ

アロマオイルやハーバル、ストーン・マッサージなど、さまざまなコースが用意されている。フェイシャルやネイルアートのメニューもあり、トータルビューティケアに対応。施術者の技術も高く、日々の疲れを癒すには最適。

住 2F Nicrek Bldg. F., Cabahug St., Cebu City
TEL (032) 517-5421
営 昼12:00～翌2:00
休 なし
CC 不可

日本語メニューも用意されている

ツリー・シェイド・スパ $$
Tree Shade Spa

MAP P.230-A1

マッサージ

韓国人の経営でセブに展開するツリー・シェイド。この店舗には日本人スタッフが常駐しており、安心して利用できる。大きな建物内にはカフェやおみやげショップもあり、旅行中に何かと便利。マッサージ1時間₱600～。

住 Salinas Dr., Cebu City
TEL 0917-638-8910
営 24時間
休 なし
CC AMV

広々と清潔な店内も◎

フォレスト・スパ $$
The Forest Spa

MAP P.230-B1

マッサージ

本格的な韓国式マッサージ&スパ。美しい装飾で人気があり、個室が多くプライバシーも守られている。セラピストの技術も抜群で、リラックスできる。高めの価格設定だが、上質なサービスを提供している。

住 MJ1106 Bldg., Sacris Rd., A.S Fortuna St., Mandaue City
TEL (032) 503-0003
営 24時間
休 なし
CC 不可

同じ建物にベーカリー、カフェ、美容室もある

バーン・クン・タイ $
Baan Khun Thai

MAP P.231-A1

マッサージ

フエンテ・オスメニャのそばにあるチェーン店。フットマッサージが1時間₱350とお得。近くの英語学校に通う日本人留学生もよく訪れる。ふたつの施術を組み合わせたパッケージがおすすめ。

住 K & J Bldg., J. Llorente St., Cebu City
TEL (032) 494-1818
営 13:00～24:00
休 なし
CC 不可

格安町スパチェーンの大手

ヌアッタイ・パークモール店 $
Nuat Thai-Parkmall

MAP P.230-B2

マッサージ

格安マッサージ店の老舗。フィリピン国内に300店舗以上を展開する有名チェーン店。タイマッサージが1時間₱400～とかなりリーズナブルなので、何度も通う人も多い。

住 2nd Floor, Al Fresco1, Parkmall, Mandaue City
TEL 0919-260-7349
営 9:00～22:00
休 なし
CC 不可

店舗数の多さではNo.1

ホテル

市内のホテルは種類、数ともに豊富。高級ホテルは市内各地に散らばっているが、安宿はオスメニャ通りやコロン通りなどの大通りから1本入った裏通りに多い。交通や食事、買い物にも便利で治安も問題ない。また、ダウンタウンにも安宿は多いが、治安がよくない場所もあるので注意しよう。

ウオーターフロント・セブ・シティ・ホテル＆カジノ $$$
Waterfront Cebu City Hotel & Casino　MAP P.230-A1

国内全土にネットワークを広げるカジノ・フィリピノ（24時間営業）やジム、ショッピングアーケードを併設するラグジュアリーホテル。日本料理、中国料理、イタリアンなどレストランの種類も豊富だ。

住 1 Salinas Dr., Lahug
TEL (032) 232-6888
URL www.waterfronthotels.com.ph
料 SDP3500 〜
室数 561
CC ADJMV

高級感のある広々としたロビー

セダ・アヤラ・センター・セブ $$$
Seda Ayala Center Cebu　MAP P.231-B1

フィリピンで高級感のある落ち着いたホテルを展開するセダグループのホテル。セブ・ビジネス・パーク内にあり、アヤラ・センターへも至近。セキュリティもばっちりだ。落ち着いた都会的な内装が特徴。

住 Cardinal Rosales Ave.
TEL (032) 411-5800
URL ayalacentercebu.sedahotels.com
料 SDP5300 〜
室数 301
CC ADJMV

シックにまとめられた客室

マルコポーロ・プラザ・セブ $$$
Marco Polo Plaza Cebu　MAP P.230-B1

トップスへ向かう途中の高台に立つ24階建てのシティホテル。マウンテンビューの客室からはセブ・シティの町並み、シービューの客室からは町の向こうに広がる雄大な海を望むことができる。

住 Cebu Veterans Dr., Apas
TEL (032) 253-1111
URL www.marcopolohotels.com
料 SDP3600 〜
室数 329
CC AJMV

清潔感のあるツインルーム

セブ・パークレーン・インターナショナル・ホテル $$
Cebu Parklane International Hotel　MAP P.231-B1

アヤラ・センター・セブの近くにあるホテル。客室を「Plus Rooms」にアップグレードすると、エグゼクティブラウンジや専用レセプションなどが使用できる。スタッフの質もよく、快適に滞在できる。

住 Archbishop Reyes Ave. Cor. Escario St.
TEL (032) 234-7000
URL www.parklanehotel.com.ph
料 SDP4900 〜
室数 241
CC ADJMV

清潔感があり居心地のいい客室

モンテベロ・ヴィラ・ホテル $$
Montebello Villa Hotel　MAP P.230-B1

緑豊かな広い敷地にヴィラが点在している。庭に面したカフェは24時間サービスなので、優雅な南国の夜を楽しめる。隣にはガイサノ・カントリー・モールが立っている。マンスリータイプの部屋もある。

住 Montebello Drive, Gov. M. Cuenco Apas
TEL (032) 260-1791
URL montebello.ph
料 SDP2599 〜
室数 80
CC ADJMV

市内にありながらとても静か

冷房　ファン　トイレ　水シャワー　温水シャワー　バスタブ　テレビ　ミニバー　冷蔵庫　ネットフリー　朝食　日本人スタッフ
※共と記してある場合は共同となります。

ザ・ヘンリー・ホテル・セブ $$

The Henry Hotel Cebu [MAP] P.230-B1

アメリカンコミックをデザインに取り入れるなど、ポップでおしゃれな印象のブティックホテル。広々とした客室はどれも異なるデザインで、プール、カフェ、レストランなどの設備も充実している。

[住] One Paseo Compound, Ma Luisa Entrance Rd., Banilad
[TEL] (032) 520-8877
[URL] www.thehenryhotel.com
[料] [S][D]₱3734～
[室数] 62
[CC] AJMV

エキゾチックなエクストララージルーム

サークルズ・ネスト $$

Circle's Nest [MAP] P.231-A2

フエンテ・オスメニャにあるモダンな中級ホテル。さらに、ホテル内もバーやプール、ビジネスセンターなどの設備が充実している。室内にはエアコン、テレビ、冷蔵庫、ドライヤーなどが完備されている。

[住] Fuente Osmeña
[TEL] 0918-937-3101
[料] [S][D]₱2800～
[室数] 210
[CC] AJMV

客室内設備も充実

エレガント・サークル・イン $$

Elegant Circle Inn [MAP] P.231-A1

フエンテ・オスメニャに面しており、好ロケーションにある。周辺には、レストランやスーパーなど何でも揃っていて便利だ。スタッフが皆フレンドリーなのもうれしい。1階はレストラン兼バーになっている。

[住] Fuente Osmeña
[TEL] 0917-328-1601
[URL] elegantcircleinn.com
[料] [S][D]₱1800～
[室数] 89
[CC] ADJMV

客室はエコノミーからスイートまで7種類

ホテル・エイシア $$

Hotel Asia [MAP] P.231-A1

日本人経営によるホテルなので、言葉の心配もなく、何かと安心できる。1階には、24時間オープンの日本食レストラン「はんにゃ」もあって便利。全室に洗浄便座付きトイレが付いている。英語学校を併設。

[住] 11 Don Jose Avila St., Capitol Site
[TEL] 0917-177-7610
[URL] www.hotelasiacebu.com
[料] [S]₱2900～
[室数] 42
[CC] AJMV

フロントスタッフも親切

フエンテ・ペンション・ハウス $$

Fuente Pension House [MAP] P.231-A1

フエンテ・オスメニャがすぐ目の前の中級ホテル。オスメニャ通りから1本離れた通りにあるので、わりと静か。設備が充実している。サービスもよく、リフックスできる。町の夜景が見渡せるバーがある。

[住] 175 Don Julio Lorente St.
[TEL] 0905-222-8139
[URL] fuentepensionhouse.com.ph
[料] [S]₱1278 [D]₱1558
[F]₱1998 [Su]₱2088
[室数] 52
[CC] ADMV

客室によってインテリアはさまざま

ピローズ・ホテル $$

Pillows Hotel [MAP] P.231-A1

快適な格安宿。静かな場所にあり、清潔でサービスもよいため、日本人や韓国人を中心に留学生や観光客でにぎわっている。無料の水や朝食ビュッフェが付いてくる心づかいはうれしいかぎり。

[住] 208 Governor M. Roa St.
[TEL] (032) 383-5700
[料] [S][D]₱1650～
[室数] 37
[CC] AMV

安いわりに部屋は広め

レッド・プラネット・セブ
Red Planet Cebu
$$
MAP P.231-B1

何かと便利なアヤラ・センター・セブ周辺では最もリーズナブルなホテルのひとつ。フィリピン各地にあるほかのレッド・プラネットとデザインや間取りはほとんど変わらないが、清潔で設備も整っているため人気。

住 36 Archbishop Reyes Ave.
TEL (032) 232-0888
URL www.redplanethotels.com
料 SDP1890 〜
室数 150
CC AMV

客室は若干狭い印象

ザ・ゴールデン・ピーク・ホテル＆スイート
The Golden Peak Hotel & Suites
$$
MAP P.231-B1

アヤラ・センター・セブから徒歩2分というとても便利な場所にある中級ホテル。ホテル自体も新しく、清潔感にあふれている。レストランやバー、館内会議室などの施設も充実している。スタッフも親切だ。

住 Gorrordo Ave. Cor. Escario St.
TEL 0930-969-3610
URL www.goldenpeakhotel.com
料 SDP3800 〜
室数 108
CC AMV

機能的な造りで使いやすい

ABCホテル＆ホームズ
ABC Hotel & Homes
$$
MAP P.231-A2

2015年にオープンしたモダンでカジュアルな宿。リーズナブルな価格で人気がある。同じビルにはランドリーショップ、マッサージ、カフェが入っており何かと便利だ。長期滞在でも利用できそう。

住 F. Ramos Cor. Lim Tian Teng St., Brgy. Sta. Cruz
TEL (032) 412-8788
料 SDP1600 〜
室数 52
CC AJMV

客室はアットホームな雰囲気

バーベナ・ホテル
Verbena Hotel
$
MAP P.231-A1

フエンテ・オスメニャから歩いて5分ほどの場所にあるペンション。客室は設備もよく、清潔に保たれているうえ、料金も手頃なのがうれしい。スタッフが皆、とてもフレンドリーで雰囲気もよい。

住 584 Don Gil Garcia St.
TEL (032) 253-3430
料 SDP1000 〜
室数 38
CC MV

格安で居心地の良い宿

東横イン・セブ
Toyoko-inn Cebu
$$
MAP P.230-B2

セブ島の中心部で、通り沿いには日本食レストランやカフェ等が点在しアクセスも便利。セブにいながら日本のホテル同様のサービスでアメニティも充実。朝食、Wi-Fi、空港シャトルサービスは無料。

住 165 A.S Fortuna St., Bakilid, Mandaue City
TEL (032) 255-1045
URL www.toyoko-inn.com
料 SDP1700 〜
室数 582
CC AJMV

空港から無料シャトルを利用できる

ジャスミン・ペンション・ハウス
Jasmine Pension House
$
MAP P.231-A1

フエンテ・オスメニャから歩いて5分ほどの場所にある。スタッフのていねいな対応がうれしい。Wi-Fiは共用エリアのみなど不便な面もあるが、セブ・シティでは最も安い宿のひとつなので重宝する。

住 12 Don Gil Garcia St. Capital Site
TEL 0917-629-4973
料 SDP850 〜
室数 24
CC 不可

簡素だが客室は清潔

冷房 ファン トイレ 水シャワー 温水シャワー バスタブ テレビ ミニバー 冷蔵庫 ネットフリー 朝食 日本人スタッフ
※共と記してある場合は共同となります。

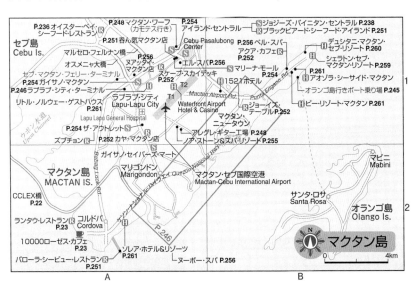

セブ随一のリゾート地

マクタン島

Mactan Island

MAP 折込表-C3

プランテーション・ベイ・リゾート＆スパ（→P.259）の大きなプール

マクタン島は、セブ島と3本の橋でつながれた小さな島。日本からの「セブ島ツアー」の宿泊先のほとんどが軒を並べるフィリピン随一の一大リゾートエリアだ。そして、日本からの直行便が発着するマクタン・セブ国際空港もこの島にある。

リゾートエリアがあるのは白砂のビーチが広がる島の東海岸一帯。ビーチ沿いには高級リゾートからゲストハウス、ダイビングサービスなどがずらりと軒を並べ、おもにダイビング目的の欧米人でにぎわっている。またリゾートエリアを一歩出れば、片田舎ののどかな雰囲気を楽しむこともできる。

マクタン島の市外局番 ☎032

ACCESS

✈ 日本各地からの直行便については→P.396。マニラからはフィリピン航空が毎日9便程度、セブパシフィックが毎日10便程度、フィリピン・エアアジアが毎日5便程度運航。所要約1時間30分、料金は₱2000～。

第三の橋が開通→P.22
セブ～マクタン島を結ぶ第3の橋であるCCLEX橋が2022年4月に開通した。セブ・シティのSRP地区（**MAP** P.230-A2外）からマクタン島西部につながる。2023年7月時点では通行料が必要。一般車₱90～。

オランゴ島 Olango Is. へ
プンタ・エンガニョ地域（**MAP** P.245-B1）の脇に船着き場があり、オランゴ島へのバンカーボートが出ている。サンタ・ロサ Santa Rosa まで30分ごとに運航。所要20分、₱30～40。

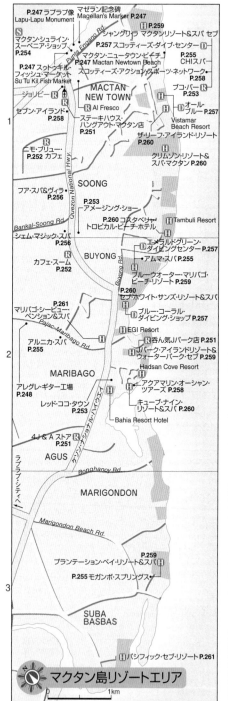

P.247 ラプラプ像
Lapu-Lapu Monument
マゼラン記念碑
Magellan's Marker P.247

マクタン・シュライン・
スーベニア・ショップ
P.254

P.259
シャングリラ マクタンリゾート＆スパ セブ

P.257 スコッティーズ・ダイブ・センター

P.247 スツトッキル
フィッシュ・マーケット
Su Tu Kil Fish Market

マクタン・ニュータウン・ビーチ
P.247 Mactan Newtown Beach

P.255
CHIスパ

スコッティーズ・アクション／スポーツ・ネットワーク P.258

ジョリビー

MACTAN
NEW TOWN

Al Fresco

ブコ・バー P.253

オール・ブルー P.257

セブン・アイランド
P.258

ステーキハウス・
ハングアウト・マクタン店
P.251

Vistamar
Beach Resort

ザ・リーフ・アイランド・リゾート
P.260

モ・ブリュー・
カフェ P.252

クリムソン・リゾート＆
スパ・マクタン P.260

フア・スパ＆ヴィラ
P.256

SOONG

P.253
アメージング・ショー

P.260 コスタベリャ
トロピカル・ビーチ・ホテル

Tambuli Resort

Bankal-Soong Rd.

シェム・マジック・スパ
P.256

BUYONG

エメラルドグリーン・
ダイビングセンター P.257

カフェ・ズーム
P.252

アムス・スパ P.255

ブルーウォーター・マリバゴ・
ビーチ・リゾート P.259

P.260

セブホワイト・サンズ・リゾート＆スパ

マリバゴ・シービュー・
ペンション＆スパ
P.261

ブルー・コーラル・
ダイビング・ショップ P.257

EGI Resort

Palac-Maribago Rd.

アルニカ・スパ
P.255

呑ん気クラブ店 P.251

パーク・アイランドリゾート＆
ウォーターパーク・セブ P.259

MARIBAGO

Hadsan Cove Resort

アレグレ・ギター工場
P.248

アクアマリン・オーシャン・
ツアーズ P.258

レッド・ココ・タウン
P.253

キューブ・ナイン・
リゾート＆スパ P.260

Bahia Resort Hotel

4J＆A ストア
P.251

AGUS

Bonghanoy Rd.

MARIGONDON

Marigondon Beach Rd.

P.259
プランテーション・ベイ・リゾート＆スパ

P.255 モガンボ・スプリングス

SUBA
BASBAS

パシフィック・セブ・リゾート P.261

マクタン島リゾートエリア

0   1km

白砂のビーチが広がるリゾートエリア

マクタン島への行き方 GETTING AROUND

空港からリゾートエリアへ

セブに飛行機が着くと、そこはマクタン島。マクタン島内のリゾートを予約している人は、マクタン・セブ国際空港から車で20～30分走ればすぐに東海岸のリゾートエリアに到着する。運賃は₱200～300。マクタン島はそれほど大きくはないが、歩いて見て回れる大きさの島ではないので、島内の移動は基本的にトライシクルやジプニー（モルティキャブ）、タクシーを利用することとなる。リゾートエリアではトライシクルも多いので、通りで簡単につかまえられる。島内の近場なら₱30程度（貸切で利用する場合）。夜はやや割高になる。

セブ港からリゾートエリアへ

ビサヤ諸島の各島などから船でセブに入った場合は、セブ島のセブ・シティにあるセブ港（→ MAP P.230-A2）に着くので、そこからフェリーまたはタクシーを利用してマクタン島へ渡る。フェリーを利用する場合は、セブ港の3番埠頭（→ MAP P.231-B3）から運航しているフェリーに乗る。マクタン島側はオスメニャ大橋近くのセブ・マクタン・フェリー・ターミナルに着く。片道₱40～50。

セブ・シティからマクタン島へ

セブ・シティとマクタン島間の移動はバンの利用が便利。セブ・シティの乗り場はアヤラ・センター・セブ（→ MAP P.231-B1）とSMシティ・セブ（→ MAP P.230-A～B2）。マクタン島はガイサノ・マクタン（MAP P.245-A1）裏のラプラプ・シティ・ターミナルとガイサノ・セイバーズ・マートに到着する。運行時間は6:00～20:00頃。運賃はSMシティ・セブからラプラプ・シティ・ターミナルまで₱50。

マクタン島の見どころ　ATTRACTION

海に向かって立つ英雄像　★★

マゼラン記念碑＆ラプラプ像　[MAP] P.246-1

Magellan's Marker & Lapu-Lapu Monument

堂々と立つラプラプの像

マクタン島の北東に突き出した半島の途中にある。1521年にセブに上陸して以来、マゼランはキリスト教の布教を行い成果を挙げてきた。しかし、マクタン島の酋長ラプラプだけは、この侵略に戦いを挑んだ。結局マゼランはラプラプによって殺されてしまう。ラプラプは他国の侵略を阻止した英雄としてその名を残した。これを記念してマゼラン記念碑とラプラプの像が立てられている。

新鮮な魚介を食べたければ　★★

スゥトゥキル・フィッシュ・マーケット　[MAP] P.246-1

Su Tu Kil Fish Market

ラプラプ像の目の前にある。市場の周辺にはみやげ物店がズラリと並んでいるので、安く大量にみやげ物を買いたい人はここで値切って買うといい。また、ここには新鮮な魚介類を選び、好きなように調理してくれるシーフードレストラン街がある。値段はどこも同じくらいなので、店内の雰囲気を見て決めよう。どこもセミオープンなので潮風が気持ちいい。調理代を含めると意外に高くつく。

調理代として₱100程度請求される

なかなかきれいな公共ビーチ　★★

マクタン・ニュータウン・ビーチ　[MAP] P.246-1

Mactan Newtown Beach

コンドミニアムやリゾート施設などの開発が進むマクタン・ニュータウン。マクタン島で最も美しいビーチをもつシャングリ・ラの隣に公共ビーチが整備された。ビーチは文句なく美しく、ささやかながらカフェやアクティビティオフィスなどもあり、なかなか快適に過ごすことができる。地元の人でにぎわっているので、人々の憩いの風景を眺めているのも楽しい。

モーター使用のアクティビティもできる

見どころのひとつ、
マゼラン記念碑

■マゼラン記念碑＆ラプラプ像
[住] Punta Engaño Rd, Lapu-Lapu City
[開] 5:00 ～ 22:00
[休] なし
[料] 無料

スペイン植民地支配に反抗した英雄ラプラプ
→P.389

離れ小島のリゾート

『何もなくて豊かな島』の著者、崎山克彦さんがオーナーの島、カオハガン島はマクタン島の沖合約10kmに浮かぶ周囲約2kmの小島。島民約700人が崎山さんとともに素朴な生活を送っており、ゲスト用の高床式ロッジも用意されている。「美しい自然と共存し、島民と交流し、何もしない贅沢な時間を過ごしてほしい」と崎山さんは言う。

[H] **カオハガン・ハウス**
Caohagan House
[MAP] P.228-B2
[住] Caohagan Is.
[URL] caohagan.com
[料] ⓈⒹ₱3000 ～
[室数] 5
[CC] 不可

■スゥトゥキル・フィッシュ・マーケット
[住] Looc, Maribago
[営] 8:30 ～ 22:00（店舗による）
[休] なし
[CC] 不可

■マクタン・ニュータウン・ビーチ
[TEL] 0917-704-4893（携帯）
[開] 6:00 ～ 22:00
[休] なし
[料] ₱200

ビーチにある小さなカフェ

■アレグレ・ギター工場
Alegre Guitar Factory
[MAP] P.246-2 [TEL] (032) 268-5755
[営] 8:00～17:00 [休] なし [CC] AJMV

制作している様子を見学できる

マクタン島名物の製作現場 ★★

ギター工場 [MAP] P.246-2

Guitar Factory

フィリピン産のギターは世界中で知られているが、そのほとんどが、実はマクタン島で造られている。マクタン・セブ国際空港の南東側にある**アブノ村Abuno**にはたくさんのギター工場があり、製作現場も見せてくれるし、製造直売のギターやウクレレを買うことができる。最高級品で₱7万5000～、小さなウクレレなら₱3500～。もちろん値段交渉を忘れずに！

ちょっと
ひと息コラム

セブから2時間　素朴なカモテス諸島へ

2017年にマクタン島からのフェリーが就航し、人気を集める**カモテス諸島**(→[MAP] 折込表C-3)。その魅力は島に住む素朴な人々と、手つかずの美しい海だ。数軒あるリゾートホテルに滞在してゆっくりするのもいいし、バイクをレンタルして、島を探索するのも楽しい。諸島は**パシハン島Pacijan Is.、ポロ島Poro Is.、ポンソン島Ponson Is.**の3つの島からなるが、フェリーが着くのはパシハン島（コンスエロConsuelo）とポロ島。おもな見どころはパシハン島にあるので、マクタン島からコンスエロ行きに乗るほうが便利だ。

見どころとしては、いくつかの洞窟がある。ティムボ洞窟やブキラット洞窟が有名だ。またダナオ湖の湖畔にレイク・ダナオ・パークがあり、島民の憩いの場として機能している。そしていちばんの見どころがパシハン島の西海岸に点在するビーチ。リゾートが立つビーチからローカルの人々しか来ないところまであり、いずれも美しい。この西海岸のビーチに面してリゾートが点在し、エアコンなしで₱1000程度から泊まることができる。安宿は₱500～。おもなホテルは地図を参照のこと。

素朴な笑顔に出会うことができる

■カモテス諸島への行き方

マクタン島のマクタン・ワーフやセブ港からフェリーでアクセスできる。料金はどちらも₱500。
＜スケジュール＞　※2023年5月現在
セブ・シティ→ポロ　6:00、15:00（所要約2時間）
ポロ→セブ・シティ　8:00、17:00
マクタン島→コンスエロ　8:00、12:00（所要約1時間20分）
コンスエロ→マクタン島　10:00、16:00
※マクタン島は[S]アイランド・セントラル裏のマクタン・ワーフ（→[MAP] P.245-A1）に発着。

■島内交通

バイクレンタル　₱500／日
トライシクル　₱200／トリップ
トライシクルチャーター　₱1500／日
ハバルハバルチャーター　₱1000／日

サンティアゴ・ベイ・ガーデン＆リゾートからの景色

↑トゥラン島（約500m）へ
ポンソン島（約2km）へ↗
[H] Flying Fish Resort
ティムボ洞窟
Timubo Cave
Esperanza Beach
Bakhaw Beach
ダナオ湖
Lake Danao
[H] My Little Island Resort
レイク・ダナオ・パーク
Lake Danao Park
ポロ島
Poro Is.
Nonok Beach
パシハン島 Pacijan Is.
ブキラット洞窟
Bukilat Cave
マクタン島へ
コンスエロ港
Consuelo Wharf
サンフランシスコ
San Francisco
[H] Mangodlong Rock Resort
[H] Coco Grove Nature Resort
Mangodlong Beach
ポロ港
Poro Port
Heminsulan Beach
サンティアゴ
Santiago
[H] Santiago Bay Garden & Resort
Santiago Bay Beach
カモテス諸島
M LHuillier Beach
セブ・シティへ
0
10km

ツアー案内

セブ観光のよくある過ごし方といえば、リゾートでゆっくり滞在しながら、1日ツアーに参加するというもの。セブには大自然を楽しむ魅力的なツアーがたくさんあるので、いろいろと参加してみよう。（ツアー催行会社→P.258）

■アイランドホッピング

セブ定番のエクスカーションといえば、これ。バンカーボートと呼ばれるフィリピン独特のボートに乗って、周辺の島々を巡る。さわやかな風に吹かれて、ちょっとしたクルーズ気分も楽しめる。リゾートのビーチもいいけれど、ほんの少し足を延ばしただけで、さらに透明度の高い美しい海に出合えるのだ。スノーケリングをしたり、島に上陸してバーベキューを楽しんだり、ビーチでのんびり過ごしたり、思いおもいの時間を過ごせる。訪れる島は、リゾートや催行会社によっても違うが、ナルスアン島の海洋保護区でスノーケリングをして、パンダノン島でピクニックランチという流れが一般的。どこへ行くかは当日のお楽しみというところも多い。

■ボホール島（→P.272）日帰りツアー

早朝にホテルを出発し、船でボホール島へ。血盟記念碑、スペイン統治時代の教会を巡り、メガネザル「ターシャ」を見物。屋形船でのロボック川クルージングも楽しい。ハイライトは214段の階段の先にある展望台からチョコレート・ヒルズ。ボホールの見どころを詰め込んだ盛りだくさんのツアーで、ほとんどすべての旅行会社で手配が可能だ。なお、ボホール島にへ個人でも容易に行ける。宿泊施設も多いので、時間に余裕のある人はゆっくり訪ねてみるのもいい。

■ジンベエザメに出合うツアー

今、人気となっているのが、このツアー。ジンベエザメは、小さなものでも3〜4m、大きなものでは体長約13mにも及ぶという、世界でいちばん大きい魚。そのジンベエザメを間近で見られるということで、注目を集めている。セブ島南部の町オスロブの近郊海域でほぼ毎日目撃されていて、その数は多いときには十数匹に上ることも。サメといってもプランクトンを主食とし、人に危害を与えることはない。だから、一緒に泳ぐなんて夢のようなことも可能なのだ！（→P.267）

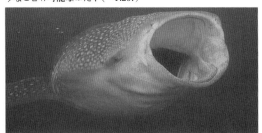

アクセスがやや不便だがわざわざ行く価値はある

■アイランドホッピング
所要：約7時間
予算：約₱4000
<ツアースケジュール例>
9:00	出発
10:00	海洋保護区でスノーケリング
12:00	パンダノン島へ到着
12:30	ランチタイム
16:00	ホテル着

バンカーボートでアイランドホッピング！

■ボホール島日帰りツアー
所要：約12時間
予算：約₱6500
<ツアースケジュール例>
9:20	セブ港発
11:45	タグビララン港着
12:45	ロボックリバークルーズ（ランチ）
14:20	ターシャ保護区
15:15	チョコレート・ヒルズ
16:40	バクラヨン教会
17:20	血盟記念碑
18:30	タグビララン港発
20:30	セブ港着

※寄る順番は変わるが、1日ツアーに含まれている見どころはどの会社もほとんど同じ。

最も人気のあるツアーのひとつ

■ジンベエザメに出合うツアー
所要：約12時間
予算：約₱9500
<ツアースケジュール例>
4:30	セブ発
8:30	オスロブ着
9:00	ジンベエザメと泳ぐ
12:00	スミロン島でスノーケリング&ランチ
13:00	オスロブ発
17:00	セブ着

※上記はスミロン島でのスノーケリング付きの場合。付いていない場合も帰りの時間はほとんど変わらない。
※ジンベエザメへの悪影響が問題視され、オスロブでは2018年12月より1日の訪問客を800人〜1000人に制限。ほとんどがツアーに割り当てられ（600人）、個人で行くのは難しい。

■水上レストランツアー
所要：3時間〜
予算：₱3000〜

子供連れの観光客に人気

■カワサン滝トレッキングツアー
所要：約10時間
予算：₱5000〜

海も山も同時に楽しめるセブ

■カルカル文化体験ツアー
所要：約8時間
予算：₱4000〜

そのほかのツアー
■サンセットクルーズ
バンカーボートやクルーザーに乗り込み、夕日が見えるスポットまでクルージング。夕日を堪能したあとは、スナックやビールでくつろぎながら、バーベキューなどのディナーを楽しむ。
所要：約4時間
予算：₱3000〜

ロマンティックなアクティビティ

■セブ市内観光
所要：約6時間
予算：₱3000〜

■水上レストランツアー
　リゾートエリアのあるマクタン島から、バンカーボートで約30分。オランゴ島（**MAP** P.245-B2）沖に浮かぶ水上レストランを訪れ、海風を感じながら新鮮なシーフードをたっぷりいただく。さまざまな貝に魚にカニ……と、次々出される料理に大満足！もちろんこれだけでも十分に楽しいが、移動の途中でスノーケリングやフィッシングなどのアクティビティを組み合わせることも可能。小さな子供連れの家族や年配者でも気軽に楽しめる点が好評を得ている。

■カワサン滝トレッキングツアー
　セブ東南部にある自然の見どころ、世界の美しい滝100選にも選ばれているカワサン滝を訪問する。大自然の水辺をトレッキングし、エメラルドグリーンの滝つぼに到着。パワースポットを思いっきり遊んだあとは、おいしいランチをいただく。オスロブでのジンベエザメ・スノーケリングを含むツアーもある。

大自然に癒やされたい！

■カルカル文化体験ツアー
　セブ・シティから車で約1時間30分。カルカル（→P.263欄外）は、スペイン調の古い町並みが残る情緒ある町。歴史あるアレクサンドリア聖カトリーヌ教会や古い邸宅などを訪れ、セブ南部の人々の台所である市場へ。さらに郊外の村を訪れ、ココナッツワインの作り方を見学して試飲、バスケット作りなどを体験する。カルカルは町を散策するだけでも楽しいが、より深く文化に触れたいのであればツアーに参加するのもいい。

セブで2番目に古い教会

■セブ市内観光
　サント・ニーニョ教会やサン・ペドロ要塞、道教寺院などセブ・シティの見どころを短時間で満喫してしまおうというのがこのツアー。もちろん個人で回ることも可能だが、移動手段を考えるといろいろと煩わしいこともある。効率的に回れるうえ、さらにガイドの説明付きなので、より歴史・文化に関する知識も深まる。

マゼラン・クロスの天井に描かれている画

レストラン

Restaurants

レストランはラプラプ・シティやケソン・ナショナル・ハイウェイ沿いに点在。評判の高い店もあり、種類もバラエティも豊かに揃っている。また、リゾートホテル内のレストランが充実しているのもマクタン島の特徴。各リゾートがこだわりのおいしいレストランを営業しており、宿泊していなくても利用できる。

パローラ・シービュー・レストラン $
Parola Seaview Restaurant **MAP P.245-A2**

フィリピン料理

マクタン島コルドバ・エリアにある。新鮮なシーフードを使った料理や郷土料理が人気。窓からは海を望む絶景が広がり、美しい夕日を見ながら食事を楽しむことができる。屋外席もあり開放的な雰囲気が自慢。

🏠 Roro Port Cordova
☎ 0947-990-8561
🕐 11:00 ～ 21:00
休 なし
CC MV

フィリピン伝統のスイーツもある

ブラックビアード・シーフード・アイランド $$
Blackbeard's Seafood Island **MAP P.245-A1**

フィリピン料理

シーフードとブードルファイト（→P.107）（3 ～ 4人前で₱1300 ～）で有名。セブではほかにアヤラ・センター（→P.240）とSMシーサイド・シティ（→P.240）に入っているので便利。マニラにも支店がある。

🏠 GF, Island Central Mall, Mezzanine MEPZ1, Lapu-Lapu City
☎ (032) 262-0410
🕐 10:00 ～ 22:00
休 なし
CC AJMV

インテリアもおしゃれ

4J & Aストア $
4J & A Store **MAP P.246-2**

フィリピン料理

比較的、観光客でも入りやすく、値段もローカルプライスで文句なしのBBQ店。女主人のジュリエットさんがにこやかに迎えてくれる。牛、豚、鳥肉などの串焼きは種類によって1本₱15 ～ 85。

🏠 M.L. Quezon National Highway, Lapu-Lapu City
☎ 0936-776-1306
🕐 16:00 ～ 24:00
休 なし
CC 不可

庶民の味をお試しあれ

ステーキハウス・ハングアウト・マクタン店 $$
Steak House Hangout Mactan **MAP P.246-1**

ステーキ

USアンガスビーフの本格ステーキハウス。日本人オーナーなので味やサービスは日本クオリティで安心。可愛いカウガールたちが優しく接客してくれるのもうれしい。ワインも充実していて、欧米人にも人気が高い。

🏠 2F, Garden Walk, Mactan New Town, Lapu-Lapu City
☎ 0926-744-7199
🕐 11:00 ～ 22:00
休 なし
CC MV

ステーキを食べたくなったらここ

呑ん気 マクタン店 $$
Nonki Mactan **MAP P.245-A1**

日本料理

日本人監修の居酒屋。マクタン島では空港近くとJパーク内に店舗がある。ローカライズした日本食は現地の人に大人気。イチオシはクランチーロールとピリ辛刺身。日本では食べられない和食メニューをぜひ！

🏠 Mactan Tropics Center, Airport Road, Lapu-Lapu City
☎ 0917-308-2593
URL nonki.ph
🕐 11:00 ～ 14:00、17:00 ～ 22:00
休 なし CC AJMV
他 Jパーク店→MAP P.246-2

コースではいち押しメニューが一度に楽しめる

ジョーイズ・テーブル $$
Joey's Table
MAP P.245-B1
イタリア料理

マクタン島の1521ホテルの中にある知る人ぞ知るこぢんまりとしたイタリアンレストラン。パスタ、肉料理などはもちろん、デザート系も充実。Wi-Fiも完備されていてうれしい。静かに食事を楽しみたい方におすすめ。

🏠 3 ML Quezon National Hwy., Lapu-Lapu City
☎ (032) 262-4119
🔗 www.1521hotel.com.ph/dining
🕐 6:00 ～ 23:00
休 なし
💳 MV

カジュアルなイタリア料理店

ニモ・ブリュー・カフェ $
Nimo Brew Cafe
MAP P.246-1
カフェ

マクタン島の自然を感じられる人気のガーデン・テラス・カフェ。緑に囲まれた空間で、淹れたてのコーヒーを飲みながらほっとひと息。チーズケーキ（₱140）、クロワッサン、窯焼きピザもおすすめ。

🏠 Cebu Plant Company Compound, Casanta Soong, Lapu-Lapu City
☎ (032) 239 4126
🕐 10:00 ～ 21:00
休 なし
💳 不可

フィリピン産コーヒーを使用していて人気

スケープ・スカイデッキ $$
Scape Skydeck
MAP P.245-A1
インターナショナル料理

マクタン島とセブ・シティをつなぐ2本の橋を望むロマンティックな夜景が売り。メニューはピザ（₱350 ～）やスパゲティ（₱320 ～）など西洋料理が中心。盛りつけも洗練されている。食事後の一杯にもおすすめ。

🏠 Roof Deck, Azon Residences, M.L. Quezon National Hwy., Pusok, Lapu-Lapu City
☎ (032) 410-3331
🔗 www.scapeskydeck.com
🕐 11:00 ～ 14:00、17:00 ～ 24:00
休 なし 💳 AJMV

マクタン島では指折りのおしゃれスポット

アクア・カフェ $
Aqua Cafe
MAP P.245-B1
カフェ

プンタエンガニョ・エリアにある。2023年4月現在、ランチのみ営業中。定食メニュー以外にも、今後カフェメニューなども増える予定。2階には日本人にも人気のスパがあり、スパへのついでに食事が楽しめて便利。

🏠 168 Punta Engaño Rd, Lapu-Lapu City
☎ 0917-620-3977
🕐 10:00 ～ 22:00
休 なし
💳 MV

プレートランチや日本食などが₱350 ～

カフェ・スーム
Café Soom
MAP P.246-2
カフェ

マリバゴ・エリアにあるおしゃれなカフェ。内部は広々としていてトイレもきれいなので、セブのトイレ事情が心配な方にもおすすめ。デザートや軽食もおいしい。Wi-Fi完備。

🏠 Unit 1 M.L. Quezon National Hwy., Maribago, Lapu-Lapu City
☎ 0966-254-3595
🕐 7:00 ～ 23:00
休 なし
💳 不可

カルボナーラは₱380

カヤ・マクタン店 $$
Kaya Mactan
MAP P.245-A1
韓国料理

セブ・シティで人気の韓国焼肉店がマクタンにもオープン。店内や盛りつけに高級感があり、味も評判がよい。おいしい熟成肉が人気で、ひと皿₱420 ～。小皿がたくさんついてくるのでおなかいっぱいになる。

🏠 GF Unit RM1-12, City Time Squre Mactan, Basak Rd., Lapu-Lapu City
☎ 0961-991-6693
🕐 12:00 ～ 23:00
休 なし
💳 不可
🏠 マボロ店→ MAP P.230-B2

大人数で楽しみたい

セブのナイトエンターテインメント

人気観光地セブでは夜のエンターテインメントも充実している。なかでも人気なのがフィリピンならではともいえるニューハーフショー。タイなどと同じく、フィリピンにも多くのニューハーフがいるのだ。マクタン島でいくつかのショーが興行されているが、ここではいちばん人気のショーを紹介しよう。また、もうひとつの代表的エンタメとして知られるのが民族舞踊ショー。フィリ

ピンらしさに触れたいのなら、こちらがおすすめだ。マクタン島内にいくつかあるが、ここではおすすめの2軒をご紹介。夜はリゾートでゆっくりするのもいいが、せっかくフィリピンに来たのだから、夜までたっぷりフィリピンを感じるのもいいかもしれない。

シャングリ・ラの民族
舞踊ショー

大人気のニューハーフショー
アメージング・ショー

250人収容のカジュアルな劇場で、ダンス、ミュージカル、民族舞踊、日本歌謡、歌劇、仮面劇など、盛りだくさんのショーを楽しむことができる。とても男性とは思えない絶世のニューハーフ美女から、コミカルな演技が光るニューハーフコメディアンまで、バリエーション豊かなニューハーフが出演。笑いあり、感動ありの満足度の高い70分となっている。個人で手配するより、旅行会社を利用したほうがお得。

■**アメージング・ショー Amazing Show**
MAP P.246-1
住 Bagumbayan Ⅱ, Maribago
TEL (032) 236-4903, 0917-801-7189（携帯）
営 20:00 〜（約1時間）
休 日
料 ₱2500（1ドリンク付き）
CC 不可

ニューハーフとは思えない美貌をもつ女性たち

5つ星リゾートのエンタメを堪能
ブコ・バー（シャングリ・ラ マクタン）

おいしいビュッフェを楽しみながら民族舞踊を見たい人はシャングリ・ラのブコ・バーがおすすめ。5つ星ホテルだけあってショーのクオリティも高く、開放的なロケーションにあるので雰囲気も抜群。ビュッフェはさまざまなフィリピン料理が揃う。なかでも豚の丸焼きのレチョンやスタッフがその場で焼いてくれるBBQはぜひ試してほしい。自分で作れるハロハロなど、デザートも充実している。ビュッフェ（18:00 〜）＆伝統舞踊ショー（19:00 〜）は不定期で開催。

■**ブコ・バー Buko Bar**
MAP P.246-1 住 c/o Shangri-La's Mactan（→P.259）
TEL (032) 231-0288 営 10:00 〜 21:00
休 なし 料 ₱3000 CC ADJMV

コスパもGood！

ステージがあるフードコート
レッド・ココ・タウン

中央のステージを取り囲むようにフードコートがある。以前開催していた伝統舞踏ショーは休業中だが、不定期で食事をしながらのライブバンドの演奏が楽しめる。

■**レッド・ココ・タウン Red Coco Town**
MAP P.246-2
住 Agus, Maribago
営 11:00 〜 24:00
CC 不可

シーフードや韓国レストランなどがある。

ショップ

マクタン島のショッピングスポットは、ほとんどラプラプ・シティ中心部に集まっている。アイランド・セントラルをはじめ、買い物を楽しめる場所も増えてきている。リゾートエリアにも新たな商業施設が建ち、セブ・シティまで出なくても必要なのものはたいてい揃う。コロナ禍で店舗の入れ替わりはあったが、活気は戻ってきた。

マリーナ・モール
Marina Mall

MAP P.245-A1
ショッピングセンター

レストラン棟の隣に別棟があり、小さなショップがずらりと並ぶ。ブティックから、CD、靴、バッグ、生活雑貨などさまざまな店が並び、屋台のような雰囲気。庶民向けの店が中心で、どこもリーズナブル。

🏠 MEPZ, M.L. Quezon Highway, Lapu-Lapu City
🕐 8:00 〜 21:00
※店舗によって異なる
🚫 なし
💳 店舗によって異なる

おいしいレストランが揃っている

アイランド・セントラル
Island Central

MAP P.245-A1
ショッピングセンター

2017年、マリーナ・モールの向かいにオープンしたショッピングセンター。ショップは少なめだが、レストランやカフェが充実しているので食事には便利。ロビンソン・スーパーマーケットも入っている。

🏠 MEPZ, M.L. Quezon Highway, Lapu-Lapu City
📞 (032) 888-6194
🕐 9:00 〜 21:00
※店舗によって異なる
🚫 なし
💳 店舗によって異なる

スーパーではバラマキみやげが買える

ガイサノ・マクタン
Gaisano Mactan

MAP P.245-A1
ショッピングセンター

ローカルな雰囲気が漂うが、衣料品、みやげ物、食料品、雑貨など何でも揃う。値段も手頃なものが多い。地下にはフィリピン料理のファストフード店が軒を連ねているほか、スーパーマーケットもある。

🏠 M.L. Quezon Highway, Lapu-Lapu City
📞 0933-861-5020
🌐 gaisanocapital.com
🕐 9:00 〜 20:00
※店舗によって異なる
🚫 なし　💳 店舗によって異なる

昔ながらのショッピングセンター

マクタン・シュライン・スーベニア・ショップ
Mactan Shrine Souvenir Shop

MAP P.246-1
おみやげ

マゼラン記念碑とラプラプ像がある敷地内に並ぶみやげ物店。セブ島の民芸品やキーホルダー、アクセサリーなど、ほかの店よりも比較的安く買うことができる。

🏠 Punta Engaño Rd., Lapu-Lapu City
🕐🚫 店舗により異なる
💳 不可

ずらりと並ぶ店舗にさまざまな商品が

ザ・アウトレット
The Outlets

MAP P.245-A1
アウトレット

工場の集まるエリアにある、アウトレットコンプレックス。プーマやアディダス、ナイキ、ティンバーランドなどのスポーツ、アウトドア用品店が集まり、なかなかお得に買い物できる。レストランの集まるエリアもある。

🏠 Pueblo Verde MEZ II, Lapu-Lapu City
🕐 11:00 〜 21:00
🚫 なし
💳 店舗による

チョビチョビ（→P.237）もある

スパ&マッサージ

マクタン島はリゾートエリアだけあって、スパがたくさん。ゴージャスなホテルスパから、格安のマッサージにいたるまで、島のあちこちに点在している。ホテルスパは行きにくいという人には、高級感がありつつもリーズナブルなデイスパがおすすめ。リゾート感満点のトロピカルガーデンに立つヴィラで心ゆくまでリラックスできる。

CHIスパ $$$
CHI Spa
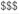MAP P.246-1
ホテルスパ

「気」を取り入れることで自然治癒力が増し、心身ともに健康でいられるという中国古来の考えを基本に、独自のメニューが各種揃う。フィリピン伝統のヒロット・マッサージもあって₱6900〜(1時間30分)。

- 🏠 c/o Shangri-La's Mactan Resort & Spa
- 📞 (032) 231-0288
- 🌐 www.shangri-la.com
- 🕐 9:00 〜 21:00
- 🚫 なし
- 💳 ADJMV
- ※要予約

広大な敷地に贅を尽くした施設が揃う

モガンボ・スプリングス $$$
Mogambo Springs
MAP P.246-3
ホテルスパ

オリエンタルな雰囲気たっぷりのスパ。デスティネーション・スパとしても十分な規模で、滞在しながら各種トリートメントやマッサージを満喫できるスパパッケージも揃っている。ヒロットは₱4500(1時間30分)。

- 🏠 c/o Plantation Bay Resort and Spa, Marigondon
- 📞 (032) 505-9800
- 🌐 plantationbay.com
- 🕐 10:00 〜 22:00
- 🚫 なし
- 💳 ADJMV ※要予約

野趣あふれるトリートメントルーム

アムマ・スパ $$$
Amuma Spa
MAP P.246-2
ホテルスパ

サロンも併設するブルーウオーター・マリバゴ・ビーチ・リゾート(→P.259)内のスパ。水が流れる通路の脇にトリートメントを受けられる個室が並んでいて、とても落ち着いた雰囲気。ヒロットを中心に各種メニューが揃う。

- 🏠 c/o Bluewater Maribago Beach Resort, Maribago, Lapu-Lapu City
- 📞 (032) 263-4410
- 🌐 www.bluewatermaribago.com.ph
- 🕐 月〜木 10:00 〜 21:00
  金〜日 10:00 〜 22:00
- 🚫 なし 💳 MV

スパスイートに宿泊するのもおすすめ

ノア・ストーン&スパ・リゾート $$
Noah Stone & Spa Resort
MAP P.245-A1
デイスパ

ストーンマッサージが人気。リゾートのような緑あふれる静かな空間にカップル用の独立型ヴィラが20棟並んでいる。メニューは3種類あり、AコースはストーンマッサージUS$50(1時間40分)。

- 🏠 Abuno St., Pajac, Lapu-Lapu City
- 📞 0917-620-8440
- 🕐 10:30 〜 22:30
- 🚫 なし
- 💳 AJMV
- ※マクタン島内は送迎無料。要予約

キャビンはプライベート感たっぷり

アルニカ・スパ $$
Arnika Spa
MAP P.246-2
デイスパ

花々で彩られた敷地内に、各々2名でゆったり利用できる7棟のスパヴィラが立つ。それぞれ専用のジャクージとシャワーが付いたプライベート空間が人気。ヒロットマッサージは₱1800(1時間10分)。

- 🏠 Datag, Maribago, Lapu-Lapu City
- 📞 0917-320-0409
- 🕐 9:00 〜 23:00
- 🚫 なし
- 💳 AJMV
- ※マクタン島内は送迎無料。要予約

デイスパでは指折りの人気を誇る

フア・スパ＆ヴィラ $$
Hua Spa & Villas
MAP P.246-1

デイスパ

　噴水のある緑豊かなガーデンに10棟のヴィラ・タイプのトリートメントルームが配され、癒やしのアロマで迎えてくれる。おすすめは、セルライト除去効果のあるバンブー・マッサージ（1時間US$50）。元マリガヤスパ。

🏠 Soong, Maribago, Lapu-Lapu City
☎ 0915-392-0234
🕐 9:00 ～ 23:00
🚫 なし
💳 不可

キャビンは広々とスペースをとってある

エル・スパ $$
El Spa
MAP P.245-A1

デイスパ

　マクタン・セブ国際空港から車で5分弱。韓国のスペシャル・フェイシャル・ケアをリーズナブルな価格で受けられる。ヒマラヤ岩塩ストーン・マッサージ（90分₱2500）など。同じ施設に飲食店があり待ち時間に利用できる。

🏠 Airport Rd, Lapu-Lapu City
☎ 0968-447-7979
🕐 9:00 ～翌3:00
🚫 なし
💳 JMV

建物内には韓国料理店、カフェがある

ヌーボー・スパ $$
Nouveau Spa
MAP P.245-A2

ホテル・スパ

　コルドバ・エリアのリゾートホテル、ソレア・ホテル＆リゾーツ（→P.261）内のスパ。マッサージはもちろんおすすめだが、宿泊者でなくてもスパを利用すると専用プールを無料で利用できてお得感あり。

🏠 Solea Hotel & Resort, Wahing St., Alegria, Cordova
☎ (032) 239-4126、0998-586-3653
🕐 10:00 ～ 23:00
🚫 なし
💳 MV

プール後はシャワーやタオルも利用可

ベル・スパ $$
Vel Spa
MAP P.245-B1

デイスパ

　日本人経営ならではの細かい気配りが魅力。シンプルで清潔感あふれるおしゃれな内装。1階にはアクア・カフェ（→P.252）が併設されていて、セットで利用できて利便性もいい。マクタン島内無料送迎あり。

🏠 168 Punta Engaño Rd., Lapu-Lapu City
☎ (032) 493-4317
🌐 velspa.com.ph/
🕐 10:00~22:00
🚫 なし
💳 MV

リゾートエリアに滞在中の方におすすめ

ヌアッタイ・マクタン店 $
Nuat Thai Mactan
MAP P.245-A1

マッサージ

　タイ式リラクゼーション・スパで、セブ島内に複数の店舗を展開している。アロマオイルやホットストーン、フットマッサージなど多彩なコースがある。手頃な料金設定で観光やビジネスの疲れを気軽に癒やすのにおすすめ。

🏠 2nd Floor Acepenzionne, M.L. Quezon National Hwy., Lapu-Lapu City
☎ 0995-069-6364
🕐 10:00 ～ 24:00
🚫 なし
💳 不可

ビジネスホテルの2階にある

シェム・マジック・スパ $
Shem Magic Spa
MAP P.246-1

マッサージ

　マリバゴ・エリアの格安ホステルと同じビル内にある。マッサージは₱700 ～。ホステルは24時間営業で、12時間₱799 ～とリーズナブルな価格で利用できる。深夜や早朝便での帰国時に便利。

🏠 Soong Maribago, Lapu-Lapu City
☎ 0995-028-5528、(032) 425-1082
🕐 10:00 ～ 23:00
🚫 なし
💳 不可

人気のアメージング・ショーの向かい

ダイビングサービス　Diving

日本からの直行便が飛んでいるということもあり、マクタン島は日本人ダイバーたちの間で最も人気が高い。島の東岸のビーチ沿いにズラリと並んだリゾートから、毎日ダイバーを乗せたバンカーボートが海に繰り出している。ダイビングのポイントはそれぞれのリゾート沖にあるが、ほかのリゾートのダイバーでも自由に潜ることができる。

スコッティーズ・ダイブ・センター
Scotty's Dive Centre　MAP P.246-1

シャングリ・ラ マクタン リゾート＆スパ セブ（→P.259）内に本店を構える。目の前のビーチ、ハウスリーフは海洋保護区に指定されており、すばらしい海の世界が広がっている。多数の日本人スタッフが常勤。

🏠 c/o Shangri-La's Mactan Resort & Spa
📞 (032) 231-0288 内線68840/68846、0917 631 2960（携帯）
🌐 jp.divescotty.com
💰 体験ダイビング＋バナナボート＋パラセイリング＋お弁当付パッケージ₱9880、1ボートダイブ₱3800、2ボートダイブ₱5800、全器材レンタル1日₱1800　CC ADJMV

20年以上の運営実績をもつ老舗

ブルー・コーラル・ダイビング・ショップ
Blue Coral Diving Shop　MAP P.246-2

豊富な経験と知識をもつベテランインストラクター、ヒロ（下釜）さんのショップ。日本の専門誌やテレビの取材では何かと頼りにされている存在だ。セブ島南部やボホール島にもショップを展開している。

🏠 c/o White Sands Resort, Maribago, Lapu-Lapu City
📞 032-263-2294
🌐 www.bluecoral.jp
💰 体験ダイビング₱5000 ～、2ボートダイビング₱4,000 ～、ライセンス取得（オープンウォーター）₱27,000（講習、申請費、教材費、レンタル器材費込み）　CC ADJMV

日本人スタッフも常駐

オール・ブルー
all blue　MAP P.246-1

マクタン島リゾートエリアの日系ダイビング＆マリンスポーツショップ。日本人インストラクターが常駐。ダイビングやアイランド・ホッピングなど、全ツアーに日本人スタッフ同行で安心してツアーに参加できる。

🏠 Mactan Vistamar resort club house 内
📞 0926-744-7199
🌐 all-blue-cebu.com/
💰 2ダイブ₱3500 ～、体験ダイビング₱3500 ～、離島2ダイブ₱4500 ～
CC MV

WEBから公式ラインに登録できる

エメラルドグリーン・ダイビングセンター
Emerald Green Diving Center　MAP P.246-2

ダイビングのコースディレクターの資格をもち、セブ在住25年以上の竹谷さんによるサービス。何年も通い続けるリピーターも多い。モアルボアル、ボホール島などセブ周辺に支店があり、日本人スタッフも常駐。

🏠 c/o BlueWater Maribago Resort
📞 0917-321-6349（携帯）
🌐 www.emeraldgreen.info
💰 体験ダイビング₱4000 ～、2ボートダイブ₱3750 ～、ライセンス取得（オープンウォーター）₱2万1500/2日間～（器材費、テキスト代、申請料込み）　※すべて2名以上の料金　CC ADJMV

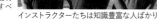
インストラクターたちは知識豊富な人ばかり

MEMO　老舗が多いセブのダイブショップ

日本から近いこともあり、セブには老舗ダイブショップがいくつも営業している。そのようなダイブショップには、セブ在住数十年という経験豊富なインストラクターもいて頼もしいかぎり。ダイビング以外でも、おいしいレストランやおすすめのショップなど、現地のさまざまな事情に詳しい方も多く、いろいろと聞いてみるのもいいだろう。本書掲載のダイブショップはそのような老舗ばかり。ブログやホームページを閲覧して自分に合ったショップを選ぼう。

アクティビティ Activity

ダイビングのほかにもアイランドホッピングやボホール島へのツアーなど、さまざまな
アクティビティが楽しめるセブ。マクタン島では日本人常駐のツアー会社がいくつか
営業しているので、安心して申し込むことができる。ツアーのほうが便利なことも多い
ので一度立ち寄ってみるのもいいだろう。

セブ・アイランド
Seven Island　　　　　　　　　　　　MAP P.246-1

　日本人スタッフ常駐のアクテ
ビティ会社。ツアー終了後に運
転手付きの車を22:00まで自
由に使うことのできる「貸切ま
るごとパック」がおすすめ。セ
ブ島とボホール島を最高の思い
出にする手伝いをしてくれる。

住 5F, Leekim Bldg, Ibapo Brgy, Mactan,
Lapu-Lapu City
TEL 050-3702-1880（日本人直通）URL 7island-express.com 営 8:00 〜
17:00 休 なし 料 アイランドツアー ₱
5000〜、ボホール島日帰り観光 ₱6000〜
CC AJVM（オンラインでの申し込みで使
用可）

日本人スタッフのいる現地ツアー会社

スコッティーズ・アクション・スポーツ・ネットワーク
Scotty's Action Sports Network　　　　MAP P.246-1

　シャングリ・ラ（→P.259）内
やデュシタニ（→P.260）内など
にあるマリンスポーツセン
ター。各種マリンアクティビ
ティの他、アイランドツアーや
フィッシングも楽しめる。

住 c/o Shangri-La's Mactan Resort &
Spa Cebu
TEL 0917-631-2960（日本人直通、7:30〜
22:00）、(032) 231-5060（7:00〜19:30）
URL jp.divescotty.com 料 2島巡るナル
スアン島とパンダノン島ツアー ₱5500
ペソ（税金、ランチ代別）CC ADJMV
※送迎無料（マクタン島内のみ）

日本人スタッフが常駐

アクアマリン・オーシャン・ツアーズ
Aquamarine Ocean Tours　　　　　　　MAP P.246-2

　バナナボート、水上オートバ
イ、ペダルボートなどのほか、
スノーケリングセットのレンタ
ル、ランチやドリンク付きの
サービスなどいろいろなツ
アーが用意されている。お得な
パッケージも各種揃っている。

住 Hadsan Beach Park, Agus Lapu-Lapu City,
Cebu　TEL 0917-814-6988（日本語可）
URL www.aquamarineoceantours.com
料 シーウオーカー ₱2500（25分）、パラ
セーリング ₱3000（15分）、バナナボー
ト ₱1000（15分）　※日本人スタッフ常
駐、送迎無料（マクタン島内のみ）
CC AJMV

水が怖い人でも楽しめるシーウオーカー

> **ちょっと
> ひと息コラム**
>
> ## セブ島観光情報サイト「セブトリップ」
>
> 　可愛いマスコットキャラクター"チンパ"が編
> 集長を務める、セブ島観光情報サイトが「セブト
> リップCebutrip」。セブ島の観光スポット、ホテ
> ル、レストラン、アクティビティなどはもちろん、
> セブ島旅行のおすすめプランや現地での交通手
> 段、安全対策、移住者向けのローカル情報まで、
> あらゆる情報をきめ細かく発信するメディアで
> ある。取材や記事の執筆は、セブ島に精通した
> 現地スタッフたちが行っている。
> 　運営しているのは、セブ島移住歴約12年の日
> 本人。震災を機にセブ島へ移住して「セブトリッ
>
> プ」を始めた。「セブトリップ」では、サイト運営
> 以外にも、グラフィックデザイン、現地取材、撮
> 影、コーディネート、マーケティングなどの業務
> も行っている。
> 　移住先としてますます人気が
> 高まっているセブ島。移住者に
> も旅行者にも絶大なる信用を得
> ている「セブトリップ」で現地密
> 着情報を得てから旅に出よう。
> ■セブトリップ Cebutrip
> URL cebutrip.net

ホテル Hotels

アイランドリゾートというと高級な印象を受けるが、安いゲストハウスもわずかながらある。リゾートは基本的に予約が必要だが、それでも泊まりたいという場合は、空港のインフォメーションカウンターで紹介してもらい、まずは電話を入れてみるといいだろう。ゲストハウスを望むなら、直接行って値段などを交渉するといい。

シャングリ・ラ マクタン リゾート＆スパ セブ $$$

Shangri-La's Mactan Resort & Spa, Cebu [MAP] P.246-1

セブエリアー流クラスのリゾート。趣の異なる8つのレストランやバー、ミニゴルフコースなど、設備の充実度を誇る。評判の「CHIスパ（→P.255）」はアジア最大級の規模。チョコレートガーデンツアーは1名₱974。

[住] Punta Engaño Rd., Lapu-Lapu City
[TEL] (032) 231-0288
[URL] www.shangri-la.com
[予約・問合せ] シャングリ・ラ ホテルズ&リゾーツ（日本）
[Free] 0120-944-162
[料] US$413.42
[室数] 530 [CC] ADJMV

広大な敷地には緑があふれる

シェラトン・セブ・マクタン・リゾート $$$

Sheraton Cebu Mactan Resort [MAP] P.245-B1

白い砂浜に面したすばらしいロケーションが魅力的。客室は快適な空間で、オーシャンビューの部屋もある。プールやフィットネスセンター、スパ、キッズルームなどがあり、家族旅行やビーチリゾートを楽しみたい方におすすめ。

[住] Punta Engaño Road, Lapu-Lapu City
[TEL] (032) 520-5500
[URL] www.marriott.com/en-us/hotels/cebsi-sheraton-cebu-mactan-resort/overview/
[料] ₱1万1172～
[室数] 261 [CC] MV

洞窟をイメージしたレストランバーがある

プランテーション・ベイ・リゾート＆スパ $$$

Plantation Bay Resort & Spa [MAP] P.246-3

周囲を白砂で敷き詰めた巨大な人工ラグーンがあり、ラグーン内にはウオータースライダー付きの海水プール、真水プール、レストラン、バーなどがある。プライベート空間が楽しめるクウァンタムヴィラも人気。

[住] Marigondon, Lapu-Lapu City
[TEL] (032) 236-9040
[URL] plantationbay.com
[料] [S][D]US$160～
[室数] 255
[CC] ADJMV

ラグーンを囲むように客室棟が立つ

Jパーク・アイランドリゾート＆ウオーターパーク・セブ $$$

Jpark Island Resort & Waterpark Cebu [MAP] P.246-2

このリゾートの特徴は、1日中遊んでいても飽きないほどのアクティビティ施設。テーマパークさながらの規模で、スリル満点の本格的なスライダーまで完備している。目の前がビーチというのもうれしい。

[住] M.L.Quezon Hwy., Maribago, Lapu-Lapu City
[TEL] (032) 494-5000
[URL] www.jparkislandresort.com
[料] [S][D]₱1万5925～
[室数] 820
[CC] MV

マクタン島有数の巨大リゾート

ブルーウオーター・マリバゴ・ビーチ・リゾート $$$

Bluewater Maribago Beach Resort [MAP] P.246-2

元気に跳ねているイルカのマークがかわいいリゾート。すぐ前には、マリンスポーツや日光浴に最適な小島も所有している。客室は、ホテルタイプからバンガロータイプ、スイートまで4タイプ。

[住] Buyong Rd., Maribago, Lapu-Lapu City
[TEL] (032) 263-4410
[URL] www.bluewatermaribago.com.ph
[料] ₱4500～
[室数] 190
[CC] ADJMV

水上オートバイで小島に行くこともできる

冷房 ファン トイレ 水シャワー 温水シャワー バスタブ テレビ ミニバー 冷蔵庫 ネットフリー 朝食 日本人スタッフ
※[共]と記してある場合は共同となります。

デュシタニ・マクタン・セブ・リゾート $$$
Dusit Thani Mactan Cebu Resort
MAP P.245-B1

2019年にオープンしたタイ発の名門リゾート。マクタン島では初めて西向きに立つリゾートで、ロマンティックなサンセットが自慢。100mのインフィニティプールも特徴的だ。

🏠 Punta Engaño Road, Lapu-Lapu City
TEL (032) 888-1388
URL www.dusit.com
料 ₱8976 〜
室数 272　CC AJMV

周辺の開発も進んでいる

ザ・リーフ・アイランド・リゾート $$$
The Reef Island Resort
MAP P.246-1

開放的で高級感あるリゾートホテル。アジアンテイストの料理がおいしい。スタッフのサービスも問題なし。ロビーからインフィニティプールは直結していて、晴れていたらかなりきれいな眺望。シャワーの水圧にも満足。

🏠 Dapdap, Lapu-Lapu City
TEL 032-253-7333
URL www.thereef.ph
料 ₱1万2000 〜
室数 175
CC JMV

ロビー直結のインフィニティプール

クリムゾン・リゾート&スパ・マクタン $$$
Crimson Resort & Spa Mactan
MAP P.246-1

プライベートビーチのある豪華リゾート。緑豊かな敷地に、バリ風のヴィラが点在する。客室は6タイプでいちばん小さなデラックスでも36㎡の広さ。レストランふたつにバー、スパなどの施設がある。キッズ用施設あり。

🏠 Seascapes Resort Town, Lapu-Lapu City
TEL (032) 401-9999
URL crimsonhotel.com
料 ₱1万2000 〜
室数 250
CC AJMV

ビーチは小さいがプールは大きい

セブ・ホワイト・サンズ・リゾート&スパ $$$
Cebu White Sands Resort & Spa
MAP P.246-2

ホテルの目の前には全長約500mのプライベートビーチがある。部屋の種類も豊富。あたたかみのある内装はくつろげる。本格的スパは贅沢な空間を満喫できる。日本人経営のダイブサービス「ブルー・コーラル(→P.257)」がある。

🏠 Looc, Maribago, Lapu-Lapu City
TEL 0919-083-0308
URL whitesands.com.ph
料 ₱4590 〜
室数 86
CC AMV

緑あふれるトロピカルガーデン

キューブ・ナイン・リゾート&スパ $$
Cube Nine Resort and Spa
MAP P.246-2

プライバシーを重視した一棟貸しタイプのリゾートホテル。プライベートプール付きの客室など、目的や人数に応じた部屋が用意されており、静かな隠れ家的なリゾート気分を楽しめる。

🏠 Hadsan Cove, Lapu-Lapu City
TEL 0915-267-5846
URL cube9resortnspa.com
料 Ⓒ$ 120 〜
室数 18
CC AJMV

テラスから直接プールにアクセスできる

コスタベリャ・トロピカル・ビーチ・ホテル $$
Costabella Tropical Beach Hotel
MAP P.246-1

トロピカルムードいっぱいのリゾートホテル。中級の部類に入るが、リゾート感は満点だ。周囲にヤシの木が生い茂る緑豊かなコテージタイプもあるが、プールサイドに立つ3階建てホテルタイプの客室棟が清潔で人気がある。

🏠 Buyong Rd., Lapu-Lapu City
TEL (032) 238-2700
URL www.costabellaresort.com
料 ₱3595 〜
室数 156
CC AJMV

スタイリッシュな客室

冷房　ファン　トイレ　シャワー　温水シャワー　バスタブ　TV テレビ　ミニバー　冷蔵庫　ネットフリー　朝食　日本人スタッフ
※料と記してある場合は共同となります。

パシフィック・セブ・リゾート
Pacific Cebu Resort
$$

MAP P.246-3

ダイビング目的のパッケージツアー客が70％を占める。日本人インストラクターが常駐しており、ボートも多く所有。海に突き出た長い桟橋からは、直接マクタン島沖のドロップオフにエントリーできる。

🏠 Suba-Basbas, Lapu-Lapu City
☎ (032) 495-6008
💴 ₱4000 〜
🛏 134
💳 AJMV

白で統一された清潔感のある客室

ビー・リゾート・マクタン
Be Resorts Mactan
$$

MAP P.245-B1

ブティックタイプのリゾートホテル。白を基調にしたパステルカラーでまとめられていて、館内全体に明るい雰囲気が漂っている。どこにいても海を感じられるのがうれしい。2019年に改装が終了し、より快適になっている。

🏠 Punta Engaño Rd., Lapu-Lapu City
☎ 0966-255-4553
🌐 beresortmactan.com
💴 ₱5300 〜
🛏 163
💳 ADJMV

目の前には海が広がる

マリバゴ・シービュー・ペンション＆スパ
Maribago Seaview Pension & Spa
$$

MAP P.246-2

ケソン・ハイウェイ沿いでは数少ないリーズナブルな宿。格安でマッサージを提供しており、団体客を受け入れている。客室に若干不備は見られるが、周辺に安宿が少ないので重宝する。

🏠 M.L. Quezon Hwy., Maribago, Lapu-Lapu City
☎ 0917-549-6043、(032) 495-0497
💴 SDP2000 〜 2200
🛏 14
💳 AJMV

立地がよいので人気がある

アオゾラ・シーサイド・マクタン
Aozora Seaside Mactan
$$

MAP P.245-B1

マクタン島では数少ない日本人経営の宿。部屋は快適で、スタッフも親切。レストランの食事もおいしいと評判だ。ダイブセンターも併設しており、ダイビングのほか、各種人気ツアーにも参加可能。

🏠 Buot, Punta Engaño Rd., Lapu-Lapu City
☎ 0998-277-8364 (携帯)
🌐 www.cebu-nikka.jp
💴 ₱2415 〜
🛏 13
💳 MV

日本人スタッフも常駐

リトル・ノルウェー・ゲストハウス
Little Norway Guest House
$

MAP P.245-A1

親切なノルウェー人オーナーが経営する宿。かわいらしいインテリアの客室はきれいでとても快適。ミニバーやコンセントなど、細やかな心遣いが感じられる。セキュリティも万全で女性でも安心して泊まれる。

🏠 3359 Greenfield Village, Sangi New Rd., Pajo, Lapu-Lapu City
☎ 0921-511-0336
🌐 littlenorwayguesthouse.com
💴 ₱995 〜
🛏 6
💳 MV

キッチン付きの客室

ソレア・ホテル＆リゾーツ
Solea Hotels & Resorts
$$

MAP P.245-A2

広々とした客室や開放的なプールエリア、アジアンテイストの料理が楽しめるメインレストラン、スパやフィットネス施設などを備えている。子供向けアクティビティやウオーターパークもありファミリーでも楽しめる。

🏠 Wahing St., Alegria, Cordova
☎ (032) 517-8889
🌐 www.soleahotels.com
💴 ₱4888 〜
🛏 555
💳 JMV

広い敷地にホテルが3棟建つ

セブ本島南部に位置するリゾートエリア

モアルボアル

Moalboal

MAP 折込表-C3

モアルボアルの
市外局番 ☎032

ACCESS

🚌 セブ・シティの南バスターミナル（→ **MAP** P.231-A2）から、セレスライナー社のバリリ Barili 経由バト Bato 行きなどが24時間、約20分ごとに運行。所要約3時間、₱230 〜 250。タクシーだとセブ・シティから₱3000 〜 4000。

おすすめレストラン
🍴ラスト・フィリング・ステーション
Last Filling Station
　誰もがおすすめする人気店。メニューはインターナショナルで、何を食べてもおいしいし、スタッフも親切。
MAP P.263-2
TEL (032) 402-0917
営 7:00 〜 22:00　**休** なし
CC 不可

🍴ランタウ・レストラン
Lantaw Restaurant
　ダイブショップのネプチューンの2階にある。メニューはフィリピン、中国、インドなどさまざま。キニラウがおすすめ。
MAP P.263-2
TEL (032) 474-0051
営 7:00 〜 22:00　**休** なし
CC 不可

モアルボアルで出会った子供たち

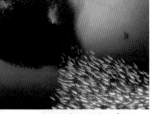

モアルボアルはサーディンランが見られることで有名

鮮やかなブルーを帯びた素朴な海が広がる

　南北に細長いセブ島の、中央から少し南に下った西岸にあるのがモアルボアル。セブ本島西岸唯一のリゾートエリアだ。沖合に絶好のダイビングスポットとなっている**ペスカドール島 Pescador Is.**（→P.264）があることで、ダイバーたちがやってくるようになった。今ではこぢんまりとしたビーチ沿いにダイビングサービスやゲストハウスが軒を連ねるダイビングリゾートになっている。ダイバーのほとんどは欧米人で、長期間滞在してはダイビングを楽しんでいるが、年々日本人ダイバーも増加。セブ・シティからバスや車で所要2 〜 3時間の場所にあるので、手頃なリゾート地といえる。

モアルボアルの歩き方　GETTING AROUND

　セブ・シティからバスで来た場合、バスは市場横のバスターミナル（→ **MAP** P.263-1）に着く。市場の向かいには教会があり、トライシクル乗り場はバスターミナルのすぐ向かい側にある。ここからリゾートエリアの**パナグサマ・ビーチ Panagsama Beach**までは3kmほど。トライシクルで所要約20分の距離だ。貸し切りで利用すると₱70 〜 150程度は要求されるが、バイクタクシー（ハバルハバル）を利用すれば、₱50前後で行ける。ただし、交渉はしっかりとしよう。

　海岸に向かって一本道を進んでいき、左側に教会が見えるとすぐにビーチに着く。正面にダイビングサービスのシー・クエスト Sea Quest があり、左へ行くとこのエリアのメインストリートへ出る。ホテル、ダイビングサービス、レストラン、みやげ物店、銀行ATMなど、旅行者に必要なすべてがこの道沿いに集中している。

モアルボアルの見どころ　ATTRACTION

　ビーチで海水浴を楽しんだり、ダイビングに出かけたりする以外に、町自体に特に見どころはない。パナグサマ・ビーチでのんびり過ごすのもいいが、よりきれいな砂浜でゆったりしたければ、すぐ北側にある**ホワイト・ビーチWhite Beach**（→ MAP P.263-1外）へ行くといいだろう。パウダーサンドの極上の砂浜が広がっていて、ビーチ沿いにはレストランなどの飲食店もある。

　モアルボアルの南にはバディアンの町があり、沖合には**バディアン島Badian Is.**（→ MAP P.228-A2）が浮かんでいる。島へ渡るにはボートをチャーターしなくてはならないが、ここのビーチも快適だ。

　バディアンの南には水のきれいな**カワサン滝Kawasan Waterfalls**（→ MAP P.228-A2）があり、広い滝つぼで泳ぐこともできるので、水着を着用していくといい。周囲にはレストランや東屋もあり、日帰りの観光地として人気の場所。周囲には小さな滝がいくつかあり、気軽にトレッキングを楽しむことができる。個人で行くのは面倒だが、いくつかのダイビングサービスや旅行会社が周辺ツアー（→P.250）を組んでいるので、それらに参加するのもいいだろう。

カワサン滝へはツアーに
参加すると便利

周辺ツアーに参加する

　モアルボアル周辺を散策するには、ツアーに参加するのが便利。ダイビングサービスや旅行会社などが、滝などを巡るツアーを催行している。

●**プラネット・アクション・アドベンチャー**
Planet Action Adventure
MAP P.263-2
住 Panagsama Beach
TEL (032) 402-0917
URL www.action-philippines.com

スペイン風の古い町並みが残るカルカルへ

　セブ・シティから南西へ約40km、車で約1時間30分の場所に、スペイン風の古い町並みが美しく残るカルカルCarcar（→ MAP P.228-A2）という町がある。見どころは、1870年代に建てられたアレクサンドリア聖カトリーヌ教会St. Catherine of Alexandriaや1859年建造のアーナ・ロマーニャ・オスメニャ・バレンシアAna Romaña Osmeña Valenciaの邸宅など。町なかを歩いているだけで、さまざまな伝統的家屋を目にすることができる。

　また、この町ではヤシの葉を材料にしたバスケット作りが盛んに行われている。米を揚げたアンバオという菓子や豚の皮を揚げたチチャロンも有名だ。モアルボアルへ行く途中に、立ち寄ってみるといいだろう。

　カルカルへは、セブ・シティの南バスターミナル（MAP P.231-A2）からモアルボアル行きなど南西方面に向かうバスに乗り、途中下車。所要約1時間30分、₱100～130。

モアルボアルの地図

↑ホワイト・ビーチP.263、
Ⓗクラブ・セレナ・リゾートP.265、
Ⓓラベナラ・ビーチ・バンガロP.265へ

↑セブ・シティへ

チキ・チキ・ダイバーズ Ⓓ P.266

Veranda Ⓡ

シークエスト
Sea Quest Ⓓ

Sumisid Lodge Ⓗ

カバナ・ビーチ Ⓗ
クラブ・リゾート P.265

Emerald Green Diving Center Moalboal

トライシクル乗り場　バスターミナル

●インターネット

Ⓗ Ⓡ Eve's Kiosk Restaurant & Lodge

市場 Market

Ⓓ Nelson's Scuba

Ⓗ Sole é Mare Beach Resort

Ⓗ Marina Village
サベドラ・ダイブ・センター P.266

Chili Bar ⚲

Little Corner Ⓡ

Ⓡ ランタウ・レストラン(2F) P.262

ネプチューン

P.266
Ⓓ M & L ダイバータウン

ラスト・フィーリング・ステーション P.262

Ⓗ Pacita Beach Resort

プラネット・アクション・アドベンチャー P.263
（周辺ツアー、貸自転車など）

Ⓓ Ⓗ Marcosa's Cottage

Ⓗ クオ・バディス・ダイブ・リゾート P.265

The Blue
Abyss Dive
Shop

Love's Beach & Dive

ペスカドール島へ

パナグサマ・ビーチ Panagsama Beach

タートル・ベイ・ダイブ・リゾートP.266、バディアン島へ

モアルボアル

0　400m

アレクサンドリア聖カトリーヌ
教会

263

ダイバーに話題のオスロブ

セブ島南部のオスロブ（→ P.228-A2）では、周辺の海域にジンベエザメが出現するようになり、多いときには15匹もの群れを見ることも。ほぼ1年中、高い確率で遭遇できる。モアルボアルをはじめ、サンタンダーなどからジンベエザメウオッチングツアーが催行されていて、スノーケリングでの参加も可能。詳細は→P.267コラム。

■アルガオ

セブ・シティの南バスターミナル（→ P.231-A2）から、2:30～24:00に数本出ている。所要約2時間、₱120～150。バスはアルガオの町の中心に到着する。ここからビーチエリアまでは、トライシクルを利用。所要約5分、₱10～20が目安。

■セント・ミゲル大天使教会

アルガオの町の中心から徒歩約10分。
開 早朝から日没　休 なし

モアルボアル郊外の見どころ　　ATTRACTION

モアルボアルからさらに南へ約70km行ったセブ島南端の**サンタンダー Santander（リロアン Liloan）**（→ P.228-A2）周辺は、**スミロン島 Smilon Is.**、**アポ島 Apo Is.**（→P.316）、**シキホール島 Siquijor Is.**（→P.320）といったダイバー憧れのスポットへのアクセスがしやすく、穴場的存在のエリアとなっている。リゾートもあり、ダイビングサービスも完備しているので、静かな環境でゆったりとダイビングやスノーケリングを楽しみたい人にはぴったりの場所だろう。

また、モアルボアルの約25km東には海辺に面した**アルガオ Argao**（→ P.228-A2）の町がある。モアルボアルに比べて旅行者も少なく、ひっそりとした雰囲気が漂っている。ビーチ沿いに素朴なリゾートホテルが数軒あるので、喧騒を逃れてゆったりとしたリゾートライフを過ごしたい人にはおすすめだ。町なかには、18世紀に建てられた立派なたたずまいの**セント・ミゲル大天使教会 St. Miguel Archangel Church（アルガオ教会 Argao Church）**が立っている。庶民の台所であるアルガオ市場もぜひ訪れてみたい。

長い歴史を感じさせるセント・ミゲル大天使教会

ダイビングコラム DIVING COLUMN

ダイバーに人気のセブ西部と南部

セブ島の西部と南部には、フィリピンでも指折りの好スポットが集中している。モアルボアル周辺とリロアン周辺のスポットが特に人気で、長期滞在しながら潜る欧米のダイバーたちの姿をよく見かける。

ダイビングの拠点となるのは、モアルボアルの場合はおもにパナグサマ・ビーチ沿いに立ち並ぶダイビングサービスやリゾートホテル。リロアン周辺エリアの場合は、リロアンやネグロス島のドゥマゲッティ（→P.314）のリゾートをベースにするのも一般的だ。

ペスカドール島　 P.228-A2

モアルボアルからボートで約30分の場所にある小島。周囲がダイナミックなドロップオフになっているため、ツムブリやグルクマなどの回遊魚が回ってくる。

スミロン島　 P.228-A2

セブ島南端の東にある小さな島で、フィリピンで初めて海洋保護区に指定されたスポット。とにかく生物が豊富で、ムレハタタテダイの大群やガーデンイールの大コロニー、そのほか回遊魚や小さな生物などが見られる。

アポ島（→P.316）　 P.309-B2

ネグロス島ドゥマゲッティの沖、シリマン大学の海洋研究所がある島。抜群の水質を誇り、透明度でいえばセブ周辺でもトップクラス。ドゥマゲッティからもツアーなどが出ている。

ペスカドール島周囲に見られるドロップオフ

ホテル&ダイビングサービス Hotels & Diving

モアルボアル周辺には、フィリピンでも指折りのダイビングの好スポットが集中している。モアルボアルでダイビングを楽しむには、おもにパナグサマ・ビーチ沿いのホテルやダイビングセンターが拠点となる。のんびりとバカンスを楽しみたい人は、モアルボアルから少し離れたバディアンなどがおすすめ。

バディアン・アイランド・ウェルネス・リゾート $$$

Badian Island Wellness Resort　バディアン [MAP] P.228-A2

バディアンの町の沖合に浮かぶバディアン島にある豪華リゾート。白砂の美しい島の一角にあり、コテージに泊まりながらダイビングをはじめ各種マリンスポーツを満喫できる本格派のリゾートだ。

[住] Zaragosa Island
[TEL] 0920-952-6293
[URL] www.badianwellness.com
[料] ₱2万1700～
[室数] 42
[CC] MV

ナチュラル感たっぷりのプールヴィラ

クラブ・セレナ・リゾート $$

Club Serena Resort　モアルボアル [MAP] P.228-A2

町なかから約7km。ホワイトビーチの北にある。美しい景色に囲まれた静かなロケーション。客室や施設はモダンで快適。ダイビングなどのアクティビティも充実。フィリピン料理をはじめとするレストランもある。

[住] Saavedra, Moalboal
[TEL] 0917-872-6367
[URL] www.clubserenaresort.com
[料] [S][D]₱5200～
[室数] 17
[CC] JVM

敷地が1.3ヘクタールもある

カバナ・ビーチ・クラブ・リゾート $$

Cabana Beach Club Resort　モアルボアル [MAP] P.263-1

パナグサマ・ビーチにあるこぢんまりとしたホテル。プールはないが、ガーデンを囲むようにして立ち並ぶ客室、海上にせり出したレストランがあり、プチリゾートの雰囲気たっぷりでゆったりとくつろげる。

[住] Panagsama Beach, Moalboal
[TEL] (032) 474-3011、0999-494-7261、0906-410-3312
[URL] www.cabanacebu.com
[料] ₱3500～
[室数] 10
[CC] ADJMV

地元の人々にも愛される老舗リゾート

クオ・バディス・ダイブ・リゾート $$

Quo Vadis Dive Resort　モアルボアル [MAP] P.263-2

ローカル色の強い簡素な宿泊施設が多いモアルボアルで、比較的充実した設備を誇るのがこのリゾート。パナグサマ・ビーチの南側にある高台にプールとレストランがあり、美しい景色が眺められる。

[住] Panagsama Beach, Moalboal
[TEL] 0919-687-9466
[URL] www.quovadisresort.com
[料] ₱3066～
[室数] 30
[CC] MV

ダイビングの拠点にぴったり

ラベナラ・ビーチ・バンガロー $$

Ravenala Beach Bungalows　モアルボアル [MAP] P.228-A2

ホワイト・ビーチが目の前という絶好のロケーション。10室の南国ムードあふれる客室は、気取らない内装ながらもきれいに保たれリラックスできる。マッサージやビーチカフェなどのサービスも充実。

[住] White Beach, Saavedra, Moalboal
[TEL] 0917-324-8680（携帯）
[URL] ravenalabeach.weebly.com
[料] ₱3700～
[室数] 11
[CC] MV

スタッフのフレンドリーさも◎

冷房　ファン　トイレ　水シャワー　温水シャワー　バスタブ　テレビ　ミニバー　冷蔵庫　ネットフリー　朝食　日本人スタッフ

※[共]と記してある場合は共同となります。

タートル・ベイ・ダイブ・リゾート $$

Turtle Bay Dive Resort　　モアルボアル **MAP** P.228-A2

ペスカドール島など20のダイビングサイトにアクセスが容易。PADI登録のダイブセンターやハウスリーフがあり、スノーケリングやナイトダイビングも楽しめる。ラグーンプールやビーチ、スパなどでリラックスもできる。

🏠 Tongo, Basdiot, Moalboal
TEL 0977-214-3206
URL www.turtlebaydiveresort.com
🛏 Ⓓ₱6000 ～
室数 33
CC MV

講習も可能なリゾート内のプール

プルクラ $$$

Pulchra　　サン・フェルナンド **MAP** P.228-A ～ B2

セブ・シティからモアルボアル向かう途中の東海岸にある、全室スイートタイプの隠れ家的リゾート。アジアでも珍しい水上ヴィラで行うスパは、リピーターが続出するほどの大人気。日本人スタッフ常駐。

🏠 San Isidro, San Fernando
TEL 0917-580-3674
URL www.pulchraresorts.com
予約・問合せ ベイ・アンド・アイ・エンタープライズ
TEL (0436) 25-0261 (日本)
🛏 ₱2万5000
室数 37　**CC** ADJMV

曲線が美しい一周150mのメインプール

ステイン・セーブB&B $

Stay N Save B & B　　オスロブ **MAP** P.228-A2

オスロブ (→P.264) の格安宿でジンベエザメウォッチングが徒歩圏内にある。スノーケリングやダイビングなどのアクティビティが楽しめる。客室はエアコンを完備し、ホテルにはレストランもある。テント泊のプランもある。

🏠 N. Bacalso Ave., Tanawan, Oslob
TEL 0977-883-3139
URL www.facebook.com/StayNsave
🛏 ⒮Ⓓ₱1700 ～
室数 17
CC 不可

リゾート内には写真撮影スポットがある

M & L ダイバータウン

M&L Diver Town　　モアルボアル **MAP** P.263-2

パナグサマ・ビーチにあって、目の前が海という絶好のロケーションにある、日本人経営のダイビングショップ。ローカルプライスのためリピーターが多い。2017年にオーシャン・グローブから店名を変更。

🏠 Panagsama Beach
TEL 0917-593-7284
URL mldt.storeinfo.jp
Mail mldivertown@gmail.com
体験ダイビング ₱2500
ファンダイビング (自己器材) ₱1100
ライセンス取得 (PADIオープンウォーター)
₱1万8000　**CC** MV

日本人マネージャーが常駐

チキチキ・ダイバーズ

Tiki Tiki Divers　　モアルボアル **MAP** P.263-1

宿泊施設を併設したダイブショップ。海の目の前という絶好のロケーションで滞在が可能だ。日本人によるていねいなブリーフィングや、名物の黒板ログ、アフターダイブの食事などトータルで旅を楽しめる。

🏠 Panagsama Beach
TEL 0906-084-2479 (携帯)
URL www.tikitikidivers.com
体験ダイビング ₱2500 ～ (器材込み)
2ボートダイブ ₱3500 ～
ライセンス取得 (PADIオープンウオーター) ₱1万2500 ～
CC 不可

にぎやかで明るいスタッフ

サベドラ・ダイブ・センター

Savedra Dive Center　　モアルボアル **MAP** P.263-1

ビサヤの海を知り尽くしているスタッフが満足のいくサービスを提供してくれる。周辺に点在する多くのダイビングスポットへのアクセスも楽々。

🏠 Panagsama Beach
TEL (032) 474-3488
URL www.savedra.com
1ボートダイブ ₱1600
1ビーチダイブ ₱1400
ライセンス取得 (PADIオープンウオーター) ₱1万8000 (器材込み)
CC MV

スタッフは陽気で親切

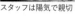
冷房　ファン　トイレ　水シャワー　温水シャワー　バスタブ　テレビ　ミニバー　冷蔵庫　ネットフリー　朝食　日本人スタッフ
※圏と記してある場合は共同となります。

ジンベエザメに出合いに行こう！

世界でいちばん大きな魚、ジンベエザメ。そのサイズは、小さなものでも3〜4m、大きなものでは体長約13mに及ぶともいわれ、あの巨大なゾウをはるかにしのぐ。サメといってもおとなしい性格で、プランクトンなどを主食とし、穏やかな動きで海中を泳ぎ回る。人にとって危険性はないので、一緒に泳ぐなんてことも体験できてしまうのだ。

その巨大なジンベエザメに、高確率で出合える場所があるという。近郊海域でほぼ毎日ジンベエザメが目撃されているのは、セブ島南端の東側にあるオスロブという町。多いときには15匹もの群れが確認され、ダイバーたちの間で話題となった。

プランクトンを主食とするジンベエザメは海面近くを泳いでいることが多く、ボートの上からでも確認することができるうえ、ダイビングはもちろん、スノーケリングでも十分にその姿を捉えることができる。

ジンベエザメに出合うには、ホテルや旅行会社、ダイビングショップなどが主催しているツアーに参加するのがいちばん容易。日本からの往復飛行機から宿泊、空港送迎など、すべてパッケージになっているものもあれば、宿泊とツアーがセットになったものもある。

ジンベエザメは、テンジクザメ目ジンベエザメ科に属する唯一のサメで、英名はホエール・シャーク Whale Shark。和名は、体の表面の模様が着物の「甚兵衛羽織（じんべえばおり）」に似ていることから名づけられた。

熱帯・亜熱帯・温帯の表層海域に生息し、広い海域を回遊するのが特徴的。食性はおもにプランクトンで、横幅1〜1.5mにも及ぶ大きな口を開けて、海水と一緒にプランクトンや小さな魚、海藻などを吸い込み、「ざる」のような働きをするエラで濾したあと、エラ孔から水だけを吐き出し、口の中に残った生き物を飲み込む。海面で体を垂直近くにまで傾ける習性が見られるのは、海面近くに漂うプランクトンを効率よく口内に取り込むための知恵だとか。平均寿命は60〜70年といわれているが、なかにはその倍近く生きるとの説もあるほど。実際、いまだわからないことが多くある、謎に包まれた生き物だ。

©竹谷六未

とてもおとなしい性格なので、一緒に泳ぐことも！

■ジンベエザメウオッチングツアー

早朝にセブ・シティまたはマクタン島のホテルを出発し、オスロブへ。ジンベエザメが見られるポイントでスノーケリングを楽しんだあと、近くの島やレストラン、またはボート上でランチ。夕方、ホテルに戻るというものが一般的。所要13〜15時間。₱9500〜1万1000程度（スノーケリングセットレンタル代、入海料込み）。詳細は各ダイビングショップ、または旅行会社へ問い合わせを。拠点となるオスロブへは、セブ・シティの南バスターミナルからバスでも行けるので、個人で行って現地で手配も可能。前泊して、セブからの日帰りツアー客でごった返す前にウオッチングを楽しむのもいい。なお、ジンベエザメはボホール島リラ（→P.278）やルソン島南部ドンソル（→P.218）でも見ることができる。

※環境問題による人数制限について→P.249欄外

©竹谷六未

体を垂直に傾け、大きな口でプランクトンを飲み込むジンベエザメ

大自然に囲まれたリゾートがある

セブ北部

Northern Cebu

MAP 折込表-C3

セブ北部の
市外局番 ☎032

ACCESS

🚌 セブ北部へ行くバスは、すべてセブ・シティの北バスターミナル（→**MAP** P.230-B2）から出ている。セブ島北部のハグナヤHagnayaまで直行便が1日に8本程度出ている（₱270 ～ 300）。マヤMaya（→**MAP** P.228-B1）行きは1:00 ～ 22:00の間、30分に1本運行。所要約4時間、₱200 ～ 250。

バンタヤン島への行き方

⛴ ハグナヤからバンタヤン島のサンタフェ Santa Fe（→**MAP** P.228-B1）まで、船が3:00 ～ 17:30の間、1時間に1本以上運航。所要約1時間15分、₱350 ～ 400。

バンタヤン島の見どころ

オグトン・ケーブ・リゾート（→P.270）の敷地内には洞窟がある。

●オグトン洞窟

MAP P.268 📖 8:00～16:00 📅 なし 📮 ₱225（リゾート宿泊者は無料）

素朴で美しい海が広がるバンタヤン島

　セブ北部には、まだまだ日本人に知られていないリゾートが点在。**ソゴト Sogod**（→**MAP** P.228-B1）や**ボゴ Bogo**（→**MAP** P.228-B1）、**サン・レミヒヨ San Remigio**（→**MAP** P.228-B1）などは、大自然のなかで静かに過ごしたい人には最適な場所だ。

　長期滞在を望むなら、北部沖の**バンタヤン島 Bantayan Is.**（→**MAP** P.228-A ～ B1）と**マラパスクア島 Malapascua Is.**（→**MAP** P.228-B1）がいい。特にマラパスクア島は、島の形、大きさから第2のボラカイ島ともいわれ、リゾートやダイビングサービスなどがある。とはいえ、ボラカイの一大リゾート地にはほど遠く、静かでのどかな離島らしさが感じられる。一方、バンタヤン島はダイビングには向かないが、広々としたビーチがある。

バンタヤン島の見どころ　　ATTRACTION

　バンタヤン島でいちばん美しいビーチは、サンタフェの港から南へ15分ほど歩いた島の南海岸沿い。まず、**サンタフェ・ビーチ Santa Fe Beach**があり、さらに西へ1kmほど歩いていくと**シュガー・ビーチ Sugar Beach**、さらに2kmほど行くと**パラダイス・ビーチ Paradise Beach**という奥行きのあるパウダーサンドのビーチが広がっている。広いビーチでありながらリゾート施設はそれほど多くなく、一つひとつが十分な間隔を保って立っているので、ゆったりと過ごすことができる。自分の滞在期間や予算、目的に合わせたリゾート選びができるのもうれしい。

ニタリが見られることで知られるマラパスクア島

マラパスクア島への行き方
🚢 マヤからマラパスクア島行きのボートが6:30 ～ 16:30頃、約30分おきに島南西部の桟橋との間を行き来している。所要約40分、₱200。チャーターする場合は1隻₱1500程度。こちらは島南部のバウンティ・ビーチに到着する。

マラパスクア島の
ダイビングサービス
● エメラルドグリーン・
　ダイビングセンター（→P.257）
MAP P.269
● ダイブリンク Divelink
MAP P.269
URL www.divelinkcebu.com
● スレシャー・シャーク・
　ダイバーズ
　Thresher Shark Divers
MAP P.269
URL malapascua-diving.com
● シー・エクスプローラーズ
　Sea Explores
MAP P.269
URL www.sea-explores.com

マラパスクア島の見どころ　　　ATTRACTION

　リゾートが点在する島の南部には、サラサラの白砂が印象的な**バウンティ・ビーチBounty Beach**が広がっている。また、マラパスクア島は、ニタリ（オナガザメ）が見られるダイビングスポットがあることで有名だ。ニタリが見られるのは早朝ダイビングのみ。詳細は各ダイビングサービスに問い合わせを（→欄外）。

　スノーケリングに適しているのは、マラパスクア島の東側。午後になると波が出ることが多いため、朝早くから船で出るとよい。ボートのチャーターは、ボートマンとガイド付きで₱1000くらいから。浜辺で声をかけてくるので交渉しよう。さらに、バーベキューランチやスノーケリング、周辺の島巡りなどを組み合わせた日帰りツアーも出ている。ホテルやダイビングサービスで申し込める。

素朴な人々に出会うことができる

美しい海に囲まれたマラパスクア島

ホテル

Hotels

マクタン島やセブ島南部のようにリゾートホテルがまとまっているエリアはないので、のんびりした雰囲気が楽しめる。バンタヤン島とマラパスクア島にはこぢんまりとした宿が多く、料金も安いので長期滞在にも向いている。特にマラパスクア島南部の海岸沿いにはリゾート施設が集まっていて、ダイビングサービスも近くにある。

サンタフェ・ビーチ・クラブ $$

Santa Fe Beach Club バンタヤン島 [MAP] P.268

サンタフェ港の北側にあるリゾート。3階建てのメイン棟とコテージがあり、客室タイプも2人使用のものから5人使用のものまでとさまざま。クラブの目の前には白砂のビーチと青い海が広がる。

[住] Brgy. Talisay, Santa Fe, Bantayan Is.
[TEL] (032) 421-7527
[URL] stafebeach.com
[料] [S][D]₱2700～
[室数] 20
[CC] 不可

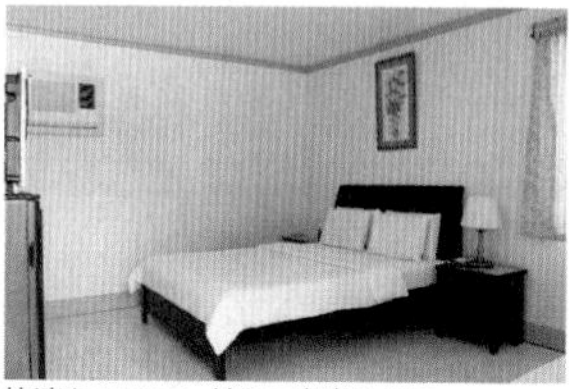

快適なエアコン付きの客室もある

オグトン・ケーブ・リゾート $$

Ogtong Cave Resort バンタヤン島 [MAP] P.268

緑あふれる敷地の中にコテージ一つひとつが十分な間隔で建てられており、まるで自分の別荘にいるかのような気分が味わえる。プールやレストランなどの施設も充実。敷地内にはオグトン洞窟（→P.268）もある。

[住] Brgy. Pooc, Santa Fe, Bantayan Is.
[TEL] 0932-433-6282
[URL] ogtongcave.com
[料] [S][D][Su][C]₱2500～
[室数] 21
[CC] 不可

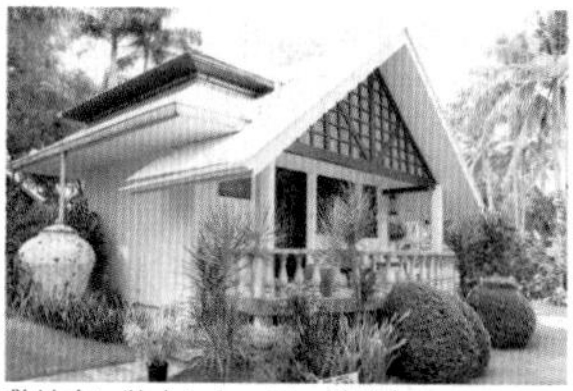

敷地内に独立したコテージが点在

コタ・ビーチ・リゾート $$

Kota Beach Resort バンタヤン島 [MAP] P.268

サンタフェのフェリー乗り場から南へ約1kmに位置。緑あふれる敷地内には、コテージタイプの客室が点在している。リゾート前には、美しい白浜で有名なシュガー・ビーチが広がっている。

[住] F. Duarte Street, Poblacion
[TEL] (032) 436-5451
[URL] www.kotabeachresort.com
[料] [S][D]₱2700
[室数] 34
[CC] AJMV

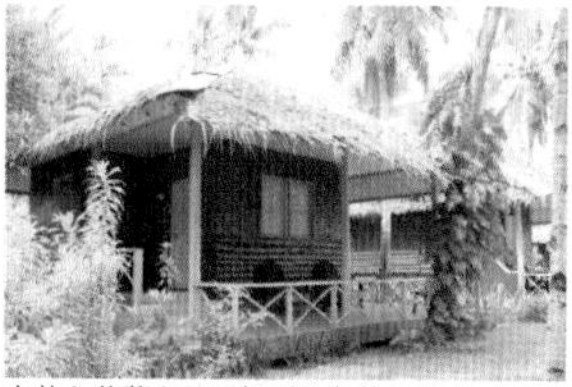

素朴な葉葺きの屋根が印象的

マラパスクア・エキゾティック・アイランド・ダイブ&ビーチ・リゾート $$

Malapascua Exotic Island Dive & Beach Resort マラパスクア島 [MAP] P.269

ダイビングサービスが併設されているため、ダイビング目的で訪れるには最適。スパ、レストランなどの施設も揃っている。客室は経済的なスタンダードルームからスーパーデラックスルームまで4タイプある。

[住] Sitio Pasil, Logon, Daan Bantayan, Malapascua Is.
[TEL] 0917-307-0150
[URL] malapascua.net
[料] [S][D]₱4600～
[室数] 30
[CC] AMV

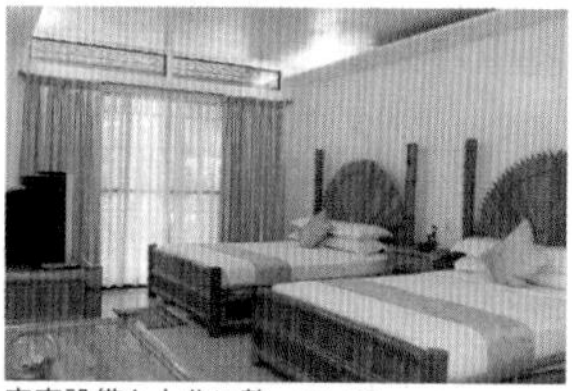

客室設備も十分に整っている

ココバナ・ビーチ・リゾート $$

Cocobana Beach Resort マラパスクア島 [MAP] P.269

オーナーはスイス人。室内は清潔に保たれていて、居心地がよい。客室はコテージとバンガローの2タイプがある。目の前にはビーチが広がる。

[住] Bounty Beach, Malapascua Is.
[TEL] 0917-328-0029（携帯）
[URL] cocobana.ch
[料] [S][D]₱1100～
[室数] 28
[CC] MV

テパネ・ビーチ・リゾート $$

Tepanee Beach Resort マラパスクア島 [MAP] P.269

イタリア人経営のこぢんまりとしたリゾート。入江の奥の岩山に隠れるようにして立っているため、プライベート感もたっぷりだ。

[住] Bounty Beach, Malapascua Is.
[TEL] 0966-142-2354（携帯）
[URL] www.tepanee.com
[料] [S][D]₱4000～
[室数] 27
[CC] AJMV

冷房 ファン トイレ 水シャワー 温水シャワー バスタブ テレビ ミニバー 冷蔵庫 ネットフリー 朝食 日本人スタッフ
※[共]と記してある場合は共同となります。

ダイビングコラム <small>DIVING COLUMN</small>

ダイビングのための基礎知識

海外でダイビングをするときに、まず不安になるのが言葉の問題。しかし、ボラカイ島、ボホール島、セブ島などのダイビングサービスには日本人スタッフが常駐しているところも多いので、初心者でも安心して挑戦することができる。ここでは、知っていると便利な基礎知識をいくつか紹介する。

ダイビングスポットまではバンカーボートで移動

器材は持っていく？

もちろん、自分にぴったり合い、使い慣れている器材を持っていけるならそれにこしたことはない。というのも、かなり粗悪な状態のレンタル器材を使用しているダイビングサービスもまれにあるからだ。しかし、重い荷物を持っていきたくないという人もいるだろう。なるべく荷物を減らしたいという場合は、マスクと保護スーツだけ持って行ってあとはレンタルでも問題ない。ダイビングのメッカといわれるエリアのほとんどでは、レンタル器材のメンテナンスもしっかりしているが、事前にダイブショップによってメンテナンスの状況を確認することをおすすめする。なお、度入りのマスクを用意している所は少ないので、持参が必要。

基本はボートダイビング

フィリピンでのダイビングは、ボートダイビングが基本。ハウスリーフ（リゾート近辺の海のこと）で潜ることができるアイランドリゾートもいくつかあるものの、遠浅の海が多いので、ボートで沖に出ることになる。スピードボートを使用しているダイビングサービスもあるが、たいていの場合、バンカーボートという、アウトリガーの付いたフィリピンの伝統的なボートを使用する。

ダイビングスポットまでは、5〜40分の場合がほとんど。午前中に1ダイブして、リゾートに戻って昼食を取ってから午後にもう1ダイブというパターンが一般的だ。遠出しなくても十分楽しめる。

ライセンス取得に挑戦するのもいい

日程に余裕があるのなら、美しい海でライセンスを取得するのもいいだろう。所要期間は3〜4日、費用は各ダイビングサービスによっても違うが、US$300〜500が目安。所要期間は3〜4日。学科講習、プール講習、海洋実習の3つをこなすことになる。プールがないリゾートでは、浅瀬の穏やかな海で慣らしのダイビングのあとに、外洋で実習となる。費用は日本より安いし、何よりも珊瑚礁の温かい海での講習は魅力的だ。取得は日本人インストラクターが常駐しているサービスが安心だが、そうでないところでも日本語の教材を用意していることが多い。

初心者はぜひ体験ダイビングを！

まったくダイビングの経験がないという人のためには、体験ダイビングというものがある。これは、事前にオリエンテーションを受けてから、インストラクターと一緒に潜ってみるというもの。ダイビングサービスによっては、プールで簡単な講習を受けてから、リゾート前の浅瀬で潜ることもある。実際の潜水時間は20〜30分くらい。また、2〜3ダイブがセットになっていて、最後には少し深い所まで行くというコースを設けている場合もある。

また、ヨガやストレッチを水中で楽しめるアクティビティ（バングラオ島リコラソンのSAMFI→P.289）など新しいスタイルのダイビングを提案するショップも登場している。

いずれにしろ、スノーケリングでは味わえない感動が得られるはず。せっかくフィリピンを訪れるのなら、この機会にぜひダイビングに挑戦してほしい。

フィリピンのダイビングスタイル

フィリピンのダイビングは「ダイバーは水中にもぐるだけでいい」と言われている。つまり、タンクや器材を運ぶのはもちろんのこと、器材のセッティングもスタッフがしてくれるし、器材を背負わせてもくれる。ダイバーは、ほとんど力仕事をする必要がないのだ。重い器材が実は苦手だという人や女性、シニア世代のダイバーにはうれしいかぎりのサービスといえる。

ボホール島

ボホール島はフィリピンで10番目に大きな島で、島の周りはセブ島、ネグロス島、ミンダナオ島に囲まれていて、海況や天候も比較的穏やかである。フィリピンの中では、農業とツーリズムのバランスを取って観光開発進めていることで知られている。ボホール島最大の魅力は島民の温かさにあるといっていい。一度訪れると島にあふれる魅力に導かれてまた帰って来たくなるような、2度目からはふるさとに帰ってきたかのような気分にもさせてくれる人間味あふれる島だ。観光客に愛されているチョコレート・ヒルズや世界一小さいといわれているメガネザルのターシャはもちろん、橋でつながるパングラオ島でのビーチ・アクティビティや、自然素材を使った魅力的な工芸品にも触れてほしい。

1 手のひらに乗るほど小さいメガネザル「ターシャ」
2 パングラオ島の美しいビーチ

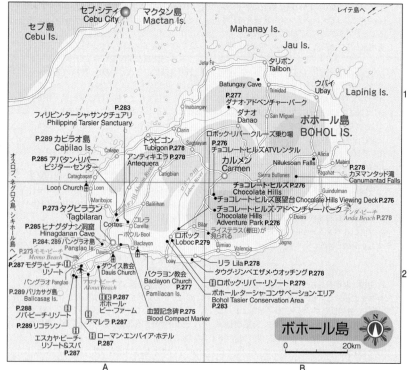

272

ボホール島、最大の町

タグビララン

Tagbilaran

MAP 折込表-C3

港入口にずらりと並ぶチケット売り場

ボホール島で最も大きい町、タグビララン。セブやネグロス島のドゥマゲッティへの船の玄関口として、また、島の中央部にある**チョコレート・ヒルズ**や、この町と橋で結ばれているパングラオ島（→P.284）への拠点としても、重要な機能を果たしている。ボホール各地の特産物が集まる青果・鮮魚のマーケットもあり、日用雑貨から工業用品まで島民の生活を支える品々が並び、活気がある。町の中心にはカテドラルと呼ばれている大聖堂があり、休日は特ににぎわいを見せる。

タグビラランへの行き方

ACCESS

2018年にボホール島とふたつの橋でつながるパングラオ島にボホール・パングラオ国際空港ができ、マニラからフィリピン航空、セブパシフィック航空、フィリピン・エアアジアの直行便で入れる。隣のセブ島からは、オーシャン・ジェット Ocean Jet とスーパーキャット Super Cat の船が毎日10本以上往復している。ネグロス島ドゥマゲッティ、シキホール島からも1日1〜2便の船がある。高速船は基本的に座席指定のため、満席の場合は次の便への変更が必要になる。また、最低でも乗船30分前までにチェックインが必要で、時間に間に合わない場合は自動キャンセルとみなされることもあるので、港には余裕をもって到着したい。

アペコ・トラベルの高速船

タグビラランの
市外局番 ☎038

🚢 オーシャン・ジェットがセブ港からタグビララン港まで6:00から17:00台まで1日約10便。スーパーキャットが8:00と13:45の2便。オーシャン・ジェットはインターネット購入は難しく、旅行代理店で購入する。スーパーキャットは、チェルシー・トラベルのオンラインで購入可。いずれも₱800〜1200。所要2時間。

ドゥマゲッティからはオーシャン・ジェットが1日2便（9:50、14:30）。シキホール島（→P320）からもオーシャン・ジェットが1日1便（12:30）。₱700〜1020。

シキホール島ラレーナ港発13:00、アペコ・トラベルのタグビララン直行の高速船もある。

●**オーシャン・ジェット**
URL www.oceanjet.net
Mail customerservice@oceanjet.net
〈セブ〉
🏢 Pier 1, Cebu Pier Area, Cebu City
TEL (032)255-7560、(032)255 0115、0917-638-0000
〈タグビララン〉
🏢 Gallares Bldg., Ma Clara St., Cor. Graham and Gallares, Cogon
TEL 0919-066-5965
●**スーパーキャット**
TEL 0985-119-0533〜34
●**チェルシー・トラベル**
Chelsea Travel
URL clihc.outsystemsenterprise.com/ ChelseaLogisticsVoyageBooking
●**アペコ・トラベル**
Apekop Travel
URL apekoptravel.com
TEL 0917 880 1464

ボホール・パングラオ国際空港からタグビラランのダオ・バスターミナルまではバスが出ている。所要約30〜40分。₱70。

パングラオ島へのジプニー

273

港でバイクをレンタル

タグビララン港にはレンタルバイク店があるので、ボホール島をバイクで回るのもいい。1日₱500が相場。レンタルにはパスポートが必要。ガソリンスタンドはタグビラランの町にある。

港のレンタルバイク・ショップ

■州観光案内所
MAP P.274-2
住 Old Capital bldg., beside National Museum
URL www.tourism.bohol.gov.ph
TEL (038) 412-5973
0928-610-0010（携帯）

ボホール最大のお祭り サウログ

毎年5月1日にサウログSaulogというフェスティバルが始まる。約1ヵ月にわたり週末を中心に各地でスポーツイベントやフードイベントが行われる。

毎年5月のサウログの祭り

レンタルバイク事情

レンタル代は1日₱350〜500。日本の免許か国際免許証、もしくはパスポートの提示が必要。原本を預けてほしいといわれるが、コピーを持っていって、なるべく原本は渡さないようにしよう。

レンタル時にはバイクの状態を写真に残しておくと、あとでトラブルになりにくい。返却時には最低限レンタル開始時と同じ量のガソリンを入れて返却することが条件。駐車場の場所は限られているので注意が必要。スコールでずぶぬれになるかもしれないので、そのつもりで楽しむのがおすすめだ。ボホール島でのスコールは比較的短時間でやむことが多い。郊外に出ても雨宿りできるポイントは多い。

タグビラランの歩き方

GETTING AROUND

メインストリートは、タグビラランを南北に走る**カルロス・P.ガルシア通りCarlos P. Garcia Ave.（通称CPG Ave.）**。ここに人々の生活に必要なすべてが集中し、朝夕のラッシュ時には無数のトライシクルがこの道を占領する。高校や大学もこの通りにあるので、町は深夜まで若者の活気に満ちあふれ、まるで毎晩がお祭りのようだ。この通りでいちばんのにぎわいを見せているのが、**Ⓢボホール・クオリティ・モールBohol Quality Mall**と、それにほぼ向かいあっているアルトラス・モールAltrus Mall。どちらも1階はスーパーマーケット、2階にはデパートがあり、おみやげ用Tシャツや小物などが購入できる。ここからメインストリートを北に歩いていくと、右側に**ボホール大学University of Bohol**が見える。大学を通り過ぎ、ハイスクールを左に曲がり、突き当たった所が、マニラ、セブ、ドゥマゲッティへの船が出ている埠頭。桟橋からの眺めもよく、いくつかのレストランも並んで海沿いに立っている。町の中心からここまでトライシクルを使っても₱15。

市内を走る新型のトライシクルのTVS

CPG通りを南に行くと**リサール広場Plaza Rizal**と**セントジョセフ大聖堂St. Joseph Cathedral**。広場に向かい合って立つのはボホールの歴史を学べる国立の**ボホール国立博物館National Museum of the Philippines-Bohol**。隣には観光案内所があるので立ち寄って、旅の情報を集めよう。

パングラオ島やボホール島のそのほかの地域に行く中長距離バスはすべて、町の中心から2kmほど北東に行った**ダオ・バスターミナルDao Bus Terminal**から出ている。パングラオ島（→P.284）、ロボック（→P.279）、バクラヨン教会（→P.277）などに向かう中距離便は、ダオ・バスターミナルの横にある**Ｓアイランド・シティ・モールIsland City Mall**（ICM）とダオ中央マーケットとに挟まれたターミナルからになる。それぞれ約15分ごと、もしくは乗客がいっぱいになりしだい出発する。行き先ごとに乗り合いバンや大型バスが停まっていてわかりやすい。

コロニアル建築の建物には、博物館と州観光案内所が入っている

モダンな店を探すならアイランド・シティ・モールへ

タグビラランの見どころ　ATTRACTION

残された逸話が興味深い　★★
血盟記念碑　MAP P.272-A2
Blood Compact Marker

タグビラランの市内から車で10分ほど東に行った所にある小さな町、**ボウルBool**。この町の海辺に、記念碑が立てられている。1565年3月16日、スペインの初代総督レガスピは、スペインとフィリピンの友好条約を結ぶためこの地へ上陸した。このとき、島の酋長シカツナとレガスピは、互いの腕をナイフで傷つけてワインに血を注ぎ、これを飲み干すことで両国の友好を誓い合ったという。記念碑にはそのときの様子が描かれてる。

当時の様子を伝える記念碑

元大統領の家を改装　★★
ボホール国立博物館　MAP P.274-2
National Museum of the Philippines-Bohol

建物自体は、もともと第4代大統領カルロス・P・ガルシアの家だったもの。カルロス元大統領にまつわる資料やボホール島の自然、歴史がわかる展示がある。

ダオ・バスターミナルからバスに乗るには
　座席は決まっておらず好きな席に座れる。発車後運賃を回収するスタッフが席を回ってくるので行き先を伝えると運賃を教えてくれて支払いチケットを渡される。バスターミナルには早朝からパンやお菓子や飲み物を購入できる売店が開いている。ターミナル入口から右手にある階段を上ると中2階でローカルスタイルの軽食を取ることもできる。
バス運賃
パングラオまで₱50〜
ロボック₱40〜
バクラヨン₱30〜

ダオ・バスターミナルのゲート

レンタカーも便利
　ボホールのおもな見どころである、血盟記念碑、チョコレート・ヒルズ、バクラヨン教会などは、町の中心から離れているので、それらすべてを回るにはレンタカーを借りると効率がいい。

■ボホール国立博物館
🏠 Carlos P. Garcia Ave.
☎ (038) 501-0488
🕐 8:30〜16:30
休 なし　料 無料

建物自体も見どころのひとつ

■血盟記念碑
🚐 ダオ・バスターミナルから、多くのジプニーが出ている。また、ブルゴス通りP. Burgos St.でジプニーをひろうこともできる。運転手にあらかじめ行き先を伝えておくと安心だ。
🏠 Bool
🕐 24時間　休 なし　料 無料

ボホール島最大の見どころ、チョコレート・ヒルズ

チョコレート・ヒルズChocolate Hills（→MAP P.272-B2）は島のほぼ中央、カルメンCarmenの町の近くにある。高さ30〜40mの円錐形の小丘が約1200個、地平線の果てまで続くという独特の景観が見もの。4〜6月の乾季に、その色がグリーンからブラウンに変色することからこの名がつけられたという。まさに絵に描いたような幻想的な世界が広がっている。

この不思議な山々にはふたつの伝説がある。ひとつは、昔ふたりの巨人が石を投げ合ってけんかをしていたが、やがて疲れ果て、最後には仲直りをして島をあとにした。チョコレート・ヒルズは、あとに残された石であるというもの。

もうひとつは、この島の青年アロゴが、すでに死期の近い女性アロヤに恋をする。しかし彼女はやがて死んでしまい、悲しみにくれるアロゴのほおをこぼれ落ちた無数の涙がチョコレート・ヒルズになったというもの。

地質学的には、丘のほとんどは珊瑚礁によってできた石灰岩からなるといわれるが、その形成過程にはまだ謎の部分も多い。貝殻が多く出土していることから、大昔は海底であったということだけは確からしい。

チョコレート・ヒルズの景観を見るには、カルメンの町近くのチョコレート・ヒルズ展望台が定番。ダイナミックに空中から景観を楽しみたい人には、チョコレート・ヒルズ・アドベンチャー・パーク（通称CHAP）。地上から高さ150mに設けられた、長さ275mのロープの上をバイク・ジップと呼ばれる自転車に乗って往復し、展望台からとはまたひと味違った景色が堪能できる。チョ

コレート・ヒルズ周辺をバギーで回るツアーもある。のどかな自然の中を駆けまわるのは爽快だ。

スリルがたまらないバイク・ジップ

■チョコレート・ヒルズ展望台
Chocolate Hills Viewing Deck
📍 ダオ・バスターミナル（→P.275）からカルメン行きのバスに乗り、途中下車。所要約2時間、❏バス❏100、乗り合いバン❏120。事前に運転手に降りる場所を伝えておくこと。
MAP P.272-B2　住 Carmen
開 6:00〜18:00　休 なし　料 ❏100

■チョコレート・ヒルズ・アドベンチャー・パーク
Chocolate Hills Adventure Park（CHAP）
📍 チョコレート・ヒルズ展望台（→上記）と同様。
MAP P.272-B2　住 Carmen
TEL 0932-667-7098（携帯）
開 8:30〜17:30　休 なし　料 ❏60
※バイク・ジップ（❏450）、エコ・ハイキング・トレイル（❏200）などのアクティビティ料金は別途。

■チョコレート・ヒルズATVレンタル
Chocolate Hills ATV Rental
MAP P.272-B2
住 Buenos Aires, Carmen
TEL 0909-881-1792（携帯）

バギーはATVと呼ばれている

神秘的な絶景が広がる

タグビララン郊外の見どころ

ATTRACTION

フィリピンで最も古い教会のひとつ ★★★
バクラヨン教会 MAP P.272-A2
Baclayon Church

マニラのサン・オウガスチン教会、セブ・シティのサント・ニーニョ教会とともに、フィリピン最古級の教会で、1595年に建てられた。古びた教会の内部は独特な静寂に包まれ、神聖な空気の流れは訪れる者に心の安らぎを与えてくれる。教会に隣接する建物の2階には博物館があり、スペイン統治時代の資料や宗教的な貴重品などが展示されている。

2018年に改修工事が終了し、教会内も入れるように

ボホール産のチョコレートはいかが? ★★
ダルリッチ・チョコレート・ハウス MAP P.274-1外
Dalareich Chocolate House

ボホール産のカカオを100%原材料としたタブレアTableaというチョコレートを作っている、島で唯一の工場と直営ショップ。市の中心から少し外れた所にあるので、トライシクルで行くといい。見学には予約が必要。入場料₱200を払って中に入ると、きれいなカフェに案内され、「シクワテSikwate」と呼ばれるカカオドリンクの伝統的な手法での作り方をデモンストレーションしてくれる。ボホール各地のモールで買える商品もあるが、ここでしか手に入らないカカオチョコレートはおすすめ。

チョコレートの試食

スリルを感じながらボホールの自然を味わい尽くす ★★
ダナオ・アドベンチャー・パーク MAP P.272-B1
Danao Adventure Park

タグビララン市から北東に72kmのダナオ町にある。ここでは6種類のアクティビティを提供していて、ボホールのダイナミックな自然を体験できる。崖の上に張られた透明な強化ガラス板の上を歩くクリフ・ウオークCliff Walk、ワヒグWahig川のカヤック下り、カミラCamira洞窟、バリホBaliho洞窟の探検、エリア内の滝、棚田、ビーチ、森などを見渡せるジップラインなど、1日いてもすべてを楽しむには足りない。

■バクラヨン教会
🚌 ダオ・バスターミナル(→P.275)から、不定期だが多くのジプニーが出ている。また、ブルゴス通りでジプニーをひろうこともできる。
🕐 月〜土　8:30 〜 11:45
　　　　　13:30 〜 16:45
　　日　　9:30 〜 11:45
　　　　　13:30 〜 16:15
🚫 なし
💴 無料　※博物館は₱150

ガイドの案内で教会内を
見学できる

■ダルリッチ・チョコレート・
　ハウス
🏠 0091J Bukid Dr.
☎ 0927-214-1456
🌐 www.dalareichchocolate
house.com
🕐 9:00 〜 17:00
🚫 日

入口は閉まっていることが多いので要予約

■ダナオ・アドベンチャー・パーク
　Danao Adventure Park
🏠 Magtangtang, Danao
☎ 0938-271-7523
🕐 8:00 〜 16:30
💴 ジップラインなどのアクティビティ ₱350 〜

ボホールの大自然を上から眺めるのは爽快

ボホール島

タグビララン

■タウグ・ジンベエザメ・ウォッチング
■タウグ・ジンベエザメ・ウォッ
チング
🚌 ダオ・バスターミナルからリラ
行きのバスに乗ってタウグ下車。
所要50分。セブからの日帰りツ
アーもある。

■カヌマンタッド滝
Can-umantad Falls
　タグビラランから85kmほど東
に行ったカンディハイCandijay
にある美しい滝。高さ60mから落
ちるボホールで一番大きな滝だ。
滝に向かうバスはないのでレンタ
カーがおすすめ。駐車場からは歩
いて約200m。トイレと軽食を取
れるレストランもある。アンダ・
ビーチとセットで知られざる東ボ
ホールの自然を訪ねてみてはどう
だろう？
MAP P.272-B1
TEL 0948-985-1645
料 環境税として₱40

圧巻のボホール最大の滝

■アンダ・ビーチ
🚌 ダオ・バスターミナルからバ
スで所要約3時間、₱200。

ボホールでジンベエザメ！？　　　　　　★★
タウグ・ジンベエザメ・ウオッチング　**MAP** P.272-A2
Taug Whaleshark Watching

　タグビラランから東に約30kmのリラLilaのタウグにある
ビーチは、ジンベエザメと遊べるビーチだ。早朝から午前中
いっぱいのアクティビティで、予約は特にいらないが、ジン
ベエザメが現れないと待ち時間が長くなる。遊泳用のライフ
ジャケットを貸してくれるが、各自でスノーケル器材を持ち
込むとよい。トイレやシャワ
ーなどは数に限りがあるが
利用可能。入場料は₱1500。
遊泳時間は30分。個人でも
参加できるが、タグビララン
の旅行代理店で申し込んだ
ほうが容易。

タウグのビーチに向かう道の看板

ボホール島の穴場的ビーチ　　　　　　★★
アンダ・ビーチ　**MAP** P.272-B2
Anda Beach

　タグビラランから東へ約3
時間、アンダという地域に白
砂の美しいビーチがある。現
在開発中のため観光客はま
だ少なく、とても静かに過ご
すことができる。といっても
ホテルも40軒ほどある。ここ
を拠点にラマノック島Lama-
nok島でのダイビングも楽し
める。

遠浅の美しいビーチが広がる

ちょっと
ひと息コラム

ボホールですてきな自然素材のクラフト品をゲット！

　ボホール島のショッピングモールやみやげ物
屋に行くと、竹などの自然素材を使ったランチョ
ンマットやカーテン、籠バッグなどが多く見られ
る。リゾートホテルですてきなインテリアに使わ
れていたり、遠く海外へも輸出されていたりす
る。多くはボホール島の小さな村々で作られて
いる。工場を訪れると製作過程を見学できる。

トゥビゴンTubigon（**MAP** P.272-A1）
　セブ島から一番近いボホールの港町。町外れ
にある**トゥビゴン・ルームウィーバーズ協同組
合**では、ラフィアというアフリカ原産の耐久性の
高いヤシの葉を紡いで作る小物やバッグなどを
作っている。小物価格は₱120〜。

■トゥビゴン・ルームウィーバーズ協同組合
**Tubigon Loomweaver's Multipurpose
Cooperatives**
TEL (038)508-9081
🚌 ダオ・バスターミナルからバスで所要1時間30分。
₱40。乗り合いバンだと₱100。
営 8:00〜17:00（日10:00〜15:00）　**休** なし

アンティキエラAntequera（**MAP** P.272-A2）
　タグビラランから北へ12kmの所にある小さな
町。観光案内所で竹などを素材とした籠製品を販
売している。どれもしっかりした作りになっている。

■アンティキエラ観光案内所
TEL 0998-386-4520(携帯)
🚌 タグビラランのコゴンCogonターミナルからジ
プニーで約30分。₱50。
営 8:00〜17:00　**休** なし

ロボック川でクルーズ体験

タグビラランからチョコレート・ヒルズへ向かう途中、左側に川が現れてくる。とうとうと水をたたえて密林をぬうように走るこの川が、ボホール最長のロボック川Loboc River。ここでは、地元料理を食べながらリバークルーズを楽しむことができる。

拠点となるのは、タグビラランから約24km東へ行った所にあるロボックLoboc村（→MAP P.272-A2）。中心部には、ボホール島で2番目に古いといわれるサン・ペドロ教会が立っている。

ここで観光ツアー用の屋形船に乗る。おいしいフィリピン伝統料理のランチや軽食を食べながら、ゆったりとクルージングを楽しむことができる。途中で川沿いの村に立ち寄り、船の上からバンブーダンスを鑑賞。休日には子供たちが参加していることも多い。船から降りて写真を撮影したり、一緒に踊ることも可能だ。

シーズンにもよるが、出発は14:00くらいまで。所要約1時間で₱850〜1000。チケットは船着場近くで購入する。

ダオ・バスターミナル（→P.275）からロボック行きのジプニーがある。ロボックまでは40〜50分。

■リオ・ベルデRio Verdeのクルーズ

こちらは、ボホール島の先住民アティアティハンの暮らしを再現した小さな島に立ち寄る。
住 Poblacion Ubos, Loay
TEL 0966-165-1162

■ロボック村の宿泊施設

ロボック川のほとりに立つリゾートホテル。眺めが抜群のため、併設のレストランに立ち寄る客も多い。カヌーなどのアクティビティもアレンジしてくれる。

H ロボック・リバー・リゾート Loboc River Resort
MAP P.272-A2
住 Camayaan, Loboc
TEL 0915-469-8515
URL www.lobocriverresort.com
料 SDP₱2499〜
室数 24
CC MV

船上ビュッフェの様子

リオ・ベルデ社のクルーズ船。

セブからのボホール島1日ツアーに必ず含まれている

レストラン

Restaurants

タグビラランの町中では、ファストフードやフィリピン料理中心のレストランが多いが、近年、各国料理のレストランも増えてきている。トレイに小皿料理を取って最後に会計をするスタイルのフードコート、大衆食堂、BBQレストランを楽しむのもボホールらしさを味わえる。

ランタウ $$
Lantaw 📍 **P.274-2外**

フィリピン料理

海沿いにあって日中は広々とした店内に風が通り気持ちがいい。夜は向かいに見えるパングラオ島のホテルの明かりが楽しめる。フィリピン料理が中心。シーフードメニューが充実。特に貝を使ったメニューが人気。

🏠 V.P Inting Ave. cor. Mansasa-Dampas Rd.
☎ (038) 427-2485、0998-884-0720、0965-857-1900
🕐 10:00 〜 21:00
休 なし
CC 不可

風通しのいい広々とした店内

パヤッグ $
Payag 📍 **P.274-2**

フィリピン料理

チキン、ポークのBBQとご飯のセットメニュー(₱224)のほか、フィリピン料理のアラカルトメニューも豊富。ピナカウBinakhawという白身魚のココナッツマリネ(₱215)やシズリング・ガンバスというエビチリ炒め(₱185)がおすすめ。

🏠 18 CPG East Ave., Center Matig-A St.
☎ (038) 501 - 9447
🕐 10:00 〜 22:00
休 なし
CC 不可

大きなシェフが入口で迎えてくれる

ガーデン・カフェ $
Garden Café 📍 **P.274-2**

カフェ

セント・ジョセフ大聖堂横にあって、大きな水車が目印。店内はカントリー風のボックス席で日本語メニューもある。軽食、ケーキやデザートが充実しているので、朝食からランチがおすすめ。手話を使えるスタッフが多い。

🏠 JS Torralba St.
☎ (038) 411-3701
URL gardencafetagbilaran.com
🕐 6:30 〜 21:30
休 なし
CC 不可

手話を使えるスタッフもいる

アル・フレスコ・ベイ・カフェ＆レストバー $$
Al Fresco Bay Cafe & Restobar 📍 **P.274-1**

イタリア料理

町中だか静かな通りにある。自家製のモッツァレラのカプレーゼをはじめ、ブルスケッタ、自家製のピザ窯で焼くオリジナルピザやサラダメニューがおいしい。本格イタリアンを市内で楽しめるのはここだけ。

🏠 17G. Visarra St., Poblacion2
☎ (038) 422-8610
🕐 10:00 〜 21:00
休 日
CC 不可

仲のよいオーナー夫婦はとってもフレンドリー

シーフロント・グリル ＆ レストラン $
Sea Front Gril l& Restaurant 📍 **P.274-2外**

フィリピン料理

メニューはフィリピン料理とBBQ。店内は広々とした作り。貸し切りの場合もあるので行く前には連絡を入れよう。週末の19:00頃からはライブも。

🏠 V.P Inting Ave., Mansasa Seaside
☎ 0917-670-0569
🕐 10:00 〜 22:00
CC 不可

ウマヤ $$
Umaya 📍 **P.274-1**

日本料理

港から3分のライトポートLite Portに入っている日本食店。敷地内にコンビニ、オーガニックレストラン、韓国レストランなども入っている。

🏠 Ground level of Liteport Center, Gallares St.
☎ (038) 412-7811
🕐 11:00 〜 21:00
休 なし
CC 不可

ホテル　Hotels

タグビラランの町なかにはリーズナブルで新しい宿が点在している。予約なしでふらっと立ち寄ってもほとんどの場合は大丈夫だが、お祭りやイベントがあるとフィリピン国内からの旅行者で混み合うので、予約は入れておく方が無難だろう。朝食はビュッフェスタイルよりもプレートで用意してくれる宿が多い。

ボホール・トロピックス・リゾート　$$

Bohol Tropics Resort　[MAP] P.274-1外

冷房 トイレ 温水シャワー テレビ ミニバー ネットフリー 朝食

2022年に全室リニューアルされた。デラックスルーム全室から海を眺めることができる。部屋のタイプも多く、カップルからファミリー層にまで人気。ビーチ沿いではないが、サンセットがきれいに見える。港も近い。

[住] Graham Ave.
[TEL] (038) 235-5667
[URL] boholtropics.ph
[料] [SD]₱2348 ～
[室数] 136
[CC] ADJMV

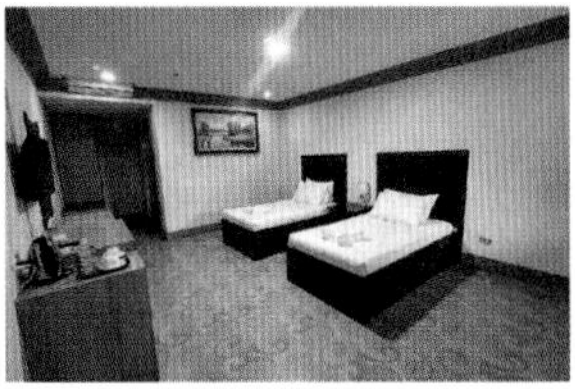
各部屋に電気ポット付き

メトロセンター・ホテル&コンベンションセンター　$$

Metro Centre Hotel & Convention Center　[MAP] P.274-1

冷房 トイレ 温水シャワー バスタブ テレビ 冷蔵庫 朝食 ネットフリー

町なかのCPGストリートでいちばん大きなホテルで、ナイトクラブも入っていて週末は若者でにぎわう。外観からは想像できないが、中庭もあり広々とした作り。レストランには日本食をアレンジしたトンカツやラーメンなどもある。

[住] CPG North Ave.
[TEL] (038) 411-2599
[URL] metrocentrehotel.com
[料] [SD]₱2750 ～　[Su]₱1万2235
[室数] 100
[CC] ADJMV

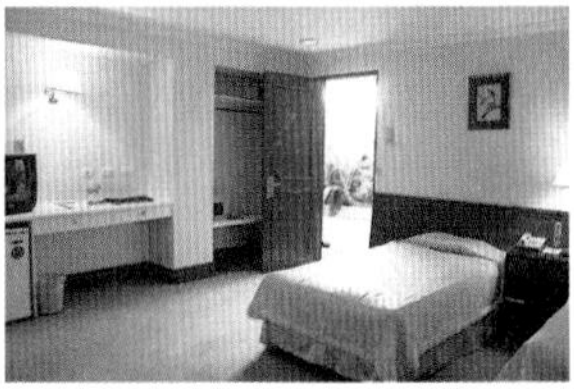
デラックスルームにはツインタイプもある

キュウ・ホテル　$$

KEW Hotel　[MAP] P.274-1外

冷房 トイレ 温水シャワー テレビ ネットフリー 朝食

ICMモールのほぼ目の前にあり、ダオ・マーケットやバスターミナルへのアクセスは抜群。遅くまで買い物やツアーを楽しめる。市庁舎や町を一望できる開放感あふれる屋上のバーもおすすめだ。

[住] J.A. Clarin St.
[TEL] (038)501-0730
[URL] www.kewhotel.com.ph
[料] [SD]₱2700 ～　[Su]₱1万5000
[室数] 44
[CC] JMV

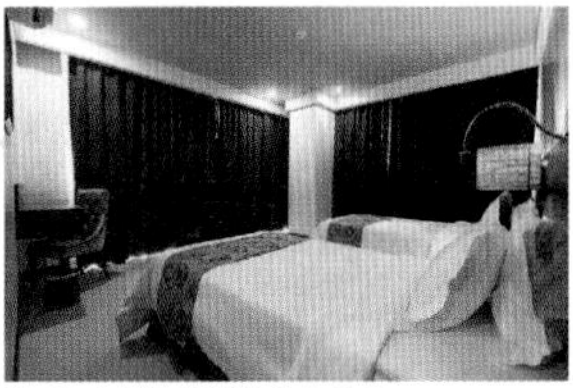
町でいちばん近代的なホテル

ベリアン・ホテル　$$

Belian Hotel　[MAP] P.274-1

冷房 トイレ 温水シャワー テレビ ネットフリー 朝食

港の目の前にあるホテル。エグゼクティブルームは港が一望できるバルコニー付き。窓なしの部屋もあるので、窓のある部屋を希望する場合は伝えるとよい。エレベーターがあるのもうれしい。

[住] Graham Ave. Cogon District
[TEL] (038)411-1644
[URL] www.belianhotel.com
[料] [S]₱1589 ～　[D]₱3026 ～
[室数] 49
[CC] ADJVM

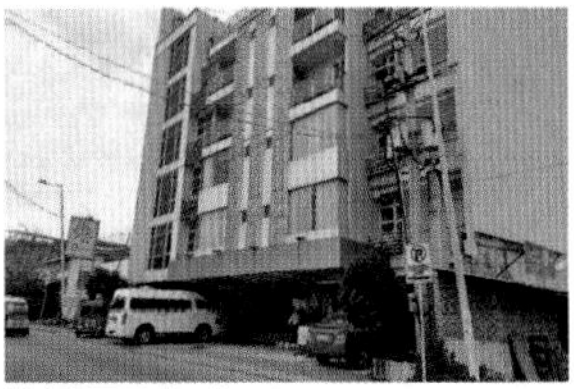
港を見下ろすロケーション

ホテル・ジョン　$$$

Hotel John　[MAP] P.274-1

冷房 トイレ 温水シャワー テレビ 冷蔵庫 ネットフリー 朝食

CPG通りのアルトラス・モール前。1階にはワトソンというドラッグストアがあるので買い物を楽しみたい方は便利。エレベーターで2階に上がるとホテルのフロントとなっている。部屋も広くてとてもきれい。

[住] CPG North Ave. cor. MH Del Pilar St.
[TEL] 0919-898-4077、0967-012-7111
[URL] www.facebook.com hoteljohnbohol/
[料] [SD]₱9258 ～
[室数] 42
[CC] ADJMV

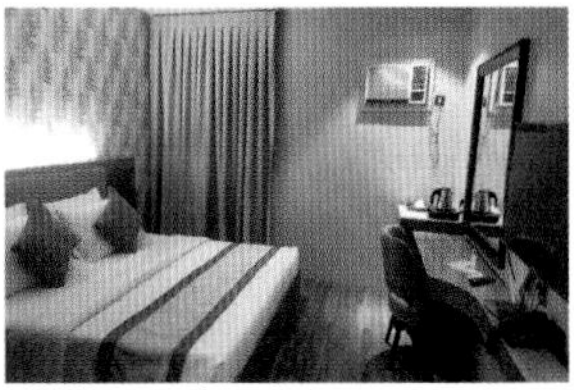
きれいでシンプルな客室

冷房　ファン　トイレ　水シャワー　温水シャワー　バスタブ　テレビ　ミニバー　冷蔵庫　ネットフリー　朝食　日本人スタッフ
※[共]と記してある場合は共同となります。

ニサ・トラベラーズ・ホテル　$

NISA Traveller's Hotel　[MAP] P.274-2

[冷房][ファン][ネットフリー][朝食]

リサール広場からとても近く、CPGストリートに面しているので便利。入口から階段を上った2階が受付。雑居ビル風の外観だが、2階にはオープンレストランがあり広々としている。

[住] 14 CPG Ave.
[TEL] (038) 411-3731
[Mail] nisahotel@yahoo.com
[料] ⓈⒹ₱500（[トイレ][共]）
Ⓢ₱700～　Ⓓ₱800～900（[冷房][トイレ][共][テレビ]）
ⓈⒹ₱1200～2400（[冷房][温水シャワー][テレビ]）
[室数] 26　[CC] 不可

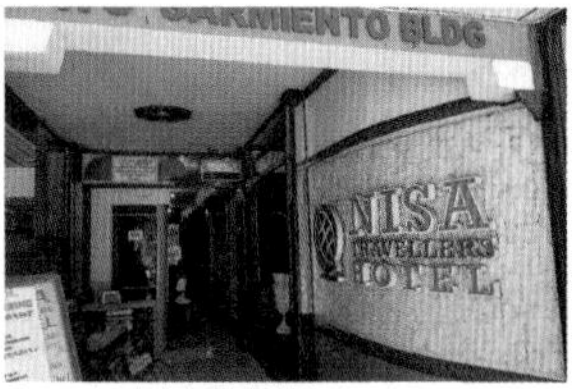

入口には大きな看板がある

トラベル・ビー・シーサイド・イン　$$

Travel Bee Seaside Inn　[MAP] P.274-1

[冷房][トイレ][温水シャワー][テレビ][ネットフリー][朝食]

港からのアクセスがよく目の前には韓国料理屋や日本料理屋、セブン-イレブンが入っているライトポート・センターモールがあり、夜遅くまで食事が楽しめる。室内はどの部屋も比較的明るい。

[住] Gallares St.
[TEL] (032)344-1316
[URL] www.travelbee.ph
[料] Ⓢ₱1480～　Ⓓ₱1780~
[室数] 50
[CC] 不可

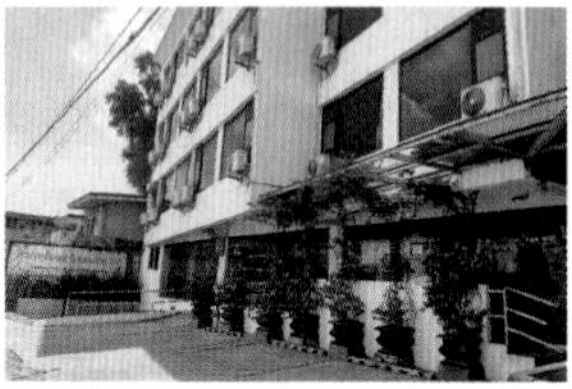
港とモールに近くて便利

スウィート・ホーム・ブティック・ホテル　$$

Sweet Home Boutique Hotel　[MAP] P.274-1

[冷房][トイレ][温水シャワー][テレビ][冷蔵庫][ネットフリー][朝食]

港に近く便利なロケーション。1階にはおしゃれなカフェとBBQレストランが入っている。室内もきれいでバスルームも広いので女性には特におすすめ。スタッフもとてもフレンドリー。

[住] J. Borja St. Cor. Remolador St.
[TEL] (038)422-8497/8409
[料] Ⓢ₱2588～　Ⓓ₱2857～
[室数] 25
[CC] MV

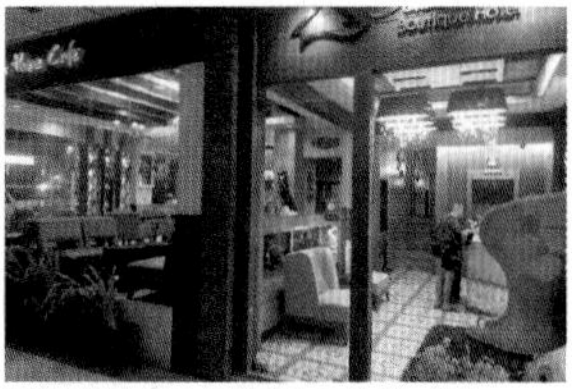
1階にはカフェとBBQレストランあり

ハーバー・ガーデン・イン　$

Harbour gardens Inn　[MAP] P.274-1外

[冷房][トイレ][温水シャワー][テレビ][ネットフリー][朝食]

港から5分のこぢんまりしたホームステイ感覚を楽しめるホステル。港の通りにあるのでトライシクルをつかまえやすい。ドミトリーもあるのでグループでの宿泊にもいい。小さなバルコニー付きの家族向けの部屋もある。

[住] 88 J. A. Graham Ave.
[TEL] 0942-047-1545、0915-193-5661、(038)427-6016
[Mail] harbourgardensinn@gmail.com
[料] Ⓓ₱1300～1600　Ⓕ₱2100　[Dm]₱580
[室数] 11
[CC] 不可

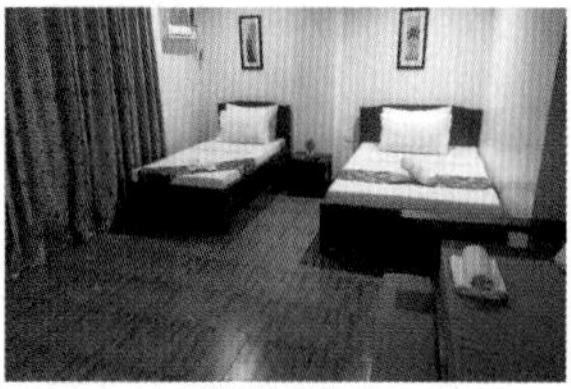
アットホームな雰囲気が魅力

オアシス・バリリ・ヘリテージ　$

Oasis Balili Heritage　[MAP] P.274-1

[ファン][冷房][トイレ][温水シャワー][朝食]

バックパッカー向けのホステルで、観光名所のひとつ血盟記念碑の銅像の近く。フィリピンスタイルの古民家を改修して宿にしている。ゲートをくぐると別世界に迷い込んだようなとても味わい深い空間が広がる。

[住] 0029 Jacinto Borja St.
[TEL] 0920-898-6769、(038) 411-2511
[Mail] oasisheritagehouse@yahoo.com
[料] [Dm]₱600～800（[トイレ][共]）　Ⓓ₱1650~
[室数] 7
[CC] 不可

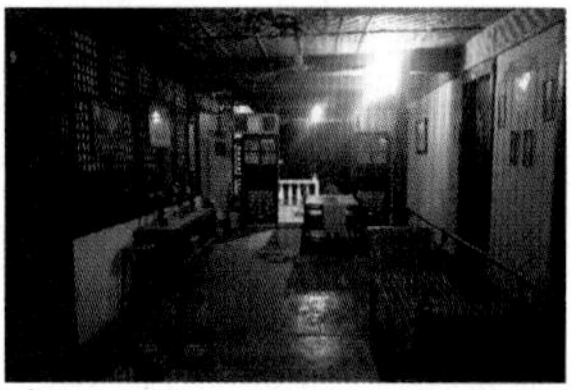
プライベートルームもある

VLガーデン・スイーツ　$

VL Garden Suites　[MAP] P.274-2

[冷房][トイレ][温水シャワー][テレビ][ネットフリー]

ボホール・アベニュー・ホテルが名前を変えてリニューアルオープン。部屋も改装され、清潔。こまごまとした心づかいがうれしい。値段のわりにお得感がある。タグビララン中心部にあるので、何をするにも便利。

[住] CPG Ave. Cor. MH del Pilar St.
[TEL] (038) 411-3182
[料] Ⓢ₱1000～　Ⓓ₱1300～
[室数] 15
[CC] 不可

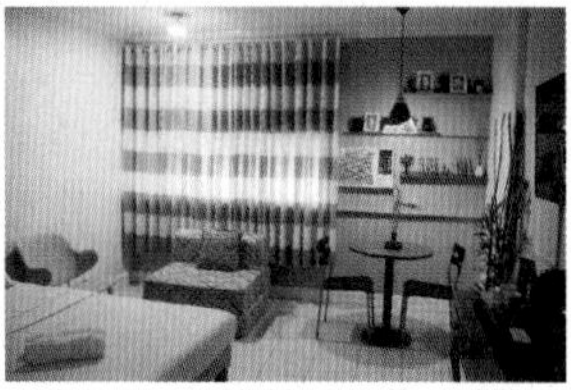
タグビラランでは指折りのモダンな内装

[冷房] 冷房　[ファン] ファン　[トイレ] トイレ　[水シャワー] 水シャワー　[温水シャワー] 温水シャワー　[バスタブ] バスタブ　[テレビ] テレビ　[ミニバー] ミニバー　[冷蔵庫] 冷蔵庫　[ネットフリー] ネットフリー　[朝食] 朝食　[日本人スタッフ] 日本人スタッフ

※[共]と記してある場合は共同となります。

世界でいちばん小さなメガネザル「ターシャ」

昼間はほとんど動かないので探しやすい

　ボホール島では、世界最小のメガネザル「ターシャ Tarsier」に出合える。大人でも体重が120gほどで体長10〜12cm、メスはこれよりもさらに小さい。夜行性の動物でコウモリやトンボが大好物という。ボホール島のほかにも、レイテ島やサマール島、ミンダナオ島、パラワン島にも生息している。

　野生のターシャは通常は森の中の木々をすみかとしているので、私たちが目にすることは難しい。そんなターシャを間近で見られる施設がボホール島には2ヵ所ある。

　町なかからほど近いコレリア Corella という地区にあるのは、**フィリピン・ターシャ・サンクチュアリ**。こちらは観光地というより研究保護施設で、より自然に近い状態でターシャを保護している。タイミングによってはターシャが木の高い所にいて見にくいこともあるが、自然に近い状態で観察することができる。スタッフが親切にガイドしてくれるのもうれしい。リクエストすればターシャの夜の生活を撮影した動画を見せてくれる。

　一方、観光地としてリニューアルした**ボホール・ターシャ・コンサベーション・エリア**は、ボホール1日ツアーのコースに組み込まれるため、多くの観光客が訪れる。園内には観察コースができていて、それに沿って歩く。1回に見ることができるターシャの数は5匹から8匹。一時期、観光客のカメラのフラッシュや声などにスト

ターシャを撮影する旅行者。ナイーブなのでくれぐれも静かに

レスを感じたターシャが死んでしまうということが相次いだため、現在はそれぞれのターシャに担当スタッフがひとりずつついている。もちろん、大声とフラッシュ撮影は禁止になっている。

■**フィリピン・ターシャ・サンクチュアリ**
　Philippine Tarsier Sanctuary
MAP P.272-A2　**住** km14 Canapnapan, Corella
URL https://philippine-tarsier-sanctuary.
business.site/　**開** 9:00〜16:00　**休** なし
料 ₱150(8歳以下無料)
■**ボホール・ターシャ・コンサベーション・エリア**
　Bohol Tarsier Conservation Area
MAP P.272-A2　**住** Villa Aurora, Bilar
TEL 0927-641-2063(携帯)　**開** 8:00〜17:00
休 なし　**料** ₱120(5歳以下無料)

美しいリゾート地

パングラオ島

Panglao Island

MAP 折込表-C3

パングラオ島の
市外局番 ☎038

ACCESS

✈ マニラからPALエクスプレスが1日3便、セブパシフィックが1日4便、エアアジアが1日3便。₱3000～。セブ島からはタグビララン港まで数多くの船が出ている。セブ島南部のオスロブOslob港とパングラオ島を直接結ぶアベコ・トラベルの高速も新たに就航した。タグビラランを経由せずにパングラオ島に入れる。1日1便。オスロブ発11:30。(→P.273欄外)

ドルフィンウオッチングツアーに参加しよう!
ボホール島の沖合は多くのイルカが見られることでも有名。アロナ・ビーチなどからツアーがいくつも出ていて、現地旅行会社やホテルで手配してくれる。通常、早朝にボートで出発。スノーケリングを組み合わせたものやランチ付きのものも手配できる。ひとり₱3000程度～。

美しい海が広がるアロナ・ビーチ

タグビラランとふたつの橋で結ばれた小さな島。2018年に国際空港がタグビラランからパングラオ島に移転したことで、パングラオ島がボホール島の玄関口となった。タグビラランに近いダウィスDauisエリアから島の西部に位置する空港エリアまで東西に細長く、島の南側を中心にローカルビーチが点在する。そのあたりを中心に近年ホテルやリゾート、レストランなどが数多く建設され、国際的な観光開発が進んでいる。なかでも多くの観光客でにぎわう**アロナ・ビーチ**はパングラオ島最長の1km以上続く白砂海岸だ。

パングラオ島への行き方   ACCESS 🚌

タグビラランの町中のローカルバスが発着するダオ・ターミナル(→P.275)からパングラオに向かうバスが出ている。路線によっては途中のマーケットで乗り換えが必要になる可能性があるので注意。トライシクルでも行ける。₱300～。

アロナ・ビーチには多くのホテルが立ち並ぶ

パングラオ島にある美しい教会

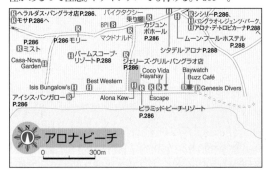

パングラオ島の歩き方　GETTING AROUND

ボホール・ビー・ファーム
（→P.288）からの景色

　パングラオ島の中心の**アロナ・ビーチAlona Beanh**は、パングラオ空港からも近い。海岸にはホテル、ダイビングショップ、カフェ、レストランが並び、パングラオ島を楽しむための拠点になる。少し離れたビーチまで足を延ばしてみると、リゾートエリアとは違った素朴な雰囲気を楽しむことができる。

🅷 ザ・ベルビュー・リゾート島の西部にある高級ホテルのプライベート・ビーチ
URL thebellevuebohol.com

パングラオ島の見どころ　ATTRACTION

農夫が発見したという奇観　★★
ヒナグダナン洞窟
Hinagdanan Cave　　　MAP P.272-A2

　長年の雨水の浸食によってできた洞窟で、天井からは無数の鍾乳洞が垂れ下がり、足元には淡水と海水が混じってできた地底湖が広がっている。自然のままの形を残すため、入口はかなり狭く急な階段を下りることになる。地底湖では遊泳も可能だが、シャワーなどの設備はない。

■ヒナグダナン洞窟
🚗 タグビラランからトライシクルまたはタクシーで所要約10分。アロナ・ビーチからは約1時間30分。
🏠 Bingag　🕐 8:00 ～ 17:00
🈺 なし　料 ₱50

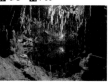

青く澄んだ水が美しい

ホタルの乱舞に圧倒される！

　ボホール島を訪れたら、ぜひ参加したいのがアバタンAbatan川沿いに生息するホタルを見学するリバークルーズ。日没後、両岸にマングローブやパンダナスが生い茂る川をボートで下っていくと、ところどころに点滅するホタルの光を発見。さらに進んでいくと、1本の大きなマングローブの木にイルミネーションのように光るホタルの群生を見ることができる。クルーズにはガイドが同乗し、ホタルの生態について説明をしてくれる。アバタン川へはタグビラランからは約10kmで車で30分、パングラオ島アロナ・ビーチからは約20kmで車で1時間。

マングローブの木に集まるホタルの群生

　また、クルーズ船ではなく、手漕ぎのカヤックでホタルを見に行くツアーもある。カヤックは同船する漕ぎ手が漕いでくれる。数ヵ所のスポットを巡ったあとはディナータイム。手作りのおいしい食事が待っている。

■**アバタン・リバー・ビジター・センター**（クルーズ船）
Abatan River Visitor Centre
MAP P.272-A2
TEL (038)503-9655　URL riverlife.ph
料 ホタル観賞ツアー 1名₱400
貸し切り 1名₱800（2名参加の1名分の料金）
※ホテルや旅行会社などでもツアーの申し込み可。
■**カヤックエイシア　Kayakasia**（カヤック）
🏠 Bohol Casa Niño Beach Resort, Panglao
TEL 0932-855-2928（携帯）　URL kayakasia.org
Mail kayakbohol@gmail.com
料 1名₱2000　2名₱1000／人　3 ～ 5名₱700／人（送迎、食事込み）
※氏名、連絡先、ピックアップ場所を伝えて予約（パングラオ島も送迎可）。ムーン・フール・ホステル（→P.288）は同経営なので、宿で申し込みが可能。無人島に上陸しサンセットとBBQを楽しむツアー（₱2100）も提供している。

レストラン

観光客向けレストランのほとんどはアロナ・ビーチ周辺に集中している。海岸沿いでは海鮮などの選んだ食材をお好みで調理してくれるバーベキュー（BBQ）スタイルが主流。メイン道路に出るとイタリアン、フレンチ、韓国、タイなど各国料理のレストランが立ち並ぶ。大きなリゾートホテルでは夕食時のビュッフェを宿泊者以外も楽しめる所も多い。

カジュン・ボホール $$
Kajun Bohol **MAP** P.284
アメリカ料理

　フィリピンで初めての出店がパングラオという米国発チェーン。店内はアメリカンな雰囲気でいっぱい。カウンターバーがあり、メインはボックス席。バッファローチキンとオリジナルバンズを利用したバーガーがおすすめ。

🏠 Panglao Circumferential Rd.
📞 (038) 411-6541
🕐 11:00 〜 23:00
休 なし
CC 不可

本場のハンバーガーの味は抜群

モリー／ミスト／モサ $$
Molly, Mist, Mosa **MAP** P.284
アジア創作料理

　パングラオ島内で違う名前で3店舗展開している。入口から店内までネイティブハワイアン調をイメージした作り。シェイクやカクテルが豊富なミスト。アロナ・ビーチに近く広々としているモリー。料理メニューが豊富なモサ。

🏠 Panglao Circumferential Rd. など
📞 0939-963-4473
🕐 10:30 〜 21:00
休 なし
CC 不可

こちらはモリー。人気のおしゃれカフェ

ヘラルダス・パングラオ店 $$
Gerardas Panglao Branch **MAP** P.284外
フィリピン料理

　フィリピン料理を美しい盛りつけで贅沢に楽しめる。タグビラランにも店舗がある。レストラン前にはプール、シャワーと小さな遊具もあるので、家族連れでランチタイムから楽しめるのがうれしい。

🏠 Panglao Circumferential Rd.
📞 0961-153-3811、0907-905-4348
URL www.gerardasbohol.com
🕐 11:00 〜 22:00
休 なし
CC AMV

プールもあって子供連れにも人気

ピラミッド・ビーチ・リゾート $$
Pyramid Beach Resort **MAP** P.284
フィリピン料理

　アロナ・ビーチに下りて左へ向かった三角屋根が目印。店頭の海鮮と肉から選んで調理方法を伝える。BBQは下味ソースなしがおすすめ。

🏠 Alona Beach
📞 (038) 422-8531
URL www.alonapyramid.com/restaurant
🕐 7:00 〜 22:00
休 なし
CC AMV

シシリー $$
Sicily **MAP** P.284外
イタリア料理

　アロナ・ビーチから離れたハイウェイ沿いにひっそりとある。自家製パンとリーズナブルなワインがうれしい。ラム肉、カルパッチョなどがおすすめ。

🏠 Panglao Circumferential Rd.
📞 0905-042-6695
🕐 11:30 〜 21:30
休 なし
CC 不可

アイシス・バンガロー $$
Isis bungalow **MAP** P.284
タイ料理

　アロナ・ビーチ沿いの老舗の本格的タイレストラン。ココナッツに入ったレッドカレーやグリーンカレー、手作りの春巻きもおすすめ。ホテルも併設。

🏠 Alona Beach Rd.
📞 (038) 502-9292
URL isisbungalows.com
🕐 7:00 〜 21:00
休 なし
CC AMV

ジェリーズ・グリル・パングラオ店 $$
Gerry''s Grill Panglao Branch **MAP** P.284
フィリピン料理

　開放的な雰囲気のパングラオ店は2022年オープン。ステージでは夜にファイアーダンスなども。オリジナル料理のティノモクTinomokがおすすめ。

🏠 Alona Beach Rd.
📞 (038) 411-3164、0919-069-5924
URL gerrysgrill.com
🕐 10:00 〜 23:00
休 なし
CC MV

ホテル Hotels

パングラオ島にはアロナ・ビーチを中心に各所にホテルが建設中で、その数は増え続けている。素泊まりやバックパッカー用の安宿から、広々とした部屋と充実した施設のラグジュアリーホテルまで宿泊施設のタイプは幅広い。アロナ・ビーチ周辺は徒歩圏内にたくさんのレストランがあるので食事を取る場所に困ることはない。

ボホール・ビー・ファーム $$$
Bohol Bee Farm
[MAP] P.272-A2

オーナーのボホール出身の女性がプロデュースし、ホテルとレストランをボホール各所とセブに出店している。内装はラフィア素材を使ってナチュラル感たっぷり。素材の味を生かして作られたアイスクリームは大人気。

[住] Purok 1, Brgy. Dao, Dauis
[TEL] (038) 502-2288、0947-997-7819、0917-304-1491
[URL] www.boholbeefarm.com
[料] [SD]₱3000 ～ 6000 Ⓕ₱7000
[室数] 50
[CC] ADJMV

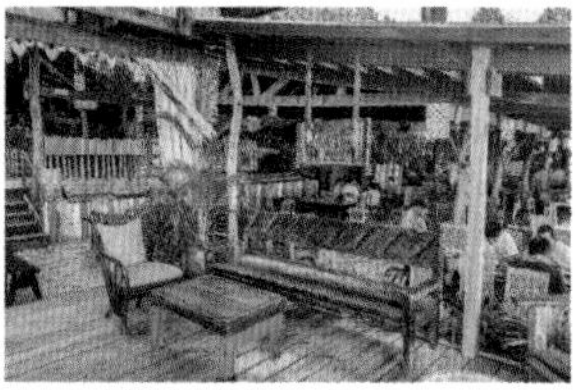
ホテルが運営するカフェ Buzzz

ローマン・エンパイア・ホテル $$$
Roman Empire Hotel
[MAP] P.272-A2

空港から最短のコスパのよいホテル。ローマ宮殿をイメージした作り。部屋はシンプルだが1階の全室から巨大なプールへのダイレクトアクセスが可能。ブランコや遊び場なども充実していて子供連れに好評。

[住] Purok 2, Brgy. Tawala, Panglao
[TEL] 0942-293-3893、0926-035-8129
[URL] www.romanresorthotel.com
[Mail] RomanResortHotel@gmail.com
[料] Ⓢ₱3440~ Ⓓ₱3200~ Ⓕ₱5565~
[室数] 79
[CC] ADJMV

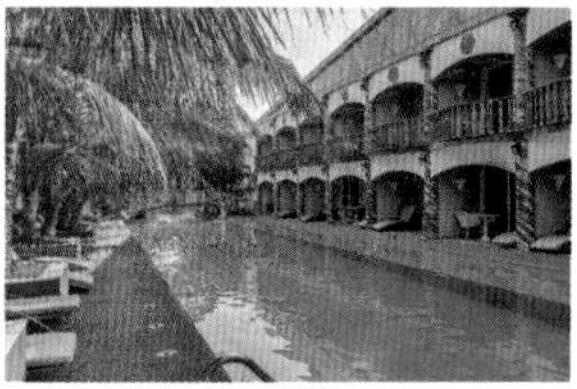
ホテル内は人工芝で快適

アマレラ $$$
Amarela
[MAP] P.272-A2

アロナ・ビーチからは少し離れた所にある。斜面にあり全室から海を眺めことができる。プライベートビーチはアオウミガメが産卵に来るほど静か。ボホール産の木材で作られた家具がすてき。バスタブ付きの部屋もある。

[住] Brgy. Libaong, Panglao
[TEL] 0917-623-0557
[URL] www.amarelaresort.com
[料] [SD]₱8200 ～ 1万8900
[室数] 31
[CC] ADJMV

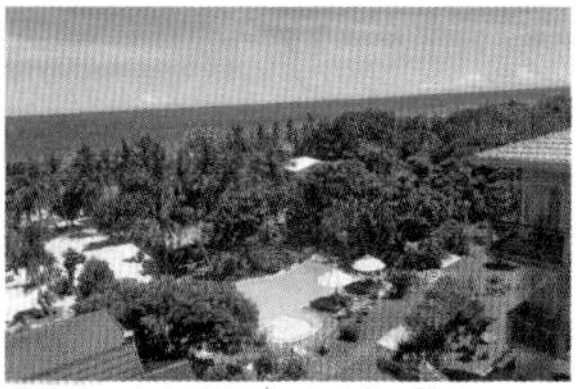
敷地内にある展望デッキからの眺め

モダラ・ビーチ・リゾート $$$
Modala Beach Resort
[MAP] P.272-A2

アロナ・ビーチから見ると島の反対側になる島北部のビーチにある。レストランやバーなどが入るモールの建物内。このモールには誰でも入ることができ、宿泊客でなくても静かな白砂ビーチを楽しめる。

[住] Tumoy Leisure Village, 888 Purok 5, Brgy. Doljo, Panglao
[TEL] (038) 411-0808、0919-082-3622
[Mail] reservations@modala.ph
[URL] www.modala.ph
[料] [SD]₱7500~1万0500
[室数] 126 [CC] ADJMV

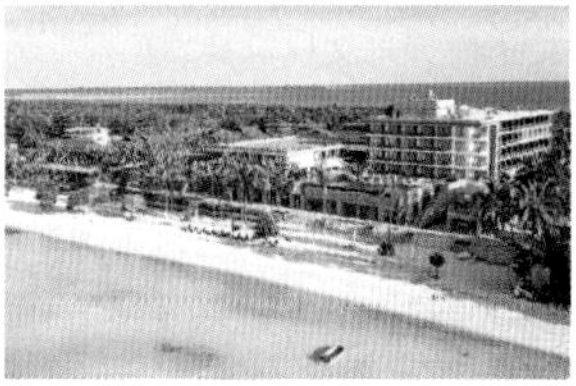
静かな滞在を楽しみたい方におすすめ

エスカヤ・ビーチ・リゾート＆スパ $$$
Eskaya Beach Resort & Spa
[MAP] P.272-A2

池やビーチもある、緑あふれる広い敷地内に一戸独立型のヴィラが点々と立つ、プライバシーを大切にした豪華リゾート。全室にプールまたはジャクージが付いていて、そのほとんどから海が眺められる。

[住] Brgy. Tawala, Panglao
[TEL] (032) 727-4927、0918-941-7153、0917-109-9830
[URL] www.eskayaresort.com
[料] ₱1万8300 ～ 11万3300
[室数] 15
[CC] AJMV

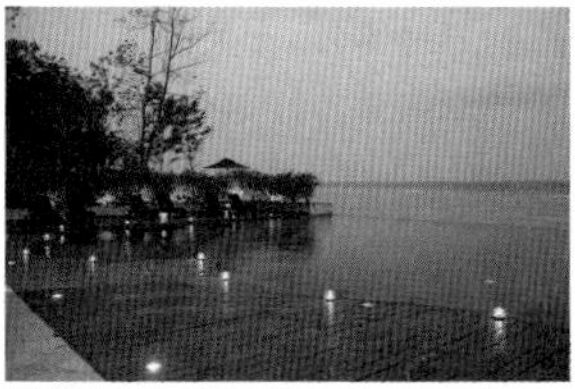
夜になると灯で彩られるインフィニティプール

冷房 ファン トイレ 水シャワー 温水シャワー バスタブ テレビ ミニバー 冷蔵庫 ネットフリー 朝食 日本人スタッフ
※[共]と記してある場合は共同となります。

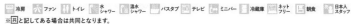

パームスコーブ・リゾート $$$

Palmscove Resort [MAP] P.284

日本人夫婦が経営していて細やかなサービスがうれしい。レストランの食事もおいしく、こだわりをもって手がけられた内装のリゾート内でゆったりとした時間を楽しむことができる。空港送迎サービスもあり、₱500～。

[住] Purok 5, Brgy.Danao, Panglao
[TEL] (038) 502-8893、0939-765-9446
[URL] www.palmscove.com
[Mail] info@palmscove.com
[料] [S][D]₱4200～4600 [Su]₱7200
[C]₱1万
[室数] 8 [CC] 不可

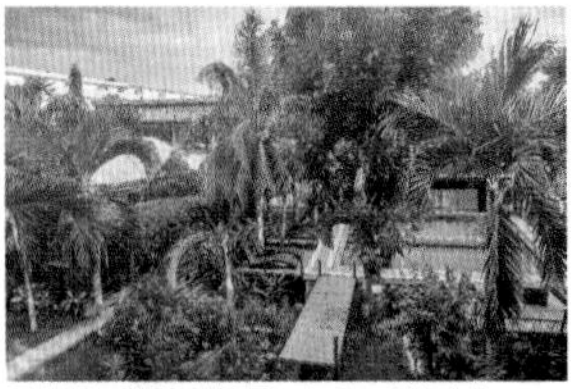
日本語の説明が部屋にあるのがうれしい

ノバ・ビーチ・リゾート $$$

Nova Beach Resort [MAP] P.272-A2

日本人とフィリピン人の夫婦が経営する隠れ家的別荘のようなダイバーズ・ロッジ。建築家のオーナーのデザインによる手作りのぬくもりある部屋はすべて2人用。敷地内からローカルビーチへ直接アクセスできる。

[住] Hoyohoy Beach Brgy. Tawala, Panglao
[TEL] 0909-676-7725
[URL] bohol.jp
[Mail] nova.beach@hotmail.co.jp
[料] [S][D]₱2500～5000
[室数] 19 [CC] 不可

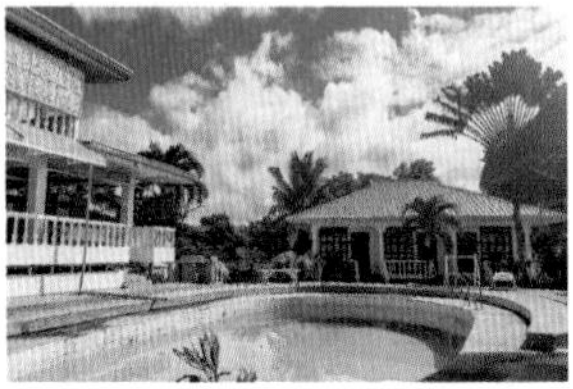
レストランの2階から眺める海がいい

パングラオ・レジェンツ・パーク $$$

Panglao Regents Park [MAP] P.284-外

アロナ・ビーチから歩いて5分の好立地でリーズナブル。ホテル内のプールも広く、部屋はシンプルですっきりしている。各部屋に冷房だけでなく、扇風機が付いているのもうれしい。

[住] Ester A. Lim Drive, Brgy. Tawala Panglao
[TEL] 0995-775-2398、0961-157-1531
[Mail] panglaoregentspark@gmail.com
[料] [S][D]₱1800～2200 [F]₱2600
[室数] 44
[CC] ADJMV

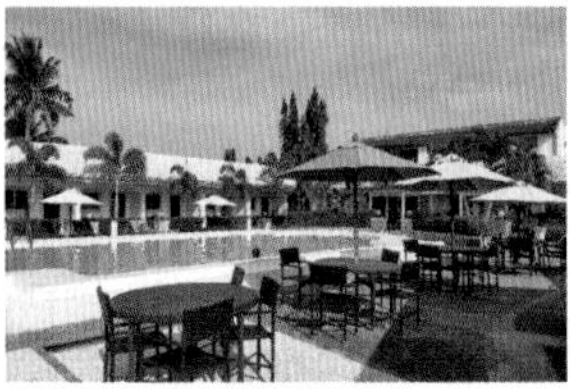
コスパよし。行動派におすすめ

シタデル・アロナ $$

Citadel Alona [MAP] P.284

建物はヘリテージ風。部屋は小さめでバックパッカー向き。1階奥にはボルダリング、ボクシングジム、ヨガスペースがあり、週に2回、8:00から1時間有料レッスンが受けられる(要予約)。

[住] Lot 4480-A, Purok 7, Bagy. Tawala, Panglao
[TEL] (038) 422-8162
[Mail] citadelalona@yahoo.com
[料] [S]₱1150~ [F]₱1800~
[室数] 8
[CC] ADJMV

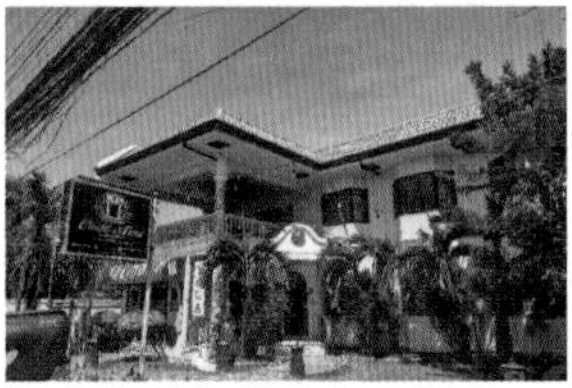
奥にはボルダリング・スペースがある

アロナ・デ・トロピカーナ $$

Alona de Tropicana [MAP] P.284-外

ビーチに面してはいないが、ハイウエイ沿いで空港へもアロナ・ビーチへも10分ほどでアクセスできる。リクエストをすれば朝食も可能。徒歩圏内に中華やイタリアンのレストラン、コンビニやみやげ物屋があって便利。

[住] Brgy. Tawala, Panglao
[TEL] (038) 427-1347、0939-903-8431
[URL] alonadetropicana.com
[Mail] info@alonadetropicana.com
[料] [S]₱5200 [D]₱4200 [Tr]₱3200
[室数] 15
[CC] 不可

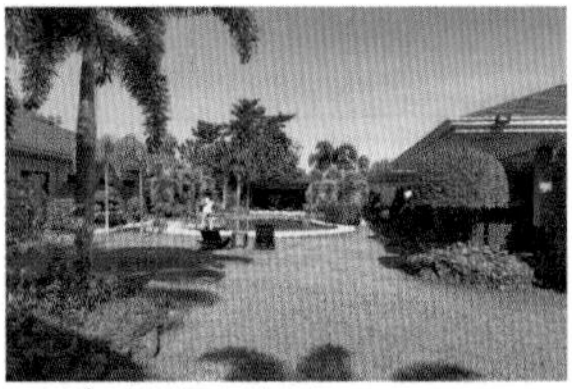
シンプルだが居心地はよい

ムーン・フール・ホステル $

Moon Fool Hostel [MAP] P.284

アロナ・ビーチにあるホステル。女性専用ドミトリーと個室がある。共同バスだが清潔に保たれている。朝食はシリアルやフルーツなどからセルフサービスで楽しむスタイル。フィリピン・テイストの内装が心地よい。

[住] Ester Lim Dr. cor. Hontanosas Rd., Panglao
[TEL] 0963-450-4222 (携帯)
[URL] www.moonfools.com
[料] [S][D]₱1300 [Dm]₱580～660
[室数] 6
[CC] 不可

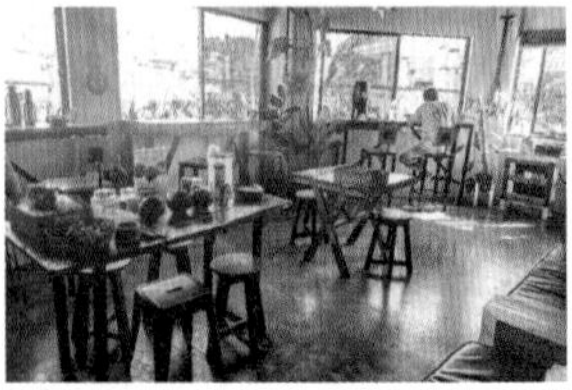
旅の出会いが広がるレストラン

ダイビングサービス　Diving

ボホール島やパングラオ島を訪れたら一度は海の中を満喫してほしい。南国ビーチでのんびりしながらダイビングを楽しみたい方はパングラオ島を拠点に、ショッピングのかたわらダイビングもという人はタグビラランのダイブショップ利用がおすすめだ。ボホール島周辺のダイブサイトはまだ整備が進んでいないところも多いが、各ダイブショップがアクセスをアレンジしてくれる。

リコラソン
Ricorazon　パングラオ島 **MAP** P.272-A2

　ライセンスなく気軽に楽しみたい人や、普通のダイビングに飽き足らない人を対象に「サンドラ・メディテーション・フィットネス（SAMFI）」というデトックスやボディトリートメントを目的としたプログラムを提供。

住 Nova Beach Resort, Hoyohoy Beach, Brgy. Tawala, Panglao
TEL 0909-676-7725（日本語対応）
URL ricorazon.shopinfo.jp
Mail info@ricorazon.com
料 SAMFI₱3000 〜、体験ダイビング₱4500 〜、ファンダイビング₱2000 〜
CC 不可

代表のMicaさんは人気抜群のインストラクター

グッド・ダイブ・ショップ
Good Dive Shop　タグビララン **MAP** P.274-1外

　町なかからタグビララン港に入るとすぐに見える緑の建物、ボホール・トロピクス内にある。日本語がわかる気さくな地元ガイドたちが明るく出迎えてくれる。港に近くダイビング後は荷物を置いて町なかへ繰り出せるのも魅力。

住 Bohol Tropical Resort, Graham Ave., Tagbilaran City
TEL 0918-943-6266
URL www.boholgood.com
Mail info@gooddive.jp
料 ファンダイビング₱3500 〜
CC 不可

明るく陽気なスタッフたち

ダイビングコラム DIVING COLUMN

ボホール島周辺のダイビングスポット

　このエリアでダイビングポイントがあるのは、おもにボホール島周辺の3つの島。西側沖に浮かぶカビラオ島と、南西側に橋でつながっているパングラオ島、その沖のバリカサグ島だ。

カビラオ島　**MAP** P.272-A1

　ソフトコーラルとハードコーラルの両方が楽しめる貴重なポイントが多く、ドロップオフのゴルゴニアンコーラルにはデニスピグミーシーホースが高確率で狙える。ピンクスクワッドロブスターもカビラオ島らしい生物として人気。20m以深に広がる砂浜に流れが当たるとギンガメアジやバラクーダーが集まることもある。

パングラオ島　**MAP** P.272-A2

　アロナ・ビーチを中心に左右に広がるダイブポイントはパングラオ南エリアとして人気が高い。マクロはカエルアンコウやフウライウオ、リングアイジョーフィッシュなど。アルコというポイントでは水深5mから20mまで続く竪穴があり、壁のカラフルなソフトコーラルも見どころ。

バリカサグ島　**MAP** P.272-A2

　バリカサグには4つのポイントがありスロープからドロップオフと景色を変えて楽しめる。ダイバーズヘブンでは5mの浅瀬にハードコーラルが群生していて、太陽が差し込むととてもきれい。ブラックフォレスト・ロイヤル・ガーデンサイドでは潮の流れにより、ギンガメアジやバラクーダが集まり、多くのダイバーたちを魅了する、運が良ければスノーケルでも遭遇のチャンスがある。

ボラカイ島

　ボラカイ島は2012年にアメリカの雑誌『トラベル＋レジャー』において世界最高の島と評価されたことをきっかけに、その素朴な美しさが世界に知られるようになった。しかし、その後観光客の増加により環境破壊が著しいとして、2018年に政府はボラカイ島の半年間の閉鎖を強行した。閉鎖中に、ビーチや海中の美化、電動トライシクルの導入などさまざまな活動が行われた。その後まもなくコロナ禍により再び閉鎖。以前の美しさを取り戻し、2022年に再開後は再び世界の観光客を魅了している。現在は二度と閉鎖は繰り返すまいと、ビーチでの飲食、喫煙、営業活動などの禁止措置がとられている。観光による収入で生計を立てている人の多いフィリピンにおいて持続可能な観光地のあり方を示す一つの例といえよう。

ボラカイ島

N

0　　　　1km

P.294
プカシェル・ビーチ
Puka Shell Beach

ボラカイ・
ニューコスト

P.302
アルタ・ビスタ・デ・
ボラカイ

P.300
シャングリ・ラ ボラカイ
リゾート＆スパ

Movenpick

ヤパック
YAPAK

ベルモント・ホテル・ボラカイ P.301
Savoy

P.300
クリムゾン・リゾート＆スパ・ボラカイ
The Panoly Resort

プンタ・ブンガ・ビーチ
Punta Bunga Beach

イリグ・イリガン・ビーチ P.295
Ilig Iligan Beach

バリンハイ・ビーチ
Balinghai Beach

P.295
フェアウエイズ＆ブルーウオーター・
リゾート・ゴルフ＆カントリークラブ

P.301
リンド・ボラカイ

Mt.Luho ▲

ボラカイ島
BORACAY IS.

P.300 ディスカバリー・
ショアーズ・ボラカイ

トゥー・シーズンズ・
ボラカイ・リゾート
P.301

P.302 シー・ウインド・ボラカイ

バラバグ
BALABAG

ブラボグ・ボートステーション
Bulabog Boat Sta.

ブラボグ・ビーチ P.34
Bulabog Beach

シブヤン海
Sibuyan Sea

ボート
ステーション1
Boat Sta.1

ボートステーション2 Boat Sta.2

ツーリストセンター
Tourist Center

ラグタン・ボートステーション
Lagutan Boat Sta.

ホワイト・ビーチ
White Beach

ボートステーション3 Boat Sta.3

P.295
クロコダイル島
Crocodile Is.

P.292～293

マノック・マノック
MANOC-MANOC

P.295
ラウレル島
Laurel Is.

Lorenzo Villas

P.295 クリスタル・コーブ
Crystal Cove

カグバン港
Cagban Jetty Port

ボラカイ島行き
ボート乗り場
Jetty Port

カリボへ

カティクラン空港
Caticlan Airport

パナイ島
Panay Is.

A　　　　　　　　　　　B

フィリピン有数のリゾート島

ボラカイ島

Boracay Island

半年間の閉鎖後、環境に優しく生まれ変わったボラカイ島

観光客に人気なのは、ボラカイ島の西側に約4kmにわたって延びる**ホワイト・ビーチWhite Beach**。ビーチ沿いには高級リゾート、安宿、レストラン、バー、クラブ、ダイビングサービスなどが軒を連ね、多くの観光客でにぎわっている。

ボラカイ島への行き方　　　ACCESS

行き方はふたとおりある。最短距離はパナイ島の**カティクラン空港**（正式名称は**ゴドフレド・P・ラモス空港 Godofredo P. Ramos Airport**）まで飛行機で飛び、そこからトライシクルで港まで行き、ボートでボラカイ島に渡る方法。もうひとつは、パナイ島のカリボ（→P.332）からバスでカティクランの港まで行き、ボートでボラカイ島へ渡るというもの。

飛行機でカティクラン空港に到着した場合は、空港を出てからトライシクルのチケットを購入し、カティクランの港へ向かう。わずか10分ほど。₱100〜。カリボからカティクランの港までは、エアコン付きの乗合バスを数社が運行している。カティクランの港まで所要約2時間、運賃は片道₱450前後。

港に着いたら、窓口でバンカーボートのチケット（₱100）を購入し、さらに港使用料Terminal Fee（₱300）と環境税（₱300）を払う。荷物検査を受け、いよいよ乗り場へ。約15分でボラカイ島の**カグバン港Cagban Jetty Port**（→ **MAP** P.290-B2）に到着する。港からは、トライシクルや送迎車で各ホテルへ。

ボラカイ島の
市外局番 ☎036

ACCESS

🛬 マニラからカティクランへはセブパシフィック、セブゴー、PALエクスプレス、フィリピン・エアアジアが毎日6〜8便運航。所要約1時間、₱1600〜。セブからカティクランへはPALエクスプレス、セブパシフィック、フィリピン・エアアジア、セブゴーが毎日6〜8便運航。所要約1時間20分、₱1400〜。

マニラからカリボへは、PALエクスプレス、フィリピン・エアアジアが毎日5便運航。所要約1時間30分、₱1100〜。

🚢 バタンガス港から2GOトラベルのフェリーでカティクラン港に向かうこともできる。所要11時間。₱1800〜。

URL travel.2go.com.ph

新ターミナルを整備
　カティクラン空港は新ターミナルが建設され、到着ロビーと出発ロビーで異なる建物が使われている。

電動トライシクルはEトライクと
呼ばれている

手書きTシャツをおみやげに

ボラカイに数軒出店しているハッピー・プラネットというみやげ物店では、手書きデザインのTシャツを購入できる。決まった絵柄だと1枚₱520～、自分の名前を入れてもらうと₱770～。ただし、完成までは丸1日かかるので注意。自分でデザインしたものをお願いすることも可能だが、割高で時間も余分にかかる。ちなみに洗濯してもとれない塗料を使用しているので安心。ここでしか手に入らないオリジナルのTシャツはボラカイのいい旅の記念になるはずだ。※料金はTシャツ自体の代金込み。

[S]ハッピー・プラネット
Happy Planet
[MAP] P.292-B
[TEL] 0917-842-6938
[営] 9:00～20:00
[休] なし

ボラカイ島の歩き方 GETTING AROUND

メインロードでは、電動トライシクルというオートバイに客席を付けた3輪の乗り物をつかまえることができる。ドライバーに行き先を伝えてから乗ろう。乗り合いであれば₱15～20、個人で乗ると₱150～200。

南北に約7km、東西に1～2kmの島の中心は、ホワイト・ビーチにあるボートステーション1とボートステーション3の間。ここには砂で固められたビーチ通りが走っていて、通り沿いには多くのホテル、レストラン、ダイビングサービスなどが軒を並べている。この通りは一応道らしくなっているが、ほとんど砂浜の延長といった感じ。極端にいえば裸足でも歩けてしまう。北から南までは、ゆっくり歩いても40分程度なので、散策しながら好みのレストランやギフトショップを探してみよう。

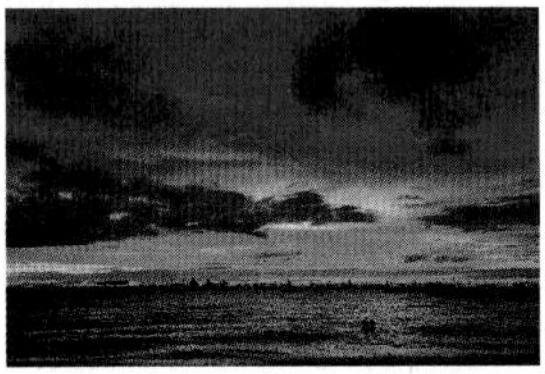
ホワイト・ビーチから見るサンセットは絶景

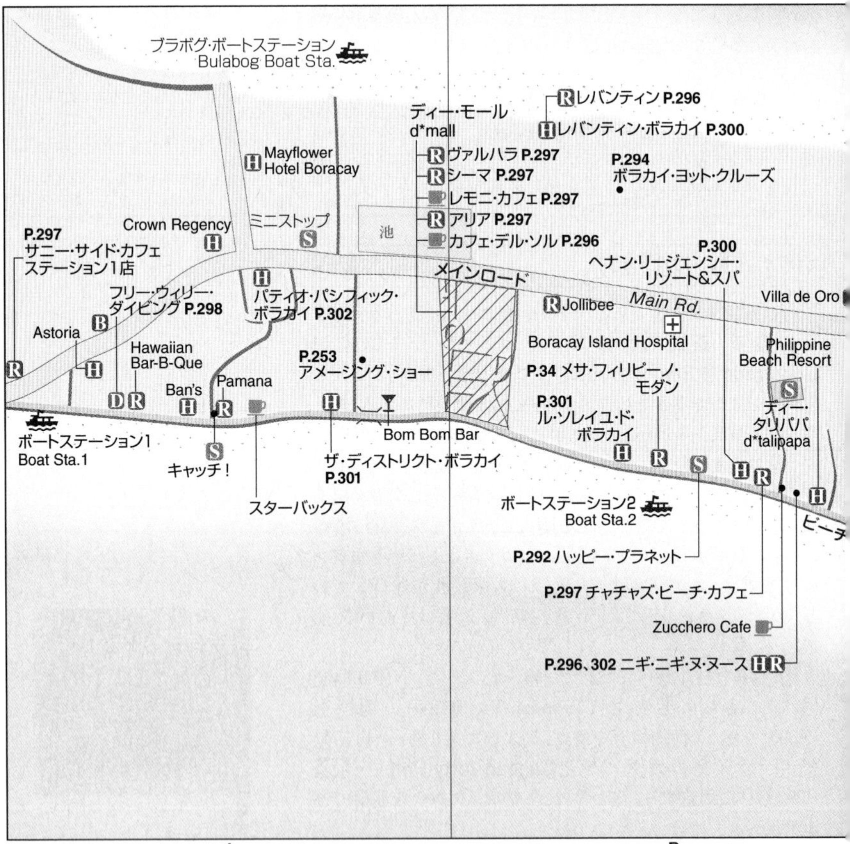

ビーチ通りを歩こう

　ビーチ通りを歩くときはボートステーションが目印となる。道を聞くにも、「ステーション3の近くの〜」などといった具合になる。中心は、ボートステーション2の南側あたりだ。この周辺は、いつも多くの観光客が集まり、にぎわっている。

　ここから南へ行き細い道を左に曲がると、魚や野菜、洋服、みやげ物などの屋台が集まったディー・タリパパ d*talipapaがある。また、ボートステーション1と2の間にある

ディー・モール d*mallには、レストランやバー、みやげ物屋など何でも集まっている。一度、散歩がてらのぞいてみるといいだろう。

観光の拠点となるホワイト・ビーチ

ボートステーション1〜3

　2006年にカグバン港に桟橋が完成して以来、ホワイト・ビーチのボートステーションは使われていないが、今でもほとんどの人が場所を示すための目安にしている。

両替をするには

　ホワイト・ビーチ各所に両替所があり、島内ではわりとレートがよい。日本円からの両替ももちろん可能だ。ボラカイ島では銀行、私設の両替所、あるいは観光案内所でも両替ができるが、どこもレートはマニラより悪い。なるべくマニラの両替所で、ペソへの両替を済ませておこう。また、ATMはよく見られるのでキャッシングなどに利用するといい。

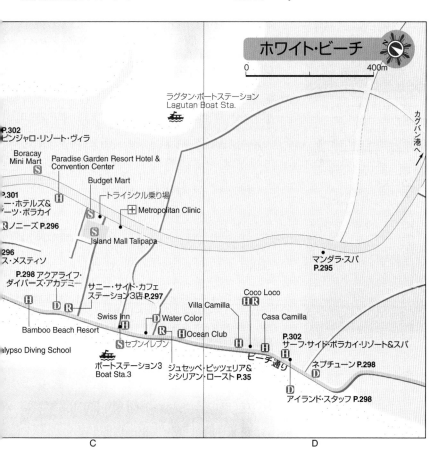

ホワイト・ビーチ

0　　　　　　　　　400m

アイランドホッピングなどでも使われるバンカーボート

マリンスポーツを楽しむ

　大きなリゾートでは、独自のマリンスポーツ施設をもっていることもあるが、たいていはビーチで別営業のショップに行って用具を借りたり、インストラクターを頼んだりということになる。ショップによって多少の違いがあるが、料金の目安は下記のとおり。
●スノーケリングセット
₱500 ～ /1日
●水上オートバイ
1台₱2000 ～ /15分
●バナナボート
1人₱450 ～ /15分
●パラセイリング
1人₱2000 ～ /15分

さまざまなアクティビティが楽しめる

■ボラカイ・ヨット・クルーズ
　16:00 ～ 18:00までのクルーズでウェルカムドリンク、ボトルウオーター、おつまみが付いて1人₱2000。
MAP P.292-B
🏠 2nd Floor Sunflower Commercial Building Station 2, Balabag
☎ (036) 288-9603、0999-992-8167

美しいサンセットとともに浮かぶヨット

■プカシェル・ビーチ
　ボートステーション1からトライシクルで約15分、₱200 ～。ボートでも行ける。

息をのむようなきれいなビーチが広がる

島の中心を走るメインロード

　ビーチ通りは、そのところどころから内陸のメインロードMain Rd.へ抜けられる道が延びている。特にボートステーション3の前の道は幅が広く、トライシクルも通れて便利だ。

　メインロードおよびそこへ続く道は庶民の町。学校や病院があるほか、雑貨店、パン屋、食堂なども点在していて旅行者が散策しても楽しい。周辺には、民泊をさせてくれる家や安宿などがあり、ボラカイに長く、安く滞在したいバックパッカーなら、いろいろと聞いて回るのもいいだろう。

素朴な風景が広がる北部と南部

　島の北端に**ヤパックYapak**、島の南端には**マノック・マノックManoc-Manoc**という小さな村（バランガイ）がある。ここでは、島の庶民ののんびりとした日常の生活が垣間見られる。

ボラカイ島の見どころ　　ATTRACTION

　見どころの多くは海からアクセスしたほうが楽なので、バンカーボートで島を巡るツアーが頻繁に催行されている。3時間くらいのものから1日ツアーまで、たいていのホテルで手配してくれる。料金の相場は1日ツアーで₱3800前後。**プカシェル・ビーチ Puka Shell Beach**（→下記）、**クロコダイル島Crocodile Is.**（→P.295）などを回る。

ボラカイ島でクルージング　　　　　　　　　　　★★
ボラカイ・サンセット・クルーズ　　**MAP** P.292-B
Boracay Sunset Cruise

　ボラカイの美しいサンセットを間近で見ることのできるサンセット・クルーズ。2階建てボートに乗り、明るい時間はスノーケリングをしたり、ライブの歌を聞きながら夕日を眺めるという贅沢なクルーズ体験をすることができる。

ボラカイ島で最も美しいビーチ　　　　　　　　　★★★
プカシェル・ビーチ　　**MAP** P.290-A1
Puka Shell Beach

　細長い島の北端にあるビーチで、以前は砂の中にプカシェルがたくさん交ざっていた。しかし、その丸くてかわいい貝はアクセサリーなどに使うためひろい集められ、今では激減している。ビーチへ続く道にみやげ物屋やレストランが並んでいるが、ホワイト・ビーチよりもゆったりできる雰囲気だ。

静かに過ごせる穴場のビーチ ★★
イリグ・イリガン・ビーチ MAP P.290-A1
Ilig Iligan Beach

　プカシェル・ビーチが定番のデイトリップビーチだとしたら、こちらは隠れ家的なビーチ。海の透明度や青さはプカシェルに劣るが、静かな
ビーチでリラックスしたい人には最適といえるだろう。もちろんこちらでもビーチアクティビティは可能。海の家風のレストランも営業している。

地元の子供たちの姿も見られる

スノーケリングにおすすめ ★★
クロコダイル島 MAP P.290-B2
Crocodile Is.

　ボラカイ島の南端の東にある小さな島。島の形がクロコダイル（ワニ）に似ていることからこの名がつけられた。島へはボラカイ島からアイランドホッピングなどでアクセスでき、のんびりスノーケリングを楽しむには最高の場所だ。遠浅のビーチが続くボラカイ島はスノーケリングスポットはあまりないが、この島の周囲はダイビングスポットになっているほどで、サンゴが美しい。

冒険気分に浸れる ★★
クリスタル・コーブ MAP P.290-B2
Crystal Cove

　ボラカイ島南東沖、パナイ島との間にある**ラウレル島 Laurel Is.**（→MAP P.290-B2）。この島にはクリスタル・コーブという洞窟がある。入口で入場料を払い、ゲートをくぐると坂道がある。ここを上っていくと小さな岩穴が現れ、そこから波が岩に打ちつける大きな洞窟へはしごが下りている。ここには、懐中電灯でよく照らさないとわからないが、クリスタルに輝く岩があるという。ボートステーション3からバンカーボートをチャーター（1時間₱500が相場）して行く。

ラウレル島への移動はバンカーボートで

■イリグ・イリガン・ビーチ
　ボートステーション1からトライシクルで約15分、₱200～。

ボラカイ・ニューコースト
　島の北東部でボラカイ・ニューコーストと呼ばれる地区の開発が進み、数件のリゾートと商業施設がオープンした。Hサヴォイ、Hベルモントなどが開業しているが、これらの最寄りのビーチがイリグ・イリガン・ビーチ（→左記）となる。

■クロコダイル島
🚤ボラカイ島からはボートで30～40分の沖合にあるので、自力で行くのは難しい。アイランドツアーなどに参加するといいだろう。

■クリスタル・コーブ
🚤クロコダイル島（→上記）と同様。
🕗8:00～17:00　休なし
料₱200

マッサージをするなら
　ステーション3の近くに盲目のマッサージ師が海辺でマッサージをしてくれるブラインドマッサージがある。30分₱300、1時間₱500。なかなか気持ちいいので頼んでみてもいいだろう。本格的なマッサージがいいなら、ホワイト・ビーチの南端、メインロード沿いにスパ施設がある。
●マンダラ・スパ
　Mandala Spa
MAP P.293-D
TEL (036) 288-5858
Spa Reception：0917-622-8538
URL www.mandalaspaboracay.com
🕗10:00～22:00
休なし

ゴルフをする
　ボラカイ島でゴルフを楽しむのもいいだろう。
●フェアウエイズ&ブルーウオーター・リゾート・ゴルフ&カントリークラブ
　Fairways & Blue Water Resort Golf &Country Club
MAP P.290-A1
URL https://fairwaysandbluewater.com

レストラン

レストランの多くは、観光客が集まるホワイト・ビーチ沿いに集まっている。散歩がてら、いろいろな店をのぞいてみるのもいいだろう。また、ボートステーション1と2の間にあるディー・モールには、ファストフードからフィリピン料理をはじめイタリア、ギリシア、ドイツ料理と各国料理のレストランが揃っている。

ノニーズ $$
Nonie's

MAP P.293-C
インターナショナル料理

ホワイト・ビーチでは最もおすすめのレストラン。ローカルの新鮮な食材を使ったおいしいカフェ飯が食べられる。メニューはインターナショナルだが、フィリピンテイストも感じられる。1食₱300程度。店内のインテリアもすてき。

- 🏠 Hue Hotel and Resorts, Station 2
- 📞 0912-394-8948（携帯）
- 🔗 www.nonies.com.ph
- 🕐 9:00 ～ 22:00
- 休 なし
- 💳 MV

盛りつけも味も繊細

レバンティン $$
Levantin

MAP P.292-B
西洋料理

ブラボック・ビーチの目の前にあり、心地よい風を感じながら食事のできるレストラン。ホテルを併設しており、朝から夜までにぎわっている。朝食メニューも充実。そのほかにもピザやバーメニューなど豊富に取り揃えている。

- 🏠 Bulabog Beach
- 📞 0939-805-2564
- 🔗 https://www.levantinboracay.com/
- 🕐 7:00 ～ 22:00
- 休 なし
- 💳 AJMV

マルゲリータ（₱390）

カフェ・デル・ソル $$
Café del Sol

MAP P.292-A～B
カフェ

ボラカイ島でコーヒーとケーキが欲しくなったら、ここへ。チーズケーキなどは、甘さ控えめで食べやすい。コーヒーは味も香りも本格的で、エスプレッソやカフェラテなどがある。ディー・モールのなかにある。

- 🏠 Beach Front, D' Mall de Boracay
- 📞 (036) 288-5573
- 🔗 cafedelsol.com.ph
- 🕐 7:00 ～ 23:00
- 休 なし
- 💳 AMV

テイクアウトも可能

ニギ・ニギ・ヌ・ヌース $
Nigi Nigi Nu Noos

MAP P.292-B
フィリピン料理ほか

同名のホテル（→P.302）に併設されているレストラン。バンブー造りの野趣あふれる店内で、シーフード、ピザ、フィリピン料理などバラエティ豊かな料理を楽しめる。朝食₱160 ～。店内はジャズが流れている。

- 🏠 D' Talipapa
- 📞 0907-503-3089（携帯）
- 🕐 6:00 ～ 24:00
- 休 なし
- 💳 AMV

中庭に面したテラスが心地よい

ドス・メスティソ $$
Dos Mestizos

MAP P.293-C
スペイン料理

ボラカイでは最も有名なスペイン料理店。高めの値段設定だが、味は確か。特にパエリアがおすすめで、値段は小サイズが₱900、中₱1560、大₱2350となっている。

- 🏠 Seawind Resort, Main Rd. Station 1
- 📞 0966-672-8077（携帯）
- 🔗 dosmestizos.com
- 🕐 11:00 ～ 23:00
- 休 なし
- 💳 ADJMV

イカスミの入ったパエリア・ネグラ

チャチャズ・ビーチ・カフェ $$

Chacha's Beach Cafe

MAP P.292-B

インターナショナル料理

朝食ビュッフェが人気のビーチサイドカフェ。ホテル併設のレストランだが、おいしい料理を求めて外部からもゲストがやってくる。朝食ビュッフェ（₱703）には垢抜けたメニューの数々が揃い、味もおいしい。ランチにもおすすめ。

🏠 Station 2 Beach Front, Brgy. Balabag, Malay
TEL (036)288-2634
URL coastboracay.com
⏰ 6:00 〜 24:00
休 なし CC AMV

ビーチ沿いのセミオープンのテーブル

レモニ・カフェ $$

Lemoni Cafe

MAP P.292-A〜B

カフェ

スタイリッシュなカフェ。チキングリル、ステーキ、パスタなどが揃い、朝食セット（₱200 〜）は時間を問わずいつでも食べられる。2階のベーカリーで焼き上げた自慢のケーキやクッキーもぜひ試したい。

🏠 D' Mall de Boracay
TEL (036) 288-6781、0977-857-7155
⏰ 7:00 〜 23:00
休 なし
CC MV

ディー・モールの広場に面する

アリア $$

Aria

MAP P.292-A〜B

イタリア料理

ホワイト・ビーチを眺められる人気のイタリアン。心地よいオープンエアのテーブルからは、海も眺められる。パスタやピザ、メインディッシュ、ワインなどが多彩に揃っている。

🏠 Beach front, D' Mall de Boracay
TEL (036) 288-5573
URL aria.com.ph
⏰ 11:00 〜 23:00
休 なし
CC AJMV

ピザは₱580 〜

ヴァルハラ $$

Valhalla

MAP P.292-A〜B

西洋料理

ディー・モール内にあるステーキやパスタが評判の洋食レストラン。Tボーンステーキが₱1750など全体的に高めだが、焼き方にもこだわったおいしい肉が食べられる。パスタは₱195 〜。店内はセミオープンで開放的。

🏠 D' Mall de Boracay
TEL (036)288-5979
⏰ 8:00 〜 23:00
休 なし
CC MV

手頃なサイズのフィレミニオン（₱695）

シーマ $$

Cyma

MAP P.292-A〜B

ギリシア料理

ボラカイでは珍しいギリシア料理のレストランで、観光客、地元の人を問わず人気がある。名物は、チーズをオーブンで焼いたサガナキ。目の前でアツアツの鉄板の皿にブランデーをかけてくれる。

🏠 D' Mall de Boracay
TEL (036) 288-4283、0928-506-9311（携帯）
⏰ 10:00 〜 23:00
休 なし
CC MV

屋内もいい雰囲気

サニー・サイド・カフェ $$

Sunny Side Café

MAP P.292-A

カフェ

ホワイト・ビーチの絶景を目の前に食事ができる人気のカフェ。巨大なパンケーキが名物で、ひとりならハーフサイズで十分。ステーション3にも店舗（MAP P.293-C）がある。

🏠 Station 1, Beachfront Boracay
TEL 0999-884-0624
URL www.thesunnysideboracay.com
⏰ 7:00 〜 20:00（7 〜 10月 〜 19:00）
休 なし
CC MV

ベストセラーのサンドイッチ₱590

ダイビングサービス Diving

ダイビングサービスの数も20数軒と充実している。サービスを併設しているリゾートホテルも多い。日本人インストラクター常駐のところも多く、言葉の心配も不要だ。ただし、特にライセンス取得などの場合、最後まで日本人スタッフがケアしてくれるのかをしっかり確認したい。

アイランド・スタッフ
Island Staff
MAP P.293-D

　サーフ・サイド・ボラカイ・リゾート＆スパ（→P.302）の隣にある。最大の魅力は、水中で魚をじっくり見せてくれること。また、4人にひとりの割合でインストラクターが付いてくれるなど、安全面も重視している。

住 Angol　**TEL** (036) 288-3316、0917-328-6123　**URL** diveshop-islandstaff.jp
料 体験ダイビング₱3300/約2時間30分（器材込み）、1ボートダイブ₱2000（器材込み）、PADIライセンス取得（オープンウォーター）₱2万5000/3日間（器材、申請書込み）　※ホテルまでの送迎あり（有料）
CC MV（日本円での支払い可）

キッズダイビングにも対応している

フリー・ウィリー・ダイビング
Free Willy Diving
MAP P.292-A

　ステーション1の近くにあり、カフェも併設しているダイビングショップ。経験豊富でフレンドリーなインストラクターやスタッフが、初心者にもていねいに教えてくれるので安心だ。

住 Station1, Balabog
TEL 0929-167-0812、0998-995-3756
URL freewillydivingboracay.com
料 体験ダイビング₱3300（器材込み）
1ボートダイブ₱2000（器材込み）
PADIライセンス取得（オープンウォーター）₱2万5000（器材・申請書込み）
CC MV

併設のカフェはビーチの目の前

アクアライフ・ダイバーズ・アカデミー
Aqualife Divers Academy
MAP P.293-C

　スタッフはボラカイの海を知り尽くした、経験豊富なダイバーばかりだ。日本語の話せるフィリピン人や日本人インストラクターが常駐しているので、言葉の心配もない。マリンスポーツなどの予約も行っている。

住 Manggayad
TEL (036) 288-3276
URL boracayaqualife.weebly.com
料 体験ダイビング₱3300（器材込み）
1ボートダイブ₱2000（器材込み）
PADIライセンス取得（オープンウォーター）
₱2万5000/2～3日間（器材、申請書込み）
CC ADJMV

頼りがいのあるインストラクターたち

ネプチューン
Neptune
MAP P.293-D

　オーナーはボラカイ在住30年以上のベテランダイバー。スタッフは多少の日本語もわかる。親切でていねいにガイドしてくれることで有名なダイブショップで、バーも併設。安くておいしい料理も人気だ。

住 Angol
TEL (036) 288-3673
料 体験ダイビング₱3300（器材込み）
1ボートダイブ₱2000（器材込み）
PADIライセンス取得（オープンウォーター）₱2万5000（器材・申請書込み）
CC MV

併設しているバーの隣にあるダイブショップ

ちょっとひと息コラム

ボラカイ滞在のトータルサポート

　ボラカイで唯一の日本人経営のダイブショップであるアイランド・スタッフ（→上記）は、滞在中のトータルサポートも行っている。在住23年でボラカイを知り尽くしている代表の坂中さんが、おすすめのマリンスポーツ、レストラン、マッサージ店などを紹介してくれるので、ボラ

カイが初めてという人は相談してみるといい。また、カティクラン空港からホテルまで個人で行く場合、税金の支払いやトライシクルの手配などに不安を抱く旅の初心者のために、空港送迎車の手配もしてくれる。心強いボラカイ旅行の味方だ。

ダイビングコラム <u>DIVING COLUMN</u>

初心者から上級者までを魅了するボラカイ島

ボラカイ島周辺の海では、マクロ系（小さな生物）から愛らしいトロピカルフィッシュ、そして大物まで、さまざまな生物が見られる。地形的にも、初心者から上級者までが楽しめる環境が揃っている。ダイビングサービスのアイランド・スタッフ（→P.298）代表、坂中優子さんに、ボラカイ島の代表的なダイビングスポットをいくつか紹介してもらった。

各スポットへはバンカーボートで移動する

カミアⅡ

深度30mの所に船が沈む、代表的なスポットのひとつ。ツバメウオの群れをはじめ、ニシキフウライウオ、カミソリウオなどが見られる。ウミウシや甲殻類も豊富。

ヤパック

水深約30mの棚から始まるドロップオフ。ドリフトダイビングのポイントで、中級・上級者向け。特に12～4月は、50匹ほどのイソマグロの群れを見られる。

プンタ・ブンガ

出合える魚は大物からマクロ系までと幅広い。ウミウシの種類が多く、図鑑にも載っていないようなものさえ見られる。ピグミーシーホースに出合える確率も高い。

バリンハイ

水深9～20mのショートドロップオフで、水底は一面砂地とガレ場からなる。ハゼの種類が豊富で、ウミウシ類も珍しいものが多い。マンタやマダラトビエイに遭遇することも。

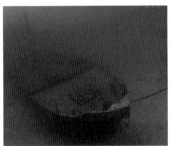

沈没船があるカミアⅡ

クロコダイル

生物の種類が多いのはもちろん、サンゴのきれいさはボラカイでいちばん。ただ、潮の流れを考慮して潜る必要がある。

フライデーズロック

最大でも水深18mで、初心者でも楽しめる。バラフエダイやミゾレチョウチョウウオの群れに出くわすと、前が見えないほど。日本では珍しいトウアカクマノミも見られる。

オン・ザ・サンド　※オリジナルポイントのため、地図上には記載していません

アイランド・スタッフのオリジナルポイント。ただし6～11月限定。運がよければ、ミミックオクトパスやハナイカに出合える。ボラカイ島周辺ではここでしか見られないティラーズガーデンイールも生息している。

ヤパック

プンタ・ブンガ

バリンハイ

ボラカイ島
BORACAY IS.

フライデーズロック

カミアⅡ

クロコダイル

N

ボラカイ島の
ダイビングスポット

0　　　2km

パナイ島
Panay Is.

ホテル

Hotels

雨季と乾季がはっきりしているため、宿泊料金はシーズンで違ってくる。ローシーズンは6月～11月半ば、ハイシーズンは11月半ば～5月。ローシーズンには強い海風が吹いて砂を舞い上げるので観光客も少なくなるが、料金が安くて人も少なく、狙い目のシーズンでもある。ローシーズンには50%以下にまで割引されることもある。

シャングリ・ラ ボラカイ リゾート＆スパ $$$

Shangri-La Boracay Resort & Spa [MAP] P.290-A1

島北部の静かな場所に立つ豪華リゾート。客室は、デラックス、プレミア、スイート、ヴィラの4タイプ。なかでも1棟タイプのヴィラは豪華で、プライベートプールやジャクージが付いている。

[住] Barangay Yapak
[TEL] (036) 288-4988
[URL] www.shangri-la.com
[予約・問合せ] シャングリ・ラ ホテルズ&リゾーツ(日本)
[Free] 0120-944-162 [料] ⓈⒹ₱2万5000～2万9000 Ⓒ₱4万4000～
[室数] 219 [CC] ADJMV

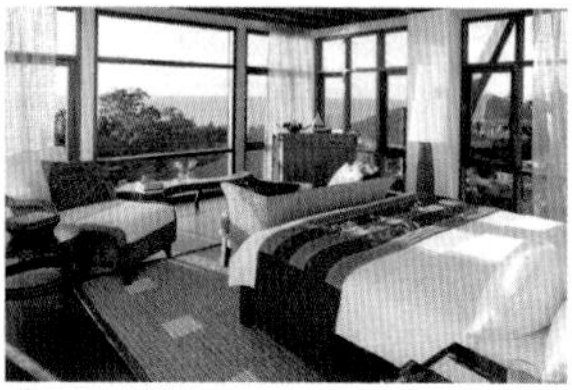
ジャクージ付きのツリーハウス

ヘナン・リージェンシー・リゾート＆スパ $$

Henann Regency Resort & Spa [MAP] P.292-B

島随一の大型ビルディングタイプのリゾート。オーシャンビューの客室もあり、広々としたガーデンと大きなプールを囲むように建てられている。室内もシックにまとめられ、ジャクージ付きの部屋もある。

[住] Beach Front, Station 2, Brgy. Balabag
[TEL] (036) 288-6111～17
[URL] henann.com
[料] ⓈⒹ₱5400～9000
[Su]₱9200～3万
[室数] 302
[CC] AMV

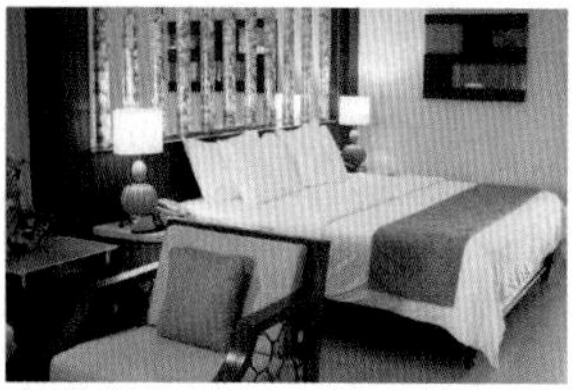
落ち着いた室内

レバンティン・ボラカイ $

Levantin Boracay [MAP] P.292-B

ブラボグ・ビーチを目の前に臨み、人気のレストラン(→P.296)を併設しているホテル。部屋の前は緑あふれる広々としたガーデンだが、1歩出れば美しいビーチが広がっており、朝は美しいサンライズを見られる。

[住] Bulabog Beach
[TEL] 0939-805-2564
[URL] www.levantinboracay.com
[料] ⓈⒹ₱2200～2300 Ⓕ₱2700
[室数] 15
[CC] AJMV

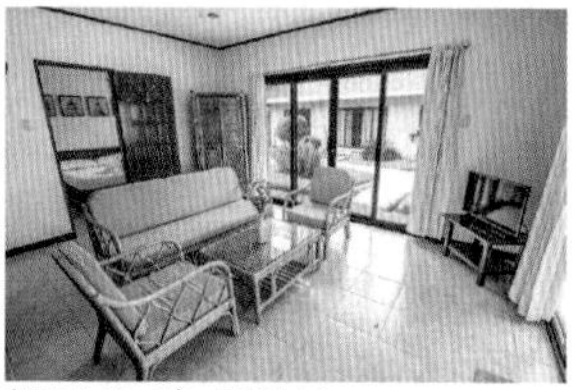
部屋はガーデンを望むビュー

ディスカバリー・ショアーズ・ボラカイ $$$

Discovery Shores Boracay [MAP] P.290-A1

ラグジュアリーな滞在が楽しめる大型リゾート。青空に映える白い棟が山の傾斜に立ち並び、ほとんどの客室、そしてオープンエアのレストランやバーから海が一望できる。スパ施設も充実している。

[住] Station 1, Brgy. Balabag
[TEL] (036) 288-9639/9689、0917-625-8507
[URL] www.discoveryshoresboracay.com
[料] ⓈⒹ₱1万9400
[Su]₱1万1550～5万9400
[室数] 87 [CC] ADJMV

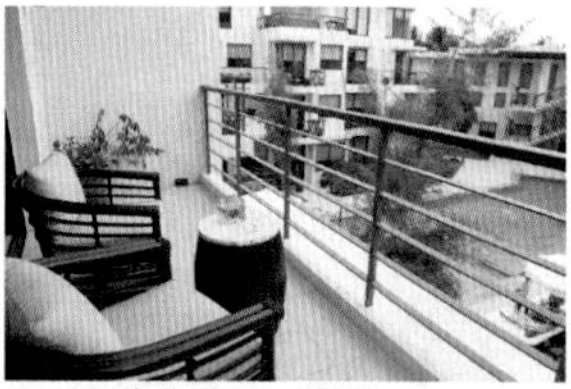
すべての客室がベランダ付き

クリムゾン・リゾート＆スパ・ボラカイ $$$

Crimson Resort & Spa Boracay [MAP] P.290-A1

2017年オープンしたボラカイで指折りの高級リゾート。カティクランの港から専用ボートでリゾートに直接アクセスできる。モダンでスタイリッシュな客室棟が特徴で、サービスも一級。とびきりきれいなビーチもすばらしい。

[住] Brgy. Yapak [TEL] (036) 669-5888、(036) 286-2700、0998-596-4626
[URL] crimsonhotel.com/boracay
[料] ⓈⒹ₱2万9400～3万2800
[Su]₱4万420～7万4200
Ⓒ₱8万8400～12万6000
[室数] 192 [CC] AMV

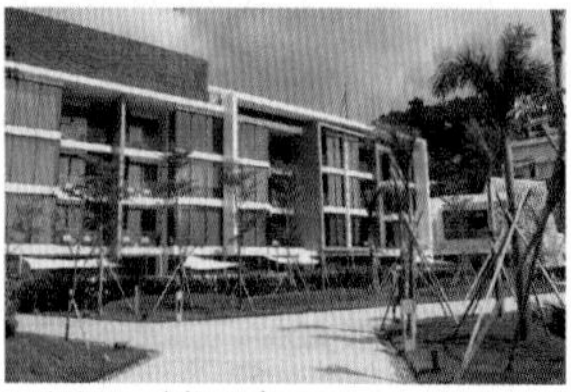
おすすめの高級リゾート

冷房 ファン トイレ 水シャワー 温水シャワー バスタブ テレビ ミニバー 冷蔵庫 ネットフリー 朝食 日本人スタッフ

※[共]と記してある場合は共同となります。

ル・ソレイユ・ド・ボラカイ $$

Le Soleil de Boracay [MAP] P.292-B

ビーチに面した好ロケーション。洗練されたサービスとアンティーク調のおしゃれな客室が心に残るリゾート。全体的にリゾート感のある明るい雰囲気で、プール、バー、レストランと施設も万全だ。

[住] Station 2, Brgy., Balabag
[TEL] (02) 7759-9811/9888
[URL] www.lesoleil.com.ph
[料] [SD]₱4125 ～ 7875
[F]₱5625 ～ 1万875
[F]₱9375
[室数] 77 [CC] AJMV

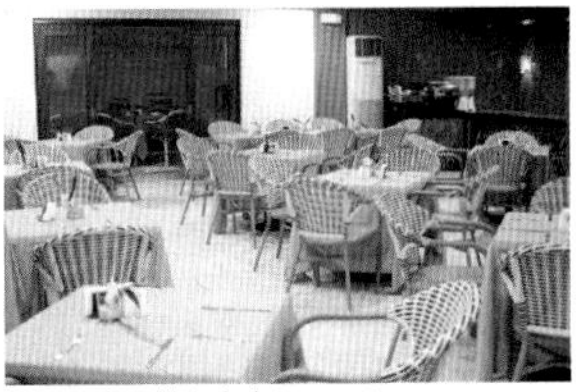

ホテル内設備も充実している

ベルモント・ホテル・ボラカイ $$$

Belmont Hotel Boracay [MAP] P.290-A1

2019年、島の北東で新たに開発が進むボラカイ・ニューコーストに誕生したカジュアルなイメージのホテル。徒歩すぐの場所に専用のビーチもある。近くには同グループのサヴォイ・ホテルもオープンしている。

[住] Newcoast Dr., Boracay Newcoast
[TEL] (036)286-2200、0917-867-3019/2515
[URL] www.belmonthotelboracay.com
[料] [SD]₱1万2500 ～ 2万2500
[F]₱9375 [Su]₱2万4500
[室数] 442 [CC] ADJMV

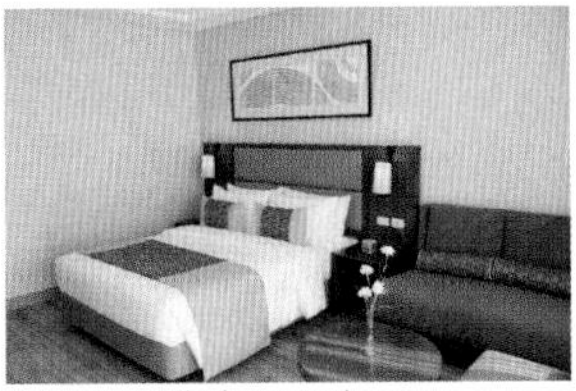

インテリアの色遣いもカジュアル

ヒュー・ホテルズ＆リゾーツ・ボラカイ $$

Hue Hotels & Resorts Boracay [MAP] P.293-C

2017年オープンの都会的なホテル。メインロード沿いだが、広い敷地にテナントとしておしゃれなレストランやカフェなども入っており、快適に過ごせる。客室はモダンな造りで、各設備も最新のものを採用している。

[住] Station 2, Main Rd.
[TEL] (036)286-2900、0919-456-2596、0927-640-9036
[URL] thehuehotel.com
[料] [SD]₱6200 ～ 2万2500
[F]₱1万2000 ～ [Su]₱7875
[室数] 127 [CC] MV

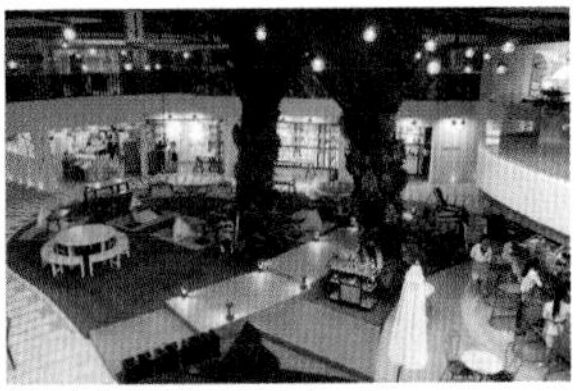

広々とした吹き抜けのホール

トゥー・シーズンズ・ボラカイ・リゾート $$

Two Seasons Boracay Resort [MAP] P.290-A1

「バーロ・レスト・ラウンジ」というレストラン＆バーがあり、このチーズピザは大人気。スタッフはほどよい距離感で接してくれ、きめこまやかなサービスが受けられる。シャトルバスがあるので、移動も便利。

[住] Station 1, Barangay Balabag
[TEL] (02) 8251-7141/7174、0917-566-5811
[URL] twoseasonsresorts.com
[料] [SD]₱7000 ～ 9000
[F]₱1万8500 ～ 2万2000
[室数] 34 [CC] AIMV

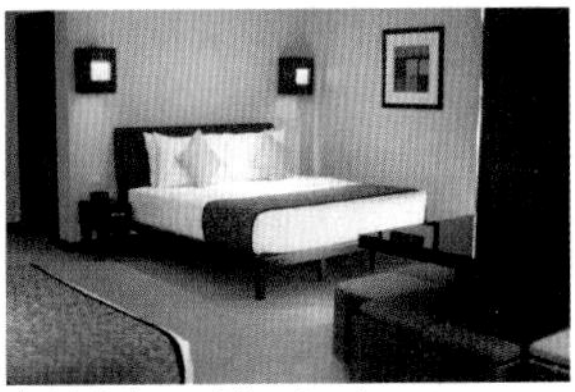

広々としたファミリールーム

リンド・ボラカイ $$$

The Lind Boracay [MAP] P.290-A1

ステーション1の端に位置するカジュアルな5つ星ホテル。細部にわたるスタイリッシュなデザインが特徴で、最高のパノラマが楽しめるインフィニティプールもある。ボラカイでは珍しいシービュールームがおすすめ。

[住] Station 1, Barangay Balabag
[TEL] (02)8835-8888（内線8613）
[URL] www.thelindhotels.com
[料] [SD]₱1万8400 ～ 2万6200
[C]₱8万6000 ～ 9万1500
[室数] 119
[CC] MV

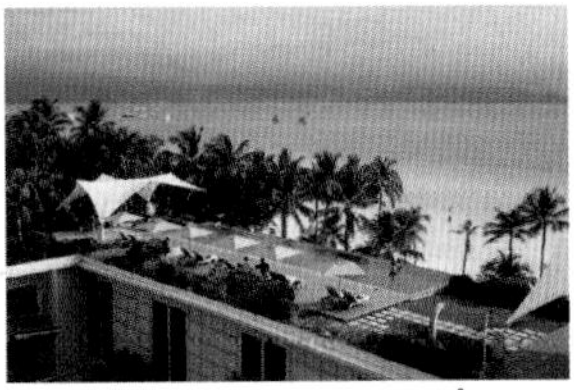

ビーチ沿いにあるインフィニティプール

ザ・ディストリクト・ボラカイ $$$

The District Boracay [MAP] P.292-A

ビーチフロントの人気中級ホテル。すっきりとしたシンプルな外観で、日当たりにこだわった造りが特長。客室は白と黒を基調としたシックで品のある色合いにまとめられている。レストランも人気。

[住] Station 2, Brgy. Balabag
[TEL] 0935-320-5476、0917-822-7290
[URL] www.thedistrictboracay.com
[料] [SD]₱8550 ～ 1万8750
[Su]₱1万2000 ～ 2万5950
[室数] 48
[CC] ADJMV

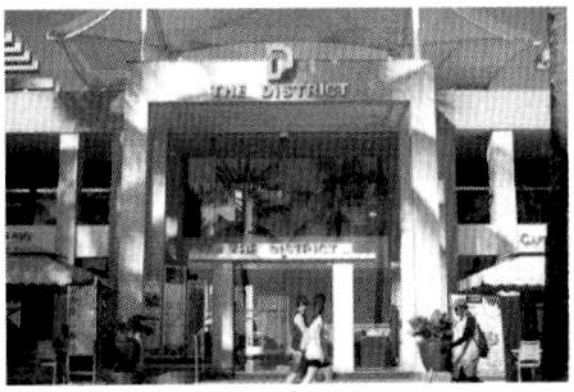

ホワイト・ビーチの人気ホテル

シー・ウインド・ボラカイ $$$
Sea Wind Boracay MAP P.290-A1

スタッフのホスピタリティあふれるサービスが印象的な、こぢんまりとしたリゾート。客室をはじめ、全体的に自然の素材を存分に生かした造りになっていて、木のぬくもりを感じる落ち着いた雰囲気が漂っている。

住 Station 1, Roberto & Gloria Tirol Park, Brgy. Balabag
TEL (02) 3415-1285、(02) 8924-0995
URL www.seawindboracay.ph
料 SD P1万2500 〜 1万7500
室数 54
CC MV

客室は広々としていて開放感いっぱい

アルタ・ビスタ・デ・ボラカイ $$
Alta Vista de Boracay MAP P.290-A1

自然豊かな北部に位置する大型リゾート。全室バルコニー付きで、ロフトタイプの客室はリビングスペースがあり、まるで別荘にいるかのよう。周囲はゴルフ場などに囲まれ、最高の開放感を味わえる。

住 Barangay Yapak
TEL (036)288-9888、0956-263-0615
URL altavistadeboracay.com.ph
料 SD P7320 〜 1万980
室数 408
CC AMV

ロフトタイプの客室

ニギ・ニギ・ヌ・ヌース $$
Nigi Nigi Nu Noos MAP P.292-B

ステーション2の近く、ホワイト・ビーチのほぼ中央にある。敷地内には自然があふれ、客室はリラックスムードたっぷりのコテージタイプで、特に欧米人に人気がある。同名のレストラン（→P.296）を併設。

住 Station 2, Manggayad
TEL (036) 288-3101、0907-503-3089
URL niginigi.com
料 SD P6720 〜 7220　F P7695
C P6195
室数 34
CC MV

伝統的なフィリピンスタイル

ピンジャロ・リゾート・ヴィラ $$
Pinjalo Resort Villas MAP P.293-C

ニギ・ニギ・ヌ・ヌース（→上記）と同じ英国人オーナーの経営。緑に覆われたガーデンを囲むように客室棟が立ち、小規模ながら居心地のよい空間が広がっている。料金のわりにお得感のある宿。

住 Station 3, Manggayad
TEL (036)288-2038、0920-967-2833
URL www.pinjalo.com
料 SD P5150 〜 9000
室数 20
CC AJMV

ヨーロピアンらしいセンスが感じられる

パティオ・パシフィック・ボラカイ $$
Patio Pacific Boracay MAP P.292-A

旧ピンク・パティオ・リゾート。ジム、レストラン、ウオールクライミング施設などのサービスが充実している。ビーチに面していないのが残念だが、各種マリンアクティビティやツアーをアレンジしてくれる。

住 Station 1, Barangay Balabag
TEL (036) 845-2222、0917-517-5302
URL www.patiopacificboracay.com
料 SD P9350 〜 1万100
T P1万3000　F P1万6400
室数 64
CC MV

派手過ぎず洗練された雰囲気の室内

サーフ・サイド・ボラカイ・リゾート＆スパ $$
Surf Side Boracay Resort & Spa MAP P.293-D

ダイビング雑誌でもおなじみのダイビングサービス「アイランド・スタッフ」（→P.298）が隣にある、ボラカイでは数少ない日系のリゾート。ホテルタイプの客室は清潔で快適、設備も充実している。

住 Sitio Angol, Brgy. Manoc-Manoc
TEL (036) 288-4791
URL www.boracaysurfside.com
料 SD P3950 〜 5850　F P1万
Su P1万
室数 16
CC JMV

きれいで快適な客室

冷房　ファン　トイレ　水シャワー　温水シャワー　バスタブ　テレビ　ミニバー　冷蔵庫　ネットフリー　朝食　日本人スタッフ

※ 囲 と記してある場合は共同となります。

サマール島

　サマール島は、ルソン、ミンダナオ島に次いで国土で3番目に大きい島。セブやボラカイなどのリゾート地に比べるとほとんど観光地化されておらず、フィリピンの素顔に出会える島でもある。東サマール、北サマール、サマールの3つの州に分けられ、海岸線の幹線道路沿いに市町が点在している。近年は手つかずの自然が生み出したアジア随一の洞窟群や鍾乳洞、美しい滝の名所としても知られるようになってきた。魚の燻製ティナパやアリマンゴと呼ばれるカニ料理が名物。島にはワライWarayと呼ばれる人々が住んでいて、タガログ語ともビサヤ語とも違うワライ語を使っている。10〜12月は台風が通ることも多いため、訪れるなら3〜9月がおすすめ。

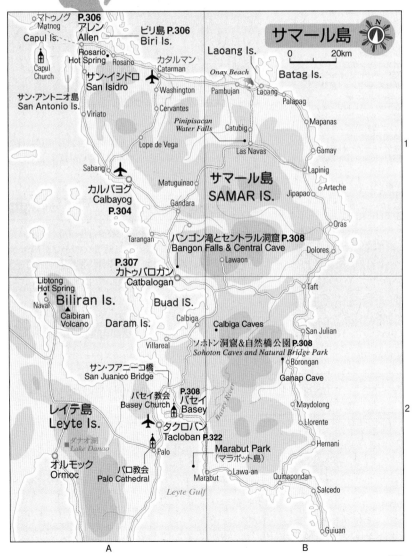

サマール島
0　　　20km

マトゥノグ Matnog **P.306**
アレン Allen
Capul Is.
ピリ島 Biri Is. **P.306**
Laoang Is.
Batag Is.
Capul Church
ロサリオ Rosario
Hot Spring
カタルマン Catarman
Onay Beach
San Antonio Is. サン・アントニオ島
サン・イシドロ San Isidro
Washington
Pambujan
Laoang
Palapag
Viriato
Cervantes
Pinipisacan Water Falls
Catubig
Mapanas
Lope de Vega
Las Navas
Gamay
Sabang
Matuguinao
サマール島 SAMAR IS.
Lapinig
カルバヨグ Calbayog **P.304**
Gandara
Arteche
Jipapao
Tarangan
バンゴン滝とセントラル洞窟 **P.308** Bangon Falls & Central Cave
Oras
Dolores
P.307 カトゥバロガン Catbalogan
Lawaon
Libtong Hot Spring
Taft
Biliran Is.
Naval
Caibiran Volcano
Buad IS.
Daram Is.
Calbiga
Calbiga Caves
San Julian
Villareal
ソホトン洞窟&自然橋公園 **P.308** Sohoton Caves and Natural Bridge Park
Borongan
Ganap Cave
サン・フアニーコ橋 San Juanico Bridge
バセイ教会 Basey Church **P.308** バセイ Basey
Maydolong
レイテ島 Leyte Is.
タクロバン Tacloban **P.322**
Llorente
ダナオ湖 Lake Danao
Palo
Hernani
オルモック Ormoc
バロ教会 Palo Cathedral
Marabut Park（マラボット島）
Marabut
Lawa-an
Quinapondan
Salcedo
Leyte Gulf
Guiuan

A　　　B

サマール島の空の玄関口

カルバヨグ

Calbayog

MAP 折込表-C3

カルバヨグの
市外局番 ☎055

ACCESS
✈ マニラからフィリピン航空が月、木、土、日の週4便運行。所要時間約1時間20分、₱6000〜。セブからセブパシフィック航空が火、木、土、日の週4便運行。所要時間約1時間10分、₱3000〜。
● フィリピン航空
URL www.philippineairlines.com/
● セブパシフィック航空
Cebu Pacific Air
URL www.cebupacificair.com/
⛴ セブからのフェリーはシーキャットが週4便運行。所要時間約12時間、₱1800〜。
● シーキャット Sea Cat
TEL 0916-400-2608（携帯）

■ 観光局
MAP P.304右
開 8:00〜17:00
休 土・日・祝

おすすめのホテルや旅行会社なども教えてくれる

川沿いにあるランドマークの公園ニハガパーク

西サマール州の商業、工業、漁業が中心の町。周辺には多くのビーチがあるほか、滝や鍾乳洞、温泉が数多く点在し、「滝の町」としても知られている。

カルバヨグへの行き方 ACCESS 🚌

飛行機ならマニラ、セブから国内線直行便が飛んでいる。陸路では、ロロ船（貨物船）でルソン島南端の**マトゥノグ Matnog**（→ MAP P.303-A1）から**アレン Allen**（→P.306）へ渡り、バス、バンで行く方法、レイテ島のタクロバン（→P.322）からバスやバンで北上する方法もある。また、セブとの間をフェリーが結んでいる。

サマール島行きバスを運行しているシルバースターのバスターミナル

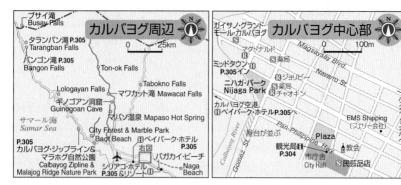

カルバヨグ郊外の見どころ　　ATTRACTION

　町から少し離れると大自然が広がっていて、滝や洞窟が多く点在する。なかでも滝を滑り下りることのできる**マワカット滝Mawacat Falls**や**ブサイ滝Busay Falls**、大きな滝つぼで泳げる**バンゴン滝Bangon Falls**やすぐ隣の**タランバン滝Tarangban Falls**、**ギノゴアン洞窟Guinogoan Cave**が有名。さらに約20m四方の大きさで温泉につかりながら天然の泥パックが楽しめる**マパソ温泉Mapaso Hot Spring**もある。市民や観光客に人気の新しいアトラクションがあるのが、**カルバヨグ・ジップライン＆マラホグ自然公園Calbayog Zipline & Malajog Ridge Nature Park**。短いトレッキングのあと、**マラホグ・ビーチMalajog Beach**を見下ろす山頂から砂浜対岸の小島まで750ｍもの長さのジップラインを楽しめる。コロナ禍で閉鎖していたが2023年4月に再開した。

白い羽衣のような姿が美しいタランバン滝

■バンゴン滝、タランバン滝
MAP P.304左
🚌 アレン行きのバスに乗り、ティナプラカンTinaplacanで降りる。所要時間約1時間15分。そこから45分ほど歩いて到着する。

■マワカット滝
MAP P.304左
🚌 カルバヨグ市内からバスやトライシクルでオキンドOquendoまで行き、そこからトライシクルなどでマワカットを目指す。村から20分ほど歩いた所にある。

■カルバヨグ・ジップライン＆マラホグ自然公園
MAP P.304左
🚌 市内からトライシクルやバスで約20分ほどでマラホグに着く。ジップライン乗り場までは1kmほどをトレッキングする。ジップライン料金₱200〜300。

のんびり露天風呂につかれるマパソ温泉

ホテル　　Hotels

シリアコ・ホテル＆リゾート　$$
Ciriaco Hotel & Resort　　MAP P.304左

　バガカイ・ビーチBagacay Beach沿いにあり空港からも車で25分と近い。空港送迎、ルームサービス、プール、レストラン、マッサージ施設、イベント会場などがあって充実したホテル。

🏠 Km 745, Maharlika Hwy, Brgy. Bagacay
TEL 0917-710-0787 (携帯)
URL www.facebook.com/ciriacohotel
料 ⒹP3000〜　　ⒻP4000〜
客室 44
CC MV

施設が充実していて快適に過ごせる

ミッドタウン・イン　$
Midtown Inn　　MAP P.304右

　市中心部にありどこに行くにも便利。2022年に改装後再オープンした。シングルは₱900からと安く、バジェット派にはうれしい限り。コーヒーが無料。

🏠 Orquin cor., Gelera St.
TEL (055) 832-6743、0916-935-8469 (携帯)
料 Ⓢ₱900〜　　Ⓓ₱1400
客室 7
CC 不可

ベイパーク・ホテル　$
Baypark Hotel　　MAP P.304左

　部屋は狭めだが清潔に維持されている。サービスや施設も充実しているが料金はそれほど高くない。ミニバー付きの部屋もある。

🏠 Maharlika Highway, Brgy. Capoocan
TEL 0927-505-4143 (携帯)
URL bayparkhotel.ph
料 Ⓢ₱1650〜　　Ⓓ₱2200〜
客室 30
CC 可

冷房　ファン　トイレ　水シャワー　温水シャワー　バスタブ　テレビ　ミニバー　冷蔵庫　ネットフリー　朝食　日本人スタッフ
※共と記してある場合は共同となります。

サマール島の海の玄関口

アレン

Allen

MAP 折込表-C3

アレンの
市外局番 ☎055

ACCESS

🚌 カルバヨグからバスかバンで
所要約2時間、₱100〜150程度。

周辺の島に渡ろう

　アレンの北東の沖合に浮かぶ
ビリ島Biri Is.(→MAP P.303-A1、P.
306)は奇岩に加え、周辺海域が、
潮流に乗って潜るドリフトダイビ
ングの穴場になっている。アレン
南西の沖合にあるシラ島Sila Is.
(→MAP P.306)は、乾季の日中、快
晴で太陽がよく照っている日に、
赤珊瑚の破片が混じった白砂がピ
ンクに見えるビーチで知られる。
　ビリ島へは、まずアレンから東
に約6km先にある小さな港、ラ
バザレスLavazaresまでジプニー
で行き、そこからボートで所要約
1時間。
　シラ島へは、島唯一のリゾート
であるシラ・アイランド・リゾー
トに事前に連絡すればアレンま
でボートで迎えにきてくれる。

🏨 シラ・アイランド・リゾート
Sila Island Resort
MAP P.306
🏠 Sila Island, San Vicente
☎ 0906-220-0196
✉ reservations@silaisland
resort.com
🌐 www.facebook.com/
SilaIslandResortOfficial

町の近郊にあるブエノス・アイレス・ビーチ

　サマール島の最北端に位置するアレンは、島の海の玄関
口。ルソン島のマトゥノグMatnogから約2時間かけて渡る
フェリーは、アレンの港に到着する。北サマール州の海岸線
には、アレン近郊の**ブエノス・アイレス・ビーチBuenos
Aires Beach**(→MAP P.306)をはじめ、美しい白砂のビーチ
が点在している。水の透明度も高く、海水浴にはぴったり。
奇岩で有名なビリ島や、赤珊瑚の破片が白砂と混ざってピン
ク色に見えるビーチがあるシラ島など、離島に渡ってみるの
もいい。

アレンへの行き方　　　　　ACCESS 🚌

　カルバヨグ(→P.304)から、バスで所要約2時間。マニラ
からレイテ島のタクロバン(→P.322)へ飛び、そこからバス
でサマール島へと渡り、カトゥバロガン(→P.307)やカルバ
ヨグなどを巡りながら北上することもできる。

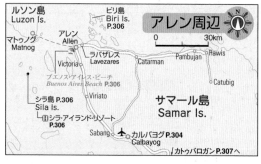

ルソン島
Luzon Is.

ビリ島
Biri Is.
P.306

アレン周辺

N

アレン
Allen

マトゥノグ
Matnog

0　　　　30km

Rawis

ラバザレス
Lavezares

Pambujan

Victoria

Catarman

ブエノス・アイレス・ビーチ
Buenos Aires Beach P.306

Catubig

シラ島 P.306
Sila Is.

Viriato

サマール島
Samar Is.

🏨 シラ・アイランド・リゾート
P.306

Sabang

✈ カルバヨグ P.304
Calbayog

カトゥバロガン P.307 へ

冷房　ファン　トイレ　水シャワー　温水シャワー　バスタブ　テレビ　ミニバー　冷蔵庫　ネットフリー　朝食　日本人スタッフ

共と記してある場合は共同なるとなる

カトゥバロガン

Catbalogan

大漁をイメージした祭りの山車

　島最大の漁港があり、夜遅くまで開かれる市場は活気がある。港はマケダ湾に沈む美しい夕日の絶景スポットでもある。毎年8月には漁業をモチーフにしたマナラガット祭りが開催される。

カトゥバロガンへの行き方　　ACCESS

　カルバヨグ（→P.304）およびタクロバン（→P.322）との間を頻繁にバスとバンが走っている。マニラからバスごとフェリーで海を渡り、アレン（→P.306）、カルバヨグ経由で行くこともできる。

町なかに立つ、聖バラトロミュー教会

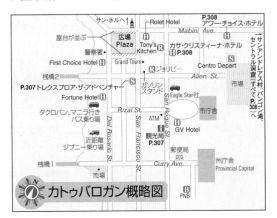

カトゥバロガンの市外局番 ☎055

🚌 カルバヨグからバスで所要約2時間、₱150 〜 200程度。タクロバンからは所要約2時間半、₱180 〜 200程度。マニラからアレン、カルバヨグを経由してバスで行く場合はフィルトランコのバスで所要24時間、₱1500 〜。バンもあって₱2300 〜。
● フィルトランコ
MAP P.62-B2
TEL (02)8851-8078 〜 8079、0917-860-4418（パサイ）
URL www.philtranco.net
　マニラのターミナルはパサイとクバオにある。

■観光局
MAP P.307
住 2nd Floor Concesa Building, Corner Rizal Avenue and San Francisco Street
TEL 0917-836-1495（携帯）
URL www.catbalogan.gov.ph
開 8:00 〜 17:00　休 土・日・祝

郊外の見どころセントラル洞窟（→P.308）

洞窟ツアーの専門店
　オーナーのジョニさんは、サマール島の洞窟を知り尽くしているプロの洞窟ガイド。洞窟や滝へのツアーのアレンジもしてくれる。
S トレクスプロア・ザ・アドベンチャー
Trexplore the Adventures
MAP P.307
住 Abesamis Store Allen Ave.
TEL (055) 543-8550、0919-294-3865（携帯）
URL http://trexplore.ph

カトゥバロガン郊外の見どころ　ATTRACTION

スリル満点のアウトドアに挑戦　★★

バンゴン滝とセントラル洞窟　[MAP] P.303-A1

Bangon Falls & Central Cave

サマール州が観光開発に力を入れている洞窟や鍾乳洞のひとつ

どちらも市内から日帰りで行くことができる。3段に分かれた美しいバンゴン滝では道中のキャニオニング（沢下り）も楽しめる。セントラル洞窟へは約3時間のトレッキングや、ロープと下降器を使った懸垂降下が必要で本格的なアウトドアが好きな人にぴったり。全長400mにわたる神秘的な鍾乳洞を堪能しよう。

■バンゴン滝&セントラル洞窟
🚌 カトゥバロガンからバイクで所要約10分、拠点のサンアンドレス村（[MAP] P.307外）に行き、そこから約30分歩くとバンゴン滝、3～4時間のトレッキングでセントラル洞窟に着く。市内の観光案内所やツアー店でガイドを依頼できる。

熱帯の大自然を満喫できる　★★

ソホトン洞窟&自然橋公園　[MAP] P.303-B2

Sohoton Caves and Natural Bridge Park

石灰岩の崖や岩層、熱帯雨林を真っ青な川からカヤックに乗って眺める

カトゥバロガンの南東約100km、約840ヘクタールの広大な公園内には川、鍾乳洞、原生林、滝があり、川クルーズ、カヤッキング、洞窟探検など複数のアクティビティを通して大自然を満喫できる。拠点となるのは、サマール島南部の**バセイBasey**（→[MAP] P.303-A2）という町。町なかからバイクで所要約20分の場所にあるウェスパル・ソホトン・ビジター・センターWespal Sohoton Visitor Centerが公園入口で、そこからパッケージツアーが組まれている。ガイドの案内付きで所要約3～4時間。

■ソホトン洞窟&自然橋公園
※悪天候時は閉鎖する。
🚌 バセイまでカトゥバロガンからバスかバンで2～3時間、約₱200、タクロバン（→P.322）から約45分、約₱50で着く。ウェスパル・ソホトン・ビジター・センターでツアー料金を支払う。パッケージツアーになっており、パッケージの種類、人数によって料金は異なる。たとえば、川クルーズ込みツアーは1人なら₱2775、2人なら₱2960。最大1グループ20人まで。バセイ町内の観光案内所でツアーを申し込むのが安全で明朗。入園受付時間は8:00～13:00。

ホテル　Hotels

カサ・クリスティーナ・ホテル　$

Casa Cristina Hotel　[MAP] P.307

町の中心にあって便利。屋上には眺めのいいテラス付きの客室もある。格安でバックパッカーもよく利用している。

[住] 152 San Roque Street
[TEL] 0915-242-4616（携帯）
[料] [S]₱1100～　[D]₱1450～
[室数] 23
[CC] 不可

アワー・チョイス・ホテル　$

Our Choice Hotel　[MAP] P.307

市内でも最も安く清潔感のあるホテルのひとつ。宿泊のみで安く抑えたい場合におすすめ。

[住] Mabini Avenue
[TEL] (055)544-0455
[料] [S]₱999～　[D]₱1099～
[室数] 21
[CC] 不可

冷房　ファン　トイレ　水シャワー　温水シャワー　バスタブ　テレビ　ミニバー　冷蔵庫　ネットフリー　朝食　日本人スタッフ
※[共]と記してある場合は共同となります。

ネグロス島

セブ島とパナイ島に挟まれるようにして浮かぶこの島は「砂糖の島」という異名をもち、平野部にサトウキビ畑が広がっている。南北に細長い島の中央にカンラオン火山などの山脈が走り、島を西ネグロス州、東ネグロス州のふたつの州に分けている。西ネグロス州の州都はバコロド。「笑顔の町」というキャッチコピーで、フィリピン住みやすい町に選ばれた。広大なサトウキビ畑を宅地や商業地に転換することで、近年、急速に発展している。一方、東ネグロス州の州都はドゥマゲッティ。町の面積の北半分ほどを大学のキャンパスが占めているという、若さあふれる学園都市だ。ダイビングで人気のアポ島やシキホール島へ行く際の拠点ともなっている。

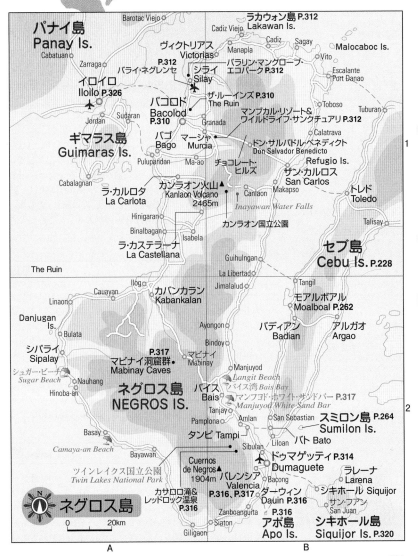

パナイ島
Panay Is.

Barotac Viejo
Cabatuan
Zarraga
イロイロ
Iloilo **P.326**
Sudaran
Jordan
ギマラス島
Guimaras Is.
Cabalagnan

ヴィクトリアス
Victorias **P.312**
バライ・ネグレンセ
シライ
Silay
バコロド
Bacolod
P.310
バゴ
Bago
マーシャ
Murcia
Pulupandan
Ma-ao
Granada

ラカウォン島 **P.312**
Lakawan Is.
Cadiz Viejo
Cadiz
Sagay
Manapla
Vito
Malocaboc Is.
パラリン・マングローブ・
エコパーク **P.312**
Escalante
Port Danao
ザ・ルーインズ **P.310**
The Ruin
マンプカル・リゾート&
ワイルドライフ・サンクチュアリ **P.312**
Toboso
Tuburan
ドン・サルバドル・ベネディクト
Don Salvador Benedicto
Calatrava
Refugio Is.
サン・カルロス
San Carlos
Makapso
チョコレート・
ヒルズ

カンラオン火山▲
Kanlaon Volcano
2465m
Canlaon
Inayawan Water Falls
Hinigaran
Binalbagan
Isabela
ラ・カルロタ
La Carlota
ラ・カステラーナ
La Castellana
The Ruin

トレド
Toledo
Talisay
カンラオン国立公園
Guihulngan
La Libertad
セブ島
Cebu Is. **P.228**

Ilóg
Cauayan
Linaon
Danjugan
Is.
Bulata
シパライ
Sipalay
シュガー・ビーチ
Sugar Beach
Nauhang
Hinoba-an
カバンカラン
Kabankalan
マビナイ洞窟群 **P.317**
Mabinay Caves
ネグロス島
NEGROS IS.
Ayongon
Bindoy
マビナイ
Mabinay
バイス
Bais
Manjuyod

Jimalalud
Tangil
モアルボアル
Moalboal **P.262**
バディアン
Badian
アルガオ
Argao

Langit Beach
バイス湾 Bais Bay
マンフヨド・ホワイト・サンドバー **P.317**
Manjuyod White Sand Bar
Tanjay
Pamplona
Arnlan
San Sebastian
スミロン島 **P.264**
Sumilon Is.

Basay
Bayawan
タンピ Tampi
Sibulan
バト Bato
Liloan
Camaya-an Beach
ツインレイクス国立公園
Twin Lakes National Park
Cuernos
de Negros
1904m
バレンシア
Valencia
P.316, P.317
Bacong
ドゥマゲッティ **P.314**
Dumaguete
ラレーナ
Larena
シキホール Siquijor
サン・フアン
San Juan
カサロロ滝&
レッドロック温泉
P.316
ダーウィン
Dauin **P.316**
Zamboanguita
Siaton
Giligaon
アポ島 **P.316**
Apo Is.
シキホール島
Siquijor Is. **P.320**

N
ネグロス島
0   20km

A   B

Negros Island

309

ネグロス島最大の町

バコロド

Bacolod

MAP 折込表-C3

バコロドの
市外局番 ☎034

ACCESS

✈ マニラからPALエクスプレスが毎日5便、セブパシフィックが毎日6便程度運航。所要1時間10分。運賃は₱1100〜。セブからはPALエクスプレスが毎日2〜3便、セブゴーが毎日1〜2便運航。所要50分。₱1300〜。

●フィリピン航空
MAP P.311-1〜2
TEL (034) 435-2022

●セブパシフィック
Cebu Pacific
MAP P.311-1〜2
TEL (034) 434-2021

🚌 ドゥマゲッティからは1:00〜22:30の間、30分〜1時間ごとにセレス・ライナー Ceres Linerが運行している。所要5〜8時間、₱295〜380。

🏢 ビリア・アンジェラ・マーケット・プレイス
Villa Angela Market Place
バコロド市の新庁舎の北隣りにできたレストランやバーが立ち並ぶ商業施設。バコロド市の夜の街がゴールデン・フィールド Golden Fieldからこちらに移りつつある。100以上の店があり、週末にはライブバンドも楽しめる。

バコロドの歴史を知るなら
バコロドの北のタリサイにサトウキビ産業を興した移民の邸宅の焼け跡が残っている。邸宅内には古い写真などの展示があり、敷地内は整備されてゆっくりくつろぐことができる。

●ザ・ルーインズ
The Ruins
MAP P.309-A1 🏠 Talisay City
TEL (034) 476-9448、0905-513-3347 **URL** theruins.com.ph
🕐 9:00〜20:00 🚫 なし ₱150

結婚式などのフォトスポット

バコロド市内にある西ネグロス州の庁舎

西ネグロス州の州都であり、ネグロス島最大の町、バコロド。経済・文化の中心であるほか、砂糖産業の中心としても大きな役割を果たしている。人口約60万人、西ネグロス州全体の25%近い人々が生活する町だ。市役所が東に移転し、新しい市役所の周辺の開発が進んでいる。夜の街も、そちらに移りつつある。また、この町は焼き鳥がおいしいことでも有名で、あちこちに夜ごと屋台が立ち並ぶ。

バコロドへの行き方 ACCESS

マニラとセブから頻繁に飛行機が飛んでいる。バコロド・シライ空港は、バコロド市の中心から北に約17kmのシライ市にある。空港から市内までは、ジプニーは走っていないので、タクシーまたは乗合バンを利用する。所要20〜40分。タクシーは₱500、10人の乗合バンだとひとり₱150。ドゥマゲッティからのバスは南バスターミナル（→ **MAP** P.311-2外）か北バスターミナル（→ **MAP** P.311-1外）へ到着する。南バスターミナルから町なかまでは、ショッピング Shoppingと書かれたジプニーかタクシーを利用する。運賃はそれぞれ₱8、₱60程度。

バコロドの歩き方 GETTING AROUND

バコロド・シライ空港から州庁舎周辺の**キャピトル・ラグーン** Capital Lagoonと呼ばれるエリアまでつながっている**ラクソン通り** Lacson St.沿いに、高級な🏨**エル・フィッシャーホテル**（→P.313）、🏨**セダ** Sedaやレストラン、🛍**ロビンソンモール** Robinsons mall、🛍**シティーモール** City mallなどが立ち並

んでいる。州庁舎は、バコロドのシンボル。観光客や地元の人々の憩いの場になっている。北側に**ネグロス博物館** Negros Museum、南側には**ネグロス・フォレスト・パーク** Negoros Forest Parkというネグロスの希少動物を保護している動物園のような施設がある。

10月に行われるマスカラ・フェスティバル

バコロドの見どころ　　　　　ATTRACTION 🔭

美しい建物だけでも見る価値あり　　　　　★★
ネグロス博物館　　　　　MAP P.311-1
The Negros Museum

　バコロド、ひいてはネグロス島のローカルなカルチャーを積極的に紹介しているミュージアム。サトウキビ産業をテーマにした地元のアーティストの作品など、ネグロスのことを知りたいならぜひ訪れよう。約3000点のコレクションを誇るおもちゃ博物館、おしゃれな民芸品を扱うミュージアムショップもあるので併せて訪れたい。

■市観光案内所
MAP P.311-1外
住 New Goverment Center, Badolod City Hall
TEL (034) 708-3066
開 8:00 ～ 17:00
休 土・日・祝

■州観光案内所
MAP P.311-1
住 Provincial Capitol Bldg.
TEL (034) 433-2515
開 8:00 ～ 17:00
休 土・日・祝

■ネグロス博物館
TEL (034) 433-4764
開 9:00 ～ 17:00
休 日・祝
料 ₱120

ローカルアーティストの優れた作品を展示

■ネグロス・フォレスト・パーク
　Negros Forest Park
　ネグロス島の希少生物を保護・保全に取り組んでいる財団が運営している、動物園のような施設。
MAP P.311-1
住 South Capitol Road
Mail talarakmain@gmail.com
URL www.talarak.org/negrosforest-park
開 9:00 ～ 17:00
休 月
料 ₱100

ビサヤ固有種のサイチョウもいる

ネグロス島

バコロド

左カラム

■バライ・ネグレンセ

🏠 Cinco de Noviembre St., Silay City

☎ 0919-828-9450

🌐 www.balaynegrense.com

🕐 10:00 ～ 17:00　休 月

💴 大人₱100、学生₱50

■バラリン・マングローブ・エコパーク

🚃 シライ市の公設市場の西側に停まっているバラリン行きのトライシクルで約15分。運賃₱18。

🏠 Proper, Balaring

☎ 0917-386-6580

🕐 8:00 ～ 18:00

休 なし　💴 ₱20

バラリン村ではシーフードを楽しもう

エコパークの少し先には、町からわざわざやってくる人たちでにぎわうシーフードレストラン街がある。海を見ながら牡蠣やマングローブ蟹など、地元の海産物が楽しめる。

■マンブカル・リゾート＆ワイルドライフ・サンクチュアリ

🚃 バコロド市内のリベルタッド市場横からマンブカル行きのジプニー、または小型バスに乗って約1時間。

🏠 Brgy. Minoyan, Murcia

☎ (034) 433-8516、(034) 709-0990、0909-976-9988、0961-757-9710

🌐 mambukal.com

🕐 8:00 ～ 17:00　休 月

💴 ₱140、子供₱80（環境税込み）
宿泊はコテージ₱1500 ～ 5000

🏨 ラカウォン・アイランド・リゾート
Lakawon Island Resort

🚃 港からのポートは7:30～16:30。島へ入るのには往復ポート代と入島料で一人₱750。

🏠 Lakawon Island Resort, Cadiz Viejo, Cadiz City,

☎ 0966-352-7370、0947-248-3676

🌐 lakawon.ph

💴 ₱4399 ～ 1万3779

島の広さは16ヘクタール

右カラム

バコロド郊外の見どころ　ATTRACTION 🔭

バコロドの見どころは郊外に多い。とくに空港のあるシライ Silay 市は、かつてのネグロスの中心地で、「ネグロスのパリ」という異名をもつ。市内には築100年を超える文化財登録されたヘリテージハウスが30軒以上あり、それらが博物館やカフェ、ゲストハウスなどとして活用されている。一方、シライ市山間部では自然林を生かして避暑地の開発が進んでいて目が離せない。

サトウキビ地主の屋敷　★★

バライ・ネグレンセ　MAP P.309-A1
Balay Negrense

屋上から見渡す限りの土地を所有していたという地主の昔の暮らしを体感できる。英語のガイドが常駐しているので、さまざまな情報を得ることができる。

マングローブの生態系を楽しめる　★★

バラリン・マングローブ・エコパーク　MAP P.309-A1
Balaring Mangrove Eco-Park

バラリン村民と日本のNGOの協働により植林・保全された約50ヘクタールのマングローブ林内を歩いて楽しむことができる。さまざまな生き物が幼少期を過ごす貴重な生態系。鳥や貝など希少な生物に出合える憩いの場所となっている。

露天風呂でくつろぎながら森林浴　★★

マンブカル・リゾート＆ワイルドライフ・サンクチュアリ　MAP P.309-B1
Mambucal Resort & Wildlife Sanctuary

バコロドから約1時間のマーシャ Murcia 町の山中にある自然公園。この山は土中から原色の粘土が出ることで有名。いくつかの滝つぼプールや温泉プール、2012年に日本のNGO「オイスカ」が協

日頃の疲れを癒やしたい

力して造った露天風呂がある。宿泊施設もある。訪問には事前予約が必要。

ネグロス島の北に浮かぶ　★★

ラカウォン島　MAP P.309-B1
Lakawon Island

バコロドからバスで北に約1時間行ったカディズ・ビエホ Cadiz Viejo 港から船に乗って15分の所にある、白砂のビーチに囲まれた小さな島。有名なフローティングバーは2023年3月時点では修理中。リゾートホテルで宿泊もできる。

ホテル Hotels

バコロドに空路で来た人のために、バコロド・シライ空港周辺にはリーズナブルな宿がある。高級ホテルはバコロドに向かうラクソン通り沿いに、広いプール付きのリゾートは郊外の海沿いにある。夜の街を楽しみたい人は、州庁舎近くのキャピタル・ラグーンや新市庁舎付近がおすすめ。

ネグロス島
バコロド

エル・フィッシャー・ホテル $$$
L' Fisher Hotel   バコロド MAP P.311-1外

ラクソン通り沿いにある高級ホテル。スタッフの対応がプロフェッショナル。カジノやパーティホールが併設されており、屋上にはプールサイドバーやサロンもある。朝食はビュッフェスタイル。

- 住 14th Lacson Street
- TEL (034) 433-3731
- URL www.lfisherhotelbacolod.com
- 料 DP2090～3998 FP4590～
- 室数 200
- CC AJMV

同じ建物内にリーズナブルなシャレー、隣には安いエコテルもある

パルマス・デル・マール $$
Palmas der Mar   バコロド MAP P.311-2外

バコロドの郊外の海沿いにあるビーチリゾートホテル。ビーチはきれいではないが、広いプールがあり、結婚式場としてもよく使われている。バコロドの近くで南国の雰囲気を味わいたいなら、おすすめのホテル。

- 住 J. R. Torres Avenue
- TEL (034) 434 7972
- URL palmasdelmar.business.site
- 料 SDP1880～ FP2800～
  SuP2870～5320 CP2664～4100
- 室数 54
- CC AJDMV

大きなプールが自慢のホテル

ジャーマン・ウンソン・ヘリテージ・ハウス $$
German Unson Heritage House   シライ MAP P.311-1外

シライ市の中心部に近い場所にあるヘリテージ・ハウスを活用したペンションハウス。大きなベッドと石の風呂のある部屋に泊まれば、大金持ちのような気分を味わえる。ネグロスの歴史を感じられる宿だ。

- 住 5 Zamora St., Silay City
- TEL (034) 432- 2943
- 料 P2200～5000
- 室数 5
- CC 不可

古き良き時代の邸宅

ネイチャーズ・ビレッジ・リゾート $$
Nature's Village Resort   タリサイ MAP P.311-1外

バコロドの北、タリサイ市にある。内装は自然素材を多用し、アメニティも環境に配慮。レストランでは、敷地内で育った野菜のサラダが食べられる。

- 住 Talisay Highway
- TEL 0922-851-2231
- URL www.naturesvillageresort.com
- 料 SDP2200～2500
- 室数 83(現在51のみ宿泊可)
- CC VM

イースト・スクエア・イン $
East Square Inn   バコロド MAP P.311-1外

市役所の新庁舎近くにある比較的リーズナブルなホテル。夜の街を満喫したい人にはおすすめ。近くにスーパーやバーがあり、長期滞在にも便利。

- 住 Lot 9, Block 10, Lucerne street, Helvetia Heights, Brgy. Villamonte
- TEL 0927-271-5402
- 料 SDP1200～2800
- 室数 44
- CC 不可

ペガサス・ペンション・ハウス $
Pegusus Pension House   シライ MAP P.311-1外

空港からシライ市内に抜ける道沿いにあるペンションハウス。経営者は日本語が話せる。共同のキッチンがあるので、長期滞在におすすめ。

- 住 Mc Kinley Street, Gomez Extension, Barangay IV
- TEL 034-4458603
- 料 SDP800～1000
- 室数 7
- CC 不可

ラッドラッド・マウンテン・リゾート $
Ladlad Mountain Resort   シライ MAP P.311-1外

シライ市のパタッグ村にある宿泊施設の中で、最もリーズナブルなバックパッカー宿。プールサイドでカラオケをする地元住民との交流を楽しめるかも。

- 住 Brgy. Patag, Silay City
- 料 SDP500(共用)～2500(共)
- 室数 10
- CC 不可

冷房 ファン トイレ 水 シャワー 温水 シャワー バスタブ テレビ ミニバー 冷蔵庫 ネットフリー 朝食 日本人スタッフ

※共と記してある場合は共同となります。

313

学生と移住外国人であふれた国際色豊かな学園都市

ドゥマゲッティ

Dumaguete

MAP 折込表-C3

ドゥマゲッティの
市外局番 ☎035

ACCESS

✈ マニラからPALエクスプレスとセブパシフィックが毎日各2～4便運航。所要時間約1時間30分。₱2100～。セブからセブゴーが毎日2便運航。所要約50分、₱1800。
⛴ セブ・シティからオーシャン・ジェット、コカリオン・シッピング・ラインズなどがほぼ毎日運航。所要4～6時間、₱400～。セブ島のバトからタンピへのフェリーは4:00～23:30の間、1～2時間おきに運航。所要約30分。₱70程度。タグビララン（→P.273）からオーシャン・ジェットが毎日1便運航。所要約2時間。₱900～。シキホール島（→P.320）からもオーシャン・ジェットなどが毎日3～4便運航。所要約1時間。₱250～。

●**オーシャン・ジェット**
Ocean Jet
MAP P.315-1
TEL 0919-066-5964（携帯）
URL www.oceanjet.net

●**コカリオン・シッピング・ラインズ**
Cokaliong Shipping Lines
MAP P.315-1
TEL (032) 232-7211
URL www.cokaliongshipping.com

🚌 セブ・シティの南バスターミナル（→MAP P.231-A2）からセレス・バスターミナル（→MAP P.315-2）行きのセレス・ライナーが1日10便運行している。所要時間約6時間。片道₱350～。

●**セレス・ライナー**
Ceres Liner
TEL (032) 253-3830（セブ）、0955-678-9123（ドゥマゲッティ）

町を見守るベル・タワー

緑あふれるシリマン大学キャンパス

東ネグロス州の州都ドゥマゲッティは、人口約13万人のうち3割を学生が占める学園都市。その中心が広大なキャンパスをもつシリマン大学だ。アメリカ長老教会のミッションによって設立されたフィリピン屈指の名門校。ビサヤ地方全域からの学生のほか、東南アジアを中心に世界約50ヵ国から留学生が集まり、活気に満ちている。

ドゥマゲッティは「移住者の楽園」でもある。2015年、米国の経済誌『フォーブス』が「世界で住みたい町」第5位に、2018年、フィリピン退職庁も「フィリピンで住みたい町」第1位にドゥマゲッティを挙げた。治安がよく、気候も温暖でマリンスポーツのメッカであるドゥマゲッティには、ヨーロッパや北米をはじめ全世界から短期・長期滞在者が押し寄せ、フィリピンで最も外国人率が高い国際色豊かな町になっている。「The City of Gentle People（心優しい人々の町）」は、ビーチからの心地よい風とともに旅行者を優しく迎え入れてくれる。

ドゥマゲッティへの行き方

ACCESS

マニラとセブからドゥマゲッティ空港へ国内線が飛んでいる。セブ・シティの南バスターミナルからドゥマゲッティのセレスCeresバスターミナル（→MAP P.315-2）行きのバスも出ている。セブ島南部の**バトBato**（→MAP P.309-B2）からフェリーでドゥマゲッティ北部の**タンピTampi**（→MAP P.309-B2）に渡れば、所要時間はわずか30分。セブ・シティ、ボホール島のタグビラランからもドゥマゲッティに向かうオーシャン・ジェットのフェリーがある。ドゥマゲッティにはタクシーがないので、空港から市内への移動にはトライシクルを利用する。市内中心部まで約10分。₱200～250。

ドゥマゲッティの歩き方　ATTRACTION

ドゥマゲッティのダウンタウンは歩いて回れる。シリマン大学の正門を起点に**ペルディセス通りGov.M.F.Perdices St.**を

市民の憩いの場リサール通り

南下すると老舗の**スーパー・リー・プラザSuper Lee Plaza**がある。さらに昔イスラム教徒の襲撃に備えて建設されたという歴史的建造物**ベル・タワー Bell Tower**が見えてくる。海側が市民の憩いの場**ケソン公園Quezon Park**、

カサブランカでひと休み

■市観光案内所
MAP P.315-2
住 15,6200 Colon St.
TEL (035) 422-9409
開 8:00 ～ 17:00
休 土・日・祝

■州観光案内所
MAP P.315-1外
住 Sidlakang Negros Village E.J. Blanco Drive, Piapi
TEL (035) 226-3105
開 8:00 ～ 17:00
休 土・日・祝

その奥に**市庁舎City Hall**と**市観光案内所City Tourism Office**がある。2022年、市庁舎の横にオープンした**ドゥマゲッティ国立博物館National Museum of the Philippines, Dumaguete Branch**に立ち寄ってみよう。

ベル・タワーを山側に曲がり、ドゥマゲッティの台所、活気に満ちたマーケットを探索するのもおもしろい。ベル・タワーを海側に曲がり、海岸に向かうとドゥマゲッティの目抜き通り、**リサール通りRizal Blvd.**に出る。■カサブランカCasablanca、■サンズ・リバル・ビストロSans Rival Bistro、■ホワイ・ノットWhy Not?(すべて MAP P.315-1) など外国人向けのおしゃれなレストランやカフェが軒を連ねる。青い海と対岸のシキホール島を眺めながらのんびりと至福の時間を過ごしてみよう。

ドゥマゲッティ最大のモール、**ロビンソン・プレイスRobinson Place**はダウンタウンから離れたところにあるので、トライシクルを使う。市内は₱15。近年、町はダウンタウンの北側のビーチ沿いに開発が進み、レストラン、カフェ、バーが次々にオープンしている。

■州観光案内所P.315、ドゥマゲッティ空港、■ギャビーズ B&B P.318
Aspire Learn English Institute へ
州庁舎
■プグラス・イスラ・カフェ、■シ・セニョール、■ハヤハイ、■アダモ、■ミスター・サイゴン、■居酒屋ひまわり(以上P.319)
■シリマン大学 P.317 Silliman University
アントウェット・バックパッカーズ・イン P.318
■ジョリビー
シリマン大学正門
SCOOBY■
Silliman Av.
PNB■
アキノ・フリーダム・パーク Aquino Freedom Park
■ヘンリー・リゾート・ドゥマゲッティ、■フライング・フィッシュ・ホステルへ
頭頭
P.314オーシャン・ジェット Ocean Jet (セブ, タグビララン, シキホール行き)
P.314 コカリオン・シッピング・ラインズ (セブ行き)
税関 Customs
P.319 ジョーズ・チキン・イナト
■ブリックス・ホテルP.318
■Bo'sコーヒー
San Juan St.
Beat St.
San Jose St.
Nobelefranca St.
P.315 カサブランカ
P.315 サンズ・リバル・ビストロ
■ジョリビー
■マクドナルド
スーパー・リー・プラザ
イミグレーション
V. Locsin St.
ロビンソン・スーパーマーケット
ホワイ・ノット? P.315
Holy Child Hospital
マーケット Market
■ジョリビー
Legaspi St.
ケソン公園 Quezon Park
市庁舎
スターバックス
Burgos St.
市観光案内所 P.315
ベル・タワー Bell Tower
Colon St.
Pinili St.
Cervantes
Santa Catalina St.
ドゥマゲッティ国立博物館 National Museum of the Philippines-Dumaguete
カサロロ滝&レッドロック温泉 P.316、カタール戦争博物館 P.316、ムグナ・ギャラリー P.317、We'll English Academy メインキャンパス バレンシアヘ
セブ パシフィック
ロビンソン・プレイス、ブラボー・リゾート・ムンティング・パライソP.318、ラッキー・ダイブショップ P.316、アポ島P.316、イズモP.319、Darwin English Tutorial International ダーウィン方面へ
ドゥマゲッティ
0   400m
N

セレス・バスターミナル Ceres Bus Terminal P.314

ネグロス島

ドゥマゲッティ

ダイビングのメッカ、アポ島

日本人ガイドのいるダイブショップ
　経験豊富な日本人ガイドがアポ島やダーウィン周辺の穴場ポイントに案内してくれる。
🅟ラッキー・ダイブ・ショップ
　Lucky Dive Shop
🏠 Lipayo, Dauin, Negros Oriental
📞 0939-916-1557（日本人直通）
🌐 luckydive.jp

シキホール島のダイブショップ
　ドゥマゲッティの対岸、黒魔術の島シキホール島もダイビングのメッカ。
🅟ラスト・フロンティア・ダイブ
　Last Frontier Dive
　日本人ガイドが常駐している。
🏠 Maite, SanJuan, Siquijor
📞 0906-303-6543（日本人直通）
🌐 https://lastfrontierdive.com/jpn

■ドゥマゲッティ国立博物館
🏠 Old Presidencia Bldg., City Hall Grounds, Sta. Catalina St.
📞 0966-500-0808
🈺 火〜日　9:00〜17:00　🈯 月
💴 無料

■カタール戦争博物館
　Cata-al World War II Museum
🗺 P.309-B2
　バレンシアにある。激戦地だったバレンシアで収集された第2次世界大戦時の日米軍の遺品群は一見の価値がある。父親の遺志を受け継いだオーナーのカタールさんが「語り部」になって説明してくれる。
🏠 Km. 9, Luzuriaga st.,Valencia
🌐 dumagueteinfo.com/attractions/listing/cata-al-world-war-ii-museum/
🈺 9:00〜17:00
🈯 なし

貴重な戦争の遺品の数々が

316

ドゥマゲッティと郊外の見どころ　ATTRACTION 👀

ウミガメと戯れる夢の島　★★★
アポ島　🗺 P.309-B2
Apo Island, Dauin

　ドゥマゲッティ最大の観光スポットはアポ島だ。2020年、アポ島を擁する**ダーウィンDauin**は、日本の『マリンダイビング』誌によって、世界最高のダイビングスポットの

アポ島の海を潜る

ひとつに選ばれた。珊瑚や魚の種類が豊富でシリマン大学の海洋生物保護区域になっている。見渡す限りの珊瑚は圧巻だ。ウミガメと一緒に泳ぐスノーケリングも人気で、運がいいと移動中にイルカの群れに遭遇することもある。アポ島へは市内やダーウィンからツアーが出ている。所要時間約8時間。ひとり₱1200〜が目安。ダイビングツアーも各種ある。

秘境の滝と褐色の露天温泉　★★
カサロロ滝＆レッドロック温泉　🗺 P.309-B2
Casaroro Falls & Red Rock Hot Spring

　ドゥマゲッティに隣接するバレンシアValenciaの山奥にある**カサロロ滝**（→🗺 P.309-B2）。うっそうとした深い渓谷に下り、そこから上流の神秘的な滝に辿り着くまでの1時間ほどのスリルあるトレッキング。気軽に秘境の森林浴を満喫できる。**レッドロック温泉**（→🗺 P.309-B2）は褐色に染まった秘

神秘のカサロロ滝

湯だ。近くには赤銅色の**プランバト滝Pulangbato Falls**があり、温泉とセットで楽しめる。市内からバレンシアの観光スポットを回るツアーが出ている。所要8時間ひとり約₱1800。

ネグロスとドゥマゲッティを深く知る　★
ドゥマゲッティ国立博物館　🗺 P.315-2
National Museum of the Philippines, Dumaguete Branch

　フィリピンで14番目の支部として2022年にオープンした。地質学、動物学、植物学、考古学、海洋学などに関する資料が展示され、ドゥマゲッティとネグロス島の歴史、自然、文化を理解

できたばかりの本格的な博物館

する一助になる。

イルカの海とホワイト・サンド・ビーチで極上の海体験へ　★★

マンフヨド・ホワイト・サンドバー
Manjuyod White Sand Beach Bar

ドゥマゲッティの北約60kmのバイスBais湾沖に引き潮時に現れるホワイト・サンドの浜。細長いことからホワイト・サンドバーと呼ばれて

ホワイト・サンドバーと海上コテージ

いる。ドルフィン・ウォッチングと、周辺では船遊びが楽しめる。セレス・バスターミナルからバイスまでバスで行き、そこからクルーズ船に乗る。約8時間のツアーでランチ、入場料、乗船料など込みで約₱1200。前日までの予約が無難。海上コテージを借りることも可能。ランチセット希望の場合はクルーズ船のオプションで簡単なフィリピン料理を用意してくれる。

神秘的な地下の世界を探索　★

マビナイ洞窟群
Mabinay Caves, Mabinay

スリルあるマビナイ洞窟群の探検

ドゥマゲッティから北西約90kmに位置する独自の文化圏を持つ**マビナイMabinay**（→ MAP P.309-A2）は、「洞窟の町」と呼ばれ、400以上もの洞窟がある。そのうち内部の見学が可能な**パンリガワン洞窟Panligawan Cave**、**パンダリハン洞窟Pandalihan Cave**、**クリスタル洞窟Crystal Cave**の3つの洞窟を探索するツアーがある。初心者向けのクリスタル洞窟は遊歩道から鍾乳洞を見ることができる。ツアーガイド付き。所要時間約8時間。入場料、ランチなどが込みで約₱1000。

アートの新しい風

2022年、バレンシアにアート・ギャラリーが誕生した。フィリピンから発信するアートに軸足を置いたムグナ・ギャラリーだ。精力的な展示、ワークショップを行っている。

■ムグナ・ギャラリー
Mugna Gallery
MAP P.315-2外
住 Unit 1 Uypitching Building, Bong-ao, Valencia
TEL 0949-356-1711
URL https://mugnagallery.com
開 水～日　12:00 ～ 20:00
休 月、火　料 無料

アート・ワークショップ

■バレンシア・サンデー・マーケット
Valencia Sunday Market

近年、バレンシアのサンデーマーケットが活況を呈している。色鮮やかな旬のフルーツと野菜に加え、最近はさまざまなアジアフードやスイーツ、カフェのブースが軒を連ね、早朝から人出が1000人を超えるにぎわいで広域ドゥマゲッティの風物詩になっている。毎週日曜6:00 ～ 12:00。市内からバレンシア行きジプニーに乗る。所要時間20分₱20。
MAP P.309-B2

色鮮やかなマーケット

ドゥマゲッティの精神的支柱 シリマン大学

1901年創設のシリマン大学（MAP P.315-1）は、ドゥマゲッティの精神的支柱である。シリマン大学教会を宗教的バックボーンとしながら、教育、医療、芸術、社会活動において主導的役割を担ってきた。シリマン大学がアポ島を海洋生物保護区域とし、ビーチ沿いに高層ビルが建つことを禁じ、ゴーゴーバーなど性産業の進出を阻止してきた歴史の上に、現在のドゥマゲッティが立っている。神学部はプロテスタントのフィリピン合同教会に多くの牧師を輩出し、フィリピン屈指の医学部と看護学部、大学病院は医療において地域に広く貢献している。演奏会や演劇なども精力的

に開催され、芸術面でも地域をリードしている。アジア各国からの留学生たちはここで修士や博士の学位を取得し、自国に戻って重要な役職に就いている。

近年、ドゥマゲッティ市長が「スマート・シティ計画」の推進を宣言した。ドゥマゲッティの海岸線の大規模な埋め立て開発プロジェクトだ。ドゥマゲッティも小さな「セブ・シティ」になってしまうのか。これにいち早く反対の態度を示したのがシリマン大学だった。近代化、商業化の波が迫るドゥマゲッティ。シリマン大学の基盤にあるキリスト教的倫理観はこの町にとってますます重要なものになっていくだろう。　　（藤井創）

ホテル

Hotels

ゲストハウスからリゾートホテルまでさまざまなタイプの宿泊施設が揃い、プールのあるホテルも増えてきている。できるだけ安く泊まりたければ市内にあるドミトリーのある宿を、海を眺めてのんびりリゾート気分を味わいたければアポ島への拠点となるダーウィン（ MAP P.309-B2）まで足を伸ばしてみよう。

ヘンリー・リゾート・ドゥマゲッティ $$$
The Henry Resort Dumaguete　MAP P.315-1外

最近人気のエリアにできた落ち着いた雰囲気の高級感あふれるホテル。一歩足を踏み入れば周りの喧騒が嘘のような静けさに。プールもありセレブな気分が味わえる。洗練されたレストランやカフェ、バーも6店舗ある。

🏠 Flores Ave., Bantayan
TEL (035) 531-5707
URL dumaguete.thehenryhotel.com
料 DP8400 〜
室数 32
CC AJVM

プールのある豪華なホテル

ブリックス・ホテル $
The Bricks Hotel　MAP P.315-1

港の近くの海沿いに立つれんがの壁のデザイナーズホテル。内装はコンクリート打ちっぱなしのスタイリッシュなデザイン。1階のレストランで海を眺めながら食事もできる。中心部に近く、どこへ行くにも便利な立地。

🏠 Rizal Blvd.
TEL 0917-192-5189、(035) 422-6215
URL thebrickshotel.ph
料 DP2400 〜
室数 29
CC ADVM

スタイリッシュなデザイン

フライング・フィッシュ・ホステル $
The Flying Fish Hostel　MAP P.315-1外

空港と港に近く移動に便利。周辺にはレストランが多く徒歩でも食事には困らない。個室もあるがドミトリーでもベッドより広いスペースが使えゆったり過ごせる。共用スペースも多くおしゃれな作りになっている。

🏠 32 Hibbard Ave.
TEL 0995-034-8435
URL flyingfishhostel.com
料 DmP600 〜　DP1300 〜
室数 13
CC 不可

移動に便利で立地もよい

ブラボーリゾート・ムンティング・パライソ $$
Bravo Resort Munting Paraiso　ダーウィン MAP P.315-2外

市内から南に位置するダーウィンにある海沿いのリゾートホテル。海水のスイミングプールと目の前の海で湧く温泉のジャクージもありゆったり過ごせる。ランチ付きのデイユースの利用もできる。

🏠 Bulak, Dauin
TEL 0995-395-1657
料 SDP3000 〜
室数 12
CC AJVM

ダーウィンのビーチリゾート

ギャビーズ B & B $
Gabby's Bed and Breakfast　MAP P.315-1外

閑静な住宅街のなかにあるカラフルでおしゃれなこぢんまりした宿。カフェもリーズナブルで外国人が多い。

🏠 Claytown, Daro
TEL (035) 522-2203、0906-328-3374
URL gabby's.florentinahomes.com
料 SP900 〜　DP1200 〜
FP2100 〜
室数 14　CC AVM

アントウェット・バックパッカーズ・イン $
Antwet Backpackers Inn & Rooftop Bar　MAP P.315-1

キャピタルエリアにある人気の安い宿。便利な立地なのにのどかな雰囲気。屋上にはルーフトップバーがあり町の夜景を眺めながら食事もできる。

🏠 Capitol site, Daro
TEL 0922-297-4134
料 P350 〜
室数 20
CC 不可

冷房　ファン　トイレ　水シャワー　温水シャワー　バスタブ　テレビ　ミニバー　冷蔵庫　ネットフリー　朝食　日本人スタッフ
※共と記してある場合は共同となります。

レストラン　　　　　　　　　　Restaurants

ネグロス島

ブグラス・イスラ・カフェ　　　　$
Buglas Isla Cafe　　　MAP P.315-1外

カフェ

おしゃれでカジュアルなカフェ。緑に包まれた庭と伝統的な屋敷で終日ブランチが楽しめる。フィリピン料理もおいしい。

🏠 EJ Blanco Dr., Piapi
📞 0917-500-3953
🕐 7:00 ～ 17:00
休 なし
CC AJMV

シ・セニョール　　　　　　　$$
Si, Señor　　　MAP P.315-1外

スペイン料理

エレガントな雰囲気のスペイン料理レストランでヘンリー・リゾート内にある。パエリアは評判がよい。スペイン産ワインやビールも豊富。

🏠 Flores Ave.
📞 0977-815-9288、0917-506-2151
🕐 火～日 11:00 ～ 14:00、17:00 ～ 21:00
休 月曜
CC MV

ジョーズ・チキン・イナト　　　$
Jo's Chicken Inato　　　MAP P.315-1

フィリピン料理

炭焼きチキンの有名店。店頭で焼いたチキンの味は格別。しかもここは本店。チキン以外、キニラオやスープもおいしい。

🏠 Silliman Ave.
📞 (035) 225-4412
🕐 9:30 ～ 21:30
休 なし
CC 不可

ハヤハイ・トゥリーハウス・バー&ビューデッキ　$
Hayahay Treehouse Bar and View Deck　MAP P.315-1外

シーフード料理

海沿いの肩の凝らないシーフードレストラン。地元の人々にも人気がある。海風に吹かれながらのランチやディナーは最高だ。

🏠 Flores Ave, Piapi, Escano Beach
📞 (035) 225-3536
🕐 10:00 ～ 25:00
休 なし
CC JVM

ミスター・サイゴン　　　　$
Mister Saigon　　　MAP P.315-1外

ベトナム料理

自家栽培の野菜をふんだんに使ったヘルシーなベトナム料理店。生春巻きやフォー、バンミーは定評がある。ベトナムコーヒーも絶品だ。

🏠 58 E.J. Blanco, Brgy. Piapi
📞 0956-045-2380
🕐 10:00-20:00
CC 不可

アダモ　　　　　　　　　$
Adamo　　　MAP P.315-1外

創作フィリピン料理

オーガニック食材を使用した、スタイリッシュで落ち着いた雰囲気の創作フィリピン料理レストラン。デートや特別な日にぴったり。

🏠 Tindalo Drive cor., Molave St., Daro
📞 0916-552-1626
🕐 11:00 ～ 21:00
休 なし
CC MV

居酒屋ひまわり　　　　　　$
Izakaya Himawari　　　MAP P.315-1外

日本料理

アットホームな日本人経営の居酒屋。特産のマグロを使った刺身や寿司が楽しめる。幅広いメニューで現地フィリピン人からも人気。

🏠 58 Hibbard Ave., Bantayan
📞 0993-878-6304
🕐 11:00 ～ 14:00、17:00 ～ 22:30
休 なし
CC 不可

イズモ・ジャパニーズ・レストラン　　$
Izumo Japanese Restaurant　　　MAP P.315-2外

日本料理

郊外になるが、旅行中、日本食が恋しくなったらここが良い。巻き寿司、ラーメン、天ぷら、カツ丼など安定のおいしさだ。

🏠 1228 National Road, Banilad
📞 0926-633-7060
🕐 11:00 ～ 14:00、17:00 ～ 20:00
休 日
CC 不可

ドゥマゲッティ

ちょっとひと息コラム

留学生にもリモートワークにもおすすめの学園都市

ドゥマゲッティでは、日本人移住者や留学生が増加中。現地大学との交換留学生、子供たちが現地校で学ぶ「親子留学」、リモートで働きながら長期滞在している人など、新しいフィリピン滞在のあり方に挑戦できるのも、治安が良く文化的な雰囲気の漂うドゥマゲッティならでは。留学先候補にぜひ。以下は代表的な英語学校。

■ Aspire Learn English Institute
URL aspire-english.com

■ Darwin English Tutorial International (DETi)
URL deti.jp
■ We'll English Academy
URL www.well-english-academy.com
フェイスブックページ「ドゥマゲッティ日本人なんでも情報」では、おもに在住者が日本人向けの最新情報を発信中なので、渡航前の情報収集にものぞいてみしよう。
URL www.facebook.com/groups/452768137060090

ひと味違ったリゾートを楽しめる黒魔術アイランド

ネグロス島、セブ島、ミンダナオ島に周囲を囲まれているシキホール島 Siquijor Is.（**MAP** P.309-B2）。かつて征服者のスペイン人がこの地にやってきたとき、対岸のネグロス島ドゥマゲッティからシキホール島全体がホタルの光でぼんやりと不気味に光って見えたという。そのためスペイン人からは「火の島」として恐れられていた。

淡路島よりもやや小さいこの島は、昔から"黒魔術の島"として知られている。現在でも独自の治療法で症状を直すヒーラーや、薬草を調合して恋愛運や金運がよくなるお守りを作っている人々がいて、いわゆる民間療法的なものが根強く残っている。とりわけ旅人の心を惹きつけるのが、「ボロボロ Bolo-bolo」と呼ばれる伝統的なヒーリングで、アルミのストローでコップの中の水をぶくぶく吹きながら体をさすっていくというもの。コップの底には石が沈んでいて、なぜか悪いところに差し掛かるといきなり水が濁ったり、藻のようなものが湧きだしたりするのだ。汚れた水を取り換え、また患部をなぞるということを繰り返すと水の汚れは減っていく。ちなみにヴィラ・マーマリン（右記）の原田さんいわく、現在は世代も変わり、驚くほどの効果をもたらす黒魔術師は減ってきているとのことだ。

黒魔術に代わり、近年旅行者を惹きつけているのが、島の美しい海とリゾートホテルだ。周辺の島々と同じようにシキホール島も鮮やかな青い海に囲まれており、静かな環境を求めて欧米人の移住者や観光客が集まるようになった。彼らは自らオーナーとなっておしゃれなホテルをオープンし、格安でリゾートライフを過ごすことができると、観光客が増えつつある。

ホテルは島の南西海岸と北部に集中し、特に南西海岸には海岸沿いにずらりと20軒以上のホテルが並ぶ。最も大きなホテルが**ココ・グローブ・ビーチ・リゾート**。94室もの客室をもつ老舗で、リゾート感を味わうならココがおすすめだ。ほかにも小さなブティックリゾートが続々オープンしているのでチェックしてみよう。北部で最も有名な宿といえば、日本人経営の**ヴィラ・マ**

黒魔術師による「ボロボロ」

ヴィラ・マーマリンのサンデッキから眺める海

ーマリン。日本語が通じるだけでなく、ここでしかできないアクティビティもあり、一度は足を運びたい。植物を愛するドイツ人が経営する**カサ・デ・ラ・プラヤ**もシキホール島で最も長く営業している宿のひとつ。客室のデザインがかわいらしくおすすめだ。そして唯一島を見下ろす高台にできたリゾートが**インフィニティ・ハイツ**。わずか7室という小さなリゾートだが、景色が抜群によく、日帰りで訪れるのもいいかもしれない。

■**州観光案内所**
TEL (035) 344-2088
開 8:00 ～ 17:00　**休** 土・日・祝
■**シキホール島へのアクセス**
　ドゥマゲッティからの船便を利用するのが一般的。モンテネグロ・シッピング・ラインズなどの高速船が多数運行している。₱350 ～ 600。
●**モンテネグロ・シッピング・ラインズ**
　Montenegro Shipping Lines
TEL 0915-163-4107、0917-189-3164
■**日本人経営の宿泊施設**
H **ヴィラ・マーマリン　Villa Marmarine**
　日本人経営のアットホームなリゾート。オーナー自らの案内で、ホタルツアーや学校訪問、テニスなどのアクティビティを楽しませてくれる。宿で働くフィリピン人奨学生たちのほほえましいホスピタリティもうれしい。売り上げの10%は子供たちの教育支援に充てている。
住 Candanay Sur, Siquijor
TEL (035) 480-9167、0919-465-9370(携帯)
URL www.marmarine.jp
料 ⓒ₱2700 ～ 6500(朝食込み)　**室数** 10
■**そのほかのおすすめホテル**
H **ココ・グローブ・ビーチ・リゾート**
　Coco Grove Beach Resort
URL www.cocogrovebeachresort.com
料 ⓈⒹ₱4500 ～ 1万2000
H **カサ・デ・ラ・プラヤ**
　Casa de la Playa
URL siquijorcasa.com　**料** ⓈⒹ₱1400 ～ 2600
H **インフィニティ・ハイツ**
　Infinity Heights
URL www.infinityheightsresort.com
料 ⓈⒹ₱5300 ～ 6950

レイテ島

　レイテ島とつながる隣のサマール島は日比の友好の証として日本政府が建造した全長2.6kmの美しい橋、サン・フアニーコ大橋によって結ばれている。この橋は、2013年の大型台風30号による災害時には被災者の避難経路と救援物資の輸送路として重要な役割を果たした。レイテ島は第2次世界大戦時に日本軍とアメリカ軍が大激戦を繰り広げた有名な地だ。一時撤退を余儀なくされた米軍大将マッカーサーが、日本軍からフィリピンを奪回する最初の一歩を印した場でもある。同地では8万人近くの日本軍と数千人以上の米軍、フィリピン人の尊い命が失われた。レイテ島には約30ヵ所の慰霊碑が点在し、毎年10月20日のマッカーサー上陸記念日には各国からの大使が平和記念式典に参列する。レイテ島の旅は、ほかの島を旅するのとはまたひと味違う経験を旅行者に与えるだろう。

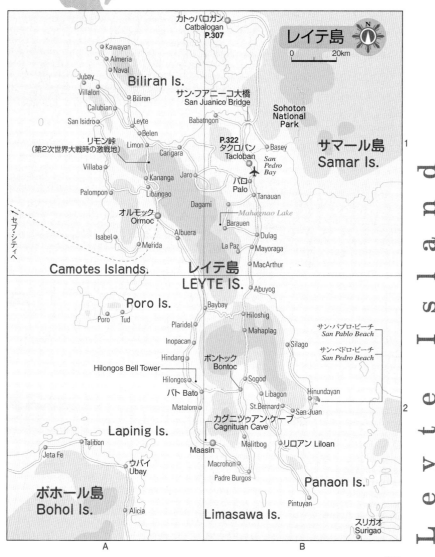

第2次世界大戦の傷跡を残す

タクロバン

Tacloban

MAP 折込表-C3

タクロバンの
市外局番 ☎053

ACCESS

✈ マニラからPALエクスプレス、セブパシフィックがそれぞれ毎日1〜3便運航。所要約1時間25分、₱2800〜。セブからはPALエクスプレスとセブゴーが毎日それぞれ1〜3便運航している。所要約50分、₱1500〜。

🚢 セブ・シティからオルモックへスーパーキャット、オーシャン・ジェットなどが毎日運航している。所要3時間〜、₱740〜。

●スーパーキャット
Super Cat
TEL 0926-765-7548
URL www.supercatschedules.
com

空港から市内へ

タクロバン空港は町の中心から約10km南東に位置。市内へは車で所要約20分。タクシーを利用した場合は₱500程度、ジプニーは空港始発₱50、一般₱13。

■観光局（DOT）
MAP P.323-1
住 Magsaysay Blvd.
開 8:00〜17:00
休 土・日・祝

オルモック、カトゥバロガンへ

グランド・ツアーがカトゥバロガン（→P.307）やオルモック（→MAP P.321-A1）行きのバンを4:00〜18:00の間、ほぼ1時間おきに運行している。カトゥバロガンまで所要約2時間、₱200、オルモックまで所要2時間30分、₱200。

●グランド・ツアー
Grand Tours
MAP P.323-1
TEL 0917-510-4125（カトゥバロガン）、0917-510-2341（オルモック）

町外れに立っているマッカーサー上陸記念公園

タクロバンは人口約24万人の都市で、レイテ島で産出される木材の積み出し港として栄え、今では東部ビサヤ諸島の政治・経済・文化の中心地として繁栄している。第2次世界大戦時には日本の侵略を受け、戦後はアメリカの政策に翻弄され続けてきた町でもある。2013年には観測史上最大といわれる台風30号（フィリピン名ヨランダ）が直撃し、死者6000人以上を出す壊滅的な被害を受けた。地域には戦争や台風の慰霊碑が点在し、そのつらく悲しい過去を物語る。しかし、輝く太陽の下、懸命に生きる人々の表情はとても明るい。

タクロバンへの行き方　　　ACCESS

マニラから毎日数便、国内線が飛んでいる。バスは、マニラとミンダナオ島のダバオを往復する長距離バスが経由している。セブ・シティからであれば、船が便利。レイテ島西側の**オルモック Ormoc**（→MAP P.321-A1）との間を結んでいる。

タクロバンの歩き方　　　GETTING AROUND

タクロバンの町は、サマール島との狭い海峡に突き出した半島に広がっている。

空港から町の中心部まではジプニーで15分ほど。ここ数年の経済発展により、市内中心部までの道沿いにもショップやレストラン、ホテルが建ち並びはじめている。碁盤の目状になった市街中心部には、トライシクルが右へ左へと忙しく行き交う。**サント・ニーニョ聖堂**から海沿いのマグサイサイ通りを歩けば、左側に海を見下ろすようにそびえる市庁舎が

見えてくる。そのかたわらのレイテ・パークには、**マリア観音**がひっそりとたたずむ。そこからさらに直進して進むこと15分、かのレイテ大戦の歴史を物語る白壁のビル、**旧州庁舎**が見えてくる。

タクロバンの見どころ ATTRACTION

タクロバンの町を静かに見守る　★
マリア観音　MAP P.323-1
Madonna of Japan

　タクロバン市庁舎横のレイテ・パーク敷地内には、同地の犠牲者の慰霊と世界平和への願いの象徴として、マリア観音像が建てられている。この像は日本人によって寄贈されたものだ。

今でも威厳を放つ7体のブロンズ像　★★
マッカーサー上陸記念公園 MAP P.323-3外
Mac Arthur Landing Memorial Park

　金色に光輝く7体のブロンズ像は、1944年10月20日にマッカーサーほか6人の米軍兵士がレイテ島に上陸した模様を表現したもの。大地を踏みしめるその風貌は、今でも威厳を失っていない。

マルコス、イメルダ夫妻の暮らしを今に再現　★★
サント・ニーニョ聖堂と博物館 MAP P.323-2
Sto, Niño Shrine & Heritage Museum

　聖堂を囲むように続く27もの部屋は、かつてのマルコス元大統領とイメルダ夫人の生活を忠実に再現したもので、聖堂の2階にまで及んでいる。贅の限りを尽くした装飾は圧巻だ。ちなみにタクロバンはイメルダ夫人の実家に近く、町の人たちのなかには彼女をあがめている人もかなり多い。

マングローブの中を散策　★
パライソ・マングローブ環境公園 MAP P.323-3
Paraiso Mangrove Eco Learning Park, Marine and Wild Sanctuary

　台風被害からの復興・環境再生事業として、2019年にオープンしたマングローブ環境公園。被災者である地元住民によって管理運営されている。美しい湾岸を眺めつつ洞穴のようなマングローブ林の散策ができる。

オープンは2019年

■ **サン・ファニーコ・クルーズ**
San Juanico Cruises
　週末の夜はサン・ファニーコ大橋のライトショーが行われる。ボートクルーズで眺めるのがおすすめ。1日3回、7:00 〜 10:00、11:00 〜 14:00、15:00 〜 18:00運航。
MAP P.323-1
住 140 Paterno St.
TEL 0917-1395-795
料 3 〜 4時　間₱700/人 (7 〜 14人)(食事なし。食事ありはプラス₱300/人)

■ **サント・ニーニョ博物館**
住 Real St.　**TEL** 0956-788-7097
開 8:00 〜 17:00　**休** なし
料 ₱200 (1 〜 3人)

■ **パライソ・マングローブ環境公園**
住 Picas-San Jose DZR Airport Rd.　**TEL** 0956-783-8549、0905-082-7920　**開** 8:00 〜 17:00
休 なし　**料** 入園料₱30

ホテル＆レストラン　Hotels & Restaurants

海に突き出した市街地のいたるところにホテルが点在している。2013年11月の台風直撃後からは、空港から市街地までの道沿いにも次々と新しいホテルが建設されている。中級、安宿が多く、いずれも5000円以下で宿泊できるところがほとんど。モダンな内装の格安ホテルもあり、快適に過ごすことができるだろう。

ホテル・アレハンドロ　$$
Hotel Alejandro　[MAP] P.323-1

レイテ島の歴史を物語る博物館のような美しいホテル。1932年に住居として建設された建物は、第2次世界大戦時には軍の将校の集会所として機能していた。施設内には当時を物語る写真が展示されている。

[住] P. Paterno St.
[TEL] (053) 888-0530、(053) 520-0247、0917-710-2652（携帯）
[料] [S][D]₱2100 ～ 3500
[室数] 65
[CC] AJMV

歴史ある建物に宿泊できるのが何より魅力

タクロバン・プラザ・ホテル　$$
Tacloban Plaza Hotel　[MAP] P.323-1

観光局おすすめのホテル。フィリピン国立銀行が目の前にあり、出歩くのにも便利な場所。客室は清潔で、レストランとバーも併設している。2013年の台風で大きな被害を受けたが、大改装できれいなホテルになった。

[住] J.Romualdez St.
[TEL] (053) 300-8651、0905-954-5366、0933-862-1402（携帯）
[Mail] taclobanplazahotel@gmail.com
[料] [S][D]₱2490 ～ 4870
[室数] 57
[CC] AJMV

客室はシンプルな内装

Zpadレジデンス　$
Zpad Residence　[MAP] P.323-2

中心からジプニーで約10分、ショッピングモールのメトロの向かい。各ユニットに2～3の客室があり、共用リビング＆ダイニングがある。

[住] Dadison St.
[TEL] (053)325-5555、0917-773-8009、0998-960-6821
[URL] www.zpad.com.ph
[料] [S][D]₱895 ～ 1495（朝食なし）、₱1145 ～ 1995（朝食あり）
[室数] 34　[CC] AJMV

アジア・スターズ・ホテル　$$
Asia Stars Hotel　[MAP] P.323-1

町の中心に立つ、中級ホテル。客室は清潔感にあふれていて居心地がいい。屋外プールがあるほか、1階にカフェを併設している。

[住] P. Zamora St.
[TEL] (053) 839-1247, 0977-177-7415、0918-548-3721
[Mail] asiastarshotel@gmail.com
[料] [S][D]₱1600 ～
[室数] 54
[CC] AJMV

カリエ・Z・カフェ　$
Calle Z Café　[MAP] P.323-2
フィリピン料理

開店20周年の老舗。地元一の骨付き牛肉煮込みスープの店。店内は芸術家である店主のセンスが光る。そのほかのフィリピン家庭料理もおいしい。

[住] 39 Independencia St.
[TEL] 0956-432-9971
[営] 17:00 ～ 24:00
[休] 日
[CC] 不可

おたべや　$
Otabeya Japanese Ramen and Homecooking　[MAP] P.323-3
日本料理

幅広い年齢に支持されるラーメン食堂。「気軽に本物の日本食を」という店主の思いから、価格は非常にリーズナブル。たこ焼きやから揚げなども人気。

[住] Esperas Ave.
[TEL] 0905-028-0900
[営] 16:00 ～ 21:30
[休] 月
[CC] 不可

ジュゼッペ　$$
Giuseppe's　[MAP] P.323-1
イタリア料理

イタリア人がオーナーの高級感が漂う店内。メインメニューのピザは、種類が豊富に揃っている。ほかにもさまざまな料理が楽しめる。

[住] 173 Veteranos Ave.
[TEL] 0945-841-9400
[営] 11:00 ～ 21:30
[休] なし
[CC] AJMV

オチョ・シーフード＆グリル　$$
Ocho Seafood & Grill　[MAP] P.323-1
フィリピン料理

有名シーフード料理店。取れたて魚介を選んで調理してもらう。肉料理からデザートまでメニューも豊富。

[住] Sen. Enage St.
[TEL] 053-832-8808、0917-623-8808
[営] 10:00 ～ 22:00
[休] なし
[CC] AJMV

冷房　ファン　トイレ　水シャワー　温水シャワー　バスタブ　テレビ　ミニバー　冷蔵庫　ネットフリー　朝食　日本人スタッフ
※[共]と記してある場合は共同となります。

パナイ島

　ビサヤ諸島の最西端に位置するパナイ島。この島は、イロイロ、アクラン、カピス、アンティケの4州から構成されている。なかでも島の経済・産業の中心となるのがイロイロ。産業はサトウキビ栽培や稲作、養殖漁業が盛んに行われており、島の経済を潤している。近代化の真っただなかにあるが、スペイン統治時代の歴史的建造物がそのままの形でたたずんでいる。過去と近代がこれほどまでに自然にクロスオーバーしているのも、この町ならではの魅力といえる。また、アクラン州にあるカリボは毎年熱狂的なアティアティハン祭が催されることで有名だ。町中に響き渡る太鼓のリズムに乗って、現代のアティ族が町なかを練り歩く姿をひとめ見ようと、毎年1月には多くの観光客が訪れる。

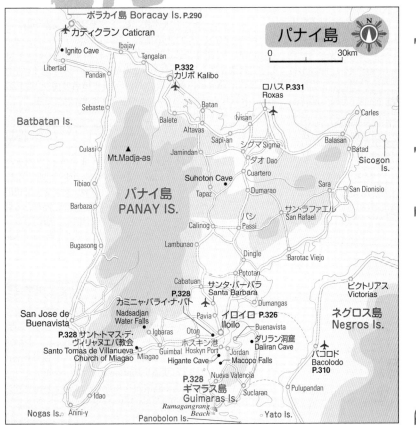

ビサヤで最も近代的な町のひとつ

イロイロ

Iloilo City

MAP 折込表-C3

イロイロの
市外局番 ☎033

ACCESS

✈ マニラからPALエクスプレスが毎日5便、セブパシフィックが毎日8便程度運航。所要約1時間15分、₱2000〜。セブからはPALエクスプレスが毎日4便、セブゴーが毎日3便運航。所要約40分、₱1800〜。

● フィリピン航空
🏠 Iloilo Airport（空港内）
TEL (033) 333-0003
⏰ 8:30 〜 17:00
🏠 Benigno Aquno Ave.
⏰ 8:30 〜 17:00

🚢 バコロドからファストキャットなどが毎日10便以上運航。所要約1時間15分〜、片道₱500〜335。また、セブ・シティからコカリオン・シッピング・ラインズが週4便運航している。所要約12時間30分、₱1400〜。

● ファストキャット
TEL (02)8831-5200、(02)8831-5212、(02)8842-9341（マニラ）
URL fastcat.com.ph

● オーシャン・ジェット
TEL (033) 509-9018、0922-857-5500、0917-638-0000
URL www.oceanjet.net

● コカリオン・シッピング・ラインズ
TEL (033) 509-3333、0910-357-6739（携帯）
URL www.cokaliongshipping.com

■ 観光局（DOT）
MAP P.327-B2
🏠 Bobifacio Dr.
TEL (033) 337-5411
🕐 8:00 〜 17:00 休 土・日

■ 市観光案内所（市庁舎内）
🏠 JM Basa St.

イロイロ川沿いの景色

　イロイロは約45万人が暮らす、ビサヤ諸島のなかで最も近代的な町のひとつ。中心街には7つの大型ショッピングモールがあり、近年急速に都市化している。イロイロの最大の魅力は観光客を意識したわざとらしさがないところ。イロイロはCity of Love（愛の町）と呼ばれ、その名の通り、地元の人々は穏やかで自然なホスピタリティにあふれている。

イロイロへの行き方　　　ACCESS

　イロイロ空港は町の中心部から19km北の**サンタ・バーバラ Santa Barbara**（→ MAP P.325）にある。市内（SMシティ）へは、乗合バンで所要約30分、運賃は₱80。タクシーを利用した場合は₱700前後。パナイ島各地に行くには、ハロ Jaro 地区タグバックにあるセレス・バスターミナルへ。市内からジープニーで所要約25分、₱20程度。タクシーだと₱200 〜 300程度だ。

イロイロの歩き方　　　GETTING AROUND

　この町に着いたらまず**観光局Department of Tourism**へ行こう。近くに**イロイロ博物館Museo Iloilo**や**西ビサヤ地方博物館Regional Museum of Western Visayas**（→P.327）がある。このエリアを南北に走る**イズナルド通りIznart St.**や**ジェイエム・バサ通りJM Basa St.**には、衣類や食料品など手頃な日用品店や露店が立ち並んでおり、エネルギッシュな市民の生活を垣間見ることができる。

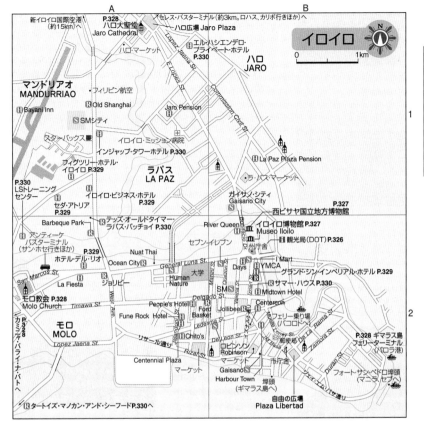

イロイロの見どころ

ATTRACTION

過去への窓 ★

イロイロ博物館 `MAP P.327-B2`

Museo Iloilo

　宇宙船のような外観が印象的な博物館。ここには有史以前の化石から、スペイン統治時代の工芸品、第2次世界大戦中の日本軍の遺留品まで、ビサヤ地方の広範囲なコレクションが展示されている。「過去への窓」という異名をもつだけあり、さまざまな観点から歴史を振り返る。

印象的な外観のイロイロ博物館

刑務所から博物館に ★

西ビサヤ地方国立博物館 `MAP P.327-B2`

National Museum of Western Visayas

　1911年から2006年まで続いた州立刑務所の跡地が改修され、2018年に国立博物館としてオープン。機織りの文化など、西ビサヤ地方の歴史や風土が展示されている。

■イロイロ博物館
住 Bonifacio Dr.
TEL (033) 315-4035
開 10:00 〜 16:30
休 月
料 大人₱50、学生・子供₱20

■西ビサヤ地方国立博物館
住 Bonifacio Dr.
TEL (033) 327-3782
開 9:00 〜 17:00
休 月
料 無料

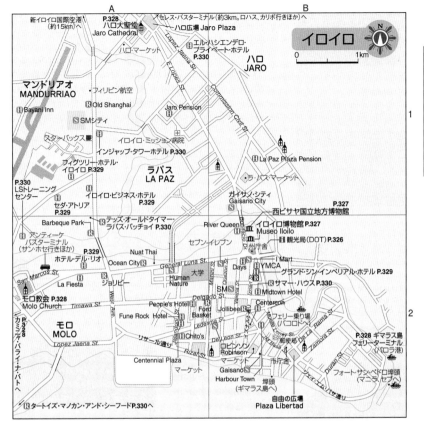

内のテキスト:
新イロイロ国際空港 (約15km) へ **P.328** ハロ大聖堂 Jaro Cathedral
ハロ・マーケット
セレス・バスターミナル (約3km。ロハス、カリボ行きほか) へ
ハロ広場 Jaro Plaza
エル・ハシエンデロ・プライベート・ホテル **P.330**
ハロ JARO
マンドゥリアオ MANDURRIAO
フィリピン航空
Bayani Inn
Old Shanghai
SMシティ
スターバックス
Jaro Pension
ラパス LA PAZ
イロイロ・ミッション病院
インジャップ・タワーホテル **P.330**
La Paz Plaza Pension
ラ・パス・マーケット
P.330 LSトレーニングセンター
ブィグツリー・ホテル・イロイロ **P.329**
イロイロ・ビジネス・ホテル **P.329**
ガイサノ・シティ Gaisano City
P.327 西ビサヤ国立地方博物館
セダ・アトリア **P.329**
Barbecue Park
テッズ・オールドタイマー・ラバス・バッチョイ **P.330**
River Queen
イロイロ博物館 **P.327** Museo Iloilo
観光局 (DOT) **P.326**
アンティーケバスターミナル (サン・ホセ行きほか) **P.329**
Nuat Thai
セブン-イレブン
ホテル・デル・リオ
Ocean City
General Luna St.
大学
Days
YMCA
グランド・シン・インペリアル・ホテル **P.329**
San Marcos St.
La Fiesta
ジョリビー
Human Nature
SM
サマー・ハウス **P.330**
Midtown Hotel
モロ教会 **P.328** Molo Church
Timawa St.
People's Hotel
Fune Rock Hotel
Ford Basket
Jollibee
Centercon
フェリー乗り場 (バコロドへ)
モロ MOLO
Chito's
リサール通り
Delgado St.
Ledesma St.
ロビンソン Robinson
郵便局
P.328 ギマラス島フェリーターミナル (バロタ港)
Lopez Jaena St.
Rizal St.
Centennial Plaza
マーケット
ガイサノ Gaisano
市庁舎
フォート・サン・ペドロ埠頭 (マニラ、セブへ)
タートイズ・マノカン・アンド・シーフード **P.330** へ
Harbour Town (ギマラス島へ)
埠頭
自由の広場 Plaza Libertad
イロイロ ILOILO
0 1km
N
パナイ島
イロイロ

327

教会と鐘楼が離ればなれ ★

ハロ大聖堂 [MAP] P.327-A1

Jaro Cathedral

ハロ地区に国の文化遺産に指定されているローマカトリックの大聖堂がある。1874年に建造され、1948年の大地震で倒壊したが1956年に再建された。教会と鐘楼が別々に建てられているのは、フィリピンでも珍しい。2月2日には守護聖人である聖母マリアを崇めるために全国から巡礼者が集まる。

英雄、ホセ・リサールも称賛した ★★

モロ教会 [MAP] P.327-A2

Molo Church

中心街から西に約3kmのモロ地区にある。1831年に建てられたゴシック・ルネッサンス様式の教会で、外壁はサンゴで造られている。教会の内部両側に、16人の女性聖人像が並んでおり、荘厳ささえ感じる。これはフィリピンでも異例だ。

1993年、世界遺産に登録 ★★★ [世界遺産]

サント・トマス・デ・ヴィリャヌエバ教会 [MAP] P.325

Santo Tomas de Villanueva Church of Miagao

イロイロの中心街から約40km西にある、世界遺産に登録されている教会。ミアガオ町にあるため、**ミアガオ教会 Miagao Church**とも呼ばれている。レリーフにはヤシの木が描かれていて、フィリピンらしさが出ている。

世界遺産のサント・トマス・デ・ヴィリャヌエバ教会

上流階級の古民家がカフェに ★

カミニャ・バライ・ナ・バト [MAP] P.325

Camiña Balay Nga Bato

モロ地区の中心部から西に4kmほど行ったアレバロ地区に、19世紀に繊維業を営むアバンセニア家によって建てられた石造りの家がある。現在4代目の当主がカフェとお土産屋さんを営む。

ツアーとチョコレートドリンクのセットで₱180。

日帰りで楽しめる ★★★

ギマラス島 [MAP] P.325

Guimaras Is.

パナイ島の南に浮かぶギマラス島。ビーチリゾートが20軒以上あり、週末は海や山でリラックスしたい家族連れでにぎわう。ギマラス島はマンゴー製品が有名。トラピスト修道院が運営するカフェのマンゴーコーヒーや、ピットストップThe Pitstopというレストランのマンゴーピザに挑戦してみてほしい。

鐘楼が美しいハロ大聖堂

■ハロ大聖堂
🚌 中心街から「ハロ・シー・ピー・ユー Jaro Cpu」と書かれたジプニーに乗って所要約10分。

外観が美しいモロ教会

■モロ教会
🚌 中心街から「ヴィラ Villa」または「オトン Oton」と書かれたジプニーに乗って約5分、₱8.5。

■サント・トマス・デ・ヴィリャヌエバ教会
🚌 モロ地区のモホンMohonにあるターミナルからミアガオ行きのバスまたはジプニーに乗り、約1時間。運賃は₱50～。

ヤシの木のレリーフが見もの

■ギマラス島
⛴ 南部のパロラParala港（→[MAP] P.327-B2）から6:00～18:00頃の間、約5分おきにフェリーが出ている。所要約15分、₱35～。

ギマラス島へ向かうボート

[H] レイメン・ビーチ・リゾート
Raymen Beach Resort
[住] Guimaras Island
[TEL] 0927-560-5107
[URL] raymenresort.com
[料] [S][D]₱2000～

ホテル&レストラン Hotels & Restaurants

リーズナブルな安宿は、州庁舎や観光局などもあるモロ地区の東側のエリアに多く点在している。川沿いや海沿いの宿のなかには、客室からいい景色が眺められるところも。町なかには、ファストフードからローカル料理までさまざまのタイプのレストランが揃っているので、食に困ることはない。

セダ・アトリア $$

Seda Atria

[MAP] P.327-A1

ほかにもマニラやミンダナオなどフィリピン中に展開しているホテルグループ。上質なサービスを売りにしており、快適さはイロイロでもトップクラス。マニラのセダと同様屋上にルーフトップバーがある。

[住] Pison Ave., Atria Park District, San Rafael, Mandurriao
[TEL] (033) 506-8888
[URL] www.sedahotels.com
[料] [SD]₱4700 ～
[室数] 152
[CC] AMV

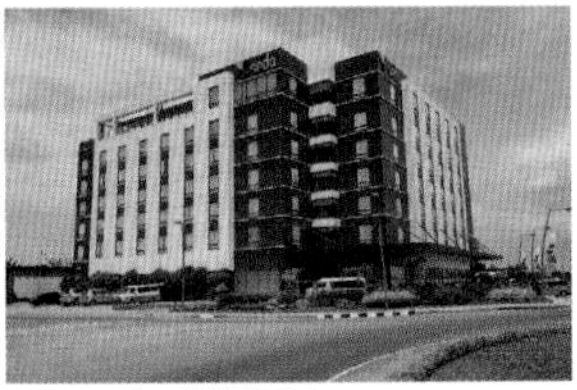
コスパのよい快適ホテル

フィグツリー・ホテル・イロイロ $

Figtree Hotel Iloilo

[MAP] P.327-A1

おしゃれなレストランやカフェが多く立ち並ぶAyala Atriaの地区にあるホテル。ロビーは狭いが、5階のレストランは開放感にあふれ、見晴らしもいい。ビュッフェの朝食付きで価格もリーズナブル。

[住] Donato Pison Ave., Mandurriao
[TEL] 0917-888-6773
[料] Ⓢ₱1480 Ⓓ₱2180
[室数] 94
[CC] MV

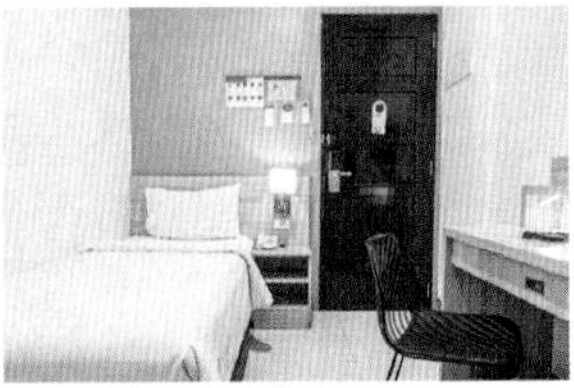
部屋は清潔感があり快適だ

ホテル・デル・リオ $$

Hotel Del Rio

[MAP] P.327-A2

モロ地区の高級ホテルで、イロイロで最も人気があるホテルのひとつ。レストランをはじめ、ホテル内施設も充実しており、屋外プールから眺める川の流れは絶景だ。客室は7タイプ揃っている。

[住] MH Del Pilar St., Molo
[TEL] (033) 335-1171、339-0736、0998-956-8500 (携帯)
[URL] www.hoteldelrio.xyz
[料] [SD]₱3550 ～ 5300 Ⓕ₱6150
[室数] 59
[CC] ADJMV

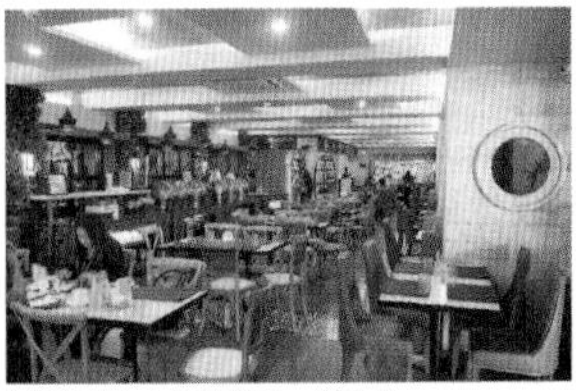
1階におしゃれなカフェがある

グランド・シン・インペリアル・ホテル $$

Grand Xing Imperial Hotel

[MAP] P.327-B2

イロイロ・シティの中心街にある中華系のきらびやかな中級ホテル。1階には日本食や中華料理屋が入っている。6～50人収容のカラオケルームが15室もある。ギマラス島への埠頭にもアクセスよし。

[住] H. Montinola Cor. Muelle Loney Street
[TEL] (033)337-0600、0998-590-8670 (携帯)
[料] [SD]₱200 ～ 3500
[室数] 83室
[CC] MV

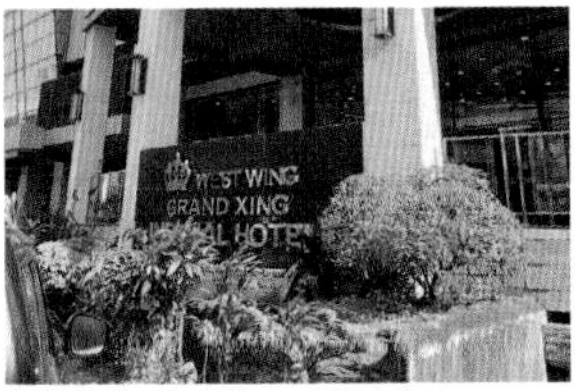

豪華だがコスパがいい中級ホテル

イロイロ・ビジネス・ホテル $$

Iloilo Business Hotel

[MAP] P.327-A1

客室はスタンダードからリビングルームとキッチンが付いたペントハウスまで計6タイプあり、ビジネス客から長期滞在者までそれぞれのニーズに対応している。ホテル内にはレストランなどの施設も充実している。

[住] Glicerio Pison St. Cor. Benigno Aquino Ave., Mandurriao
[TEL] (033) 320-7972、0929-538-6359 (携帯)
[料] [SD]₱2142 ～ Ⓕ₱3572
[室数] 60
[CC] AJMV

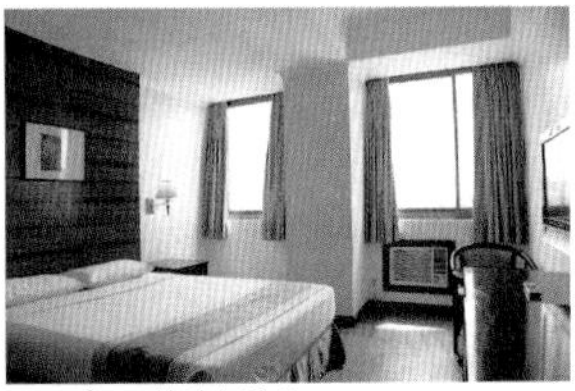
シンプルで快適な造り

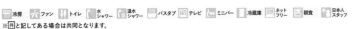

冷房 ファン トイレ 水シャワー 温水シャワー バスタブ テレビ ミニバー 冷蔵庫 ネットフリー 朝食 日本人スタッフ

※[共]と記してある場合は共同となります。

LSトレーニング・センター $

LS Training Center [MAP] P.327-A2

イロイロ川沿いに整備された遊歩道エスプラナードEsplanadoの近くにある。講習会などが行われる施設だが宿泊も可。古民家風で1階のカフェは観葉植物にあふれている。ローカルな雰囲気を満喫したい人におすすめ。

[住] R. Mapa St., Tabucan, Mandurriao
[TEL] (033) 328-2396、0917-318-1566
[料] [S]₱1280 [D]₱2010
[室数] 16
[CC] 不可

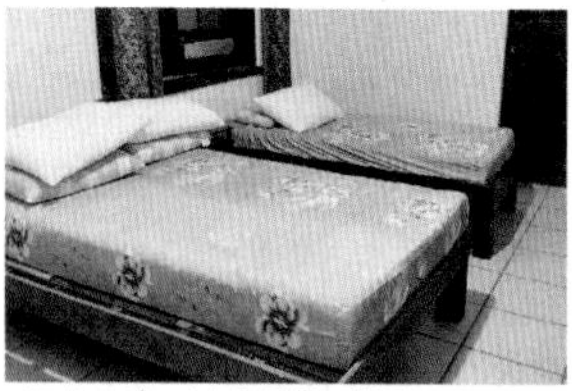

ノスタルジックな雰囲気の部屋

インジャップ・タワー・ホテル $

Injap Tower Hotel [MAP] P.327-A1

SMシティの目の前にそびえ、どこに行くにも便利な立地にある。ロビーは小さめだが、親切なスタッフがあたたかく迎えてくれる。最上階のHorizon Cafeからは発展中の市内が一望できる。プールとジムあり。

[住] Diversion Rd., Mandurriao,
[TEL] (033) 330-7111
[URL] https://injaptowerhotel.com.ph
[料] [S][D]₱1800 ～ ₱3000
[室数] 183室
[CC] ADMV

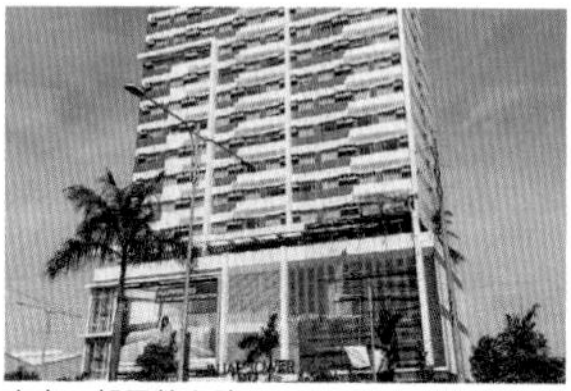

充実の部屋数を誇る

エル・ハシエンデロ・プライベート・ホテル $

El Haciendero Private Hotel [MAP] P.327-A1

中心部から離れているので静かに過ごせる。空港やバスターミナルへ行くにも渋滞を回避できて便利だ。ハロ教会までは徒歩圏内。建物は重厚で、内部、室内も清潔。セキュリティもしっかりしている。

[住] 1177 Jayme St.
[TEL] (033) 501-0185、0939-220-5836（携帯）
[URL] elhaciendero.com
[料] [S][D]₱1300 ～ 2000 [F]₱2210 ～
[室数] 28
[CC] 不可

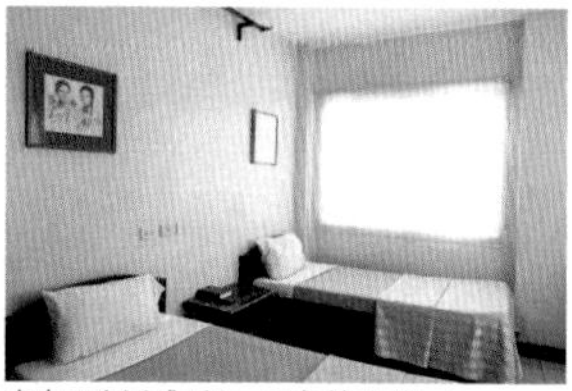

室内は生活感があって気持ちがいい

サマー・ハウス $$

Summer House [MAP] P.327-B2

中国料理

ミッドタウン・ホテルの1、2階にある中国料理レストラン。内装がモダンに彩られており、雰囲気もいい。店内には白いテーブルが並んでいる。大皿料理からひとり用のメニューもあるので、人数が少なくても気軽に楽しめる。

[住] 888 Yulo St.
[TEL] (033) 337-4251
[営] 9:00 ～ 20:00
[休] なし
[CC] ADMV

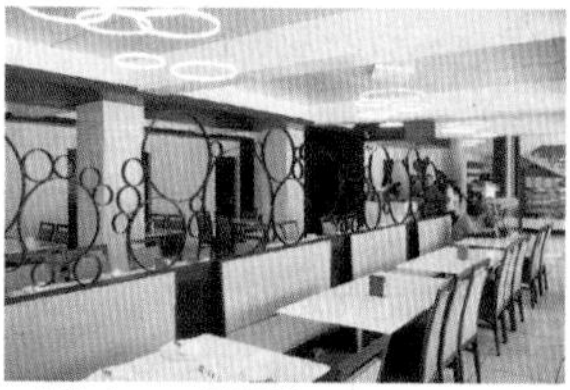

一人用メニューは₱300 ～

タートイズ・マノカン・アンド・シーフード $

Tatoy's Manokan and Seafoods [MAP] P.327-A2外

フィリピン料理

プールのあるフィリピン料理レストラン。ショーケースに並んだ豚肉や牛肉、カニ、エビなどから好きなものを選び、焼いてもらうスタイル。海ブドウなどの海藻もある。プール使用の場合₱150（週末は₱200）。空港にも支店あり。

[住] Sto. Niño Sur, Arevalo
[TEL] (033) 337-1360、(033) 337-4296、0970-931-2534
[営] 8:00 ～ 20:00
[休] なし
[CC] MV

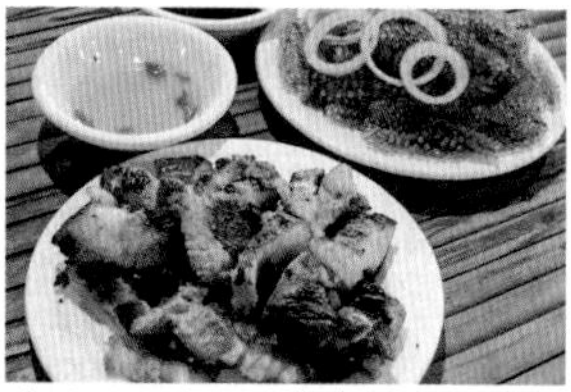

ポークバーベキューと海ブドウ

テッズ・オールドタイマー・ラパス・バッチョイ $

Ted's Oldtimer Lapaz Batchoy [MAP] P.327-A2

フィリピン料理

イロイロ名物といえばバッチョイというフィリピン流ラーメン。レバーなどのモツとガーリックチップが入っておりサイズや麺の種類を選べる。市内に多く支店をもっている。1杯₱130 ～。

[住] Benigno Aquino Ave. Diversion Rd, Mandurriao
[TEL] (033)320-9072
[営] 10:00~22:00
[休] なし
[CC] 不可

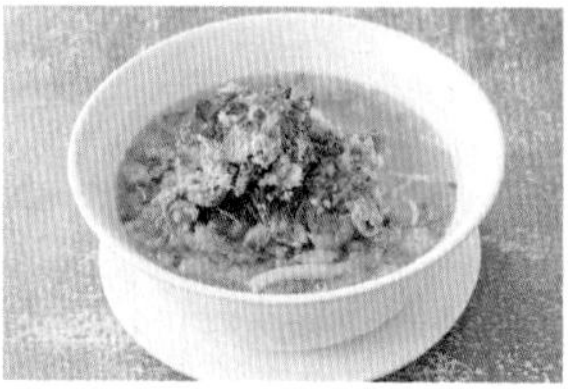

スープに甘味があるが日本人好み

冷房 ファン トイレ 水シャワー 温水シャワー バスタブ テレビ ミニバー 冷蔵庫 ネットフリー 朝食 日本人スタッフ

※[共]と記してある場合は共同となります。

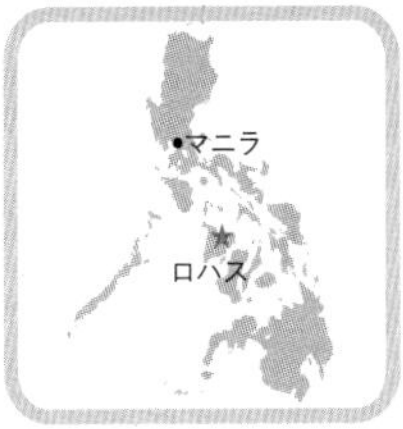

別名「カピス」の元大統領ゆかりの地

ロハス

Roxas

[MAP] 折込表-C3

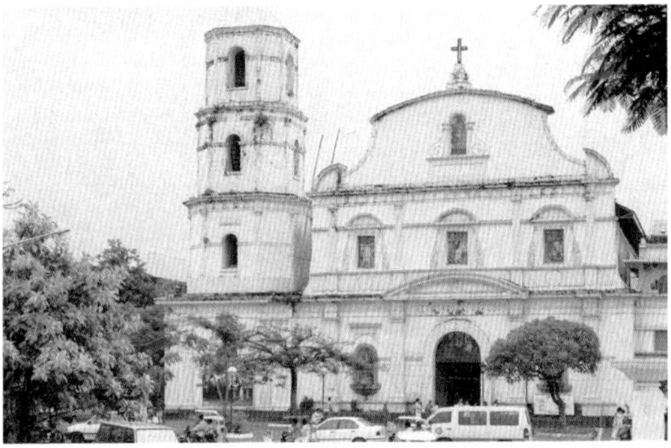

ロハス中心街に建つカテドラル

ロハスの
市外局番 ☎036

ACCESS

✈ マニラからPALエクスプレスとセブパシフィック、フィリピン・エアアジアがそれぞれ毎日1～3便運航。所要約1時間、₱1500～。

🚌 イロイロのセレス・バスターミナル（→[MAP] P.327-A1外）からロハス行きのバスが3:00～20:00頃、約30分おきに運行。所要約4時間。₱180前後。

昔はカピスと呼ばれていたが、フィリピン第5代大統領に就任したマニュエル・ロハスを称え、「ロハス」に改名された。しかし、今でもフィリピンではカピスのほうがとおりがいい。ロハスは、カリボやボラカイ島へ行く際の交通の要衝でもあり、マニラ方面からの船も行き来している。特に目玉となる見どころはないが、10月の初めにはハララン祭りHalaran Festivalが行われる。カリボのアティアティハン祭のスケールにはかなわないが、見る価値はある。

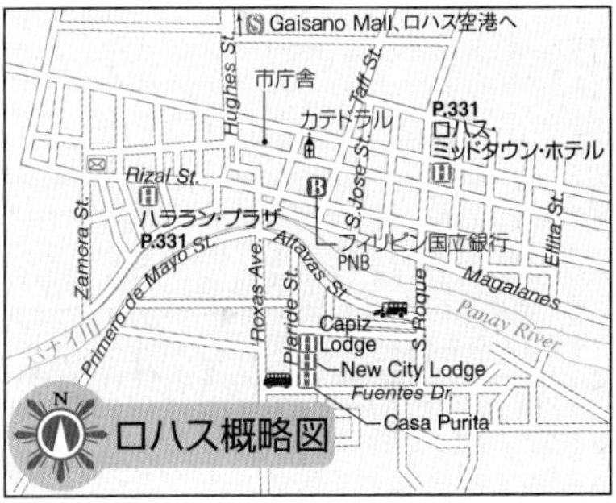

ロハスの歩き方

GETTING AROUND

ロハス空港から西へ向かい、パナイ川を渡ったあたりが町の中心。市庁舎、カテドラル、観光案内所は川を渡る手前にある。橋を渡った周辺には何軒かのホテルがある。

ホテル

Hotels

ロハス・ミッドタウン・ホテル $$

Roxas Midtown Hotel

[MAP] P.331

リーズナブルながらも比較的設備の整ったホテル。部屋はシンプルだが、清潔なので快適。スイートルームがあるなど、幅広い部屋の種類もうれしい。

[住] Burgos Cor. San Jose St.
[TEL] (036) 621-5225、0951-136-5724
[料] [S][D]₱1600～
[室数] 20
[CC] AJMV

ハララン・プラザ $

Halaran Plaza

[MAP] P.331

エアコン付きの客室もあり、わりと清潔に保たれている。料金も割安で、バックパッカーにもおすすめ。ホテル内にはレストランもある。

[住] Cor. P. Gomez-Rizal St.
[TEL] 0950-679-7664、(036) 621-0649
[料] [S][D]₱950～1350
[室数] 10
[CC] 不可

冷房　ファン　トイレ　水シャワー　温水シャワー　バスタブ　テレビ　ミニバー　冷蔵庫　ネットフリー　朝食　日本人スタッフ

※[共]と記してある場合は共同となります。

アティアティハン祭りで有名な

カリボ

Kalibo

 MAP 折込表-C3

カリボの
市外局番 ☎036

ACCESS

✈ マニラからPALエクスプレス、セブパシフィック、フィリピン・エアアジアがそれぞれ毎日1～2便運航している。所要約1時間、₱1300～。

🚌 イロイロからカティクランCaticlan行きのセレス・ライナーのバスに乗り途中下車。2:30～19:00の間に30分おきに運行。所要約4時間、₱270。ロハスからは、イロイロ行きに乗り、シグマSigma（→ MAP P.325）で途中下車、上記のカティクラン行きに乗り継ぐ。₱171。

■観光案内所
MAP P.332外
🏠 Magsaysay Park, Burgos St.
TEL (036) 262-1020
🕗 8:00～17:00
🚫 土・日・祝

ボラカイ島へ

カリボからバスでパナイ島最北のカティクランに行き（約2時間）、港からボートに乗ると、わずか15分で白砂のビーチで知られるボラカイ島だ。カティクランには空港もある。

町中が盛り上がるアティアティハン祭

アクラン州の州都、カリボ。この町では、毎年1月の第3日曜に全国的に有名な**アティアティハン祭Ati-Atihan Festival**が催される。町の人たちはみな、自分の顔を黒く塗りつぶしたり、奇抜な衣装を身にまとって練り歩く。これは昔、パナイ島に住んでいたアティ族の風習をまねているもので、祭りの由来は13世紀初頭、この地にやってきたボルネオのダトゥ族とアクランの先住民族アティ族との間に親密な友好関係が生まれ、その際アティ族が喜びを示すために、ダトゥ族の容姿をまねて顔を黒く塗ったのが始まりだといわれている。祭りには、全国から多くの観光客がカリボを訪れ、町は熱狂の渦と化す。

カリボへの行き方　　ACCESS

マニラからカリボ空港まで国内線が飛んでいる。カリボの空港から町の中心までは、トライシクルで所要約10分。イロイロ、ロハスからのバスは、町の南にあるセレス・バスターミナル（→ MAP P.332外）に到着する。町の中心まではトライシクルで約15分。

カリボの歩き方　GETTING AROUND

教会と広場があるあたりが町の中心で、レストラン、ホテル、マーケットなどが点在している。移動はほとんどがトライシクルで、どこで降りても₱25程度。

（地図）

カリボ空港へ
Roxas Ave.
カティクランへ
ジプニー乗り場（カティクランへ）
Dr. Gonzales St.
ショッピングセンター＆マーケット
Shopping Center & Market
Burgos St.
フィリピン国立銀行 PNB
P.333 グロウムーン・ホテル
Archbishop St.
ジョリビー
General Luna St.
観光案内所 P.332＆市庁舎へ
広場 Plaza
S Martelino St.
R. Pastrada St.
Godling Ramos St.
Acevedo St.
P.333 カリボ・ベキン・ハウス
Martyrs St.
映画館 Rosette Cinema
S パン屋
Little Glowmoon Inn
カリボ
N
0　　100m
M Laserna St.
ザ・プレミエール・ビジネス・ホテル P.333
ラテ・コーヒー・カフェ P.333
セレス・バスターミナル（約1.2km）へ

ホテル＆レストラン　Hotels & Restaurants

普段は観光客の姿もほとんどない静かな町だが、毎年1月に行われるアティアティハン祭の期間中は、全国各地から多くの観光客が押し寄せる。予約なしでは、まずホテルに泊まれないと考えたほうがいいだろう。数週間前にはほぼ埋まってしまうので、旅程が決まった時点で、すぐに予約を入れよう。

ザ・プレミエール・ビジネス・ホテル　$$

The Premiere Business Hotel　[MAP] P.332外

空港と町の間にある、歴史あるビジネスホテル。部屋は質素ながら広くて明るい。もちろん空港送迎があり、レストランも併設。

[住] Jaime Cardinal Sin Ave, Andagao
[TEL] (036) 268-3346
[料] ⓈⒹ₱1800 ～ 2500
[室数] 40
[CC] ADJMV

グロウムーン・ホテル　$

Glowmoon Hotel　[MAP] P.332

町の中心にあるので何かと便利。F. Quimpo St.にある[H] Little Glowmoon Inn (→[MAP] P.332) はオーナーの兄弟が経営している。

[住] S. Martelino St.
[TEL] (036) 636-1025
[料] ⓈⒹ₱1160 ～ 1950　Ⓕ₱1550
[室数] 10
[CC] 不可

カリボ・ペキン・ハウス　$

Kalibo Peking House　[MAP] P.332

中国料理

本格的でおいしい中国料理が食べられると、地元の人たちからも人気の中国料理店。カリボでは数少ない中華料理店なので、重宝する。

[住] 19 Martyrs St.
[TEL] (036) 268-4752
[営] 10:00 ～ 20:00
[休] なし
[CC] 不可

ラテ・コーヒー・カフェ　$

Latte Coffee Café　[MAP] P.332外

カフェ

地元で評判のカフェレストラン。朝早くから営業しているのがうれしい。パスタ、ご飯、パンとひととおり揃っている。Wi-Fiあり。

[住] Jaime Cardinal Sin Ave.
[TEL] (036) 268-9026
[営] 7:00 ～ 22:00
[休] なし
[CC] ADJMV

ちょっとひと息コラム

生態系の維持と伝統工芸の行方

パナイ島周辺は、漁業が盛んな地域として知られている。特に貝類は世界的に見ても多くの種類が生息しており、それらの貝殻は工芸品などの材料として用いられている。なかでもカピス貝と呼ばれる半透明で光沢のある貝から作られたコースターや小物入れ、ランプシェードはフィリピンを代表する伝統工芸品で、国内各地のみやげ物店でよく見かける品だ。パナイ島にあるカピス州の名も、もとはこの貝の名に由来している。

カピス貝は日本名を「マドガイ」といい、その名のとおりフィリピン建築では窓ガラスの役割を果たしてきた歴史がある。日本の障子に似た木の格子にていねいにはめ込まれたカピス貝は、デザインとしても、採光や通気の観点からみてもとても優れている。

カピス貝は建築材料としてだけでなく、工業用にも利用できるため、日本やアメリカへ向けた輸出もされてきた。もちろん中身は、食用にできるうえに豊富なプロテインを含んでいる。この地域の人々にとって、欠かせない資源であることがうかがえる。だが、一時はフィリピンの水産業において主要な輸出産品の地位にあったカピス貝も、1990年代以降はトロール漁船やダイナマイト漁の影響から衰退の一途をたどってしまっている。しかし、もう一度カピス貝産業を振興しようという声が、イロイロ市周辺の水産団体からも挙がっている。それにともない、生態系と伝統工芸を大切に保護していくことの必要性が再認識されつつあるようだ。

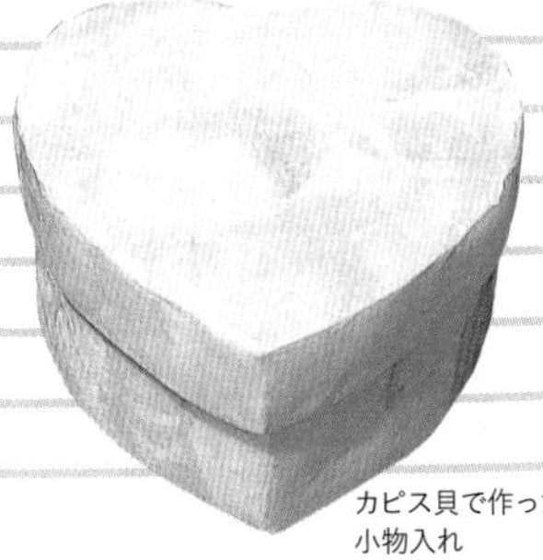

カピス貝で作った小物入れ

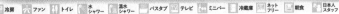

✳ MINDANAO
ミンダナオ

新たな観光地として注目を集めるシアルガオ島近郊の
ネイキッド島

島南部のジェネラル・サントスの港はマグロの水揚げ量フ
ィリピン最大

ミンダナオはフィリピンでも異色の島だ。山々には熱帯雨林が広がり、島を取り巻く海は手つかずのまま残されている。地震や台風もめったにやってこず、年間通じて温暖で過ごしやすい。また、多くの少数民族が昔ながらの伝統を守り続けている地域でもある。海と山の幸に恵まれ、旅行者にとってこれほど魅力あふれる場所はない。長年続いていた政府とイスラム武装勢力との紛争も和平合意にいたり、今後の進展が期待される地域である。

Mindanao

1 マーケットで巨大なジャックフルーツを売る女性たち
2 自然の恵みに感謝するカダワヤン・フェスティバル（8月）
3 ダバオの人々はとても親切　4 ダバオ沖に浮かぶリゾートアイランド、サマール島

地理

ミンダナオ島は、ルソン島に次いでフィリピンで2番目に大きな島。面積 約9万7530km²で、その広さは北海道の1.1倍にあたる。島のほとんどは熱帯雨林に覆われ、フィリピン最高峰のアポ山（標高2954m）をはじめとする山々が連なっている。

気候

毎年フィリピン各地を襲う台風もめったにやってこず、気候は1年を通して温暖で過ごしやすい。雨量は多いが、1日1回のスコールのみ。

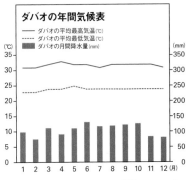

ダバオの年間気候表

― ダバオの平均最高気温（℃）
‥‥‥ ダバオの平均最低気温（℃）
■ ダバオの月間降水量（mm）

出典：msn weather

特徴

ダバオやスリガオ、サンボアンガなど海沿いの都市を中心に、約2625万人の人々が暮らしている。おもな産業は、農業と林業。金、銀、銅、ニッケルといった豊かな鉱物資源が眠っているとされ、世界の注目を集めているが、実際にはいまだ大規模な鉱脈の発見にはいたっていない。

また、キリスト教徒が大半を占めるフィリピンにおいて、唯一イスラム教徒が多く住んでいる島でもある。そのため、フィリピン政府とは一線を画して、分離独立を目指すモロ・イスラム解放戦線（MILF）などが政府軍との戦いを40年以上にわたり続けてきたが、2019年にバンサモロ基本法が成立し、今後の動向に注目が集まっている。

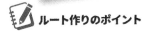
ルート作りのポイント

ミンダナオ島は広大で、しかも立ち入りが難しい場所も多く、飛行機を多用せざるを得ない。特に一般庶民が利用するバスや船などでの移動は危険といわれているので、できるだけ避けるように。危険情報→.P351

Route 1 歴史をたどる旅

サンボアンガ～ダバオ間も飛行機で移動する。山間部、特に夜間は危険をともなうので長距離バスでの移動は避けるように。スペイン統治時代に重要な軍港であったサンボアンガに残されたピラール砦などのスペイン文化をたどる。ダバオでは日本人移民の足跡と日本軍の戦跡を訪ねたあと、きれいに整備された町並みを散策するのもいいし、動物や自然を見に行くのもいい。

Route 2 伝統を守り続ける民族に会いに

飛行機でジェネラル・サントスに入り、バスでまずコロナダル（現地名マルベル）に行く。さらにスララ行きバスに乗り換え、スララでレイク・セブ行きジプニーに乗る。レイク・セブはティボリ族の里で、フィリピンでは珍しいレイクリゾートでもある。次にスララまで戻り、バスに乗って、伝統的な織物で有名なマギンダナオ族が住むコタバトへ。あまり道がよくないので、車内設備のよいバスに乗ろう。

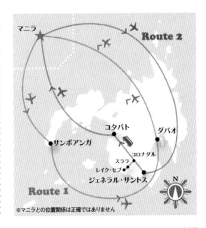

※マニラとの位置関係は正確ではありません

フィリピンでもっとも標高の高いアポ山標高2954m

ミンダナオ島

　1年中温暖で過ごしやすく、旅行者をあたたかく迎え入れてくれるミンダナオ島。緑豊かな山と美しい海に恵まれ、町にはどこかのんびりとした空気が漂っている。そんな、旅行者をひきつける要素いっぱいの魅力あふれる島ではあるが、訪れる際には、和平に合意したとはいえ、いまだ泥沼化したフィリピンからの独立紛争を抱えているという事実を常に心にとめておきたい。現在、ミンダナオ島で訪れて安心なのは、カガヤン・デ・オロ周辺、フィリピン第3の都市のダバオ市とその周辺のリゾート地、ジェネラル・サントス市、シアルガオ島といったところ。これらは、島に紛争が続いていたことなど想像できないほど平穏で、ミンダナオの魅力を垣間見るのに十分な場所といえよう。

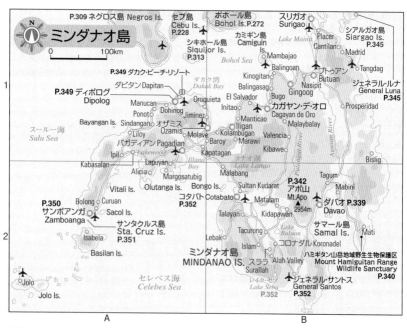

フィリピン第3の都市

ダバオ

Davao

MAP 折込表-D4

ダバオ国際空港にある巨大なドリアンのモニュメント

約170万人が暮らすダバオは、世界一行政面積の広い市で、総面積はなんと約2400km²と、東京23区の約4倍。南部フィリピンの政治・経済の中心としての役割を果たしている。ドゥテルテ前大統領が市長を務めていた町としても有名だ。

大都市といっても、マニラやセブ・シティのような混沌はあまりなく、町はよく整備されて緑も多い。町行く人々の表情も明るく、穏やかな雰囲気だ。フルーツの産地としても知られ、特にドリアンはこの町の名物。観光名所やホテルも多く、旅人には心地よい町だ。南国の風土がそのまま町の魅力として生きている。

日本と縁の深い町でもある。戦前には2万人以上の日本人がこの地でアバカ（マニラ麻）の生産に従事した。当時、「リトル・トウキョウ」とも呼ばれたダバオの日本人町は、アジアで最大規模だったという。現在もその子孫が多く、日本料理店をはじめ日本人会など、日本との関係の深さを物語るものが少なくない。

町中で見られるモスク

ダバオの市外局番
☎082

ACCESS

✈ マニラからフィリピン航空とセブパシフィックがそれぞれ毎日10便程度運航。所要約2時間、₱1148〜。セブからはセブパシフィックが毎日5便程度、フィリピン・エアアジアが毎日1便、フィリピン航空が毎日3便運航。所要約1時間。

ダバオの治安状況

2023年5月現在、ダバオには「十分注意してください（レベル1）」という外務省の危険情報が発出されている。これはマニラやセブと同じ危険度。治安はまずまず良好だ。もちろん、日本国内よりは注意が必要だが、夜に1人で出歩くなどしなければ、安心して過ごせる。

■ 日本国大使館ダバオ総領事館
MAP P.340-A1外
住 4th Floor, Bl Zone Bldg., J.P. Laurel Ave., Bajada
TEL (082) 221-3100

空港から市内へ

市内へは、ジプニーでメインロードまで出て、そこから市内行きのジプニーに乗り換える。所要約30分。タクシーだと約₱250。

スリガオへ
デュシタニ・レジデンス・ダバオ P.343
P.341
フィリピン・イーグル・ファンデーション
Philippine Eagle Foundation
ウォーターフロント・インシュラー・ホテル・ダバオ P.344
ダバオ国際空港
Davao International Airport
P.343
マラゴス・ガーデン・リゾート
P.342
ダバオ博物館
Davao Museum
ババック Babak
Coral Reef Resort
バギオ
Baguio
カリナン
Calinan
Paradise Island Park & Beach Resort
マラゴス
Malagos
クロコダイル・パーク
サマール Samal
Hagimit Falls
フィリピン・日本歴史資料館
Philippine-Japan Museum
P.342
ダバオ市街
DAVAO
スルオーキッド
ダバオ湾
Davao Gulf
サマール島
Samal Is.
P.342
アポ山
P.342外
ミンタル
Mintal
ジャパニーズ・トンネル
P.342
バール・ファーム・ビーチ・リゾート
P.343
アポ・ゴルフ&カントリー・クラブ
Apo Golf & Country Club
P.340
タロモ
Talomo
Tagbaobo Falls
カプティアン
Kaputian
カプティアン・ビーチ Kaputian Beach
バガ洞窟 Baga Cave
リベルタッド
Libertad
ババサンタ・ビーチ
Babusanta Beach
N タリクド島
Talikud Is.
ジェネラル・サントスへ
ダバオ周辺概略図
A   B

■イミグレーション
MAP P.340-A1外　**住** J.P. Laurel Ave.
TEL (082) 228-6477

ダバオでゴルフはいかが？

●アポ・ゴルフ＆
　カントリー・クラブ
　Apo Golf & Country Club
MAP P.339-A　**住** Tomolo
TEL (082) 298-2851
料 18ホール　**₱**1000

■観光局（DOT）
MAP P.340-A1外
住 Rm 512 5th Floor
LANDCO Corporate Centre J.P.
Laurel Ave.
TEL (082) 225-1940
開 8:00 ～ 17:00
休 土・日

世界遺産

2014年に登録された世界遺産

　ハミギタン山岳地域野生生物保護区 Mount Hamiguitan Range Wildlife Sanctuary は、ミンダナオ島の世界自然遺産。ダバオ国際空港から車で3時間ほどのマティ市を拠点とする。食虫植物などハミギタン山の固有種が8種、フィリピン固有種は300種以上生息している。推奨コースは2泊3日のプラン。**MAP** P.338-B2

ダバオの歩き方

GETTING AROUND

　ダバオは、ダバオ湾 Davao Gulf に浮かぶサマール島 Samal Is.と、ミンダナオ本島が向かい合う場所に開けている。ダバオ湾にダバオ川 Davao River が注ぎ込む河口一帯がその中心地。ダバオ国際空港は繁華街から12kmほど北にあり、ここから町の中心まで整備された広い道路が通っている。

　ダバオの見どころの多くは郊外に点在しているが、町そのものの中心部と呼べるエリアはさほど広くない。徒歩だけでも十分に楽しめる。町の中心にある歴史ある、**H** アポ・ビュー・ホテル（→P.344）を目印として移動するとわかりやすい。この周辺は昔からの繁華街だ。このホテルから2ブロック南下すると、比較的小規模な店が連なるにぎやかな道と交わる。ここがダバオのメインストリートのひとつ**サン・ペドロ通りSan Pedro St.**だ。もうひとつのメインストリートは、ここからさらに500mほど東でサン・ペドロ通りと交わる**レクト通りM. Recto Ave.**。どちらも人通りが多く、ジプニーがひっきりなしに行き交う活気あふれる場所だ。

独特の建築が目を引くサン・ペドロ・カテドラル

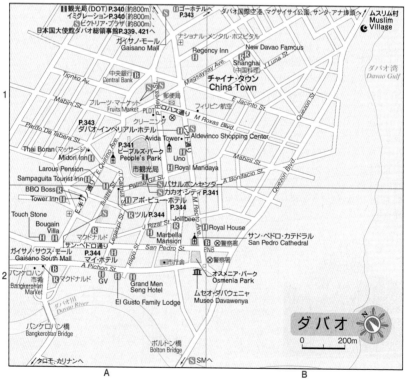

ダバオの見どころ

ATTRACTION

フィリピンに眠る日本人を想う ★★
ミンタル日本人墓地
MAP P.339-A
Mintal Japanese Cemetery

　市内から外れたミンタルの墓地にひっそりと佇む日本人墓地。いくつかの墓石に、かつてダバオに移住しそこで生涯を終えた日本人の足跡を見ることができる。**フィリピン・日本歴史資料館**(→P.342)のあとに訪れると、より感慨深い思いで臨める。近くの小学校にもモニュメントがある。

ダバオを感じる市民の公園 ★★
ピープルズ・パーク
MAP P.340-A1
People's Park

　中心地にあるが、喧騒から離れゆったりとした時間が流れている。豊かな自然を感じさせる園内には、そこかしこに生き生きとしたダバオの人々の像が飾られている。像はダバオ地方出身のクブライ・ミランが手がけたもの。公園の中央には開けた空間にベンチが並び、腰掛けたダバオ市民が語らう憩いの場となっている。

ダバオ自慢のフィリピンイーグルに会える ★★★
フィリピンイーグル・ファンデーション
MAP P.339-A
Philippine Eagle Foundation

　ミンダナオ島周辺に生息する絶滅の危機にある野生動物を保護・研究する施設。ワニ、フクロウ、ミミズク、オウム、ムササビなど、さまざまな動物を見ることができるが、メインは何といってもフィリピンイーグル。サルすら食べるといわれる鋭

フィリピンイーグル

いくちばしと爪をもつタカ科の一種で、ダバオのシンボルだ。1980年代初頭には約400～600羽いたものが、現在は250～300羽前後に激減しており、そのうち約30羽がここで保護されている。ここで初めて人工受精・ふ化・保育に成功した1羽はパグアサ(希望という意味)と名づけられた。パグアサは2021年に29歳で亡くなり、現在は2代目のパグカカイサ(統一という意味)を見ることができる。

迫力あるショーが見もの ★★
クロコダイル・パーク
MAP P.339-A
Crocodile Park

　23種類ものクロコダイルをはじめ、蛇やトカゲなどの爬虫類、ダチョウやトラに出合える。毎週金・土・日曜の午後に行われるクロコダイルショーでは、体長2mものクロコダイルが肉を食べたり、ダンスをする様子が見られ、迫力満点。

■**ミンタル日本人墓地**
住 Mintal 開 7:00～19:00
休 なし 料 無料

かつての在比邦人を弔う墓

ミンダナオ島はカカオも名産
　名産のカカオを使用したさまざまな商品を売る店がオープン!国際的な賞を獲得しているマラゴスのチョコも扱っている。
●**カカオ・シティ**
　Cacao City
MAP P.340-A1
住 Palma Gil St.
TEL 0917-322-5954(携帯)
営 9:00～19:00 休 日

■**ピープルズ・パーク**
住 Palma Gil St.
開 13:00～21:00
休 なし
料 無料

ルーツの多様なダバオ市民の彫刻

■**フィリピンイーグル・**
　ファンデーション
交 E.キリノ通りE. Quirino Ave.からジプニーでカリナンまで所要約1時間。料金は₱40。さらに5kmほど山中に入るので、トライシクルに乗り換える。料金は₱20が相場。タクシーならダバオ市内から₱600～(要交渉)。
TEL 0917-708-9084
URL www.philippineeaglefoundation.org
開 8:00～16:30 休 なし
料 大人₱150

■**クロコダイル・パーク**
住 Riverfront Corporate City, Diversion Rd.
TEL (082) 286-8883、(082) 221-7749
開 8:00～17:00
休 なし 料 ₱350

ミンダナオ島

ダバオ

全長約200mが公開されている

日本人移民の足跡　　　　　　　　　　　　★★
フィリピン-日本歴史資料館　🅜🅐🅟 P.339-A
Philippine-Japan Museum

　ダバオからフィリピンイーグル・ファンデーションに行く
途中のカリナンCalinanにある。戦前、ダバオに移住した日
本人が入植当時に使っていた物や写真を展示。ダバオ博物
館（→下記）にも日本人コロ
ニーの写真が所蔵されてい
るが、こちらのほうがさらに
詳しい。カリナンの手前に
あるミンタルには日本人墓
地がある（→P.341）ので、そ
ちらも合わせて訪れたい。

かつて住んでいた日本人に関わる展示
が見られる

戦時中に日本軍が隠れ基地として利用　　　　　★★
ジャパニーズ・トンネル　🅜🅐🅟 P.339-A
Japanese Tunnel

　ダバオ市内中心部から車で約20分のダイバージョン通り
にある。第2次世界大戦中、日本兵によって隠れ基地として
掘られたもので、かつては全長約8kmあったと伝えられてい
る。1960年代に道路工事の際に発見された。現在、その一部
が公開されていて、トンネル内から見つかった軍票や拳銃、
当時の軍会議の様子を再現したマネキンなどが展示されて
いる。

ダバオの先住民族の文化が興味深い　　　　　★★
ダバオ博物館　🅜🅐🅟 P.339-B
Davao Museum

　🏨ウオーターフロント・インシュラー・ホテル・ダバオの
近くにあり、ダバオの先
住民族の衣装や宝石類、
工芸品等、文化的な遺産
を展示している。小さな
博物館だが、手が空いて
いればスタッフが案内し
てくれるので、先住民族
の生活がよくわかる。

30分程度で回ることができる

フィリピンの最高峰　　　　　　　　　　　★★
アポ山　🅜🅐🅟 P.338-B2
Mt. Apo

　標高2954mのフィリピンの最高峰。第2次世界大戦時に
は、裾野一帯が日本軍とアメリカ軍の激戦地となったことで
も知られる。周辺には湖や滝、洞窟、急流など美しい自然が
残されており、ランやシダ、イチゴなど、貴重な野生草花の宝
庫ともなっている。毎年、聖週間（復活祭を挟む1週間）の時
期には、観光局（→P.340欄外）が本格的な登山ツアーを催行。

ホテル＆レストラン Hotels & Restaurants

フィリピン第3の都市だけあり、ゲストハウスから高級ホテルまで、宿泊施設は充実している。比較的安い宿は、町の中心を南北に走るレクト通りや東西に走るサン・ペドロ通り沿いに集中している。リゾート的な雰囲気を楽しみたいのであれば、中心部からは少し離れるといいだろう。

パール・ファーム・ビーチ・リゾート $$$

Pearl Farm Beach Resort

[MAP] P.339-B

ダバオ市沖のサマール島にあるリゾート。レストランやタパスバーなど、リゾート施設が充実し、ゴージャスな休日を過ごすことができる。客室は水上コテージ、水上スイート、丘上コテージなど。

[住] Kaputian, Island Garden City of Samal
[TEL] (082) 235-1234
[URL] www.pearlfarmresort.com
[料] [S][D]₱1万8900 ～
[室数] 70
[CC] MV

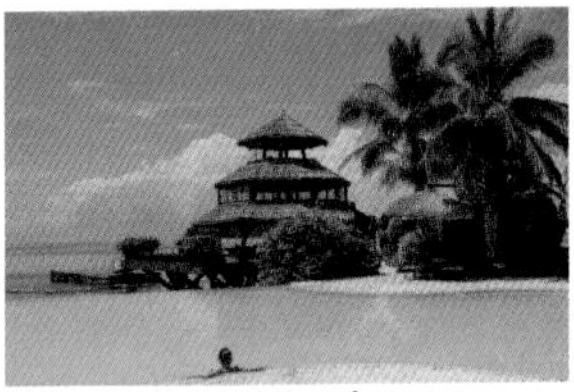

海が一望できる開放的なプール

デュシタニ・レジデンス・ダバオ $$$

Dusit Thani Residence Davao

[MAP] P.339-B

2019年にオープンした、タイに本拠地を置くデュシタニの新しい高級ホテル。広くきれいな室内に加え、プールやスパ、24時間使用可能なフィットネスセンターを完備している。サービスの幅が広く、洗濯や医療サービスの提供もある。

[住] Bo Pampanga
[TEL] (082)272-7500
[URL] www.dusit.com
[料] ₱5000 ～
[室数] 221
[CC] AJDMV

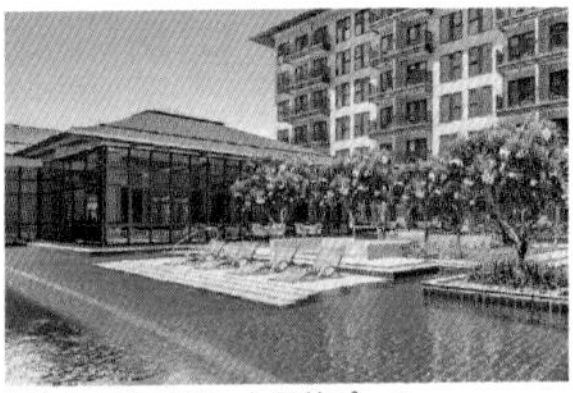

手入れの行き届いた屋外プール

マラゴス・ガーデン・リゾート $$$

Malagos Garden Resort

[MAP] P.339-A

ダバオ市街を見晴らす丘にある、カラフルな鳥やチョウ、熱帯の花々に囲まれた森林リゾート。12万㎡もある広大な敷地にはラン園やバタフライ・ガーデン、バードショーのシアターなどがある。入場料は₱399 ～ 599。

[住] Brgy. Malagos, Calinan
[TEL] (082) 224-7438
[URL] www.malagos.com
[料] [S][D]₱6500 ～ 1万4000
[室数] 26
[CC] AJDMV

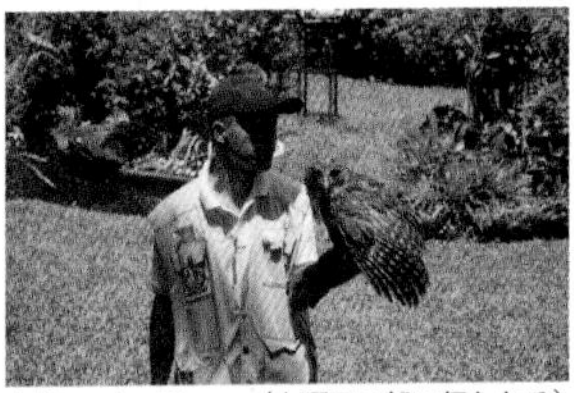

人気のバードショー（土曜日の朝に行われる）

ゴー・ホテル $$

Go Hotel

[MAP] P.340-B1外

フィリピン全土に展開するホテル。フレンドリーなスタッフと、広くて清潔な部屋を、比較的お手頃価格で楽しめる。空港からもモールからも近い好立地。会議室が併設されているため、ビジネス目的の滞在にもおすすめ。

[住] Lanang
[TEL] 0998-888-7788（携帯）
[URL] www.gohotels.ph
[料] ₱1755 ～ 2574
[室数] 183
[CC] ADMV

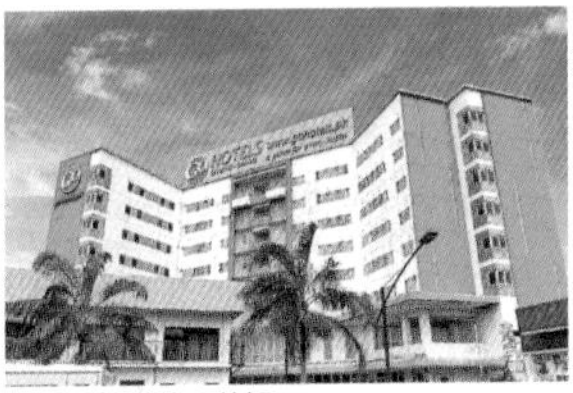

緑色が特徴的な外観

ダバオ・インペリアル・ホテル $

Davao Imperial Hotel

[MAP] P.340-A1

市内では珍しいアパートメントタイプで、料金のわりに広い。フロントは3階で、観光案内もしてくれる。スタッフの対応も親切。2階に小さな売店があり、こまごましたものはそこで揃えられる。

[住] CM Recto Ave.
[TEL] (082) 221-2127
[URL] thedavaoimperialhotel.com
[料] [S]₱550 [D]₱800 [Su]₱900
※エクストラベッド₱200
[室数] 22
[CC] 不可

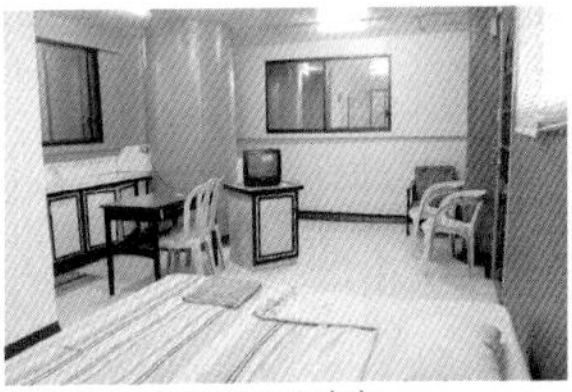

カラフルにまとめられた室内

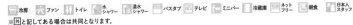

冷房 ファン トイレ 水シャワー 温水シャワー バスタブ テレビ ミニバー 冷蔵庫 ネットフリー 朝食 日本人スタッフ

※[共]と記してある場合は共同となります。

マイ・ホテル
$

My Hotel

MAP P.340-A2

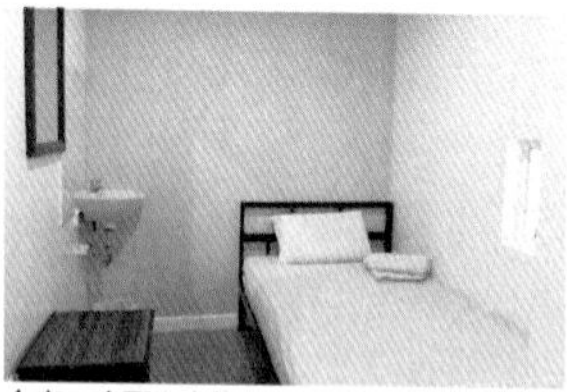

全室に冷房を完備

市内の中心部に立つカラフルな外観のホテル。共同バス・トイレの経済的な部屋から開放的なスイートまで、客室は7タイプ。いずれも清潔に保たれており、料金のわりに居心地がよい。レストランを併設。

[住] San Pedro St.
[TEL] (082) 222-2021
[URL] www.myhoteldavao.com
[料] [S]₱980 ～ [D]₱1255 ～
[室数] 105
[CC] AJMV

アポ・ビュー・ホテル
$$

Apo View Hotel

MAP P.340-A2

全体に重厚な雰囲気が漂う。ビジネスセンターやレストラン、宝飾店なども入っていて、とても便利。4階にはプールがある。

[住] 150 J. Camus St.
[TEL] (082) 221-6430
[URL] www.apoview.com
[料] [SD]₱5375 ～
[室数] 183
[CC] ADJMV

ウオーターフロント・インシュラー・ホテル・ダバオ
$$

Waterfront Insular Hotel Davao

MAP P.339-B

海に面して立つリゾート風の高級ホテル。目の前のビーチはそれほどきれいではないが、気軽に対岸のサマール島へ渡れる。

[住] Lanang
[TEL] (082) 233-2881
[URL] www.waterfronthotels.com.ph
[料] [SD]₱3150 ～
[室数] 159
[CC] ADJMV

ツル
$$

Tsuru

MAP P.340-A2

日本料理

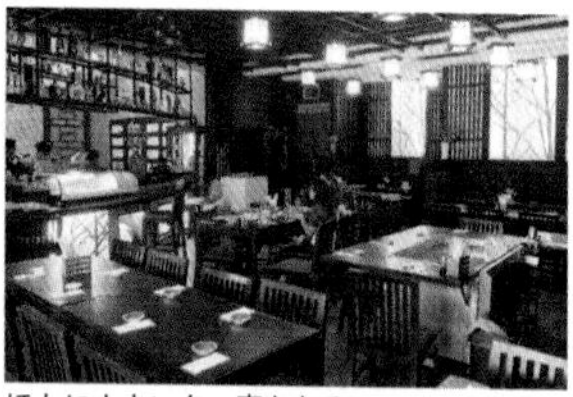

ほかにカウンター席もある

地元では有名な日本料理店。手巻き寿司や握り寿司(2貫₱180 ～)、丼物などのほか、焼きシシャモなどの一品料理も各種揃っている。店内は広く、落ち着いた雰囲気で、ゆったりと食事を楽しむことができる。

[住] J. Camus St.
[TEL] (082) 221-0901
[営] 11:00 ～ 14:00、17:30 ～ 22:00
[休] なし
[CC] AJMV

ちょっと
ひと息コラム

日本人とダバオ

ダバオに日本人がいたという記録は16世紀にまで遡るが、まとまった日本人が移住してきたのは1903年頃から。ルソン島で道路建設の労働者として来比した約1500人の日本人のうち114人ほどが、アバカ農園で働くためにダバオを訪れている。彼らを率いた兵庫県出身の太田恭三郎(1876 ～ 1917)は太田興行株式会社を設立。太田興行を中心に日本人によるアバカ農園は拡大を続け、宗主国アメリカの農園の規模を上回るほどに成長。1939年には、1万7888人もの日本人が暮らしていたという。

しかし、現地のフィリピン人と婚姻関係を結ぶなど、戦略的に土地を拡大する日本人に現地の部族は警戒感を強め、日本人殺害事件が多発するようになる。その後、第2次世界大戦の敗北により、農園は接収され、ほとんどの日本人は帰国。現在はわずかながらその子孫が暮らしている。郊外にあるいくつかのスポットでは、日本人が暮らした痕跡がうかがえる。

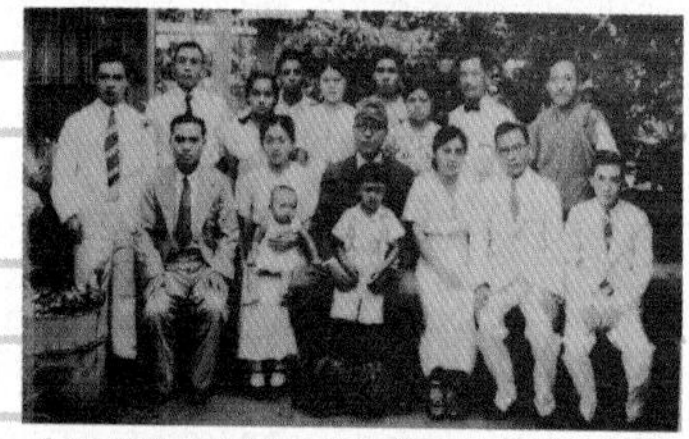

ダバオ郊外のカリナンに住んでいた日本人家族の集合写真

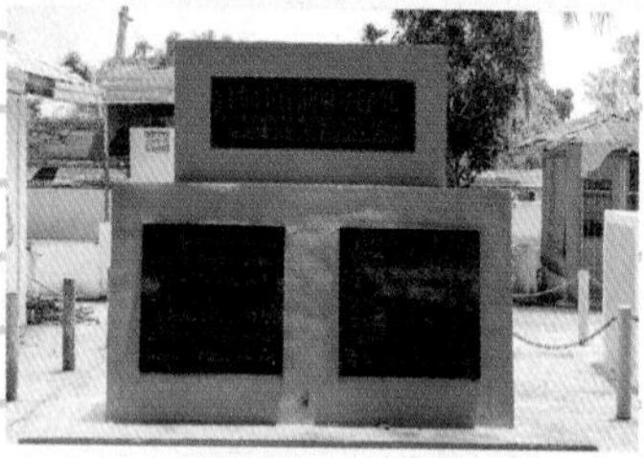

ミンタルにある戦争犠牲者の慰霊碑

冷房 ファン トイレ 水シャワー 温水シャワー バスタブ テレビ ミニバー 冷蔵庫 ネットフリー 朝食 日本人スタッフ

※[共]と記してある場合は共同となります。

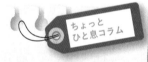

おしゃれに進化しつつあるサーファーの聖地

シアルガオ島
Siargao Is.

MAP 折込表-D3

アイランド・ホッピングのツアーの豪華な昼食（ダク島）

ミンダナオ島

シアルガオ島

シアルガオの市外局番
☎086

ACCESS

✈ マニラからPALエクスプレスが毎日1便、セブゴーが週10便運航。所要約2時間40分、₱8097〜。セブからはPALエクスプレスが毎日1便、セブゴーが毎日2便運航。所要約1時間、₱4518〜。ダバオからもPALエクスプレスが毎日1便、セブゴーが週3便運航。
⛴ スリガオの埠頭から毎日4便程度シアルガオ島のダパDapaへボートが出ている。所要約2時間30分、₱350〜。

1980年頃からサーファーの注目を集め始めたシアルガオ島。現在では世界有数のサーフスポットとなり、世界大会も開催されている。それに伴って観光業も発達し、外国人からの人気も高い。そんなシアルガオ島だが、2021年12月の台風オデットにより壊滅的な被害を受けた。多くの建物が倒壊し、日々の暮らしもままならないところからのリスタート。災害の傷跡は、島有数のサーフスポットであるクラウド9にも見られる。一方、宿泊施設や島内・周辺の観光地については復興がほとんど完了している。生まれ変わった新しいシアルガオ島には、以前に負けず劣らず世界中から観光客やサーファーが集まっている。

N

シアルガオ島

0 — 5km

サン・ベニート
San Benito

サン・イシドロ
San Isidro

P.346
スグバ・ラグーン
Sugba Lagoon

シアルガオ島

P.346
マグププンコ・ロック・プール
Magpupungko Rock Pool

デル・カルメン
Del Camen

タヤンバン洞窟 **P.346**
Tayanban Cave

P.346（マシン川）

クラウド9 **P.346**
Cloud 9

ココナッツツリービューポイント

ジェネラル・ルナ
General Luna

P.347
ゲヤム島

ダパ
Dapa

P.347
ネイキット島

ダク島 **P.347**

N

ジェネラル・ルナ 〜クラウド9

0 — 500m

クラウド9
Cloud 9

☕ シャカ **P.26,348**

Tourism Rd.

Harana Surf Resort 🏨

Riad Masaya 🏨

🍴 Greenhouse

P.347
🏨🍴 シアルガオ・アイランド・ヴィラ

🍴 Mama's Grill

Lotus Shore 🏨

ブラボー・ビーチ・リゾート **P.347**

P.348
イスラ・クシーナラ 🏨🍴

🍴 メラズ・ガーデン **P.29, P.347**

P.28,348
ココ・フリオ 🍴

🍴🍴 カーミット・シアルガオ **P.347**

ベビーズ・バーベキュー **P.29** 🍴

🍴 ラ・メーサ **P.28**

🍴 ハング・ルース・ホステル **P.347**

ジェネラル・ルナ

P.28,348
☕ ホワイト・ビアード・コーヒー

🏢 アイランドホッピング管理オフィス **P.27**

市場

空港から市内へ＆島内交通

空港到着に合わせてバンが待っている（P.300）。ジェネラル・ルナまで所要約45分。空港の外にバイクレンタル業者がいるので、空港でレンタルするのも便利。1日₱400が相場。観光エリアではトライシクルが走っている。ジェネラル・ルナ〜クラウド9だと乗り合いで₱25。

そのほかの見どころ

● **タヤンバン洞窟**
　Tayangban Cave
ジェネラル・ルナからマグププンコ・ロック・プールへの途中にある洞窟。ガイド付きで洞窟探検ができる。約15分程度で天然のプールにたどり着く。要水着。
MAP P.345左
料 ₱50
交 ジェネラル・ルナから車で約30分。

● **マアシン川**
　Maasin River
マアシン村の脇を流れるマアシン川。川の両岸にヤシの木が生い茂りトロピカルムード満点の景色が広がる。大きく曲がったヤシの木からダイブしたり、ボートに乗って遊んだりすることができる。
MAP P.345左
交 ジェネラル・ルナから車で約25分。

■ **スグバ・ラグーン**
料 ₱50
交 ジェネラル・ルナからデル・カルメンまで車で約1時間。デル・カルメンの港からバンカーボートで所要約30分。ボート代は1台₱1600（6人まで乗れる）。スグバ・ラグーンを訪れるデイツアー（₱1500〜2000程度）も催行されている。

■ **マグププンコ・ロック・プール**
料 ₱50
交 ジェネラル・ルナから車で約45分。島内ツアーにもよく含まれている。

磯遊びもできて楽しい

シアルガオ島の歩き方　GETTING AROUND

ジェネラル・ルナの町はメインロードが舗装されただけの素朴な田舎町といった印象。小さなカフェが数軒と、生活雑貨店、数軒のホテルがあるだけのとても小さな町だ。海岸沿いに桟橋とアイランドホッピングを申し込むオフィスがあり、その西に市場がある。ここはシーフードが安いので、マグロを買って宿で調理するのもおすすめ。桟橋の東の広場では夜に屋台が出て、バーベキューが楽しめる。

ジェネラル・ルナの町中から出ている**ツーリズム・ロードTourism Rd.**をたどると、クラウド9との間の観光エリアへと続く。道沿いにホテルやレストラン、カフェ、ショップが点々と並び、クラウド9まで続くビーチタウンを形成している。

シアルガオ島の見どころ　ATTRACTION

シアルガオいちの絶景　★★★

スグバ・ラグーン　**MAP** P.345左
Sugba Lagoon

石灰岩の島々に囲まれた静かなラグーン。飛び込み台やポンツーンハウスが設置され、カヤックやスタンドアップパドル・ボード（SUP）などに挑戦することができる。世界最大の海水にすむワニが生息していることでも知られ、デル・カルメンの港にその遺骸が展示されている。最大滞在時間は3時間まで。スノーケルギアはデル・カルメンの港で₱200でレンタルできる。

アクセスが不便だが行く価値は十分ある

干満のタイミングをみて訪れたい　★★★

マグププンコ・ロック・プール　**MAP** P.345左
Magpupungko Rock Pool

東海岸にある人気の見どころ。岩場にぽっかりとあいた天然のプールで遊ぶことができる。エメラルドグリーンに透き通る美しいプールで、シアルガオ島でも指折りのフォトジェニックスポットだ。遊べるのは干潮の前後1時間の間のみ。干潮時以外は入口付近のビーチでゆっくりできる。レストランもいくつか営業している。

ジェネラル・ルナ沖の島々 ★★★
Offshore Islands of General Luna MAP P.345左

ジェネラル・ルナの桟橋からアイランドホッピングで訪れることができる3つの島。最も近い**グヤム島Guyam Is.**はきれいなビーチに囲まれた無人島で、撮影スポットやカフェがあるだけ。きれいなビーチで思う存分遊びたい。**ダク島Daku Is.**は唯一有人島で、ちょっと内陸に入れば村もある。簡易なシーフードレストランもあるので、ここでランチにするのもいい。**ネイキッド島Naked Is.**はその名のとおり何もなく、島というよりサンドバンクといったほうがしっくりくる。周辺にはスノーケリングポイントもあるので、船頭さんに頼んでみよう。

グヤム島

ネイキッド島

ダク島

■ジェネラル・ルナ沖の島々
料 グヤム島₱40、ダク島₱100
（ネイキッド島は無料）
ジェネラル・ルナの埠頭にある管理オフィスでバンカーボートをチャーターできる。ボート1台₱2000。オフィスの時間は7:00～22:00。ここで環境税₱50を支払う。埠頭からグヤム島までボートで約15分。グヤム島からダク島まで約10分。ダク島からネイキッド島まで約15分。各ホテルやツアー会社で混載ツアーに参加すると1名₱1500～2000。

ツアー催行会社
●トラベル・エッセンシャルズ・シアルガオ
Travel Essentials Siargao
アイランドホッピング（₱1499）、ランドツアー（₱1999）、ソホトンツアー（₱2899）などのツアーを催行。ホテルからの送迎とランチ付き。
TEL 0939-899-9156

ホテル Hotels

ジェネラル・ルナからクラウド9の間の海岸線に集中している。2021年12月の台風オデットによる被害で閉業に追い込まれたところも多かった。一方、再建も驚異的なスピードで進み、洗練された雰囲気の宿泊施設が新たな装いで再スタートを切っている。

メラズ・ガーデン・リゾート $$
Mera's garden resort（旧latitude 10） MAP P.345右

ビーチから徒歩2分の好立地に居を構えるリゾート。2022年に再建されたヴィラは、小規模ながら手入れが行き届いている。建物は清潔でスタッフもフレンドリー。洗濯のサービスがあり、近隣の相場より安い。

住 Poblacion 5, General Luna
TEL 0938-769-2245、0949-630-3369
URL latitude-10-siargao.business.site
料 ⓒℙ2500～7000
室数 5
CC 不可

コンパクトなガーデンリゾート

シアルガオ・アイランド・ヴィラ $$$
Siargao Island Villas MAP P.345右

緑がまぶしい敷地内に2階建てのヴィラ風の建物が点在。24室のスイートルームは、やや値は張るが、快適な滞在が保証されている。

住 Brgy. Tourism Rd, General Luna
TEL 0927-700-3221、0919-635-8064（携帯）
URL siargaoislandvillas.com
料 ⓈⒹℙ8000～
室数 38
CC ADJMV

カーミット・シアルガオ $$
Kermit Siargao MAP P.345右

イタリア人経営の快適な宿。レストランが人気で、共有スペースも過ごしやすい雰囲気。サーフショップやツアーデスクもある。

住 Purok 5 General Luna
TEL 0975-801-9657（携帯）
URL www.kermitsiargao.com
料 ⓈⒹℙ3366～4692
室数 18
CC ADJMV

ブラボー・ビーチ・リゾート $$
Bravo Beach Resort MAP P.345右

シアルガオの名物宿。スペイン人の経営で、日曜のビーチパーティのほか、イベントやライブも盛ん。客室もおしゃれで、人気がある。

住 Tourism Rd, Brgy. 5 General Luna
TEL 0917-707-2696（携帯）
URL www.bravosiargao.com
料 ⓈⒹℙ5000～ Ⓓⓜℙ1600
室数 10 CC MV

ハング・ルース・ホステル $
Hang Loose Hostel MAP P.345右

各国からバックパッカーの集まる宿。ドミトリーが主だが、2人以上なら個室もおすすめ。宿泊客同士の交流が盛ん。土曜はパーティーが開かれる。

住 Purok 5, General Luna
TEL 0965-397-5589
料 Ⓓℙ2600 Ⓓⓜℙ550
室数 15
CC AJMV

冷房 ファン トイレ 水シャワー 温水シャワー バスタブ テレビ ミニバー 冷蔵庫 ネットフリー 朝食 日本人スタッフ
※囲と記してある場合は共同となります。

レストラン

シアルガオ島は食も洗練されている。田舎の小さな島とは思えないほど、本格的で垢抜けた料理に出会うことができる。下記のとおり、食事のおいしいホテルが多いのも特徴だ。セブなどと同様、おしゃれなナイトマーケットもあるし、ローカルな雰囲気の屋台街も出る。グルメな島としても進化中だ。

ココ・フリオ $$
Coco Frio **MAP** P.345右

カフェ

セブからきたフィリピン人女性がオープンした小さなカフェ。その名のとおり、ココナッツを使った各種メニューが楽しめる。なかでもココナッツミルク入りのベトナムコーヒー（**₱**120）は絶品。ココナッツアイスもおいしい。

🏠 Tourism Rd, General Luna
📞 0928-342-8821（携帯）
🕐 8:00 〜 17:00
休 水
CC 不可

客足の途絶えない人気ぶり

イスラ・クシーナ $$
Isla Cusina **MAP** P.345右

カフェ

朝から晩まで営業している人気のレストラン。おしゃれな朝食からケーキ、がっつりディナーの肉料理や海鮮料理までひととおり揃っている。立地がよく、リゾートも併設されている。

🏠 Tourism Rd, General Luna
📞 0969-598-0522
URL islacabanaresort.com
🕐 6:00 〜 22:00
休 なし
CC MV

開放感のある店内

ホワイト・ビアード・コーヒー $$
White Beard Coffee **MAP** P.345右

カフェ

白いひげが生えているバリスタのアニーさんと、少し日本語を話す奥さんのクリスティーンさんが営む小さなカフェ。コーヒー、カフェ飯ともとてもおいしく、ここで朝食をとるのもおすすめ。

🏠 General Luna
📞 0999-132-7645（携帯）
🕐 月〜土　7:00 〜 15:00
　　日　　7:00 〜 12:00
休 なし
CC 不可

地元の若者のたまり場でもある

シャカ $$
Shaka **MAP** P.345右

カフェ

エルニド、ボホール、モアルボアルなどでもおなじみのカフェ。スムージーボウル（**₱**300）やコーヒー、コールドプレスのジュース（**₱**200）など、いまどきのメニューを揃えている。クラウド9そばの海岸沿いにある。

🏠 Cloud 9, General Luna
📞 0970-059-1841（携帯）
🕐 6:30 〜 17:00
休 なし
CC 不可

トロピカルな雰囲気

MEMO　　　　　ホテルのレストランがおすすめ

レストランを探すなら、ぜひホテル内のレストランも候補に入れてほしい。食事にもこだわったホテルがたくさんあるのだ。例えば、**カーミット・シアルガオ**（→P.347）は絶品イタリアンで有名。ピザ、パスタなど何を食べてもおいしい。**ブラボー・ビーチ・リ**ゾート（→P.347）のレストランもよく名が挙がる店。スペイン人経営なので、スペイン料理も食べられる。**シアルガオ・アイランド・ヴィラ**（→P.347）のインドネシア料理店ワルンWarungも本格的なインドネシア料理が食べられる。

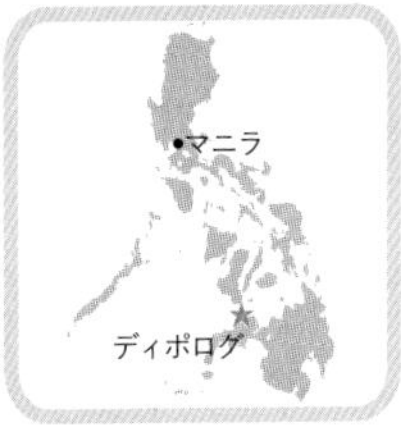

緑豊かな西ミンダナオの玄関口

ディポログ

Dipolog

[MAP] 折込表-C4

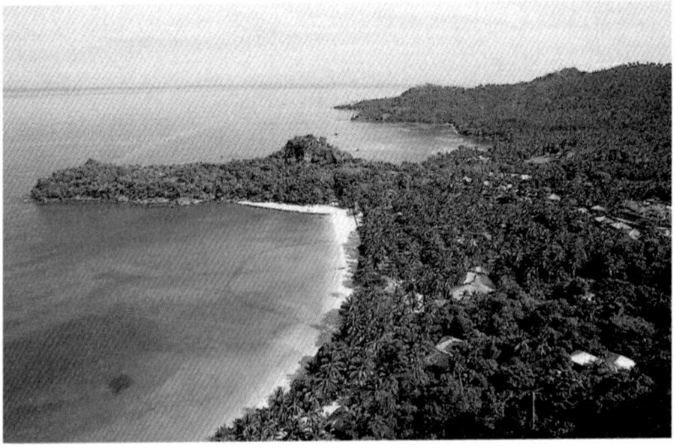
濃い緑に囲まれたダカク湾

ディポログの市外局番
☎065

ACCESS

✈ マニラからPALエクスプレスとセブパシフィックがそれぞれ毎日1便運航。所要約1時間30分、片道₱3045～。セブからはセブゴーが毎日1便運航。所要約1時間10分、₱2154～。

サンボアンガ半島の北端近くに位置するディポログは、「西ミンダナオの玄関口」と呼ばれ、北サンボアンガ州の州都でもある。ほとんどの人が農業に携わっているという緑濃いエリアだ。町のさらに北のダカク湾にあるリゾートに滞在して、ディポログへのシティツアーに参加するのもいいだろう。ディポログの北東約15kmには**ダピタンDapitan**（→ [MAP] P.338-A1）がある。この地は、国民的英雄ホセ・リサールが4年間幽閉されていた場所として知られている。

市観光案内所
[住] City Hall, Dipolog City
（市庁舎内）
[TEL] (065) 212-2484
[開] 8:00～12:00、13:00～17:00
[休] 土・日・祝

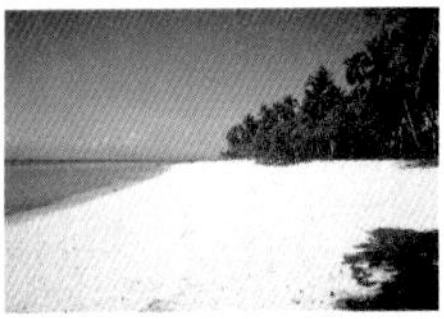
白浜が続くダカク湾のビーチ

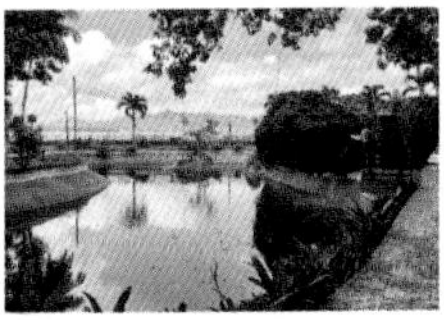
ホセ・リサールゆかりのハート岩

ディポログの見どころ

ATTRACTION

ディポログの町の中心地から南へ約4km行った所に**シカヤブ・ビーチSicayab Beach**があり、のんびり海水浴を楽しむにはもってこいだ。約5km離れた所には、このあたりでいちばん高い**リナボ山Linabo Peak**（標高460m）があり、頂上へ続く3003段の階段を上ると、ディポログをはじめダピタンや周辺の町を望むことができる。山の麓には泉が湧き出ている森林公園があり、ここもすばらしい。リナボ山近くのアッパーディカヤスの小学校には、**日本人戦没者慰霊碑**がある。

ダカク・ビーチ・リゾート

$$$

Dakak Beach Resort

[MAP] P.338-A1

ダカク湾の一部がまるごとリゾートになっている。このリゾートの魅力は、何といっても750mもの長さの美しい白砂のビーチ。乗馬場、ゴルフコース、ボウリング場などの充実した娯楽施設が揃っている。

[住] Teguilon, Dapitan City
[TEL] 0905-315-2600（携帯）
[URL] www.dakak.com.ph/en/
[料] [SD]₱8500～
[室数] 115
[CC] AJMV

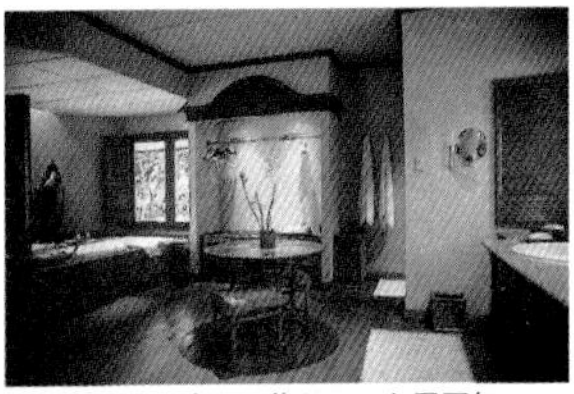
バスルームも広くて落ちついた雰囲気

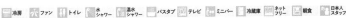

「花の都」という意味の名をもつ

サンボアンガ
Zamboanga

MAP 折込表-B4

サンボアンガの市外局番
☎062

ACCESS
✈マニラからPALエクスプレス
が週4便、セブパシフィックが週9
便運航。所要約1時間30分、片道
₱1867 〜。セブからはPALエクス
プレスとセブパシフィックが毎日
1便、セブゴーが週4便運航して
いる。所要約1時間30分、片道
₱1196 〜。ダバオからはセブパシ
フィックが毎日1〜2便運航。所
要約1時間、片道₱940 〜。

■市観光オフィス
MAP P.350
🏠 Paseo Del Mar, N.S. Valderrosa
St.
TEL (062) 975-634
開 8:00 〜 17:00
休 土・日・祝

サンボアンガ中心部の町並み

　ミンダナオ島の西端近く、サンボアンガ半島の先端にある
港町がサンボアンガ。この美しい町に住んでいる住民の7割
は、スペイン語をもとにしたチャバカノChavacanoを話す。
10月のエルモサロフェスティバルで、色とりどりのビンタ
（帆のあるバンカーボート）が海面に並ぶ光景は一見の価値
あり。10年ほど前に紛争があったものの、現在はキリスト教
徒とイスラム教徒が平和に共存する都市であり、その多様性
が独自の魅力を生んでいる。

サンボアンガの歩き方　GETTING AROUND

　町の中心は、埠頭から北へ**パブロ・ロレンツォ通りPablo
Lorenzo St.**を抜けた市庁舎のある一帯。北側にはレストラ
ンやホテルが軒を連ねる。市庁舎から**バルデロッザ通り
Valderroza St.**を東へ歩
いていくと市の観光オフ
ィスが、その先には、**ピ
ラール砦Fort Pilar**があ
る。また、市内から車で約40
分北にイスラム集落**タル
クサンガイ Taluksangay**
が広がっている。

サンボアンガの見どころ　ATTRACTION

キリスト教徒の聖地　★★
ピラール砦　MAP P.350
Fort Pilar

　1635年、外敵から町を守るために造られた砦。現在はキリスト教徒の聖地として、週末には多くの信者が訪れる場所だ。現在の砦は1719年に再建されたもの。

■ピラール砦
開 5:00 ～ 22:00
休 なし
料 無料

スノーケリングを楽しむなら　★★
サンタクルス島　MAP P.338-A2
Sta. Cruz Is.

　美しいピンクサンドのビーチでのんびりしたいならサンタクルス島がおすすめ。この島には漁民の村があるくらいで、海水浴施設はほとんどないので、飲み水などは持参したほうがいい。

■サンタクルス島
ボートで所要約15分。10人乗りのボートをチャーターすると片道で₱1000程度。ターミナルフィーが₱5必要。最終便は11:00か12:00。
料 ₱20
※渡航前に市観光オフィス(→P.350)への届け出が必要。

ホテル　Hotels

ウィンゼル・スイート　$
Winzelle Suites　MAP P.350

　町の中心でアクセスが良い。値段の割に部屋は広く清潔。国内外からの観光客が宿泊している。空港への送迎サービスあり。朝食は何種類かから選択する方式。

住 Gov. Lim Ave, Zamboanga City
TEL (062)957-3563, 0917-303-4768(携帯)
URL なし
料 S ₱1500　D ₱2200
室数 43
CC AJMV

ちょっと
ひと息コラム

テロ事件には十分に注意を

　フィリピン政府とモロ・イスラム解放戦線(MILF)は2012年10月15日、ミンダナオ和平に関する枠組み合意に調印した。そして2018年、バンサモロ基本法がドゥテルテ大統領の署名で成立。自治政府の創設に向けた重要な一歩となった。

　キリスト教徒とイスラム教徒が同居しているミンダナオ島はこれまで長年の間、紛争やテロ事件などが起きてきた。2001年にマレーシアを仲介役として和平交渉を開始したが、2008年には土地問題の解決をめぐって武力衝突が再燃。翌年末に国際コンタクト・グループ(ICG)の結成を機に、2010年に和平交渉を再開し、和平合意にいたった。

　ただし、ミンダナオ島には依然、アブ・サヤフ・グループ(ASG)、マウテ・グループ、バンサモロ・イスラム自由運動／戦士団(BIMF/BIFF)、モロ民族解放戦線ミスアリ派(MNLF-MG)などのイスラム系武装勢力が活動し、一部組織は

ISILへの支持を表明している。まだまだ治安状況は回復しているとはいえないので、危険地域には入らない、陸路移動は避けるなどの注意が必要だ。

　2023年4月現在、ミンダナオ地域について日本の外務省から、ミンダナオ地域の中部以西に「渡航は止めてください(レベル3)」、ミンダナオ地域の中部以東(ただし、カミギン州、ディナガット諸島、東ミサミス州カガヤン・デ・オロ市、南ダバオ州ダバオ市、北ダバオ州サマル市、北スリガオ州シャルガオ市を含むいくつかの東部の市を除く)に「不要不急の渡航は止めてください(レベル2)」、それ以外の地域に「十分注意してください(レベル1)」の危険情報が発出されている。現在は落ち着いているものの、この地域ではテロ事件などの恐れがあり、引き続き注意が必要である。

ミンダナオ島の少数民族を訪ねて

ちょっと
ひと息コラム

多民族国家であるフィリピンは、文化人類学的にたいへん興味深い国である。少数民族を訪ねるのであれば、おすすめの島は何といってもミンダナオ島だ。固有の文化を失っていく民族が多いなか、ミンダナオ島では多くの民族が今もしっかり伝統を受け継いでいる。とはいえ、彼らも、もはや日常的に民族衣装を着ることはない。民族衣装姿の彼らを見るには、祭りの日に訪ねるのがいちばんである。

ミンダナオ島で、比較的簡単に行ける所に住む少数民族はヤカン族、マギンダナオ族、ティボリ族である。ヤカン族、ティボリ族は腰機（こしばた）、マギンダナオ族は手機（てばた）と手法に違いはあるものの、いずれも織物を得意とする民族だ。

ミンダナオ島最西端サンボアンガの郊外にはヤカン・ウィービング・ビレッジYakan Weaving Village（ヤカン族織物村）があり、ヤカン族の美しい幾何学模様の織物が見られる。村では織った布で作った財布やバッグ、テーブルクロスや巻きスカートなどを販売、織物の実演も行っている。

コタバト（→ **MAP** P.338-B2）市には、マギンダナオ族のアルハメラ・イナウル・ウィービング・アンド・ソーイング・センター Aljamelah Inaul Weaving and Sewing Centerがある。イナウルとは彼らの伝統的な手織り布の名称で、毎年12月中旬にシャリフ・カブンスアン・フェスティバル Shariff Kabunsuan Festivalが行われている。祭りの期間には、民族衣装を着たマギンダナオ族の姿が町なかを美しく彩る。マギンダナオ族による民族衣装のファッションショーは、祭りのハイライトのひとつだ。

ティボリ族が多く住むレイク・セブ（→ **MAP** P.338-B2）は、南コタバト州にある。湖のほとりにある彼らの居住地は静かでのどかな美しいリゾート。おもなアクセス方法は、ジェネラル・サントス General Santos（通称ジェンサン Gen San）からとコタバト市からのふたとおりある。

ジェネラル・サントス（→ **MAP** P. 338-B2）からコロナダル Koronadal（現地名マルベル Marbel）までバスで所要約1時間、スララ Surallah行きバスに乗り換えて所要約40分、さらにレイク・セブ Lake Sebu行きジプニーに乗り換え所要約50分。ジェネラル・サントスからだと、合計約2時間30分で到着する。

コタバト市からはジェネラル・サントス行きの

バスに乗り、スララで途中下車。あるいは、途中のタクロン Tacurongまでバスで行き、タクロンからスララ行きバンに乗り換えることもできる。合計3時間以上要するうえ、道路があまりよく整備されていないので、ジェネラル・サントスからアクセスしたほうがいい。

レイク・セブには、約10軒のリゾートがある。公営のものから別荘のような宿、プール付きまでタイプはさまざまだ。ティボリ族の文化に触れたければ、プンタ・イスラPunta Islaというリゾートがおすすめ。このリゾートでは、民族衣装を着たティボリ族が出迎えてくれ、さらに週末の夜には民族音楽とダンスのショーが楽しめる。近くにはティボリ族博物館や村の共同組合が運営している民芸品店もあり、ティボリ族の文化を知るためには絶好の場所といえよう。

村には7つの滝があり、第1と第2の滝にバイクタクシー（ハバルハバル）でアクセスが可能である。ほかの滝へも道路を整備しているため、近い将来すべての滝が見られるようになるそうだ。第2の滝は7つのうちで最も大きく、白い水煙を上げる様子は見応えがある。第1の滝には、夕方になると野生のサルがやってくるそうだ。

村の入口には観光案内所があり、ここまではジプニーで行けるが、村内はバイクタクシーで移動する。滝や市場、博物館や民芸品店、織物の名手の実演見学など1日貸し切りで回る場合は、₱200程度。観光案内所でガイドを頼むことも可能（1日₱500程度）。湖で養殖しているティラピアという淡水魚を焼いたものが名物料理だ。

ヤカン族が住むサンボアンガやマギンダナオ族が住むコタバトに比べ、レイク・セブへ行くのは少々不便ではあるが、コミュニティの規模が格段に大きいため、織物以外の見どころも多い。

伝統の織物を織るティボリ族の女性

※出発前に必ず、現地の危険情報を確認すること（→P.351コラム）

✳ PALAWAN
パラワン

プエルトプリンセサ市郊外のサバンにある地下河川国立公園

夕暮れ時のエルニド湾

「フィリピン最後の秘境」といわれ、今なお手つかずの自然が残るパラワン。特にエルニドの黒石灰岩の景観はすばらしく、見る者を魅了してやまない。また、パラワンには独自の文化を受け継ぐ先住民族も住んでいる。サバンのような素朴なビーチのほか、1島まるごとリゾートの豪華リゾートもあり、自分の予算とスタイルに合わせて大自然を満喫しながら、ゆったりとした滞在を楽しむことができる。

Palawan

1エルニド沖に浮かぶ奇岩の島々を探検　2パラワン島には素朴な漁村と美しい島々が点在　3世界遺産に登録されているサバンの地下河川　4伝統的な弦楽器を奏でるパラワン族の男性

地理

パラワン州は、ルソン島の南西、ミンドロ島とマレーシアのボルネオ島の間に位置する島々、パラワン島を中心にカラミアン諸島、クヨ諸島、カガヤン諸島など全部で1780もの島々からなる。フィリピンで最も大きな州で、その総面積は約1万4900km²、パラワン州の南北の長さは650kmにもなる。州都はパラワン島中央部のプエルト・プリンセサ。

気候

パラワン島の中央を南北に走る山脈を境に、西と東で大きく気候が異なる。パラワン島の北部に位置するカラミアン諸島などは、西と同じタイプに分類される。エルニドを含む西側は、雨季（6〜10月）と乾季（11〜5月）がはっきりと分かれるタイプで、州都のプエルト・プリンセサを含む東側は雨季と乾季の明確な区別はそれほどなく、1〜3月頃に乾季が訪れるだけで、年間をとおして雨が続くような時期はない。

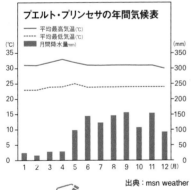

出典：msn weather

特徴

パラワン州の人口は約94万人（2020年調査）。80以上もの民族で構成されている。話されている言語はタガログ語のほか、クユニン、ピナラワンなど50以上にも及ぶといわれている。おもな産業は農業と漁業。特に漁業が盛んで、フィリピン全漁獲量の約65％を占めている。

ルート作りのポイント

マニラ、セブから首都のプリント・プリンセサとカラミアン諸島の旅の拠点となるブスアンガ空港に直行便がある。エルニドにも小さな空港があり、本数は少ないがセブ島、ボホール島、ボラカイ島のカティクラン空港、ルソン島のクラーク空港から直行便がある。パラワン島内の移動はバスか乗合バン、それに船が主。大きな島なので、じっくり時間をかけて回りたい。エルニド、ブスアンガ間もエア・スウィフトが就航し、空路のみでの旅も可能になった。

Route 1 地下河川とエルニドの奇岩の両方を満喫

プエルト・プリンセサからサバンを経由してエルニド・タウンへ行き、そこから飛行機でマニラへ戻る。時間に余裕があれば、エルニドから船でコロン・タウンへ向かい、ブスアンガ島の空港から飛行機でマニラへ戻ることも可能だ。1週間もあれば十分だが、欠航が多いので余裕をもって日程を組もう。

Route 2 カラミアン諸島とエルニドの組み合わせ

マニラかセブからブスアンガ空港に空路で入る。諸島でリゾートライフを味わったのち、船か空路でエルニドに移動。エルニドの空港から、マニラ、セブなどに移動する。時間のない旅、ビサヤ諸島のほかの島々も訪れたいという人におすすめ。

※マニラとの位置関係は正確ではありません

サバンの村で出会った素朴な人々

パラワン島中央部

　南北425kmに細長く広がるパラワン島。そのちょうど真ん中に、州都プエルト・プリンセサがある。すべての活動の拠点となる町で、交通や貿易、政治、文化の中心となっている。周辺には世界遺産に登録されているプエルト・プリンセサ地下河川国立公園へのゲートウエイとなる村のサバンや、先住民族のバタック族が暮らす村、アイランドホッピング（島巡り）を楽しめるホンダ湾など見どころもある。また、パラワン島には珍しい動植物が多く生息している。例えば植物ではアイアン・ツリー、動物ではマウスディア（豆ジカ）やキングコブラなどは、このエリアでしか見られないものだ。ほかにも珍しいチョウなどをいたるところで見かける。

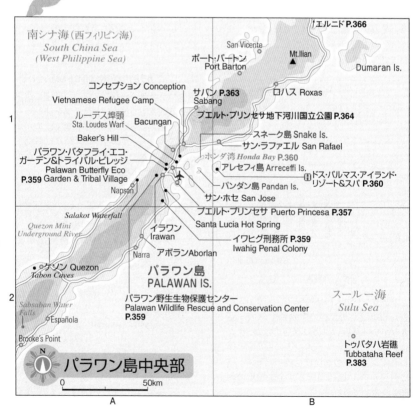

南シナ海（西フィリピン海）
South China Sea
(West Philippine Sea)

エルニド **P.366**

San Vicente

Mt.Ilian

Dumaran Is.

ポート・バートン
Port Barton

コンセプション Conception

サバン **P.363**
Sabang

ロハス Roxas

Vietnamese Refugee Camp

プエルト・プリンセサ地下河川国立公園 **P.364**

ルーデス埠頭
Sta. Loudes Warf

Bacungan

1

スネーク島 Snake Is.

Baker's Hill

サン・ラファエル San Rafael

パラワン・バタフライ・エコ・
ガーデン＆トライバル・ビレッジ
P.359 Garden & Tribal Village
Palawan Butterfly Eco

ホンダ湾 Honda Bay **P.360**

アレセフィ島 Arreceffi Is.

ドス・パルマス・アイランド・
リゾート＆スパ **P.360**

Napsan

パンダン島 Pandan Is.

サン・ホセ San Jose

Salakot Waterfall

プエルト・プリンセサ Puerto Princesa **P.357**

Quezon Mini
Underground River

Santa Lucia Hot Spring

イラワン
Irawan

イワヒグ刑務所 **P.359**
Iwahig Penal Colony

Narra

アボランAborlan

ケソン Quezon
Tabon Caves

パラワン島
PALAWAN IS.

スールー海
Sulu Sea

2

Sabsaban Water
Falls

パラワン野生生物保護センター
Palawan Wildlife Rescue and Conservation Center
P.359

Española

Brooke's Point

トゥバタハ岩礁
Tubbataha Reef
P.383

N

パラワン島中央部

0　　　　　　　50km

A

B

パラワンの州都

プエルト・プリンセサ

Puerto Princesa

MAP 折込表-A3

プエルト・プリンセサの町並み

　プエルト・プリンセサはスールー海Sulu Seaに面したパラワン島のほぼ中央に位置する、パラワン州の州都。パラワンの政治・経済や、教育の中心地となっている。総面積は約2381平方キロメートルで、フィリピン国内ではダバオ市について2番目に広い面積を持つ市だ。人口約30万人（2020年調査）だが、その多くがプリント・プリンセサ港周辺の市街地に居住している。ロビンソン・プレイスやSMシティ・パラワンなどのモールもでき、急速に都市化が進んでいる。

プエルト・プリンセサの歩き方 GETTING AROUND

　町の中心となるのは、プエルト・プリンセサ空港から西に広がるエリア。メインストリートは東西に走る**リサール通りRizal Ave.**。ホテル、レストラン、銀行などはこの通り沿いに集中している。リサール通りと南北に延びている**フェルナンデス通りFernandez St.**の交差した所には**州政府庁舎Provincial Capitol Building**があり、その中に**州観光案内所Provincial Tourism Office**が入っている。市観光案内所は空港内にある。

　リサール通りからメンドーサ公園の先のにぎやかなバレンシアガ通りを北に折れると、リサール通りと並行して走る**マルバー通りMalvar St.**。この通りを左に折れてすぐ左側にあるのが**オールド・マーケ**

日本軍による虐殺事件の舞台となったプラザ・クアルテル

プエルト・プリンセサの市外局番 ☎048

ACCESS
🛫マニラからセブ・パシフィックが毎日1～3便程度、PALエクスプレスが毎日4便、フィリピン・エアアジアが毎日3便程度運航している。所要約1時間20分、₱2000～。セブからは、PALエクスプレスとセブパシフィック、フィリピン・エアアジアが毎日1～2便運航。所要約1時間20分、₱1700～。
🚢マニラから2GOトラベルが週2便運航、所要約36時間。イロイロからは、モンテネグロ・シッピング・ラインがクヨ島経由で週1～2便運航。

■州観光案内所
MAP P.358-B2（州政府庁舎内）
TEL (048) 433-2968
URL palawan.gov.ph
開 8:00～18:00
休 土・日・祝

外務省危険情報
　2023年7月現在、パラワン島、プエルト・プリンセサ以南の地域に「不要不急の渡航は止めてください（レベル2）」の危険情報が出ている。

北部へのバスやバンが発着するイラワン・ターミナル
　町の中心からトライシクルで所要約30分、₱300程度。メンドーサ公園（→**MAP** P.358-A2）前やオールド・マーケット脇からイラワン行きのジプニーでも行ける。

旅行代理店
　市内には80軒以上の代理店がある。エルニド行きのバン、各種ツアーの手配など。フェイスブックで問い合わせも可。
■ユニ・アイランド・トラベル&ツアー
Uni Island Travel & Tour
住 Lot 8 Block 6 Daisy St., Campusville Subd., Brgy. San Jose
TEL 0917-774-7014
Mail uni.islandtravelph@yahoo.com

■イミグレーション
　ロビンソン・プレイス（→ P.358外）内にある。
住 Rizal Ave.
TEL (048) 433-2248
開 10:00 ～ 16:00
休 土・日・祝

■第2次世界大戦記念博物館
WW-II Memorial Museum
　パラワンにおける抗日ゲリラの英雄として知られるメンドーサ氏の家族が収集した第2次世界大戦に関するコレクションを展示している。
MAP P.358-B1外
住 Rizal Ave., Brgy. Bancao-bancao
TEL 0917- 849- 5343
開 8:00 ～ 17:00
料 ₱50

■パラワン博物館
TEL (048) 433-2963
開 8:30 ～ 12:00, 13:30 ～ 17:00
休 日・祝
料 大人 (外国人) ₱60

民族の風習なども紹介

ット **Old Market** だ。人々の生活が垣間見られて楽しい。さらに400m進むとオープンエアのレストランやカフェなどもある**シティ・ベイウオーク City Baywalk** にたどり着く。この港には年に何度かは海外からのクルーズ船も立ち寄るという。

　シティ・ベイウオークからリサール通りに戻ると、美しい**イマキュレート・コンセプシオン大聖堂** がそびえ立ち、その横に**プラザ・クアルテル Plaza Cuartel** がある。ここは第2次世界大戦中に日本軍が139人の米軍捕虜を虐殺した場所として知られている。

　マルバー通りを港とは反対の方向に向かうと2017年にできたSMシティ・パラワンがある。そこからさらに北に3キロ行ったところには、16ヘクタールの敷地を誇る巨大ショッピングモール、ロビンソン・プレイス・パラワン。サバン（→P.363）やエルニド（→P.367）を含むパラワン島のそのほかの町に向かうバスと乗合バンが出るイラワン・ターミナル Irawan Terminal は、そこからさらに北西に行った場所になる。

プエルト・プリンセサの見どころ　　ATTRACTION 🔭

歴史や文学、民俗に触れる　　　　　　　　　　　　　★★
パラワン博物館　　　　　　　　　　　　　**MAP** P.358-A2
Palawan Museum

　パラワン島民の祖先が使用してきた壺や陶器、装飾道具、楽器などをはじめ、クヨ島 Cuyo Is.（→P.383）から出土したスペイン時代の品など多岐にわたり展示している。館内には図書館も併設されていて、パラワン島の歴史や文学、民俗学などに関する書籍が集められている。各民族の家屋や生活スタイル、風習などを説明した実物大の模型なども展示している。

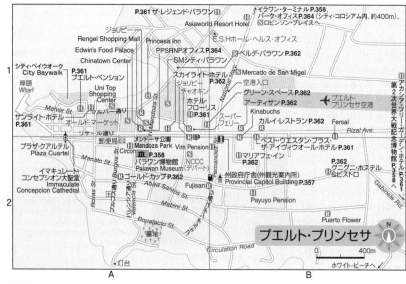

プエルト・プリンセサ近郊の見どころ ATTRACTION

珍しい生物が一堂に集結 ★★★
パラワン・バタフライ・エコ・ガーデン&トライバル・ビレッジ MAP P.356-A1
Palawan Butterfly Eco Garden & Tribal Village

　熱帯の木が生い茂る敷地内に、パラワンにのみ生息する希少なチョウがたくさん放たれている。手つかずの自然が残るパラワン一帯では、珍しい動植物にいたるところで出合えるが、なかでもチョウはマニアがわざわざ訪れるほどだ。

　また、ここでは少数民族のパラワン族の伝統文化に触れることもできる。珍しい楽器の演奏や、大迫力の吹き矢の実演などなかなか興味深い。交代制で村から来ているという。

伝統楽器を演奏する男性

パラワンオオヒラタクワガタ（固有種）

ワニの成長過程が見られる ★
パラワン野生生物保護センター MAP P.356-A1
Palawan Wildlife Rescue and Conservation Center

　郊外のイラワンにある絶滅に瀕している種のワニを保護し、成育させる目的で活動している施設。日本政府とフィリピン政府の共同事業として進められた。年齢別に分けた淡水にすむワニと海水にすむワニの2種類のクロコダイルを見ることができる。飼育所や展示室、研究所などをガイドの詳しい説明を聞きながら巡ることで、ワニの生態や保護活動についての知識が深められる。

年齢ごとに飼育されているワニ

刑務所らしくない刑務所 ★
イワヒグ刑務所 MAP P.356-A1
Iwahig Penal Colony

　1924年にアメリカ人が建設した刑務所。服役者たちが柵のない村に米や野菜などを作って生活し、手作りの竹細工やキーホルダーなどを旅行者たちに販売している。「コロニストColonists」と呼ばれる彼らの多くは、家族と一緒に生活。旅行者が所内に足を踏み入れることは可能だが、受刑者のプライバシー保護のため、撮影は禁止されている。

■ パラワン・バタフライ・エコ・ガーデン&トライバル・ビレッジ
🚍 市内からトライシクルで所要約30分、₱50。もしくはバンクハウス通り経由のサンタモニカ行きジプニー（→P.16）でも行ける。
🏠 Sta. Monica
☎ 0917-597-5544（携帯）
🕐 8:00 ～ 17:00　休 なし
💰 ₱60

■ パラワン野生生物保護センター
🚍 市内からトライシクルで所要約40分。₱300程度。またはジプニーでも行ける。メンドーサ公園（→MAP P.358-A2）前や、オールド・マーケットの脇からイラワンIrawan行きに乗る。所要約50分、₱28。
🏠 Barangay Irawan
🕐 8:30 ～ 16:30　休 なし
💰 ₱70。ワニと一緒に写真をとると別に₱60かかる。

1日ツアー
　プエルト・プリンセサの見どころは拡散しているので、効率よく回るためにバンで観光地を回る1日ツアーに参加することもできる。₱750 ～。宿泊施設などで申し込めるが、ツアーは真珠のアクセサリーなどを売るみやげ物屋に何軒も寄ったり、ベーカーズ・ヒルBakers"sHillというお菓子工場とそれを販売するテーマパークなどの訪問に多くの時間を割かれる。

1日ツアーで訪ねる歴史あるイマキュレート・コンセプション大聖堂

■ イワヒグ刑務所
🚍 市内からトライシクルで所要約1時間20分、往復₱700程度。運賃は要交渉。パラワン野生生物保護センターへ行くのと同じジプニーでも行ける。

■ホンダ湾
🚌 市内から約15km。所要約40分。ジプニーで₱50、トライシクルで₱400〜。

ホンダ湾唯一のリゾート
Ⓗ ドス・パルマス・アイランド・リゾート＆スパ
Dos Palmas Island Resort & Spa
MAP P.356-B1　🏠 Arreceffi Is.
TEL 0917-590-4442、0917-500-0154、0929-813-2360
Mail cbo@dospalmas.com.ph、rsvns@dospalmas.com.ph
※2021年末の大型台風（フィリピン名オデット）の影響で閉鎖されていたが、日帰りツアーを開始している。₱1800。

ホンダ湾近くの温泉
プエルト・プリンセサから日帰りで行ける天然温泉プール。地元の人に人気。
■ カイズ・ホットスプリング・リゾート
Kay's Hotspring Resort
🏠 Purok Mainit, Brgy. Sta. Lourdes
TEL 0916-685-8371

ここを起点に島巡り　　　　　　★★

ホンダ湾　　　MAP P.356-A〜B1
Honda Bay

スノーケリングも楽しめるパンダン島

沖合に浮かぶ小さな島々が旅行者に人気。白い砂浜と手つかずの珊瑚礁をもち、海水浴やスノーケリングに適している。島々へはバンカーボートをチャーターして行く。ローデス埠頭Sta. Lourdes Warf（環境税₱150）から出発し、3島巡って₱1800〜2100というのが相場だ。料金は行き先によって違うが、1島往復で₱1000〜1600。基本的に6人まで同じ料金。島の入場料₱50〜100も別途必要。ホンダ湾に16ある島のうち（満潮時は14）、港からのデイトリップで訪問できる島は、コウリー島Cowrie Island、ルーリー島Luli Island、スターフィッシュ島Starfish Island、パンダン島Pandan Island　とアレセフィ島Arreceffei islandのリゾート（→欄外）のみ。

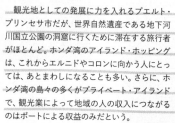

持続可能な村ベースの観光開発

ちょっとひと息コラム

観光地としての発展に力を入れるプエルト・プリンセサ市だが、世界自然遺産である地下河川国立公園の洞窟に行くために滞在する旅行者がほとんど。ホンダ湾のアイランド・ホッピングは、これからエルニドやコロンに向かう人にとっては、あとまわしになることも多い。さらに、ホンダ湾の島々の多くがプライベート・アイランドで、観光業によって地域の人の収入につながるのはボートによる収益のみだという。

フィリピンで2番目に広いという広大なプエルト・プリンセサ市には、まだまだ知られざる自然や景観がたくさんある。それらを、なんとか地域の人々の生計向上につなげようと、市観光課が打ち出しているのが「コミュニティを拠点とした持続可能な観光Community-Based Sustainable Tourism」だ。

市内を5つの地域に分け、観光名所の発掘、地元住民に利益をもたらすためのツアー計画立案と指導を開始している。名乗りを上げているコミュニティは全25。美しい白砂のビーチ、マングローブのリバークルーズ、トレッキングや洞窟探検、ジップラインによるスリリングな自然探訪、先住

民バタック族の村訪問など、さまざまなアクティビティが企画されている。観光業の主体はそれぞれの村の住民組合や組織などになる。

なかでも、北西地域である地下河川国立公園のあるサバンとその郊外では、洞窟以外のアトラクションや観光スポットも整いつつある。マングローブの森を行く手こぎボートツアー Mangrove Paddle Boat Tour（→P.365）やスリル満点のウゴッグ・ロックUgog Rockのジップラインなど、地下河川洞窟体験のついでに、ぜひ足を延ばしてみたい。

休暇を優雅に楽しむ整備されたリゾートだけでなく、パラワンの自然のむき出しのパワーを味わえる小さなツアーにも参加し、コミュニティの経済発展にも貢献しよう。

■プエルト・プリンセサ市観光課
🚌 市街地から7kmほど。トライシクルかマルチ・カブで20分。空港内にもオフィスがある。
🏠 2nd Floor, New Green City Hall, Sta. Monica Heights　TEL (048)717-8035
URL www.puertoprincesatourism.com
Mail ppccbst@gmail.com

ホテル＆レストラン Hotels & Restaurants

市内に宿は無数にある。大きな建物のホテル以外にも、インという中くらいのサイズの宿、5部屋以下というペンションと呼ばれる民宿のような宿も多い。近年増えているのはブティック・ホテルの名のついた、洗練されたデザインの中級ホテル。バックパッカー向けの宿は少ないが、ペンションで地元の人たちと触れ合いを持ってみるのもいいだろう。

ベスト・ウエスタン・プラス・ザ・アイヴィウオール・ホテル $$$

Best Western Plus The Ivywall Hotel

[MAP] P.358-B1～2

コロナ禍での3年間の閉鎖を経て2023年3月に再オープン。入口はリサール通りに面していて、どこに行くにも便利。上品なインテリアとプライバシーを守れるゆったりした設計は、ビジネスでの滞在にもいい都市型ホテル。

[住] Rizal Ave, Extension
[TEL] 0995-971-9708、0917-249-1857
[URL] www.bwplusivywall.com
[料] [S][D]₱4650～1万4000
[室数] 120
[CC] AJDMV

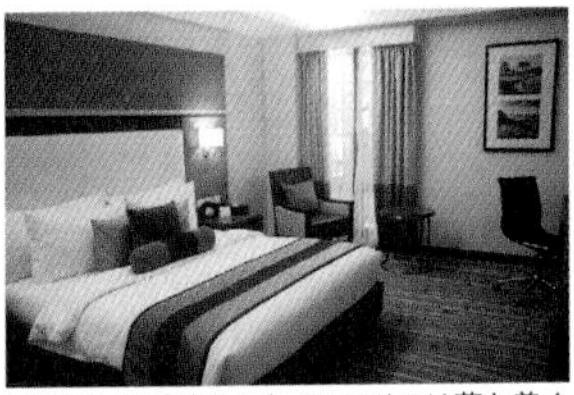
ブラウンを基調としたインテリアは落ち着く

サンライト・ホテル $$

Sunlight Hotel

[MAP] P.358-A1

オールド・マーケットの目の前のビルの一角にある。入口は1階に構えているが部屋は4階。ベイウオークや大聖堂に近く市内観光にも便利。広々していてゆっくりできるが、窓がない部屋が多い。ジプニー乗り場もすぐ。

[住] Malvar St.,Brgy.Tagumpay
[TEL] (032) 8657-1919、0917-521-4260、0917-517-6638
[Mail] resrvaations@sunlighthosandesorts.com [URL] sunlighthotelsandresorts.com [料] [S][D]₱3800～1万1000
[室数] 74 [CC] AJDMV

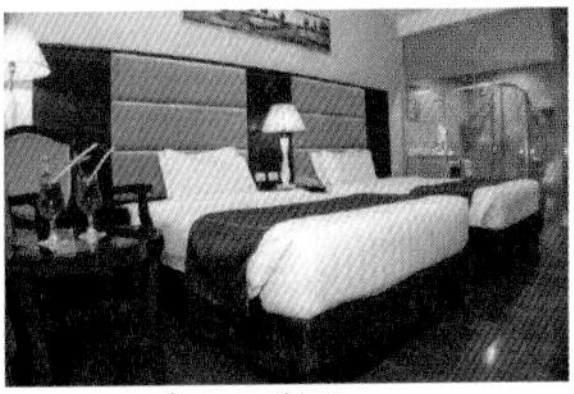
コロンにもブランチがある

ホテル・フローリス $$

Hotel Fleuris

[MAP] P.358-A1

マルバー通りとリサール通りをつなぐラカオ通りのSMシティの裏ゲートの正面にある。ショッピングモールに用事がある人にはベスト。1階には地元の人向けの日本食レストランも入っている。部屋はシンプルだが居心地はいい。

[住] Lacao St.
[TEL] 0915-179-0975、0947-274-3007、0917-118-8949
[URL] hotelfleurispalawan.com
[料] [S][D]₱5000～9000
[室数] 47
[CC] MV

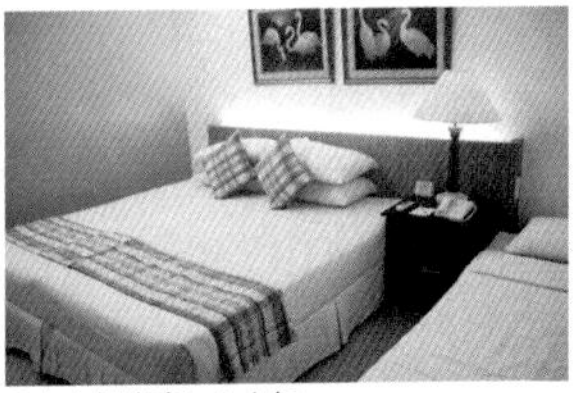
日本人観光客にも人気

アカシア・ツリー・ガーデン・ホテル $$

Acasia Tree Garden Hotel

[MAP] P.358-A2外

町の中心から少し離れたアカシアの木のたくさん生えている静かなエリアにあるリゾートタイプの宿。敷地内も緑が多く木陰のプールも気持ちいい。契約トライシクルがいつも控えていて旅行者価格ではあるが明瞭会計でありがたい。

[住] Manalo Extension, Brgy. Bancao
[TEL] 0917-894-3003
[Mail] acastreehostel@yahoo.com
[URL] acacia-tree-garden.hotelspuertoprincesa.com
[料] [S][D]₱2975 [F]₱5100 [Su]₱3230
[室数] 25 [CC] MV

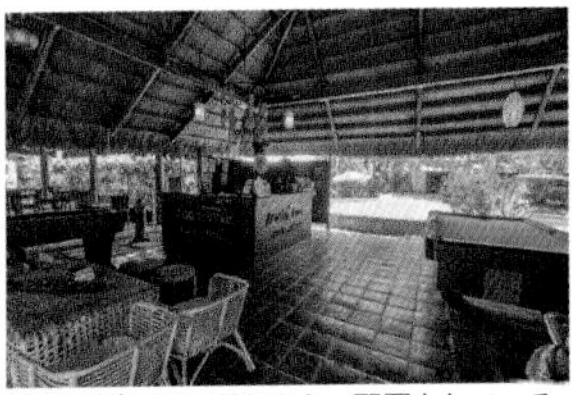
部屋はプールを囲むように配置されている

プエルト・ペンション $

Puerto Pension

[MAP] P.358-A1

マルバー通り沿いで、何かと便利。緑あふれる中庭を囲んで立つコテージ風の客室は、こだわりのある造りで素朴な山小屋風でもある。各客室はこぢんまりとしているが、快適に過ごせる。ベイウオークからすぐ。

[住] 35 Malvar St.
[TEL] (048) 433-2969、0917-836-6316（携帯）
[料] [S][D]₱1750～
[室数] 14
[CC] AJMV

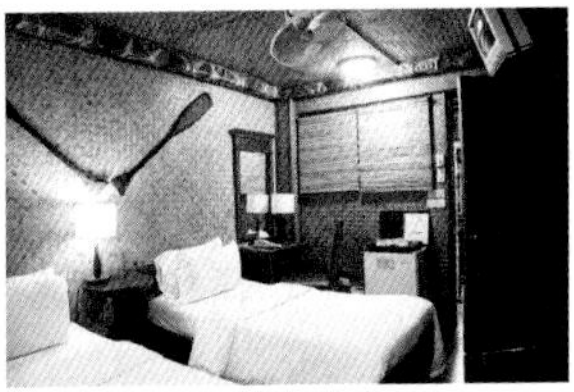
ナチュラル感いっぱいの客室

冷房 ファン トイレ 水シャワー 温水シャワー バスタブ テレビ ミニバー 冷蔵庫 ネットフリー 朝食 日本人スタッフ
※[共]と記してある場合は共同となります。

マリアフェ・イン $

Mariafe Inn [MAP] P.358-B2

リサール通りから入った静かな住宅街にあるアットホームな宿。旅行代理店のオフィスもあって、地下河川国立公園へのツアー、エルニドへのバンなどを手配してくれる。長期滞在にも対応。レンタルバイクもある。

[住] Lagan St., Bgy.Milagrosa
[TEL] 0955-294-6691、0917-318-0113
[Mail] mariafetravellersinn@gmail.com
[料] [SD]₱1600 [TrF]₱2100
[室数] 11
[CC] AJMV
[長期割引]

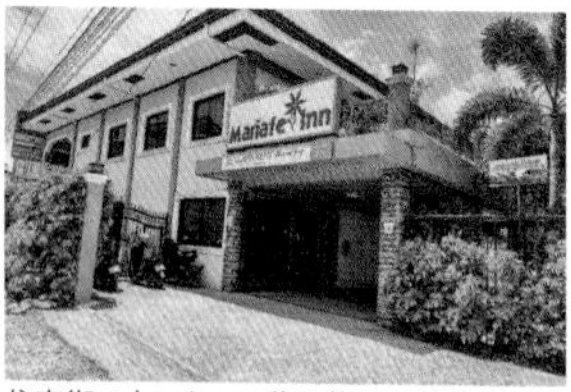

住宅街の中にあって落ち着いて過ごせる

グリーン・スペース $

Green Space [MAP] P.358-A1

リサール通りから人気カフェやバーの入っているオープンエアのフードコートPagetekの角を曲がってしばらく行ったところにあるこぢんまりした宿。あまり見かけない3人部屋もうれしい。友達同士の旅におすすめ。

[住] 15 Dacanay Rd., Rizal Avenue
[TEL] 0917-680-2202、0948-434-8237
[Mail] greenspacepalawan@gmail.com
[料] [SD]₱1750 [Tr]₱1950 [Su]₱3500
[室数] 8
[CC] MV

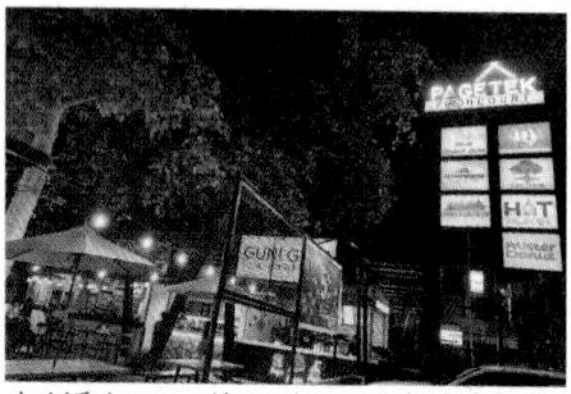

すぐ近くのフードコートには人気店が出店

グニグニ・ホステル&ビストロ $

Guni Guni Hostel & Bistro [MAP] P.358-B2

リサール通りと並行して走るマナロ通り沿い。部屋はドミトリーの4部屋のみ。女性専用と、男女兼用があって総ベッド数30だが、欧米人旅行者に人気でいっぱいのことも多い。併設のビストロも人気が高い。

[住] 263 Manalo Extension
[TEL] 048-716-3723
[Mail] gunigunihostel@gmail.com
[料] [Dm]₱600
[CC] MV

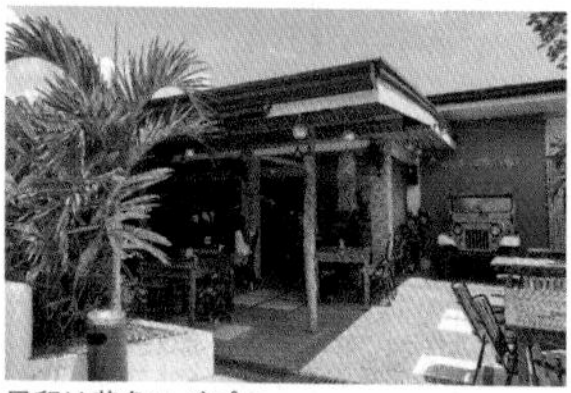
目印は黄色いジプニー

ベルデ・パラワン $$

Ver De Palawan [MAP] P.358-A1

ヴィーガン料理

100%植物由来の素材だけで料理したイタリアン、メキシカン、フィリピン料理。ヴィーガンに対する偏見が取り払われるおいしさでボリュームもたっぷり。人気からエルニドとナクパン・ビーチ(→P.369)のホテルにも出店している。

[住] Palanca St. cor. Malvar St.
[TEL] 0999-452-1519
[Mail] verdepalawan@gmail.com
[営] 10:00 ～ 20:00
[休] なし

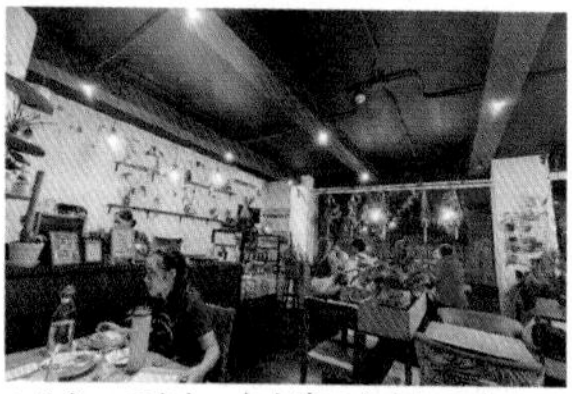
ヘルシーでおしゃれな客であふれる店内

カルイ・レストラン $

Kalui Restaurant [MAP] P.358-B1

フィリピン料理

プエルト・プリンセサでは有名で、地元の人も多く訪れる。竹造りの建物に靴を脱いで上がる。雰囲気もよく、特に夜はテーブルにキャンドルがともりムード満点だ。地場で取れた魚介中心のメニュー。

[住] 369 Rizal Ave.
[TEL] (048) 433-2580
[営] 18:00 ～ 22:30、
火・木金・土は11:00 ～ 14:00も営業
[休] 日
[CC] MV

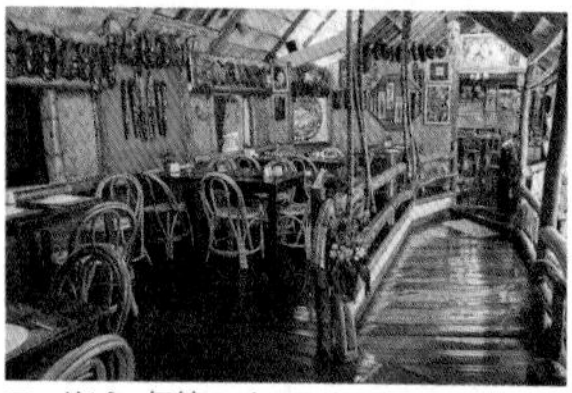
フィリピン伝統のインテリアもGood

アーティサン $$

Artisans [MAP] P.358-B1

洋風創作料理

美しい盛りつけで欧米人に大人気。ステーキ、パスタなど洋食が中心。大きなテーブルがいくつかあり和気あいあいな雰囲気。

[住] ARL Building, Rizal Ave., Brgy. San Miguel
[TEL] なし
[Mail] artisanspalawan@gmail.com
[営] 11:00 ～ 21:00
[CC] なし

ゴールド・カップ $$

Gold Cup Specialty Coffee Roasters [MAP] P.358-A2

カフェ

本格的コーヒーの店。リサール通りと少し離れた住宅街に支店がある。深夜まで営業していてWi-Fiが早く、旅先でたまった連絡を片付けるにもいい。

[住] 41 Abad Santos St／Rizal Ave.
[TEL] 0931-784-0521
[Mail] goldcupph@gmail.com
[営] 7:00 ～ 24:00
[CC] 不可

冷房 ファン トイレ 水シャワー 温水シャワー バスタブ テレビ ミニバー 冷蔵庫 ネットフリー 朝食 日本人スタッフ
※[共]と記してある場合は共同となります。

世界遺産の地下河川への玄関口

サバン

Sabang

MAP 折込表-A3

手こぎボートで地下河川の中へ

サバンはプエルト・プリンセサ地下河川国立公園（アンダーグラウンド・リバー）探検の拠点となる小さな村。プエルト・プリンセサから北へ車で所要約1時間半〜2時間の海岸沿いにある。喧騒とは無縁のこの村で、静かに打ち寄せる波の音を聞きながらゆったりと過ごしてみるのもいい。村内には数軒の宿があり、なかには広々としたプール付きの豪華ロッジもある。

サバンの歩き方 GETTING AROUND

サバンは2021年末の大型台風（フィリピン名オデット）で甚大な被害を受けた。強風により多くの家屋が全・半壊し、86隻あったというバンカーボートのうち残ったのは3〜5隻だったという。プエルト・プリンセサからの道路も土砂崩れで通行止めが長く続いた。宿泊施設やレストランの建物も多くが吹き飛ばされ、2023年5月時点でも復興の最中である。そのため、プエルト・プリンセサ地下河川国立公園を訪ねる観光客のほとんどが、市内の旅行代理店や宿泊施設を通して申し込んだ日帰りツアーでサバンを訪れている。1人₱2200〜3500。

バンカーボートは政府などのサポートで新しく作り替えられ、地下河川国立公園の洞窟ツアーに向かう人を運び始めている。小さな宿泊施設もほとんどが営業を再開しており、村が活気を取り戻す日も近いだろう。

また、地下河川国立公園に集中していた観光客をターゲットとしたコミュニティベースの新たなアクティビティも次々と誕生している（→P.360コラム）。ぜひ1泊して雄大なサバンの自然を楽しんでほしい。

パラワン島中央部

サバン

サバンの市外局番
☎048

ACCESS

🚌 サバンに向かう公共交通機関は、プエルト・プリンセサの町中から10kmほど北のイラワン・ターミナル（→P.357）から乗合バンになる。本数が少なく、朝1本、午後1〜2本。バンは埠頭まで行くが、宿泊先が途中にある場合は立ち寄ってくれる。イラワン・バスターミナルまでのトライシクルは₱250〜。サバンまでのバン代は1人₱200くらい。旅行代理店や宿泊施設でサバン行きのバンをチャーターすると₱3800〜。

巨大なイラワン・ターミナル

サバン行きの乗合バン。人と荷物でぎゅうぎゅう詰めだ

サバンの埠頭。地下河川ツアーでは、ここからバンカーボートに乗船する

363

国立公園内で大トカゲに出合うこ
とも

**■プエルト・プリンセサ
地下河川国立公園**

　国立公園に無断で立ち入ること
は禁じられている。個人で行く場
合は、必ずプエルト・プリンセサ市
内のメンドーサ公園の北側にある、
地下河川国立公園（PPSRNP）オフ
ィス（→MAP P.358-A1）で許可証を
取る必要がある。ツアーで行く場
合は、ツアー催行会社が手配して
くれるので不要。サバンの埠頭近
くにもPPSRNPの出張所があって
許可を申請できるが、プエルト・プ
リンセサ市内のほうがすいている。
TEL (048) 523-6023
開 8:00 ～ 15:30
休 なし
料 入場料　₱500
　音声ガイド　₱85
　環境税　₱150
　ボート代（6人）₱1120／艇

Rアシアノ Asiano
　埠頭から700mほど内陸に行っ
たところにある素朴な竹造りのレ
ストラン。シェフ・トトはクルーズ
船や一流ホテルでコックをしてい
た経験があり、味は一流。2021年
の台風でビーチにあった店が倒壊
して新たなスタートを切った。
MAP P.364外
TEL 0956-629-3877
営 9:00 ～ 21:00　**CC** 不可

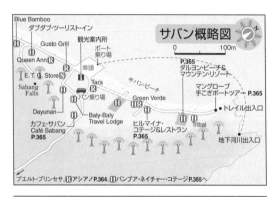

Blue Bamboo
ダブダブ・ツーリスト・イン
Gusto Grill
観光案内所
ボート
乗り場
Queen Ann
E. T. G. Store
埠頭
Tara
サバン概略図
0　　　100m
P.365
ダルヨン・ビーチ＆
マウンテン・リゾート
マングローブ
手こぎボートツアー P.365
トレイル出入口
Sabang
Falls
ボート乗り場
サバン・ビーチ
Green Verde
Dayunan
Baly-Baly
Travel Lodge
ビルマイナ・
コテージ＆レストラン
P.365
Tribal
カフェ・サバン
Café Sabang
P.365
地下河川出入口
プエルト・プリンセサ、Rアシアノ P.364、Hバンブア・ネイチャー・コテージ P.365へ

サバンの見どころ　　　　　　　ATTRACTION

神秘的な世界に踏み入る　　　　　　　★★★　世界遺産

プエルト・プリンセサ地下河川国立公園　MAP P.356-A1
Puerto Princesa Subterranean River National Park

　地下河川（または、地底川Underground River）とは、セン
ト・ポールSt. Paul山の麓にポッカリと口を開けている洞穴の
下を流れる川のこと。
全長8.2kmで、地下河
川としては世界最大、
最長規模で、1999年に
世界遺産に登録されて
いる。サバン埠頭から
先は、地下河川国立公
園オフィスで手続きを
して、グループツアー
で行くことになる。

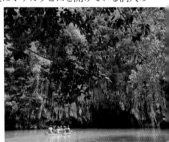
小さな手こぎボートで洞穴に入っていく

ちょっと
ひと息コラム

神秘的な光景が広がる地底川を散策

　サバン埠頭にある地下河川国立公園オフィス
で入園料、音声ガイド代、環境税、ボート代を払
い、そこでボートをアレンジしてもらう。地底河
川入口まで所要約15分。入口でライフジャケッ
トとヘルメットを装着し、手こぎボートへ。洞穴
内を周囲の奇岩など眺めながら進み、途中で引
き返してくる。所要約45分。
　洞穴の中は真っ暗で、先頭に座った人が前を
照らし出す懐中電灯だけが頼り。「ハイウエイ」
と呼ばれる、手こぎボート2隻がやっとすれ違え
るほどの幅の水路をしばらく進んでいくと、突
然頭上が開け、周囲を奇岩や鍾乳石で囲まれた
幻想的な空間に出る。岩の上から見下ろしてい

る「マリア像」といい、聖堂のようにどっしりと
構えた「カテドラル」と呼ばれる大きな鍾乳洞と
いい、実に神秘的だ。洞穴の入口から約1.5km
進んだ所で、ボートは引き返す。水路はこの先も
続いているが、それ以上進むことは困難なため、
特別な通行許可証が必要となる。

マングローブ手こぎボートツアー
Mangrove Paddle Boat Tour　MAP P.364

　サバン埠頭から約1km行ったところからスタートして、マングローブの森の中を小さな手こぎボートで約30分行く。村の人たちが組織したグループで運営している。途中、マングローブの森でしか見られない蛇やサルにお目にかかれるかも。ガイドが最後に歌ってくれるのも楽しい。

村人たちがフレンドリーにガイドしてくれる

■ マングローブ手こぎボートツアー
TEL 0965-842-9928
料 1人₱350

■ ウゴッグ・ロック
　Ugog Rock
　サバンからトライシクルで約30分の隣村、タガビネットTagabinetにある岩山と洞窟探検。ジップラインもある。
TEL 0926-359-9755、0935-915-3211
料 洞窟のみ₱300　洞窟とジップライン₱550 ～ 650

ホテル
Hotels

サバン・ビーチ沿いにあったニッパハウスなどの素朴なスタイルのコテージは、2021年末の台風で倒壊した。一部はコンクリートなどで再建して再オープンしている。同じく台風被害を受けた内陸部の宿も修繕をしながら徐々に再開中。高級リゾートホテルの一つは国際的なホテルチェーンが買い取って再オープンを目指して大規模な改築中だ。

ダルヨン・ビーチ＆マウンテン・リゾート　$$
Daluyon Beach & Mountain Resort　MAP P.364

　高級感あるリゾート。プールやレストラン、バーなどの施設も充実。コゴン草で葺いた屋根、ソーラーによる発電など、環境にも配慮している。プエルト・プリンセサからの送迎サービスがある（有料）。

住 Sitio Sabang, Brgy. Cabayugan
TEL 0917-892-6316（携帯）
URL daluyonbeachandmountainresort.com
料 DC₱6000 ～ 1万2000
室数 25
CC AJMV

居心地のよいリゾートホテル

カフェ・サバン　$
Café Sabang　MAP P.364

　ビーチ沿いではないが、サービスがよく評判の安宿。部屋は竹を多用したフィリピンらしい内装で、心地よく滞在できる。2021年末の台風で建物の一部が倒壊したが、修繕後ゲストハウスのみ再開。バジェット派に人気がある。

住 Sitio Sabang, Brgy. Cabayugan
TEL 0949-608-1640（携帯）
料 S₱450（共用）
D₱900　Dm₱350（共用）
室数 7
CC 不可

ビーチから離れているので静かに過ごせる

ヒルマイナ・コテージ ＆ レストラン　$
Hill Myna Cottage & Restaurant　MAP P.364

　目の前がビーチで、海水浴を楽しみたい人には最適。普段は静かだが、近くにレストランがあり、ランチ時は日帰りツアー客でにぎわう。

住 Sitio Sabang, Brgy. Cabayugan
TEL 0966-644-2057（携帯）
Mail hillmyna.sabang@gmail.com
料 SD₱2500 ～
CC 不可

バンブア・ネイチャー・コテージ　$$
Bambua Nature Cottages　MAP P.364外

　ドイツ人オーナーが自身で設計したエコ宿。エアコンもお湯もなく、太陽光発電。2021年末の台風で一部が倒壊し再建中だが、部分的に営業を再開。

住 Sitio Sabang, Brgy. Cabayugan
TEL 0977-613-2468、0997-918-0246
料 SD₱1350 ～ 1400　F₱1800
室数 5
CC 不可

冷房　ファン　トイレ　水シャワー　温水シャワー　バスタブ　テレビ　ミニバー　冷蔵庫　ネットフリー　朝食　日本人スタッフ

※共と記してある場合は共通となります。

奇岩の島々が浮かぶ美しい海へ

エルニド

　一般に「エルニド」というと、パラワン島北部のエルニド・タウンとその沖に浮かぶ大小45の島々を指す。これらの島々は、エメラルドグリーンの海面から突き出した奇岩が神秘的な景観を造り出していて、訪れる人を魅了してやまない。海沿いに、次々に新しいホテル、カフェ、バー、レストランなどがオープンし刺激に満ちたリゾートタウンに変貌したエルニド・ダウン。そして、島ひとつがまるごとリゾートになっている隠れ家的リゾート。どちらを拠点にしてもそれぞれのよさがあり、どちらもエルニドの壮大な自然を楽しむアクティビティには事欠かない。スノーケリングやカヤックなども楽しめる島巡りツアーなども気軽にアレンジしてもらえる。周囲にはダイビングに適した好スポットも多いので、バラエティに富んだダイビングを堪能することも可能だ。

マニラ
●
エルニド・タウン

のんびりとした空気が漂う

エルニド・タウン

El Nido Town

折込表-A〜B3

エルニド

エルニド・タウン

海沿いに開けた素朴な雰囲気の町

　湾に浮かぶ50近い島々への拠点となるのがエルニド・タウンだ。10年ほど前までは知る人ぞ知る秘境と言われていたエルニドだが、いまやパラワン島北部観光の目玉として、その名が世界に知れ渡り、各国から旅行者が押し寄せる。島々へ向かうボートやフェリーの出る港のあるエルニド・タウンの海沿いの通りにはレストラン、バーなどがひしめき合い、夜遅くまでにぎやかだ。2022年、コロナ禍による旅行規制の解除を待ち構えていたかのように、アジア資本の大型ホテル2軒が町の中心にオープンし、町の景観は一変した。観光客の増加とともに、観光施設も内陸部に広がりつつある。静かなビーチでの滞在を希望の場合は、タウンからは離れたビーチに滞在するといい。

エルニド・タウンへの行き方　ACCESS

　空路ではエア・スウィフトAir Swiftが、マニラ、セブ、カティクラン空港（→P.291）、ボホール島パングラオ空港（→P.273）、クラーク国際空港（→P.157）から直行便を運航している。ブスアンガ島からも1日1便。エルニド空港は、エルニド・タウンから約5km北、トライシクルで20分くらい。

　プエルト・プリンセサからは、バスか乗合バンでの約270kmの移動となる。所要5〜7時間。バスは途中何度も止まり時間がかかるので、乗合バンがおすすめ。プエルト・プリンセサのターミナルは町なかから12kmほどの郊外にありたいへん行きにくい。バンを宿泊施設や旅行代理店で手配するのが賢明だ。値段もあまり変わらない。船はブスアンガ島のコロン・タウン（→P.378）からフェリーが出ている。所要4〜5時間。

エルニド・タウンの市外局番
☎048

ACCESS

✈️マニラからエア・スウィフトが季節により1日2〜8便運航。所要約1時間15分で、運賃は₱5000〜。セブからもエア・スウィフトが週4便運航。所要約1時間40分、₱7000〜。カティクラン空港（ボラカイ）から週3便、₱3900〜、ボホール島パングラオ空港から週3便、₱6000〜。クラーク国際空港からも週3便、₱4300。エア・スウィフトのHPから予約できる。
● **エア・スイフト**
Air Swift
air-swift.com

🚌エルニド行きの乗合バンやバスが発着するイラワン・バスターミナルへは、プエルト・プリンセサの中心からトライシクルやマルチカブ（ジプニー）で30分。トライシクルは₱300ほど。バンやバスは、エルニド・タウンとコロン・タウン・ビーチとの間にあるターミナルに到着する。そこからタウンまではトライシクルで5分、₱50程度。乗合バンはエルニドまで、1人₱600。ホテルピックアップで手配すると₱700。

🚢ブスアンガ島のコロン・タウンからのフェリーは以下の2社が運航している。₱3000〜3500。ピークシーズン（12〜5月）は毎日、ローシーズン（6〜11月）は週3便ている。
● **モンテネグロ・シッピング・ラインズ**
Montenegro Shipping Lines
www.montenegrolines.com.ph
※エルニド・タウンの銀行BPIの向かいにチケット・カウンターがある。P.368-1

空港からタウンへ

　エルニド空港からのトライシクルの料金は行き先によって決まっていて、空港の出口でスタッフが案内してくれる。エルニド・タウンまでは1台₱300。

■観光案内所
MAP P.368-A
住 Calle Real, El Nido
TEL (048) 433-2802、0919-002-1339、0906-449-0282、0966-197-0109（携帯）
開 8:00 〜 20:00　**休** なし

日本人経営のダイブショップ
　日本人のヨシさんが経営するエル・ダイブでは"GO Slow with El-Dive"をキャッチコピーに、エルニドで最ものんびりしたダイビングトリップを催行している。ダイビング以外にも、困ったことがあればぜひ相談してみよう。
●エル・ダイブ
El Dive
MAP P.368-A
TEL 0999-171-2915
URL www.el-dive.com
料 ファンダイブ（3本）　₱5000
体験ダイブ（2本）　₱5200
PADIオープンウオーター
₱2万3500 〜
※器材、ボート、ランチ代込み

便利なトライシクル
　少し遠くまで行くような場合はトライシクルを利用するといい。町内であればどこへ行っても₱20（ローカル価格）。時間で貸し切りたい場合はドライバーと要交渉。

エルニドの病院
　コロン・コロンのハイウエイ沿いにある病院がいちばん近い。
■アドベンティスト・クリニック
Adventist Clinic
　タウンからトライシクルで5分。24時間オープン。
住 Corong Corong
TEL 0939-976-9971、0961-431-2829

エルニド・タウンの歩き方

　エルニド・タウンでいちばんにぎやかなのは、海沿いの**セレナ通りSerena St.**や**ハマ通りCalle Hama**で、多くの店やゲストハウス、レストラン、バーなどが軒を連ねている。このあたりは車が乗り入れできない「ウオーク・ゾーンWalk Zone」となっている。

　教会や電話局、郵便局、町役場、小学校といった公共施設がまとまっているのは、もう一本内陸の**リアル通りCalle Real**沿い。**観光案内所Tourist Office**もある。エルニド・タウンの喧騒を離れて静かに過ごしたい人は、町の中心からわずか2kmほど南のコロン・コロン・ビーチに宿を取ろう。高級リゾートもあるが、バジェット派のためのホステルもある。エルニド・タウンから行く途中、右側にマーケットが、左側にプエルト・プリンセサ行きのバンの出る小さなターミナルがある。

　エルニド観光のハイライトであるアイランド・ホッピング（→P.374）はルートと価格が決まっていて、どこで申し込んでも同じ内容。宿泊施設や町なかの旅行代理店で申し込む。

石灰岩の岩山からの眺め

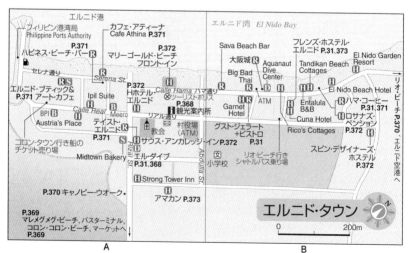

エルニド・タウン郊外の見どころ　ATTRACTION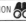

エルニド・タウンからいちばん近い　★★
コロン・コロン・ビーチ　MAP P.366-B1
Corong Corong Beach

　エルニド・タウンからトライシクルで5分。市街地を抜けてそのままハイウエイを行くと、人も車もトライシクルもまばらとなり、かつてのエルニド・タウンを思い起こさせるような素朴な雰囲気の残る村に入る。海岸線に沿ってゆったりとした空間の上品なリゾートホテルや隠れ家的なレストランが点在している。浜辺の幅は狭くて、満潮時にはほとんど見えなくなるところもあるので、ここではリゾートのプールでゆったり過ごすのがおすすめ。2023年4月現在、ハイウエイ沿いには、新しいレストランなども続々オープン中だ。

夕暮れ時のコロン・コロン・ビーチ

おしゃれなショップも次々オープン　★★★
マレメグメグ・ビーチ　MAP P.366-B2
Maremegmeg Beach

　エルニド・タウンから南へ約6kmにあるビーチ。2019年に「バニラ・ビーチVanilla Beach」と呼ばれる複合施設が開業し、素朴なビーチから人気ビーチへと変貌を遂げた。海岸沿いには高級ホテル、マレメグメグ・ビーチ・クラブもオープンしている。高台から小島までを結ぶジップラインも人気がある。

高級リゾートが続々とビーチ沿いにできている

■マレメグメグ・ビーチ
🚗 エルニド・タウンからトライシクルで所要約10分、片道₱150〜。

🅂 バニラ・ビーチ
Vanilla Beach
MAP P.366-B2
URL vanillabeach.com.ph
店舗による

じわじわと人気を集める隠れ家ビーチ　★★★
ナクパン・ビーチ　MAP P.366-B1外
Nacpan Beach

　少し前までは地元の人とバックパッカーが素朴に楽しむビーチだったが、続々と新しいホテルなどができていて、今、最もホットなビーチといっていいだろう。2019年に環境配慮を前面に打ち出し、巨大なテントに宿泊できるナクパン・ビーチ・グランピングがオープンし話題をさらったが、2022年にはハイエンド・リゾートのアンクラAngklaもオープン。ク

ATVなどのアクティビティも登場した。向こうに見える丘まで行ける

ラブイベントなどを盛んに行っている。きれいに整ったレストラン、バギー（ATV）レンタルなどのアクティビティも登場。今や、素朴な海水浴場の面影を探すのはむずかしくなっているが、幅広のビーチは美しく、エルニド滞在中に一度は訪れてみたい。

■ナクパン・ビーチ
🚗 エルニド・タウンからシャトルバンが出ている。9:00〜18:00に8便運行。所要約1時間、片道₱400、往復₱700。宿泊しているホテルまで迎えに来てくれる。申し込みはホテルや旅行会社で。トライシクルをチャーターすると往復で₱1200〜1500。

🅷 ナクパン・ビーチ・グランピング
Nacpan Beach Glamping
🏠 Nacpan Beach Glamping
☎ 0917-621-6277
📧 nacpanbeachglamping@gmail.com
URL nacpanbeachglamping.com
🛏 ₱1万3500　客数 19
CC AJMV

🅷 アンクラ・ビーチクラブ＆ブティック・リゾート
Angkla Beach Club&Boutique Resort
🏠 Nacpan Beach
☎ 0925-837-4860
📧 contact@angklaresort.com
URL angklaresort.com
🛏 ⓒ₱2万1000〜
CC ADJMV

ナクパンのウミガメを救え！
　グランピングを運営する企業はウミガメの保護を行っていて、敷地内に孵化場（Hatchery）を作っている。観光開発と同時に自然保護を行う持続可能なツーリズムの一例だ。

リオ・ビーチでは喫煙が禁止されている

大手デベロッパーが開発するビーチ ★★

リオ・ビーチ [MAP] P.366-B1

Lio Beach

　リオ・ビーチはエルニド空港からすぐの所にある約4kmに及ぶのびやかな美しいビーチ。フィリピンの財閥系開発企業「アヤラランド」が初の環境配慮型のツーリズム・エステートとして、開発を手がけてきたが、コロナ禍で一時中断。2023年、多くの施設が再オープンし、徐々に活気が戻ってきている。ハイウエイからビーチに入る所にある複合施設カリエ・アーティサーノKalye Artisanoはパラワン伝統のクラフト生産をサポートするショップや、パラワン拠点のクオリティの高い小さなショップやレストランが出店していて楽しい。2階にはオルタナティブ教育を行うアース・スクールEarth Schoolもある。建物自体も環境に配慮したもので、一見の価値あり。

　リオ・ビーチ沿いには、フィリピン全土に展開している[H]セダSedaや[H]イスラ・アマラIsla Amaraも再開した。空港から最も近いビーチリゾートに滞在するという選択もある。

エルニド唯一のサーフスポット ★

ドゥリ・ビーチ [MAP] P.366-B1外

Duli Beach

　エルニドのサーフスポットとして知られている。エルニド・タウンから約25kmの所にある2kmにわたって浜辺が続く美しいビーチ。サーフボード・レンタルや初心者向けのサーフボードレッスンもある。宿も数軒ある。

石灰岩の崖をよじ登る ★★

キャノピー・ウオーク [MAP] P.368-A

Canopy Walk

　エルニド・タウンのトレードマークである黒い石灰岩の岩山に登ってしまおうというのがキャノピー・ウォーク。山頂からのエルニド湾の眺めがすばらしい。リサール通りを海を背に山側にリアル通りとの交差点から約300mほど行ったところに小さなオフィスがある。ヘルメットなども貸してくれる。

岩山を間近に見ながら、つり橋を渡る

離島リゾートへのボートが発着する桟橋

■リオ・ビーチ

🚌エルニド・タウンとの間を無料のシャトルバンが結んでいる。タウンからは8:00～22:30の間、1時間ごとに運行。所要約15分。エルニド・タウンの乗り場は→[MAP] P.368-B。リオ・ビーチ発の便は混むので、早めにバン乗り場に行ったほうがよい。トライシクルだと片道₱300。

[H] セダ・リオ Seda Lio
[住] Lio Tourism Estate, Bgy. Villa Libertad
[TEL] 0917-818-1929
[Mail] lio@sedahotels.com
[料] ⓈⒹ₱1万2000～2万1000
[室数] 153

[H] イスラ・アマラ・ブテッィク・リゾート Isla Amara Boutique Resort
[住] Lio Tourism Estate
[TEL] 0916-264-5982、0997-364-0205
[Mail] islaamararesort@gmail.com
[料] ⓈⒹ₱7500～8000
[F]₱1万2000
[室数] 42 [CC] ADJMV

■カリエ・アーティサーノ Kalye Artisano
[住] Lio Tourism Estate, Bgy. Villa Libertad
[TEL] 0917-533-9719
[URL] kalyeartisano.com

ドゥリでのサーフシーズン

　ドゥリでのサーフィンのベストシーズンは10月中旬から2月。ボードレンタル₱350。サーフレッスン₱700～。

[S] ノース・スウェル・エルニド・サーフィン North Swell El Nido Surfing
[TEL] 0951-716-7208
[Mail] northswell21@gmail.com

■キャノピー・ウオーク
[住] Rizal St., Bgy. Maligaya
[TEL] 0906-212-6396、1998-361-9895
[料] 展望台のみ₱400、ジップラインとドリームキャッチャー₱700（いずれもガイド付き）

レストラン

ハマ通り、セレナ通りをそぞろ歩けばたくさんのレストランやバーがある。欧米人旅行者が多いだけあって、質の高い各国料理が食べられるのがエルニド・タウン。アジア人旅行者も増えていて、ついにエルニドにも韓国レストランがお目見えした。最近は健康志向のヴィーガンメニューのあるカフェも増えている。

マレメグメグ・ビーチ・バー $$

Maremegmeg Beach Bar

マレメグメグ・ビーチ MAP P.366-B2
インターナショナル料理

2019年にオープンしたマレメグメグ・ビーチ・クラブ。ホテルもすてきだが、ビーチに面したバーも人気が高い。ビーチに張り出したロケーションは最高で、値段はやや高めだが、おいしい料理を食べることができる。

🏠 Sitio Maremegmeg, Corong Corong
☎ 0918-257-2981 (携帯)
🕐 9:00 ~ 21:00
休 なし
CC MV
ホテル 料 SID ₱2万5000 ~

メイン₱400程度~

エルニド・ブティック＆アート・カフェ $$

El Nido Boutique & Art Cafe

エルニド・タウン MAP P.368-A
カフェ

トラベルセンターを併設しているカジュアルな人気レストラン。ホームメイドのピザ (₱390 ~) やパスタ (₱330 ~) など、どれもおいしい。早朝から営業していて朝食メニュー (₱250 ~) も充実している。

🏠 Serena St.
☎ 0920-0926-6317、0917-560-4020 (携帯)
🕐 7:00 ~ 22:00
休 なし
CC AJMV

旅行者のたまり場になっている

ハピネス・ビーチ・バー $$

Happiness Beach Bar

エルニド・タウン MAP P.368-A
カフェバー

イスラエル人経営のおしゃれなカフェバー。ナチュラルな雰囲気の店内でホンモス (₱360 ~) やピタファラフェル (₱250) など中東のヘルシーなメニューが楽しめる。フルーツシェイクも人気。夜は欧米人観光客でいっぱい。

🏠 Serena St.
☎ 0916-264-5952
🕐 7:00 ~ 24:00
休 なし
CC AJMV

カウンターはブランコになっている

ハマ・コーヒー $

Hama Coffee

エルニド・タウン MAP P.368-B
カフェ

地元出身の若い夫婦が始めたスペシャルティ・コーヒーの店。ハマ通りの外れの少し人どおりが少なくなった場所にあり、大きな窓やテラスから海が眺められる。インテリアもシンプルですてき。朝食 (₱180 ~) もある。

🏠 Calle Hama, Brgy. Masagana
☎ 0920-605-4631
🕐 6:00 ~ 21:00
休 なし
CC 不可

湾の島々を見ながらゆっくり時を過ごせる

テイスト・エルニド $$

Taste El Nid

エルニド・タウン MAP P.368-A
ヴィーガン・カフェ

ボリュームのあるスムージーボウル (₱310 ~) やヴィーガン料理、そしてスペシャルティ・コーヒーの店。大人気で欧米人旅行者であふれている。

🏠 1028 Rizal St.
☎ なし
🕐 6:30 ~ 21:30
休 なし
CC 不可

カフェ・アティーナ $$

Café Athena

エルニド・タウン MAP P.368-A
地中海料理

本格的な地中海料理のカフェレストラン。海側の席からは景色がすばらしい。ヴィーガンやベジタリアンのメニューもある。

🏠 Serena St.
☎ 0917-324-4544
Mail info.cafeathena@gmail.com
🕐 7:00 ~ 23:00
休 なし
CC 不可

ホテル　Hotels

エルニド・タウンには、ビーチ沿いの古くからあるゲストハウス、新しくできた大きなホテル、内陸部にできた個人経営のゲストハウスやホステルなど多様な宿がたくさんある。タウンから離れたコロン・コロン・ビーチには大きな敷地の中にコテージやプールをゆったり構えたリゾート型宿泊施設もある。旅のスタイルや予算に合わせて選ぼう。

Hホテル・エルニド　$$$

H Hotel El Nido　エルニド・タウン [MAP] P.368-A

町のど真ん中に登場した4階建ての黒いビルの台湾資本の豪華ホテル。1階にヴィーガン・レストランが入っている。屋上のスカイバーからの展望は最高。館内にはスパもあり、スパだけの利用も可。町の喧騒とは別世界だ。

[住] Rizal St. cor.
[TEL] 0917-636-4459
[Mail] hhotelreservation@gmail.com
[URL] hhotelelnido.com
[料] [SD]₱8000 ～　[F]₱1万500 ～
[Su]₱1万5000 ～
[室数] 42　[CC] MV

1階にストリートフードのスタンドも

マリーゴールド・ビーチフロント・イン　$$

Marygold Beachfront Inn　エルニド・タウン [MAP] P.368-A

目の前がビーチという好立地にある。客室はシンプルだが、広々としていて開放的。さらに清潔に保たれているので、快適に過ごせる。中庭の一角に、朝食や軽食を出すバーカウンターがある。ハマ通り沿いで夜は遅くまでにぎやか。

[住] Calle Hama, El Nido
[TEL] 0917-624-7722、0908-884-3711（携帯）
[URL] www.mgelnido.com
[料] [SD]₱3890　[C]₱3990 ～ 4890
[室数] 18
[CC] AJMV

黄色い建物と海のコントラストが最高！

スピン・デザイナーズ・ホステル　$

Spin Designers Hostel　エルニド・タウン [MAP] P.368-B

町の外れ、リアル通りからエルニド小学校の先の坂を上ったハイウエイ沿いにあるホステル。玄関ホールの吹き抜けと共用スペースの開放的な設計が美しい。朝食はビュッフェ。ドミトリーもある。

[住] Balinsasayaw Rd.
[TEL] 0917-625-7846
[Mail] info@spinhostel
[URL] spinhostel.com
[料] [SD]₱3000　[Dm]₱1000
[室数] 19
[CC] AJMV

写真映えする共有スペースの空間

サウス・アンカレッジ・イン　$$

South Anchorage Inn　エルニド・タウン [MAP] P.368-A

リサール通り沿いにある大きなビルに入っている中級ホテル。ビジネスホテルという感じだが、とにかくロケーションがいい。1階にはランドリー、ダイブショップ、ヴィーガンカフェ、旅行代理店などが入っている。

[住] Rizal St.
[TEL] 0917-886-6020, 0908-350-2727
[Mail] reservation@southanchorageinn.com
[URL] www.southanchorageinn.com
[料] [SD]₱3200 ～ 3500　[Tr]₱4500
[F]₱4700
[室数] 45　[CC] MV

リサール通り沿いの入口、部屋は2階より上

ロサナズ・ペンション　$

Rosanna's Pension　エルニド・タウン [MAP] P.368-B

ハマ通りで以前から運営しているペンションのひとつ。外れにあるので、夜もそれほど騒がしくはない。直接予約をすると海沿いにある宿としてはお得感あり。シンプルだが清潔でセキュリティもOK。1階のコーヒーショップも魅力。

[住] Hama St. Brgy.Masagana
[TEL] 0920-605-4631
[Mail] rosannaspensionelnido@gmail.com
[料] [SD]₱1500 ～ 2500　[F]₱3700
[室数] 14
[CC] 不可

エルニドの老舗ペンションのひとつ

冷房　ファン　トイレ　水シャワー　温水シャワー　バスタブ　テレビ　ミニバー　冷蔵庫　ネットフリー　朝食　日本人スタッフ

※[共]と記してある場合は共同となります。

アマカン $$

Amakan　エルニド・タウン [MAP] P.368-A

リサール通りを海を背に5分ほど行って左に入った通りにある。このあたりには個人経営のいい宿がいくつかあるが、そのなかでは大きいほう。個室のシングルが格安であるのがうれしい。ドミトリーもあるが、まだ再開していない。

[住] Amboy St.
[TEL] 0918-933-9072、0977-837-4688
[Mail] reservations@amakan.ph
[URL] amakan.ph
[料] [S]₱1380　[D]₱3276　[F]₱3800～
[室数] 28
[CC] AJMV

入口には緑があしらわれていて素敵

フレンズ・ホステル・エルニド $

Frendz Hostel El Nido　エルニド・タウン [MAP] P.368-B

ハマ通りから少し入った大人気のホステル。人気の理由は屋上にあるプール。意気投合した宿泊者たちが連日パーティを繰り広げる。男女混同ドミトリーは6人部屋と8人部屋。1階の共用スペースも広々していて魅力的。

[住] Osmeña St.
[TEL] 0929-348-7999
[Mail] elnido@frendzresorthostels.com
[URL] frendzresorthostels.com
[料] [S][D]₱3500　[F]₱4500
[Dm]₱1000～1200
[室数] 27　[CC] AJDVM

1階共用スペースで宿泊者同士が交流

エルニド・ココ・リゾート $$$

El Nido Coco Resort　コロン・コロン・ビーチ [MAP] P.366-B1

フランス人オーナー。ゲート近くにはオープンエアのレストランとプール、そしてゆったりしたヴィラが点在している。そこから奥へビーチのほうに歩くと小さめのバンガローがある。ビーチ沿いにはバーも。

[住] Corong-Corong
[TEL] 0919-587-7569
[URL] elnido-hotels.com/coco-resort-en
[料] [C]₱5300～8500
[室数] 20
[CC] AJMV

ヴィラでは実に優雅な時間が過ごせる

スイーツ・バイ・エコホテル $$

Suites by Eco Hotel　コロン・コロン・ビーチ [MAP] P.366-B1

アップサイクルの素材を使った環境に配慮したエコホテル・グループの一軒。ポップ・ディストリクトという小さなショップが並ぶ小道にある。海側の部屋は窓が大きく景色がすばらしい。別棟で2段ベッドの格安の部屋も。

[住] Corong Corong
[TEL] 0928-774-0059、0961-005-9654、0950-888-4393
[Mail] info@ecohotels.com.ph
[URL] ecohotels.com.ph
[料] [S][D]₱5000～8000　[Dm]₱1300
[室数] 12　[CC] 不可

周辺にはレストランやカフェがたくさんある

ノビーズ・ツーリスト・イン $$

Novie's Tourist Inn　コロン・コロン・ビーチ [MAP] P.366-B1

ハイウエイ沿いにあるHoly Grillの脇の階段を上った所にフロントがある。ビーチ側でなく山側なので格安。うっそうとした緑の階段の向こうに宿泊棟がある。シングルからファミリールームまで部屋の種類が豊富。

[住] Sitio Lugadia, Bgy. Corong Corong
[TEL] 0985-359-0702、0947-336-7619
[Mail] us at noviesinn@gmail.com、noviesinn@gmail.com
[料] [S][D]₱1400　[Tr]₱2100～2800、₱4200～9800
[室数] 20　[CC] 不可

ジャングルのような敷地

オレンジ・パール・ビーチ・リゾート $$

Orange Pearl Beach Resort　マレメグメグ・ビーチ [MAP] P.366-B1

高級リゾートの建設が続くマレメグメグでは、比較的リーズナブルな宿。ベッドがずらりと並んだ大部屋があるので、グループの旅にもいい。目の前の島に行くジップラインもこのホテルの運営。

[住] Maremegmeg St.
[TEL] 0919-336-0885、0999-533-6080、0907-237-1393
[Mail] orangepearlreservation@yahoo.com
[料] [S][D]₱3500～1万2000　[Dm]₱850～
[室数] 35　[CC] 不可

海岸に面した景色のいいレストラン

冷房　ファン　トイレ　水シャワー　温水シャワー　バスタブ　テレビ　ミニバー　冷蔵庫　ネットフリー　朝食　日本人スタッフ
※[共]と記してある場合は共同となります。

奇岩が美しい島々へ

エルニドの島々

Islands in El Nido

MAP 折込表-A3

ACCESS

🚤 島々へはエルニド・タウンの埠頭からバンカーボートで向かう。アイランド・ホッピングツアーは、8:30～9:00出発。ツアーはプライベートで貸しきりにすることもできるので、旅行代理店に相談しよう。宿泊のためにあらかじめ予約した1島1リゾートの島に行く場合は、宿泊先にボートのスケジュールについて問い合わせ、予約をする。たいてい16:00くらいが最終。リオ・ビーチ(→P.370)にも小さな埠頭があって、リゾートホテルによってはそこからボートが出る場合もあるので確認しよう。

アイランド・ホッピング料金に含まれるもの
ボート代、ビュッフェランチ、ガイド代、ラグーン入場料(ツアーA)
※環境税、カヤックなどのアクティビティ料金は別になる。

美しいハウスリーフをもつ
ミニロック島

環境税の徴収開始
　2010年より、ダイビングやアイランド・ホッピングツアーでバクイット湾を訪れる際に環境税₱200が徴収されるようになっている。一度支払えば10日間有効。

エルニド～コロンの探検クルーズ
　エルニド～コロン間の島々や船内で宿泊しながら2泊3日、4泊5日でゆっくりと移動する探検クルーズツアーがある。バンブーハウスでキャンプをするなど、なかなかワイルドな内容。
■ Tao Philippines
🏠 National Hwy., Brgy. Corong Corong
☎ 0908-890-8033
🌐 www.taophilippines.com
💰 US $560～680(4泊5日)

バンカーボートで奇岩が連なるスモール・ラグーンへ

　パラワン島北部の西の沖に、大小45もの島々が浮かぶエルニド。長い年月の間に雨風の浸食を受けて造り出された奇岩が、エメラルドグリーンの海面から突き出すようにしてそびえ立ち、実に神秘的な風景を造り出している。

エルニドの島々の歩き方

GETTING AROUND

　エルニド・タウンの沖合にあるバクイット湾Bacuit Bayの島々へは、エルニド港からのアイランド・ホッピングツアーに参加する。ツアーはA、B、C、Dの4種類で、どこで申し込んでも同じ料金だ(下記はラグーンや施設への入場料込み)。
・**ツアーA**(₱1400)—ビッグ・ラグーン(→P.375)、シークレット・ラグーンSecret Lagoon、シミズ・ビーチShimizu Beach、7コマンド・ビーチ7 Commando Beach、パヨンパヨン・ビーチPayong Payong Beach
・**ツアーB**(₱1300)—パグラシアン・ビーチPagulasian Beach、スネーク・アイランド(ビガン島→P.375)、クドゥグノン洞窟(→P.375)、カテドラル洞窟(ピナシル島→P.375)、エンタルラ・ビーチEntalula Beach
・**ツアーC**(₱1600)—ディルマカド島Dilumacad Is.(ヘリコプター島)、シークレット・ビーチSecret Beach、ヒドゥン・ビーチHidden Beach、マティンロック・シュラインMatinloc Shrine、スター・ビーチStar Beach
・**ツアーD**(₱1400)—カドゥラオ・ビーチCadlao Beach、パサンディガン湾Pasandigan Cove、ナトゥナトゥ・ビーチNat Nat Beach、スモール・ラグーン(→P.375)、パラダイス・ビーチParadise Beach

エルニドの島々の見どころ　　ATTRACTION

干潮時に現れる蛇のような砂浜が見もの　　★★

ビガン島　　MAP P.366-B2

Vigan Island

　別名**スネーク・アイランド** Snake Island。干潮時になると、それまで海の中に沈んでいたS形の真っ白な砂浜が現れる。複雑な潮の流れの微妙なバランスでこのようなS形になるのだが、そのくねくねとした様が蛇に似ていることから、こう名づけられた。5分ほど丘を登れば島の頂上に行くこともでき、そこからの眺めは最高。

干潮時に浮かび上がるS形の浜

ラグーンはどちらかひとつ

　環境保護のため、ビッグ・ラグーンとスモール・ラグーンの入場客数が制限されている。ツアーではどちらかひとつしか訪れることはできない。また、スモール・ラグーンは60分、ビッグ・ラグーンは90分までしか滞在できない。

奇岩と緑の木々に囲まれた神秘的な空間　　★★★

ビッグ＆スモール・ラグーン　　MAP P.366-A1

Big & Small Lagoons

　ミニロック島の北東にあるラグーン（入江）。島の一部が大きく湾曲し、奇岩と緑に囲まれた静かな空間を造り出している。ビッグ・ラグーンへは、手前でボートからカヤックに乗り換えて行く。この周辺には色鮮やかな小さな魚が多く、スモール・ラグーンではスノーケリングも楽しめる。

スモール・ラグーンへは
カヤックでも行ける

奇岩に囲まれたビッグ（左）＆スモール（右）・ラグーン

聖堂のような形をした洞窟が見もの　　★★

ピナシル島　　MAP P.366-B2

Pinasil Island

　海に向かって大きく口を開けた洞窟が印象的なピナシル島。遠くから見ると、その堂々とした姿はまるで大聖堂のようで、別名**カテドラル洞窟** Cathedral Caveと呼ばれている。カヤックに乗り換えて中まで行くこともできる。

島に宿泊

　エルニドの島々のうち6つの島にはリゾート施設があり泊まりがけで楽しむことができる。プライベート・アイランドならではの静かな島の夜に星空を眺める贅沢を味わえる。（→P.384コラム）

小さなコウモリたちのすみかでもある　　★★

クドゥグノン洞窟　　MAP P.366-B2

Cudugnon Cave

　人がやっと通れるほどの小さな穴を抜け、洞窟の中へ入ることができる。そこには、天井に開いた穴から太陽の光が漏れ、雨で形を変えた石灰石がそびえ立つ幻想的な空間が広がっている。また、ここでは古い人骨や人工物が見つかっており、この洞窟に住んでいた人々のものではないかとされている。日本軍兵士の隠れ家だったという話も残っている。

天井から光が差し込むクドゥグノン洞窟内

ぽっかりと口を開けたピナシル島

ダイビングコラム DIVING COLUMN

美しく、豊かな湾の中にあるエルニドのダイビングサイト

エルニドでは、多くのダイビングサイトが、大きな湾の中にある。湾は国の保護地区になっていて豊かさを保つために商業的漁は禁止されている。

ダイビングスポットは湾内であるために、外洋と比較すると穏やかで、かつ生物がさほど深くない所にいて、リラックスダイビングに適している。また、37mの長さの水中トンネルをはじめ、穴だらけの大岩の間をジグザグに泳ぐ地形派のポイントなど、ベテランのダイバーもあまり経験したことのない、20ポイント以上でダイビングが楽しめる。

そんなダイビングサイトのいくつかを以下に紹介する。

サウス・ミニロック South Miniloc
——エルニドの代表的なダイビングサイト

通称キャベツ・コーラルの上に群がるキンセンフエダイが有名だが、そのほか、2、3種類のバラクーダ、クマザサハナムロ、ユメウメイロなどの群れが楽しめる。また、プランクトンの濃いシーズンは、マンタ、ジンベイが通ることがある。最大水深25mぐらいでも楽しめるが、初心者が12m程度をキープしてのダイビングでも群れの迫力を楽しめる。

ディルマカド（ヘリコプター）・トンネル Dilumacado Tunnel
——不思議ワールドの広がる水中トンネル

水深12mに37mの長さのトンネルがある。最も狭い所では2mの幅しかない。途中、ふたつのドームがあり、大きいほうは直径8m、上部にエアポケットがある。もうひとつは直径5m。中天井に穴があり、そこから入る光の中を泳ぐリュウキュウハタンポが光り、幻想的な風景を目にすることができる。

ツイン・ロックス Twin Rocks
——ウミガメとステングレイと……

ウミガメがよく見られるポイントで、「エアポート」と呼ばれている水深18mのほぼ水平な砂地には、ステングレイが休んでいて、そこを訪れると彼らが"離陸"するのが見ることができる。スズメダイ系やササムロ系の群れを楽しみ、ジョーフィッシュのシーズンには、ニシキフウライウオも見られる。

パグルガバン Paglugaban
——地形派におすすめのポイント

物置小屋ほどのサイズの大岩が5mから15mまでのスロープ状に立ちはだかり、その間をジグザグに泳ぐポイントだ。サンゴが健康で、マクロ系が好きな方にも楽しめる。2種類のウミガメとの遭遇率も高い所だ。スロープの脇は水深40mを超えるクリフで、大物が通ることもある。

ナトゥナトゥ Nat Nat——生物の種類が豊富

水深5mから20mプラスまでの砂地、リーフの組み合わせのポイント。浅場（5m）プラスから2種類のウミガメ、7、8mのリーフにはキンセンフエダイ、17mから20mプラスのリーフには、2、3種類のバラクーダ、そのほか、バブルシュリンプなどの超小物も見られる。また、シンデレラなどのウミウシも。深場には大物が通ることもある。

（エル・ダイブ大塚義之）

カラミアン諸島

　パラワン最北端に当たるのが、95の小さな島々からなるカラミアン諸島。切り立った石灰石の岩壁と真っ白な砂浜の入江が印象的なコロン島をはじめ、アフリカの動物を放し飼いにしているカラウィット島など見どころが多い。また、第2次世界大戦時の日本軍の沈船11隻が眠るコロン湾は、多くのダイバーたちをひきつけるダイビングスポットでもある（→P.382コラム）。緑豊かな島々には、漁業やカシューナッツの栽培を生業とする小さな村が点在。島々を散策するにはフェリーやボートの港がある唯一の町、ブスアンガ空港から南東へ約30km下ったコロン・タウンが拠点となる。また、1島がまるごとリゾートになった島もいくつかあるので、そこにのんびりと滞在しながら、諸島巡りやダイビングを楽しむ方法もある。

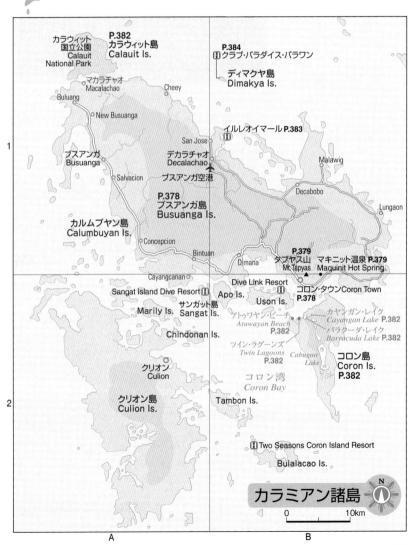

カラウィット
国立公園
Calauit
National Park

P.382
カラウィット島
Calauit Is.

マカラチャオ
Macalachao

Cheey

Buluang

New Busuanga

San Jose

P.384
🏨 クラブ・パラダイス・パラワン

ディマクヤ島
Dimakya Is.

イルレオイマール **P.383** 🏨

ブスアンガ
Busuanga

Salvacion

デカラチャオ
Decalachao

ブスアンガ空港

Malawig

Decabobo

Lungaon

P.378
ブスアンガ島
Busuanga Is.

カルムブヤン島
Calumbuyan Is.

Concepcion

Bintuan

Dimana

P.379
タプヤス山
Mt.Tapyas

マキニット温泉 **P.379**
Maquinit Hot Spring

Cayangcanan

Dive Link Resort

Sangat Island Dive Resort 🏨

Apo Is.

Uson Is.

コロン・タウンCoron Town
P.378

サンガット島
Sangat Is.

Marily Is.

Chindonan Is.

アトゥワヤン・ビーチ
Atuwayan Beach
P.382

ツイン・ラグーンズ
Twin Lagoons
P.382

*Cabugao
Lake*

カヤンガン・レイク *Cayangan Lake* **P.382**

バラクーダ・レイク
Barracuda Lake **P.382**

コロン島
Coron Is.
P.382

クリオン
Culion

クリオン島
Culion Is.

コロン湾
Coron Bay

Tambon Is.

🏨 Two Seasons Coron Island Resort

Bulalacao Is.

カラミアン諸島

N

0　　　　　10km

A

B

カラミアン諸島で唯一の町

コロン・タウン

Coron Town

MAP 折込表-B3

コロン・タウンの市外局番
☎048

ACCESS

✈ マニラからPALエクスプレスが1日3便、セブゴーが1日4便、エア・スウィフトが週2便。所要1時間20分、₱2000〜。セブからはPALエクスプレスが毎日2便、セブゴーが毎日1〜2便。所要1時間20分、₱2000〜。ルソン島中部クラーク国際空港からPALエクスプレスが週3便。所要1時間、₱2100〜。エルニド空港からはエア・スウィフトが毎日1便。所要40分、₱2800〜。

🚢 エルニド港からコロン・タウンに2社の船が運航。所要4時間30分〜5時間。₱2200〜3500。以下のURLで予約できる
URL 12go.asia

●モンテネグロ・ラインズ
Montenegro Lines
TEL 0930-436-2197（エルニド）、0965-359-1153（コロン）
URL www.montenegrolines.com.ph

空港から市内へ
コロン・タウンへは、空港から車で約40分。飛行機の到着時間に合わせて、乗合バンが何台か出口付近で待っているので、ホテルの迎えがない場合はその1台に乗り、運転手にどこで降ろしてほしいかを伝える。片道1人₱150。

まだまだのどかな雰囲気が残る町

パラワン島のエルニドが観光ブームに沸き、エルニドからフェリーが運航していることもあり、さらに素朴な海のある風景を求めて、ミンドロ島とパラワン島の間にあるカラミアン諸島に足を延ばす人も増えてきた。カラミアン諸島でいちばん大きな町が、ブスアンガ島の南東部に位置するコロン・タウン。カラミアン諸島の島々（→P.381）のアイランド・ホッピングやダイビングの拠点となっている。また、漁業をおもな生業としているので、安くておいしい魚介が食べられる。

コロン・タウンへの行き方　　ACCESS 🚌

カラミアン諸島唯一の空港はブスアンガ島の中央にあるフランシスコ・B・レイエスFrancisco B. Reyes 空港（ブスアン

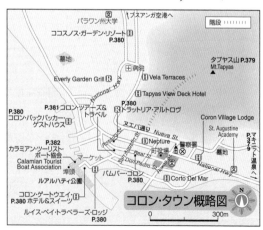
コロン・タウン概略図

ガ空港)。マニラ、セブ、クラーク国際空港、エルニドからの飛行機はすべてこの空港に到着する。そこからバンなどでコロン・タウンに移動する。フェリーはコロン・タウンの港に着く。

コロン・タウンの歩き方　 GETTING AROUND

　歩いても十分に回れる広さだが、いたるところにトライシクルが走っているので、それを利用するといい。タウン内であれば、どこへも₱20程度で行くことができる。町の中心は、マーケットがある埠頭のあたり。朝から食材を買い求める人や、カフェ＆バーでカラオケを歌う人などでにぎわっている。周辺には、小さなローカル食堂も点在。ボートのチケットやダイビングツアーを扱う店などもあり、ほとんどのツアーはこの埠頭から出発する。海岸沿いに散歩道が続く**ルアルハティ公園Lualhati Park**があり、人々の憩いの場となっている。

コロン・タウンの見どころ　 ATTRACTION

町を一望できる　★★
タプヤス山　MAP P.377-B1~2/P.378
Mt.Tapyas

　コロン・タウンの北側に位置する標高190mの小さな山。山というより丘という感じで、頂上まで719段の石段が続いている。頂上には大きな十字架が立っていて、ここからの景色は絶景。目の前に広がるコロン・タウンはもちろん、対岸のコロン島までをも見下ろすことができる。夜はライトアップされて美しい。あたりは暗いので気をつけよう。

海水の温泉でゆったりと　★★
マキニット温泉　MAP P.377-B1~2
Maquinit Hot Spring

　コロン・タウン中心部から東へ3kmほどの所にある約40℃の海水の温泉。直径25mほどの大きな浴場に加え、源泉が流れ出る小さなふたつの浴場がある。地元の人々は、水着の上にTシャツや短パンを着けたまま温水につかり、おしゃべりを楽しんだり、泳いだりしてゆったりとした時間を過ごしている。

郊外にあるマキニット温泉

町の海岸沿いには水上集落が広がっている

カラミアン諸島名産の海ブドウ
　日本では沖縄の名産として知られる海ブドウ。そのプチプチとした食感で人気があるが、実はカラミアン諸島でもよく食べられている。マーケットなどではボウル1杯分が約₱10、町のレストランなどでは海藻サラダ Seaweed Salad として₱100程度で食べられる。コロン・タウンを訪れた際に、ぜひ試してみては。

カラマンシーの果汁と酢をかけて食べるのが定番

■タプヤス山
　コロン・タウンの北側を走るヌエバNueva通りから、頂上へ向かう石段が続いている。

奥に見えるのがタプヤス山

■マキニット温泉
　タウン中心からトライシクルで所要約20分、往復で₱400。満潮時にはボートで行くこともできる。
TEL 0999-581-2659(携帯)
開 8:00 ～ 20:00
休 なし
料 ₱200

地元の人々の憩いの場でもある

ホテル

Hotels

コロン・タウンの宿泊施設はそれほど観光客向けというわけではなく、どちらかといえば休日を楽しむマニラや近隣の島々から訪れるフィリピン人向け。しゃれたレストランもオープンしているが、町の中心にある埠頭周辺に地元の人々が訪れる食堂が点在する。ここではあまりクレジットカードが利用できないので、現金の用意を。

コロン・ゲートウエイ・ホテル＆スイーツ　$$
Coron Gateway Hotel & Suites　MAP P.378

客室はいずれも広々としていて、とても快適。目の前が埠頭なので、島巡りなどにも便利だ。マーケットや公園も徒歩圏内。空港からの送迎サービスもある（有料）。

- Brgy. 3, Coron
- TEL 0917-113-4117
- 料 SDP3100 〜 4250
- 室数 31
- CC MV

全室バルコニー付き

ココスノス・ガーデン・リゾート　$$
Kokosnuss Garden Resort　MAP P.378

町の外れなので、とても静か。敷地内にはハンモックや噴水のある中庭があり、ゆったりとした雰囲気だ。客室は趣向を凝らしたさまざまなタイプがあり、タプヤス山の登り口へも近い。ファンのみの格安の部屋がある。

- Brgy. 6 National Hwy., Coron
- TEL 0915-197-8627（携帯）
- URL www.kokosnuss.info
- 料 SDP1980 〜 2480
- F P3600 〜 4500　F P3780（★）
- 室数 36
- CC 不可

部屋は清潔に保たれている

コロン・バックパッカー・ゲストハウス　$
Coron Backpacker Guesthouse　MAP P.378

バックパッカーに人気の隠れ家的ホステル。水上集落内にあり、竹造りのフィリピン情緒漂う内装が特徴。部屋は簡素だが、きれいにされている。コーヒーや水は飲み放題で、共用キッチンもある。

- Coron-Busuanga Rd.
- TEL 0916-400-4871（携帯）
- URL palawan-coron-backpacker.com
- 料 SDP550（★ 囲）
- 室数 9
- CC 不可

水上の部屋に泊まろう！

ルイス・ベイ・トラベラーズ・ロッジ　$
Luis Bay Travellers Lodge　MAP P.378

黄色い建物が特徴的な、コロン・タウンでは有名な安宿。格安なファンルームとエアコン付きの部屋の2種類あり、いずれも比較的清潔で過ごしやすい。ボート乗り場も近いので便利。別棟にはレストランもある。

- 3 Caltex Rd.
- TEL 0917-622-4587（携帯）
- 料 SDP600 〜 900（★）
- SDP1300 〜 2100（〓）
- F P2400 〜 4500
- 室数 14
- CC 不可

目立つのですぐに見つけられる

MEMO　　　　　　　コロン・タウンでの食事

まだまだ素朴な雰囲気を残しているコロン・タウン。エルニドとまではいわないが、観光開発は進んでおり、おしゃれなレストランも増えてきている。**トラットリア・アルトロヴ Trattoria Altrove**（MAP P.378）はエルニドやボラカイにも展開する

人気イタリアン。気軽に楽しみたかったらリアル通りにあるバムバー Bam Bar。フードコートのようになっていて、ピザ、ベトナムフードなどを楽しめる。カクテルメニューも充実。開放的な雰囲気で旅行者たちのたまり場となっている。

冷房　ファン　トイレ　水シャワー　温水シャワー　バスタブ　テレビ　ミニバー　冷蔵庫　ネットフリー　朝食　日本人スタッフ
※囲と記してある場合は共用となります。

アイランドホッピングが最高

カラミアン諸島とその他の島々

Calamian Islands & Other Islands

MAP 折込表-B3

コロン島をバンカーボートで散策

　ブスアンガ島周辺には、小さな集落があるだけの緑濃い島から、ひとつの島がまるごとリゾートになった豪華リゾートまでさまざまな島が散らばっている。自然豊かな島々には多くの動植物が生息していて、マングローブの森でシカやオオトカゲに出くわすことも。特にディマクヤ島周辺の海は、ジュゴンに遭遇する確率が高いことで有名だ。

カラミアン諸島の島々への行き方　ACCESS 🚌

　カラミアン諸島の島々への空の玄関口となるのは、ブスアンガ島中央北側にあるブスアンガ空港（→ **MAP** P.377-A～B1）。各島のリゾートへは、ここから車とボートを乗り継いで行くことになる（宿泊料に送迎サービスが含まれている場合がほとんど）。リゾートがない島へ行く場合は、各リゾートまたはコロン・タウン（→P.378）を拠点に、ボートをチャーターするか日帰りツアーに参加して行く。ちなみにコロン・タウンでボートをチャーターした場合、1日1隻₱2700（4人まで乗船可能）程度。

　リゾート島以外は宿泊施設がないので、リゾートまたはコロン・タウンを拠点に島を巡ることとなる。カラウィット島を訪れたいのであれば、コロン・タウンのツアー会社が企画するパッケージツアーが便利。もちろんコロン島などのツアーも扱っている。自分の足で島巡りを楽しみたいという人は、コロン・タウンに滞在しながらバンカーボートをチャーターするか、モーターバイクやバンをレンタルする。

ACCESS

✈ マニラ、セブ、クラーク国際空港、エルニド空港からブスアンガ島の中心にある空港に便がある。エルニド港からコロン・タウンの港まで船で行くこともできる。詳細はコロン・タウンへのアクセスを参照（→P.378欄外）

コロン・タウンを拠点に島巡り

　コロン・タウンにはいくつかの旅行会社があり、カラミアン諸島の島巡りツアーを催行している。コロン島ツアー（カヤンガン・レイク、ツイン・ラグーンズ、アトゥワヤン・ビーチなど所要5時間）、ひとり₱1800程度。

●コロン・ツアーズ&トラベル
Coron Tours & Travel
MAP P.378 🏠 Don Pedro St., Coron
☎ 0916-296-5112、0961-740-0586、0945-693-7126（携帯）
URL www.coron-travel.com
🕐 8:00～17:00 休 日・祝
※航空券やホテルの手配も可能

バラクーダ・レイクの展望台からの景色

持続可能旅を提案する

■ ララクバイン
Lalakbayin
　コロンを拠点に環境保全と地域の文化への貢献を理念に掲げ、環境教育なども行うツアー会社。
🏠 Barangay Tagumpay, Coron
☎ 0917-893-4979、0916-439-1928
URL www.lalakbayin.com

カラミアン諸島の島々の見どころ ATTRACTION 🔭

■カラウィット島

コロン・タウンからマカラチャオMacalachaoまで約78km。マカラチャオまでは、レンタルバイクかバンのチャーター。そこからボートで15分。ボート代は5人まで₱700。

料 入場料　　₱500
　　ツアー料　₱125
　　環境税　　₱100
　　合計：　　₱725

敷地内でモーターバイクレンタルもできる。₱300〜1000。

コロン・タウンなどでパッケージツアーに参加することもできるが、その他の場所も含まれている。₱2500〜。

■コロン島

🚤コロン・タウンからバンカーボートで所要約30分。アイランド・ホッピングツアー（→P.381欄外）に参加するか、ボート（4人まで乗れる）をチャーターして行く。チャーター代の目安は、1日₱2700〜。マーケット脇にあるボート協会（→**MAP** P.378）でチャーターが可能。スノーケリングセットは埠頭近くの屋台で₱150程度でレンタルできる。

料 入場料₱300（カヤンガン・レイク）、各₱200（ツイン・ラグーンズ、バラクーダ・レイク）、₱100（アトゥワヤン・ビーチ）

岩の間を抜け
バラクーダ・レイクへ

アフリカの動物が放し飼いに　　★★
カラウィット島 **MAP** P.377-A1/折込表-B3
Calauit Island

島と呼ばれているが、ブスアンガ島と人工の運河で隔てられた半島。ここには、フェルディナンド・マルコスが大統領だった時代にアフリカから連れてきたキリンやシマウマ、インパラ、ガゼルなど数百頭が放し飼いにされている。さらにパラワン原産のシカやクジャク、140種類近くもの野鳥が生息。肉食獣はいないので、島を歩いて巡ることができる。

ゾウがいないため、カラウィット島のキリンは首が短い

手つかずの大自然が見もの　　★★★
コロン島 **MAP** P.377-B2/折込表-B3
Coron Island

ブスアンガ島のコロン・タウンの南に位置する、カラミアン諸島で3番目に大きな島。緑濃い島にはタグバヌア族Tagbanua族が暮らしていて、湖や洞窟など見どころが多い。必見は、緑の木々と岩に囲まれた**カヤンガン・レイクCayangan Lake**。クリスタルブルーの湖で、泳いだりスノーケリングができる。また、いくつもの小さな洞窟を散策するのも楽しい。そのほかに、小さな入江の先に静かな湖が広がる**バラクーダ・レイクBarracuda Lake**、温度の違う水の流れが混ざり合うことなくふたつのラグーンを生み出している**ツイン・ラグーンズTwin Lagoons**、小さな白い砂浜が続く**アトゥワヤン・ビーチAtuwayan Beach**などがある。

ちょっとひと息コラム

コロン湾に沈む日本船

コロン湾は日本人に関係の深い場所だ。第2次世界大戦時、多くの日本兵がここで最期を迎えることとなったからである。

大戦初期、連合国の植民地であった国々を支配下におこうと、次々と南方の国々に進撃を続けた日本軍は、1942年1月にフィリピンのマニラを占領した。しかし、アメリカ軍の反撃に遭い、同年5月の珊瑚海海戦、6月のミッドウェー海戦を機に形勢は逆転。マニラ湾への攻撃に耐えかねた日本軍の輸送船団は、空襲を避けてコロン湾へと移動したものの、1944年9月24日、湾内に停泊していたところをアメリカ軍機動部隊の追撃を受け、艦船十数隻が大破、沈没した。

マニラから約300km離れたこの湾には、そのとき沈められた艦船が今も静かに眠っている。この湾を訪れるダイバーたちにとって、「秋津洲」「極山丸」「おりんぴあ丸」「太栄丸」「伊良湖」「おきかわ丸」など、水深10〜40m付近に横たわる船の残骸は、格好の沈船ダイブスポットとして知られている。

パラワン州のその他の島々の見どころ ATTRACTION

世界中のダイバーの憧れのスポット ★

トゥバタハ岩礁　MAP P.356-B2／折込表-B4
Tubbataha Reefs

　パラワン島から約200km離れたスールー海上に、332km²の広大な珊瑚礁で覆われたエリアがある。1993年、フィリピンで初めてのユネスコ世界自然遺産として登録されたトゥバタハ岩礁だ。パラワン島中央部のプエルト・プリンセサからボートで約10～16時間。アクセスの難しさと年間を通して吹くモンスーンの影響から、なかなかダイバーを寄せ付けないエリアでもある。

　トゥバタハ岩礁には379種類の魚介類、46種類の腔腸動物に加え、カツオドリやウミガメなどが生息。いわば海洋生物の楽園が広がっている。もともとこのエリアは海上で生活を営む漂海民、バジャオ族の漁場であった。今も彼らは素潜りで魚を取る。しかし近年ダイナマイトを用いた密漁があとを絶たず、珊瑚礁の破壊をはじめとする生態系への影響が懸念されている。

世界中のダイバーに人気

　この岩礁を訪れることができるのは、1年のうちでモンスーンの落ち着く3月半ば～6月半ばだけ。プエルト・プリンセサからのダイブクルーズ・ツアーに参加する。

海中に広がる神秘的な世界

まさに絶海の孤島 ★

クヨ諸島　MAP 折込表-B3
Cuyo Archipelago

　スールー海の北部、パラワン島とパナイ島の間にある。プエルト・プリンセサとイロイロをつなぐ船が着くクヨ島Cuyo Islandを中心に、45の小さな島で構成されている。1島まるごとリゾートの草分け的存在である超高級リゾートホテルのアマンプロAmanploがあるのが、クヨ諸島のパマリカン島Pamalican Island。

　クヨ島にはクヨ・タウンがあり漁業を営む人々が住んでいるが、観光施設はまったく整っていない。だが、周囲にはスノーケリングや海水浴に絶好のセラド島Selad Is.やビスケイ島Bisucay Is.などが点在。ツアーなどはないので、埠頭でバンカーボートをチャーターし、近隣の島々を巡るしかない。イロイロからパラワンに船で渡ろうという人は途中下船してみてもいいかも。一般の旅行者用の宿も数軒ある。

トゥバタハ岩礁行きのダイブツアー

　世界中のダイブツアーを扱うライブアボードのサイトから予約ができる。
URL www.liveaboard.com/search/philippines

● ステラ・マリス・エクスプローラー
　Stella Maris Explorer
　6泊7日のダイブツアー。
料 US＄2560～（食事付き）
　予約は上記のライブアボードのサイトから。

クヨ・タウンへの行き方

船 プエルト・プリンセサからクヨ島経由のイロイロ行きが週1往復出ている。クヨまで所要約17時間。₱1837～2388。クヨからイロイロまでは14時間。₱1232～1602。

● モンテネグロ・シッピング・ライン
　Montenegro Shipping Lines
TEL (043) 723-6980
Mail info@montenegrolines.com.ph
URL www.montenegrolines.com.ph/landing.php

H アマンプロ
MAP 折込表-B3
住 Pamalican Island
TEL (02) 7976-5200
Mail amanpulo@aman.com
URL www.aman.com/ja-jp/resorts/amanpulo
料 US＄1400～
　マニラから宿泊客のための特別フライトがあり、14人乗りが毎日2往復。往復US＄660。

パラワンの美しさを楽しむなら1島まるごとリゾート

フィリピンにおける1島まるごとリゾートの走りは、クヨ諸島のパマリカン島にあるアマンプロ（→P.383）であることは間違いない。創業は1993年というから、2023年で実に創業30周年。しかし色あせることなく、今も世界中のセレブリティたちを魅了し続け、リピーターが絶えないという。30年前、環境保全や自然保護に対する意識はほぼないなか、ココナッツとジャングルの島本来の美しい姿をいかして作られ、今も世界でも有数のリゾートとしての地位を維持している。

パラワン島随一の観光地エルニドについて調べるとこんな一文に行きあたる。「17世紀、この海を訪れた船乗りたちは、この地のあまりの美しさに手を触れることなく、エルニド（海のつばめの巣）と名付けて去っていった」。それが真実かどうかは今や確かめようもないが、スペイン人の船乗りに続いてこの美しい海に魅せられたのは、観光開発企業だった。エルニド・リゾーツ El Nido Resortsはエルニドのバクイット湾の3つのプライベート・アイランドに自然を最大限に生かした高級リゾートをオープンした。その後、2013年にフィリピンの財閥系開発企業であるアヤラ・ランドがエルニド・リゾートを買収。持続可能な観光開発の理念を継承し、いまも管理運営を行なっている。

ちょうど同じころ、ブスアンガ諸島ではDiscovery World Corp.がディマクヤ島Dimakyaのクラブ・パラダイスを買い取り、高級リゾートとした。当社はその後もブスアンガ諸島で高級リゾートをオープンしている。

それから10年、船乗りたちが手を付けることをためらったエルニド・タウンの浜沿いには、レストランやバーが立ち並び、夜空や海岸に打ち寄せる波に光るプランクトンの美しさを見ることはもうできない。黒い石灰岩のクリフを楽しむには、4階建て以上のホテルに宿泊する必要がある。エルニド・タウンはさらに北に「本物の秘境」を探しに行くための拠点となっている。

当初はごく限られた層に向けた贅沢なリゾートとしてしらけた目で見る人もいた「1島まるごとリゾート」だが、今や最先端のリゾートのあり方として再注目されているといっていいだろう。

H エルニド・リゾーツ・ラゲン・アイランド
El Nido Resort Lagen Island
MAP P.366-B2
料 ₱3万9400 ～ 4万5200　室数 51　CC ADMV

H エルニド・リゾーツ・ミニロック・アイランド
El Nido Resorts Miniloc Island
MAP P.366-A1
料 ₱3万700 ～ 3万9700　室数 50　CC ADMV

H エルニド・リゾーツ・パングラシアン・アイランド
El Nido Resorts Pangulasian Island
MAP P.366-A2
料 ₱4万9200 ～ 5万4000　室数 42　CC ADMV

H エルニド・リゾーツ・アプリット・アイランド
El Nido Resort Aplit Island
MAP 折込表-B3
エルニドとプエルト・プリンセサの間にあるタイタイ Taytay沖。現在予約を受け付けていない。

以上4軒の問い合わせは以下。
URL el-paradise.com
TEL 0917-584-1576、03-5304-5814（日本代理店）

カワヤン・アイランド・リゾート＆スパ
Cauayan Island Resort & Spa
TEL 0917-152-9409、0917-710-9501、0917-632-9048
Mail reservations@cauayanresort.com
URL www.cauayanresort.com
料 ₱2万1000 ～ 5万6000

マティンロック・リゾート
Matinloc Resort
TEL (048) 244-1350、0917-817-5191
Mail reservation@matinloc.com
URL www.matinlocresort.com
料 ₱3万9000 ～ 9万7000

H クラブ・パラダイス・パラワン
Club Paradise Palawan
MAP P.377-B1
TEL (02) 7719-6971（マニラ）
URL www.clubparadisepalawan.com
料 ₱1万4800 ～ 1万7900　室数 54　CC AJMV

キャノピー（→P.371）から眺めたエルニド湾

旅の準備と技術

出発前の手続き

　まずフィリピンへの旅を決めたら、いくつか確認しておきたいことがある。もちろん行く前の情報収集などは大事だが、日本を出国し無事に帰ってくるための最低限のことについて紹介しておきたい。まずはパスポートを用意しよう。これがなければ旅は始まらない。パスポートの残存有効期間については、かつては入国時に滞在日数＋6ヵ月以上必要だったが、帰国日まで有効であれば入国できるようになった。ただし、帰国便や第3国への出国を証明するものが必要となる。ビザは、30日間以内の観光目的であれば不要だが、それ以上滞在する場合は必要になってくる。また、ここでは海外旅行保険とお金についても触れておこう。

パスポート申請について
URL www.mofa.go.jp/mofaj/
toko/passport/pass_6.html

10年間有効のパスポート

訂正旅券の取扱いに注意！
　2014年3月19日以前に「名前や本籍地等の訂正を行ったパスポート（訂正旅券）」は、2015年11月25日以降は、海外入出国時や渡航先で支障の生じる怖れがある。これは、「パスポート（旅券）」の扱いの国際的な統一化による手続きの変更により、訂正事項が機械読取部分およびICチップに反映されていない訂正旅券は「国際標準外」とみなされるため。外務省は「パスポート（旅券）」の新規取得をすすめている。詳細は下記URLで確認のこと。
URL www.mofa.go.jp/mofaj/ca/pss/page3_001066.html

旅券申請時の本人確認書類の追加
　個人番号カード（マイナンバーカード）が、パスポート申請に必要な本人確認書類に適用された。なおマイナンバーカードは写真つきなので、運転免許証などと同様に「1点でよい書類」となる。
URL www.mofa.go.jp/mofaj/toko/passport/pass_2.html

☑ パスポートについて

■ パスポートとは？
　パスポート（旅券）とは、国籍の証明書であり、国が発行する身分証明書でもある。海外滞在中は常に携帯することが義務づけられており、入出国の際にはもちろん、ホテルにチェックインする際などにも必要となってくる。現在、一般に取得できる旅券は2種類。赤い表紙の10年間有効なもの（20歳以上のみ）と、紺色の5年間有効のものがある。たとえ0歳の子供でも、ひとり1冊が必要だ。

■ 残存有効期間は大丈夫？
　フィリピンにビザなしで入国する場合30日以内の滞在が許される。パスポートの残存有効期間は、入国時に滞在日数＋6か月以上必要。2023年8月現在は航空券の出国日以上の残存期間で実質入国可能だが、変更もよくあり、有効期間が残り1年を切ったら切り替え（新規発給申請）ができるので、残り期間が少ない人は忘れずに新しいパスポートを取っておこう。

■ パスポートの取得
　パスポートの申請・受領の手続きは、住民登録をしている都道府県の旅券課またはパスポートセンターで行う。旅行会社などで申請の代行手続きを行ってくれる場合もあるが、手数料を取られるし、どのみち受け取りは本人しかできないので、できれば自分で手続きをしたほうがよい。
　夏休みやゴールデンウイーク前などのピーク時を除き、申請で1時間、後日の受け取りで30分もあれば手続きは完了する。どうしても申請に行けないという人は、あらかじめ申請用紙を用意しておけば、親族などに代行申請をしてもらうこともできる。ただし、この場合も受け取りは本人が出向かなくてはならない。

■ 申請に必要な書類
①一般旅券発給申請書（1通）
　各都道府県の旅券課あるいはパスポートセンター、または各市区町村の役所でもらえる。5年用と10年用がある。パスポートのサインは申請書のサインが転写される。
※未成年の場合は、5年用のみ申請可。さらに申請書に親権者または後見人のサインか同意書が必要。

②戸籍謄本（1通）

6ヵ月以内に発行されたもの。本籍地の市区町村役場で発行。代理人の受け取りもできる。有効期間内のパスポートがあり、申請時に氏名や本籍地に変更がない場合は必要ない。

③身元確認のための書類（コピーは不可）

有効期間中または失効後6ヵ月以内のパスポートや、運転免許証など公的機関発行の写真付きのものは1点、健康保険証などの写真の付いていないものは、写真付きの学生証や会社の身分証明書と合わせて2点。2016年から交付が開始されたマイナンバーカードは、写真付きの身分証明書なので1点でよい書類となる。（→P.386欄外）

※印鑑が必要になる場合があるので、持参したほうがよいだろう。

④写真（1枚）

縦4.5×横3.5cm。ただし、写真内の顔の縦の長さは3.4cm±2mm。正面向き、無帽、背景無地で6ヵ月以内に撮影されたもの。カラー、白黒どちらでもよい。裏に名前を記入しておく。

⑤有効なパスポート

有効期間内の旅券があれば必ず持っていく。

※2003年から、都道府県の旅券課やパスポートセンターで申請する際に、住民票の写しの提出が、原則的に不要となった。これは「住民基本台帳ネットワークシステム」の運用によるもので、申請書には住民票コードの記載が求められる。ただし、運用開始が遅れている一部の都道府県では住民票の写しが必要となる場合があるので、確認が必要だ。

■ パスポートの受領

申請時にもらう受理票（受領証）に記載されている日付から6ヵ月以内に受領する。必要なものは、受理票と発給手数料分の現金だ（10年用は1万6000円、5年用は1万1000円、12歳未満は6000円）。旅券課で、まず手数料分の収入証紙・印紙を購入し、受理票に貼る。これを持って受領のカウンターに提出すれば、本人確認のための質問を2、3され、手続きは完了する。

ビザ（査証）について

■ ビザとは？

ビザとは、外国人に対して発行する「入国許可証」のようなもの。フィリピンの場合は、日本国籍で観光が目的であれば、入国時に30日間滞在可能なツーリストビザが自動的に発行される（入国審査でパスポートに押される入国スタンプがそれ）。ただし、入国の際に帰国便もしくは第3国への出国便の航空券などを所持していること、パスポートの有効期限が滞在日数＋6ヶ月以上であることが条件となっている。ただし、2023年7月現在、日本のパスポートであれば残存期間が6ヶ月未満であっても入国可能となっているが、この措置は変更されることがあるため、必ず事前に確認をしよう。

なお、日本国籍で15歳未満の未成年者は、単独または親の付き添いなしでフィリピンへ渡航する際、フィリピン入国管理局が発行した証明書がないと入国することができない。詳細はフィリピン共和国大使館（→欄外）へ問い合わせを。

パスポートをなくしたら
→P.421

パスポートに関する注意
国際民間航空機関（ICAO）の決定により、2015年11月25日以降は機械読取式でない旅券（パスポート）は原則使用不可となっている。日本ではすでにすべての旅券が機械読取式に置き換えられたが、機械読取式でも2014年3月19日以前に旅券の身分事項に変更のあった人は、ICチップに反映されていない。渡航先によっては国際標準外と判断される可能性もあるので注意が必要。

●外務省による関連通達
[URL] www.mofa.go.jp/mofaj/ca/pss/page3_001066.html

日本のフィリピン大使館
●フィリピン共和国大使館
[住] 東京都港区六本木5-15-5
[TEL] (03) 5562-1600
[URL] tokyo.philembassy.net/ja
[開] 9:00 ～ 18:00
※ビザの申請は～ 12:00
[休] 土・日、日本およびフィリピンの祝祭日

●在大阪・神戸フィリピン共和国総領事館
[住] 大阪府大阪市中央区城見2-1-61 Twin21 MIDタワー 24階
[TEL] (06) 6910-7881
[URL] osakapcg.dfa.gov.ph
[開] 9:00 ～ 17:00
[休] 土・日、日本およびフィリピンの祝祭日

申請用紙をダウンロード
ビザ申請の用紙は、フィリピン共和国大使館のホームページからダウンロードすることができるので、おおいに活用しよう。大使館へ行ってから慌てて記入しなくても済む。下記のページを開き、「査証申請」の項目の「ビザ申請用紙（非移民）」をクリックすると英語・日本語併記の申請用紙がダウンロードできる。

●フィリピン共和国大使館（申請書ダウンロード）
[URL] tokyo.philembassy.net/downloads/visa-nonimmi.pdf

入国時の注意点
ビザなしで入国する際は出国の証明ができるeチケットの控えの提示を求められることがあるので、用意をしておくこと。

■ 滞在が30日を超える場合

初めから30日を超えて滞在することがわかっているのであれば、事前に日本のフィリピン共和国大使館で申請しておこう。59日間滞在可能なビザを発給してくれる。なお、申請の際は申請受付時間が終了する直前に駆け込むと扱ってくれないこともあるので注意。所要5営業日。申請に必要なものは以下のとおり。書類はすべてA4、英文のもの。日本語の書類には必ず英文訳を付ける。いずれも原本とコピー1通を提出する。

なお、上記ビザ発行や延長、申請料金に関する内容は、突然変更されることがあるので、事前にフィリピン共和国大使館で確認を。また、原則的にビザ申請者は申請における質問や書類審査に応じるため、申請者本人が窓口へ出向く必要がある。

■ ビザ申請に必要な書類

①パスポート

写真のページのコピー1部が必要。

②申請用紙：申請窓口でもらえる。ホームページからのダウンロードも可（→P.387欄外）。

③写真（1枚）：3ヵ月以内に撮影された縦4.5×横3.5cmのもの。

④身分証明の書類

・銀行の預金通帳、残高証明書

・会社員の場合は雇用証明書、または自営の人は会社の登記簿謄本。会社員以外の学生や無職、フリーランスの人は、配偶者または親からの身元保証書（身分保証人の身分証明書と経済的能力を証明する書類も必要）。さらに、学生の場合は学生証と在学証明書も必要。

・フィリピンのスポンサー（知人、受け入れ団体など）からの保証を含めた招待状とスポンサーの身分証明書。スポンサーがいない場合は、ホテル予約証明書の原本とコピー各1枚（旅行会社で発行してもらえる）。

⑤eチケットの控え、または旅行締結証明書

■ フィリピンでビザを延長する場合

フィリピンに入国してからマニラ、セブ、ダバオ、バギオなど各地のイミグレーション（→欄外）でビザを延長することもできる。観光ビザは最長36ヵ月まで延長可能で、1回目の延長は29日間（30日+29日＝計59日間）、2回目以降（59日以降）は1ヵ月または2ヵ月ごとの申請が必要となってくる。

申請に必要なものは、パスポート。必要書類が渡されるので、その場で記入して提出をすればよい。滞在を延長する必要があることがわかったら、できるだけ早めに申請手続きを済ませたほうがいいだろう。

マニラのイントラムロス近くにあるイミグレーションのメインオフィス

費用は、延長する期間や、それまでの滞在日数によってそれぞれ異なる。また、59日を超える滞在では、外国人登録カード（ACR I-CARD）の作成も求められる。状況は変わりやすいので、事前に要確認。

イミグレーションオフィス

●メイン・オフィス（マニラ）

[MAP] P.63-B1
[住] Magallanes Dr., Intramuros, Manila
[TEL] (02) 8524-3769
[URL] immigration.gov.ph
[開] 7:00 ～ 17:00
[休] 土・日・祝

●セブ・オフィス

[MAP] P.230-B2
[住] 3rd Floor, Robinson Galleria, 22 General Maxilon Ave.Extension, Cebu City
[TEL] (032) 345-6441

●ダバオ・オフィス

[MAP] P.340-A1外
[住] J.P. Laurel Ave., Bajada, Davao City
[TEL] (082) 228-6477/6488

※オフィスに出向く際には、サンダルや短パンなどの着用は避け、適切な服装をすること。不適切な格好での申請は受け付けないと、入国管理法でもきちんと定められている。

おもな保険会社

●損保ジャパン日本興亜

[Free] 0120-666-756
[URL] www.sjnk.co.jp

●東京海上日動

[Free] 0120-868-100
[URL] www.tokiomarine-nichido.co.jp

●ＡＩＧ損保

[Free] 0120-016-693
[URL] www.aig.co.jp

●三井住友海上

[Free] 0120-632-277
[URL] www.ms-ins.com

海外旅行保険について

■ 海外旅行保険とは？

海外旅行保険は、海外でけがをしたり病気になってしまったとき、またそのほか予期せぬ事故に遭ってしまった場合にその損害やそのためにかかった費用を補償する保険である。海外での治療費や入院費は日本と比べて高いこともあるうえ、現地で対応することになれば、言葉や精神面でも非常に心細い。安心して旅行を楽しむためにも、海外旅行保険には加入しておきたい。

■ 海外旅行保険の種類

海外旅行保険にも、いくつかの種類がある。まずは、基本契約の①傷害保険（死亡、後遺障害）に加えて、特約として②傷害保険（治療費用）、③疾病保険（治療費用、死亡）、④賠償責任保険（誤って物を破損したり、他人を傷つけた場合などの費用）、⑤救援者費用保険（事故に遭った際、日本から迎えが駆けつけるための費用）、⑥携行品保険（旅行中に荷物を紛失、破損または盗難に遭った際の補償）などである。加入の際に、「何のための保険か」をハッキリさせよう。自分のためか、それとも家族のためか。それによって、かける項目のウエイトも変わってくる。ちなみに②③は基本的に入っておいたほうがいいもの。そして、実際にも利用頻度が高いのは③疾病保険、次いで②傷害保険（治療費用）だ。短い日程なら、①～⑥がセットになったプランがお得だ。

「地球の歩き方」ホームページで海外旅行保険について知ろう

「地球の歩き方」ホームページでは海外旅行保険情報を紹介している。保険のタイプや加入方法の参考に。

[URL] https://www.arukikata.co.jp/web/article/item/3000681/

クレジットカード付帯保険の「落とし穴」

クレジットカードには、カードそのものに海外旅行保険が付帯されていることが多い。補償内容はカード会社によって異なるので、カード会社に問い合わせるか、利用案内を確認するように。

ただし、クレジットカードの付帯保険では、「疾病死亡補償」が補償されない、多額の自己負担金がかかった、複数のカードの傷害死亡補償金額は合算されない、旅行代金をカードで決済していないと対象にならないなどの「落とし穴」がある。自分のカードの補償内容を確認したうえで、海外旅行保険にも加入することをおすすめしたい。

ちょっとひと息コラム

スペイン植民地支配に反抗した英雄ラプラプ

かの有名なスペインの探検家フェルディナンド・マゼランの船が、人類史上初の世界一周を果たしたという事実はよく知られているが、その最後がフィリピンのマクタン島であったことはあまり知られていない。一行は世界一周の途中でセブに漂着し、当時のセブ市民たちを服従させるために、ときには武力を使いつつキリスト教を布教していった。当時のセブはイスラム教徒が多かったが、彼らの力を恐れたセブの長たちはすぐにキリスト教の洗礼を受け改宗してしまう。

マクタン島に立つラプラプ像

しかし、唯一彼らの振る舞いに反旗を翻した男がいた。マクタン島の部族長ラプラプである。度重なる威嚇射撃を受けながらも首を縦に振らない彼に対し、マゼランはついに総攻撃を開始する。しかし、土地勘があり、人数的にも圧倒的に有利だったラプラプ軍が勝利。マゼラン軍は完全な敗北を喫し、マゼランも戦死してしまう。

それ以後、セブ市民のあいだでラプラプは英雄となり、今では魚の名前にまでその名を残している。そんな彼の像がマクタン島のリゾートエリア北部（[MAP] P.246-1）で見ることができる。同じ場所にマゼラン記念碑もあるので、歴史に興味がある人はぜひ立ち寄ってみよう。

市場で売られている高級魚ラプラプ（ハタ科）

持っていくお金について

　よほど田舎へ行かないかぎり、両替商やホテルなどで円からペソへの両替が可能。ただし、銀行では受け付けてくれないこともある。田舎町を長い間転々とするような場合は、マニラやセブ・シティなどの大都市で多めにペソを用意しておこう。持っていくお金のタイプは、現金以外にクレジットカード、国際キャッシュカード、トラベルプリペイドカードなどがある。それぞれの利点、欠点や特徴を研究し、旅のスタイルに合った上手な組み合わせを考えてみよう。

■ クレジットカード

　国内ではあまり使わないという人も、海外旅行では重宝するのがクレジットカード。多額の現金を持ち歩かなくて済む点や、紛失した場合でも再発行が利く点がありがたい。
　フィリピンでは、中級クラス以上のホテルやレストラン、旅行会社や免税店などで利用できる。日本と同様、あとで口座から引き落とされる仕組みだ。ただし、万一に備え、使用時のレシートは必ず保管しておこう（→ P.415 欄外「クレジットカードの請求通貨に注意」）。また、キャッシングに関しても手数料がかかるが、大手銀行のATMで24時間（例外あり）現地通貨が引き出せる。レートも両替よりよい。

■ デビットカード

　使用方法はクレジットカードと同じだが支払いは後払いではなく、発行金融機関の預金口座から即時引き落としが原則となる。口座残高以上に使えないので予算管理をしやすい。加えて、現地ATMから現地通貨を引き出すこともできる。

■ 国際キャッシュカード

　日本の銀行口座にある預金を、海外で現地通貨で引き出せる。手数料こそ取られるが、借金ではないという安心感がある。また、万一現金などをすべて紛失した場合などでも、日本にいる家族などにその口座に入金してもらうだけでいい。手間がかかり、トラブルの多い送金を頼まなくて済むのだ。現金とは別に持ち歩いているといいだろう。紛失時には機能を停止させることも可能だ。ただし、田舎町では、利用できるATMがない場合もある。

■ 海外専用プリペイドカード

　海外専用プリペイドカードは、外貨両替の手間や不安を解消してくれる便利なカードのひとつだ。多くの通貨で日本国内での外貨両替よりレートがよく、カード作成時に審査がない。出発前にコンビニATMなどで円をチャージ（入金）し、入金した残高の範囲内で渡航先のATMで現地通貨の引き出しやショッピングができる。各種手数料が別途かかるが、使い過ぎや多額の現金を持ち歩く不安もない。

現金の持ち込みは5万ペソまで

　フィリピンでは現地通貨（ペソ）の持ち込み、持ち出しが制限されている。日本でペソに換金できるのは10万4000円（₱5万）程度なので注意する。

クレジットカード発行会社
●三井住友カード（VISA）
Free 0120-816-437
URL www.smbc-card.com
●アメリカン・エキスプレス（AMEX）
Free 0120-020-222
URL www.americanexpress.com
●JCB（JCB）
Free 0120-015-870
URL www.jcb.co.jp
●ダイナースクラブ（DINERS）
Free 0120-041-962
URL www.diners.co.jp
●三菱UFJニコス（AMEX、VISA、マスターカード、JCB）
URL www.cr.mufg.jp

おトクにWi-Fiルーターを借りよう

　JCBカードを持っていれば、Wi-Fiルーターを定価から20%引きで借りることができる。海外200以上の国と地域で使用可能。さらに、ルーターの受け取りと返却手数料が無料になる。1日からの定額制なので、海外でも安心してインターネットが利用できる。詳細はホームページで。
URL www.jcb.jp/ws/global_wifi.html

おもな国際キャッシュカード発行会社
●スルガ銀行
Free 0120-508-689
URL www.surugabank.co.jp

PINを忘れずに

　ICカード（ICチップ付きのクレジットカード）で支払う際は、サインではなくPIN（暗証番号）が必要だ。日本出発前にカード発行金融機関に確認し、忘れないようにしよう。

おもな海外専用プリペイドカード
●GAICA ガイカ（アプラス発行）
URL https://www.gaica.jp/
●MoneyT Global マネーティーグローバル
URL https://www.aplus.co.jp/prepaidcard/moneytg/
●Multi Currency Cash Passport マルチカレンシーキャッシュパスポート（トラベレックスジャパン発行）
URL https://www.travelex.co.jp/product-services/multi-currency-cash-passport

旅の情報収集

　旅の楽しみを広げてくれるのが、"よい情報"だ。ただ、人によって、何がよい情報かは違ってくる。例えば、ある人にとっては旅を安く上げるための情報であったり、ある人にとっては安全に渡航するための情報、そしてある人にとっては地域の文化や歴史についての知識であったりする。もちろんガイドブックでは、できるだけ多くの人のニーズに沿うような情報を提供しているつもりだが、やはり網羅しきれていない部分も多くある。ここでは、より自分に合った、よい情報を得るためにはどうしたらよいのか、その方法について紹介したい。

 政府の出先機関を活用する

　フィリピン政府観光省では、さまざまなパンフレットを用意している。フィリピンに精通したスタッフも常駐しているので心強い。

 資料館で

　日本アセアンセンターには、アセアンASEAN（東南アジア諸国連合）加盟国の資料が揃っている。ビデオ閲覧も可。

 旅行会社で情報を仕入れる

　フィリピンのツアーを多く扱う旅行会社には、フィリピンを愛するスタッフが必ずいるはず。チケットやパック旅行を手配してもらう際などに、旅の目的や行き先をはっきりさせ、具体的なテーマをもって相談にのってもらうといい。

 インターネットを活用する

- ●フィリピン政府観光省
  URL beta.tourism.gov.ph（英語）
  URL philippinetravel.jp（日本語）
- ●外務省（日本）海外安全ホームページ
  URL www.anzen.mofa.go.jp（日本語）
- ●フィリピン気象庁
  URL www.pagasa.dost.gov.ph（英語）
- ●フィリピン国家災害リスク削減管理委員会
  URL www.ndrrmc.gov.ph（英語）
- ●日刊まにら新聞
  URL www.manila-shimbun.com（日本語）
- ●フィリピン・プライマー
  URL primer.ph（日本語）
- ●セブトリップ
  URL cebutrip.net（日本語）
- ●ダバオッチ
  URL davawatch.com
- ●地球の歩き方ホームページ
  URL www.arukikata.co.jp（日本語）

■ **フィリピン政府観光省**
＜東京支局＞
住 東京都港区六本木5-15-5
（フィリピン大使館内）
TEL （03）5562-1583
Mail dotjapan@gol.com
開 9:00 〜 12:00、13:30 〜 18:00
休 土・日、日本およびフィリピンの祝祭日

＜大阪事務所＞
住 大阪府大阪市中央区南本町3-6-14イトウビル6階
TEL （06）6251-2400
Mail dotosakajapan@lake.ocn.ne.jp
開 9:00 〜 18:00
休 土・日、日本およびフィリピンの祝祭日

■ **在フィリピン日本大使館**
（英語／日本語）
URL www.ph.emb-japan.go.jp

■ **日本アセアンセンター**
住 東京都港区新橋6-17-19新御成門ビル1階
TEL （03）5402-8008
URL www.asean.or.jp
開 9:30 〜 17:30
休 土・日・祝

現地でフリーペーパーを
　マニラでは数多くの日本語フリーペーパーが発行されている。左記のプライマーやナビマニラ、日刊まにら新聞など。現地の最新情報が手に入るのでぜひ手に入れよう。

海外旅行の
最旬情報がチェックできる
「地球の歩き方」の公式サイト
　ガイドブックの更新情報や、海外在住特派員の現地最新ネタ、ホテル予約など旅の準備に役立つコンテンツ満載なので、ぜひ情報収集に役立てて。
URL https://www.arukikata.co.jp

旅のルート作り

　フィリピンの旅では、ルートはあまり細かく決めないほうがいい。もちろん許された時間のなかでなるべく多くを見るために、事前によく調べ、きっちりしたスケジュールを作りたいという気持ちもわかる。しかし、フィリピンの旅は日本のように予定どおりにはいかない。交通機関がスケジュールどおりに動く確率は、日本と比べてかなり低いし、スケジュールどおりにいかないイライラは、旅そのものをつまらなくしてしまう。そもそもフィリピンの人々の生活リズムはゆったりで、そんななかにこそある本当の魅力を知るためにも、できるだけ自由に動けるようにしておこう。

ルート作りの注意点

　ミンダナオ島で公共バスや公設市場などを狙った爆弾爆発事件などが起きているので、旅のルート作りの前に必ず「外務省 海外安全ホームページ」を確認すること。

　なお、2023年5月現在、日本の外務省から「渡航は止めてください（レベル3）」の勧告が下記の地域に発出されている。

　「ミンダナオ地域の中部以西（南サンボアンガ州、北サンボアンガ州、サンボアンガ・シブガイ州、サンボアンガ市、西ミサミス州、南ラナオ州、北ラナオ州、コタバト（旧北コタバト）州、コタバト市、マギンダナオ州、スルタン・クダラット州、サランガニ州、バシラン州、スールー州及びタウィタウィ州）（周辺海域を含む）」

●**外務省 海外安全ホームページ**
URL www.anzen.mofa.go.jp

世界遺産の棚田を見にルソン島北部へ行くなら雨季は避けよう

☑ 1週間以内の旅ならパッケージツアー

　もしも1週間以内の短い旅行ならば、まずは迷わずに航空券とホテルがセットになったパッケージツアーを探してみることをおすすめする。特に1ヵ所だけのリゾート滞在なら、個人的に手配するよりも安上がりだ。空港送迎やオプショナルツアーなどが付いたお得なものもある。もちろん、パッケージと呼ばれる以上、すべて自分の思いどおりのスケジュールのものが見つかるとはかぎらないが、短い期間の旅行の場合には、多少妥協してもパッケージのほうが手軽といえる。5日間のリゾート滞在を7日間に変更したい、などというケースは、旅行会社に相談すれば比較的簡単に手配してもらえることが多い。どうしても自分の希望どおりにという人は、フィリピンに強い旅行会社を探し、往復の飛行機もホテルも予約してもらい、いわゆる「個人パッケージ」を作るようにするといい。ただし、既製のパッケージツアーよりも割高にはなる。

　短期間でも自由に旅行をしたいという人は、忙しく動き回るスケジュールはできるだけ避け、マニラかセブに加えて、もう1ヵ所くらいのスケジュールにしておこう。もしもそれで足りなくても、フィリピンはあなたの次の来訪を待っていてくれるはずだ。

☑ 周遊型ルートの組み立て方

　まず、フィリピンを大きく6つのエリアに分けてみる。メトロ・マニラとその周辺、ルソン島北部、ルソン島南部、ビサヤ諸島、パラワン諸島、そしてミンダナオ島だ。それぞれのエリアをひととおり見るのに、最低要する日数は10日間が基準と考えよう。これより日数が少ないと忙しい旅になってしまう。特にビサヤ諸島の島々を転々と巡ろうと思ったら、10日間では足りないくらいだ。もちろん、各エリアから興味のある町や島だけを選び出し、時間の短縮を図るという方法もある。しかし、ルソン島南部とビサヤ諸島の組み合わせを除き、基本的には起点となるマニラかセブにいったん戻らなくてはいけないため、それによって効率が悪くなるケースが多い。エリア間をマニラとセブを経由せずに移動できる交通手段があるときには、それを有効に使うといいだろう。

　各エリアのルート作りのポイントについては、各項のオリエンテーションページの「ルート作りのポイント」を参考にしてほしい（「ルソン」→P.133、「ビサヤ諸島」→P.227、「ミンダナオ」→P.337、「パラワン」→P.355）。

☑ 安全をまず第一に考える

　フィリピンには、魅力あふれる島や村がたくさんある。時間があれば、ひとつでも多く回ってみたいと思うものだ。しかし、フィリピンでは船や飛行機といった島間移動の交通機関に遅延や欠航が多い。特に、雨季には激しいスコールと風で2日も3日も足を止められてしまうようなことも珍しくない。

■ 陸路移動の注意点

　ルソン島北部などの山岳部を通る長距離バスは、山道が雨でぬかるみ、ときには乗客全員がバスを降りて車体を押したり、崖崩れで通れなくなることもあり、時間が大幅に遅れるばかりか、危険もともなっている。訪れる時期には十分に気を配り、そのつど、天候をチェックすることを忘れずに。余裕のあるスケジュール作りが大切となってくる。

■ 海路移動の注意点

　船での移動には十分に気をつけてほしい。本書では船旅についても紹介はしているが、かなり頻繁に転覆事故が起きているということを念頭においてほしい。近隣の島から島へ移動する高速船などはほとんど問題ないが、多くの荷物と人を積み込んだフェリーなどはかなりオーバー重量となっていて、その危険が高い。天候が変わりやすい地域などで、数時間～1日以上かかる船旅を選ぶのも、あまりいい選択とはいえないだろう。

■ そのほかの注意点

　ルート作りの際に、行きたい場所が決まったら、そのエリアの気候や治安状況についての最新情報を収集しよう。そして、そこへ行くにはどの方法が一番安全なのかをまず第一に考えることが大切だ。

　ミンダナオ島などでは、テロや誘拐などの事件が頻繁に起きている。そういうエリアでは、できるだけ陸路や海路での移動を避け、空路で移動する。そして空港のある都市を拠点に、安全な範囲で旅を楽しむのが賢明だ。詳細については、「旅のトラブルと対策」(→P.420)を参考にしてほしい。

マニラを出発する長距離バス

自然災害状況

●台風

　フィリピンには、毎年台風が上陸し、おもにルソン地方、ビコール地域、ビサヤ地域などが被害を受けています。2013年11月には、上陸した台風としては観測史上最大級の猛烈な台風30号(フィリピン名：ヨランダ)が東部ビサヤ地方に上陸し、死者・行方不明者約8千人、負傷者約2万9千人を出すなど甚大な被害をもたらしました。また、ミンダナオ地域でも、2012年12月に直撃した台風24号、2017年12月に横断した台風27号により多数の死傷者をともなう大きな被害が出ています。

　台風シーズン(8月～12月頃)にフィリピンを訪問する場合には、日本やフィリピンの気象庁等関係当局から台風の進路を含む最新の情報を入手するよう努めてください。

●地震

　フィリピン国内の広い地域で比較的頻繁に発生しており、2013年10月にはビサヤ地方ボホール島を震源とするマグニチュード7.2の地震が発生し、死者・行方不明者230人、負傷者約1000人を出すなど大きな被害をもたらしました。

●火山活動

　2018年1月、ルソン島南部のマヨン山(→P.216)で火山活動が活発化し噴火したことから、当局は警戒レベル4(危険な噴火が差し迫った状態)に引き上げ、山頂から半径8kmの立入禁止に加え、危険地域に居住する住民を退避させています(2019年11月現在、警戒レベル2)。そのほかの火山警報については、2019年11月現在、同じくルソン島南部のプルサン山(**MAP** P.212-B2)については警戒レベル1(差し迫った噴火の兆候なし)、ネグロス島のカンラオン山(**MAP** P.309-B1)については警戒レベル0が、それぞれ発令されています。

　最新の情報については下記のフィリピン地震火山研究所(PHIVOLCS)及びフィリピン国家災害リスク削減管理委員会(NDRRMC)ホームページをご参照ください。
●**フィリピン地震火山研究所**
URL www.phivolcs.dost.gov.ph
●**フィリピン国家災害リスク削減管理委員会**
URL www.ndrrmc.gov.ph

旅の服装と道具

TIPS

　旅の道具を考えるときに、大きくふたつのポイントがある。まず旅行かばんを決めるとき、バックパックでもスーツケースでもそうだが、自分が考えているものよりひとまわり小さめのものを選ぶこと。そして荷造りをするときに、持っていこうかどうか迷った物は持たない決断をする。これで、ずいぶんと荷が軽くなるはずだ。国内線の移動が含まれている場合には、各航空会社によっても多少違うが、持ち込める荷物の重量が決められている。また、地域の人々も乗るようなバスやジプニーでの移動を考えている人は、軽々と自分で運べるくらいの重さの荷物でないと厳しいだろう。

成田空港で荷物を預ける
●**JALエービーシー**
Free 0120-919-120
URL www.jalabc.com
●**グリーンポート・エージェンシー（GPA）**
TEL 0476-33-2234（第1ターミナル南1F到着エリア）
TEL 0476-34-8535（第2ターミナル本館1F到着エリア）
URL www.gpa-net.co.jp
●**成田国際空港振興協会**
TEL （0476）34-8533（第2ターミナル本館3F出発エリア）
URL www.npf-airport.jp

荷物の重量に注意
　各航空会社によって、受託手荷物（機内預け荷物）や機内持ち込み手荷物の重量に制限があるので気をつけよう。各社ホームページ（→P.396、404、405欄外）などで事前に確認をしておくこと。なお、同じ航空会社でも、国際線と国内線、また路線によっても重量制限が異なる場合もあるので注意するように。

服装

　フィリピンは、1年を通して夏という場所だ。衣類に関していうなら、トレーナーか薄手のジャケットを余分に入れるぐらいで、あとはまったくかさばらないものばかりでいい。旅行中まめに洗濯をするように心がければ、朝洗って干せば昼には乾いてしまうので、枚数も少なくて済む。荷物は少なめで軽いにこしたことはない。ただし、レストランやバー、ディスコ、カジノでナイトライフを楽しみたいという人は、男性ならえり付きシャツに薄手のスラックス、女性なら薄手のワンピースくらいは持っていきたい。

☑ 空港で荷物を預ける

　もし日本を冬に出発するときは、コート類は空港の一時預けが便利だ。会社により料金は多少異なるが、コート類なら1着あたり10日間まで1600円程度で預かってくれる。営業時間は、日本から、また日本へのフライトが飛んでいる7:00～22:00頃。また、コインロッカーも設置されている。

☑ 貴重品の持ち方

　旅行者がよく訪れるマニラやセブなどを含め、治安状況は決してよいとはいえない。大金を人前で見せない、貴金属類を目立たせないなど、基本的な心得を守り、なるべくなら貴重品袋などを身につけたい。また、ホテルのセーフティボックスは、現金の紛失などについては責任を負わないので絶対に安心とはいえないが、これを利用するのもひとつの方法だ。

　いずれにせよ、万一のことを考えて、紛失しても戻ってくることはない現金だけを持つようなことはせずに、再発行が可能なクレジットカードや国際キャッシュカードなどを併用することをおすすめする。

旅の荷造りチェックリスト

必需品／チェック欄							
パスポート	☐	YH会員証、国際学生証	☐	水着	☐	ビニール袋	☐
現金（日本円）	☐	石鹸	☐	長ズボン	☐	カメラ	☐
eチケット控え	☐	めがね、コンタクト、用品	☐	長袖シャツ、トレーナー	☐	フィルム、バッテリーチャージャー、メディア	☐
海外旅行保険証書	☐	タオル	☐	ビーチサンダル	☐	変換プラグ	☐
クレジットカード	☐	歯ブラシ、歯みがき粉	☐	帽子	☐	辞書	☐
国際キャッシュカード	☐	ティッシュ	☐	下着	☐	ガイドブック類	☐
トラベルプリペイドカード	☐	日焼け止め	☐	薬品類	☐	ボールペン、メモ帳	☐
顔写真（2枚以上）	☐	短パン	☐	サングラス	☐	虫よけスプレー、かゆみ止め	☐

旅の予算

　旅のスタイルによって、かかるお金はずいぶんと違ってくる。リゾートを楽しむ旅か、現地の人々との触れ合いを大切にする旅か。予算を立てる前に、まずこのスタイルを決めることだ。日本と比較して、円で換算すると、フィリピンの物価はとても安く感じられる。例えば、缶ジュース1本が日本では約120円であるのに対し、同じ物がフィリピンでは40円くらい。だからといって、何でも安易にお金を払っていては、どのスタイルをとるにしろ出費はかさんでしまう。下記を参考にして1日の予算を立てれば、全体にかかるおおよその費用がわかるはずだ。

☑ スタイル①：現地の人々と触れ合う

　ゲストハウスに泊まりながら、町の食堂などで食事をし、移動は地元の人々が使っている公共交通（ジプニーやバス）を利用する。フィリピンに暮らす人々の素顔に出会えるチャンスがいっぱいの旅だ。こういったスタイルは、予算もぐっと安くて済む。たいてい安宿は、ロッジLodgeやホステルHostel、ペンションPension、ゲストハウスGuest Houseなどという名称が名前に付いており、予約なしでも簡単に飛び込みで泊まることができる。もちろん、値段交渉は必要だ。ちなみにフィリピンでは、ドミトリーはあまり見られない。

　およその宿泊代が1泊700 ～ 2000円。食事代が1日400 ～ 1000円。移動のための交通費は、市内移動ならジプニーでいくら乗っても50円程度、バスで長距離を移動しても500 ～ 700円くらいと激安だ。1日当たり1650 ～ 3750円で過ごすことができる。もっと切り詰められる人であれば、1日1500円程度でもなんとかやっていけるだろう。

☑ スタイル②：わずらわしさのない旅

　宿はリゾートホテルに泊まり、食事はレストランで。そして滞在中はいろいろなアクティビティを体験し、のんびりとした旅を楽しみたいと考えている人の場合、ホテルは1泊7000 ～ 2万円、レストランは1日2000 ～ 6000円。移動はガイド付きのツーリストカーで1日当たり7000円。1日の予算は1万6000 ～ 3万3000円というところ。

　これは、まさにリゾート滞在型スタイル。その快適さは、いうまでもない。当然、移動費がないぶん少しは安くなる。ただし、短期間でこのタイプの旅を考えている人は、パッケージ旅行のほうがいくぶん安くなる場合がほとんどだ。

☑ スタイル③：組み合わせで楽しむ旅

　ゲストハウスに泊まったり、ときには奮発してホテルで体を休めたり……と、いろんな雰囲気を楽しもうというスタイル。ときには現地の人々と触れ合い、ときには豪華なリゾートライフを楽しんだりと、変化に富んだおもしろい旅ができる。

　このスタイルなら、1日当たり1650 ～ 3万3000円と、宿泊費の違いによってかなりの開きが出てくるが、そのときの状況に応じてフレキシブルに動けるのが大きな利点だ。

旅の準備と技術　旅の服装と道具／旅の予算

フィリピンの物価

　日本の物価と比べれば、フィリピンの物価はかなり安く感じるだろう。都市部では物価も上昇しているので、一概にはいえないが、下記はおよその目安。

屋台の串焼き1本	25円
タホ（甘い豆腐）	20円
野菜（タマネギ1玉）	30円
マンゴー1個	50円
炭酸飲料（小瓶）	40円
たばこ1本	8円
缶詰1缶	45 ～ 100円
飲料水（500㎖）	50円
ビール1缶	170円～
コーヒー1杯	40 ～ 300円
食堂の定食（おかず2種）	300円

地元の人が通う食堂は₱100もあれば満腹になる

おしゃれなレストランも増加中

395

フィリピンへの道

国際線が発着している空港は、おもに6つある。マニラとセブ、クラーク、カリボ、ダバオそしてイロイロだ。このうちイロイロは、シンガポールなどからのわずかな数のフライトが発着するのみ。実質的にはメインの玄関がマニラのニノイ・アキノ国際空港、第2の玄関がセブのマクタン・セブ国際空港と考えればいいだろう。このふたつの空港には、日本からの直行便も運航している。また、パンパンガ州クラークにあるクラーク国際空港は、ニノイ・アキノ国際空港に並ぶ主要空港として、ターミナルを拡大中。現在、シンガポール、韓国、香港などからのフライトが発着しているが、今後さらなる増便が期待されている(→P.158欄外)。

各航空会社の問い合わせ先
●フィリピン航空
TEL 0570-783-483
URL www.philippineairlines.com
●日本航空
TEL 0570-025-031
URL www.jal.co.jp
●全日空
TEL 0570-029-333
URL www.ana.co.jp
●セブ・パシフィック
TEL 03-4578-1447
URL www.cebupacificair.com
●ジェットスター
TEL 0570-550-538
URL www.jetstar.com
●エアアジア
TEL 03-3527-7898
URL www.airasia.com/ja/jp
●大韓航空
Free 0570-05-2001
URL www.koreanair.com
●アシアナ航空
TEL 0570-082-555
URL flyasiana.com
●チャイナエアライン
TEL (03) 6378-8855
URL www.china-airlines.com
●エバー航空
TEL 0570-666-737
URL www.evaair.com
●キャセイパシフィック航空
Free 0120-46-3838
URL www.cathaypacific.com
●ZIPAIR
URL www.zipair.net/ja
Mail contact.jp@zipair.net

航空便は最新の情報確認を
コロナ禍からの復活後、航空便の運航計画は変わりやすく、必ず最新情報の確認を。

所要時間の目安
※使用機材などにより若干違う。
マニラへ
　成田から5時間20分前後
　羽田から5時間20分前後
　関空から4時間30分前後
　中部から4時間45分前後
　福岡から4時間前後
セブへ
　成田から5時間30分前後

 日本とフィリピンを結ぶ航空会社

フィリピンと日本を結ぶ航空便は実に豊富。とりわけマニラへはさまざまな航空会社が日本各地から直行便を飛ばしている。フィリピン航空(PR /略号、以下同じ)は羽田(毎日2便)、成田(毎日2便)、関西(毎日2便)、中部(毎日1便)から運航。日系では日本航空(JL)が羽田(毎日1便)と成田(毎日2便)から、全日空(NH)も羽田(毎日1便)と成田(毎日1便)から運航。このうちフィリピン航空と全日空は後述のセブ便を含む全便で共同運航を行っている。

マニラへはLCC(格安航空会社)の便もあり、セブパシフィック航空(5J)が成田(毎日2便)、関西(毎日1便)、中部(毎日1便)、福岡(毎日1便)から、ジェットスター・ジャパン(GK)が成田(毎日1便)と中部(週3 ～毎日1便)、エアアジア・フィリピン(Z2)が成田(毎日1便)と関西(毎日1便)から、日本航空の子会社ZIPAIR(ジップエア(ZG))が成田(毎日1便)から運航している。

マニラのほかセブへの直行便もある。成田からフィリピン航空(週4便)とセブパシフィック航空(毎日1便)が運航。2023年7月以降にはフィリピン・エアアジアが成田から、2023年10月以降にはフィリピン航空が関西と中部からの運航も予定している。

ユニークな路線としては、マニラの北西約60kmに位置するかつてアメリカ空軍基地だったクラーク空港への便があり、セブパシフィック航空が成田から(週4便)運航。慢性的に混雑するマニラ空港の補完的な役目が期待されており、今後フィリピン・エアアジアも成田から就航予定がある。

 第3国を経由して行く

以上のような日本～フィリピンの直行便利用のほかに、第3国で乗り継いで飛ぶ方法もある。人気なのが、ソウルで乗り継ぐ大韓航空(KE)とアシアナ航空(OZ)、台北で乗り継ぐチャイナエアライン(CI)とエバー航空(BR)、香港で乗り継ぐキャセイパシフィック航空(CX)、エアアジアX(D7)など。乗り継ぎがあるぶん時間はかかるが、日本からフィリピンへ直行便が運航していない都市や、毎日便がない都市からは利用価値が大きい。ただし、スケジュールによっては、乗り継ぎ地で同日に次の便がなく、宿泊を要するケースも出てくるので、利用には注意が必要だ。だが、逆にフィリピンと経由国の旅を合わせて楽しむならメリットとなる。

航空券の種類と選び方

旅行者が購入できる航空券は、大きく分けて通常3種類。普通運賃のもの（いわゆるノーマル）、特別運賃（正規割引）のもの、そして俗に格安航空券と呼ばれるものだ。このうち、普通運賃の航空券は旅行者にはあまり一般的ではない。ほかのふたつに比べて格段に値段が高いためだ。通常は、残る特別運賃と格安航空券から、予算や旅のスタイル、目的によって選び出すことになる。ただし、安いからには制限やリスクはつきもの。それを理解し、納得のうえで購入しよう。

気になる航空券の値段

安い航空券は、それなりのリスクがあることも承知しておこう。基本的なリスクとしては、たとえ予約した便が欠航になるなどのいかなる理由があっても、航空会社の変更は不可なこと。また、払い戻しも不可、ルートの変更もできない。しかし、オープンチケットなど航空券の種類によっては制限が緩和されることがあるので、購入時には必ず確認を。

航空券の値段は旅行会社によって違いがあり、一律ではないが、その差が2万円以上になることはほとんどありえない。それは航空券自体が、もっとほかの諸条件によって値段をコントロールされているからだ。その諸条件にはかなり細かい要素があるが、おもなものは、航空会社、シーズン、航空券の有効期間の3つである。

航空会社に関しては、簡単にいってしまえば人気の高さと利便性のよさが値段を決める。シーズンに関しては、旅行しやすい時期ほど値段が高くなる。有効期間は、短く、しかも帰路の予定の変更ができないなどの条件が多くつくものほど安くなる。

近年は各航空会社が公式サイトでの購入が最安という保証を付けていることもある。比較サイトなどでは旅行会社がバーゲン的に販売する航空券が出てくることもあるので要チェックではあるが、通常では結果的に公式サイトがいちばん安いことが多くなっている。トラブルの対応も直販の航空券はいろいろな面で有利だ。

日本からの直行便が多く、利便性が高いフィリピン航空

eチケットとは

eチケットとは、従来の紙の航空券を発券せずに、航空券の予約データを航空会社のコンピューターで管理するもの。利用者が携帯するのは、予約完了後にeメールや郵便で届くeチケット控えのみ。eチケットの再発行を希望する場合は各航空会社、または購入した旅行会社まで問い合わせを。

国際観光旅客税

日本からの出国には1回につき1000円の国際観光旅客税がかかる。原則として航空券代に上乗せされ支払う（つまり航空券を買えば含まれている）ことになっている。

オーバーブッキングとは

航空会社がキャンセルを見込んで、実際の席数よりも多めに予約を受け付けてしまい、乗れない人ができてしまうことをいう。格安航空券は優先順位が低いため、このような場合は逆に優先的に置いてきぼりをくう。搭乗日にはできるだけ早く空港に行き、早めにチェックインをしてしまおう。

ウェブチェックインを活用しよう！

最近は事前にウェブでチェックインできる航空会社が増えてきた。これを活用すれば、当日空港ではチェックインカウンターに並ばずに手荷物カウンターへ荷物を預けるだけでOK。空港での面倒な手続きを簡素化することができる。詳細については、各航空会社のホームページ（→P.396欄外）で確認を。

海外旅行の最旬情報はここで！

「地球の歩き方」公式サイト。ガイドブックの更新情報や、海外在住特派員の現地最新ネタ、ホテル予約など旅の準備に役立つコンテンツ満載。

URL https://www.arukikata.co.jp/

LCCの航空券

LCCは格安で航空券が買えるが、代わりに制限が多い。基本は若干の機内手荷物代のみが含まれ、預け入れ荷物には別途料金がかかる。機内食（持ち込みは禁止なことが多い）、座席指定なども有料だ。また変更や払い戻し、ルートの変更もまずできない。これらリスクを理解し、承知のうえで利用できればメリットは大きい。

またLCCでも安い料金には座席数制限があり、基本的に空席が埋まっていくほど高くなっていく。あまり直前だと大手航空会社の格安航空券と差がないこともあるので注意。

日本の出入国

TIPS

　フィリピンへ旅立つ前に、まず自宅から空港へ行き、出国の手続きをしなくてはならない。移動の途中で何があるかわからないので、当日はできるかぎり時間に余裕をもって行動しよう。早朝出発の場合は、空港近くのホテルに泊まるのもいい。なお、成田国際空港には第1・第2・第3のターミナルがある。利用する航空会社によってターミナルが異なるので、事前に確認をしておくように。東京方面からの列車やバスは、第2・第3ターミナル→第1ターミナルの順に到着する。降り間違いのないように要注意を。ここでは簡単に空港へのアクセス方法と出入国の手順を説明しておこう。空港の施設やサービスなどについての詳細は、各空港のホームページを参照するように。

日本への輸入禁止品目

　下記のものについては関税法で日本への輸入（持ち込み）が禁止されている。詳細は税関ホームページを参照。
・麻薬類とその専用器具など
・けん銃などの銃器およびその部品など
・爆発物、火薬類など
・貨幣、紙幣などの偽造品
・わいせつな書籍やDVDなど
・偽ブランド商品

●税関
URL www.customs.go.jp

日本への持ち込み制限品目

　ワシントン条約に基づき、規制の対象になっている動植物およびその加工品（象牙、ワニや蛇などの皮革製品、猫科の動物の毛皮や敷物、ハム、ソーセージ、果物など）は、輸入許可証がなければ日本国内には持ち込めない。また、個人で使用する場合の医療品や医薬部外品、化粧品についても一定数量を超えるものについては厚生労働省の輸入手続きが必要となってくる。

●経済産業省
URL www.meti.go.jp
●植物防疫所
URL www.maff.go.jp/pps
●厚生労働省
URL www.mhlw.go.jp

☑ 日本を出国

①**出発空港に集合**：遅くとも出発の2時間前には到着するように。

②**搭乗手続き（チェックイン）**：利用する航空会社のカウンターへ行き（カウンターは、ターミナルに入って正面のモニターで確認できる）、eチケットとパスポートを係員に手渡して、機内持ち込み以外の荷物を預ける。搭乗券とクレームタグ（荷物引換証）を受け取る。クレームタグはたいてい、搭乗券の裏に貼り付けてくれるが、現地空港で荷物が出てこないときはこれが証明となるので、大切に保管しておくこと。

③**手荷物検査**：ハイジャック防止のため金属探知機をくぐり、持ち込み手荷物のX線検査を受ける。この際、時計やベルトなどは外し、パソコンや携帯電話は手荷物から取り出して見えるようにバスケットに入れる。カッターやナイフ、はさみ類、折りたたみ傘などは機内へ持ち込めないので、機内預け荷物に入れること。なお、液体物の持ち込みが制限されているので注意するように（→下記コラム）。

④**税関**：日本から外国製の時計、カメラ、貴金属など高価な品物を持ち出す人は、「外国製品の持ち出し届」に品名、銘柄、個数などを記入し、係員に届ける必要がある。

⑤**出国審査**：パスポート、搭乗券を用意して係員に提出、出国のスタンプを押してもらう。

⑥**搭乗**：搭乗は通常出発の30分前から。それまでは食事をしたり、免税店でショッピングしたりできるが、案内された時刻に遅れないように早めにゲートの近くへ移動しておくこと。また、搭乗時間やゲートは直前になって変更されることもあるので、こまめにモニター画面でチェックをするように。

役立つコラム

機内への液体物持ち込み制限

　2007年3月より日本発の国際線への液体物の持ち込みが制限されている。持ち込む際のルールは①容量が1ℓ以下の透明なファスナー付きビニール袋に入れる②個々の容器の大きさは100mℓ以下（容器の大きさが100mℓを超えた場合は液体が一部しか入っていなくても持ち込み不可）③ひとり1袋のみ。なお、機内で必要な医薬品、ベビーミルクなどは検査員に申告のうえ、別途持ち込み可。手荷物検査後、免税店で香水などの液体物を購入することはできるが、必ず購入場所で領収書と中身が見える透明の袋に封印してもらうように。

☑ 日本へ帰国

　飛行機を降りたらまず検疫を通過。体に不調がある人は検疫のオフィスへ行って相談をすること。次に入国審査のカウンターへ行き、パスポートを提示してスタンプを押してもらう。次にターンテーブル（ターンテーブルの番号は、入国審査のカウンターを通り過ぎたあたりにあるモニターで確認できる）へ進み、機内預けにしていた荷物を受け取る。免税範囲を超える物品がある場合は「携帯品・別送品申告書」に必要事項を記入し、税関カウンターで審査を受ける。

日本への持ち込み免税範囲
・酒類：3本（1本760mℓ程度）
・たばこ：紙巻きたばこ200本、葉巻たばこ50本、加熱式たばこ個装等10個、そのほかのたばこ250gのいずれか
・香水：2オンス（約56mℓ）

免税範囲を超えた場合の税金
・ウイスキー、ブランデー：800円/ℓ
・リキュール、焼酎など：400円/ℓ
・ワイン、ビールなど：200円/ℓ
・紙巻きたばこ：13円/本

空港へのアクセス

■成田国際空港へのおもなアクセス
※料金はICカードでの支払いではなく乗車券購入の場合

京成電鉄	●京成スカイライナー 京成上野駅から44分、日暮里駅から39分、2520円 ●京成電鉄アクセス特急 京成上野駅から1時間3分、1270円 ●京成電鉄特急　京成上野駅から1時間18分、1050円	＜連絡先＞ 京成お客様ダイヤル TEL (0570) 081-160 URL www.keisei.co.jp
JR	●特急成田エクスプレス 大宮駅から1時間50分、3910円 池袋駅から1時間30分、3250円 新宿駅から1時間20分、3250円 東京駅から1時間、3070円 大船駅から1時間50分、4700円 横浜駅から1時間30分、4370円	＜連絡先＞ JR東日本お問い合わせセンター TEL 050-2016-1600 URL www.jreast.co.jp
リムジンバス	①新宿エリアから1時間25分〜、3200円 ②東京駅・日本橋エリアから1時間〜、3200円 ③羽田空港から1時間5分〜、3200円 ④恵比寿・品川エリアから1時間45分〜、3200円 ⑤東京ディズニーリゾートエリアから55分〜、1900円 ⑥横浜シティエアターミナルから1時間25分〜、3700円	＜連絡先＞ リムジンバス予約・案内センター TEL (03) 3665-7220 URL www.limousinebus.co.jp
京成バス	●東京シャトル 東京駅から1〜2時間、1000円 ※深夜、早朝便は2000円	＜連絡先＞ 京成高速バス予約センター TEL 047-432-1891 URL www.keiseibus.co.jp

■関西国際空港へのおもなアクセス

JR	●関空特急はるか 新大阪駅から50分、2570円（自由席は2260円） 京都駅から1時間25分、3080円（自由席は2770円）	＜連絡先＞ JR西日本お客様センター Free 0570-00-2486
南海電鉄	●南海電鉄特急ラピート なんば駅から38分、1430円	＜連絡先＞ 南海テレホンセンター TEL (06) 6643-1005 URL www.nankai.co.jp
リムジンバス	①なんばから50分、1100円 ②京都から1時間25分、2600円 ③神戸から1時間5分、2000円 ④奈良から1時間25分、2100円 ⑤和歌山から40分、1200円 ⑥大阪国際（伊丹）空港から1時間10分、2000円	＜連絡先＞ 関西空港交通リムジンバス TEL (072) 461-1374 URL www.kate.co.jp

フィリピンの入出国

TIPS

　日本から飛行機でフィリピンへ入る場合、マニラだとニノイ・アキノ国際空港（NAIA）に到着する。観光エリアのエルミタ＆マラテ地区から約10km南、パサイ市とパラニャーケ市にまたがってある空港だ。また、セブ島の東側に位置するマクタン島のマクタン・セブ国際空港へも直行便が飛んでいる。ほかにも、セブパシフィックを利用して、パンパンガ州アンヘレス市とマバラカット市にまたがるクラーク国際空港に入ることも可能だ。ここでは、日本からの直行便が多いマニラとセブでの入国について、簡単に説明をしよう。

4つあるターミナルについて
　各航空会社によって発着するターミナルが変わってくる。2023年4月から7月にかけて順次航空会社の使用ターミナルを変更。国際線はターミナル1と3。国内線は2と4になる。国際線から国内線に乗り換える場合はターミナル間の移動となる。出発前に到着ターミナルを確認しよう。以下は2023年7月以降の使用ターミナル。
T1：フィリピン航空の国際線と日本路線は日本航空、ZIPAIR、そのほかターミナル3の使用航空会社以外の国際線
T2：フィリピン航空、フィリピン・エアアジア、ロイヤル航空の国内線
T3：ANA、キャセイパシフィック、セブパシフィック、ジェットスター、エアアジアの国際線、エミレーツ航空、KLMオランダ航空、シンガポール航空、ターキッシュエアラインズ、カタール航空、カンタス航空、ユナイテッド航空、スクート、中国南方航空、チェジュ航空の国際線
T4：セブゴー、サンライト航空、エア・スウィフト
●ニノイ・アキノ国際空港
　ホームページで飛行機の発着状況などが調べられる。
URL www.manila-airport.net

ターミナル間の移動について
→P.405欄外

eTravel登録
　入国カードは2023年5月に廃止され、すべてオンラインでのeTravel登録となった。（登録の仕方→P.403）。

日本の空港で購入した免税品の持ち込みに注意！
　最近、日本の空港で購入した免税品の袋を持った旅行者がフィリピンの空港で職員に厳しくチェックされ、申告をせず免税範囲を超えているという理由で、追徴課税の支払いを要求されるケースが増えている。2023年6月現在、フィリピン入国時に持ち込める非消耗品の海外市価の合計額はひとりあたりUS＄200（₱1万）

☑ フィリピンへの入国

■マニラでの入国手続き
　航空会社によって到着ターミナルが異なる（→欄外）が、いずれも基本的に手続きは同じ。まず、飛行機を降りて空港ターミナルに入ったら、到着Arrivalあるいは入国Immigrationの表示に従って進むと入国審査Immigrationのポイントがある。入国審査の前に新たなゲートができていて、eTravel登録で発行されたQRコードの確認が行われる。入国審査では、旅の目的や滞在日数など質問されることもある。
　次に手荷物が出てくるターンテーブルへと進み、自分の荷物をピックアップしたら、税関Customsへと向かう。免税範囲内であれば、「申告なしNothing to Declare」のランプがついているゲートを通過し、そのまま出口へと進む。到着ロビーを出て、タクシーやバス、配車アプリのグラブで呼んだ車などで市内に向かう（→P.53「空港から市内へ」）。

■日本からマニラを経由して各都市へ移動する場合
　マニラに到着し、そのまま国内線で移動する人は、入国審査→ターンテーブルで荷物をピックアップ→税関→出口の順で進み、それぞれの出発ターミナルへ移動する。各ターミナル間を結ぶシャトルバスまたはタクシーを利用しよう。ちなみに、フィリピン航空の国際線からフィリピン航空の国内線に乗り継ぐ場合、無料シャトルバスが用意されている。続いて荷物検査→チェックイン→荷物検査の順で進み、搭乗ゲートへ向かおう。なお、日本でチェックインの際にマニラから各都市への搭乗券をもらっている場合は、再度チェックインの必要はないので、そのままゲートへ向かえばよい。

■セブでの入国手続き
　日本からセブへの直行便を利用した場合、マクタン島にあるマクタン・セブ国際空港に到着する。2018年に新ターミナル（T2）が開業し、こちらは国際線専用。旧ターミナル（T1）は国内線専用となっている。シンプルな構造なので分かりやすい。ターミナル間は無料シャトルバスが結んでいる。ターミナル1の改装工事も終了し、新たなみやげ物店やカフェなどがオープンし、より便利で快適になっている

☑ フィリピンからの出国

■マニラから

　利用航空会社によって出国するターミナルが違う（→P.400欄外）ので事前にしっかり確認しておく必要がある。空港に着いたら、国際線出発エリアへ行き、各航空会社のチェックインカウンターで搭乗手続きをしよう。チェックインをしたら、出国Departureのサインに向かって進んでいくと出国審査のスポットがあるので、そこでパスポートと搭乗券を見せ、パスポートにスタンプを押してもらう。あとは手荷物検査を受け、搭乗ゲートに入るだけだ。マニラは渋滞が深刻で、空港まで予想以上の時間がかかることも多い。また、空港内でも、国際線の出国審査は長蛇の列となっていることも多いので、早めに空港に向かいチェックインすること。ターミナル3は最上階のレストラン街が充実しているので便利。

■セブから

　出国の手続きは、基本的にマニラと同じ。チェックイン後、出国審査を受けて、ゲートへと向かう。

2018年開業の新国際線ターミナル

まで（タバコ、アルコール類→P.10）。これを超える場合は税関に申告が必要。余計なトラブルを避けるために、高額な品は持ち込まないほうが無難。

深夜便の到着に要注意

　最近、日本人旅行者が夜間にニノイ・アキノ国際空港に到着したあと、市内へ車で移動中に貴重品を奪われる事例が相次いで発生している。深夜便による入国はできるだけ避けるようにしたい。

空港内での注意

　以前より話は聞かれなくなったが、今でもときおり、空港職員や警備員によるワイロの要求がある。そのような場合は、断固として拒否すること。

ニノイ・アキノ国際空港周辺図
→P.53

クラーク国際空港成田便を再開

　コロナ禍で運休していたセブパシフィックが2023年5月にクラーク～成田便を再開した。火・木・土・日の週4便。空港内の混雑のないクラーク空港は狙いめかも。マニラとの間にはP2P直行バスもある。
URL p2pbus.ph/metro-manila-stations-schedules

新マニラ国際空港

　2019年12月、新マニラ国際空港（仮）建設プロジェクトが着工した。場所はマニラ北部のブラカンのマニラ湾沿い（**MAP** P.134-A1）。2025年の開港を目指している。

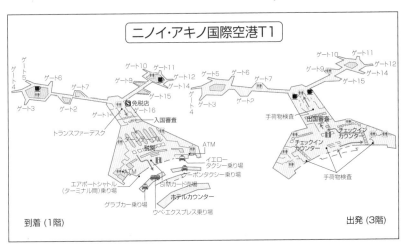

ニノイ・アキノ国際空港T1

ゲート5　ゲート6　ゲート7　ゲート10　ゲート11　ゲート12　ゲート5　ゲート6　ゲート7　ゲート9　ゲート10　ゲート11　ゲート12
ゲート4　　　　　　　　　　　ゲート9　ゲート14　　　　　　　　　　　　　　　　　ゲート14
ゲート3　ゲート2　　　　　ゲート15　ゲート3　ゲート4　　　　　　　　　　　　　ゲート15
　　　　　　　　S 免税店　ゲート16
　　　　　　　　入国審査　　　　　　　　　　　手荷物検査　出国審査　チェックイン
トランスファーデスク　　　　　　　　　　　　　　　　　　　　　　　　カウンター
　　　　　　　税関　　ATM　　　　　　　チェックイン
　　　ATM　　　　イエロー　　　　　　　カウンター
　　　　　　　　　タクシー乗り場
　　　　　　　クーポンタクシー乗り場　　　　手荷物検査
エアポートシャトル　SIMカード売場
（ターミナル間）乗り場
　　　　　　　ホテルカウンター
グラブカー乗り場　ウベ・エクスプレス乗り場

到着 (1階)　　　　　　　　　　　　　　　　出発 (3階)

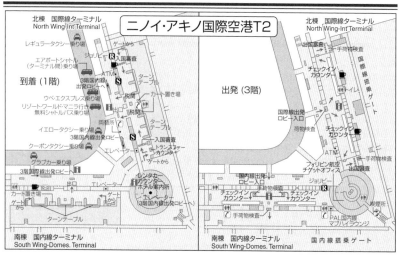

ニノイ・アキノ国際空港T2

北棟　国際線ターミナル
North Wing-Int'l Terminal

レギュラータクシー乗り場
エアポートシャトル
（ターミナル間）乗り場
到着（1階）
ウベ・エクスプレス乗り場
リゾート・ワールド・マニラ行き
無料シャトルバス乗り場
イエロータクシー乗り場
クーポンタクシー乗り場
グラブカー乗り場
3階国際線出発ロビーへ
カート置き場

ジョリビー
ゲートから
国審査
ATM
3階国内線
出発ロビーへ
税関
カート置き場
税関
入国審査
トランスファー
カウンター
ゲートから
ターンテーブル
両替所
ターンテーブル
3階国内線出発ロビー
エレベーター
エレベーター
レンタカー
カウンター
ホテル案内所
出口
ゲート
から
ターンテーブル

出発（3階）

北棟　国際線ターミナル
North Wing-Int'l Terminal

出国審査
手荷物検査
チェックイン
カウンター
トイレ
国際線出発
ロビー入口
荷物検査
チェックイン
カウンター
ATM
フィリピン航空
チケットオフィス
国内線出発
ロビー入口
手荷物検査
チェックイン
カウンター
手荷物検査
チェックイン
カウンター
手荷物検査
国際線搭乗ゲート
出国審査
手荷物検査
出国審査
ジョリビー
喫煙所
PAL国内線
マブハイラウンジ

南棟　国内線ターミナル
South Wing-Domes. Terminal

南棟　国内線ターミナル
South Wing-Domes. Terminal

国内線搭乗ゲート

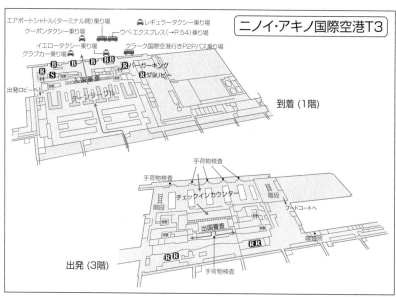

ニノイ・アキノ国際空港T3

エアポートシャトル（ターミナル間）乗り場
クーポンタクシー乗り場
レギュラータクシー乗り場
ウベ・エクスプレス（→P.54）乗り場
イエロータクシー乗り場
グラブカー乗り場
クラーク国際空港行きP2Pバス乗り場
バーガーキング
ジョリビー
出発ロビーへ
ターンテーブル

到着（1階）

手荷物検査
手荷物検査
チェックインカウンター
階段
階段
フードコートへ
出国審査
喫煙所

出発（3階）

手荷物検査

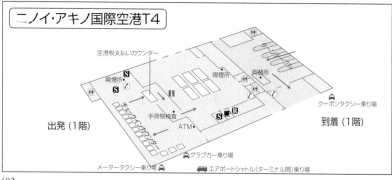

ニノイ・アキノ国際空港T4

空港税支払いカウンター
喫煙所
喫煙所
両替所
出発（1階）
手荷物検査
ATM
クーポンタクシー乗り場
到着（1階）
グラブカー乗り場
メータータクシー乗り場
エアポートシャトル（ターミナル間）乗り場

フィリピン入国の際に必要なe-Travelの入力方法

フィリピンへの入国の際に必要となるe-Travel。スマホなどで入力して最後に表示されるQRコードを入国審査のあたりにあるカウンターで見せることになっている。フライト時間の72時間前から入力ができる。最後に表示されるQRコードをきちんと保存しておこう。以下、入力の手順。
[URL] etravel.gov.ph

①1、2ページ目は基本情報（氏名など）の入力

入力式と選択式の項目がある。

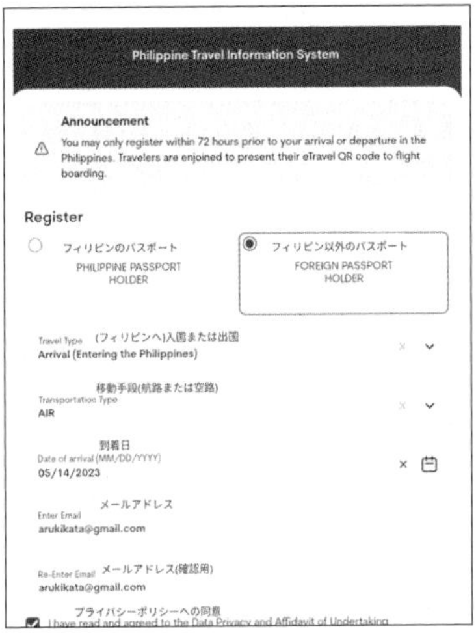

②出身国についての情報入力

③今回の渡航、渡航方法についての詳細

④滞在先の情報について

宿泊場所は選択できる。

⑤健康状態について

新型コロナウイルスのみならず、サル痘と診断された人と接触したかについても答える必要がある。

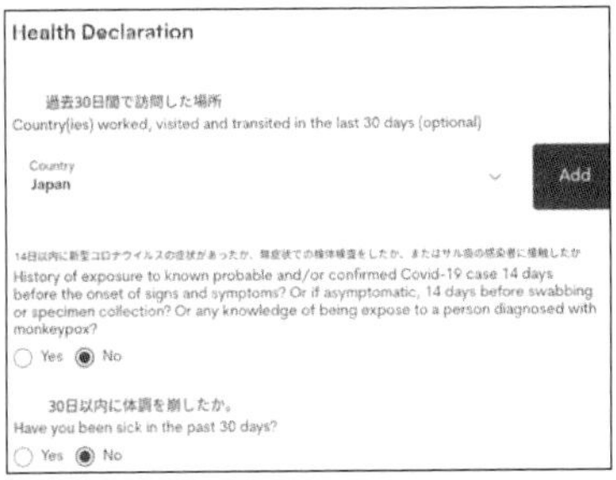

このあとの画面で、入力情報の確認の後、緑色か赤色のQRコードが表示される。赤色の場合は、チェックインカウンターや空港の入国審査時に、ワクチン接種証明か陰性証明の提示が求められるため、どちらかを準備していくことが必要だ。

QRコードはメールにも送付されるが、オフラインでも提示できるようにスクリーンショット等で保存しておくことをおすすめする。

飛行機旅行入門

大小7641もの島々からなるフィリピンで、バスや船で旅行するのは確かに安上がりだ。しかし、旅行期間が短い旅行者は、10〜20時間も移動に費やすというわけにはいかない。そこで、飛行機を利用するということになる。フィリピンには国際空港が17、国内線専用の空港が31、コミュニティ空港と呼ばれる不定期で使用される小さな空港が41もある。空路での移動であっても、庶民の足でもあるため、料金は比較的安く設定されている。フィリピン航空、セブパシフィック、エアアジアがおもな国内線の航空会社だ。スケジュールや料金の変更は頻繁にあるので、必ず事前に確認を。

日本での問い合わせ先
→ P.396欄外

■フィリピン航空
Philippine Airlines
TEL (02) 8855-8888 (予約)
URL www.philippineairlines.com
<マニラ>
パサイ市
MAP P62-A2
住 PNB Financial Center Pres. Diosdado Macapagal Ave., CCP Complex, Pasay City
TEL (02) 8401-8547
営 8:30〜19:00 (土 〜12:00)
休 日・祝
マラテ地区
MAP P62-A1
住 Century Park Hotel 1F
TEL (02) 8523-1554
営 8:30〜17:00
休 日・祝
<セブ>
住 Terminal 1 Mactan Cebu International Airport
TEL (032) 340-9780
営 4:00〜21:30　**休** なし

格安航空券を徹底比較！
　LCC (ロー・コスト・キャリア) の参入で、国内線運賃が時期によってはかなりお買い得になっている。同じルート、時間帯のものであれば、何社かを比べてから購入するといいだろう。ただし、格安航空券だけに手荷物預けや持ち込み荷物の制限なども各社によってそれぞれ。チケットを購入する前には必ず条件を確認するように。

●スカイスキャナー
URL www.skyscanner.jp

☑ 予約の方法

■ 各航空会社のオフィスで
　飛行機の予約は、旅行会社などを利用しない場合はオンラインか各航空会社のオフィスで行う。地方の小さな町だと、オフィスは空港内にあることも多い。また、旅行会社がチケットオフィスを兼任していて、予約・発券を扱っている場合も多い。小さな町ではほとんど問題ないが、フィリピン航空や、セブパシフィックの大きなオフィスだと、たくさんの人が順番待ちをしていて、整理券を発行していることがある。購入にはいつの便でどこへ行きたいかを告げるだけでよい。英語力に自信のない人は、便名などを紙に書いて渡すのもいいだろう。

■ オンライン予約を利用する
　ほぼすべての便は、航空会社のWEBサイトから予約できる。すでに航空会社が決まっている場合はそのサイトから予約するのが手っ取り早い。
　航空会社や便名、ルートがまだ決まっていない場合は、スカイスキャナー (→P.427) などのオンラインの航空券検索＆予約サイトにまずアクセスするのがおすすめ。行きたいルートのほぼすべての航空会社の便が検索できる。予約状況によって運賃が上下するので、運賃の低い日などを調べるにも便利。たまに小さい航空会社だと、直接航空会社のサイトでしか予約できないこともある。
　とくに格安航空会社 (LCC) のオンラインでの予約では、予約後の便などの変更にお金がかかったりするので、日程や預

セブパシフィックのチェックインカウンター

け荷物の重量、食事の有無など、しっかり確認しながら予約を確定しよう。

　ちなみにセブパシフィックなどのLCCは預入手荷物の重量によっては追加料金がかかる。オーバーすると空港で追加料金を支払うことになるので、あらかじめよく確認しておこう。

　オンライン予約であっても、予約確定ページ（Eチケット）をプリントして持って行くことをおすすめする。空港に入るときにも提示を求められる。

■ そのほかの注意事項

　チケットの自分の名前、フライト区間、フライトナンバー、搭乗日、出発時刻を必ず確認する。原則として、名前のスペルが1文字違っていても乗れないことになっているので要注意。特に、マニラのニノイ・アキノ国際空港は、航空会社によってターミナルが違うので注意が必要だ（→P.400欄外）。町なかの渋滞や、空港の出国審査の混雑などを考慮し、なるべく早めに空港に到着しよう。オンラインでチェックインを済ませておくと、チェックインカウンターの列に並ばずに、荷物の計量と預け入れだけで済むことも多い。

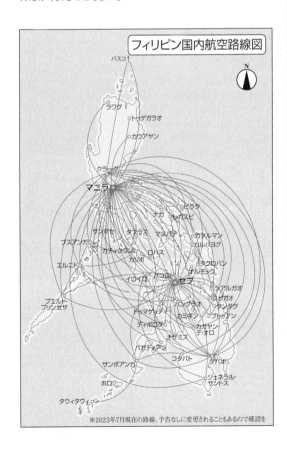

フィリピン国内航空路線図

※2023年7月現在の路線。予告なしに変更されることもあるので確認を

● **セブパシフィック／セブゴー**
Cebu Pacific/Cebgo
TEL (02) 8702-0888（マニラ）
TEL (032) 230-8888（セブ）
URL www.cebupacificair.com
● **フィリピン・エアアジア**
Philippines AirAsia
URL www.airasia.com
● **エア・スウィフト**
Air Swift
TEL (02) 5318-5940
URL air-swift.com
● **サンライト航空**
Sunlight Air
URL sunlightair.ph

国内線のターミナルについて
　マニラから国内線を利用する場合、航空会社によってターミナルが違うので、必ず事前に確認を。
■**ニノイ・アキノ国際空港**
T2：フィリピン航空、フィリピン・エアアジア、ロイヤル航空
T3：セブパシフィック
T4：サンライト航空、エア・スウィフト、セブゴー

ターミナル間の移動について
　到着出口の目の前から、各ターミナルを巡回するシャトルバスに乗ることができる。しかし、時間が決まっていないので、タクシーや配車アプリのグラブ（→P.55）を利用して移動する方が確実だ。空港間の移動でも、渋滞でかなり時間がかかることもよくある。時間に余裕をもって移動しよう。フィリピン航空同士の乗り継ぎの場合、専用バスが用意されている。
●**移動時間の目安**
T2 〜 T1間：15 〜 40分
T3 〜 T2間：15 〜 45分
T3 〜 T1間：30 〜 60分
T3 〜 T4間：15 〜 40分
T2 〜 T4間：10 〜 30分
T1 〜 T4間：20 〜 50分

空港でSIMの購入
　空港ではSIMカードを買うときに、セットになったロードの購入をすすめられるが、利用しないサービスなどが含まれていて値段設定が高め。安く済ませたい場合は、空港では少ない日数で購入し、必要に応じて町中のサリサリストアなどでチャージして、追加していくといい。面倒なことはしたくない場合は空港で滞在日数を伝えてお任せするべし。

予約が取れない場合は
少し遠回りにはなるが、まだ空席のある路線を組み合わせて、目的地へ行くということもできる。例えば、マニラからイロイロのチケットが取れなかった場合、マニラ→セブ→イロイロといった具合である。

最終日は帰国便搭乗地で
天候などの理由から、国内線が欠航したり、大幅に遅れたりすることもある。帰国前日は、できるかぎり国際線搭乗地(マニラ、クラークまたはセブ)に宿泊するようにしたい。国内線から国際線へ乗り継いでの帰国は、できるだけ避けるように。

チェックインは早めに
特に人気の路線や小さな機材を使っている路線は、常にオーバーブッキングの傾向にある。できれば国際線と同様、2時間前までには済ませておきたい。1時間前にはカウンターを閉めてしまう航空会社もある。

☑ 予約の変更と払い戻し

予約したフライトを変更、またはキャンセルすると、手数料を取られる場合もあるので注意が必要だ。スカイスキャナー(→P.427)などの航空券検索サイトでは、購入サイトとして航空会社だけでなく航空券販売を請け負う旅行代理店のサイトが多く出てくる。航空会社の運賃より安い運賃が表示されることも多い。こういった旅行代理店を通してオンラインで購入した場合、予約や変更の手続きに手間取ることもある。多くが海外拠点で、問い合わせは英語のみというところも多い。また購入時に、キャンセル時の払い戻しなどについて記載があるはずなので確認の上で購入先を選ぼう。

☑ もし予約が取れなかったら

フィリピンの国内線は、大きな飛行機を使っていないせいか、満席のことが多い。予約はできるだけ早く済ませておくにこしたことはない。しかし、不幸にも予約が取れないということもある。諦めて予定を変更するのもひとつの手段だが、キャンセル待ちに望みをかけるという方法もある。

国内線の空港には、必ずウエイティングのカウンターがある。カウンターで乗りたいフライトのナンバーを告げ、キャンセル待ちの番号をもらう。この番号は優先番号Priority Numberと呼ばれている。出発の15分前に番号の若い順に呼ばれる。このときには必ずカウンター近くにいるようにしよう。そうしないと、人だかりの混乱のうちに割り当てが終わってしまう。

ちなみに、出国の際、国内線の空港から搭乗し、マニラなどで国際線に乗り継ぐ場合、空港によっては、日本までスルーでチェックインができることがある。国内線のチェックイン時にカウンターで確認しておこう。

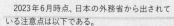

ちょっと
ひと息コラム

フィリピン国内を旅行する際の注意点

2023年6月時点、日本の外務省から出されている注意点は以下である。

「フィリピンにおける犯罪は、日本に比べ、殺人、強盗、婦女暴行等の凶悪事件の割合が高く、また、一般的に日本人は裕福と見られているため、強盗・窃盗等の標的になる可能性は他の諸外国人と比べても高いとみられます。日本人が被害者となった事件は、殺人事件だけでも毎年発生しており、また、在フィリピン日本国大使館には強盗等凶悪犯罪(マニラ首都圏でのタクシー強盗、睡眠薬強盗を含む。)、オートバイによるひったくり、路上での強盗やレストラン等での置き引き、公共交通機関内でのスリ・窃盗、買春

行為絡みの恐喝被害などもそれぞれ多数報告されています。警官の制服を着た2〜3人組に何かしら言いがかりをつけられ、車両内に一時的に軟禁状態となっている間に恐喝被害に遭う事件も複数報告されています」

外務省が発信している最新情報、あるいは地域ごとの危険情報などの詳細は以下の「外務省海外安全情報」サイトで。
URL www.anzen.mofa.go.jp/info/pcinfectionspothazardinfo_013.html

外務省の海外安全情報　無料配信サービスの「たびレジ」への登録も忘れずに。
URL www.ezairyu.mofa.go.jp/tabireg/index.html

バス旅行入門

鉄道が発達していないフィリピンで、陸上交通の最も便利な移動手段といえばバスだ。フィリピン全土を網羅していて、どんな小さな村へでもバスを乗り継いで行ける。もちろん船を使わないと行けない所もあるが、なんとマニラからミンダナオ島南部のサンボアンガまでダイレクトで走るバスもあるから驚きだ。乗るバス、地域によって大きく客層が変わるのが、フィリピンのバスの特徴ともいえる。トイレ付きのデラックスバスでは、フィリピンでも比較的裕福な人々の顔を見ることができるし、ローカルのバスに乗れば、まさに生活の匂いに包まれながらの移動ができる。

☑ バスの種類

フィリピンには大手のバス会社をはじめ、無数の小規模のバス会社がある。フィルトランコPhiltrancoやビクトリー・ライナー Victory Linerといった大手の会社では、エアコン付きの大型バスを多量に保有し、質の高さと広いネットワークを売りにしている。これに対して中小のバス会社では、大手の会社にはない路線を開発し乗降地を多く設けるなどの対抗策をとっている。バスの種類もバス会社によって異なり、大型のエアコンバスから中古のポンコツバス、さらに小型トラックの荷台を改造したミニバスなどさまざま。チケットの購入方法、乗り場なども少しずつ異なるので、現地のバスターミナルで確認を。

■ エクスプレスバス

マニラとルソン島の主要都市間をつなぐ中・長距離直行バス。デラックス、ファーストクラス、P2Pなどの名称で呼ばれている。多くの場合、車内にトイレがあり、途中休憩もない。ルートや本数はかぎられているが、地元の人にも人気で満席であることが多い。あらかじめ予約をして席の確保をしておいた方がいい。

乗り心地はさすがに快適だ。座席が指定されているため、落ち着いて座っていられる。乗客の顔ぶれもよく、女性のひとり旅でも比較的安心して利用できる。Wi-Fiのサービスのあるバスもある。料金は路線バスに比べると20～50%ほど高め。また、夜行バスの場合、エアコンが効き過ぎて風邪をひく場合がある。袖の長いシャツや体を覆うことができる布や携帯毛布などを用意しておくと安心だ。

国際学生証(ISIC)

バスやフェリーなどは学生割引がきくことが多いので、国際学生証を取得していこう。オンラインで申し込み、バーチャルカードが発行される。手数料2200円、1年間有効。

URL isicjapan.jp/card

**旅行者に安心の
エクスプレスバス**

乗客に地元住民が多い路線バスに比べ、エクスプレスバスは観光客用の要素が強いことから、旅行者にとっては安心して乗れる。乗り場にもきちんとした待合室などがあることが多く、出発時刻もわりと正確だ。

ルソン島北部へ行くビクトリー・ライナーやジェネシス・トランスポート、パルタス、バナウェやバギオ行きのオハヤミ・トランス、ルソン島南部やミンダナオ島方面へ行くフィルトランコ、バタンガス方面へ行くアルプス・ザ・バスなどは、ホームページもしっかりしているので、事前にスケジュールも組みやすい。各会社の連絡先は→P.409欄外。

乗り心地のよい
エクスプレスバス

レガスピのバスターミナル

交通機関利用の際に注意を

公共交通は料金も安く、さらに地元の人たちとも触れ合える旅の楽しみのひとつだが、どんなときでも決して警戒を怠ってはならない。2023年6月現在、日本の外務省から注意が出されているので、出発前に一度目を通しておこう（→P.406コラム）。

テロ情報の確認を！

フィリピン治安当局とモロ・イスラム解放戦線（MILF）との間で長年にわたり戦闘が続いていたミンダナオ島では、近年まで、路線バスを狙った爆弾爆発事件が相次いだ。2018年にバンサモロ基本法が成立したもののいまだその危険は拭いきれない。テロ事件に巻き込まれないためにも、事前に外務省の海外安全ホームページや現地の在外公館で最新情報を入手すること。

●外務省海外安全ホームページ
URL www.anzen.mofa.go.jp

在フィリピン日本国大使館＆領事事務所
→P.421欄外

バス会社の多く集まる
マニラのパサイ市

PITXからはジプニーやタクシーへの乗り継ぎも容易だ

■ 路線バス

住民の日常の移動手段として用いられているバス。中距離（2〜3時間）を得意とするが、なかには長距離（4時間以上）区間を走るものもある。

バスの車体は、大型のものから、中古のトラックを改造したものまでいろいろあり、エアコンなしが普通。各ターミナルで乗り降りが可能なため、停車する回数が多いこと。ターミナルではない場所でも、停まってくれる場合が多い。

マニラ近郊の路線バスは乗り心地もよいが、地方の路線バスはいつも混み合っていて、座席もクッションなしが当たり前だ。さらに常に人が乗り降りしているので、あまり落ち着いて乗っていることはできないと考えたほうがいいだろう。

■ ミニバス、ジプニー、乗合バン

比較的短い路線を走っているのがミニバス。小型トラックの荷台を改造したものが多く、定員は10〜15人。しかし定員制ではないので、たいていは乗り込むのが大変なほど混んでいる。地方ではジプニーがミニバスと同様に使われていて、庶民の足として大活躍。合図をすれば停まるジプニースタイルが一般的。荷物が多いときは屋根に載せる。2023年6月現在、フィリピンらしさの象徴ともいえるジプニーの廃止が決まり、乗合バンや新型のミニバスなどにとってかわられている最中である。マニラなどではジプニー運転手の反対などもあり、遅々として進んでいないが、地方都市では、ジプニーの姿が消えつつあるところもある。

☑ バス乗り場の見つけ方

マニラでは、バス会社ごとにバスターミナルが分かれている。同じバス会社でも行き先によっても異なっていたりするので、かなり紛らわしい。地方の都市でも、バスターミナルが1ヵ所とはかぎらず、行き先別に分かれていることもよくある。周辺の町や村へ向かうミニバス、乗合バンも同じだ。小さな町では、ターミナルがない所も多く、たいてい乗り場は人が集まるマーケットの近くにある。

■ マニラのバス乗り場について

中・長距離バスのターミナルは、おもにパサイ市にある高架鉄道Line1（LRT 1）のエドッリ駅またはLine3（MRT）のタフト・アベニュー駅付近（→ **MAP** P.62-B2）、高架鉄道（LRT）のヒル・プヤット駅周辺のブエンディア通り周辺、ケソン市のクバオ駅付近（→ **MAP** P.65上）の3ヵ所に集中している。

ビクトリー・ライナーやフィルトランコなどの大手会社は、ターミナルも大きく見つけやすいが、小さなバス会社などは看板のないところも多く、旅行者にとってはかなり探しづらい。数社のターミナルが同じ場所にあることも多い。2018年には、マニラ空港からも近いパラニャーケ市内にPITX（→P.58）という巨大バスターミナルができ、ルソン各地へ向かう中・長距離バスの一部がここから出発するようになっている。

☑ チケットの購入方法

■ オンライン予約が可能に！

　これまでは予約のために各ターミナルのチケットカウンターに出向くしかなかったフィリピンのバスだが、オンライン予約サービスを行う会社が登場した。コロナ禍で利用者がいなくなり、すべての予約サイトは運用を中止していたが、2023年6月現在、バージョンアップしたサイトでのバス予約を再開している。それぞれ扱っているバス会社や支払い方法が違うので、チェックしてみよう。

　バス予約サイトでは3日前くらいにオンライン販売は締め切られることもあるので早めの予約を。バス会社が自身のサイトでオンライン予約を受け付けているところもある。なお、オンライン予約には多少の手数料がかかってくる。決済はPay Pal、クレジットカードなど。バス予約サイトでは売り切れになっていても、バスターミナルでは予約販売されていることもある。

　バスターミナルで予約する場合、たいてい時刻表が待合室やチケット売り場の近くなどに掲示されている。時刻表がないときは、近くにいる車掌に聞いてみよう。乗りたいバスが決まったら、窓口で、行き先、日時、人数を伝える。あとは料金を払って乗車券か予約券をもらえばいい。オンラインや窓口で予約券のみ発行された場合は、乗車前にチケットと引き換えをしなくてはいけない場合も多い。バス乗り場には30分前にまでに行くことを心がけよう。出発時間前でもぎりぎりに到着すると、キャンセル待ちの人に席が譲られてしまっている場合もある。

■ 車内で買う方法

　庶民の足としての性格が強い路線バスは、予約自体を受け付けていないことも多く、当日、乗り場で空いている席に乗り込む。もちろん多少は待つ覚悟は必要。

マニラのバスチケット売り場

　バスが出発してしばらくすると、「どこまで行くの？」と車掌が聞いて回り始める。ここで行き先を告げ、料金分の乗車券を受け取る。この乗車券は途中何回もチェックされるので、なくさないように。料金は車掌があとで集めに来るので、そのときに払えばOKだ。

☑ バスを利用する際のノウハウ

■ バスに乗るなら朝がおすすめ！

　フィリピンのバスは、夜明け前の4:00頃から動き始める。これは、日中の暑さと道路の混雑を避けるため。都市部では、24時間運行している路線もある。地方では、午前中にしかバスが出ない町も多いので注意が必要だ。これは、18:00を過ぎると乗り継ぎの便がほとんどないためだ。目的地に着いて、ゆっくりホテルを探すためにも早起きしてバスに乗ろう。

オンライン・バス予約サイト

　フェリーの予約ができるサイトもある。

●ピノイ・トラベル
Pinoy Travel
URL www.pinoytravel.com.ph
●アイウォンツシート
IWantSeats
URL iwantseats.com
●ビヤヒーローズ
Biyaheroes
URL biyaheroes.com
●PHバス
PH Bus
URL www.phbus.com

マニラ発のおもなバス会社
●ビクトリー・ライナー
Victory Liner
TEL (02) 8842-8679、0998-591-5102 (パサイ)
URL www.victoryliner.com
●ジェネシス・トランスポート
Genesis Transport
TEL (02) 8332-8075 (クバオ)
URL genesistransport.com.ph
●パルタス
Partas
TEL 0917-819-3909 (クバオ)
●オハヤミ・トランス
Ohayami Trans
TEL 0905-267-2171 (携帯)
URL ohayamitrans.com
●フィルトランコ
Philtranco
TEL (02) 8851-8078 (携帯)
URL www.philtranco.net
●DLTB
TEL (02) 843-0246
URL www.dltbterminal.com/
●アルプス・ザ・バス
Alps the Bus (ALPS)
TEL 0917-504-6042 (クバオ)
URL www.alpsthebus.com

木のボードに紙を
張り付けただけの時刻表も

小腹がすいたら

ローカルバスで旅をしていると、停車するたびにどんどん売り子が乗ってくる。ゆでたトウモロコシにバナナ、アイスキャンディ、チチャロンという豚の皮を揚げたスナック、ウズラのゆで卵、米粉とココナッツでできたケーキのプト、煎ったピーナッツ、キャッサバケーキやココナッツパイなど、実にさまざまなものがバスの車内で販売される。特に食事時やおやつ時など、ちょうどおなかがすく時間は売り子にとって稼ぎ時。車内に入りきれない売り子が車窓に向かって売り物が見えるように手を掲げている。

休憩時間には食堂にも
立ち寄る

エアコンの効き過ぎに注意

大型の長距離バスは、エアコン付きの場合が多い。特に夜行バスの場合は、エアコンの効き過ぎで風邪をひく場合もあるので十分に注意を。長袖のシャツや体を覆うことのできる薄手のブランケットなどを用意しておくといいだろう。

ヴィサヤに強いバス会社

マニラからパナイ島、セブからドゥマゲッティなどへは、セレス・ライナーが（→ **MAP** P.62-A1）が運行している。
URL ceresliner.com

ドゥマゲッティのセレス・
ライナーのバスターミナル

■ 旅程は時間の余裕をもって

地方の町を結ぶミニバスやジプニーは、ほとんどの場合不定期に出発するが、その際、車内が満席になるまで待たされることもある。運悪く、前のジプニーが出発したあとに行くと、1時間以上待つことになる場合もあるので要注意。

■ 荷物はどうするの？

荷物の大きさ、中に入っているもの、乗るバスの種類によってそれぞれ方法が異なる。大型のバスなら、たいていの荷物は座席の下か足元に置けるので問題はない。そこに収まらない大きな荷物のときは、外側に設けられている収納スペースに入れてもらおう。もちろん貴重品や破損しやすいものは自分で保管すること。なお、休憩時に乗り降りする際の貴重品の管理はもちろんだが、乗車中のバスの車内でも、自分の荷物から目を離さず、ひざの上にバッグを載せるなどの十分な注意が必要だ。

中型のバスやジプニーの場合、バックパックを車内に持ち込むのはちょっとひんしゅくをかう。そこで、荷物は屋根に載せてしまう。地方ならあまり盗難の心配はないが、道が悪いと落っこちてしまうので、しっかりと結んでくれたかどうかを確認しよう。

■ 休憩時間に食事は取れる

長距離を走る路線バスは、休憩のため約2時間（バスによっては3～4時間）ごとにバスターミナルや休憩所に停車する。食事時になればきちんと30分ほどの休憩があるし、それ以外にも15分ほどのトイレタイムを兼ねたリフレッシュする時間が用意されている。ターミナルには軽食が取れる屋台があり、飲み物も手に入る。ただし、長距離バスの休憩は、いつ停まるのかがはっきりわからない場合も多い。特に初めて乗る人にはわかりづらいので、水分の取り過ぎには注意しよう。トイレがあるような所はかぎられているのだ。

休憩時間が終わると何の合図もなく出発してしまうので、乗り遅れないようにしよう。特に大きなターミナルでは、よく似たバスがずらりと並んでいるので、下手をすると自分のバスがどれだったかわからなくなってしまう。必ずフロントガラスに書かれた表示やバスのナンバープレートを確認しておくこと。バスを降りるとき、車掌に何分くらい停車するのかも聞いておこう。また、バスごとフェリーに乗り込むような場合、自分のバスの動きとフェリーの出発時刻については十分確認をとること。フェリーターミナルでは、出航予告の放送などがないこと

時間がない場合は、売店でも
食べ物が買える

もあり、最悪の場合、バスとフェリーだけが先に海を越えて行ってしまう場合もある。

さらに、バス乗車の際は、貴重品の管理だけは忘れずに！

船旅入門

なぜ旅人は、船を選ぶのか？　確かに飛行機を使ったほうがはるかに速い。料金だって、驚くほど船のほうが安いわけでもない。しかし、それでもバックパッカーの間では、船のほうに断然人気が集まる。理由は簡単だ。長くかかる所要時間も、船上で過ごす楽しい時間は長いほうがいいに決まっているからだ。船旅は、それほど格別に楽しいものだ。フィリピンの人々と長い間時間を共有しながら、ともに食事をし、場所を分け合って寝る経験はなかなかできるものではない。パッケージツアーでは味わえない自由旅行ならではの旅の楽しみが、船旅にはあるのだ。

✓ 船の種類

フィリピンには、島巡りを楽しむバンカーボート（→P.414欄外）から何日もかけて長距離を移動する大型客船まで、さまざまなタイプの船がある。ここでは移動手段として利用される高速船と船旅自体を楽しむ人が多い大型客船のふたつを紹介しよう。

■ 高速船

短距離を結ぶ高速船は、おもにセブ・シティを中心としたビサヤ諸島で利用することができる。スーパーキャットSuperCat、オーシャン・ジェットOcean Jetなど複数の中型フェリーが同じ路線を運航していることもあり、運賃・所要時間ともにほぼ同じ。出航時刻の都合のよいものを選べばいい。最近では、モダンでスピーディな船を運航する会社が増えていて、どの区間もどんどん所要時間が縮まってきている。

船内のスタイルは、飛行機の機内とよく似ている。座席が縦横に並び、前方には映画を放映するモニター。飲み物やカップ麺を売る売店もあり、船会社によってはキャビンアテンダントが乗客一人ひとりに注文を取りに来たりする。おもな運航路線は、セブ・シティ～オルモック／タグビララン／イロイロ／スリガオ間や、ドゥマゲッティ～タグビララン間。詳細はそれぞれの町のガイドを参照してほしい。

■ 大型客船の船室タイプ

マニラ～セブ／イロイロ／プエルト・プリンセサ／ドゥマゲッティなど長距離を結ぶ船会社は、2GO トラベルをはじめいくつかある。

客船は日本の中古船であることが多く、もとは宴会場として使われていたと思われる場所が、フィリピンらしくディスコに改装されている場合もある。もちろんすべての船にあるわけではないが、なんともフィリピンらしい光景だ。食堂は、夜も更けた頃からカラオケ場になることもしばしば。だが、歌って踊っているだけがフィリピン人ではない。食堂では、なんと毎日欠かさず礼拝も行われているのだ。客船での船旅は、フィリピンの素顔に触れる機会となることだろう。

これら大型客船の船室タイプを運賃の高い順に大まかに分類すると、一般的に次の5つに分けられる。快適さなど、タイプによってかなり異なるので、違いを把握してチケットを購入しよう。

マニラ～セブ間フェリー運賃
マニラ～セブ間もフェリーで行ける。2GOトラベルの大型客船を使った場合は、所要約22時間、片道運賃の目安は、3食付きで税込み₱3042～。

セブを出航する高速船

沈没事故に注意
フィリピン人の大切な交通手段のひとつであるフェリーだが、毎年のように沈没事故が起きている。船の老朽化に加え、荷物の積み過ぎが大きな原因で、無理な航行をすることもしばしばある。最近では2023年3月にバシラン島沖合を航行中のフェリーが火災を起こし、28名が死亡した。

過去には2017年にも250人乗りのフェリーが転覆して死者・行方不明者を出している。2015年7月に、レイテ島のオルモック沖でも沈没事故が起きた。

近距離といえども、フィリピンの航路は危険をともなっている。利用する予定のある人は、念のため掛けている旅行保険なども確認しておこう。

❶ スイート

　スイートのなかでも、ノーマルスイートとさらに上のロイヤ
ルスイートなどに分かれているのが一般的。いずれも高級ホテ
ルのツインルームのような豪華な造りだ。エアコン、トイレ、
シャワーはもちろん、テレビや電話、バルコニーやテラスが付
いていることも多く、また食事などはスイート客専用のレスト
ランやバーを完備している。航海中は、憧れの豪華客船に乗っ
ている気分に浸ることができる。

❷ キャビン

　スイートの次に高価なクラス。2～6人ほどの定員（相部屋）
で、船（路線）によってシャワー、トイレが部屋に付いている場
合と共同利用の場合とがある。エアコンは標準装備。食事はツ
ーリストやエコノミーに比べて断然豪華だ。ベッドもゆったり
としていて、寝心地もよい。

　客層は、スイート同様上品なフィリピン人が主流。スイート
の場合、見知らぬ人と相部屋になるということはないが、キャ
ビンであれば彼らと同じ空間をともにすることが可能だ。フィ
リピンの人々と仲よくなる絶好のチャンスでもある。もちろん
ツーリストクラスでもこういった交流は可能だが、個室で長い
時間を過ごすことで、より仲良くなれるかもしれない。

❸ ビジネスクラス

　7人部屋、14人部屋などの大部屋だが、清潔なので快適に
過ごせる。食事もキャビン客同様のレストランでほぼ同じメニ
ューだ。ただし、このクラス以下はすべてトイレ、シャワー共
同となる。料金的にツーリストクラスと大差はない。

❹ ツーリストクラス

　船により若干の差はあるが、エアコン付きの部屋に2段ベッ
ドをふたつ並べた定員4人のタイプが一般的。さながら安宿の
ドミトリーといった雰囲気で、トイレ、シャワーは共同利用と
なる。食事はビジネスクラスのメニューと大差はない。

　ツーリストクラスと称されているが、これを利用して相部屋
になるのはもっぱらフィリピン人である確率が高い。出会いは
十分望めるし、清潔感、安全性、料金的にみても、最低このク
ラスにとどめておくのが無難かもしれない。

❺ エコノミークラス

　売り出されるチケットの90％を占める、最も庶民的なクラ
ス。船によってはエコノミーのなかでもオーディナリー（並）と
デラックスの区分があり、デラックスは船底甲板の大部屋に簡
易ベッドがずらりと並んでいる。

　一方、オーディナリーはオープンデッキで、やはり簡易ベッ
ドが並んでいる場合が多い。ただ、まれに甲板に持参のタオル
ケットなどを敷いて、寝場所を陣取らなければならないことも
ある。トイレ、シャワーはもちろん共同で、食事は2等食堂とな
る。豪華なメニューは望めないが、ご飯と一緒に食べる魚を中
心とした質素なおかずが意外においしい。

✓ チケットの購入方法

■ チケットオフィスに足を運ぶ

　船のチケットを予約するならば、まずは船会社のチケットオフィスへ行こう。最近はウェブサイトから予約できる船会社もある。バスのオンライン予約サイトのうち、ピノイ・トラベル、ビヤヒーローズ、PHバスは、フェリーのオンライン予約も行っている。(→P.409欄外)

　チケットオフィスは、港や市内に必ずある。船が遅れ、スケジュールが変更される場合も多いので、面倒がらずに足を運んだほうが賢明だ。チケットオフィスには、時刻表や値段が書かれたボードが置かれている。これを見ながら自分の乗りたい船を見つければいい。フェイスブックの船会社のページで最新の運航スケジュールが投稿されていることが多い。

■ 予約がなくても当日券で乗れる

　短距離を結ぶ高速船は、その場でチケットを買えばいいので予約の心配はほとんどいらない。大型客船でも、エコノミークラスが売り切れるということは、まずない。ただし、エコノミーがオーディナリーとデラックスに分かれている場合、簡易ベッドを確実に確保したければ、前日までに予約を入れておいたほうが無難だろう。特に学校の長期休暇やクリスマスなどのイベント時には需要が増えるので早めに予約をしておいたほうがいい。陣取りも早い者勝ちとなるので、出航の3時間前には港に着いていたい。

　一方、スイートやキャビンに関しては、定員にかぎりがある。事前に確実に予約を入れておきたい。なお、飛行機などと同様、港には出航の2時間前に到着し、チェックインをする規則になっている。港までの交通渋滞にはくれぐれも注意をしてほしい。

✓ 船の乗り場

■ マニラの船乗り場について

　マニラからの大型客船が発着するのは、イントラムロスの北西、北港地区 North Port Districtの埠頭群。船会社によって埠頭の番号が違ううえ、予告なしに変更されることもあるので、必ずチケット購入時に確認をするように。さらに、乗船当日も船乗り場に着いたら、再度確認しておきたい。なお、北港地区はスラム街トンド地区の一部だが、アクセスにタクシーや配車アプリのグラブカーを使えば特に問題はない。ただし、旅行客がむやみにスラム街に立ち入るのは、身の危険にもつながるので、徒歩やジプニーでの移動は絶対に避けるように。

■ そのほかのエリアの船乗り場について

　地方の船乗り場は、たいがい埠頭にある。チケット売り場もすぐ脇にあることが多い。

スケジュールは壁などに
張ってある場合がほとんど

港のチケットオフィス

乗り場には売店もある
(セブの埠頭)

島と島の間の交通

　群島国家であるフィリピンでは、船は庶民の日常の交通手段。下記の航路図の航路以外にも、数多くの小型船が島と島を結ぶ。地元の人に聞いてみれば、別の島へ渡る身近なボート乗り場を教えてくれる。ただ、小型のボートは、老朽化が激しいものも多く、波が高いときなどは危険な場合もあるので注意を。

船で移動する際の注意点

　2023年6月現在、日本の外務省が発表している危険情報で、ミンダナオ島の一部が危険レベル3（渡航中止勧告）、ミンダナオ島のそのほかの地域とパラワン島の一部に危険レベル2（不要不急の渡航中止）に指定されている。船で島間を移動する際にはその安全性に十分に考慮するように。（コラム→P.406）

●**外務省フィリピンの危険情報**
URL www.anzen.mofa.go.jp/info/pcinfectionspothazardinfo_013.html

島巡りやダイビングで 活躍のバンカーボート

　バンカーボートとは、船の両側にアウトリガーと呼ばれる竹製の浮きがあるボートのこと。フィリピンでは島の人たちの移動手段、釣りなどにもよく使われているもので、旅行者でもアイランドホッピングやダイビング、スノーケリングツアーで乗る機会がある。速度は非常にゆったりだが、フィリピンらしさを味わえる船である。

アイランドホッピングなどで
活躍するバンカーボート

☑ 船に乗ってからの注意

■ 毛布などの寝具を確保する

　大型客船に乗った場合、スイートやキャビンならば問題ないが、それ以外のクラスには毛布やシーツが用意されていないことが多い。船員に申し出れば有料または身分証明書と引き替えに貸してくれるが、場所確保に専念している間になくなってしまうことも。毛布、シーツ、枕はなるべく早めに手に入れておこう。

■ 貴重品は身につける

　言うまでもないが、船内ではどのクラスであっても、貴重品は必ず身につけておこう。トイレなどに行く際なども、要注意。

■ 夜食を準備していく

　チケットに食費が含まれている場合、決められた時間に食堂で大きなテーブルを囲み、交代制で食事を取ることもある。しかし、食べそびれたときや、もちろん間食までは面倒をみてくれ

短距離路線を結ぶ船

ない。このため、船には軽食堂やキャンティーンと呼ばれる売店がある。ただ、夜は比較的早く閉まってしまうので、昼間のうちに何か買っておこう。売店では石鹸やシャンプー、ティッシュなども販売している。

フィリピン航路図

414

通貨と両替

海外へ行けば、その国の通貨を利用しなくてはならないのは当然のこと。高級ホテルやレストランなどではUSドルや日本円での支払いを受け付けているところもあるが、格安・中級宿では現地通貨、それも現金払いが基本である。マニラやセブなどの都市では24時間営業のATMなども多くあるが、島や小さな村では銀行がないこともある。ここでは、フィリピンの通貨に加え、現地へ行ってからどこで円からペソへ両替ができ、どこで国際キャッシュカードやクレジットカードを使って現地通貨のペソを引き出せるかを中心に説明しよう。どのようなお金を持っていけばいいのかについては、P.390「持っていくお金について」の項目を参照してほしい。

 フィリピンの通貨

フィリピンの通貨は、フィリピン・ペソ。通貨記号は₱。スペインを旧宗主国とする国々、メキシコ、ドミニカ、コロンビア、アルゼンチン、ウルグアイ、チリと同じく、ペソを用いている。そのため、国名をつけてそれぞれを区別する。補助通貨はセンタボ。フィリピン・ペソには、6種類の紙幣と7種類の硬貨があるが、₱200の紙幣、¢1の硬貨はほとんど流通していない。

 どこで両替をするか

両替には、日本円の現金や米ドルの現金が有利。マニラやセブなどの大都市であれば、両替所はいたるところにある。ほかにも空港やホテル、銀行、大型モールなどで両替ができる。レートは町なかの両替所が一番よいが、両替詐欺の被害も多く報告されているので、細心の注意を払うように（→欄外）。

地方や島では、両替レートが悪いことが多い。必要なぶんだけあらかじめマニラやセブ・シティなどの大都市で両替して行くといいだろう。例えば、日本人観光客もよく訪れるボラカイ島は、レートがよくない。マニラの空港のほうがよほどレートがよいくらいだ。ボラカイ島に行くのであれば、空港でもよいのでマニラで両替をしていくことをおすすめする。ただし、一度に多額を両替するのは控えるように（→欄外）。

☑ カードでのキャッシング

国際キャッシュカードやクレジットカード、トラベルプリペイドカードを持っていれば、ATMでの引き出しやキャッシングができる。ただし、引き出し手数料や現地ATM手数料などを取られるため、現金の両替レートより割高になる。

1日に引き出せる金額や回数にも制限がある。また、都市部であればATMの台数は多く、24時間いつでも引き出せるが、地方には台数が少なく、まったくないところもある。また、国際キャッシュカードのネットワークがマスターカードやJCBが加盟しているシーラスCirrusなのか、ビザ系列のプラスPLUSなのか、クレジットカードがアメックスなのか、などの条件によっても使えるATMがかぎられてくる。ATMに頼り過ぎるあまり、手持ちのお金がなくなることがないように気をつけたい。

両替詐欺に注意！

エルミタ地区のマビニ通りでは、両替詐欺の被害が多数報告されている。違法両替店はあとを絶たない。特にこの地区で両替をする場合は、細心の注意が必要だ。まず他店に比べてかなりレートがよい店には気をつけよう。一度に多額を両替することは控えよう。店を出る前に、レシートをもらい、渡されたお金を数えて正しい金額かどうかを確認すること。偽札をつかまされた例もあるので、店内で数え直した際に少しでもおかしいと感じる札が混じっていたら、交換してもらうように。

クレジットカードの請求通貨に注意

最近、海外でクレジットカードを使った際、カード決済の通貨単位が現地通貨ではなく、日本円にされたというケースが増えている。日本円換算でのカード決済自体は違法ではないのだが、不利な為替レートが設定されていることもあるので注意しよう。支払い時に「日本円払いにしますか？」と店から言われる場合もあれば、何も言われず日本円換算になっている場合もある。サインをする前に必ず通貨の確認を。

クレジットカードは使える？

中級以上のホテルやレストランではクレジットカードが使えることが多い。安宿や食堂ではほとんど使用できない。

ATMの引き出し上限と手数料

多くの銀行のATMでの引き出し限度額は1回に1万ペソ。しかも1回の引き出しに海外発行のカードの場合は₱250という高額の手数料がかかる。全国にあるBank of the Philippine Island (BPI) のATMでは1回に2万ペソまで引き出しが可能。

通信事情

　フィリピンでは、携帯電話は老若男女、だれもが持っている生活必需品となっている。固定電話は年々姿を消し、政府系機関でさえ携帯電話の番号しかないところも多い。データ通信網もかなりの遠隔地まで整備されてきて、スマホでデータ通信を楽しむ人も多い。フィリピンのインターネットユーザー数は7601万人で、総人口の68.0%の人がインターネットを利用できる環境にある。フェイスブック利用者は8835万人でそれよりもさらに多い（2022年調査）。

国際電話の日本からのかけ方と日本へのかけ方
→P.8、9

SIM登録について
　2022年、犯罪防止のためにSIMの使用者登録が必須となる法律が制定された。スマート、グローブなどの通信会社のSIMカード登録サイトで登録する。まず、電話番号の入力欄があるので入力すると、SMSが届くので認証。情報の記入（生年月日、フルネームなど）、パスポートまたは航空券、自分の自撮り写真のアップロードする。空港などでSIMカードを購入した場合は店員がやってくれる。

☑ 携帯電話事情

　フィリピンでは、ほとんどの人が携帯電話を持っている。近年では山奥や離島でもほとんどの地域で電波が届くようになった。2大通信会社は、グローブGlobeとスマートSmart。
　フェイスブックの普及もありデータ通信も当たり前になりつつあり、フェイスブックのアカウントを使用するメッセンジャー・アプリでの通信が電話での連絡より一般的になっている。

☑ インターネット状況

　フィリピンでもインターネット回線の整備が進んでおり、多くのホテルは無料でWi-Fi接続が可能。しかし、接続スピードが遅かったり、共用スペースでしか接続できないところもまだまだある。レストランやカフェでも接続できる場所は増えている。地方都市ではインターネットカフェがあり、1時間単位でアクセスできる。

INFORMATION
フィリピンでスマホ、ネットを使うには

　スマホ利用やインターネットアクセスをするための方法はいろいろあるが、一番手軽なのはホテルなどのネットサービス（有料または無料）、Wi-Fiスポット（インターネットアクセスポイント。無料）を活用することだろう。主要ホテルや町なかにWi-Fiスポットがあるので、宿泊ホテルでの利用可否やどこにWi-Fiスポットがあるかなどの情報を事前にネットなどで調べておくとよい。ただしWi-Fiスポットでは、通信速度が不安定だったり、繋がらない場合があったり、利用できる場所が限定されたりするというデメリットもある。そのほか契約している携帯電話会社の「パケット定額」を利用したり、現地キャリアに対応したSIMカードを使用したりと選択肢は豊富だが、ストレスなく安心してスマホやネットを使うなら、以下の方法も検討したい。

☆ 海外用モバイルWi-Fiルーターをレンタル

　フィリピンで利用できる「Wi-Fiルーター」をレンタルする方法がある。定額料金で利用できるもので、「グローバルWiFi（【URL】https://townwifi.com/）」など各社が提供している。Wi-Fiルーターとは、現地でもスマホやタブレット、PCなどでネットを利用するための機器のことをいい、事前に予約しておいて、空港などで受け取る。利用料金が安く、ルーター1台で複数の機器と接続できる（同行者とシェアできる）ほか、いつでもどこでも、移動しながらでも快適にネットを利用できるとして、利用者が増えている。

▼グローバルWiFi

　海外旅行先のスマホ接続、ネット利用の詳しい情報は「地球の歩き方」ホームページで確認してほしい。
【URL】http://www.arukikata.co.jp/net/

フィリピンのホテル

一流ホテルについては、料金にしても質にしても、どこの国でもさほど大差はない。それ以外のホテルについては、フィリピンのホテルはほかの東南アジアの国々に比べて、概して割高感があることは否めない。また、バックパッカーが少ないせいか、ドミトリーのあるホステルも少なく、また、フィリピンの人は家族で旅行することが多いせいか、ひとり用の部屋が少ない。

☑ ホテルの種類

セブ島には優雅で豪華なリゾートホテルが立ち並び、マニラのマカティにも世界のビジネスマンを満足させる一流の高級ホテルがある。さらに最後の秘境と言われているパラワン島やスールー諸島には知る人ぞ知るワンアイランド・ワンリゾートのセレブリティ御用達の1泊100万円もするようなリゾートさえ存在する。

その一方で地方都市の宿は、多くが商用などで訪れる地元旅行者のためのもので、安さが優先。なかには、小さな部屋に狭くて固いベッドがあるだけという木賃宿のような宿泊施設もある。

外国人が観光で多く訪れるビサヤ諸島の島々やパラワン島などでは、格安の個人経営のゲストハウスなどであっても、地域の素材を生かした素敵なインテリアを施したりした快適なところが数多くある。

上記のいずれにも共通するのはフィリピン人のホスピタリティだろう。どんな宿であっても、オーナーやスタッフたちは、あたたかい笑顔で旅行者を迎え、そして見送ってくれる。

☑ 予約は必要?

地方で大きな祭りなどがある場合は、町なかのホテルが満室になることも多い。都市部でも立地条件がよく、比較的設備が整い、割安感のある個室やドミトリーなら、平日でも満室になることもある。オンシーズンのリゾートホテルも手頃な料金の部屋は早くから埋まってしまう。訪れる時期やホテルの人気度を考えて、必要に応じて予約を入れよう。ホテルによっては、予約をしておけば空港まで迎えに来てくれるところもある。

ホテルの予約サイトを使って予約するのもいい。最近はかなり山奥のゲストハウスなどでも、これらのサイトから予約をできるようになってきた。それよりも有効なのは、フェイスブックでの宿探しと、メッセンジャーでの問い合わせと予約だろう。フェイスブックの使用率が高いフィリピンでは、小さな宿でもフェイスブックページを持っているところが多い。

☑ 貴重品の管理に注意

ホテルのなかでは貴重品はセーフティボックスに保管しよう。ドミトリーなら荷物はすべて鍵のかかるロッカーに入れる。身の回りのものはなるべく無造作に部屋の中に置かない。入口に警備員が24時間いるような部外者の立ち入りに厳しいホテルでも、泥棒に入られることもあるので気を抜かないことだ。海外では日本での常識や当たり前が通じないことはよくある。

●日本ユースホステル協会

フィリピンで登録されているホステルは少ないが、身分証明書として利用できる。

🏠 東京都渋谷区代々木神園町3-1 国立オリンピック記念青少年総合センター内
TEL (03) 5738-0546
URL www.jyh.or.jp
※ホームページからオンライン入会ができるほか、国内各地のユースホステルや大学生協、書店などでも入会の申し込みができる。スマホが会員証になるデジタルメンバーシップも申し込み可能。

✉ 携行品のアドバイス

基本的にトイレで紙は流せません。トイレ脇に置かれているごみ箱に使用後のトイレットペーパーを捨てます。また、トイレットペーパーが設置されていないところも多いので、常に持参していたほうがいいです。
(東京都 あけみ)['23]

別料金でお湯のサービス

フィリピンの安宿のなかには、シャワーがなく、くみ置きの水を利用しなくてはならないところもある。バケツや手桶が置いてあり、それを体にかけるだけという、まさに水浴びなのだが、暑い地域ならまだしも、夜、肌寒い山岳地域では、ちょっと厳しい。そんな場合は、お湯を用意してくれるので頼んでみるといいだろう。有料のこともある。

喫煙に注意

フィリピンではほぼすべての宿泊施設やレストラン、そして公共の場での喫煙が禁止されている。宿泊施設では多くの場合喫煙場所が設けられていて、そこでしか喫煙できない。違反すると容赦なく罰金を請求されることもあるので、気をつけよう。

食事について

「ハロハロ」（フィリピノ語で"混ぜる"）な国フィリピンには、フィリピン料理のほかにも各国料理の店が集まっている。スペイン料理をはじめ、アメリカの影響を受けたファストフード、移民してきた中国人たちが持ち込んだ中国料理は、もう立派なフィリピン料理の一部となっている。ほかにも韓国料理、タイ料理、インド料理の店などがある。日本食レストランも驚くべきスピードで全土で増加中だ。というわけで、旅行先のフィリピンで、食事に困る、味が口に合わない……といった心配は、ほとんど無用だ。そんな多国籍料理が食べられるフィリピンだが、ここではフィリピン料理について紹介しておこう。

子豚の丸焼きレチョン

フィリピン料理の世界
→P.42

**食中毒にはくれぐれも
注意を！**
2023年6月現在、日本の外務省「フィリピンにおける安全対策（安全の手引き）」で、水と食事ついて以下のように注意を促している。
「水と食事　水道水は、水道管や貯水タンクの汚れ、汚物の混入等により、大腸菌等に汚染されている可能性がありますので、飲用・製氷には市販のミネラル・ウォーターの利用をお勧めします。食品は、よく加熱し、調理後早めに食べるよう、また、生野菜や刺身等は衛生状態に信頼のおける店以外では食べないよう心がけてください。市中の高級レストランでの飲食は概ね問題はありませんが、大衆食堂や屋台等では食材や食器類等の衛生管理が不十分なため、食中毒にかかる可能性が高く注意が必要です。」
URL www.anzen.mofa.go.jp/manual/philippines_manual.html

スーパーやコンビニでも
買えるバナナケチャップ

さまざまな国の影響を受けている

1899年の米西戦争での勝利により統治権がアメリカに渡るまで実に約350年間、フィリピンはスペインの植民地だった。スペイン人がやってくる以前から中国との交流が盛んであり、スペイン統治下ではメキシコと清を結ぶガレオン貿易の中継地であった。

そのような歴史的背景の影響をフィリピン料理は多分に受けている。まず祝いごとの席に欠かせない、レチョンと呼ばれる豚の丸焼き。これはスペインでも祝いのごちそうだ。パンシットの麺は、中国から。さらにフィリピン人の90％以上が13世紀までにやってきたマレー系であるためか、東南アジア諸国に見られる魚醤油（フィリピンではパティスと呼ぶ）もよく使う。

今ではフォークとスプーンを使って食事をすることが普通だが、もともとは手づかみのカマヤンスタイル。だから、フォークはテネドール、スプーンはクチャラと今もスペイン語で呼ばれている。なぜかフィリピンの食卓にはナイフは出てこない。単に出し忘れているわけではないのだ。

フィリピンの味つけ

日本人にはフィリピン料理はしょっぱい。年中暑くて汗をたくさんかくため、塩味の強い味つけになってしまうのかもしれない。あるいは少しのおかずでご飯をたくさん食べられるように塩辛いのかもしれない。市場では塩漬けの魚の干物がよく売られているが、これがフィリピンの庶民には最もポピュラー。

そして、フィリピン料理は甘い。デザートではなく食事が甘い。まず、スパゲティにかかっているミートソース。さらに朝食に出る赤いソーセージも甘い。ミートソースの甘さは、バナナを材料にしたケチャップによるものだ。しかし、このバナナケチャップ、フライドポテトなどにつけるとなかなかいける。

さらに、フィリピン料理はすっぱい。食中毒を防ぐためや生ものを保存するために酢を使うことが多いからだ。例えばキニラウという魚のマリネ。酢漬けにした肉を醤油で甘辛く煮込んだアドボ。野菜がたっぷり入ったシニガンスープは、酢ではなく、タマリンドの酸味で味つけをしている。

辛いものはない。唯一の例外がルソン島南部ビコール地方の郷土料理、ビコール・エクスプレス。ココナッツミルクと唐辛子で肉を煮込んだ料理で、タイカレーによく似ている。

その土地のおいしいもの

　ご当地料理は、ほかにもある。例えばルソン島中央部のアンヘレスは、シシグという料理が有名だ。シシグとは豚の耳やモツをタマネギなどと一緒にみじん切りにしてアツアツの鉄板で焼いたもの。テーブルに鉄板ごと運ばれてくる。少々脂っこいので、ビールのつまみとして食べるといい。シシグは今や全国区で人気。どこの町でも食べられるようになった。

　またネグロス島のバコロドは鶏肉がおいしいことで知られている。名物炭火焼料理チキン・イナサルは鶏肉がジューシーでおいしい。そのほか、パナイ島イロイロの麺料理、ラパス・バッチョイも有名だ。いろいろな郷土料理を試してみるのも、旅の醍醐味のひとつだろう。

屋台料理の定番の串焼きなど

フィッシュボールも人気

 路地や屋台でぜひ試したい

　フィリピンの1日はタホで明け、バロットで暮れる。朝早くから天秤を担いでタホ売りがやってくる。路地をタホ売りが行くときの「ターホー、ターホー」という呼び声が朝の訪れを告げる。タホとは、豆腐に黒蜜とタピオカをかけたもの。中国の豆腐花に似ている。食欲がないときや小腹がすいたときにちょうどよい。そして、夕方になるとやってくるのはバロット売りだ。バロットとはふ化しかけたアヒルの卵をゆでたもの。中からひよこになりかけの黄身が出てくる。鶏肉と卵の中間のような不思議な食感だ。精力剤としてフィリピン人は、バロットを食べる。

　また、街角には夕方以降にたくさんの屋台が立つ。焼き鶏や焼き魚、魚のすり身の揚げ団子など、おもに焼き物と揚げ物が多い。特に焼き鶏や揚げ鶏の屋台は、レバーや腸などのモツが食材。実にさまざまなモツの串刺しが並んでいる。そんな立ち売りや屋台は、フィリピン庶民の食生活が垣間見られておもしろい。あまり衛生的とはいえないが、屋台をはしごして買い食いするのもまたフィリピンの食体験である。

ぜひ試したい豚の串焼き

✉ バロットの種類

　店によっては、バロットには番号が書いてあり（1〜20）、番号の大きいものほど中身が鳥の形になるそうです。初心者は1がおすすめです。私は1を食べましたが、食べ進めていくと、頭や毛が見えてきました。味はゆで卵の黄身に近かったです。
（東京都　ユニ）['23]

ちょっと
ひと息コラム

珍味バロットを試そう！

　フィリピンには、タイやベトナムほど屋台料理のバラエティはないかもしれないが、それでも日本人にとっては珍しいものがいくつかある。その代表ともいえるのが、バロット。これはアヒルの有精卵をゆでたもので、殻の中にはふ化直前のアヒルの子がそのまま入っているという代物だ。フィリピンのどこへ行っても、路上や市場で見かけることができる。殻を割って中をのぞくと、かなりグロテスクな「内容物」が現れるのだが、それをこらえて塩とともにおそるおそる食べてみると、意外や意外、実はとてもおいしかっ

たりする。普通のゆで卵より、味わい深い。フィリピンの人たちはバロットが大好きで殻の底にたまった汁もすべてすすってしまう。

　バロット売りのおじさんは、保温を施したカゴとともに「バロット、バロット」と声を上げながら町中を歩き回っている。ひとつ₱20前後で買える。フィリピン名物バロットを試してみてはいかがだろうか。

バロットの中身

旅のトラブルと対策

　フィリピン、特にマニラというと「危険」というイメージが拭い去れない。実際多くのトラブルが起こっている。よく聞くのは、睡眠薬を飲まされて気がついたら金品を持っていかれていたとか、客引きのいる両替所で両替したらぼったくられたということ。こういうトラブルは運によるところも大きいが、フィリピンにはこんなトラブルがあるということを知っていれば、ある程度未然に防ぐことができる。でも、もしトラブルに遭って物をなくしたり、盗まれたりしてしまったときは次のように対処しよう。なお、毎年日本人を巻き込んだ殺人事件も数件起きているので、くれぐれも注意のうえにも注意を。

渡航前に必ず確認を

　治安状況は刻々と変化する。渡航前に必ず現地の最新情報を入手するように。また、外務省では危険情報などが発出された場合、最新情報を日本語でメールで送る「たびレジ」というサービスを行っている。出発前に必ず登録していこう。

● たびレジ
URL www.ezairyu.mofa.go.jp/tabireg
● 外務省海外安全ホームページ
URL www.anzen.mofa.go.jp
● 外務省領事サービスセンター（海外安全担当）
TEL (03) 3580-3311 (内線2902)

紛失・盗難届出証明書とは

　盗難に遭ったらまず警察に行き、紛失届を出す。このときに発行してもらえるのが、パスポート紛失時や保険金の請求時に必要となる盗難届出証明書Police Report。いつ、どこで、どのように紛失、または盗まれたかを警察官に説明し、レポートとしてまとめてもらうもの。

■ 警察
● マニラ
TEL 911、117 (救急車の要請も可)
● セブ　　TEL 166
● ダバオ　TEL 911

日本から送金

　以下のサイトで手続きして送金してもらうと、指定の場所で身分証明書の提示だけで現金で受け取れる。盗難にあった時などに。
● ウエスタン・ユニオン
　Western Union
URL www.westernunion.com/jp
全土に2万ヵ所以上ある支店で受け取れる。
● SBIレミット　SBI Remit
URL www.remit.co.jp/kaigaisoukin/sendremittance
大手銀行、SMモールでも受け取れる。
※提示する身分証明書はサイン入りの写真つきIDのみ認められる。念のためパスポート以外の写真入りの証明書を持っているといい。

☑ フィリピンの治安状況

　旅行者がよく訪れるマニラやセブなどを含め、治安状況は決してよいとはいえない。フィリピン国家警察 (Philippine National Police/PNP) が発表した全国犯罪統計によれば、2021年のフィリピン全土の犯罪発生件数総計は約23万件で、前年に比べて4割以上減少してるが、日本と比較して強盗は日本の約4倍、殺人は約6倍、性的暴行は約6倍にのぼる。両替詐欺やぼったくり、いかさま賭博などといったものから、睡眠薬強盗、売春行為絡みの恐喝、誘拐、殺人まで、いつもどこかで何かが起こっているのだ。一般的に日本人は裕福とみられるため、強盗、窃盗等の標的になる可能性は、ほかの諸外国人と比べても高いと考えられていることを忘れずに。万一事件に巻き込まれた場合のことも考え、海外旅行保険の加入の際には慎重に種類やタイプを選びたい。

　また、ミンダナオ島の一部はフィリピン政府軍とモロ・イスラム解放戦線 (MILF) との戦闘が続いていたエリアだ。2018年、バンサモロ基本法が成立したものの、継続的に交戦が行われているうえ、ほかの武装勢力による襲撃やテロ事件が発生している。最新の治安情報に常に気を配るなどの十分な注意が必要だ。

　トラブルの例や詳細については、「必読！ フィリピンでのトラブル例」(→P.67、423) を参考に。渡航前には必ず、外務省の海外安全ホームページで最新情報を得ることも忘れずに。もしも事件に巻き込まれた場合は、日本大使館や警察、ツーリストポリスに助けを求める。ここでは、トラブルを防ぐためのアドバイスとともに、「パスポートをなくした（盗まれた）」「クレジットカードをなくした（盗まれた）」といった身近に起こりやすいトラブルを中心に、その対策法について紹介したい。

トラブルを防ぐためのアドバイス

・見知らぬ人から声をかけられた場合やどこかへ行こうと誘われた場合は、適当にやり過ごして断る。特に、観光名所などで日本語で話しかけてくる人には警戒する。
・両替屋で両替する場合は、必ずその場で金額を確認する。
・たとえ数秒の間であったとしても、荷物を置いたままその場を離れない。
・高価な時計や貴金属を身につけたり、目立つような格好をして町なかを歩かない。

・財布の中身を人に見せない。小銭と分けて持ち歩くようにする。
・ズボンの後ろポケットなどに、財布などの貴重品を無造作に入れておかない。
・少しでも危険と感じたら、すぐにその場を離れる。
・タクシーに乗るときは、ナンバープレートを控える。
・人通りの少ない路地やスラム街などには近づかない。
・夜間、できれば日中であってもひとりで出歩かない。
・バッグなどを車道側の肩にかけたり、持って歩かない。また、背中に背負うのではなく、必ず正面で持つ。
・現地の人を侮辱するような態度はとらない。
・他人に性的な気持ちを起こさせるような露出度の高いものや挑発的な服装は着用しない。
・襲われた場合は、相手が凶器を持っていることを念頭に絶対に抵抗せず、要求されたものを差し出すなどして、まずは身の安全を第一に考える。

 パスポートをなくしたら

　万一パスポートをなくしたら、まず現地の警察署へ行き、紛失・盗難届出証明書（ポリスレポート）を発行してもらう。次に日本大使館または各領事事務所で旅券の失効手続きをし、新規旅券の発給または帰国のための渡航書の発給を申請する。旅券の顔写真があるページと航空券や日程表のコピー、戸籍謄（抄）本があると手続きが早い。コピーは原本とは別の場所に保管しておこう。必要書類および費用は以下のとおり。
・現地警察署の発行した紛失・盗難届出証明書
・写真（縦4.5cm×横3.5cm）2枚
・戸籍謄（抄）本1通
※帰国のための渡航書に限り、後日の提出を条件として日本の運転免許証など代替文書でも申請可。
・旅行日程が確認できる書類
　（旅行会社にもらった日程表または帰国便のeチケット控え）
・手数料　10年用パスポート1万6000円、5年用パスポート1万1000円、帰国のための渡航書2500円。いずれも支払いは相当額の現地通貨の現金で（フィリピン・ペソ）。

荷物をなくしたら

　旅行中に荷物を盗られたり置き忘れたりしたら、残念だが、まず出てこないと思ったほうがいい。海外旅行保険（→P.389「海外旅行保険について」）に加入していなければ、損害の補償は受けられないが、もし保険に加入していて、担保項目に携行品が含まれていれば、それほど落ち込む必要はない。
　現地の警察で紛失・盗難届出証明書（→P.420欄外）を書いてもらい、保険会社に連絡を入れておこう（いざというときのためにも、保険会社の連絡先は必ず控えておくように）。旅行に必要な身の回りの品は、フィリピンなら現地で十分揃うし、帰国後に保険会社に対して損害額を請求すればよい。ただし、掛け金、補償額などは会社によってまちまちだ。

緊急時の連絡先
■ **在フィリピン日本国大使館＆領事館**
● **日本国大使館（マニラ）**
Embassy of Japan
MAP P.62-A2
住 2627 Roxas Blvd., Pasay City, Manila
TEL (02) 8551-5710
TEL (02) 8834-7508（領事班直通）
URL www.ph.emb-japan.go.jp
開 8:30 ～ 17:15
休 土・日、日本およびフィリピンの祝日
● **在セブ日本国総領事館**
Consulate-General of Japan in Cebu
MAP P.230-B1
住 8th Floor, 2Quad Building, Cardinal Rosales Avenue, Cebu Business Park, Cebu City
TEL (032) 231-7321、(032) 231-7322
● **ダバオ総領事館**
Consular Office of Japan
MAP P.340-A1外
住 4F, Bl Zone Bldg., J.P. Laurel Ave., Bajada, Davao City
TEL (082) 221-3100、(082) 221-3200

邦人援護日本語ホットライン
　マニラの日本大使館内に設けられているサービス。もちろん日本語で応じてくれる。24時間受け付けている。
TEL (02) 8551-5786（マニラ）

盗難証明書はその日のうちに
　ショックで動きにくいかもしれないが、その日のうちでないと盗難証明書を発行してくれないことも多い。速やかに警察に連絡を。

コピー商品の購入は厳禁！
　旅行先では、有名ブランドのロゴやデザイン、キャラクターなどを模倣した偽ブランド品や、ゲームや音楽ソフトを違法に複製した「コピー商品」は絶対に購入しないように。これらの品物を持って帰国すると、空港の税関で没収されるだけでなく、場合によっては損害賠償請求を受けることも。「知らなかった」では済まされないのだ。

携帯電話を紛失した際の
フィリピンからの連絡先

利用停止の手続きについては下記へ。全社24時間対応。

●au
[TEL] (00)+81-3-6670-6944

●NTTドコモ
[TEL] (00)+81-3-6832-6600

●ソフトバンク
[TEL] (00)+81-92-687-0025

●楽天モバイル
[TEL] (00)+81-50-5434-4633

※フィリピンのSIMカードを入れた携帯電話からかける場合は頭の国際電話アクセス番号の「00」はいらない。

クレジットカードをなくした場合
の連絡先

ホテルからかける場合は最初にホテルの外線番号をダイヤルし、そのあと続けて下記番号をダイヤルする。24時間日本語で対応している。ただし、無料の直通電話がないカード会社についてはコレクトコールが可能だが、現地の電話交換手を通すため現地語または英語のみの対応になってしまう。言葉に自信がある場合は、まず下記の番号にダイヤル直通電話をし、有料電話でかけている旨を伝え、折り返しかけ直してもらおう。

●アメリカン・エキスプレス（AMEX）
[TEL] 00-65-6535-2209
（コレクトコール）

●ダイナースクラブ（DINERS）
[TEL] 00-81-3-6770-2796
（コレクトコール）

●JCB
[Free] 1-800-1-811-0027
[TEL] 00-81-422-40-8122
（コレクトコール）

●MasterCard
[Free] 1-800-1-111-0061

●三井住友カード（VISA）
[TEL] 00-800-12121212
[TEL] 00-81-3-6627-4067
（コレクトコール）

●三菱UFJニコスカード
[TEL] 00-800-0241468
（コレクトコール）

●イオンカード
[Free] 1-800-1-8110349

●楽天カード
[TEL] 00-81-92-474-9256
（コレクトコール）

ジャパンダイレクトでコレクトコール

日本のKDDIの認識番号に電話をして通話したい電話番号を伝えると、日本語を話せるオペレーターが先方にコレクトコールでつないでくれる。料金はかなり高いので緊急時のみの使用をおすすめ。フィリピンからのジャパンダイレクト番号は、101-0558110。最初の3分で2160円。その後は1分ごとに460円。

☑ 携帯電話をなくしたら

携帯電話を紛失してしまった際は、悪用されたり無断使用されないためにも、気づいたらすぐに利用停止の手続きをとること。警察へ行き、紛失・盗難届出証明書をもらってくることも忘れずに。

☑ クレジットカードをなくしたら

気づいたら、一刻も早くクレジットカード会社に連絡すること。たいていのカード会社は緊急の場合、コレクトコール（受信者が通話料を払う。固定電話からオペレーター番号108に電話して相手の電話番号を伝えてかける）で24時間電話を受け付けてくれる（→欄外）。いざというときのためにも、盗難・紛失時の連絡先とカード番号は、事前に必ず控えておこう。国際キャッシュカードについても同様だ。

フリーダイヤルでは通じない場合もあるので、必ずそれ以外の連絡先も控えておくこと。カード無効の手続きをしたら、帰国後、再発行の手続きをすればいい。警察署で紛失・盗難届出証明書をもらっておくのを忘れずに。

カード会社によっては」海外で、緊急カードの発行手続きをしてくれるところもある。WEBサイトで確認を。

☑ お金をすべてなくしたら

お金をすべてなくしたら、まず戻ってこないばかりか、旅をその場で諦めて帰国するしかない。帰国するといっても、帰国日が指定されているチケットの場合は、そう簡単にいかないが、クレジットカードを持っている場合はカードでキャッシングできるし、国際キャッシュカードやトラベルプリペイドカード（→P.390）で現金をおろすこともできる。

現金やクレジットカードは必ずいくつかの財布に分けて入れて持ち歩き、一部は滞在先のセーフティボックスに入れておくなど、いざというときのために備えよう。

不幸にもキャッシュを引き出せるカードも盗まれてしまい、無一文になってしまったら、日本の家族などに送金をしてもらう。写真付きの身分証明書を提示するだけで現金で受け取れるのは、ウエスタン・ユニオンとSBIレミット。（詳細は→P.420欄外）。

☑ チケット（航空券）をなくしたら

最近はほとんどの航空会社が紙のチケットからeチケットに移行しているので、紛失の心配はなくなってきた。たとえeチケット控えをなくしても、eチケットの予約番号を提示すれば、各航空会社のカウンターで簡単にチェックインできるからだ。多少時間がかかることもあるが、パスポートを提示するだけでOKの場合が多い。

必読！ フィリピンでのトラブル例②

※トラブル例①→P.67

　トラブルに遭ってしまうのは、「自分に限って……」と、ついうっかりしてしまうのがいちばんの原因だ。出発前にぜひ一読し、トラブルに巻き込まれないための参考にしてほしい。

睡眠薬強盗

　犯罪の種類は多様だが、特に気をつけてほしいのは睡眠薬強盗だ。在フィリピン日本大使館にも、頻繁に旅行者から被害届が出されているという。ただし、大使館に届け出が出ているのは、あくまでもごく一部であって、実際の被害数はもっと多いと推測される。ここでは、おもな手口の例を紹介しよう。何か当てはまるようなことがあれば、要注意である。なお、一般論として、フィリピンの女性が見知らぬ外国人になれなれしく話しかけてくることはまずない。悲しいことだが、その場合には何かしら下心があるのだと思っておいたほうがよい。

●「自分も同じ旅行者だから一緒に観光しよう」などと言い、きっかけを作ろうとする。
●犯人は、必ず複数。若い女性たち、または男女のカップル、母親とその子供、おばあさんと息子らしき男性など、さまざまな構成で近寄ってくる。そのうえホスピタリティ満点の笑顔で話しかけてくる。
●偽物の名刺などを見せてくる。これで信用させるという手口。
●油断させるため親切を装う。お店などに入ったとき、食事や飲み物代をおごってくれたりする。また、交通費を出してくれる。
●突然親戚、兄弟宅、自宅、または食堂などに招きたがる。近くに兄弟（親戚）の家があって何年ぶりかに行きたい、あるいはそこでごちそうをしたいなどと言い出す。
●家に行く際、あとで突きとめられぬようジプニーを乗り継ぐなど複雑なルートをとる。しかも郊外にまで連れていく。被害者が2度と同じ所へ行くことができないようにするためだ。
●招き入れられた家などで、すすめられるジュースや料理などに薬が混入されている。

両替詐欺

　両替屋は、銀行よりはよいレートで換金してくれるが、ここでも注意が必要となってくる。金額が正しく手渡されているかどうか、その場ですぐに自分の手に持って確認すること。あとで文句をつけてもどうにもならない。まず、どこよりもレートがよい店は疑ったほうがよい。そして、両替後は必ず店を出る前にその場で数え直すこと。ここでは、両替に関する詐欺の例を挙げておこう。

●両替商が目の前でお札を数えている最中に話しかけてきて、注意をそらした隙にお金をかすめ取る。
●まるで手品のような話だが、お札を数えながら被害者に見えないように手元に落として、金額をごまかす。

強盗犯罪とその対策法

　フィリピンでは、一般市民でも、警察に届け出れば合法的に銃を所持・携帯することができることから、銃器がかなり普及している。そのため、単なる物盗りが銃器を使用して犯罪に及ぶことも多い。防犯対策を十分に施したうえで出歩き、それでも万一被害に遭った場合は、絶対に抵抗せず、努めて冷静に対処することが重要になってくる。

●大金などは持ち歩くべきではないが、移動などで仕方ないときは、パスポートや大金などはインナータイプの貴重品袋に入れるといい。それとは別に、日常で使う小額のお金を手にしやすい場所に入れておく。そうすることで、万一犯罪に遭った場合でも、抵抗せずに小額のほうを手渡してその場を逃れることもできる。
●財布の中身は、人に見せないようにする。また、身なりもあまり派手にならないよう気をつける。特に高価な時計、貴金属を身につけていると犯罪者の目を引く。
●見知らぬ人から声をかけられた場合は適当にやり過ごす。
●荷物を置いたままトイレに行ったり、その場所を離れない。
●見知らぬ土地を事前によく調べずにうろついたり、スラムなど危険な地域には入らない。
●強盗に遭った場合、決して騒いだり、抵抗したりしない。また、お金を手渡そうとして、慌ててポケットなどに手を入れない。凶器を取り出そうとしていると勘違いされて、攻撃されてしまう。相手を興奮させるような言動や態度は絶対にしないこと。

病気と対策

　2020年に感染が広まった新型コロナウィルスへの対策は、2023年6月現在では一部の店舗でなどマスクの着用を求められる以外は解除され、通常に戻っている。しかし、いつまたどんな感染症がどこで発生し、滞在先の国でどんな措置を取られるかはまったく予想がつかない。最新旅行危険情報などを発信している外務省の海外安全情報配信サービス「たびレジ」（→P.420）には必ず登録しておこう。一刻も早く状況を把握することが何よりも大切だ。東南アジアのほかの国同様、フィリピンでは、旅行者は必ずと言っていいほど下痢の洗礼を受ける。また、日本ではほとんど聞かないデング熱の感染も近年増えている。保険には必ず加入し、行き先の病院情報も調べておくといい。

おもな医療機関
＜マニラ＞
●マニラ日本人会診療所
　The Japanese Association
　Manila, Inc.
MAP P.60-A1
住 23F Trident Tower, 312 Gil
Puyat Ave., Salcedo Village,
Makati City
TEL (02) 8818-0880
TEL 0915-328-9257（携帯）
（ジャパニーズヘルプデスク）
●マカティ・メディカル・センター
　Makati Medical Center
MAP P.60-A2
住 Amorsolo St., Makati
TEL 0917-716-9007
（ジャパニーズヘルプデスク）
●セント・ルークス病院
　St. Luke's Medical Center
MAP P.64上
住 Rizal Dr. Cor. 32nd St. and 5th
Ave., Taguig
TEL (02)8789-7700
TEL 0917-632-1015
（ジャパニーズヘルプデスク）
＜セブ・シティ＞
●チョン・ワ病院
　Chong Hua Hospital
MAP P.230-B2
住 Mandaue City
TEL (032) 233-8000
TEL 0917-791-2177
（ジャパニーズヘルプデスク）
●セブ・ドクターズ病院
　Cebu Doctor's Hospital
MAP P.231-A1
住 Osmeña Blvd., Capitol Site,
Cebu City
TEL (032) 255-5555
TEL 0917-571-7436
（ジャパニーズヘルプデスク）
●ノートルダム・デ・シャトレ病
　院（バギオ）
　Notre Dame De Chartres
　Hospital
住 General Luna Road, Baguio
City
TEL (074) 424-3361
TEL 0917-104-2315
（ジャパニーズヘルプデスク）

☑ 食中毒による下痢

　普通、発熱はなく一般的な下痢と軽い吐き気程度でおさまることが多い。まず水道水はぜったいに飲まない。ミネラルウオーターを飲用しよう。露店や屋台、田舎の食堂などでは氷入りのジュースなども気をつけたほうがいい。食事の際はよく火が通っているか確認しよう。現地の薬はかなり強いので、日本から常用の薬を用意していくといいだろう。

☑ 感染症の下痢

　いわゆる細菌性下痢と呼ばれるもので、赤痢菌、チフス、パラチフス、サルモネラ菌などが体内に入ることによって起きる。激しい腹痛と下痢、高熱をともなう。赤痢の場合は2〜4日の潜伏期間の後、倦怠感、食欲不振、腹痛などの症状が現れ、血の混じった下痢が頻繁に続く。まずは医者へ。下痢による脱水症状を防ぐために、塩分と水分の補給を忘れないこと。

☑ マラリア

　雨季のパラワン島や、ミンダナオ島の一部の地域で見られる病気。マラリア患者の血を吸った蚊によって媒介される。症状としては突然40℃近い高熱に見舞われ猛烈な寒気とともに体がぶるぶる震えだす。その後は熱が引き体のだるい状態が2〜3日続く。そしてまた高熱……と繰り返すのだ。対策としては、蚊がいそうな場所で手足を露出しない、虫除けスプレーやローションをつけるなどが効果的。速やかな治療が重症化を防ぐので、2日ほど高熱が続いたら、とにかく病院へ行こう。予防薬を病院でもらうこともできるが、マラリアの種類によっては効果が低く、副作用もあるので医師とよく相談を。

☑ デング熱

　おもにネッタイシマカといわれる蚊によって感染する。5〜6日の潜伏期間の後、38〜40℃の高熱が1週間ほど続く。フィリピンでは全国的に雨季によく発生。ときに症状の重いデング出血熱に発展することもある。マラリアの対策同様に、蚊に刺されない対策を取ることが大事。

☑ コレラ

コレラ患者の汚物から飲食物を経て感染する。潜伏期間は5日間ほどで、早い場合は数時間で発病するケースもある。発病と同時に、強烈な下痢と嘔吐におそわれるのが特徴で、発熱はない。吐物や下痢便は、米のとぎ汁に似ている。そして、急速に脱水症状が進んでいく。トイレ後や食事前には、手を必ず洗うなどして十分に気をつけよう。また、衛生環境がいいとはいえない食堂や屋台などの料理、生ものなどはできるだけ食べないようにする。万一コレラにかかった場合は、水分補給と抗生物質が有効である。一刻も早く、医師に診てもらうことが大切だ。症状が重い場合は、1週間ほどの入院が必要になってくる。

☑ 狂犬病

犬や猫、イタチなどの哺乳動物にかまれ、その傷口からウイルスが体内に入る病気。潜伏期間は1〜3ヵ月で、ときには1〜2年後に発症するケースもある。発症すると発熱、頭痛、嘔吐に始まり、続いて筋肉の緊張、けいれん、幻覚作用などの症状が出てくる。そして、犬の遠吠えのようなうなり声をあげ、よだれを大量に流し、昏睡、呼吸麻痺が起きて死にいたる。ほぼ100%死亡するといわれている怖い病気である。動物にむやみに手を出さないことが重要。もし犬などにかまれた場合は、すぐに病院へ行きワクチン接種をしてもらう。発症前であれば、接種により発症を抑えられる。

☑ 住血吸虫症

吸虫の一種で、寄生虫が人に寄生することにより発症する病気。体内に侵入後、4〜8週間で成虫となった住血吸虫が産卵を始め、その卵が細血管を塞栓することで、発熱や悪寒、関節の痛み、腹痛、咳などの症状が現れる。症状が進行すると塞栓によって組織が壊れ、やがて死にいたるケースもある。小川や道路の側溝などにむやみに入らないように。もし入らなくてはならない場合は、皮膚が水に接触しないように十分に注意することが大切だ。水に入ったあと、かゆみをともなう発疹が見られるような場合は、すぐに病院へ行くこと。

☑ ウイルス性および細菌性胃腸炎

温暖多湿の気候のため、全土でウイルスおよび細菌による伝染病が季節に関係なく発生している。特に、腸チフス、細菌性およびアメーバ赤痢、A型ウイルス肝炎等が広範に発生している。氷を含む生水は決して口にしない、野菜や果物、魚介などは生のまま食べないなどの十分な注意が必要だ。下痢、嘔吐がおもな症状だが、腹痛や発熱などをともなうことも多い。嘔吐がひどい場合など、病院へ行く必要がある。

ジャパニーズ・ヘルプ・デスク

海外旅行保険に加入している人が受けられる、日本人向けの病院窓口。英語が話せなくても日本人スタッフを通じて医療通訳を行ってくれる。大手海外旅行保険に加入していると、キャッシュレスで診察・治療を受けられるが、そのための手続きのサポートもしてくれる。ジャパニーズヘルプデスクのある病院のリストは以下のサイトから。
URL www.j-helpdesk.jp

野良犬には決して近づかない！

2020年、フィリピンから帰国した人が日本国内で狂犬病を発症して死亡したケースが報告された。フィリピン国内では飼い犬に対する予防接種を無料で行っているが、まだ徹底しているとはいえず、また野良犬も多い。現在でも年間200〜300人が狂犬病で死亡しているとのこと。

日本のペットの犬の感覚で、路上などの犬に手を触れたりしないこと。万が一噛まれたら迷うことなく病院へ。

鳥インフルエンザについて

フィリピンでは2017年に最初に鳥インフルエンザが確認されて以来、殺処分などの対策を取っているものの、たびたびその流行が報告されている。

人間への感染もまれにあるとされているので、養鶏場などへは立ち入らないこと。

新型コロナ禍の影響

フィリピンにおける新型コロナウイルスのワクチン接種率は、2022年頭で全体で50%、マニラ首都圏は70%を超えており、感染は抑えられたと判断され、2022年3月あたりから徐々に移動や集会に関する規制が緩まった。以降、外国人観光客は増加し続けている。2023年7月現在、リゾート地などでマスクをしている観光客はまれだが、ホテルやレストランの従業員はマスクをする人がほとんどだ。また、飛行機内では着用を求められるので、マスクの携行を忘れずに。

■緊急時の医療会話（英語）

●症状を伝える
具合が悪い。　　I feel ill.（アイ フィール イル）
めまいがする。　I feel dizzy.（アイ フィール ディジー）
下痢です。　　　I have diarrhea.（アイ ハヴ ダイアリア）
※下線の部分に下記チェックリストの単語を入れると症状を伝えることができる。
例）吐き気がします。　I have nausea.

●病院へ行く
近くに病院はありますか？
Is there a hospital near hear?（イズ ゼア ア ホスピタル ニア ヒア）
日本人のお医者さんはいますか？
Are there any Japanese doctors?（アー ゼア エニー ジャパニーズ ドクターズ）
病院へ連れていってください。
Would you take me to the hospital?（ウ ジュー テイク ミー トゥ ザ ホスピタル）

●病院での会話
診察を予約したい。
I'd like to make an appointment.（アイド ライク トゥ メイク アン アポイントメント）
マニラ・ホテルからの紹介で来ました。
Manila Hotel introduced me to me.（マ ニラ ホテル イントロデュースド ユー トゥ ミー）
私の名前が呼ばれたら教えてください。
Please let me know when my name is called.（プリーズ レッ ミー ノウ ウェン マイ ネイム イズ コールド）

●診察室にて
入院する必要がありますか？
Do I have to be admitted?（ドゥ アイ ハフ トゥ ビー アドミッテイド）
次はいつ来ればいいですか？
When should I come here next?（ウェン シュ ダイ カム ヒア ネクスト）
通院する必要がありますか？
Do I have to come to the hospital regularly?（ドゥ アイ ハフ トゥ カム トゥ ザ ホスピタル レギュラリー）
ここにはあと２週間滞在する予定です。
I'll stay here another two weeks.（アイル ステイ ヒア アナザー トゥー ウィークス）
薬をください。
Please give me some medicine.（プリーズ ギヴ ミー サム メディスゥン）

●診察を終えて
診察代はいくらですか？
How much is it for the doctor's fee?（ハウ マッチ イズ イット フォー ザ ドクターズ フィー）
保険が使えますか？
Does my insurance cover it?（ダズ マイ インシュアランス カバー イット）
クレジットカードでの支払いができますか？
Can I pay it with my credit card?（キャナイ ペイ イット ウィズ マイ クレディット カード）
保険の書類にサインをしてください。
Please sign on the insurance paper.（プリーズ サイン オン ザ インシュアランス ペーパー）

下記の単語を指さしてお医者さんに必要なことを伝えよう。

●どんな状態のものを		●痛み		●何をしているときに	
生の	raw	ヒリヒリする	burning	ジャングルに行った	went to the jungle
野生の	wild	刺すように	sharp	ダイビングをした	went diving
脂っこい	oily	鋭い	keen	キャンプをした	went camping
よく火が通っていない	uncooked	ひどく	severe	ハイキングをした	went hiking
調理後時間が経った				水浴びをした	went swimming
a long time after it was cooked		●原因		ビーチに行った	went to the beach
		蚊	mosquito	山登りに行った	went climbing
●けがをした		ハチ	wasp		
刺された、かまれた	bitten	アブ	gadfly		
切った	cut	毒虫	poisonous insect		
転んだ	fell down	ヒル	leech		
打った	hit	ダニ	tick		
ひねった	twisted	毒蛇	viper		
落ちた	fell	リス	squirrel		
やけどした	burned	（野）犬	(stray) dog		

該当する症状があれば、チェックをしてお医者さんに見せよう。

□吐き気	nausea	□咳	a cough	□耳鳴り	ringing in the ear
□めまい	dizziness	□鼻づまり	a stuffy nose	□結膜炎	conjunctivitis
□動悸	palpitations	□のどの痛み	a sore throat	□目の充血	bloodshot
□熱	a fever	□頭痛	a headache	□発疹、汗疹	rash
（□脇の下で測った armpit＿℃）		□胃痛、腹痛	a stomachache	□じんましん	urticaria
（□口の中で計った oral＿℃）		（□しくしく痛い	a griping pain	□呼吸が苦しい	difficulty breathing
□寒気	chills	□差し込むように痛い	a sharp pain）	□便秘	a constipation
□鼻水	a running nose	□食欲不振	a poor appetite	□軟便	loose bowels
□痰	sputum	□食あたり	a food poisoning	□血尿	blood in the urine

スマホユーザーのためのお役立ちアプリ紹介

日本においてほぼ100％の普及率を誇る身近な携帯電話のなかでも、最近では特にスマートフォン（スマホ）の割合の伸びが著しく、日本人のふたりにひとりがもつまでになった。アプリと呼ばれるソフトウエアをインターネットからダウンロードして活用できるのがスマホの最大の魅力だが、ここではフィリピンを旅行するに当たり、実際に役立ちそうなものを厳選して紹介したい。

旅に出る前に活用できるアプリ

航空券手配の強い味方
スカイスキャナー Skyscanner
提供：Skyscanner
iPhone・アンドロイド　無料

日程（日付）を指定すると、そのときの最安値の航空券を検索して表示してくれる優れたアプリ。全世界が対象で、さまざまな国の地方都市からの航空券検索も可能。国・地域全体の指定や直行／乗り継ぎなど細かな指定もでき、たいていの場合クレジットカードが必要だが、そのまま購入することができる。もちろん価格検索のみの利用も可能。

急なホテルの手配もOK
ブッキングドットコム Booking.com
提供：Booking.com
iPhone・アンドロイド　無料

掲載数世界1位を誇るホテル予約サイト。いわゆるポイント制度はないが、高級から安宿まで幅広いランクのホテルを取り扱っている点が強み。後払い制が多く、たとえ直前にキャンセルがあったとしても、後払い制のため手続きが煩わしくないのがうれしい。

チェックリストを活用しよう！
グーグル・キープ Google Keep
提供：Google
iPhone・アンドロイド　無料

旅行に出る前には、必要な荷物のリストや、現地でやりたいことリストなどをまとめたいもの。グーグル・キープは限られた時間のなかで、準備を確実かつ効率的に進めていくために役立つ「リストアプリ」。リストは必要連絡先などにも応用できる。あらかじめ登録されているサンプルリストのほか、自分流にアレンジも可能。

狭い機内でも快適に
シートグル SeatGuru
提供：TripAdvisor
iPhone・アンドロイド　無料

アプリ内の'Seat Map Advice'で搭乗予定の航空会社名と便名を指定すると、機内のレイアウト図を表示してくれる。景色の見える窓側や、足元の広いシートかなどが一目瞭然。トイレの近くか？　座席にPC用の電源があるか？　など細かなところまでわかるので、チケット購入時や空港でのチェックインなど座席指定をする際にかなり参考になる。ただし英語のみ。

現地滞在中に活用できるアプリ

政府観光局のお墨付き
フィリピン トラベルガイド アプリ
提供：フィリピン政府観光省
iPhone・アンドロイド　無料

フィリピンで代表的な観光地の案内、観光スポットの案内情報、連絡先、位置などの詳細情報を提供。スマホに内蔵されたGPS機能を生かし、「グーグルマップ」と連動したナビゲーション機能も付いている。政府観光省の提供する情報だけに、とても安心・信頼感がある。

通信可能場所がわかる
ワイファイ・ファインダー Wi-Fi Finder
提供：Frederik Lipfert
iPhone・アンドロイド　無料

最寄りの公衆無線LANスポットを地図で紹介。無料／有料のほか、施設名と住所の情報表示がある。オフラインでも、地図の表示はできないが、事前にダウンロードしておいた情報を確認できる。自治体などの公共機関が提供する比較的安心できる無料電波のみ活用するのもよい。

世界の通貨をカバーする為替換算アプリ
XEカーレンシー XE Currency
提供：XE.com Inc.
iPhone・アンドロイド　無料

フィリピン・ペソやUSドルのみならず、世界中の通貨について、最新の為替レートを取得、計算してくれるアプリ。国をまたぐ周遊旅行にも対応する優れものだが、手数料が加わる両替所や銀行などとレートは若干異なる。

ちょっと
ひと息コラム

スマホユーザーのためのお役立ちアプリ紹介 -続-

世界的に有名な格安インターネット電話
スカイプ Skype
提供：Skype
iPhone・アンドロイド　無料

　音声通話は、本体のSIMカードを現地のものに差し替えて使用する方法もあるが、ふだん使用している電話番号が変わってしまうことが最大の難点だ。その点、スカイプは専用の固定番号が持てるのがメリット。あらかじめIDを交換しておいた相手先に対しては無料で通話が可能。クレジットを購入することで、それ以外の世界中の電話に低価格でかけられる。ただし、インターネット回線を介しての通話なので、通信会社の通話と比較し、通話のクオリティは若干劣ってしまう。重要な会話は通常の通信回線を利用するなど、うまく使い分けるといいだろう。

内蔵のカメラを高性能に
ア・ベター・カメラ A Better Camera
提供：Almalence
アンドロイド　無料（一部有料）

　スマホ内蔵のカメラに、露出計測・補正、ホワイトバランスの調整など、より本格的な撮影機能が備わるようになるアプリ。夜景、室内など、シーンモードも付きデジカメに劣らない機能が満載。ただし物理的にカメラのレンズなどが変わるわけではないことと、ダウンロード自体は無料だが、使う機能によっては一部有料のものもあるので、使用している途中で表示されるメッセージなどをよく確認し注意したい。

世界的大手IT企業の信頼感
グーグル Google 翻訳
提供：Google
iPhone・アンドロイド　無料

　現地の言葉を入力すると、日本語や英語へ訳してくれる便利なアプリ。手入力のみならず、音声からの入力や画像（写真）からの入力も可能。非常に画期的だが、インターネットに接続されている環境のみで動作し、通信環境に依存することから認識時間・翻訳精度など使い勝手にやや難がある印象。

簡単・シンプルにコミュニケーション
指さし会話アメリカ英語
touch & talk LITE
提供：YUBISASHI　iPhone・アンドロイド　無料（一部有料）

　旅行会話集『旅の指さし会話帳』のアプリ版。場面ごとに実際の旅行の行動に使えるフレーズを厳選して収録され、イラスト入りの文章や単語を指さすだけの手軽さ。オフラインでも使えて通信環境を気にする必要がない。すべてネイティブスピーカーのチェック済み。

緊急時の備えとして
医療相談トランスレーター
提供：Universal Projects and Tools S.L.
iPhone　無料

　英語がある程度できる人でもあまりなじみのない、医学的専門用語に特化した翻訳アプリ。病院のお世話になってしまったとき、日本語が話せない医師に症状を伝えるのに役立つ。持病やアレルギーなどの、健康面の個人情報もあらかじめ登録可能。

　上に紹介したもののなかには、普段なじみのないアプリがあるかもしれないが、この機会にこれらのアプリや、ほかによいものがないか探してみるのもおもしろいかもしれない。

　また、インターネット環境の確保については、日本からルーターを持参、現地でSIMカードを調達するなど、検討しよう。

　なお、フィリピンでは個人、企業、商店・飲食店間わず、Facebookの普及率が非常に高い。あまり更新されていないことも多く注意は必要だが、ごく一般的に連絡手段として使われている。名前で検索は簡単にできるので、Facebookユーザーは覚えておくと便利。

アプリを駆使してスマートに旅しよう

ルソン島北部イフガオ州に住む先住民たちの儀礼の様子

フィリピン百科

地理

フィリピンは火山の島
・・・

太平洋の西、アジア大陸に沿って北から南に連続する島々は環太平洋造山帯といわれ、活発な地殻変動を繰り返している。日本列島もその造山帯に属している。大ざっぱに考えると、フィリピンの島々も同じ成り立ちと考えてもよいだろう。地質は変化に富み、各所に大きな断層帯が走り、多くの火山をもつ。

大小7641にも及ぶフィリピンの島々の成り立ちを考えるとき、いちばん大切なのが褶曲(しゅうきょく)だ。褶曲とは簡単にいうと地球規模のしわ。フィリピンは大きく3つの褶曲帯によって仕切られている。このしわが陥没し海峡ができたり、一部隆起して島が生まれる。これらの地質的な活動は安定期に入っておらず、むしろ若い。大山脈あり無数の火山ありと変化に富む。さらに熱帯性気候で雨が多いため、熱帯雨林や珊瑚礁が発達し、すばらしい大自然の景観を造りあげている。

なかでも火山は見るべきものが多い。その代表はルソン島南部にあるマヨン火山だ。標高2496mの活火山で、日本の富士山と同じく、ほぼ完全な円錐形をしている。

複雑な地形を代表するのがミンダナオ島。このフィリピン第2の巨大な島は、いくつかの山脈が入り組んでいるが、日本のそれと異なり、かなり不規則に並び山脈を突き破るように火山が見られる。なかでもアポ山は標高2954m、フィリピンの最高峰だ。ただ、この島は治安上の問題があり、旅行者が回れる地域には制限がある。

フィリピンには平野が少ない。比較的広い平野が見られるのがルソン島中央部だ。ヨーロッパの台地などとは異なり、川の浸食によって流れ出した土砂でできた沖積平野だ。これは日本の平野と同じスタイルで、山に近い地域では扇状地も見られる。

平野ではおもに米が作られており、山間部でも、特にルソン島中北部では、ライステラスと呼ばれる階段状の棚田が続く。ルソン島北部、イフガオ州バナウェの棚田がその典型で、ユネスコの世界遺産にも登録されている観光名所である。かなり高い所まで耕作されており、見る者を圧倒する見事な光景。小さな平野や盆地に町があり、高台の扇状地から山肌に波打つように広がる「千枚田」は、最もフィリピンらしい風景といえよう。

島々で異なる地理
・・・

島々は地方によりかなり異なった景観をもつ。人口密度が高いビサヤ諸島の島々は、ほとんど耕作し尽くされていて原生林は見られない。地質は石灰岩層が多く見られ、海岸線には浸食によってできた奇岩や洞窟などが目立ち、とても美しい。川の河口にはマングローブ林が続き、少し陸に入るとココヤシ林が広がっている。火山が多いのも特徴のひとつだ。

一方、パラワン島には火山がない。ビサヤ諸島の島々と異なり、急峻な山脈が続き、原始林も多く残っている。フィリピンの島全般にいえることだが、南側斜面は雨が多いため森林が発達しており、西側斜面は比較的乾燥しているため、乾地性の植物が多い。

また、火山や大山脈のほかに、特筆すべきは川から流れ出した水などにより浸食された地形だ。日本のように典型的なV字谷というより、大きく溝を掘ったような地形が多い。両側の斜面はあまりに急なために木が育たず、スケールの大きい見事な地層を見ることができる。

奇観として知られるのがボホール島のチョコレート・ヒルズ。まるでお椀をふせたような丘が無数に連なっている。これも特殊な浸食作用によって形造られたものだ。丘にはまったく木が生えておらず、乾季には丘を覆う草が枯れてチョコレート色に見えることからこの名がつけられた。

もちろん海もすばらしい。石灰岩層が露出しているために海岸の崖は白い。海水により岩が浸食され、遠くから見ると逆三角形をした小島がたくさん見られる。しかも水の透明度がすばらしく、海岸線近くまで見事な珊瑚礁が広がっている。珊瑚もオーストラリアのグレートバリアリーフのようなスケールはないものの、種類が多く変化に富む。一般に珊瑚礁が切れる付近から海はどんと深くなっており、ダイビングには最適で初心者から上級者まで心ゆくまで楽しめる。

スールー群島には小さな火山島が点在し、ココヤシが茂る島の周りを珊瑚礁が取りまいている。世界遺産にも登録されているトゥバタハ岩礁自然公園の珊瑚礁は、東南アジア最大で、魚介類をはじめウミガメなどの海洋動物も多く生息する。

そして、いかにも日本人が想像するような「南洋の島」が多い。比較的大きな島は、熱帯雨林とともに広い沼地が広がっている。これらの地域ではサトウキビやカカオのプランテーションが見られる。

自然と動植物

多様なフィリピンの自然
• • •

　フィリピンの動植物を考えるとき、まず考慮したいのがその地理的位置だ。フィリピンのすぐ北側に台湾、南はスールー海、セレベス海を隔ててマレーシア、インドネシアの島々がある。台湾は世界的にも動植物の種類が多いことで知られるが、その生物群は中国大陸との共通種、類似種が多い。インドネシアやマレーシアも動植物が多く、ゾウやヒョウ、サイといった熱帯を代表する動物がいる。ただこちらは中国大陸の動植物とは異なる。

　フィリピンは、この中間に位置する。しかも数多い島々に分離されているために、より複雑な生物相を示している。動植物の基本的な構成はインドネシアやマレーシアと共通のものが多く、台湾とは距離的には近いものの、その影響は少ない。

　ただ台湾との共通種がないわけでもない。第四紀の寒冷期（紀元前）には海面が下がり、台湾とルソン島、ミンダナオ島は陸続きであったらしく、台湾そのものも大陸とつながっていたと思われる。そのとき南下した少数の生物群が生息している。

　その一例は、日本でおなじみのアゲハチョウだ。これは大陸の代表的な種で、インドネシアやマレーシアでは見られない。フィリピンには、アゲハチョウとそっくりなベンゲットアゲハがいる。このチョウは日本人が発見し、当時の学会で話題となった。現在アゲハチョウとベンゲットアゲハは同じ種類で、種分けするほどではない変わったものとして亜種とする人が多い。

ターシャなど珍しい動物も
• • •

　フィリピンの動物で特に有名なのはフィリピンメガネザル（ターシャ）だ。この仲間はサルといっても手に乗るほどの大きさで、何より極めて原始的タイプ。霊長目、人の研究をするうえで非常に重要な種類でもある。特にフィリピンの島に長く隔離され、原始的特徴が顕著な生きた化石でもある。サマール島、レイテ島、ボホール島、ミンダナオ島の一部に分布するが、現在は絶滅寸前の状況だ。残念だが、密猟もされていた。もちろんワシントン条約で厳重に輸出入は禁じられている（→P.283コラム）。

　もうひとつの珍しい動物が、ミンダナオ島のみにすむミンダナオジムヌラ、ハリネズミの一種だ。ハリネズミといっても針毛はなく見かけはただのネズミ。ただ頭骨などを調べていくと、かなり特殊に進化していて学術的にも極めて貴重だ。フィリピン最高峰アポ山とその近くのふたつの山（標高1700m以上）にすんでいる。

手に乗るサイズのターシャ

珍種が多いラン
• • •

　植物は区分でいうとマライ諸島区系に入り、台湾の東アジア区系とは分けられる。高温多湿なので森林が発達し、種類も多い。なかでもその森林に着生するランの仲間には珍種が多い。フィリピンの森林の特徴は、案外低木が多く林内が明るいこと。チーク材なども多い。また、かつて森林だった所を切り開いた所は草原となっていて、サバンナのような雰囲気もある。

　フィリピンの動植物は、その中心となる生物区の端に位置し、しかも島となったため隔離されて純粋な系統をもつものが次々と発見されてきた。また、その数や分布エリアがかぎられているものが多いのも特徴だ。まだこれから珍しい生物が発見される可能性は大きい。ただ、珍しい動植物が発見されると、天然記念物に指定される前に誰かに捕らえられ、輸出されることも少なくない。その送り先の大半が日本であるというのも悲しい事実だ。そこには、動植物を単なる商売道具としかみない人間たちの傲慢さが見てとれる。

ミンダナオ島には多くのランが自生している

歴史

次々と移入した人々
###

現在、フィリピンに住んだ最も古い人類とされているのは、2万2000年前の旧石器時代の人々で、パラワン島の洞窟から頭蓋骨が発見されている。フィリピン諸島は当時、まだアジア大陸と陸続きだった。その後水面が上昇し、アジア大陸から分離したフィリピン諸島には、東南アジアの人々が数回にわたって移動してきた。

紀元前300〜200年になると、マレー人などがやってきて先住民族と溶け込み、現在のいくつかの少数民族の先祖となった。その後、14世紀から16世紀にもマレーから人々が入ってきた。現在のフィリピンの人々はこのような歴史のうえに成立している。したがってフィリピンでは数多い独自の言語が話され、フィリピノ語（タガログ語）が公用語ではあるが、島によっては老人たちなどには通じないこともある。文化も地域、島によってかなり異なっている。

イスラムの波
###

15世紀に入ると、イスラム教がマレー半島、インドネシアの島々、ボルネオ島経由でフィリピンにも入ってくる。ミンダナオ島にはセリフ・カブングスアン（Serif Kabungsuan）がやってきて、全島はたちまちイスラム化した。16世紀にはマニラはイスラム王国と化していたという。

この時代に登場するのが、有名なフェルディナンド・マゼランだ。彼はスペイン王の名において、セブ島の内戦を口実に介入。マクタン島での衝突で負傷し、それがもとで1521年に死亡した。

マゼランのフィリピン到達後、スペイン軍は遠征隊を送り込み、次々と島を占領、1571年にはマニラを陥落させた。その後スペイン人はイスラム教を排し、キリスト教を広めた。かつて十字軍をアラブに送り、力で人々をねじふせることに失敗した歴史をもつキリスト教の人々は、宣教師を送りフィリピン人にその教えを広めていった。

この頃、メキシコとの交易も盛んとなったが、スペイン政府はあまりこの傾向を好まず経済活動全体が停滞し始める。

1860年に入るとスペイン本国に内乱が発生する。これと並行するようにフィリピン国内では知識階級による自由獲得運動が盛んになり、やがて農民の一揆やキリスト教内の分裂など騒然とした雰囲気となっていった。驚いたスペイン政府は激しく弾圧し、多数の死者を出したが、一時的な効果しか上げることができず、1892年には有名な秘密結社「カティプーナン」の武装蜂起が起こる。この武装蜂起は4年後のフィリピン革命へとつながっていく。

最初はルソン島のタガログ地方が中心であったが、フィリピン全域に広がった。スペイン政府は首謀者を処刑したり、金品による懐柔策を駆使したが、民衆の反スペイン感情は抑えられなかった。

アメリカの干渉
###

1898年、かねてよりスペインと犬猿の仲だったアメリカが、大艦隊でマニラ港に入ってきた。しかもフィリピン独立の立役者で、香港に亡命していたエミリオ・アギナルドとも手を結んでいた。スペインはアメリカに負け、なんと2000万ドルでフィリピンをアメリカに売った（米西戦争）。

この過程でアメリカがスペインに取って代わって植民地化しようとしていることを知ったアギナルドは、アメリカと激しく対立。自らフィリピン共和国の大統領となって戦った。しかし、アメリカの近代兵器には勝てず捕らえられ、ここにアメリカが完全にフィリピンを占領することとなる。

アメリカは当初、植民地政策をとっていたが、やがてフィリピン人の自主統治へと移行させようと考えていたために有能なフィリピン人を育成した。しかし、この政策は上滑りをし、かえってフィリピン人の反米意識を高めていくことになる。そんななかフランクリン・ルーズベルト大統領は「フィリピン＝コモンウェルス」を樹立させた。これにより、フィリピンはまがりなりにも固有の政府と大統領（ケソンM. L. Quezon）をもつこととなった。ただし、この政府はアメリカによる傀儡政権であったとみるほうが自然だろう。

日本の侵略
###

第2次世界大戦中の1941年暮れ、日本軍がフィリピンに上陸した。侵攻は速く、半月後にはマニラを占領。フィリピン軍とアメリカ軍は抵抗を続けたが、効果は上がらなかった。そんななかで、共産主義者や社会主義者を中心とするゲリラ組織「抗日人民軍・フクバラハップ」が組織され、徹底したゲリラ活動を展開し始める。1944年に入ると日本軍の力もぐんと落ち、翌年にはアメリカ軍がフィリピ

フィリピンに上陸した日本軍の模型

ンを奪回した。

1946年にはフィリピン共和国が発足し、自由党中心の政府ができあがった。しかし自由党は徐々に腐敗し、失政が続いた。それを見かねたアメリカは、国民党のマグサイサイを後押しして改革を断行。以降、アメリカ主導型の政権が続くこととなる。

マルコスの独裁体制
・・・

アメリカ主導下にあったフィリピンは、国民党と自由党の2大政党によって政治が行われていたが、1965年に自由党のフェルナンド・E・マルコスが大統領になると、マルコス独裁の時代へ入る。

マルコスは、1972年に戒厳令を施行。経済開発を最優先課題とし、輸入促進のための平価切下げ、官僚制度の整備、外交面では社会主義諸国と国交を結ぶなどして、ある面では成功をおさめていた。

しかし、政権後半になると彼の取り巻きが経済的権益を支配する傾向が顕著になり、社会の矛盾はより深まっていった。テロやゲリラ事件は日常化し、マルコスはイスラム教徒ゲリラ（モロ民族解放戦線MNLF）と裏取引などを試みたが、失敗に終わる。内外ともに、マルコスの失政を糾弾する声が高まっていった。そんななか、1983年8月、政敵であったベニグノ・アキノ元上院議員が暗殺された。

「フィリピン民主主義」の可能性
・・・

1986年2月25日、フィリピン全土で民衆の不満が爆発した。選挙における政府の不正事実が発覚。民衆はこれに怒り、独裁者マルコスを国外へと追い出したのだ。この間の経過は全世界にテレビを通じて生中継され、日本にもダイレクトで伝わってきた。かつて独裁者はマスコミを抑え込み、都合のよい偏った報道をたれ流して人々を抑えつけてきたが、衛星放送など全世界のテレビネットワークによって、ごまかすことができなくなった事件だ。

その後も、アキノ、ラモス、エストラーダ、アロヨと政権が替わるたびに、数多くの政治ドラマが繰り広げられた。

2010年5月にはベニグノ・アキノ3世が多くの民衆の支持を得て大統領に就任。高い支持率を維持し、汚職の撲滅やインフラ整備などの投資環境の整備を行った。2016年には、元ダバオ市長のロドリゴ・ドゥテルテが、庶民の絶大なる指示を得て大統領に就任した。ドゥテルテは、麻薬撲滅を掲げ人権を無視した強権的な政策を取り続けた。

2022年の選挙では、元マルコス大統領の長男であるボンボン・マルコスが大統領に就任した。元マルコス大統領時代の戒厳令下における不当な拘束、拷問、残虐行為などの人権侵害、不正蓄財などの事実を「ゆがめられた歴史」であると主張して選挙戦を戦ったボンボンの勝利は、外国人にとっては理解を越える結果であった。

セブのマクタン島にある、マゼランに対抗した
英雄ラプラプの像（→P.247）

政治

一筋縄ではいかないフィリピン
•••

フィリピンの国民総生産GNPは緩やかではあるが確実に上昇している。「GNP上昇＝生活が豊か、政権安定」と考えがちだ。しかし、どうみてもフィリピンの人々はまだまだ貧しく見えるし、政権が安定しているようには見えない。その原因は数々あるが、その根底にあるのは、国民が等しく富むのではなく、利益が一部の人々にしか還元されていない点にあるといってもいい。

ひとつの例を紹介しよう。農業生産をアップさせるために山を切り開き、サトウキビ畑やココナッツ林を造る。確かに生産は伸びるが、無計画に木材が切り出された森林は雨季の多量の雨を受け止めることができなくなり、下流に慢性的な洪水を引き起こす。この地域に住む人たちは下層の労働者だ。逆に干ばつになったとき、飲める水がない。こういうところで働いている人たちは1日1食がやっと、それもサトウキビをかじる場合も多いという。

大農園を牛耳る一部の人は、少々の天災に遭っても増産を考えれば結局プラスとなる。だから一向に農園を広げることをやめない。さらに、その地主たちが地方政治家となっている場合も少なくない。マルコス統治時代にできあがった経済システムは、ラモス政権（1992～1998年）になっても、改善されなかった。アキノ大統領（1986～1992年）も華人の血を引く大農園主の出身で、人々の反発は消えなかった。1998年の大統領選挙では、貧困層の圧倒的な支持を得て、エストラーダ大統領が圧勝した。しかし、縁故主義と多くの汚職疑惑により辞任に追い込まれ、それはフィリピン史上初の大統領弾劾裁判にまで発展した。

そして、2001年1月20日、中産層以上の市民が原動力となった、第2エドゥサ革命により、アロヨ新政権が発足。2004年に再選され、貧困対策や雇用の改善、経済成長の促進などに功績を残した。2010年の大統領選では、民主主義の英雄として尊敬される故コラソン・アキノ元大統領の長男ベニグノ・アキノ3世が、前々大統領のエストラーダに大差をつけて当選。2016年には元ダバオ市長のドゥテルテ大統領が就任。そして、2022年には独裁者であった元マルコス大統領の息子が大統領に就任となった。まさに一筋縄ではいかないフィリピン政治を体現しているといえよう。

少数民族問題
•••

多民族国家のフィリピンの先住民族の人口全体に占める割合は20%。全体で110あまりの民族が存在するといわれている。先住民の人権に関しては、1997年にその文化、習慣、伝統そして土地に対する権利を認める「先住民族権利法」(Indigenous Peoples Right Act＝IPRA)が成立した。具体的には先住民族の先祖伝来の土地に対する権利を認めた証明書を発行することができるというものだ。しかし、所有を証明するのが難しく施行は遅々として進んでいない。

先住民の居住地は、豊かな鉱物資源、森林資源、水資源を保持しているところが多く、外国資本などによる搾取をともなった開発が行われてきた地域もある。今もまだ開発を巡り、土地を守ろうとする先住民リーダーの殺害なども後を絶たない。そのようなことが起こらないように国家先住民族委員会(NCIP)が監視を続けている。

反政府勢力との関係
•••

新人民軍（NPA）は1969年設立のフィリピン共産党の軍事部門。山間部などで、農民や労働組合、カトリック教会関係者、摘発を逃れた反体制活動家の一部も取り込むなどして勢力を1980年代半ばまで拡大させてきた。旧マルコス政権崩壊後、政府は、コラソン・アキノ大統領を皮切りにドゥテルテ大統領にいたるまで、フィリピン共産党の政治部門とされる「民族民主戦線」(NDF)と和平交渉を継続してきたが、最終的な和平成立にはいたっていない。勢力は弱まっているが、現在でも、山間部ではNPAと政府軍との衝突が起こることもある。

モロ・イスラム解放戦線（MILF）は、1977年に設立されたフィリピン南部におけるイスラム教徒（モロ）の自治確立を目指す武装政治組織。ミンダナオ島西部及びスールー諸島のムスリム・ミンダナオ自治地域（ARMM）において政府との間に40年以上にわたり紛争が続いていたが、2014年3月、包括和平合意文書が署名され、バンサモロ自治政府の設立が合意された。その4年後の2018年には自治政府の設立に必要となる「バンサモロ基本法」が大統領により承認された。2019年には住民投票が実施されてバンサモロ暫定自治政府(Bangsamoro Transition Authority)が発足した。2022年に自治政府誕生の予定であったが、新型コロナ禍で2025年に政権移行期間が延期された。MILF構成員の武装解除と社会復帰など難しい問題が残されていて、現在でも爆発事件や襲撃事件が断続的に発生している。

経済

中国系フィリピン人の活躍

• • •

約350年間、フィリピンはスペインの植民地であった。米西戦争以後は約50年間、アメリカに統治される。そんな歴史的背景からフィリピン経済を支えてきたのは、旧スペイン系財閥やアメリカ系企業であった。ところが、1984年にフィリピンの国民的ビール、サンミゲル社の経営が旧スペイン財閥から中国系のコファンコ財閥へと変わったあたりから中国系の台頭が目立つようになってくる。

フィリピン人は自らをピノイと呼び、中国系フィリピン人をチノイと呼ぶ。スペイン人がやってくるはるか前から、中国との交流が盛んだったフィリピン。国民的英雄である独立指導者、ホセ・リサールは中国商人の末裔であり、スペイン人や日本人の血も引いている。マルコス大統領も、コラソン・アキノ大統領も中国人の血を受け継いでいる。こうなるとすでにピノイ、チノイという分け方そのものが無意味のようにも思えるが、何代も前の先祖に中国人がいる場合や他の民族とも混血している場合は、メスティーソと呼ぶことはあっても、チノイとは呼ばないようだ。

毎年発表される米国の経済紙「フォーブス」の長者番付では、中国系の名字が名を連ねている。東南アジアの多くの国々と同様に、フィリピンでも少数派である中国系に富が集中しているのがわかるだろう。

勢いづく経済発展

• • •

フィリピン経済は第2次世界大戦後にアメリカから独立した当時は「アジアの優等生」と呼ばれ近い将来の大きな経済発展が期待されていた。しかし、1960年代後半から1986年までのマルコスの独裁政権の後期には「アジアの問題児」になり下がった。マルコス政権に終止符が打たれた90年代以降も、政権腐敗、時折起こるクーデターなどの不安要素が大きく海外からの投資は伸び悩み、経済成長は低迷を続けた。

2016年に就任したドゥテルテ大統領は汚職のない政府や経済成長に資するインフラ投資計画「Build! Build! Build!（インフラ及び産業開発の拡充政策）」を掲げて投資環境の整備を積極的に実行し、毎年6%以上の経済成長を維持した。また、マニラ首都圏に偏重してきたインフラ等の開発予算を

フィリピン華人の活躍がわかる菲華歴史博物館（マニラ）

地方へ配分するなど、地域格差の是正にも取り組んだ。2022年に政権の座に就いたボンボン・マルコスはドゥテルテ政権の経済政策を継続すると表明している。一方で2022年のインフレ率は5.82%と大きく、庶民の暮らしには大きな負担となっている。

世界一の出稼ぎ国

• • •

フィリピン経済を下支えしてきたのは海外への移住者と出稼ぎ組からの送金だ。フィリピンは世界最大の労働力輸出国と言われ、国民の10人に1人に当たる約1,000万人が海外に居住し、本国の家族にせっせと送金をしている。2021年の海外からの送金額は349億ドル（約4兆円）。GDPの8.9%を占めるというから驚きだ。コロナ禍でフィリピン国内の経済は停滞したが、海外在住のフィリピン人からの送金がフィリピン経済を支えた。

フィリピン人が海外で職を得やすい理由には、まず高い英語力があげられる。そして国内賃金が安く若い人たちの海外での就労に対する意欲が高いことも大きい。また、政府も海外からの送金がフィリピン経済に占めるインパクトを認識し、政府が海外就労者に対して手厚いサポートを行っていることも要因の一つである。

終わらない貧困

• • •

コロナ禍を乗り越えて順調に成長を続けるフィリピン経済だが、貧困問題は依然として大きい。2021年の貧困率は18.1%（フィリピン国家統計局）。コロナ禍があり前回調査の2018年よりは増加しているが、2000年より半減していることになる。

しかし、地方やマニラの庶民が暮らす地域に行ってみると、マニラ首都圏のマカティやBGCなどの発展目覚ましいエリアに明らかにみられる豊かさはほとんど感じられない。貧富の差は以前同様大きいことが肌で感じられる。なんと人口の1%が国全体の収入の10%を独占しているというから驚く。また、地方との経済格差も大きい。特に南のミンダナオ島やビサヤ諸島の一部で貧困率が高い。

信仰とアイデンティティ

アジア唯一のカトリック教国
・・・

スペインの植民地であったフィリピンは、カトリック教国である。そのせいか、東南アジアの他の国々とは少々雰囲気が違う。フィリピンは東南アジアというよりも「ラテンアジア」とでも呼ぶほうがぴったりかもしれない。

フィリピンでは、9月になると待ちかねたかのようにクリスマスが始まる。町のあちこちでクリスマスの飾りつけを目にしたり、クリスマスソングを耳にしたりするようになる。フィリピンのクリスマスは4ヵ月も続くため、なんと1年の3分の1はクリスマスを祝っていることになる。

また、聖週間には、会社もレストランも映画館も、さらには公共交通機関さえもがいっせいに休業する。聖週間はイースター前の1週間のことで、毎年だいたい3月末から4月半ばである。この期間には教会へ出かけ、それぞれが家族と一緒に家で過ごす。時期も期間もちょうど日本のゴールデンウイークのような聖週間だが、単なるバケーションとはニュアンスが違う。フィリピン人にとって、宗教は欠かせない生活の一部でもあるのだ。

聖金曜日には、ルソン島パンパンガ州サン・フェルナンドで磔（はりつけ）が行われる。敬虔なカトリック信者がキリストの受難を体験するために、自らが十字架の磔になるのだ。毎年3人が選ばれるのだが、自らを傷つけむち打ちながら、覆面をかぶった上半身裸の男が大勢練り歩く。この奇祭はマレルドと呼ばれ、国内外から多くの観光客が訪れる。

少数派のイスラム教徒
・・・

1521年、マゼランはマクタン島で酋長ラプラプに討たれる。ラプラプはイスラム教徒であった。その後、フィリピンはスペインの植民地となり、多くの人々がカトリックとなった。現在国民の約80%がカトリックであり、イスラム教徒は6.4%である。スペインの侵攻が遅かったパラワン島、ミンダナオ島、ホロ諸島は、今もイスラム教徒が多い。

2019年にミンダナオ島西部ではバンサモロ暫定自治政府が設立され和平への動きが進んでいる一方で、イスラム過激派組織による爆弾テロ事件なども頻発している。そういった活動に参加しているイスラム教徒はごく一部に過ぎず、フィリピンでは北部も含め多くの地域で、イスラム教徒は社会に溶け込み平和的な暮らしを送っている。

イージーマネーがお好き？
・・・

明るくフレンドリーな国民性のフィリピン人。そのホスピタリティを生かし、世界中に看護師、工場労働者、ベビーシッター、家政婦などとして出稼ぎに出ている。国民の10人に1人が出稼ぎ人として海外で働いているといわれ、仕送りをあてにして生活している家族も多い。

フィリピンでは近年、中間所得層が生まれているが、一方で貧困層の暮らしは変わらない。多くが建設現場などで最低賃金の日当や、露天でのわずかな売り上げでなんとか生活を成り立たせている。しかも、家族が大きい。地方に行くと片手に余る数の子供がいる家庭も少なくない。さらに、人と人との距離が近い地方や都会の貧困地域では、近所の人とのカード賭博や酒盛りは断れない社会活動でもある。かくしてただでさえ少ない収入は決して貯えに回ることはなく、その日暮らしは続くのである。一攫千金を夢見るのは世界のどこの国でも同じで、町なかの宝くじ売り場はいつも人だかりだ。

アイデンティティも"ハロハロ"な人々
・・・

フィリピン人はもともとマレー系であるが、混血の人が多い。そのなかでもスペイン、アメリカに支配されていたため、スペイン系、アメリカ系、マゼラン到来以前は中国との交流が盛んだったため、中国系フィリピン人が多い。

フィリピン人は自らをピノイ、中国系をチノイと呼び、明らかに一線を画すが、そこに差別があるわけではない。ひと口にフィリピン人といっても、さまざまなルーツと背景をもっているのだ。

そして、フィリピン人はさまざまな国の文化を吸収している。日本のアニメや日本製品、日本食などもその例だ。たこ焼き屋、スイートコーンの屋台や、日の丸や日本のアニメを車体に描いたジプニーなどをよく見かける。フィリピン定番デザート「ハロハロ」も、もともとは日本のあんみつやみつ豆の要領で、戦前に日本人移住者が現地で売り出したかき氷がルーツである。ちなみに「ハロハロ」とはタガログ語で「混ぜこぜになった」という意味である。

フィリピンの人たちをひとくくりにして捉えようとするのは、非常に難しい。フィリピンという国を言い表すのであれば、"ハロハロの国"、つまりさまざまな人種と文化が混ぜこぜになっている国なのである。

文化

生き続ける先住民族の文化

・・・

フィリピンには100以上の「○○民族」とよばれる人々がいるといわれる。フィリピン国立博物館の調査によれば、フィリピンには方言まで加えると186の言語グループが存在し、それぞれ顕著な文化的多様性をもっているという。このうち100万人以上の話者をもつ主要言語は8つあり、フィリピン全体の約90％の人々はこれらの言語を母語としている。これに対し残りのわずか10％の人々がいくつもの小さな言語集団に分かれていて○○民族と呼ばれるグループを形成している。こういったグループの人たちはまとめて先住民族と呼ばれていて、いわゆるもともとこの国の土地に住んでいた人たちだ。1997年に制定された先住民族権利法でようやく彼らの土地などに関する権利を認められるようになったが、歴史的にはスペイン人たちから異端者、異教徒、野蛮人、アメリカ人からは非キリスト教民として、差別され、時には迫害されてきた。

今も独特の文化を継承する先住民族が多く暮らすのは、ルソン島北部コルディレラ地域、ミンダナオ島、パラワン島、ビサヤ諸島の一部などだ。

スールー海を漂流しながら暮らすバジャオ族

独自の文化をもつ人々

・・・

例えばパラワン島に住むバタック族は、男女とも上半身裸で暮らしている裸族の人々だ。バジャオ族は基本的にはスールー海の漂海民だが、一部はミンダナオ島のサンボアンガの水上住宅で暮らす。

パラワン島のバタック村に住むバタック族

バシラン島に住むヤカン族

ミンダナオ島にはティボリ族など織物の得意な民族も多いが、祭りなどの特別な日以外は彼らといえどもすでに民族衣装は着ていない。

ルソン島北部のコルディレラ地域でも、やはりすでに民族衣装を着ている人は少ない。しかし、祭りともなると、民族衣装のふんどしをきりりと締め、誇らしげに伝統の踊りを踊る姿が見られる。バナウェ周辺には、バタッドやバンガアンなどの棚田がある。イフガオ族によって2000年もの間、受け継がれてきた棚田はユネスコの世界遺産に登録されている。いまも伝統の農法を守り、大切に育てられている棚田の稲は見事だ。バナウエの隣のハパオでは、年1回の収穫の祭りも復活した。今、フィリピン各地では、先住民の貴重な文化を見直しが始まっているが、その一例といえるだろう。

各国の影響を受けて発達

・・・

スペインが残した文化を見るには、ルソン島北部のビガンを訪ねてみるとよい。ビガンにはコロニアル様式の町並みが残っている。石畳の上を馬車が走っている風景は、やはり旧スペイン領であった中南米に残るコロニアル様式の町でもなかなか見られるものではない。

中国とメキシコを結ぶガレオン貿易の拠点として栄えたビガンは、中国やメキシコの影響も受けている。ビガンは、フィリピンの歴史そのものが刻まれた町といえよう。世界遺産にも登録されている、フィリピンに4ヵ所あるバロック様式の教会も必見だ。スペインの様式でありながら、レリーフにヤシの木が彫られたり、狛犬が置かれたりしている。ビガン同様にいろいろな文化がミックスされた、フィリピンの文化を象徴している。

古い町並みが残るクリソロゴ通り

フィリピノ語（タガログ語）入門 🌴

　アメリカ統治時代の名残もあり、フィリピンでは英語がよく通じる。しかし、フィリピン人同士の会話で英語はあまり使わない。だから、外国人がフィリピノ語を少しでも話せばとても喜んでもらえる。

　フィリピノ語はフィリピンの公用語であり、マニラを中心としたルソン島中央部で使用されているタガログ語を基本としたもの。フィリピンには180以上の言語があるといわれているが、現在ではテレビなどの普及にともない、フィリピノ語を理解する人々が地方でも増えているようだ。

■まずは基本表現から ■■■■■■■■■■■■■■■■■

はい／いいえ	Oo オオ／ Hindi ヒンディ	
おはよう	Magandang umaga マガンダン ウマガ	
こんにちは	Magandang hapon マガンダン ハポン	
こんばんは	Magandang gabi マガンダン ガビ	
さようなら	Paalam パアラム	
お元気ですか？	Kumusta ka? クムスタ カ？	
元気です	Mabuti naman マブティ ナマン	
ありがとう	Salamat(po) サラマット (ポ)	
どういたしまして	Walang anuman ワラン アヌマン	
ごめんなさい	Pasensya na kayo パセンシャ ナ カヨ	
わかりました	Naintindihan ko na ナインティンディハン コ ナ	
わかりません	Hindi ko, naiintindihan ヒンディ コ ナイインティンティンディハン	
助けてください	Pakitulungan ako パキトゥルーンガン アコ	
やめてください	Tama na ターマ ナ	
何ですか？	Ano ho? アノ ホ？	
本当ですか？	Talaga? タラガ？	

■質問をする ■■■■■■■■■■■■■■■■■■■■■■

〜はどこですか？　Nasaan(Saan)〜？ ナサアン（サアン）〜？
（例文：トイレはどこですか？）→Nasaan ang C.R.? ナサアン アン シーアール？

〜は何／どんなですか？　Ano〜？ アノ？
（例文：あなたの名前は何ですか？）→Anong pangalan mo? アノン パンガラン モ？

なぜ〜ですか？　Bakit〜？ バーキット？
（例文：なぜ閉まっているのですか？）→Bakit sya sarado? バーキット シャ サラード？

誰ですか？　Sino? スィーノ？
（例文：あの人は誰ですか？）→Sino sya? スィーノ シャ？

いつですか？　Kailan？ カイラン？
（例文：これはいつ建てられたものですか？）→Kailan itinay 'to？ カイラン イティナイ ヨト？

いくらですか？　Magkano〜？ マッカーノ？
（例文：それはいくらですか？）→Magkano yan? マッカーノ ヤン？

いくつですか？　Ilang〜？ イラン？
（例文：あなたは何歳ですか？）→Ilang taon ka na? イラン タオン カ ナ？

フィリピン基本単語集

日曜日	Linggo	リンゴ
月曜日	Lune	ルネス
火曜日	Martes	マルテス
水曜日	Miyerkoles	ミエルコレス
木曜日	Huwebes	フウェベス
金曜日	Biyernes	ビィエルネス
土曜日	Sabado	サバド
1	isa	イサ
2	dalawa	ダラワ
3	tatlo	タトロ
4	apat	アパット
5	lima	リマ
6	anim	アニム
7	pito	ピト
8	walo	ワロ
9	siyam	シャム
10	sampu	サンプ

どのように～？ Paano～？ バアーノ？
(例文：駅へはどのように行くのですか？)→Paano pumunta ng istasyon? バアーノ プムンタ ナン イスタション？

～はありますか？ Mayroon ba kayong～？ マイロオン バ カヨン～？
(例文：部屋はありますか？)→Mayroon ba kayong kuarto? マイロオン バカヨン クウアルト？

～してもいいですか？ Puwede bang～？ プェデ バン？
(例文：お聞きしてもいいですか？)→Puwede bang magtanong? プェデ バン マグタノン？

■自己紹介をする ■ ■ ■ ■ ■ ■ ■ ■ ■ ■ ■ ■ ■ ■
私／あなた／彼（彼女） Ako アコ／Ikaw イカウ／Siya シャ
私は太郎です Ako ay si Taro アコ アイ シ タロウ
私は日本人です Ako ay hapon / hapones アコ アイ ハポン／ハポネ

■ホテルに泊まる ■ ■ ■ ■ ■ ■ ■ ■ ■ ■ ■ ■ ■ ■
部屋はありますか？ Mayroon ba kayong kuarto ？ マイロオン バ カヨン クウアルト？
部屋代はいくらですか？ Magkano ba ang room-rate ？ マッカーノ バ アン ルームレート？
部屋はどこですか？ Saan ang kuarto ko ？ サアン アン クゥアルト コ？

■両替所で ■ ■ ■ ■ ■ ■ ■ ■ ■ ■ ■ ■ ■ ■ ■
両替してください Pakipalit ang pera パキパリット アン ペラ
小銭もください Gusto kong magpabarya グスト コン マグパバルヤ

■レストランで ■ ■ ■ ■ ■ ■ ■ ■ ■ ■ ■ ■ ■
メニューを見せてください Patingin ng menu パティンギン ナン メヌ
注文をお願いします Pwedeng umorder プウェデン ウモルデル
ビールはありますか？ Meron bang beer ？ メロン バン ビア？
もう1杯ください Isa pa イサ パ
おなかがすきました Gutom na ako グトム ナ アコ
満腹です Busog na ako ブソグ ナ アコ
おいしいです Masarap マサラップ
お勘定をお願いします Bayad バヤッド

■買い物で ■ ■ ■ ■ ■ ■ ■ ■ ■ ■ ■ ■ ■ ■
これは何ですか？ Ano ito ？ アノ イト？
1kgいくらですか？ Magkano ？ マグカノ？
安くしていただけますか？ Wala bang discount ？ ワラ バン ディスカウント？
これをください Kukunin ko'to ククーニン コ ト

■乗り物で ■ ■ ■ ■ ■ ■ ■ ■ ■ ■ ■ ■ ■ ■ ■
降ります！ Para! パーラ！
ここです Dito na lang ディト ナ ラン
ここで待っていてください Pakihintay dito パキヒンタイ ディト
クバオまでお願いします (Hanggang) Sa Cubao （ハンガン）サ クバオ

レストラン
基本単語集

食堂
kainan
カイナン

食べ物
pagkain
パグカイン

コーヒー
kape
カペ

ミルク
gatas
ガタス

砂糖
asukal
アスカル

塩
asin
アスィン

こしょう
paminta
パミンタ

魚
isda
イスダ

野菜
gulay
グーライ

エビ
hipon
ヒポン

牛
baka
バカ

豚
baboy
バボイ

チキン
manok
マノック

ご飯
kanin
カニン

バナナ
saging
サギン

パイナップル
pinya
ピニャ

マンゴー
mangga
マングァー

スイカ
pakwan
パクワン

スプーン
kutsara
クチャラ

ピクルス
atsara
アチャラ

ボトル
bote
ボテ

グラス
baso
バソ

─────── 市町村および地域・州 ───────

── 川・湖・湾・ビーチ・山・洞窟・国立公園など ──

地球の歩き方 関連書籍のご案内

フィリピンとその周辺諸国をめぐる東南アジアの旅を「地球の歩き方」が応援します!

地球の歩き方　ガイドブック

- **D09** 香港　マカオ ¥1,870
- **D16** 東南アジア ¥1,870
- **D17** タイ ¥2,200
- **D18** バンコク ¥1,870
- **D19** マレーシア　ブルネイ ¥2,090
- **D20** シンガポール ¥1,980
- **D21** ベトナム ¥2,090
- **D22** アンコール・ワットとカンボジア ¥2,200
- **D23** ラオス ¥2,420
- **D24** ミャンマー（ビルマ） ¥2,090
- **D25** インドネシア ¥1,870
- **D26** バリ島 ¥2,200
- **D27** フィリピン　マニラ ¥2,200
- **D33** マカオ ¥1,760

地球の歩き方　aruco

- **07** aruco　香港 ¥1,320
- **10** aruco　ホーチミン ¥1,430
- **12** aruco　バリ島 ¥1,320
- **22** aruco　シンガポール ¥1,650
- **23** aruco　バンコク ¥1,650
- **27** aruco　アンコール・ワット ¥1,430
- **29** aruco　ハノイ ¥1,430
- **34** aruco　セブ　ボホール ¥1,320
- **38** aruco　ダナン　ホイアン ¥1,430

地球の歩き方　Plat

- **07** Plat　ホーチミン　ハノイ ¥1,320
- **10** Plat　シンガポール ¥1,100
- **16** Plat　クアラルンプール ¥1,100
- **20** Plat　香港 ¥1,100
- **22** Plat　ブルネイ ¥1,430

地球の歩き方　リゾートスタイル

- **R12** プーケット ¥1,650
- **R13** ペナン　ランカウイ ¥1,650
- **R14** バリ島 ¥1,430
- **R15** セブ&ボラカイ ¥1,650
- **R20** ダナン　ホイアン ¥1,650

地球の歩き方　gemstone

ハノイから行けるベトナム北部の少数民族紀行 ¥1,760

地球の歩き方　BOOKS

ダナン&ホイアン　PHOTO TRAVEL GUIDE ¥1,650
マレーシア　地元で愛される名物食堂 ¥1,430
香港　地元で愛される名物食堂 ¥1,540

地球の歩き方　aruco　国内版

aruco　東京で楽しむアジアの国々 ¥1,480

※表示価格は定価（税込）です。改訂時に価格が変更になる場合があります。

地球の歩き方 シリーズ一覧

2023年10月現在

*地球の歩き方ガイドブックは、改訂時に価格が変わることがあります。 *表示価格は定価(税込)です。 *最新情報は、ホームページをご覧ください。www.arukikata.co.jp/guidebook/

地球の歩き方 ガイドブック

A ヨーロッパ

A01 ヨーロッパ	¥1870
A02 イギリス	¥2530
A03 ロンドン	¥1980
A04 湖水地方&スコットランド	¥1870
A05 アイルランド	¥1980
A06 フランス	¥2420
A07 パリ&近郊の町	¥1980
A08 南仏プロヴァンス コート・ダジュール&モナコ	¥1760
A09 イタリア	¥1870
A10 ローマ	¥1760
A11 ミラノ ヴェネツィアと湖水地方	¥1870
A12 フィレンツェとトスカーナ	¥1870
A13 南イタリアとシチリア	¥1870
A14 ドイツ	¥1980
A15 南ドイツ フランクフルト ミュンヘン ロマンチック街道 古城街道	¥2090
A16 ベルリンと北ドイツ ハンブルク ドレスデン ライプツィヒ	¥1870
A17 ウィーンとオーストリア	¥2090
A18 スイス	¥2200
A19 オランダ ベルギー ルクセンブルク	¥1870
A20 スペイン	¥2420
A21 マドリードとアンダルシア	¥1760
A22 バルセロナ&近郊の町 イビサ島 / マヨルカ島	¥1760
A23 ポルトガル	¥1815
A24 ギリシアとエーゲ海の島々&キプロス	¥1870
A25 中欧	¥1980
A26 チェコ ポーランド スロヴァキア	¥1870
A27 ハンガリー	¥1870
A28 ブルガリア ルーマニア	¥1980
A29 北欧 デンマーク ノルウェー スウェーデン フィンランド	¥1870
A30 バルトの国々 エストニア ラトヴィア リトアニア	¥1870
A31 ロシア ベラルーシ ウクライナ モルドヴァ コーカサスの国々	¥2090
A32 極東ロシア シベリア サハリン	¥1980
A34 クロアチア スロヴェニア	¥1760

B 南北アメリカ

B01 アメリカ	¥2090
B02 アメリカ西海岸	¥1870
B03 ロスアンゼルス	¥2090
B04 サンフランシスコとシリコンバレー	¥1870
B05 シアトル ポートランド	¥2420
B06 ニューヨーク マンハッタン&ブルックリン	¥1980
B07 ボストン	¥1980
B08 ワシントンDC	¥2420
B09 ラスベガス セドナ&グランドキャニオンと大西部	¥2090
B10 フロリダ	¥2310
B11 シカゴ	¥1870
B12 アメリカ南部	¥1980
B13 アメリカの国立公園	¥2090
B14 ダラス ヒューストン デンバー グランドサークル フェニックス サンタフェ	¥1980
B15 アラスカ	¥1980
B16 カナダ	¥2420
B17 カナダ西部 カナディアン・ロッキーとバンクーバー	¥2090
B18 カナダ東部 ナイアガラ・フォールズ メープル街道 プリンス・エドワード島 トロント オタワ モントリオール ケベック・シティ	¥2090
B19 メキシコ	¥1980
B20 中米	¥2090
B21 ブラジル ベネズエラ	¥2200
B22 アルゼンチン チリ パラグアイ ウルグアイ	¥2200
B23 ペルー ボリビア エクアドル コロンビア	¥2200
B24 キューバ バハマ ジャマイカ カリブの島々	¥2035
B25 アメリカ・ドライブ	¥1980

C 太平洋 / インド洋島々

C01 ハワイ1 オアフ島&ホノルル	¥1980
C02 ハワイ島	¥2200
C03 サイパン ロタ&テニアン	¥1540
C04 グアム	¥1980
C05 タヒチ イースター島	¥1870
C06 フィジー	¥1650
C07 ニューカレドニア	¥1650
C08 モルディブ	¥1870
C10 ニュージーランド	¥2200
C11 オーストラリア	¥2200
C12 ゴールドコースト&ケアンズ	¥2420
C13 シドニー&メルボルン	¥1760

D アジア

D01 中国	¥2090
D02 上海 杭州 蘇州	¥1870
D03 北京	¥1760
D04 大連 瀋陽 ハルビン 中国東北部の自然と文化	¥1980
D05 広州 アモイ 桂林 珠江デルタと華南地方	¥1980
D06 成都 重慶 九寨溝 麗江 四川 雲南	¥1980
D07 西安 敦煌 ウルムチ シルクロードと中国北西部	¥1980
D08 チベット	¥2090
D09 香港 マカオ 深セン	¥1870
D10 台湾	¥2090
D11 台北	¥1980
D13 台南 高雄 屏東&南台湾の町	¥1□
D14 モンゴル	¥2□
D15 中央アジア サマルカンドとシルクロードの国々	¥2□
D16 東南アジア	¥1■
D17 タイ	¥2□
D18 バンコク	¥1□
D19 マレーシア ブルネイ	¥2□
D20 シンガポール	¥1□
D21 ベトナム	¥2□
D22 アンコール・ワットとカンボジア	¥2□
D23 ラオス	¥2□
D24 ミャンマー (ビルマ)	¥2□
D25 インドネシア	¥1□
D26 バリ島	¥2□
D27 フィリピン マニラ セブ ボラカイ ボホール エルニド	¥2□
D28 インド	¥2□
D29 ネパールとヒマラヤトレッキング	¥2□
D30 スリランカ	¥1□
D31 ブータン	¥1□
D32 マカオ	¥1□
D34 釜山 慶州	¥1□
D35 バングラデシュ	¥2□
D37 韓国	¥2□
D38 ソウル	¥1□

E 中近東 アフリカ

E01 ドバイとアラビア半島の国々	¥2□
E02 エジプト	¥2□
E03 イスタンブールとトルコの大地	¥2□
E04 ペトラ遺跡とヨルダン レバノン	¥2□
E05 イスラエル	¥2□
E06 イラン ペルシアの旅	¥2□
E07 モロッコ	¥2□
E08 チュニジア	¥2□
E09 東アフリカ ウガンダ エチオピア ケニア タンザニア ルワンダ	¥2□
E10 南アフリカ	¥2□
E11 リビア	¥2□
E12 マダガスカル	¥■

J 国内版

J00 日本	¥3□
J01 東京 23区	¥2□
J02 東京 多摩地域	¥2□
J03 京都	¥2□
J04 沖縄	¥2□
J05 北海道	¥2□
J07 埼玉	¥2□
J08 千葉	¥2□
J09 札幌・小樽	¥2□
J10 愛知	¥2□

地球の歩き方 aruco

●海外

1 パリ	¥1320
2 ソウル	¥1650
3 台北	¥1650
4 トルコ	¥1430
5 インド	¥1540
6 ロンドン	¥1650
7 香港	¥1320
9 ニューヨーク	¥1320
10 ホーチミン ダナン ホイアン	¥1430
11 ホノルル	¥1650
12 バリ島	¥1320
13 上海	¥1320
14 モロッコ	¥1540
15 チェコ	¥1320
16 ベルギー	¥1430
17 ウィーン ブダペスト	¥1320
18 イタリア	¥1320
19 スリランカ	¥1540
20 クロアチア スロヴェニア	¥1430
21 スペイン	¥1320
22 シンガポール	¥1650
23 バンコク	¥1650
24 グアム	¥1320
25 オーストラリア	¥1430
26 フィンランド エストニア	¥1430
27 アンコール・ワット	¥1430
28 ドイツ	¥1430
29 ハノイ	¥1430
30 台湾	¥1320
31 カナダ	¥1320
33 サイパン テニアン ロタ	¥1320
34 セブ ボホール エルニド	¥1320
35 ロスアンゼルス	¥1320
36 フランス	¥1430
37 ポルトガル	¥1650
38 ダナン ホイアン フエ	¥1430

●国内

東京	¥1540
東京で楽しむフランス	¥1430
東京で楽しむ韓国	¥1430
東京で楽しむ台湾	¥1430
東京の手みやげ	¥1430
東京おやつさんぽ	¥1430
東京のパン屋さん	¥1430
東京で楽しむ北欧	¥1430
東京のカフェめぐり	¥1480
東京で楽しむハワイ	¥1480
nyaruco 東京ねこさんぽ	¥1480

東京で楽しむイタリア&スペイン	¥1480
東京で楽しむアジアの国々	¥1480
東京ひとりさんぽ	¥1480
東京パワースポットさんぽ	¥1599
東京で楽しむ英国	¥1599

地球の歩き方 Plat

1 パリ	¥1320
2 ニューヨーク	¥1320
3 台北	¥1100
4 ロンドン	¥1320
6 ドイツ	¥1320
7 ホーチミン/ハノイ/ダナン/ホイアン	¥1320
8 スペイン	¥1320
10 シンガポール	¥1100
11 アイスランド	¥1540
14 マルタ	¥1540
15 フィンランド	¥1320
16 クアラルンプール / マラッカ	¥1100
17 ウラジオストク/ハバロフスク	¥1430
18 サンクトペテルブルク/モスクワ	¥1540
19 エジプト	¥1320
20 香港	¥1100
22 ブルネイ	¥1430
23 ウズベキスタン サマルカンド ブハラ ヒヴァ タシケント	¥1□
24 ドバイ	¥1□
25 サンフランシスコ	¥1□
26 パース/西オーストラリア	¥1□
27 ジョージア	¥1□
28 台南	¥1□

地球の歩き方 リゾートスタイル

R02 ハワイ島	¥1□
R03 マウイ島	¥1□
R04 カウアイ島	¥1□
R05 こどもと行くハワイ	¥1□
R06 ハワイ ドライブ・マップ	¥1□
R07 ハワイ バスの旅	¥1□
R08 グアム	¥1□
R09 こどもと行くグアム	¥1□
R10 パラオ	¥1□
R12 プーケット サムイ島 ピピ島	¥1□
R13 ペナン ランカウイ クアラルンプール	¥1□
R14 バリ島	¥1□
R15 セブ&ボラカイ ボホール シキホール	¥1□
R16 テーマパークinオーランド	¥1□
R17 カンクン コスメル イスラ・ムヘーレス	¥1□
R20 ダナン ホイアン ホーチミン ハノイ	¥1□

地球の歩き方 旅の図鑑シリーズ

見て読んで海外のことを学ぶことができ、旅気分を楽しめる新シリーズ。
1979年の創刊以来、長年蓄積してきた世界各国の情報と取材経験を生かし、
従来の「地球の歩き方」には載せきれなかった、
旅にぐっと深みが増すような雑学や豆知識が盛り込まれています。

W01
世界244の国と地域
¥1760

W07
世界のグルメ図鑑
¥1760

W02
世界の指導者図鑑
¥1650

W03
世界の魅力的な
奇岩と巨石139選
¥1760

W04
世界246の首都と
主要都市
¥1760

W05
世界のすごい島300
¥1760

W06
世界なんでも
ランキング
¥1760

W08
世界のすごい巨像
¥1760

W09
世界のすごい城と
宮殿333
¥1760

W11
世界の祝祭
¥1760

W10 世界197ヵ国のふしぎな聖地&パワースポット ¥1870		**W12** 世界のカレー図鑑 ¥1980	
W13 世界遺産 絶景でめぐる自然遺産 完全版 ¥1980		**W15** 地球の果ての歩き方 ¥1980	
W16 世界の中華料理図鑑 ¥1980		**W17** 世界の地元メシ図鑑 ¥1980	
W18 世界遺産の歩き方 ¥1980		**W19** 世界の魅力的なビーチと湖 ¥1980	
W20 世界のすごい駅 ¥1980		**W21** 世界のおみやげ図鑑 ¥1980	
W22 いつか旅してみたい世界の美しい古都 ¥1980		**W23** 世界のすごいホテル ¥1980	
W24 日本の凄い神木 ¥2200		**W25** 世界のお菓子図鑑 ¥1980	
W26 世界の麺図鑑 ¥1980		**W27** 世界のお酒図鑑 ¥1980	
W28 世界の魅力的な道 178 選 ¥1980		**W29** 世界の映画の舞台&ロケ地 ¥2090	
W30 すごい地球! ¥2200		**W31** 世界のすごい墓 ¥1980	

※表示価格は定価（税込）です。改訂時に価格が変更になる場合があります。

あなたの**旅の体験談**をお送りください

「地球の歩き方」は、たくさんの旅行者からご協力をいただいて、
改訂版や新刊を制作しています。
あなたの旅の体験や貴重な情報を、これから旅に出る人たちへ分けてあげてください。
なお、お送りいただいたご投稿がガイドブックに掲載された場合は、
初回掲載本を1冊プレゼントします！

ご投稿はインターネットから！

URL www.arukikata.co.jp/guidebook/toukou.html
画像も送れるカンタン「投稿フォーム」
※左記のQRコードをスマートフォンなどで読み取ってアクセス！

または「地球の歩き方　投稿」で検索してもすぐに見つかります

地球の歩き方　投稿　　　　　　🔍　　　検索 ☞

▶投稿にあたってのお願い

★ご投稿は、次のような《テーマ》に分けてお書きください。

《**新発見**》────ガイドブック未掲載のレストラン、ホテル、ショップなどの情報
《**旅の提案**》───未掲載の町や見どころ、新しいルートや楽しみ方などの情報
《**アドバイス**》──旅先で工夫したこと、注意したこと、トラブル体験など
《**訂正・反論**》──掲載されている記事・データの追加修正や更新、異論、反論など

> ※記入例「○○編20XX年度版△△ページ掲載の□□ホテルが移転していました……」

★**データはできるだけ正確に。**
　ホテルやレストランなどの情報は、名称、住所、電話番号、アクセスなどを正確にお書きください。
　ウェブサイトのURLや地図などは画像でご投稿いただくのもおすすめです。

★**ご自身の体験をお寄せください。**
　雑誌やインターネット上の情報などの丸写しはせず、実際の体験に基づいた具体的な情報をお
　待ちしています。

▶ご確認ください

※採用されたご投稿は、必ずしも該当タイトルに掲載されるわけではありません。関連他タイトルへの掲載もありえます。
※例えば「新しい市内交通バスが発売されている」など、すでに編集部で取材・調査を終えているものと同内容のご投稿をい
　ただいた場合は、ご投稿を採用したとはみなされず掲載本をプレゼントできないケースがあります。
※当社は個人情報を第三者へ提供いたしません。また、ご記入いただきましたご自身の情報については、ご投稿内容の確認
　や掲載本の送付などの用途以外には使用いたしません。
※ご投稿の採用の可否についてのお問い合わせはご遠慮ください。
※原稿は原文を尊重しますが、スペースなどの関係で編集部でリライトする場合があります。

あとがき

世界中を巻き込んだ未曾有の出来事は、フィリピンにも大きな影響を与えました。度重なる厳しいロックダウンは人々から多くのものを奪いました。しかし、終焉のときが近くなった今、驚くべきスピードでの再生が始まっています。それはこの国が平均年齢20代半ばという若さにあふれていること、何よりどんな苦しみをも乗り越える人々の底抜けの明るさこそがパワーの源なのだと思います。フィリピンは日本の隣国であり、最も近い熱帯の国。美しい海と7千を超える島々、豊かな熱帯雨林と生き物、多様な文化や民俗。生まれ変わろうとしている魅力あふれるこの国へ、ひとりでも多くの日本人が訪れてくれることを願ってやみません。

STAFF

制作：福井由香里	Producer : Yukari Fukui
編集：梅原トシカヅ	Editorial Director, Writer : Toshikazu Umehara
アナパ・パシフィック	Editorial Production : Anapa Pacific
編集・取材・執筆・写真：反町眞理子	Chief Editor, Writer, Photographer : Mariko Sorimachi
取材・執筆・写真：高橋侑也	Reseacher, Writer, Photographer : Yuya Takahashi
現地調査：水野純（編集工房緑屋）	Reseacher : Jun Mizuno (Midoriya)
森澤一未、セブトリップ	Kazumi Morisawa、Cebu Trip
長谷川大輔（ダバオッチ）、尾上未夏	Daisuke Hasegawa (Davawatch)、Mica Ogami
藤井創、大塚義之	Hajime Fujii、Yoshiyuki Otsuka
小林幸恵、佐藤加奈子	Yukie Kobayashi、Kanako Sato
大矢南、倉田麻里	Minami Oya、Mari Kurata
大町潤一、佐藤知咲	Junichi Omachi、Chisaki Sato
高瀬端香、藤田優奈	Reika Takase、Yuna Fujita
安藤あかり、横澤真希	Akari Ando、Maki Yokosawa
現地協力者：平野真弓	Local Collaborator : Mayumi Hirano
荒木玲音	Rene Arata
反町樹歌	Kika Sorimachi
日刊まにら新聞ナビマニラ	Daily Manila Sinbun Navi Manila
栗原健	Ken Kurihara
デザイン：江藤亜由美（graphic works）	Designer : Ayumi Eto (graphic works)
校正：東京出版サービスセンター	Proofreading : Tokyo Shuppan Service Center
地図：高棟博（ムネプロ）	Maps : Hiroshi Takamune (Mune Pro)
表紙：日出嶋昭男	Cover Design : Akio Hidejima

SPECIAL THANKS TO：©istock、フィリピン政府観光省

本書の内容について、ご意見・ご感想はこちらまで
読者投稿　〒141-8425　東京都品川区西五反田2-11-8
　　　　　株式会社地球の歩き方
　　　　　地球の歩き方サービスデスク「フィリピン編」投稿係
　　　　　https://www.arukikata.co.jp/guidebook/toukou.html
地球の歩き方ホームページ（海外・国内旅行の総合情報）
　　　　　https://www.arukikata.co.jp/
ガイドブック『地球の歩き方』公式サイト
　　　　　https://www.arukikata.co.jp/guidebook/

地球の歩き方 D27
フィリピン マニラ セブ ボラカイ ボホール エルニド 2024～2025年版

2023年10月24日　初版第1刷発行

Published by Arukikata. Co., Ltd.
2-11-8 Nishigotanda, Shinagawa-ku, Tokyo, 141-8425, Japan

著作編集	地球の歩き方編集室
発 行 人	新井 邦弘
編 集 人	宮田 崇
発 行 所	株式会社地球の歩き方
	〒141-8425　東京都品川区西五反田2-11-8
発 売 元	株式会社Gakken
	〒141-8416　東京都品川区西五反田2-11-8
印刷製本	開成堂印刷株式会社

※本書は基本的に2023年7月の取材データに基づいて作られています。
　発行後に料金、営業時間、定休日などが変更になる場合がありますのでご了承ください。
　更新・訂正情報：https://www.arukikata.co.jp/travel-support/

●この本に関する各種お問い合わせ先
・本の内容については、下記サイトのお問い合わせフォームよりお願いします。
　URL ▶ https://www.arukikata.co.jp/guidebook/contact.html
・広告については、下記サイトのお問い合わせフォームよりお願いします。
　URL ▶ https://www.arukikata.co.jp/ad_contact/
・在庫については　Tel 03-6431-1250（販売部）
・不良品（落丁、乱丁）については　Tel 0570-000577
　学研業務センター　〒354-0045　埼玉県入間郡三芳町上富279-1
・上記以外のお問い合わせは　Tel 0570-056-710（学研グループ総合案内）

※本書は株式会社ダイヤモンド・ビッグ社より1990年4月に初版発行したもの（2020年1月に改訂第28版）の最新・改訂版です。
学研グループの書籍・雑誌についての新刊情報・詳細情報は、下記をご覧ください。
学研出版サイト　https://hon.gakken.jp/